中国远洋海运发展史

COSCO SHIPPING HISTORY OF DEVELOPMENT

第5卷

《中国远洋海运发展史》编委会 · 编

上海海运发展史 1949—1997

人民交通出版社股份有限公司
北 京

内 容 提 要

本书为《中国远洋海运发展史　第5卷》，完整地记载了上海海运局自1949—1997年接管新生、艰苦创业、改革开放和创新发展的光辉历程。反映了上海海运作为国家骨干航运企业在新中国航运事业发展中做出的卓越贡献，系统地总结了企业在各时期取得的成就和经验。

本书内容翔实，具有存史、资政、育人的重要作用，为后人留下了珍贵的记忆和启示，也是研究新中国航运史的宝贵史料。

图书在版编目（CIP）数据

中国远洋海运发展史．第5卷／《中国远洋海运发展史》编委会编．— 北京：人民交通出版社股份有限公司，2020.6

ISBN 978-7-114-16353-1

Ⅰ．①中…　Ⅱ．①中…　Ⅲ．①海上运输—交通运输史—上海　Ⅳ．①F552.9

中国版本图书馆CIP数据核字（2020）第030794号

ZHONGGUO YUANYANG HAIYUN FAZHANSHI DI 5 JUAN

书　　名：中国远洋海运发展史　第5卷
著 作 者：《中国远洋海运发展史》编委会
责任编辑：黄　蕊
责任校对：孙国靖　魏佳宁
责任印制：刘高彤
出版发行：人民交通出版社股份有限公司
地　　址：（100011）北京市朝阳区安定门外外馆斜街3号
网　　址：http://www.ccpress.com.cn
销售电话：（010）59757973
总 经 销：人民交通出版社股份有限公司发行部
经　　销：各地新华书店
印　　刷：北京印匠彩色印刷有限公司
开　　本：787×1092　1/16
印　　张：30
字　　数：693千
版　　次：2020年6月　第1版
印　　次：2020年6月　第1次印刷
书　　号：ISBN 978-7-114-16353-1
定　　价：240.00元

交通部部长叶飞和副部长彭德清视察先进船舶“大庆 16”轮，并与船长陈国平、上海市劳模周来根轮机长等合影。

交通部部长彭德清和水运司领导到“上海”轮视察。

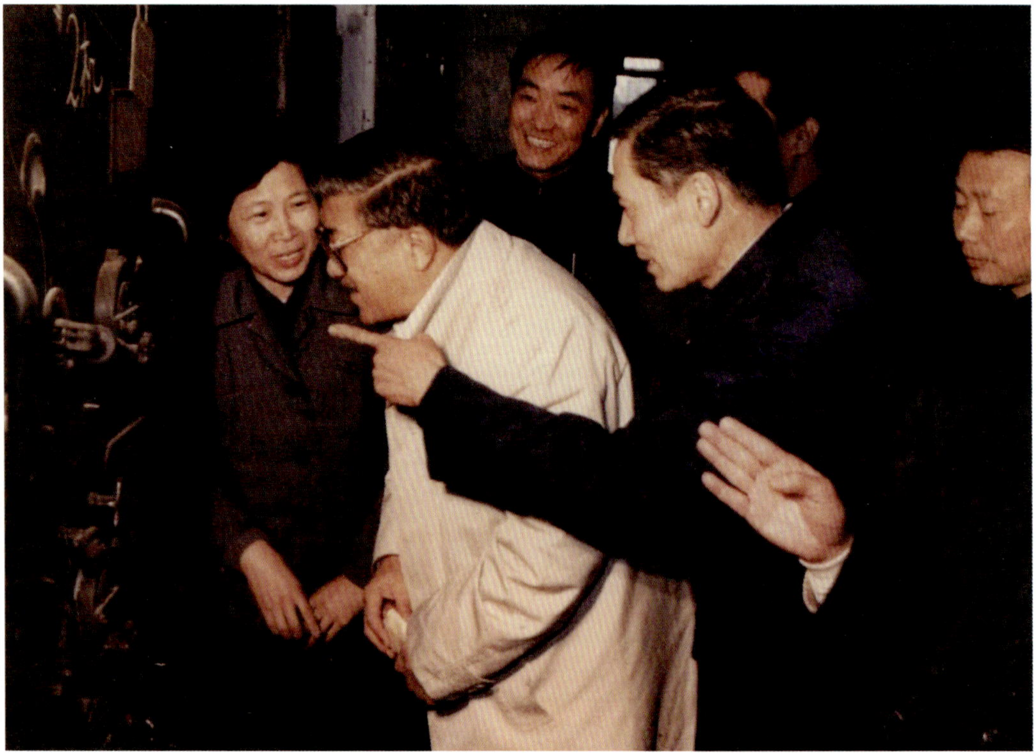

交通部部长钱永昌视察上海海运电台机房。

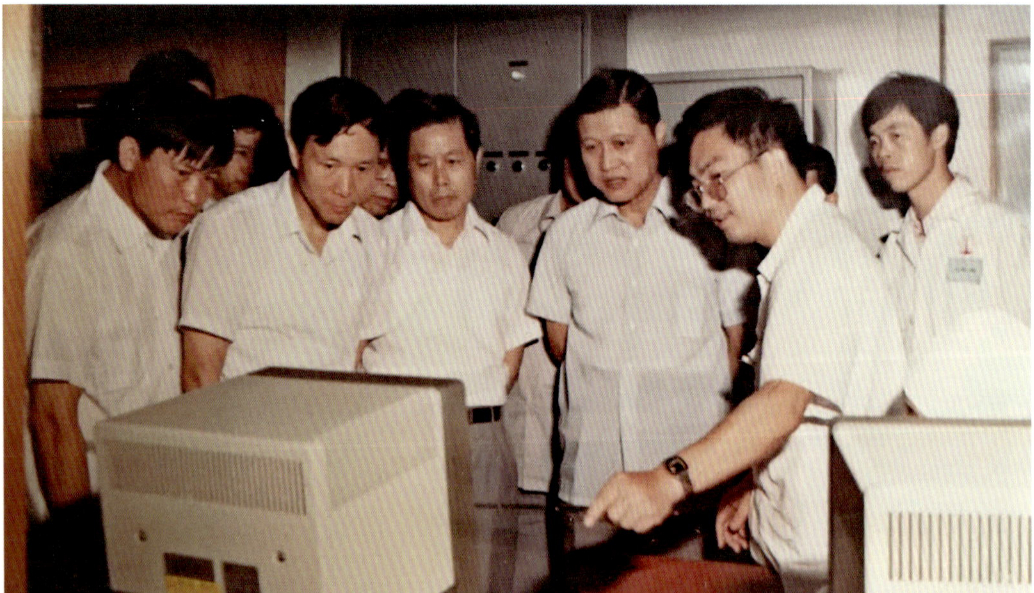

交通部副部长林祖乙视察上海海员医院CT设备（上海海员医院是上海医疗系统最早使用CT设备的医院之一）。

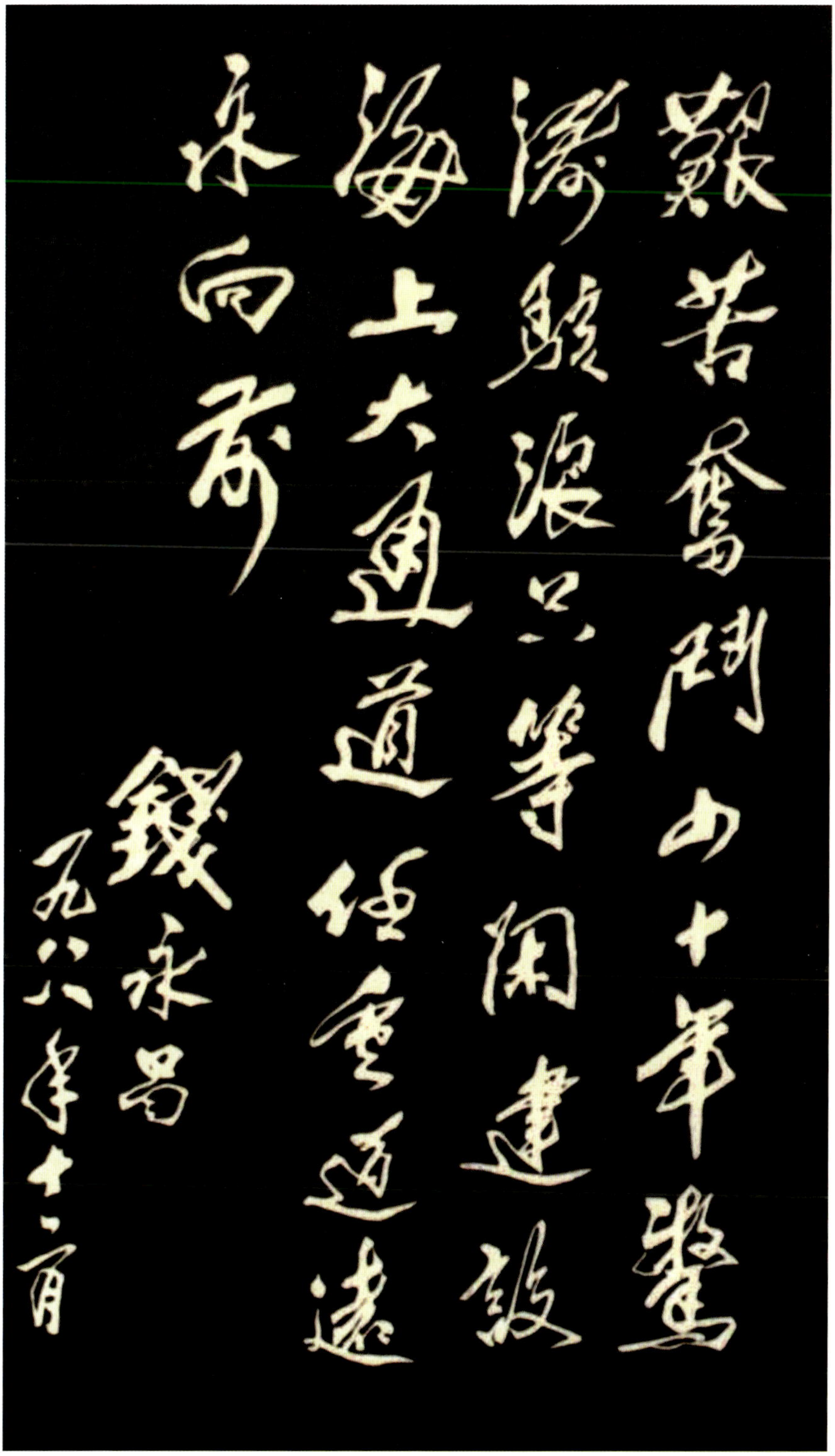

1988 年 12 月，交通部部长钱永昌为上海海运题词。

上海海运前身招商局总局，1932年11月11日改名为“国营招商局”。

1949 年 6 月 16 日，“永湘号”轮复航有功，被授予“复航先锋”称号。

“海玄号”起义成功，船员手持锦旗留影。

20 世纪 50 年代初，苏联专家指导上海海运工作。

1955 年 5 月，公私合营中兴轮船公司第一次职工代表大会。

1956 年，上海海运和公私合营中兴海运公司第一次职工代表大会。

上海海运第一期客运服务轮训班结业合影。

上海海员医院外貌。

1978 年 5 月，“更新”轮更名为“上海”轮。

上海立丰修船厂码头。

上海海运荻港修船厂码头。

1983 年，“长柳”轮首航广州。

自卸船“南极洲”轮。

双体船“瑞新”轮下水。

“大庆 50”轮进入“华山”号浮船坞。

“宁安 1”轮首航仪式在宝山钢铁总厂码头举行。

上海—广州客运航线首航时，杨怀远肩挑扁担为旅客服务。

上海海运（集团）公司成立。

上海海兴轮船股份有限公司在香港联交所上市。

“香雪兰”轮开航仪式。

上海海运 9500 吨级的成品油船“建设 51”轮。

《中国远洋海运发展史》编纂机构

《中国远洋海运发展史》编审委员会

主　任：许立荣

副主任：付刚峰　孙家康

委　员：（以姓氏笔画为序）

丁　农　万　敏　王宇航　王海民　叶伟龙　孙云飞　刘鸿炜

张　为　俞曾港　黄小文

《中国远洋海运发展史》顾问委员会

主　任：钱永昌

委　员：（以姓氏笔画为序）

马贵川　马泽华　王云茂　王富田　毛永芳　白金泉　邬　丹

朱超刚　江　波　刘国元　刘松金　刘锐祥　孙月英　孙治堂

李　伟　李建红　李绍德　李云鹏　吴子恒　吴中校　肖亮涌

闵希候　陈忠表　陈洪生　陈德诚　林祖乙　林建清　杨　斌

张　良　张际庆　张国发　张建华　张富生　卓东明　金瑞升

周祺芳　宫尚竺　骆九连　徐祖远　徐晓杰　高伟杰　高志明

寇来起　傅　伟　董　明　雷　海　虞国伟　魏　卿　魏家福

戴金象　戴淇泉

《中国远洋海运发展史》编纂工作委员会

主　任：刘海涛

副主任：海　峡　徐永上

委　员：朱雪峰　吴　腾　郭庆东　吴彦红

《中国远洋海运发展史》编纂工作组

组　长：佟成权

副组长：相熔钢　桑史良

本卷参编人员：龚浩明　桑史良

第一执笔人：龚浩明

总　　序

2019年，是新中国成立70周年，是中国海运事业发展70周年。沿着新中国“站起来、富起来、强起来”的历史主轴线，中国远洋海运集团也走过了屡领风潮、慨然前行的非凡历程，创造了一个壮阔的“云帆远征”之传奇，书写了一部煌煌的“家国天下”之史诗。在这个特殊的历史时刻，追溯企业发展源头，回望企业发展道路，对于我们重温当年初心，勇担历史使命，积极助力“一带一路”及海运强国建设，赓续薪火相传的企业精神，凝聚改革再出发的磅礴力量，具有十分重要的意义。

一

海运与国运从来都是息息相关的。海运的引领性和保障性，决定了它不是一般的服务业，而是关系国家安全与经济命脉的特殊性产业。一道“海运与国运”的历史命题，既蕴含了人类社会发展的普遍规律，也是中远海运集团所肩负的历史使命。

2018年11月，习近平总书记在上海考察时指出，“经济强国必定是海洋强国、航运强国”[①]。习近平总书记的重要论述，深刻阐明了海运与经济、海运与国家战略的关系，为我们建设海洋强国、航运强国指明了方向，也让我们在实现中华民族伟大复兴中国梦的历史征程中，更加深刻认识到建设海运强国的责任与担当。

海运强国的演变实际就是国家强盛的发展过程。纵观世界发展史与世界航海史，一系列国家兴衰及大国崛起的历程，都充分证明了这一点。公元前1000年之前，地中海东岸的腓尼基人就凭借出色的航海技术，控制了地中海地区；古希腊人通过帆船和发达的航海技术，将文明散播到整个地中海沿岸，使之成为西方文明的摇篮。15世纪末，葡萄牙、西班牙、荷兰引领了以季风帆船为特征的大航海时代，通过发展海运成为欧洲三强。近代的英国开启了蒸汽船时代，通过海运成为“日不落帝国”，主导世界格局三百年。之后，美国取代英国，凭借强大的海权控制实力，成为当今世界霸主。此外，当代日本、韩国、新加坡等国的快速崛起，也都离不开海运的发展。

中国历史上曾经是一个海运大国和海运强国，特别是在东西方“海上丝绸之路”的开辟与发展方面，中国人的航海活动贡献巨大，在人类文明发展史上写下了不朽篇章。明朝

---

① 《习近平在上海考察》，《人民日报海外版》，2018年11月08日第02版。

是我国古代海运发展的高峰，郑和七下西洋，航行距离、规模和技术均遥遥领先于世界；与之相对应，七下西洋所处的永乐年间，中国的综合国力和总人口均排名世界第一。而明朝中后期和清朝的海禁，令我国海运业落后于西方，国力也快速衰落。从 1840 年鸦片战争到 1949 年中华人民共和国成立的 109 年间，中国遭受了帝国主义列强的侵略。外国资本经营的轮船公司垄断了中国的海上运输业务，国家海运业日益衰败；而一场甲午海战，更把国家拖入深渊。面对“千年未有之大变局”，近代仁人志士都把振兴民族海运作为毕生追求的梦想。为了这个振兴之梦，多少次旗竖旗倒，多少次人聚人散，多少英雄饮恨苍天，多少豪杰壮志未酬。孙中山认为“自世界大势变迁，国力之盛衰强弱，常在海而不在陆，其海上权力优胜者，其国力常占优胜”，并在《建国方略》中对发展海运和海港作了专门论述。然而，这些梦想在旧中国都没有实现。

新中国成立后，中国海运事业在一穷二白中开始建设。经过 70 年发展，特别是自 1978 年中国实行改革开放，海运业进入了“由小到大”的发展轨道。目前中国已经是名副其实的海运大国：年造船产能达到 6000 万载重吨，全球第一；海运量世界占比达到 26%，全球第一；注册运力 1.8 亿载重吨，全球第二；全球前二十大货物吞吐量的港口，中国占 15 个；全球前十大集装箱港口，中国占 7 个。

翻阅厚重的世界史与中国史，研读世界强国的发展历程，都印证了英国探险家沃尔特·雷利（Walter Raleigh）的看法——“谁控制了海洋，谁就控制了贸易；谁控制了世界贸易，谁就控制了世界的财富，最终也就控制了世界本身。”海运作为强国背后的重要动力，是其他产业所难以比拟的。

在中华民族“站起来、富起来、强起来”的历史进程中，中远海运集团始终与中华民族伟大复兴之路同向同行，始终与新中国现代化建设共进共强。1949 年新中国成立，1978 年中国改革开放，2001 年中国加入 WTO，2018 年中国开启改革再出发新时代……这一系列重大历史时刻，成为中国经济发展的关键节点，也恰是中远海运发展的关键节点。一方面，中国经济发展给中远海运带来无限商机；另一方面，中远海运也用自身不断增长的业绩，助推中国经济不断飞跃。

由此可见，中远海运的发展历程，是国家富强与民族振兴伟大征程中的重要组成部分，是我国航运业由弱到强的生动写照和具体体现。在海运与国运的同步变化之中，伴随新中国的发展，中远海运从孤帆远影，到百舸争流，历经风雨，高歌猛进。1949—1950 年，“招商起义”的 17 艘船舶中，返回新中国的共计 15 艘、3.37 万载重吨；而今天，中远海运共有船舶运力 1200 余艘、1 亿载重吨。当年 15 艘船舶载重吨的总和，只相当于今天 1200 艘船舶中的 1 艘小型船。如今，由中远、中海重组而成的中国远洋海运集团的船队规模位居世界第一，综合运力大约是海运大国德国全国运力规模的总和。中远海运集团数十年的发展实践，不仅印证了全世界海运与国运的“普遍规律”，还印证了中国特色社会主义的“特色规律”，那就是：国企强，国家强；海运央企强，则国家海运强，国家经济强。

二

中远海运集团是新中国航运事业的开创者，参与了中国航运 70 年从近海到远洋、从追随到领跑的历史进程，亲历了改革开放 40 年波澜壮阔的伟大变革。回望 1949 年以来走过的航路，梳理一代代远洋海运人的创业历程，贯穿始终的，是不变的初心和海运强国的使命。

中远海运集团发展史是一部艰苦卓绝的革命斗争史。

很难想象，中远海运这支商船队，竟然是在新中国遭到经济封锁和海上禁运的围堵中起步的。而一条条航线的开辟，竟然是我们的船员出生入死、浴血奋战拼杀出来的。

追溯中国远洋海运集团的发展源头，自招商局海轮起义开始，中远海运人就以大无畏的英雄气概，书写了一部惊心动魄、扣人心弦的革命斗争史。一次次冲破海上封锁，一次次抵御敌机轰炸，一次次开展护船护航的殊死搏斗，一次次战胜国际敌对势力的突然袭击……中远海运人的使命，不仅体现在与狂风搏斗，与恶浪搏斗，更体现在与敌对势力搏斗；中远海运人的担当，不仅是要流汗，要流泪，更要流血。所有这些，都彰显了中远海运人的拳拳报国心、殷殷航海情，谱写了一曲惊天地泣鬼神的壮丽史诗。

招商局海轮起义掀开了新中国海运事业的崭新篇章，也是中远海运的重要源头之一。1949 年 9 月 19 日，“海辽”轮在从香港赴汕头的航行途中，船长方枕流率领全体船员庄严起义，历经九天九夜惊险航程，胜利到达大连。1949 年 10 月 24 日，毛泽东主席发电报给方枕流船长和全体船员，表示祝贺和嘉勉。在“海辽”轮的感召下，新中国成立之前及成立初期，国民党当局控制下的香港招商局和 17 艘海轮、近 700 名海员，先后分别在东海、南海海面和中国香港、新加坡等地宣布起义，投入新中国怀抱。

抗美援朝战争期间，上海海运的船员积极投入“抗美援朝、保家卫国”运动。在鸭绿江运送志愿军渡江和运输物资的任务中，船员们不顾生命安危，提出“鸭绿江水炸不干，运输线就炸不断”的口号，不分昼夜，有时一夜往返横渡四次，为抗美援朝战争的胜利做出了贡献。

在反封锁、反围剿斗争中，从欧洲承运进口成品油的“工作”轮于 1953 年被劫持到台湾高雄，17 名中国船员遭到关押。政委刘学勇被关押在台湾火烧岛（绿岛），几经拷打，始终坚贞不屈，最后被秘密杀害；二副姚淼周临刑前高呼“新中国万岁”“中国共产党万岁”，在国民党当局的枪口下英勇就义，年仅 29 岁。

20 世纪 60—70 年代，广州海运在援越抗美斗争的运输中，被炸沉船舶 1 艘、救生艇 1 艘，炸伤船舶 14 艘次，共有 36 名船员负伤，12 名船员献出了他们宝贵的生命。“红旗 151”轮船长周茂臣长眠在越南荣市的海边，在越南广宁省锦普市和义安省荣市烈士陵园纪念碑上，刻下了广州海运英烈们不朽的名字。他们用鲜血和生命，谱写了一曲“英雄赞歌”，耸起了中远海运的精神桅杆，挺起了共和国的坚强脊梁。

南北航线是我国沿海最长的海上航线，途经沿海 10 余个省、自治区、直辖市，是关乎国计民生的重要运输通道。为了冲破封锁禁运，1968 年 4 月 25 日，“黎明”轮由湛江港起航，航行 12 个昼夜，完成了新中国成立后首次南北航行。1968—1979 年，广州海运和广州远洋运输公司恢复了中断十多年的南北海上交通线。

“银河”号是一艘从事正常国际商业航运的远洋集装箱班轮，1993 年 7 月，在执行第 81 航次由天津、上海至海湾的定期班轮运输任务中，被美国无端指责载有制造化学武器的前体硫二甘醇和亚硫酰氯。美国派遣军舰监视、飞机骚扰，致使该轮被迫在公海上中止正常航运 33 天之久，全体船员不畏强权和围追堵截，敢于斗争，维护了国家利益，树立了良好形象。

中远海运集团发展史是一部风雨砥砺的不懈奋斗史。

中远海运从初始创业到不断壮大，是几代人艰苦奋斗、顽强拼搏的结果。几十年来，广大船岸干部职工为企业发展做出了不懈努力，经受了各种考验，取得了辉煌业绩，创造了许许多多工程的奇迹、运输的伟业、发展的壮举。这其中，既有步入“贷款买船、负债经营”壮大之路的成功探索，也有“文化大革命”时期“风庆轮事件”给运输生产带来的种种干扰；既有抓住中国加入 WTO 以及航运市场空前繁荣带来的发展机遇，也有面对后金融危机时期国际航运市场大萧条的严峻挑战；既有打造世界一流航运企业的憧憬和志向，也有“做大”后何去何从的深刻思考。

一条漫长的企业发展之路，犹如一条波涛汹涌的大江，一路跌跌撞撞，曲曲折折，浩浩荡荡。无论遇到多少艰难险阻，却总是能在逆境中找到新路，在纷扰中坚定方向，在跌宕中保持前行。一部中远海运企业发展史，就是一部波澜壮阔、惊天动地的奋斗史。

“席卷神州解放风，雄师百万下江东。”1949 年 5 月 27 日，中国人民解放军宣告上海解放。5 月 28 日，人民解放军上海市军事管制委员会主任陈毅、副主任粟裕签署军事接管招商局的命令。这些被接管的招商局留沪船舶及人员，在新中国航运事业建设中发挥了重要的积极作用，而经过招商局改组成立的国营轮船总公司，则成为新中国最早的国有航运企业，也成为中远海运集团重要的发展源头之一。经过数十年的发展，今天的中远海运已是世界最大的航运企业。从百废待兴中艰难起步，到成为“世界之最”，漫长的发展道路上，留下了中远海运几代人艰苦创业的汗水和闻鸡起舞的足迹。

第一艘悬挂中华人民共和国国旗航行国外的“光华”轮投入运营，标志着新中国远洋运输事业的开端。该轮源于国务院总理周恩来的亲切关怀。当时周总理十分关心远洋海运事业，提出建立中国自己的远洋运输船队，并从国库中特批 26.5 万英镑，从国外购买了这艘船，改名“光华”轮，意为“光我中华”。1961 年 4 月 28 日，伴随“光华”轮起锚登程，一条从广州到印度尼西亚的新航线艰难起步。时隔半个多世纪的今天，中远海运集团已成长为一家具有强劲国际竞争力的跨国航运企业，其远洋航线覆盖全球 160 多个国家和地区的 1500 多个港口；其境外机构覆盖全球 10 大区域、50 多个国家和地区，共计 1055 家企业。现已成为全球航运业的重要引领者，成为平衡东西方航运格局的重要力量。

中远海运集团发展史是一部敢为天下先的开拓创新史。

新中国成立以来，特别是改革开放以来，远洋海运人勇立时代潮头，创造了一个又一个“时代第一”，书写了一个又一个先行者传奇。

“平乡城”轮开辟了中国第一条国际集装箱班轮航线。1978 年 9 月 26 日，该轮装载 162 个集装箱从上海港起航，先后于 10 月 12 日、15 日抵达澳大利亚悉尼港、墨尔本港，11 月 12 日返回上海，结束了中国没有海运集装箱运输航线的历史，翻开了中国现代海运史新的一页。

“柳林海”轮是抵达美国本土的第一艘悬挂五星红旗的船舶。1979 年 3 月 25 日，该轮由上海起航，横跨太平洋，于 4 月 18 日首次抵达美国西雅图港。从此，中美海上航线正式开通。2015 年 9 月 22 日，习近平主席在访美时指出：中美建交刚刚 3 个多月，中国“柳林海”号货轮就抵达西雅图港，结束两国几十年不曾通航的历史[①]。23 日参观美国微软公司总部期间，习近平主席接受了微软赠送的 3D 打印“柳林海”号船模。

“新金洋”轮是首艘悬挂五星红旗的 VLCC。2004 年 12 月，该轮正式投入使用，实现了真正意义上的“国油国运”，也填补了五星红旗大型油轮在国家进口原油运输市场上的空白。2015 年 2 月，随着中缅原油管道工程正式投运，“新润洋”轮靠泊中缅项目装货港缅甸马德岛港，成为首艘靠泊该港的 VLCC，并奏响了“准班轮”服务新模式的号角。

比雷埃夫斯港投资经营是“一带一路”建设的经典项目。2009 年 4 月，希腊国会以 149 票对 139 票，通过了中远集团与希腊比雷埃夫斯港务局签署的码头专营协议。这是中国企业首次在国外获得港口的特许经营权。2016 年 8 月，中远海运再次收购比港 67% 股权，正式成为比港经营者。作为中希合作的典范，比港正按照习近平主席的指示，致力“将比雷埃夫斯港建设为地中海最大的集装箱转运港、海陆联运的桥头堡，成为‘一带一路’合作的重要支点，并带动两国广泛领域务实合作”[②]。

“永盛”轮开创了中国商船首次经北极东北航道抵达欧洲的历史。该轮于 2013 年 8—9 月，圆满完成北极东北航道首航任务。此后，2015 年，“永盛”轮成功完成“再航北极、双向通行”任务；2016 年，中远海运 5 艘船舶航行北极；2017 年，中远海运航行北极实现项目化、常态化。目前，中远海运是全球唯一一家穿越南北极、运营南北极航线的航运企业。

“紫荆松”轮是停靠瓜达尔港的第一艘商业货轮。2015 年 5 月，该轮停靠巴基斯坦瓜达尔港，承载了装有当地渔业产品的 7 个冷藏集装箱，驶向中东地区，开启了瓜达尔港历史上首次货物出口记录。而瓜达尔港杂货班轮航线的开辟，不仅极大降低了当地进出口货物的物流运输成本，更为“中巴经济走廊”的建设，提供了坚实可靠的支持。

实际上，这样的中国第一、亚洲第一和世界第一，还有许多许多。一桩桩，一件件，

---

① 《习主席的“西雅图不眠夜”》，新华网，2015 年 09 月 24 日，http://www.xinhuanet.com/world/2015-09/24/c_128264518.htm。

② 《书写新世纪海上丝绸之路新篇章——习近平总书记关心港口发展纪实》，《人民日报》，2017 年 07 月 06 日 01 版。

都彰显了中远海运人上下求索、开拓进取、敢为人先的创新精神。

中远海运集团发展史是一部精忠报国的爱国奉献史。

如果说，战争年代的爱国精神体现为英勇献身；那么，在和平年代，爱国精神则体现为无私奉献以及社会责任。

长期以来，中远海运人始终怀揣着精忠报国的“长子”情结，承载着铁肩担道义的央企责任，忠诚服务于国家，积极贡献于国家，全心全意为了国家。在煤电生产濒临断档危机的紧要关头，总是中远海运的船舶冲在运输第一线；在国际政治动乱危及华人华侨及中国籍员工的焦急时刻，总是中远海运海外接侨的船舶送去温暖；上海世博会、金砖国家工商理事会、国际航运中心发展、“一带一路”建设项目，到处都有中远海运人辛勤的汗水；地震灾害、冰雪灾害、支援新疆、支援西藏，到处都留下中远海运志愿者忙碌的足迹。

20 世纪 80 年代末，我国电力供应主要靠火力发电，华东、华南等地因电力需求变化，出现煤炭运输供应不足的情况。上海海运担负上海地区 80% 的煤炭运输任务，公司树立“多运煤就是保上海，保上海就是保全国”的大局意识，发扬“以苦为荣，无私奉献”的精神，1989 年完成煤运量 3340 万吨，为改变上海煤炭紧缺局面做出了重要贡献。时任上海市市长朱镕基同志亲笔书写嘉奖信给予充分肯定：“你们作了大贡献，创造了历史的业绩。”

“服从外交，服务外贸”，是中远海运的企业宗旨。中远海运坚持履行企业的社会责任，在浮动国土上完成了一系列国家外交任务，在历次海外撤侨接侨工作中都扮演着重要的角色。20 世纪 60 年代，“光华”轮、“新华”轮等一直活跃在新中国撤侨战线上；20 世纪 70 年代，“明华”轮等赴越南、柬埔寨撤侨；20 世纪 90 年代，“富清山”轮赴刚果撤侨；2011 年 2 月，在新中国历史上最大规模的利比亚撤侨行动中，“天福河”轮等 16 艘商船待命，其中“天福河”轮成功撤离 559 名同胞。

如果说，一个船队，构成了中远海运精忠报国的物质基础；那么，一个团队，则构成了中远海运爱国奉献的精神载体。船队与团队，不仅成为企业腾飞之两翼，前进之两轮，更成为我们建设海运强国的物质与精神财富。而这一代又一代航海家、一辈又一辈管理者，总是用他们的奋力拼搏和无私奉献，打造了中远海运积极向上的团队精神，凝聚成建设海运大国、海运强国的磅礴力量。在这个团队中，有一大批英雄人物、模范人物和优秀人物，贝汉廷和杨怀远，就是其中的杰出代表。

新中国培养的第一代远洋船长贝汉廷，先后驾驶 15 艘远洋轮船，到过 40 多个国家、80 多个港口，为发展祖国的远洋运输事业，倾注了一生心血。他说：“为了发展祖国的航海事业，我一辈子不离开船，不离开海洋！”在 59 岁生日时，因为劳累过度，不幸去世，在挚爱的远洋船上，工作到生命的最后一刻。

杨怀远同志在 38 年的船舶生涯中，始终以雷锋为榜样，甘当人民的“挑夫”。他挑着一根为人民服务的小扁担，从青年、中年一直挑到老年，始终不计报酬、不求职务，全心全意为人民服务，创造了让全国人民，乃至国际友人都为之敬佩的“小扁担”精神，于 1985 年被授予“全国劳模”称号，2019 年被评为新中国成立 70 周年的“最美奋斗者”，受到历代党和国家领导人的接见。

三

历史，是人类记忆的年轮，是人类繁衍的根脉。历史，连接着昨天与今天，定义着过去和现在，昭示着当下与未来。历史，既能激发人们情感的力量，也能赋予人们理念的启迪。

站在一个承前启后、继往开来的时空交汇点，我们需要扪心自问：我们从哪里来，要向哪里去？

我们从百年沧桑的历史深处走来，要向强国梦、强企梦的指引方向走去。回望历史，从 1919 年孙中山发表《建国方略》并提出海洋兴国与东方大港的战略构想，到 1949 年新中国成立以及上海、广州、大连海运局的艰难起步；从招商局的 17 艘海轮、700 名船员举起义旗，到援越抗美斗争中 12 名中远海运船员血祭大海、浩气长存；从“光华”轮在广州港拉响的第一声远航汽笛，到“平乡城”轮开辟的第一条国际班轮航线……百年风起云涌，百年沧海桑田。在百年的崎岖道路上，一批又一批、一代又一代中国海运业的“逐梦人”，前赴后继，艰辛探索，苦苦追寻，孜孜以求。前瞻未来，我们怀揣着中华民族的伟大复兴“中国梦”，也怀揣着打造航运翘楚的“中远海运梦”。所思所想，所寻所觅，乃是百年一脉，百年同系。

1405 年 7 月 11 日，一支由 200 余艘海船、上千面风帆组成的世界最大船队，从长江入海口的太仓浏河港出发，开启了郑和下西洋的壮举。7 月 11 日，遂成为“中国航海日”。611 年后的 2016 年 2 月 18 日，一家世界最大的航运企业，在长江入海口的上海挂牌成立。这一漫长的“历史轮回”，演绎了中华民族航海史上自强不息的传奇，成为古老民族从辉煌到衰落再到复兴的历史注脚。今天，经中远、中海两大集团重组整合而成的中国远洋海运集团，正站在新的起点，开启了新的航程。新集团构筑了“6+1”产业结构（航运、物流、金融、装备制造、航运服务、社会化服务，互联网 +），确立了“四个一”（一个文化、一个团队、一个目标、一个梦想）的企业理念。如果说“6+1”是新集团这艘巨轮的船体结构，那么，“四个一”则是新集团的船舶动力。在走向未来的征途中，我们应坚持不忘初心，不忘历史，传承企业优秀的历史文化，以前辈打造出的企业文化与航海精神，推进新集团的“四个一”理念。

以同舟共济的合作精神打造“一个文化”。同舟共济精神，是古老的航海文化中的精髓，也是中远、中海几十年积淀的企业文化留给新集团的精神财富。现在，它理应成为我们新集团的文化基因。在加强文化融合的过程中，我们每一名员工都应积极传递正能量，努力为企业创造稳定和谐的良好氛围。石墨和钻石都是由碳元素组成，但由于两者的碳原子排列不同，结构不同，结果是一个变成石墨，一个变成钻石。今天，我们就是要凭借同舟共济的企业精神，通过新的排列，新的组合，打造“高效、协同、融合、智慧”的钻石团队，打造“美美与共、天下大同”的企业文化；心往一处想，汗往一处流，劲往一处使，同舟共济，众志成城，汇聚千里奔涌、万壑归流的洪荒伟力，驶向世界一流、领航全球的光辉彼岸。

以精益求精的工匠精神建设“一个团队”。在中远海运的历史长卷中，民族精神的养育，精忠报国的志向，敬业精业的示范，造就了一代又一代“大国工匠”：方枕流、贝汉廷、杨怀远、严力宾……这一串串闪亮的名字，构成了中远海运人的历史文化底蕴；他们的精神，就是我们的海之魂、企之魂、国之魂。今天，我们应借助这样的历史文化底蕴，继承发扬老一辈航海人坚守星辰大海的工匠精神和劳模精神，一丝不苟，呕心沥血，恪尽职守，精益求精，努力打造一支精业敬业、脚踏实地的务实型团队，打造一支攻坚克难、敢于突破的开拓型团队，打造一支见贤思齐、不断进取的学习型团队，一棒接一棒地做好事业接力，一步一个脚印地走好发展之路。

以开拓进取的创新精神追求“一个目标”。过去数十年来，敢于第一个吃螃蟹的中远海运人，创造了一个又一个中国第一、亚洲第一和世界第一。今天，我们依然需要继承和发扬敢于第一个吃螃蟹的精神，以创新为引擎，驱动企业向“做强做优做大”和“世界一流供应链服务商”的愿景目标不断前行。应继续探索创新领先的“无人区”，继续拓展新兴市场的“开发区”，继续打造全球航运的“生态区”。鸡蛋从外部打破是食品，从内部打破是生命。我们应以创新为内生动力，大力推进体制机制创新、商业模式创新、经营管理创新、航运科技创新；以高质量的发展创造企业新业绩，以革故鼎新的魄力建设航运新业态，以抓铁有痕的韧劲构建产业新布局，以不断增强的国际竞争力打造 COSCOSHIPPING 的市场新形象。

以坚忍不拔的执着精神构筑“一个梦想”。我们的梦想就是“海运强国梦”，它是“中国梦”的重要组成部分，是新时代赋予我们的新使命。回顾企业漫长的发展史，我们看到，一代又一代中远海运人就是一代又一代“海运强国”的“逐梦人”。在新的历史方位中，中远海运人应以梦为马，不负韶华，把实现“两个一百年”奋斗目标作为企业发展的着眼点，真正承担起“一带一路”、海运强国先锋队的历史使命，真正扮演好全球航运舞台上彰显中国力量、平衡东西方格局的时代新角色，真正发挥好国家经济建设与经济安全的重要保障作用。应在新时代与大变局中，校准中远海运前进的方位，准确把握大国新博弈、世界新变局下的国家之需，准确把握全球航运竞争新模式、新业态下的立足之基，准确把握科技变革新潮流冲击之下的发展之路。

不忘初心，方能承前启后；致知力行，旨在继往开来。我们正是本着“不忘初心、牢记使命”的宗旨，组织力量编写了《中国远洋海运发展史》丛书（共八卷），回顾总结企业 1949—2015 年 66 年来的发展历程。该丛书不仅是一套信息丰富、内容详实的历史资料书，还是一套爱国主义和社会主义教育的有益教材，更是一套具有海运特色的企业战略、经营管理与企业文化的“企业全书”。

“路漫漫其修远兮，吾将上下而求索。”一代人有一代人的使命，一代人有一代人的责任。历史意识的深度有多深，前瞻意识的高度就有多高。正是这深厚的历史意识和高远的前瞻意识，成为我们不懈努力、不息奋斗的前进动力。今天，我们驾驭着“中远海运”号超大型巨轮，开始了新的整队、新的集结、新的航程、新的升华。置身扬鞭催马、奋力奔跑的新时代，站在承接历史、对接未来的新起点，我们要高举习近平新时代中国特色社会主义思想伟大旗帜，弘扬“三舱精神”：理想信念坚定“压舱”，坚守海运强国的初心使命，坚如磐石，矢志不渝，推动事业行稳致远、破浪前行；工作责任落实“满舱”，聚焦世界一流的愿景目标，全力担当，实干兴企，促进企业提质增效、做强做优；精神状态迸发“爆舱”，砥砺领航全球的壮志豪情，只争朝夕，砥砺奋进，引领企业跑赢未来、驶向卓越。要把稳舵，坚守航运强国的理想信念；要定好锚，坚守脚踏实地的实干精神；要扬起帆，坚守战风斗浪的奋斗精神；要拧成绳，坚守同舟共济的团队精神。团结拼搏、砥砺奋进，让初心照亮航程，让使命激励未来，为建设卓越中远海运而努力奋斗！

凡是过往，皆为序章。

中国远洋海运集团有限公司
党组书记、董事长

2019 年 10 月 1 日

前　　言

盛世修史，以史为鉴。

2019 年，是新中国成立 70 周年。在这个特殊的历史时刻，中远海运集团党组启动《中国远洋海运发展史》丛书编纂工作，全面梳理中远海运集团发展历程，系统总结企业历史发展经验。

集团党组对企业文化建设高度重视，要求站在新时代的高度审视历史，重新鉴别、整理史料，使新编史书在客观性、真实性、思想性等方面迈上更高台阶，充分展示具有悠久历史的航运企业的深厚文化底蕴，温故而知新，为建立航海强国再扬风帆。

马克思曾说："要使商品实际进行流通，就要有运输工具，而这是货币无能为力的。"[①]上海是中国最大的枢纽港口，上海的开埠史也可以说是一部"船史"。

上海海运的前身是晚清洋务运动时期创立于上海的招商局。招商局建立了一支以蒸汽机为主的商船船队，开创了中国民族航运业，是这部"船史"的重要角色。

抗日战争胜利以后，招商局从重庆返回上海，接管并入驻"日清大楼"办公，后来，该楼成为上海海运办公原址（今广东路 20 号）。

新中国成立前夕，在隆隆炮火之下，国民党将招商局撤离上海，许多船舶和部分人员被迁往台湾，船走人离，致使上海航运业濒临瘫痪，陷入困境。

1949 年 5 月 27 日，江海之汇、南北之中的上海解放了。即日，招商局大楼楼顶五星红旗迎风飘扬，中国人民解放军上海军事管制委员会（以下简称"军管会"）财政经济接管委员会航运处处长于眉、副处长邓寅冬率员进驻招商局；次日，中国人民解放军上海军管会主任陈毅、副主任粟裕签署军事接管国民党官僚企业招商局轮船股份有限公司的命令；兼任总军事代表的于眉奉命宣布接管招商局命令，将其收归人民所有，具有 77 年历史的旧招商局从此获得新生。

中国人民解放军军事接管招商局，这是新中国航运史上的一件大事。旧招商局经过接管、改造、整顿，旧貌换新颜。上海海运事业踏上了新的征途，翻开了新的一页，为新中国的航运事业立下了不朽的功绩。

梳理上海海运的发展脉络，70 年来，历经了十余次分分合合与变革重组：

招商局—国营轮船公司—中国人民轮船总公司—中国人民轮船总公司上海区公司—华

---

① 《马克思恩格斯全集》（第 40 卷上），人民出版社，2006 年，第 142 页。

东区海运管理局—交通部上海海运管理局—交通部上海区海运管理局—上海海运管理局—上海轮船公司—上海海运局—交通部上海海运管理局—上海海运（集团）公司—中远海运（上海）公司—中远海运（上海）有限公司（以下简称为“上海海运”）。

这一连串的分合和机构的更名、调整、变革，充分说明交通运输与经济发展休戚相关，从中反映了国家航运业的演变过程和格局变化，也展现了上海海运发展的曲折艰难和辉煌成就。

上海海运半个多世纪的发展历程，时间跨度大，内容丰富。《上海海运发展史》以其起源、地位、作用、成果为主线，串联起各时期的人和事，予以叙述，真实反映。

《上海海运发展史》根据历史阶段的特点与分工，着重记载了上海海运从 1949 年 5 月—1997 年 6 月中国海运（集团）总公司成立前的 48 年的历史。

《上海海运发展史》48 万字，选登了 60 余幅照片，全史共分为六章。第一章为新中国骨干航运企业诞生（1949—1952）；第二章为建立社会主义特色的航运事业（1953—1957）；第三章为曲折前行的航运事业（1958—1965）；第四章为冲击发展中的航运事业（1966—1977）；第五章为迎来大发展的好时机（1978—1992）；第六章为企业发展迈入新时代（1993—1997）。每一章都是上海海运各个重要历史时期的缩影。

《上海海运发展史》力求充分反映地处上海得天独厚的地理位置和社会条件的上海海运在党的领导下，克服千难万险，艰苦创业，敢于开拓，勇于奋进，由小变大，由弱变强的历程；充分展示上海海运是中国航运事业的摇篮和基地，培养和孕育了一批又一批的杰出航海人才，在祖国航海领域中尽显才华，建功立业；充分体现上海海运是国家大型企业的骨干和国民经济建设的先行官，在国家各个重要历史时期发挥了极其重要的作用；充分表现了广大海员当家作主以后，高涨的劳动热情和热爱航海、同舟共济、甘于奉献、善于打硬仗、敢于啃硬骨头的优良传统和精神风貌。

上海海运 48 年的发展历程，是上海航运乃至中国航运发展的重要内容和真实写照。1949 年 5 月，上海解放，军事接管旧招商局，没收了官僚资本，上海航运业回到了人民怀抱；反封锁、反轰炸、反劫船，打通北洋航线，开辟南洋航线，恢复航运，保证货物运输畅通，上海海运为保障上海 600 万市民生活之需，保证上海解放初期经济建设之要做出了不懈努力。

经过 3 年的国民经济恢复期，1952 年，上海海运的运力增加，航线扩大，恢复了新中国成立前遭到严重破坏的运输生产力，全年的货运量超过了旧招商局 77 年中最高的历史水平，充分地显示了社会主义制度的优越性，继而上海海运进入了蓬勃发展的第一个五年计划时期。

1958 年开展的“大跃进”运动和历经 10 年的“文化大革命”，使上海海运遭受严重损失。然而，老一辈党和国家领导人对航运事业的关心，上海海运船舶的半军事化管理和海员忠于职守的优良传统，使企业尽力排除干扰，减少损失，艰难而行，发展的脚步依然没有停止。

改革开放时期，上海海运驾乘东风，抓住机遇，创新求变，从计划经济时代迅速步入社会主义市场经济时代，企业管理通过不断的探索和改革更趋合理；“立足沿海，发展远洋”的战略顺应了国家航运发展的趋势和企业自身发展的需要，充分发挥了老航运企业船舶种类齐全、航线多而广的优势，内外贸运输得到快速发展；注重社会效益，满足人民需要，南北客运航线全线拓展、贯通，一片繁忙景象，每天运送万名旅客；200 多艘船舶 3 万多名员工为上海、华东地区和全国经济建设做出了卓越贡献。

20 世纪 90 年代，上海海运走上了集团化发展的道路，成立了上海海运（集团）公司。这是上海海运经历的一次重大变革，进一步适应了我国社会主义市场经济和社会化大生产需要，充分发挥了国有大中型企业的主导作用，形成了群体优势和综合功能，提高了国际竞争力。上海海运从转换机制入手，合理调整生产经营结构，瞄准社会大市场，形成以航运为主、多种经营、多元发展的新局面。同时，上海海兴轮船股份有限公司顺利在香港上市，体现了改革开放的伟大成就。上海海运的各项经济指标总体保持良好，企业实力增强，进一步确立了上海海运在我国沿海运输中举足轻重的地位，使交通先行的作用更为突出，从而为组建中国海运集团奠定了基础，为建设上海国际航运中心做出了贡献。

1997 年 7 月 1 日，中国海运集团公司在上海成立，上海海运成为其核心企业，这是航运强国之路，是国家发展之需。从某种意义上来说，上海海运光荣地完成了历史使命。她的商誉和信誉得到了社会和同行的认可，在国际上也享有盛誉，我们为此而感到骄傲和自豪。上海海运的不断发展和良好的市场信誉是几代上海海运人努力奋斗的结果，是上海海运人向祖国、向人民、向历史交出的一份出色答卷。

上海海运经过了接管、整顿、创业、发展、改革、飞跃、重组的历程，尽管企业的经营、职能和管理幅度发生了巨大变化，然而，上海海运悠久的历史、深厚的文化底蕴和“爱我海运，创优图强”的企业精神、员工们不忘初心的使命感以及龚丕勋、徐文若、杨怀远、周来根、车朝纯等一大批劳动模范和先进人物的榜样力量，必然会在新时代薪火相传，绚丽绽放。读史使人明智，鉴以往而知未来。上海海运必将积极遵照地区公司的新定位，履行新职能，把握机遇，转型创新，有所作为，为中远海运集团的发展做出新的贡献。

2020 年 2 月 18 日

目　　录

附录 / 381

中国远洋海运发展史

COSCO SHIPPING HISTORY OF DEVELOPMENT

第5卷

上海海运发展史

1949—1997

第一章

新中国骨干航运企业诞生

（1949—1952）

1949 年初，国民党势力土崩瓦解。4 月 20 日，中国人民解放军百万雄师横渡长江。4 月 23 日南京解放，宣告国民党在中国大陆统治的结束。5 月 3 日杭州解放，解放军势不可挡，直逼上海。国民党政府开始抓紧时间撤离大陆，因此对沿海运输需求甚大。没有船无法渡海，没有海员无法开船。为此，国民党政府对招商局轮船股份有限公司（简称招商局）严加管控，撤离上海时，对其留沪船舶、设备和设施进行了破坏，致使上海航运事业濒临瘫痪。1949 年 5 月 27 日上海解放。中国人民解放军上海军管会对招商局实行军事接管，广大海员职工响应党的号召，落实上海市人民政府、交通部的指令，团结一致，同舟共济，艰苦奋斗，努力医治旧社会留下的创伤，尽力恢复航运，保证了上海经济建设和人民生活之需要。

上海解放后，解放军军事接管了招商局等国民党官僚航运企业，将其收归人民所有，这是新中国航运发展史上的一个重大历史事件，实现了中国近代航运历史的根本性转变。从此，具有 77 年历史的中国近代最大航运企业招商局获得新生，中国航运翻开了新的一页，上海海运诞生。

在此，有以下两点说明：

1.《上海海运发展史》称谓和上海海运名称更换情况说明

中远海运（上海）有限公司发展史重点叙述的是从 1949 年 5 月 28 日中国人民解放军军事接管招商局至 1997 年 7 月 1 日上海海运（集团）公司参与交通部组建成立中国海运（集团）总公司之前的历史发展进程。

在这 48 年的历程中，中远海运（上海）有限公司经历了许多次体制变化、机构改革、名称更换，然“上海海运”的名称使用时间最长，且在社会上和业界具有较大影响和知名度。

2016 年 2 月，组建了中国远洋海运集团有限公司，中远海运（上海）公司随之成立，2017 年 12 月改名为中远海运（上海）有限公司。为尊重历史，便于阅读，此发展史统一以“上海海运”为名。同时，在发展史的称谓上，1951 年 1 月以后，招商局在大陆的总公司和分公司均不再使用“招商局”的名称，只有香港招商局继续使用“招商局轮船股份有限公司香港分公司”的名称。1951 年 2 月—1997 年 6 月均称之为上海海运。

现简要表述一下中远海运（上海）有限公司体制变化、机构改革、名称更换的沿革情况：

1949 年 5 月 27 日上海解放。1949 年 5 月 28 日中国人民解放军上海市军管会财政经济接管委员会航运处接管了具有 77 年历史的中国近代最大航运企业——国民党官僚航运企业招商局轮船股份有限公司。

1949 年 5 月—1950 年 3 月招商局军事接管时期，沿用原名，并按原体制运行。

1950 年 4 月，根据政务院决定，招商局改组，在上海成立国营轮船总公司（招商局），由交通部领导，统一经营全国的国营轮船运输业务。

1951 年 2 月，经交通部决定，国营轮船总公司改为中国人民轮船总公司，迁往北京，与交通部航务总局合并办公，留沪的部分机构和人员组成中国人民轮船总公司上海区公司。

1951 年 8 月—1953 年 4 月，中国人民轮船总公司上海区公司撤销，成立华东区海运管理局，受交通部直接领导。

1953 年 5 月—1956 年 8 月，华东区海运管理局和北洋区海运管理局合并，组成中央人民政府交通部上海海运管理局。

1956 年 9 月—1958 年 4 月，上海海运管理局和上海港务管理局合并，成立交通部华东区管理局，1956 年 10 月改名为交通部上海区海运管理局。

1958 年 4 月—1964 年 6 月，根据交通部决定，撤销交通部上海区海运管理局，改设上海海运管理局。

1964 年 6 月—1968 年 4 月，上海海运管理局改制为上海轮船公司。

1968 年 4 月—1978 年 7 月，上海市革委会批准上海轮船公司改名为上海海运局。

1978 年 7 月—1993 年 6 月，根据交通部决定，上海海运局为部直属企业，改名为交通部上海海运管理局。

1993 年 6 月—2016 年 7 月成立上海海运（集团）公司。

2017 年 7 月—2017 年 11 月成立中远海运（上海）公司。

2017 年 12 月— 至今成立中远海运（上海）有限公司。

2. 船舶名称的称谓说明

《上海海运发展史》出现的船名甚多，1949 年自上海解放军事接管招商局以后，船舶称谓为“×× 号”轮。1965 年 1 月 1 日，北方区局海运管理局批准：是日起，上海海运“和平”“民主”“建设”轮等运输船舶一律采用阿拉伯数字编号，并取消船名序数后的“号”字。以此为据，船舶称谓为“××”轮。

第一节　建立新中国航运企业

一、招商局撤离大陆去台湾

1872 年 12 月 26 日，清政府批准李鸿章《试办招商轮船折》，标志着招商局的成立，1873 年元月 17 日（同治十一年十二月十六日）正式开局。轮船招商局在沪成立，从此上海有了本国轮船公司（图 1-1）。至抗日战争前夕，上海从事沿海运输的国轮有 124 艘，20 余万总吨（包括民营船舶），而外轮有 220 艘，近 50 万总吨。

1945 年 9 月 3 日，抗日战争胜利。9 月，重庆招商局总局总经理徐学禹率领一部分人员来到离别 8 年的招商局发源地上海。10 月 1 日，国民党国营招商局上海临时办事处正式成立。不久，当时代理重庆招商局总局事务的副总经理胡时渊率领全部留重庆的工作人员抵达上海。招商局于 10 月 23 日迁沪办公，临时办事处同日撤销。地处上海外滩广东路 20 号的东亚海运株式会社大楼（“日清大楼”）作为敌产由招商局接收，1946 年 10 月 22 日，招商局总局搬入广东路 20 号办公，招商局总部从此迁移此楼。1948 年 8 月国民党政府将招商局改组为股份公司。1948 年冬，人民解放战争淮海战役取得胜利，人民解放军逼近长江，招商局开始着手转移到台湾的准备工作。

1949 年初，国民党军队节节败退，开始匆匆撤离大陆。为达到招商局迁至台湾的目的，国民党政府改组招商局管理机构。3 月 12 日，交通部改聘徐学禹为董事长，胡时渊任总经理。

当时，国民党政府军事上已经全面溃败，经济上陷入了严重困境。招商局同样困难重重，出现了四大难点：军运繁重、客轮太少、燃料不济和运价不敷成本。特别是军事运输的收入仅为应收运费的 28.7%，致使业务收支失控。4 月 9 日，胡时渊以“发展华南业务”为由，加派产业部经理组副主任谭懿为驻台湾代表，另派公务员两人前往协助办理公务。4 月 16 日，又指派产业部营缮组工程师姚宏胄赴台筹划建筑工程，招商局迁台的各种准备工作基本就绪。

图 1-1　上海海运前身招商局总局，1932 年 11 月 11 日改名为“国营招商局”。

1949 年 4 月 23 日，南京解放，国民党“行政院”要求招商局开始随国民党军队、机关一起迁往台湾。4 月 30 日，董事会正式决定在台湾成立总管理处，并制订了《成立总管理处后本公司业务处理暂行办法》。

招商局徐学禹董事长往来于上海、香港和台湾之间，积极部署招商局迁台工作。“凡属可迁移之军公物资，以及除部分船舶因为在上海修理而无法拖动，或者因为在长江上应差而无法撤出外，其余船只，遵照政府命令，全部撤离上海”。上海解放前夕，招商局迁台的船只为 92 艘，244695 总吨如表 1-1 所示。随同船舶迁台的招商局员工有岸上人员 721 人，船上人员 4635 人，总数为 5356 人，大约占当时全局员工人数的三分之一。

招商局 1949 年迁台船舶统计表　　表 1-1

类型	船　名	数量	吨数
自由轮	海天、海地、海玄、海黄、海宇、海宙、海辰、海宿、海列、海张	10	72230
大湖型	海苏、海皖、海鄂、海川、海滇、海桂、海辽、海赣、海湘、海康、海黔、海粤、海陇、海吉	14	38465
近海型	海菲、海厦	2	9381
格莱型	自忠、登禹、麟阁	3	8705
N3 型	黄兴、蔡锷、执信、延闿、汉民、铁桥、其美、邓铿、仲恺培德、林森、教仁、成功、鸿章、廷枢、继光	16	29955
B 型	海沪、海平、海穗、海汉、海杭、海津	6	8106
特快轮	锡麟、秋瑾	2	2952

续上表

类型	船　　名	数量	吨数
LST	中103、中105、中106、中108、中109、中112、中113、中115、中117、中118、万富、万国、万利、万民	14	46578
LSM	华206、华210	2	1732
远洋拖轮	民301、民302、民305、民308、民309、民310、民312、民315、民316、民320	10	5799
江轮	江静、江平、江宁、江隆、江建、江和	6	17278
小拖轮	国良、国富、金山、飞台、飞隆	5	638
机船驳船	招商93、利106	2	2876
总计		92	244695

《招商局轮船股份有限公司资料汇编》1955年5月。

二、中共地下党积极开展“护船护产”运动

1949年初，中共中央上海局航运支部组织海员和码头工人成立了上海市航业界职工联合会，简称“航联会”。当时，航联会有三大任务，一是发动群众反撤退，反破坏，迎解放；二是调查航运机构的情况；三是争取航运界技术人士留沪。

上海解放前夕，航联会加强宣传攻势，将秘密印刷的宣传品利用各种渠道送上船舶。为了避开国民党的检查和视线，航联会成员利用夜色，划着小舢板，贴近大船，内外接应，把宣传品送上船舶，供船员阅读，让船员了解当前情况和身临的处境。同时，航联会通过各种关系，对船员和家属宣传时局形势，动员船员不要为国民党开船；尤其是航运支部派人到招商局等航运企业的机关说服劝导，重点做好招商局上层人士的工作，劝说他们不要为国民党运输物资。经过再三的工作，胡时渊、黄慕宗、马家骏等高层人士和一批技术人员决意留在上海，迎接解放。

航运支部根据上级的布置，紧锣密鼓地通过各种渠道掌握招商局的船舶动态、人员动态和军运情况等，及时上报上海市委。这些材料有的被迅速转送到解放区，经汇总整理、编写，发送给为接管上海做准备在丹阳集结的接管专员和部队领导等。这些材料为上海解放、军事接管和迅速复航，起到了重要作用。

1949年4月23日，南京解放以后，航联会成立了码头纠察队，采取怠工、拖延、藏匿的办法，同国民党进行反搬迁、反破坏、反逃跑的斗争。1949年5月，航运支部针对上海特务头子毛森在警备司令部威逼当时上海航运界9名上层人士撤退和进行破坏的企图，立即派员分别到这些人家中做工作，劝说他们不要受国民党的欺骗，不要搞撤退和破坏。对个别政治上较反动的，即发出警告信，警告他们不许破坏仓库和船舶，对他们起到了很好的威慑作用。同时，通过各种渠道，在航业界发动群众，动员他们收听解放区广播，号召大家护产，迎接解放。

当人民解放军直逼上海市郊的时候，国民党反动派仓皇逃窜和撤退。这时，广大海员在航联会领导之下，针锋相对地开展反撤退、反破坏斗争，有的把船开上浅滩，有的把机

器拆掉；有的推托生病，有的隐藏不见，不再上船。国民党反动派见无船可用更是恐慌，于是采取极端措施，发布军令："抗拒开船者，就地格杀！"同时，派出大批军警到海员宿舍和家里强抓海员，甚至上海警察局黄浦分局的警察到招商局机关来索要海员。但是，海员能躲则躲，能逃则逃。被抓的海员在半路上也设法逃离，即使军警鸣枪示警、镇压也不就范。当时一位船长被抓，国民党要他去开"民 305 号"轮，解押途中，解放军炮火声隆隆，国民党匪军十分惊慌，这位船长趁机溜走。后来，国民党又抓来一位大副充当船长开船，但当此船行驶到吴淞口时便被人民解放军截住。

上海临近解放时，国民党对上海航运业进行了疯狂的破坏，劫走船舶达 126 艘，在黄浦江内破坏炸沉了 57 艘船舶。尽管如此，航联会领导的反撤退、反破坏斗争仍然取得了巨大胜利，除招商局四号码头遭受轻微破坏，一、二、六号码头部分物资被抢走外，其余仓库均完好无损，总计保护下来的大小船舶有 400 多艘。

1949 年 2—3 月，航联会开始组织纠察队，当中国人民解放军占领了上海浦西一带地区时，海员和码头工人们立刻佩戴了事先准备好的人民保安队的臂章，为解放军带路送信，维持秩序，散发传单，并协助人民解放军解除敌人武装。

与此同时，1949 年 2 月，华北解放以后，上海正处在减产停工，工农业运销范围逐渐萎缩的时期。上海航业界部分中小资本家提议上海和华北解放区通航，这一提议得到了中小工商业的普遍欢迎。于是，航业界人士与国民党进行交涉、斗争，提出通航要求。当时，国民党尽管心中不甘，但为了摆出一副和平的姿态，被迫应允。后经中国人民解放军同意，由"大上海号"和"唐山号"两轮承担通航任务。航业界的这次通航，鼓舞了上海的中小工商业者。他们将此视为上海工商业复苏之希望。但是，随着形势的变化，这些航商并未能从通航中得到效益。上海解放前夕，一方面受到国民党反动派宣传的影响，另一方面对中国共产党的政策不甚了解，因而在国民党反动派的威逼利诱之下，航业界有部分船公司把船舶开到香港等地，并将公司的经营中心转移至香港和海外（到 1950 年以后，在共产党政策感召以及这些船公司经营陷入困境等原因之下，才陆续"南船北归"）。

1949 年 5 月 25 日凌晨，人民解放军从虹桥、徐家汇进入上海市区。这时，上海苏州河以北尚未解放。清晨，航联会根据航运党总支的指示，紧急召集纠察队，立即进入航运企业、船厂、码头、仓库，负责保护财产，防止破坏、抢劫、偷盗，直到人民解放军接管。为配合中国人民解放军军事接管招商局，1949 年 5 月 25 日当天，上海市航运界联合会就发出第 1 号通告。通告对船舶、码头、仓库、修理厂和人员等的接收事宜都提出了明确具体的要求。通告内容如下："上海国民党反动派政权现已全部崩溃，人民政权即将建立。在人民解放军尚未正式入城军事管制委员会暨人民政府未成立前，凡我职工，应各守岗位，照常安心工作，在本会指导下执行下列各项纲领，静候军事管制委员会正式接收。

甲、关于船务部分者：

（一）大小船只各泊原处不得移动。（二）船主、大、二、三副应团结全船员工保护船只完整，防止破坏，轮机员工将机器房间加封，值班看守。（三）逮捕任何特务分子及破坏船只的歹徒，押回本会严办。（四）无线电部分，保护通讯设备，防止破坏，与轮机部分同。

乙、关于码头仓库者：

（一）拒绝搬运仓库码头物资，仓库立即加封，派人轮流看守，保护完整，防止破坏，听候军管会接收。（二）逮捕抢劫物资，破坏码头仓库设备之特务分子，押回本会严办。

丙、关于管理业务及各办公室人员者：

（一）各守本位，照常办公。（二）保管一切档案文件、账册、图表、器具、物资等，并有系统整理，准备移交；仍安原职位，分层负责。

丁、关于各修理厂修理船者：（一）主管人员及全体员工，各按系统，分层负责，保管一切机器设备、材料、船坞、文件、档案等，防止破坏，听候处理。（二）在修理中之船只机器按照原状态继续修理，如不能继续修理，务须妥加保管，听候本会处理。

以上一切，听候本会纠察队，凭正式臂章指挥办理。非经人民解放军军事管制委员会正式公文命令，任何团体不得假借名义，擅自处置；如有故意破坏、违抗、捣乱秩序者，即由本会纠察队拘办。”

是日，航联会在招商局门口贴出通告。当天中午，招商局门口发现佩戴白布黑字袖章的国民党航警冒名来“接管招商局”，航联会纠察队及时发现，与其斗争，驱而赶之。

1949 年 5 月 26 日上午，根据上级指示，航运党总支负责人和军管会领导于眉、邓寅冬在上海金门饭店会合见面，并详细介绍了上海航运界的情况。

5 月 27 日中午，吴淞口有一小部分国民党守军依然顽强抵抗。人民解放军为了不影响全市的生产生活，在地下党组织的配合下，改用政治攻势，从内部瓦解敌人。

1949 年 5 月 27 日，中国最大的工商业城市上海宣告解放。历时 15 天的上海战役，共歼敌 15.3 万人，城市基本上完好无损。

人民解放军进入上海后，模范地执行党的城市政策，为了避免惊扰市民，严格遵守“三大纪律八项注意”，赢得了广大市民的衷心爱戴。

上海解放当天，人民解放军上海市军管会正式成立，陈毅任主任，粟裕任副主任。第二天，上海市人民政府宣告成立。上海终于回到了人民的怀抱。

三、“快接细收”军事接管招商局

招商局是中国近代设立最早、规模最大的民族航运企业，是中国近代民族工商业的先行者，在漫长的发展历程中，尽管招商局历经多次改组变革，但是，由于上海具有得天独厚的地理优势、经贸地位和社会条件，因此，该局总部始终设立在上海。

1949 年 3 月 26 日，国民党政府对招商局实行军管。国民党淞沪警备司令部宣布，各类船只一律听从上海港口司令部指挥调度。当解放上海的外围战斗打响时，国民党上海港口司令部即派军警登上各轮，每艘海轮派驻一个班的军警，江轮派驻半个班的军警，并且规定船员离船不得超过 6 小时，又将在上海的公、私营船舶一律集中在复兴岛以北的黄浦江下游，限期出海，对不能驶离的船舶一律予以破坏或者沉没于江底。

1949 年 4 月 30 日，董事会正式决定在台湾成立总管理处，并制定了《成立总管理处后本公司业务处理暂行办法》。其要点包括：(1)5 月 5 日在台北成立总管理处，从同日起，上海方面改称上海分公司；(2) 总管理处由总经理负责，总经理不在时，由董事长主持。上海分公司暂由总经理主持；(3) 在总经理仍能行使总经理职权时，总公司一切有关事宜仍归上海分公司办理，在总经理不能行使总经理职权时，由董事长以总管理处名义代行总经理职权。自此，招商局的大批资财、档案被转移到台湾，不能转移的即被销毁。

上海解放前夕，上海市军管会财政经济接管委员会航运处在丹阳附近地区召开接管招商局的专业会议，根据党中央接管城市的有关政策，拟订接管招商局的具体方案：确定在不打乱原有企业现状的原则下，按各自系统整套接收，采用接收后再逐步改造的方针。

1949 年 5 月 27 日，上海全市解放。中国人民解放军上海市军管会宣告成立。军管会财政经济接管委员会航运处处长于眉，航运处党委书记邓寅冬、副书记马骏率领接管干部进驻招商局。图 1–2 为军事代表接管招商局时佩戴的臂章、胸章等。

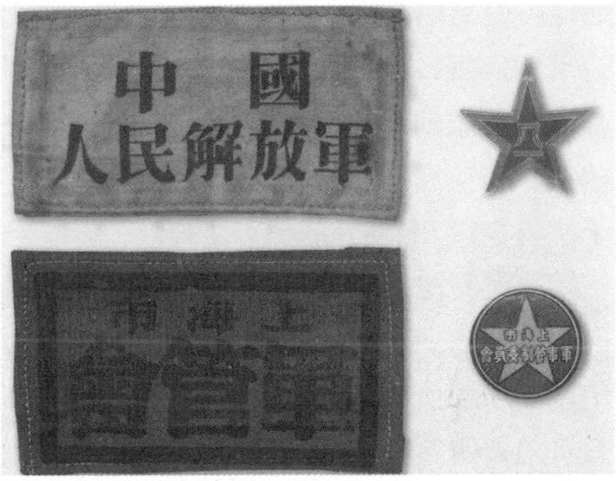

图 1–2　上海海运离休干部贾兴永作为解放军军事代表一员，接管招商局时佩戴的上海市军事管制委员会臂章、胸章等。

1949 年 5 月 28 日，中人民解放军上海市军管会主任陈毅、副主任粟裕签署了中国人民解放军上海市军管会命令：“查招商局股份有限公司为国民党官僚资本企业，兹任命于眉为本会驻该企业军事代表，在军事管制时期，代表本会在该企业执行军事监督及办理一切接管事宜，仰该企业所有人员，照旧供职，安心工作，切实服从领导，遵守革命法纪，保护资材、机器、图书、仪器、账册、档案、车辆、用具等，并由该企业负责人员造具详细清册，确实报告，听候清点接管。凡保护有功者奖；怠工破坏阴谋捣乱者，严惩不贷。除分令外，仰即切实遵照，毋违为要。”

上海市军管会财政经济接管委员会航运处长于眉和副处长邓寅冬，奉命兼任招商局总军事代表和副总军事代表。当日，招商局召开员工大会，总军事代表于眉宣布接管命令，并讲明了党的政策和“各按系统、整套接收、调查研究、逐步改造”的接管方针，要求所有员工各安职守，听候接管。同时宣布招商局正、副总经理和各部负责人留任原职。

即日，招商局股份有限公司胡时渊总经理接受了上海市军管会财政经济接管委员会的接管命令，随即发出通知，通知全文如下：

案奉中国人民解放军上海市军管会 1949 年 5 月 28 日命令：“查招商局股份有限公司为国民党官僚资本企业，兹任命于眉为本会驻该企业军事代表。在军事管制时期代表本会在该企业执行军事监督及办理一切接管事宜，仰该企业所有人员照旧供职，安心工作，切实服从领导，遵守革命法纪，保护资材、机器、图书、仪器、账册、档案、车辆、用具等，并应由该企业负责人员造具详细清册，确实报告，听候清点接管。凡保护有功者奖，怠工破坏捣乱者依法严惩不贷，除分令外，仰即切实遵照。毋违为要。等因并奉派该会邓同志寅冬、董同志华民、姜同志远、王同志健、汤同志国良、曹同志缎，为助理代表。由邓代表负责财务部门，董代表负责业务部门，姜、王两代表负责运务部门，汤代表负责机器造船厂修理船及曹代表负责人事部门之接管指导联系事项。特此通知，希各知照。”

该通知是招商局“管事第一号文”，由胡时渊总经理签发，下发至各部门、各码头、中华拖驳运输公司、机器造船厂修理。这份通知，一则表明了胡时渊总经理的态度，二则起到了较好的稳定局面作用，再则便于日后招商局合法顺利地进行交接。

6 月 5 日，上海解放后的第 10 天，军事总代表于眉举行了接管仪式，与招商局总经理胡时渊办理了移交手续。同时，开始了具体交接工作。

整个接收工作方法按照“快接、细收”的两个步骤进行。具体工作分为接收、管理、改造。在“快接”上，招商局军事总代表委派李宁、周锦文、刘延穆、王瑞峰分别为中国油轮股份有限公司、中华轮驳拖运公司、台湾航业股份有限公司上海分公司、上海航政局的军事代表，开展接管工作。查封了重要物资和重要账单，并以接管日为期，另立新账，办理移交账册。在“细收”上，按航运处接收的范围成立接收委员会，下设船舶、财产、档案、码头仓库、修造船厂、油轮公司、拖驳公司 7 个分会。经过由下而上的接管清点，于 7 月 30 日顺利完成清点工作。

这次交接先后共接管船舶 406 艘，161203 总吨，其中海轮 23 艘，57819 总吨；接收员工 10846 人，为员工总人数的 85%，其中招商局 5363 人。接管后的中华拖驳公司并入华东交通部所属的内河航运公司；中国油轮公司、台湾航业公司上海分公司和国民党善后救济总署所属的水运大队并入招商局。招商局所属的浦东机器造船厂和浦西修理所合并为修理厂。招商局员工中，除大部分船员和少数上层管理人员去台湾外，许多技术业务人员均留在上海，这些人员以后为新中国的航运事业中发挥了积极作用。

上海解放以前，招商局门禁森严，等级严明。其规定：一般船员有事必须按级转呈，不能随意进出。上海解放后，招商局“衙门”被打破，海员和工人可以自由进出。接管的军代表和党的干部平易近人，虚心诚恳，深得人心。广大海员、工人和中下级职员把军代表看成是最可信赖的人，有的主动反映情况，控诉国民党的黑暗，有的倾吐决心，要求复航复工。

军管会接管招商局后，航运处党委在招商局各部门建立了 7 个党支部。军事总代表根据船舶吨位大小和运输任务轻重，对各轮派驻了指导员和副指导员，对船舶进行接管清点，稳定船员情绪，逐渐恢复运输。

1949 年 7 月 1 日，航运处颁发了《招商局军管时期船舶管理暂行办法》。该办法规定：“本局船舶在军管时期，完全实行军事管制，由本局总军事代表派军事代表上船进行工作，凡船员一律接受军代表领导，不得违令。”这一办法对应对战事环境，恢复江海运输，粉碎美蒋海空骚扰封锁，保护船员生命安全起到了重要作用，同时也为在船舶建立党支部，开展政治思想工作打下了基础。

上海解放后军事接管招商局等国民党官僚航运企业，将此收归新中国人民所有，这是新中国航运发展史上的一个重大历史事件。接管工作不单纯是行政处理和技术处理，而是中国人民革命事业从获得胜利到开始建设的过程中主要的政治斗争任务。如何妥善将国民党反动派的遗产好好接管对新中国的建设具有特殊意义。因此，毛主席和党中央非常重视接管工作，号召共产党员、人民政府工作人员、解放军指战员要遵守纪律，以自己的模范纪律来对待接管工作。这样保证了用战争夺回的人民财产原封不动地交回给人民。接管工作方针，既不采取急性的办法，也不采取迁就的办法，而是采取稳步前进的实事求是的接管方针。这是一种现实主义的方针，使我们的接管工作能在极复杂的情况下顺利开展。

四、招商局改组，成立国营轮船总公司

军事接管招商局的同时，长江沿线的分局也均由地方军事管制委员会接管。当时，采取“分散经营，保本自给”的方式，由地方政府直接经营管理，虽然有利于各地在解放初期渡过财政难关，但是分散经营的运输能力不适应运输需要的矛盾开始突显。全国财政经济统一管理以后，为克服分散经营体制带来的弊病，有利于资金的运作和船舶的调度，1950 年 4 月 1 日，中央人民政府政务院决定对招商局进行管理体制调整，把招商局改名为国营轮船总公司，① 于眉任负责人，总公司设立在上海，规定全国公营船舶和非运输部门所经营载重量 500 吨以上的海轮和载重量 200 吨以上的长江江轮，均归国营轮船总公司管理。国营轮船总公司在交通部领导下统一经营全国国营轮船业务。

新成立的国营轮船总公司以各地原招商局分公司为基础，在天津、大连、青岛、汉口等主要港口设立区公司，在安东（今丹东）、营口、秦皇岛、烟台、连云港、镇江、南京、芜湖、安庆、九江、沙市、宜昌、重庆和香港等地设立分公司或办事处，明确广州、汕头、宁波、温州、福州、厦门等地的原招商局的业务暂时委托各地航务局代管。同时，将原由国民党官办的中国油轮公司的 9 艘油轮和公司全体人员并入国营轮船总公司，但对外仍保留中国油轮公司名称。

1950 年 4 月 10 日，国营轮船总公司在汉口召开长江沿线运输会议。会议明确了长江线各分支机构的运输业务指挥、船舶调配、财务和人事由总公司统一管理和领导。

1950 年 4 月，招商局改为国营轮船总公司以后，上级党组织仍沿用招商局名称行文。7 月 14 日，中共中央华东局批准招商局（国营轮船总公司）分党委由八人组成，邓寅冬任书记，王剑鸣、戴德任副书记。这是新中国成立后招商局的第一届党委。

1950 年 8 月 25 日，华东军事委员会直属机关党委会纪律检查委员会批准招商局（国营轮船总公司）分党委纪律检查委员会由 6 人组成，王剑鸣任书记。月底，经华东军政委员会批准，招商局（国营轮船总公司）分党委下设船务部、直属机关和造船厂三个总支部。这时，招商局少数船舶已建立了党小组（表 1–2）。

五、办理接管香港招商局工作

上海解放后，招商局轮船股份有限公司位于上海的总公司由上海市军管会接管，而作为下属机构的招商局轮船股份有限公司香港分公司（简称香港招商局）由于历史原因不能与内地一样实施军事接管。

1950 年 1 月 5 日，英国政府宣布正式承认中华人民共和国。1950 年 1 月 9 日，中华人民共和国中央人民政府政务院周恩来总理发布了保产命令：“令驻在香港的原属国民党中央政府和地方政府的一切政治、外交、财政、经济、文化、教育、侨务等机构的主管人员及全体员工：你们务须守岗位，保护国家财产档案，听候接收。严禁反动分子有任何偷窃、

① 《交通部行政史》编委会编：《交通部行政史》，北京：人民交通出版社，2008 年，第 31 页。

破坏、转移、隐匿等情事。原有员工，均可量才录用。其中保护国家财产有功者，将予以奖励；其有偷窃、破坏、转移、隐匿等情者，必予追究。”

表 1–2

国营轮船总公司（招商局）

（1950 年 9 月）

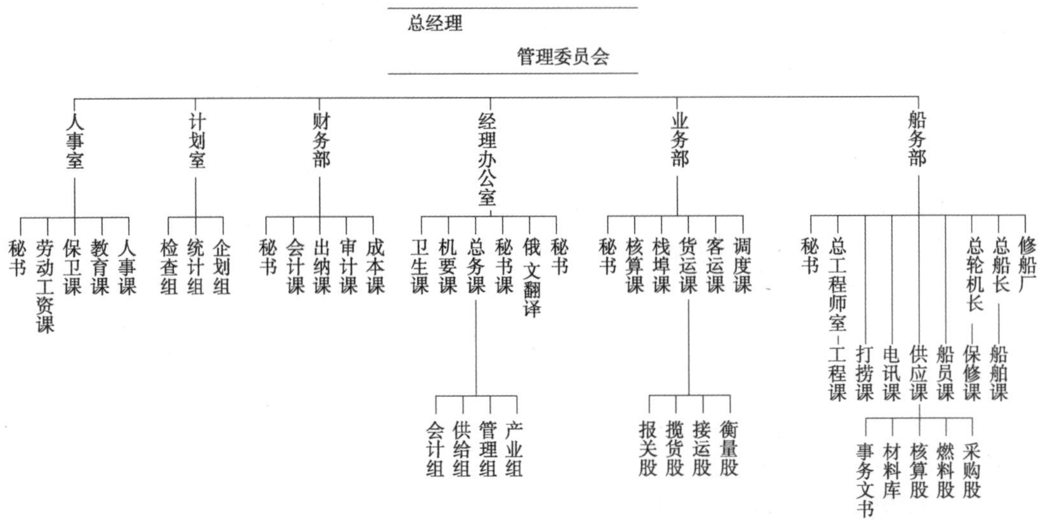

当时，香港招商局主管人员汤传篪、陈天骏以及广大员工积极响应和贯彻周恩来的保产命令。在中国共产党中央华南分局的统一部署和领导下，香港招商局经过缜密的准备，于 1950 年 1 月 15 日，全体员工和留港的 13 艘海轮，共 600 多人正式宣布起义。这一天五星红旗在香港招商局所辖的办公楼、码头、仓库以及海轮上迎风飘扬。

香港招商局起义后，招商局上海总公司军事代表于眉、总经理胡时渊于 1 月 18 日联名致电香港招商局以及留港船舶的全体员工，表示慰问和嘉奖。招商局上海公司于 1950 年 1 月 19 日任命汤传篪为香港招商局经理。同时，根据党中央和华东区的指示，派军代表董华民、杨再新冠以上海招商局高级职员和秘书的身份，以南洋视察的名义进入香港。同去的还有招商局副总经理黄慕宗、船长周崇善、轮机长应芝芳等人。其主要任务是执行接收工作，重点是保护香港招商局资产，尤其是在港船舶的安全。

1950 年 2 月 8 日，香港招商局起义船员举行欢迎大会，热烈欢迎董华民等人来香港领导护产斗争。董华民在会上传达了上海招商局领导对香港招商局暨 13 艘轮船起义壮举的高度评价和对全体船员的深切关怀，并代表上海招商局向起义船员颁发任命状。

董华民等人在中央人民政府政务院“接收香港国民党机构工作团”的领导下，在船员中公开领导护产斗争。

1950 年 4 月中旬，上海招商局又派出李明川等 10 人到香港，加上原在港人员，分别担任 13 艘起义船舶的联络员。联络员上船组织船员学习，宣传党的方针政策，建立护船纠察队，严防敌人破坏，并在起义船员中发现和培养了一批积极分子，发展了一批优秀青年入团。

招商局 13 艘船舶起义成功以后，按原计划离开香港，驶往内地港口。但是，当时珠江口外的一些岛屿仍被国民党军队盘踞，船舶难以安全通过，而且，又发生了国民党劫持民生航运公司“太湖号”轮的事件，致使起义船舶回归内地的计划一再被推迟。当时，停滞香港的起义船舶有员工 520 多名。

1950 年 6 月 25 日，朝鲜内战爆发。香港招商局经中共华南分局批准，决定将 13 艘起义海轮驶往广州，以保证船舶安全。但是，进展并非顺利。朝鲜内战爆发后，第三次世界大战的气氛笼罩香港。国民党自以为“形势好转”，对 13 艘起义船进行政治攻势，企图利用战争之机，把这批船舶再从人民手中劫去台湾。国民党以“驶台重赏”为诱饵来欺骗引诱起义海员，然而，起义海员不为所动。一计不成又生一计，国民党制订了撞沉 13 艘起义船的计划，拟雇用拖轮拦腰撞沉起义船，阻挠起义船驶往内地。起义船员得知敌人阴谋以后，立即加强护船力量。每一条船舶都有护船纠察队，日夜值班，不许任何船、驳靠近，船与船之间加强联系，互相支援，严阵以待，最终使敌人的阴谋未能得逞。

1950 年 7 月 11 日下午，由船长谷源松驾驶的“民 302 号”轮起锚离开香港。该轮是首个抵达广州的招商局起义船舶，被交通部授予“起义先锋船”，船长谷源松被授予“英雄船长”称号。起义船既要防范国民党特务的破坏，又要避免港英当局的阻挠，10 月 20 日，随着“登禹号”轮达到广州，13 艘起义船克服种种困难，全部抵达广州。其中，“海厦号”轮在驶往广州途中，被国民党特务隐藏在船上的定时炸弹袭击，2 名船员遇难，3 名船员被炸伤。2 名遇难船员被追认为烈士，安葬在广州黄花岗烈士墓园。

1950 年 10 月 30 日下午 2 时，在广州大同酒家五楼举行了“招商局香港起义员工胜利回归联欢大会”，庆祝 13 艘轮船护产斗争的胜利。大会由中央人民政府政务院港九接收工作团团长雷仁民主持，董华民致开幕词，上海招商局军事副总代表航运处副处长邓寅冬、中国海员工会华南区委员会副主席岑维、中央交通部代表张德甫、护产模范姚阿金、招商局广州分公司经理张玉华、香港招商局工会主席罗秉球等在会上发言。会上，陈天骏代表香港招商局向护卫船舶有功的人员授予“拳保轮归”锦旗。10 月 31 日香港《大公报》报道了这次庆祝大会。

香港招商局全体起义船员将 13 艘轮船胜利驶回以后，11 月 15 日，周恩来总理致电香港招商局，向起义船员表示慰问和嘉勉。电文如下：

“汤传篪、陈天骏两经理，并转全体起义员工同志们：

你们在港坚持了九个多月的护产斗争，粉碎了帝国主义和蒋介石匪帮的一切迫害和阻扰，终于胜利地将全部起义的轮船驶回人民的祖国。你们英勇不屈的斗争，在维护祖国财产和发展人民航运事业上，是有很大贡献的。望努力学习，为进一步发展人民的航运事业而奋斗！”

11 月 18 日新华社发出电讯：……此 13 艘轮船总吨为 25833 吨，载重吨为 31133 吨。这些轮船驶回人民祖国，为新中国的人民航运事业增加了一批新的力量。

香港招商局以及 13 艘轮船的胜利起义，引起全世界的关注，被列为 1950 年世界十大新闻之一。具有光荣革命传统的中国海员在香港再一次展现了自己的力量。

根据上海招商局改名后的国营轮船总公司的指示，从 1950 年 11 月 1 日起，13 艘起义海轮暂时由国营轮船总公司广州分公司管理。至此，加上先前的“中 102 号”艇和“海辽号”轮，共有 15 艘起义船舶，总吨位为 3.2 万吨。这批船舶和起义船员成为新中国成立初期一支相当重要的运输力量和航海骨干力量，为恢复国民经济和发展新中国航运事业发挥了积极作用。据不完全统计，起义船员到新中国成立以后，陆续成为行政、技术管理职务的有 140 多人，其中有 7 人担任公司经理、企业领导；28 人成为工程师、水运院校讲师、海监室技术干部；39 人担任船长、政委、轮机长，还有 60 多名成为船舶技术干部和机关科级干部。

六、成立中国人民轮船公司上海区公司

1951 年 2 月 1 日，经中央人民政府政务院财政经济委员会批准，交通部决定：国营轮船总公司改组为中国人民轮船总公司，总公司设于北京；上海设中国人民轮船总公司上海区公司，公司由邓寅冬任经理，黄慕宗、熊振作、姜远任副经理。公司管辖海州、宁波、福州、厦门分公司以及镇海办事处。原国营轮船总公司汉口分公司改组为中国人民轮船总公司长江分公司，归交通部直接领导；原国营轮船总公司管辖的行驶长江沿线的船舶划归长江分公司经营管理。文件还特别明确规定：“香港分公司直属总公司领导。”2 月 5 日，交通部航务总局电示，中国人民轮船总公司改名为中国人民轮船公司，各区公司相应更名。

1951 年 2 月 14 日，香港招商局因所处地理环境与内地不同，为方便向港英政府办理注册手续和避免产权过户等方面带来的不便及纠葛，专门致函中国人民轮船公司，要求“暂时仍沿用原名，以杜纠纷”。3 月 15 日，中国人民轮船总公司复函，表示同意。

1951 年以后，招商局在内地的公司均不再使用“招商局”的名称，只有香港招商局继续使用“招商局轮船股份有限公司”的名称。

七、按区域和海区划分，华东区海运管理局成立

1951 年 8 月 1 日，全国第二届航务会议召开。会议决定，全国水运管理体制实行专业分工，海河分管；撤销中国人民轮船公司上海区公司，在交通部内部成立海运管理总局和河运管理总局，[①] 统一管理全国水上运输；按照区域管理的方式，依据沿海海区的划分，在大连、上海、广州分设北洋、华东、华南三个区海运管理局，直属海运管理总局领导。按照港航分管、江海分家的精神，成立了上海港务管理局、长江区航务管理局以及上海船舶修理厂，由交通部各专业局直接管理。从此，统管南北航线，统管江、海运输，统管上海港口和船舶修理的招商局（中国人民轮船公司上海区公司）在体制结构上发生了深刻变化，成为了具有海运运输职能的航运企业。这一系列的调整，彻底改变了 77 年旧招商局的经营体系，使新中国航运事业的经营管理机构走上适合当时航运条件和环境的发展道路。

1952 年 11 月，为有利于货源和调度统一，交通部海运专业会议决定，统一北洋、华东两个区海运管理局的经营管理。1953 年 5 月 1 日，交通部撤销华东、北洋区管理局，以原两局为基础，成立上海海运管理局，大连设立办事处，其为上海海运管理局内部

---

① 《交通部行政史》编委会编:《交通部行政史》，北京：人民交通出版社，2008 年，第 37 页。

核算单位。上海海运管理局对北洋航线和南洋航线实行统一经营管理。华东区海运管理局所属宁波分局和温州办事处划归上海港务局领导，南洋运输部保留，隶属上海海运管理局。

第二节　恢复生产，突破封锁

一、打捞沉船、清理航道、抢修船舶

上海解放前夕，国民党在军事上节节败退，深感大势已去，但又不甘心失败，一方面竭尽全力劫夺大批船舶，招商局被劫往台湾的船舶就有 92 艘，另一方面千方百计破坏黄浦江的运输，将上海变成一个“死城”。对招商局等船公司实施军管的上海国民党淞沪杭警备司令部，派军警疯狂地在龙华至吴淞口 83 公里的黄浦江上烧毁和炸沉了 59 艘船舶。黄浦江中心地段到处都是东倒西歪的船舶。5 月 24 日，中国油轮有限公司所属 1200 吨级的“永汉号”轮被国民党军强迫放沉于黄浦江的咽喉处苏州河口，因船内存有空气，船尾沉没江底，船首却露出水面，船身向右倾斜 110 度，致中央航道被堵，除了内河小货轮和小舢板可在沿岸旁侧航行通过外，其他船舶无法进出，黄浦江运输处于瘫痪。同时，国民党军警还对码头、工厂、仓库等进行了破坏。

在航联会的工作下，与“永汉号”同类型的“永洛号”“永淮号”“永洮号”3 艘船舶上的船员，为了不被国民党军强逼将船驶往台湾，想方设法打开机舱内的海底阀门，使船自沉在黄浦江金陵东路口到天文台的江面上。

为了统一有效地打捞沉船和及时地修理船舶，1949 年 6 月 9 日，招商局航运处成立了船舶打捞修理委员会，由招商局总工程师任主任委员。按照上海市人民政府“组织起来，自助互助，厂商互助”的工作要求，积极开展工作。上海市人民政府还专门贷款 50 亿（旧币）支持有关公司，用于打捞黄浦江和长江下游的沉船。

1949 年 6 月初，招商局同中国油轮有限公司订立了打捞合同，规定每艘油轮在 25 天内完成打捞工作。当时上海打捞装备落后，技术力量薄弱，且打捞器材紧缺。使用的打捞工作船都是木质手摇的小舢板，由人工操作输送空气。潜水员下水摸到沉船先要堵漏，然后抽水，挖泥，再起浮。为了加快打捞进度，“永洛号”和“永淮号”两艘船舶同时开工。招商局将以前花费一万美金购买的用于打捞之用的机具开箱使用，并且在社会上雇用了打捞能手沈阿四、施福林等人与船员密切配合。

在打捞的过程中，经常遭受国民党飞机的骚扰，施工十分困难。但是，打捞人员不为所扰，紧张施工，分别用了 12 天和 17 天就将“永洛号”和“永淮号”轮起浮。至 1949 年 6 月 23 日，“永洮号”轮也顺利打捞成功，黄浦江陆家嘴航道先予打通，广东路外滩的一段码头已经可以停靠大型船舶。

沉没在苏州河口的“永汉号”轮因船尾沉入江底 3 米多深，船舱内积泥严重，整个打捞工程历时两个多月，船体于 1949 年 11 月 10 日起浮，2 天后现场清理完毕，打捞工程

结束。经过打捞和修船工人的努力，短短三四个月时间，共打捞大小沉船 70 余艘，修理大小船舶 220 多艘。黄浦江航道基本恢复畅通。4 艘打捞起的“永”字号油轮和另外未沉没的同类型的“永湘号”“永湟号”“永潇号”“永渭号”轮和驾驶台被烧毁以后修复的“永溦号”轮，成为解放初期招商局沿海油运的主要力量。

1950 年 5 月，由招商局船务处海务科牵头，组织打捞工程队和一批潜水人员对被蒋介石集团飞机炸沉在系泊董家渡江面上的排水量 3307 吨级、载重量为 2200 吨级“伯先号”客货轮进行打捞。整个工程分为正船身、封舱、起浮、整修 4 个阶段。经过 3 个月的努力，打捞任务完成。这是新中国成立以来，首次依靠自己的力量将排水量 3000 吨级以上船舶打捞出水的工程。

二、恢复货运，确保上海民生之需

上海是全国最大的工商业城市，是全国的经济中心。上海经济形势稳定与否，对全国经济有着举足轻重的影响。当时，粮食、棉花和煤炭是上海最紧缺的生活物资。1949 年 5 月 27 日，上海解放后，为保证全市 600 万人民的正常生活和巩固上海的新政权，上海市委要求招商局全力抓好复航和抢运工作。招商局着手于南、北航线的恢复，利用江河运输的有利条件先开通华东区范围内的水上运输。

1949 年 6 月 1 日，上海市军管会通令：解除长江沿线的封锁戒严，开放黄浦江、长江航道，准许本国的公、私营船舶自由航行。当天，军管会航运处公布《战时船舶管理暂行办法》，通知各航商到航政局办理复航手续。

1949 年 6 月 3 日，招商局趁重庆解放，国民党尚未在长江口布雷之时，“江陵号”轮先于复航，由上海开往汉口。开航时举行了复航典礼。航运处处长于眉代表上海市军管会将“江陵号”改名为“江陵解放号”，并授予“开航先锋”锦旗，号召船员精诚团结，共同为人民航运事业奋斗。该轮即承担起粮食沿长江下运、煤炭沿长江上运的运输任务。在 20 世纪 50 年代，长江是四川地区粮食下运的黄金水道，贯穿了我国中原平原，运输地位重要。

1949 年 6 月 3 日，军管会航运处正式接管中国油轮股份有限公司。1949 年 6 月 8 日，上海解放第 12 天，千吨级“永潇号”油轮接到一项艰巨任务，要求其立即驶往天津解放区，运输大连到塘沽的汽油，支援人民解放战争。当天下午，“永潇号”油轮成为上海解放后第一艘冲出长江口的海轮。一路上该轮采取熄灯航行、绕道航行、贴岸航行等办法避开了国民党敌机敌舰的搜索、骚扰以及国民党敌占岛炮火的轰击。6 月 12 日，经过千难万险的“永潇号”轮顺利靠泊塘沽码头，受到了天津招商局军代表和有关领导的热烈欢迎。天津市市长专门设宴招待船员，并授予“北洋一号”锦旗，见图 1–3。

由于国民党的空袭轰炸，航行和停泊的船舶“江泰号”“海有号”“海甬号”“伯先号”“江新号”以及民营船舶“海春号”等轮接连被炸，对恢复生产运输造成了极大困难。为了迅速恢复航运，军管会加强对私营航运单位的领导和管理，吸收航商界有影响力人士组成“民营航业指导委员会”，由于眉担任主任委员，航商代表钟山道任副主任委员。该会联系上海轮船业、汽船业和内河轮船业，并通过这三个同业公会，在年内调派了 19 艘船舶投入军运任务，为人民解放军后勤部卫生处运送伤俘人员 5200 多名，运送人民解放军第三十三军九十九师到崇明接防。

图 1-3　1949 年 6 月 16 日，“永湘号”轮复航有功，被授予“复航先锋”称号。

1949 年 6 月 10 日，招商局召开第一次业务会议。会议由胡时渊总经理主持，军事正、副总代表和各部门的军事代表和负责人参加。会议决定，采取一切措施恢复航运，保证上海市的煤、粮供应；要求全体员工坚守岗位，认真工作；要求一切船舶注意避开吴淞口外水雷，以策安全。

1949 年 6 月 14 日，由武汉军管会接管和命名的招商局“人民江安号”轮，从汉口复航抵上海。沪汉全线通航以后，招商局长江中下游大型客货班轮航线以及上海到浦口的煤炭运输也相继恢复。

1949 年 6 月 1—20 日的短短 20 天时间里，就有 125 艘船舶进入上海港，其中包括从香港驶来的外轮；165 艘船舶驶离上海港。长江航运恢复的半年之内，就有 50 多万吨煤炭运入上海，粮食也源源不断运来，既保证了对市民的供应，又增加了储备。棉花原料的及时运来，使上海纺织厂得以开工。当时，修理船舶，清理航道，恢复运输，实现了军管会工作的初步目标。

三、反封锁、反轰炸、反劫船

上海解放后面临十分严峻的形势。由于美国和蒋介石集团的破坏、劫夺、轰炸和封锁，上海可以航行的船舶仅剩 16000 多载重吨。国民党退守台湾以后，时刻不忘反攻大陆，依靠海、空军优势，制订了反攻大陆方案：以台湾、舟山为基地，叫嚣一年反攻，三年成功。

1949 年 6 月 23 日，台湾国民党海空军在美国的支持下，宣布对上海沿海实行武装封锁，企图阻止上海的内外交通，破坏生产建设。他们利用尚未解放的舟山群岛控制了东海门户，对大陆实施海上封锁和空袭，并在渤海、长江口、华东及华南沿海布放水雷。海上，国民党的军舰经常对航行船舶进行拦截，查缉前往大陆的各国商轮，没收与大陆通商的货物。重点查处苏联、东欧社会主义国家的轮船，并巡逻于台湾海峡。空中，飞机不断空袭航行船舶，致使一度恢复的北洋航线被迫中断。如此一来，各国商船开往上海的航线基本上被切断，进口的柴油、汽油失去了运输通道，印度和美国的原棉、南洋的橡胶及许多已买到手的工业原料，滞留在各国港口运不进上海。私营纱厂存棉量只够 10 余天的消耗，停工的纱厂从 5 家增加到 100 多家。杨树浦发电厂需要烧柴油，油源一断，上海将大面积停电。另外，大量外销产品堆积在码头上运不出去。工商界许多人士惊慌失措，有人准备跑往香港、台湾。如此下去，正如陈毅所说："工厂要关门，工人要失业，物价要高涨，市场要冷落，税收要减少，生活更困难。"

对此，中共中央华东局和上海市委制定了"反封锁六条方针，五大任务"，经报中央批准后向全市人民公布，并进行了大动员。于是，上海市反封锁斗争全面展开。与此同时，数管齐下，采取相应措施：一是协助工商业复工复业，渡过困难。二是，开展整编节约运动，大力减少开支。7 月份，解放军指战员省下 20 万石军粮，运来上海支援反封锁斗争，上海各界群众很受鼓舞。三是发挥工人阶级积极性创造性，节约原料，试用代用品。上海电厂每月要耗油 3 万吨。上海市委积极支持工人进行锅炉大改装，以煤代油，终于将 99.7% 的燃料改为煤炭。耗用汽油最多的公交公司，也研究改用煤气动力牵引汽车。不久，改装获得成功，许多因缺油停驶的汽车都挂上了煤气发生炉行驶在上海马路上。四是妥善安置因经济萎缩造成失业的 10 万工人。

1949 年 7 月 27 日，上海《解放日报》发表了题为《粉碎敌人封锁，为建设新上海而斗争》的社论。[①] 社论指出："全上海全华东的党政军民同志们！帝国主义指使国民党残余势力，用不断轰炸与武装封锁的野蛮手段来威胁我全上海及全华东人民已经一个月了！我们号召你们，为了粉碎敌人的轰炸封锁，为了建设健全繁荣的新上海而一致团结起来，坚决实行下列任务。"社论提出了 6 项方针，其中第 5 条指出："发展内地交通，鼓励城乡交流。帝国主义指使国民党残余势力以封锁办法来阻止和割断我内外交流的关系，为了粉碎敌人的封锁阴谋，我们必须迅速发展内外交通，鼓励内地物资交流，加强城乡互助，以发展繁荣国内经济。"招商局坚决执行党的方针和要求，航运处针对当时的航行条件，做出决定：船舶实行夜间航行，白天停航隐蔽。广大船员有令必行，想方设法运输上海急需物资。

1949 年 9 月 19 日，经中共中央华东局同意，由军管会航运处（招商局）与重工业处、财务处、物资处等部门联合成立船舶建造委员会，领导并组织公、私厂商从事造船工作。至 1950 年 5 月底，共建造机帆船、拖轮、木驳船 198 艘，用于恢复长江、内河运输以及支援解放沿海岛屿的运输。

经历了反封锁斗争，上海经济日渐走向康复发展之路。然而，国民党见海上封锁未得逞，就转向空袭。在 1949 年 10 月到 1950 年 2 月的时间内，上海市经受了 10 多次来自台湾国民党方面的空袭和狂轰滥炸，[②] 特别是"二·六"大轰炸，分 4 批窜入上海上空，投下六七十枚重磅炸弹，千百间密集的民房烟火冲天，500 多名无辜居民被炸死。然而，轰炸

---

① 刘树发编：《陈毅年谱（上卷）》，北京：人民出版社，1995 年，第 577 页。

② 刘树发编：《陈毅年谱（上卷）》，北京：人民出版社，1995 年，第 595 页。

的中心目标显然还是杨树浦发电厂，这个供应着上海 80% 电力的心脏部门被反复轰炸，遭到毁灭性打击，机器炸坏，工人死伤甚多，造成全市性停电。给上海造成了巨大损失。陈毅市长立即在市府召开紧急会议，布置抢修、抢救和各种应急措施，调整防空火力部署，并即刻将情况报告中央。毛泽东主席和周恩来总理此刻远在莫斯科，北京和莫斯科都密切关注着上海的安危。

1950 年 2 月 14 日，毛泽东与斯大林签署了《中苏友好同盟互助条约》。斯大林立即给予中国方面有力的防空支援，华东防空军高炮部队也迅速建成。后在苏联空军的帮助支援下，人民解放军加强了空中和地面的防空力量。1950 年 3 月，人民解放军成立了上海防空司令部“积极防空，保卫上海”。自 3 月 14 日至 5 月 11 日，解放军驻上海的防空部队先后 4 次抗击入侵之敌，击落美制蒋机 5 架，迫使其减少了对上海地区的骚扰，有效地控制和保卫了上海地区的空域。 1950 年 5 月 19 日舟山群岛解放，台湾国民党失去了一个就近空袭上海的基地，上海天空基本安宁。招商局的船舶恢复了昼夜航行。同时，招商局根据交通部的指令，为保护船舶财产和保证安全航行，采取了一系列紧急的措施：一是所属船舶行驶上海以北航线，在人民海军势力控制范围内专门划定长江口佘山岛、朝连岛、成山头之间的安全航线，并注意保密；二是除渤海湾之固定班轮照旧行驶外，其他线班轮开航时间随时变更，或提前，或延后；三是增设专用电台用于与海上船舶通报情况，如遇意外，能及时同海军联系；四是调派有航行经验的军代表上船，并强化军代表和机要员的职责。

1949 年 6 月上旬“乐怡号”轮从上海开出，行驶到长江口就遭到国民党军舰的拦截，船上虽然军代表和一个班的战士进行了奋勇反击，但终因势单力薄，“乐怡号”轮被国民党军舰劫往台湾。

为了防止国民党军舰的拦劫，招商局党委决定：增强船舶护航武装力量，大船配备一个班的战士，小船配备五六名战士，同时加强船员对敌斗争教育；明确遇到敌情时由军代表统一指挥。“扬州号”和“罗曼蒂克号”轮分别在宁波海面和佘山海面阻止了敌人的劫船行动，受到了表扬并记功。“扬州号”轮安全抵达上海时，受到招商局领导的迎接和慰问。

1950 年 6 月 25 日，朝鲜内战爆发。27 日美国总统杜鲁门发表声明，公开宣布武装干涉朝鲜内政，并命令其海军第七舰队侵入台湾海峡。1950 年 12 月 2 日，美国政府公布了“有关管制战略物资输出”的加强命令。所有输往中国大陆、香港、澳门的物资，无论是否为战略物资一律纳入管制，12 月 8 日，又公布了《港口管制法令》，不但禁止美国船舶开往中国，而且凡是经过美国管辖区口岸转口的外国商船必须把运载的战略物资向港口管制机构申请批准。并下令，凡出口中国内地和香港澳门的许可证一律作废，已经起运的要一律停泊在美国岛屿接受检查；存在美国银行的存款和货款一律冻结。不仅如此，美国政府无视国际贸易的规则，对民用物资也实行禁运，并且从禁运演变为公开扣人、扣货。

国民党趁机凭借沿海岛屿仍处于军事对峙状态，用机帆船伪装渔船偷袭商船。美国也公开破坏我国远洋运输，威胁盟国船舶不准航行中国沿海，对我国友好国家来华船舶停止供应油料。军事封锁和经济封锁的双重围困造成运输与物资往来困难，严重影响了新中国经济的恢复和发展。中央政府在如此严峻的形势之下，采取种种措施，贯彻内外交流方针，开辟各种渠道，积极突破封锁，开展内外贸易。对此，为适应斗争形势的需要，招商局在北洋航线尚未畅通的情况下，重点加强渤海湾运输，以渤海湾海区为中心，调整开辟了 10 条货运航线。随即，顺利运往苏联大豆 25000 吨，这是新中国首次通航社会主义盟国。不久，波兰货船“瓦而达号”轮也首航来中国，于 1950 年 9 月抵达天津大沽口，成为新中国成立后第一艘来华的东欧国家船舶。

1950 年 5 月和 7 月，舟山群岛、嵊泗列岛先后解放。招商局即刻派出船舶和人员沿南汇嘴和“江亚号”轮沉船以东勘测新的航道，积极为恢复北洋航线做准备。1950 年 9 月 22 日，人民解放军开始清扫长江口水雷。招商局调派“中 111 号”登陆艇等船舶予以配合，协助华东军区海军清扫水雷。经过 20 多天，以密集梯次队形的方法，先进行初扫，再予以复扫，至 10 月 10 日，长江口水雷全部排除，国民党布雷封锁上海的阴谋被彻底粉碎，北洋航线全线通航。

水下障碍排除以后，水上干扰尤显突出。活动在崇明和启东一带的苏北匪特武装残余袁国英、袁国祥两部，各有五百至千余人，均为匪党直接指挥，是有计划、有组织的惯匪。他们以苏北水域五条沙为基地，在南北航线必经之航区，利用机帆船伪装成渔船，常趁黄昏之时，用机枪和机关炮偷袭航行于南北航线的船舶。1951 年 7 月至 1952 年 2 月间，先后有“永潇号”“利生号”“华胜号”“扬州号”“罗曼蒂克号”等 23 艘船舶遭到袭击和骚扰。于是，招商局在航行南北航线的船舶上配备武装护航，针锋相对。直到 1955 年一江山岛解放和经过解放军重点清剿肃清匪徒以后，北洋航线才日益巩固和发展。

四、全力支持招商局（香港）和船舶起义

香港招商局原为招商局的下属机构。新中国成立以后，因香港仍由英国管治，尚未回归新中国。从上海遁逃到台北市的招商局台湾总管理处又施展种种阴谋手段，力图继续维持对香港招商局的控制，以便支撑残局。在这一决定企业前途与命运的关键时刻，香港招商局果断地做出了历史性的抉择——起义。

1950 年初，在中国共产党中央华南分局的统一部署和直接领下，原国民党政府在港企业（包括香港招商局、中国银行香港分行、中央航空公司、中国航空公司等）相继起义。为争取和推动香港招商局起义，早在 1949 年 5 月，中国人民解放军上海市军管会财经接管委员会与香港地下党组织密切配合，共同加强对香港招商局起义的领导。为了加快起义步伐，上海方面指派陈明到香港，与已在香港的刘若明（化名苏世德）会合，以香港运通公司负责人的公开身份进行活动。

中共党组织多渠道开展了一系列思想发动和组织准备工作。重点争取上层人士，并由海员工会负责开展对海员的教育和发动工作。1949 年 5 月底，刘若明离港返沪，向曾山、于眉、邓寅冬等人详细汇报了动员香港招商局负责人率船起义的具体情况，听取他们的意见。6 月底，刘若明回到香港。

上海市军管会财经接管委员会为了配合策动香港招商局起义，通过招商局上海总公司上层人物现身说法，谈其切身感受，体现党对起义人员的政策，以消除香港招商局有关人员对起义的顾虑。1949 年 9 月间，招商局上海总公司陈邦达船长衔命到达香港招商局，分别向汤传篪、陈天骏面交了总经理胡时渊和副总经理黄慕宗的两封亲笔信。信中提及“弟

等留沪，迎接解放，深知一部分寅友不予谅解。但为国事业、个人前途计，亦不能再犹豫矣！等及眷属在沪一切，均甚安好。此事一切进行，务请妥密，万勿打草惊蛇。希望兄等发挥最高正义，克服任何困难，办妥此事”。胡时渊和黄慕宗8月21日又联名写信给陈天骏。信中亦谈到“岁月如矢，时易势迁，弟等生活焕然一新。举首望明月，低头思故乡。弟等经营于沪，吾兄主持于南，遥遥相应，前途无量。良机请勿坐失。云霓在望，至祈缜密以行。”上述两封信，动之以情，晓之以理，使香港招商局主管人员进一步认清了形势和前途。陈邦达船长在港逗留期间，先后与蔡良、朱鸿钧、张丕烈、罗秉球、沈达才、杨惟诚等船长交谈，动员他们率船起义。随后，招商局上海总公司军事总代表于眉、总经理胡时渊联名给汤、陈两人发去电报，称：“可以率船起义”。那时，停在香港的船舶有10余艘，经陈天骏做工作后，明确表示不回台湾的只有5艘，即：两艘拖轮（“民302号”和“民312号”）、两艘N3型货轮（“蔡锷”轮和“邓铿”轮）以及“海厦”轮。由于能掌握的船舶太少，起义的时机尚未成熟，故陈天骏与陈邦达商议后决定：（1）表面上与台湾继续保持联系；（2）力争多劝留来港船舶；（3）维持南洋航线，继续出租轮船，以增收益；（4）对船员加紧宣传教育，并由陈天骏抓紧对高级船员的争取工作，以期创造有利条件，争取早日起义。陈邦达把上述意见向上海方面电陈后，又接上海方面来电称：速即起义，多扣船舶。香港招商局再度研究，复电说明：香港招商局无权向台湾调船；提早起义会影响和妨碍各地的船舶驶来香港；如果台湾方面紧逼留港船舶开往台湾时，即抓紧起义。上海方面考虑了上述意见后复电同意，并嘱起义前要电告。此后，香港招商局积极聚积力量，伺机举事，起义准备工作进入了更加紧张的阶段。

招商局“102号”登陆艇在1949年4月13日下午，满载2500名伞兵，驶离上海黄浦码头配合国民党第三伞兵团在海上起义，胜利驶抵解放区，拉开了招商局船舶起义及招商局海员摆脱国民党反动派的序幕。

“海辽”轮是招商局第一艘境外庄严宣告起义的海轮。船长方枕流在中共地下党组织领导下，经过缜密筹划，于1949年9月19日晚，在“海辽”轮从香港赴汕头航行途中，率领全体船员庄严起义。“海辽”轮克服万重困难，历经8天9夜惊险航程，于1949年9月28日胜利到达解放区大连港，受到大连党政领导的热烈欢迎。翌日，“海辽”轮全体船员向毛主席发出致敬电，并将自制的救生圈、舵盘模型献给毛主席。同时，还通电当时驶离大陆的招商局各轮，号召她们早日驶回祖国。这一壮举，沉重打击了国民党反动派，为今后香港局起义和一系列海轮的起义树立了榜样。图1–4为“海辽”轮船员证书。

1949年10月24日，毛泽东主席发电报至方枕流船长和全体船员，表示祝贺和嘉勉。电文如下，“海辽”轮方枕流船长和全体船员同志们：庆贺你们在海上起义，并将海辽轮驶达东北港口的成功。你们为着人民国家的利益，团结一致，战胜困难，脱离反动派而站在人民方面，这种举动，是全国人民欢迎的，是还在国民党反动派和官僚资本控制下的一切船长船员们所应当效法的。①

“海辽”轮起义后不久，改名为“东方1号”轮，参加了北洋运输，在1953年，又

① 中共中央文献研究室编：《毛泽东建国以来文稿》（第2卷），北京：中央文献出版社，1998年。

改名为“和平 8 号”轮。

自“海辽”轮起义后，台湾国民党当局极为惊恐，力图加强防范，破坏起义，稳住阵脚。此外，国民党残留在香港的军人和特务也伺机进行捣乱和破坏，对起义事宜产生了相当大的阻力。

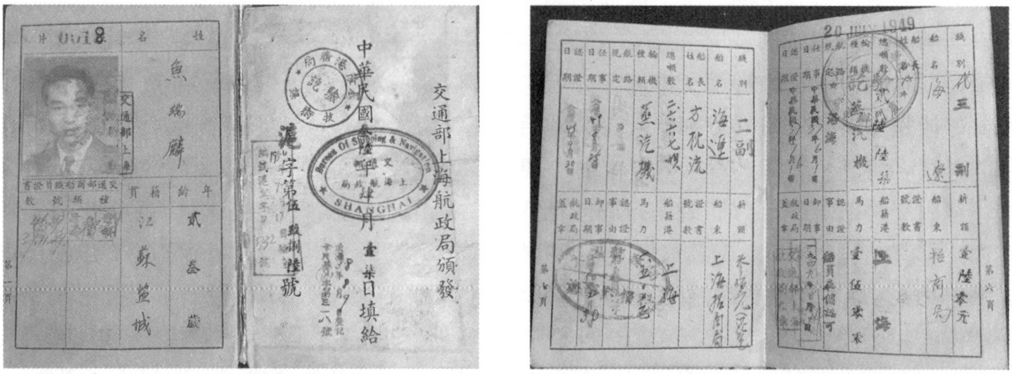

图 1-4 “海辽”轮二副鱼瑞麟持有的船员证书。“海辽”号轮起义时他任大副之职，是起义骨干人员。

1949 年 12 月 3 日，“成功号”轮驶进香港，这是起义船舶中最后驶入香港的海轮。至此，共有 13 艘海轮（“教仁号”“海康号”“海厦号”“登禹号”“邓铿号”“鸿章号”“蔡锷号”“海汉号”“林森号”“民 302 号”“民 312 号”“中 106 号”）聚集于香港，总计 2.6 万余载重吨，船员 539 人，形成了一支可观的起义船队。此时，香港招商局及招商局海轮起义的时机已完全成熟。

1949 年 12 月 12 日，根据中共地下党组织代表刘若明的提议，陈天骏召集留港的所有船长在香港思豪酒家聚餐议事，到场的各船船长共 10 余人。饭后辟室于 36 号房间，陈天骏把上海打来的电文给众船长过目，并请众各位表态，凡赞同起义者，就在电文上签字。除“成功号”轮船长徐汉卿和“邓铿号”轮船长刘维英因其妻儿、父兄在台湾不便签字外，其余各海轮船长，即“海厦号”轮船长王俊山、“蔡锷号”轮船长左文渊、“教仁号”轮船长罗秉球、“鸿章号”轮船长蔡良、“民 302 号”轮船长谷松源、“民 312 号”轮船长张事规、“登禹号”轮船长沈达才、“海汉号”轮船长朱颂才、“106 号”登陆艇船长金鸿兴、“林森号”轮船长杨维诚、“海康号”轮船长朱聚遐及前船长周鸿印均挥笔签名。徐汉卿船长回台湾以后即被国民党逮捕。

1950 年初，国内外形势进一步朝着有利于新中国的方向发展，1 月 5 日，英国政府宣布正式承认中华人民共和国。1 月 6 日，中央交通部通知：政务院任命于眉为交通部航务总局副局长。10 日，中央交通部致电招商局，批准胡时渊辞去招商局总经理职务，由于眉以军事代表名义领导招商局工作。

1950 年 1 月 9 日，中华人民共和国中央人民政府政务院周恩来总理发布了保产命令。香港招商局员工积极响应和贯彻这一保产命令，当即对机构做了调整，对保产工作做了周密安排。

1950 年 1 月 15 日早晨，香港天气晴朗。经中共中央社会部、华东局财委及中共广州、香港地下党组织多方面的工作，香港招商局汤传篪、陈天骏率领全体员工和集聚香港的13艘海轮共600多人正式宣告起义。13艘海轮在各自船长的率领下，举行了升旗仪式。香港招商局所辖办公楼、码头、仓库、拖轮、附属船厂也同时升起中华人民共和国国旗，向祖国、向亚洲、向全世界庄严宣告：香港招商局与13艘海轮从此回到新中国人民的怀抱。同时发表了《香港招商局及留港各轮全体员工的启事》：遵奉中华人民共和国中央人民政府政务院周总理1月9日命令，一切机构的员工务须各守岗位保护国家财产档案，听候接收。香港招商局起义后，即接受招商局（上海公司）的领导，等候派人接管。在未接管之前，设立保产候命委员会，保护财产，衔命过渡。

1950年1月25日，招商局"海玄号"轮航行印度洋时收听到香港招商局以及13艘船舶起义的广播消息，并接到香港招商局的电报。全体船员通过表决，宣布起义，改驶新加坡。"海玄号"轮抵达新加坡港时即升起中华人民共和国国旗，受到当地华侨的热烈欢迎。1月30日，招商局总公司致电"海玄号"轮予以勉励。2月25日，美国驻新加坡总领事向新加坡法院投诉，以国民党政府购买"海玄号"轮的欠款未清为借口，企图夺船。3月18日，中央人民政府交通部发表严正声明。3月28日，新加坡法院宣布"海玄号"轮案不予受理，美国政府的夺船阴谋未得逞。但是，由于英国政府的阻挠，"海玄号"轮未能离开新加坡回国。后来，我国政府将"海玄号"轮出售，起义船员全部回国（图1–5）。

图1–5 "海玄号"轮起义成功，船员手持锦旗留影。

五、恢复客运，定船定线定班保安全

上海解放前，上海—宁波客运航线由招商局的"江亚号""江静号"轮对开，还有华商泰船公司的"江云号""海新号"等小船航行，天天有船载客。由于当时上海市居民中有130万以上的宁波籍人，每逢清明节、端午节、中秋节、农历年等节日，回乡探亲人员尤多，加上宁波和上海的经济联系密切，居民和客商来往频繁。而且，由于水运票价低，上下船方便，旅客都愿意乘船来往于两地。

1948年12月，航行上海—宁波航线的"江亚号"轮爆炸沉没。1949年5月，"江静号"轮又被国民党政府征用，专载蒋介石和蒋经国去舟山后，上海—宁波航线中断。

上海解放后至1950年7月以前，由于我国沿海岛屿未全部解放，北洋、南洋航线不畅通。当时，只能先在渤海湾海区开辟和恢复了10条运货带客的班轮，配有船舶14艘，6800多载重吨，其航区辟有：天津—大连线、营口—烟台线、天津—烟台—青岛线、天津—秦皇岛—营口线、大连—烟台线、大连—石岛—青岛线、安东—烟台线、安东—石岛—青岛线、青岛—石岛—连云港线、天津—龙口线（表1–3）。

1951年1月，招商局先派"通州号"轮试航上海—宁波航线。1951年3月起，已有

“通州号”“扬州号”轮往返于该航线，但为安全计，当时仍以货运为主，一般不搭乘旅客，以防不测，主要是为恢复上海—宁波客运航线做准备。

上海海运局航线恢复情况统计表（单位：海里） 表 1–3

年份	项目													恢复里程
1950 年	起始港	上海												
	目的港	大连	营口	秦皇岛	天津	大沽	烟台	石岛	青岛	连云港	燕尾港	宁波	嵊泗	
	里程	563	750	688	752	708	524	432	404	383	383	140	100	5827
1951 年	起始港	上海												
	目的港	定海	天生港	堆沟	塘沽	浦口								
	里程	130	383	383	721	770								2387
1952 年	起始港	上海												
	目的港	海门	高亭	岱山	沈家门	新港								
	里程	253	110	107	138	714								1322

注：（1）本表 1950 年及 1951 年增加航线系根据华东海运动态卡。
（2）本表 1952 年新增航线系根据年报中货物流向资料。

1951 年 3 月 27 日，华东区航务管理局召开第二届航务会议。会议重点恢复调整了北洋 5 条客运航线，并开始定船、定线、定班。这 5 条航线为：大连—青岛线，定线船“海利号”轮；大连—烟台线，定线船“海京号”轮；大连—天津线，定线船“海甬号”轮；大连—龙口线，定线船“海盛号”轮；天津—营口线，定线船“东方 7 号”轮。

随着沿海国防力量的加强和舟山群岛的解放，1952 年 3 月，恢复了上海—宁波的客运航线，并对渤海地区的 5 条客运班线做了进一步调整，有大连—烟台，大连—威海，大连—石岛—青岛，大连—天津，天津—龙口—烟台等航线。

1952 年 3 月 14 日“江泰号”轮从上海首航宁波，并作为上海—宁波客运航线的定线船。为保证“江泰号”轮首航安全，人民解放军华东军区海军和空军专门护航。虽然当时的物质条件十分差，船舶运输能力又严重不足，但所开辟的客运航线，坚持定船、定线、定班，并严格安全设施的检查，使船舶航运安全和旅客安全得到了保证。

第三节　努力提高船舶运输能力

一、整顿改造招商局管理机构

上海解放前的招商局机构庞大，人员冗杂，分支机构遍及长江沿线和中国沿海港口以及海外主要港埠，共计 20 个分局、13 个办事处、8 个境外代理处，船岸员工 12500 多人，生产管理落后，运输效率不高。

上海解放，招商局被军事接管，重点完成接管清点工作以后，在抓复航工作的同时，着手改造运输管理体制。招商局认真贯彻执行交通部1949年召开的第一届全国航务会议提出的“在航务公路方面，对接收的旧机构人员以及遗留下来的旧制度、旧作风，必须加以整顿改造”精神，开始改造旧招商局组织机构。

招商局为改变接管之初，船少人多开支大，机构臃肿效率低的状况，1949年7月着手整编，8月份就将招商局机关的8部1室（产业部、综合部、人事部、船务部、栈埠部、供应部、客运部、货运部和秘书室），改为6处1室（业务处、船务处、机务处、财务处、人事处、秘书处和顾问室），整编机构，精简人员。清除了一批依仗关系，不干事只领薪和有贪污等劣迹的人员。

同时，除了清除人员之外，还做到精简人员均有安置。并按“3个人的饭5个人吃”的原则，扩大就业面，并且租借部分运输工具，成立4个小型运输公司，组织汽车运输和农场生产，组织训练班学习政治、学习业务知识。经过整编，初步精减人员815人，占接管人员的15.20%，其中自动辞职下乡生产和自谋出路的200余人。

为解决被国民党在上海解放前夕劫往台湾船舶的船员家属经济困难，招商局采取生产自救措施，先后组建了海运缝纫社、洗衣社和制冰厂。上海海运缝纫社、洗衣社成立于1950年。缝纫社专做海员冬夏季服装和被服加工，洗衣社承担船舶的被服洗涤任务。1964年，在贯彻调整国民经济“八字方针”时，缝纫社于当年2月17日并入于虹口区街道服装厂，归上海市手工业局统一领导，洗衣社也划归地方，在“文化大革命”期间又回归上海海运。

在整编机构、精简人员的同时，加强生产管理，改革管理体制。1950年4月，招商局改名为国营轮船公司，管理500吨以上的海轮和江船，500吨以下的货物运输由地方承担。从1950年下半年开始，逐步推行计划运输，按年、季、月度编制船舶运输计划，建立业务计划机构；按船舶性能组织船舶调度，设置调度机构和调度员，掌握24小时船舶动态，相应建立调度船舶的航次命令和航次报告制度，为整个运输生产过程纳入有计划运输渠道创造条件。为适应计划运输下的生产管理，在经营方式上建立了揽货制度，指定专职人员联系物资部门，在装船码头开辟出口栈，专供出口货的临时堆存；并不论公私营企业和整批、零担货物，一视同仁，堵住假报关、贪污敛财者的邪路。在客运工作上，取缔了小账制度，按章办理行李托运，提高为旅客服务水平。

随着组织机构和经营管理方面化的变化，招商局初步实行了民主管理。1950年2月28日，国家颁布了关于国营、公营工厂建立工厂管理委员会，工人参加工厂管理的规定。招商局船舶实行军代表制后，又相继成立以军代表为主，由船长和吸收船员参加的船舶工作管理委员会，成为船舶民主管理的最初形式。船舶管理委员会下设节约、学习、护船、经济、记评等5个小组。做到船员伙食账目公开，取消船员伙食的承包制。从生产到生活，从政治到经济，逐步地开始贯彻民主集中制的原则。1950年4月和1950年8月又先后在上海和大连，分别召开第一次地区性职工代表会议，由海员选出代表出席会议，审查讨论企业工作和计划任务，以及职工的福利设施，在企业管理中探索民主管理的做法，体现党的群众路线和全心全意依靠工人阶级办好企业的主人翁精神。

1953 年，为加强职工政治思想工作，加强海上对敌斗争，交通部成立政治部，上海海运相继建立了政治处，从而使海运经营管理机构统一健全，为日后海运事业的发展壮大打下了良好基础。

二、筹建南洋运输部，武装护航坚持生产

南洋航线在当时是指长江口以南至福州。1950 年 5 月舟山群岛解放后，长江口的航行威胁虽然解除，但舟山群岛以南的一江山岛和大、小陈岛等沿海岛屿尚未解放。台州、温州、福州等沿海地区的物资运输仍然受阻，当地调运和输出的粮食、土特产以及木材等物资无法运出，闽浙沿海部分地区成了经济上物资流通渠道的死角。尽管当时曾用机帆船自行试航于温州、台州，但是随后又不得不以每吨达 50 万到 100 万元（旧币）的高额运费，租用外轮航行于闽、浙沿海。从 1950 年 8 月以后的一年中，外轮被扣 15 次，被劫货物近 10000 吨。后终因军事干扰，外轮被扣被劫而被迫停航。针对此情况，招商局采用了武装护航等措施，打通闽、浙沿海的南洋线运输。1950 年下半年，开始有一些地方单位联合部队，在船舶上配备武装，进行有选择的逐段航行。1950 年 10 月台州专署所属的“新台州号”轮首航海门到上海航线。接着，1951 年 1 月华东人民政府公安部机关生产单位东升公司的“海鸿号”轮、“海鹗号”轮相继航行于同一航线。

1950 年 7、8 月间组建利民公司。华东财政经济委员会由上海市军管会财政经济接管委员会改组而成。由于军事接管工作基本完成，军管会航运处虽然名义上还保留着，但实际工作已转入华东财政经济委员会运输部。华东财政经济委员会是华东局领导下，为中华人民共和国政府和华东军政委员会成立之前、过渡性的财政经济行政机关。华东财政经济委员会运输部成立于 1949 年 9 月，统管华东沿海以及皖北、皖南、苏北、苏南、浙江、福建的内河、公路运输。当时，中国人民解放军华东区运输司令部改组，其中一小部分人员派遣到上海铁路局，大部分人员组成华东财政经济委员会运输部，1950 年 1 月改组为华东军政委员会交通部。

利民公司又名为“华东机关生产单位”，属于民营航运企业，实质是一支军事护航的武装船队，既是营业性航运公司，又是半军事化武装船队，由华东军区运输司令部派调军事骨干到各运输船舶任政治领导。船舶除军事接管后调拨的以外，还有苏北地区原有的一批小型海船和机动的木帆船。1951 年，利民公司开始吸收私营小轮船参加营运，主要航区在南洋航线的台州、温州、福州等浙、闽沿海，主要运输物资为浙、闽沿海守备部队的军用物资，以及民用生活、生产用物资。航行途中有外海渔船进行通信，海军舰艇进行保护，船过象山、石浦以后，海军通信员上船，随时与岸炮部队取得联络，因其航线紧靠海岸在岸炮射程以内，所以便于船舶在岸炮保护下航行。

利民公司坚持以武装隐蔽航运 3 年，其营运收入缴华东财政经济委员会，提取一定比例的利润，作为上海市供给制干部、战士改善生活的补贴。因此，即以“机关生产”在航运界出了名。

1950 年 9 月 1 日，招商局成立茂林船务有限公司。该公司属于上海市财政经济委员会领导，对外以私营的名义经办外轮代理业务，实际是陆续通过在香港的侨商和三兴船务行、侨利船务有限公司等开展业务，在沿海封锁禁运中，为中国轮船公司租用外轮和承租外轮，承担福建出口木材等物资运输任务。茂林公司在福州设有茂林分公司，在香港有常驻代表。租用英国等外籍轮船，航行浙闽沿海及香港等地，承运福州至上海的木材及上海、福州出口的部分物资。开始时，运输情况正常，未遭损失。但自 1952 年 9 月起，蒋介石集团对我方租用的外轮也疯狂地武装拦劫。9 月 6 日，租用的英籍“华安号”轮由上海开往福州，在闽江口被蒋军舰劫往白犬岛，船上所装载的 915 吨水泥、黄豆、面粉被全部卸空。至 11 月月底的 3 个月中，租用的外轮被拦劫就达 11 次之多。尽管如此，茂林公司在成立不到 3 年的时间里，通过租用外轮运输物资 43 万多吨，货物主要是木材、化肥、纸浆和水泥，缓和了当地物资紧缺的状况。

南洋运输部建立于 1952 年。新中国成立以后，在较长一段时期内，浙江沿海的军事对峙未能消除，台湾海峡公海东侧仍存在着禁运和劫持运输船舶的威胁。为加强南洋运输的领导，畅通闽浙沿海地区的物资交流，1952 年 10 月利民公司和茂林公司合并，组建南洋运输部。华东区海运管理局在 1952 年 12 月 3 日向中央交通部和华东军政委员会财委报送《关于开展南洋航运，完成浙闽沿海运输任务的计划和意见》，提出保障运输的一系列措施。交通部于 12 月 25 日正式批复。当时，南洋运输部的船舶共计 26 艘，5200 载重吨，其中公营船舶 9 艘，1280 载重吨，船舶航行范围主要在海门、温州、福州和上海之间。

茂林公司和利民公司正式合并以后，划归华东区海运管理局管辖。南洋运输部，下设福州、海门两个办事处，统一经营管理南洋航线的海上运输，并建立护航大队。南洋运输部成立后，鉴于南洋运输部所承担的南洋航线运输，具有沟通沿海物资交流、巩固海防、支援军事运输的军事和经济的双重任务，而船舶又必须配备适当的武装力量编队航行，因而成立了专职的护航大队，随船护航。

这一时期，南洋运输有了较快发展。南洋运输船舶由当初的 26 艘增加到 67 艘，11725 载重吨，其中公营船舶 32 艘，5928 载重吨。由于当时的南洋运输是在两军对峙下进行的，因此船舶不能按正规航线航行，只能在紧靠海岸的山脚边开辟一条航线，凭经验，看山头，探索航行。当时称这条航路为“里公路”（指船舶航行时距离岸边仅一里），浅滩多、流水急、航道狭，稍不留心，就有触礁、搁浅、碰山崖的危险。为防止军事袭击，只能是夜间航行，并实行严格的灯火管制。有时，敌占岛上敌军交接班、换岗都可以听得一清二楚。因此，在较长一段时间的南洋航线运输中，既要适应恶劣的自然环境，又要严防军事对阵中国民党的突然袭击，任务十分艰巨。经过不断的探索和航行实践，南洋运输船舶在运行组织上开始从初期的单船航行，逐步推进为结队航行，以三五条船编成一个船队，选择一条性能较好的船舶作为领队船，由领队船指挥整个船队的行动；船舶均配备重型武器、火炮、电台、步话机等，每艘船上都有成班的武装护航战士；船队指挥也从初期的分区分段进行，调整为接受海军统一指挥，由海军根据海情、空情进行各种编队航行，由海军警戒航行，或由海军舰艇护送航行，并取得沿岸海防炮兵部队的掩护。当时南洋小船，有些船是靠人力起锚，需要八九个人才能把锚绞起，而各船的船员人数有限，因此每次起锚，护航战士都不召即来，同心同行。遇上敌人，发生战斗时，船员、战士更是彼此照顾支援，共同御敌。船员帮助战士搬运炮弹，为受伤战士包扎伤口。有的船舶被敌舰炮火击中而漏水，战士和船员一起堵漏抢救。船员和战士互相学习操作技术和航行知识，不少护航战士后来复员到海运局，很快就能胜任水手工作。有些驻船护航指挥员主动向船舶驾驶员学习航道情况和运输业务知识。船长和船员也努力逐渐熟悉武器性能和战斗常识，如不少船长在遇敌袭击时能迅速适应战斗情况，隐蔽目标，便于打击敌人；有的船长还能识别各种炮的性能，以便灵活躲避敌炮的轰击，减少损失。船员和战士在共同生活、共同战斗中也建立起深厚的友谊，即使有些船员调了船，有些战士退役后，彼此仍保持着联系。

南洋线的复航先后经历三个阶段。1950 年以前处于开辟阶段。1951 年到 1955 年是坚持、巩固阶段，也是最艰难的阶段。1953 年一年中，南洋船队和国民党海军发生大小作战就达 30 多次；1955 年一江山岛解放后，整个南洋航线基本得到控制。南洋线的复航和巩固，是军工团结合作的成果，是陆海军、海防部队和地方政府支援的结果，也是沿海运输具有半军事化性质的有效体现。随着沿海岛屿的解放和国防、海防力量的加强，沿海军事对峙的缓和，1955 年以后，海门以北开始恢复白天航行。1958 年 4 月 1 日起在温州以北航线试行单船航行，继而不再编队航行。

1958 年 5 月 29 日，经国务院批准，交通部决定，上海海运撤销船舶专职护航武装。是日，发文《关于护航警卫和治安保卫工作若干问题的决定》。文件规定，各船以船员中的复员军人为主组成不脱产的武装自卫小队进行护航，各客货船舶除有武装自卫小队外，还设专职民警小队负责船舶的安全。

三、多渠道增加船舶，提高运输运力

上海解放前，上海民族资本的轮船公司共有 117 家，船舶 426 艘，共计 49.55 万总吨，占全国船舶总吨位的 42.72%，其中，拥有千吨以上江海船舶的航商达 59 家。国民党在撤离上海时，上海民营轮船一部分被劫走，一部分则听信国民党的欺骗宣传，随同国民党政府离开大陆，但又痛恨国民党政府的腐败，不愿去台湾。所以许多船舶开到了香港，并且把公司的经营中心也转移到香港和海外。截至 1950 年 7 月，在境外的上海民族资本的航运公司的船舶共 113 艘，共计 36.98 万总吨。但是，这些船舶无货可运，入不敷出，公司为此负债累累。

上海解放后，上海民营航运公司虽然留下 276 艘船舶，但小船居多，总吨位仅 5.62 万吨，1000 吨以上的船舶只有 5 艘。上海解放，军事接管 10% 的官僚资本船舶，而员工接收人数却占总员工人数的 85%，其中招商局 5300 多人。招商局在军事接管航运企业中，运输船舶 23 艘，3.46 万载重吨，其中除 1 艘“伯先号”轮为国产船外，其余都是国外建造的旧船。其中 15 艘“中”字型登陆艇使用不到半年，就于 1950 年移交海军。“伯先号”轮于 1950 年被国民党飞机空袭炸沉于黄浦江董家渡江面，最后仅剩下 5 艘船舶；其中 500 吨以下小船 3 艘，不到 1000 载重吨的小油船 1 艘。1950 年经过起义北归的船舶和修复打捞沉船，整个北方沿海，包括代管船和私营船，共增加到 40 艘，11.5 万载重吨。1951 年，招商局购入新“上海号”轮，继后调入“海威号”和“南海 156 号”轮。在香港起义的

“海厦号”轮从广州驶来上海，改名“利生号”；被炸沉没的“江泰”号轮打捞修复后参加营运，加之购入的南惠公司“北光号”轮，两年共增加 6 艘船舶，到 1952 年末，招商局船舶增加到 46 艘，共 13.5 万载重吨，4564 客位。其中货、油船 39 艘，除“东方 7 号”轮外，其余分别为美国、英国、法国、德国、日本、瑞典、挪威、加拿大、苏格兰和中国香港 10 个国家和地区的 10 多个厂家所建造，船舶型号多，动力装置除油船外，全部为三联式蒸汽机，航速 8—10 节，吊杆负荷 2—3 吨，最小负荷仅为 1.5 吨，整个船队的平均船龄为 26 年，有的船舶已投入营运 55 年。

四、执行党的政策，巩固北船，争取“南船北归”

新中国成立之初，共产党十分重视航运业，不仅千方百计争取更多的船舶和运力，同时也通过各种途径争取航运界著名人士和海员队伍的回归。特别是新中国成立后，为了解决货物运输中的困难，更是为了配合解放台湾，中共中央提出巩固北船，争取“南船北归”的口号。为此，采取各种办法动员航运界人士率船北归。在中国共产党的动员之下，不少著名的企业家，如刘鸿牛、吴蕴初、刘大钧、周作民、卢作孚、李国伟等先后从香港回到内地。但也有些航运界人士既没有选择北归的道路，也没有前往台湾，而是选择以香港为基地，发展事业。

由于新中国人民政府采取积极有效的政策和方法并且给予特殊的优惠和照顾，“南船北归”取得了较好的成效。

上海解放前，私营航商的航运能力所占比重较大，约占公私营船舶总吨位的 56%，当时留在上海的船舶大部分是破旧船和小船。新中国成立以后，针对船舶被国民党劫持和流散严重的状况，政府提出争取“南船北归”的口号。同时，积极宣传新中国对私营航业的政策和基本方针，即“执行保护航商财产，执行公私兼顾，劳资两利”的政策，并宣布：将协助归来的航商偿还债款，提供燃料费用，在货源分配上给予照顾等。当时，上海私营航业公司有百余艘船舶集中在香港，使香港陡然船舶增加，运力过剩。加上当时以香港为中心的航线，北面与大陆通航受到美蒋阻挠，南面远洋航线外商竞争激烈，外商用贬价来排斥中国航商，仅 1949—1950 年运价就下降了 40%—70%，造成中国航商资金短缺，生意难以维系。美国积极扶植日本航商，麦克阿瑟把日本赔偿盟国的商船仍然发还给日本，并由美国资本参加组织了两个航运公司，参与争夺南洋航线；国民党则两次威迫利诱中国航商将总公司及在港船舶迁往台湾。因此在香港的私营航商处境艰难，长期停泊在港的船只达 60% 以上，普遍负债累累。截至 1950 年 4 月底，几家主要航商负债达到惊人的程度：民生实业公司负债 400 万元，中兴公司负债 270 万元，益祥公司负债 160 万元，中国航运公司负债 280 万元，复兴航业公司负债 430 万元（均为港币），总计负债达 1540 万元之巨。至于一些单船独户较小的公司更是债台高筑，以新大陆公司为例，拥有海船 2 艘，负债超过 60 万港元，高于船值，资不抵债，生存艰难。

人民政府鉴于香港中国航商的处境，尤其是其中一部分属于我国的民族资本，如果不设法予以扶持，就有因负债被帝国主义并吞的可能，同时也由于国家恢复经济的需要，遂派人员赴港，动员和争取这些航商北归，向他们反复阐述新中国的工商业政策，并表明政府将适当地帮助他们解决北归困难。在港私营航商除一部分与帝国主义、官僚买办关系很深的复兴公司、中国航运公司、益祥公司外，大部分感到在香港无法立足，去台湾亦无出路，其中一部分对党的政策抱有怀疑，采取观望的态度，另一部分则看到了新中国成立后大陆经济迅速恢复，相信党的扶植民族工商业的政策，愿意北归，参加祖国航运，为建设新中国服务。当然这些航商中间有些是抱着脚踏两条船的想法而北归的，还有的是怀着发展私人资本的目的而来。

这时的长江口仍然处于封锁状态，而北洋方面以天津为中心的航运业务蒸蒸日上，当时私营航商的北归船舶均集中在天津，天津招商局本身也掌握了一部分船舶。其掌握货源，解决北归船的货载问题，打破了英商天祥洋行对开滦煤运的垄断，这一斗争不仅是挽回了国家权力的必要措施，也使已经北归的私营船舶有货可运，有利可图，从而稳定航商情绪，同时促进留港私营船舶继续北归。

新中国成立前私营中兴轮船公司有 9 艘海轮，共计 43205 总吨。上海解放前夕，中兴公司的 9 艘海轮全部离开内地驶往香港。由于当时港英政府的限制，致使中兴公司部分船舶无货可运，被迫停航，亏损严重。人民政府成立后，中兴公司负责人参加交通部召开的航务会议，看到了新中国航运事业的光明前途，所以在取得人民政府的贷款以及大力帮助以后，中兴公司除了 2 艘船舶被扣台湾以外，其余船舶于 1950 年 9 月先后回归祖国。

从 1950 年 1 月至 1951 年 4 月，在人民政府各项政策的扶植下，就有三一公司、中兴公司、海鹰公司、志新公司、华胜公司、安达公司、民新公司、新大陆公司、上海实业公司、通安公司、大中华实业公司、华利公司、大陆实业公司、大北公司、南惠公司 15 家公司、18 艘船，共计 90800 总吨，相继北归。

其间，台湾国民党当局动用武力，企图阻挡私营航运公司“南船北归”。1950 年 6 月，民生公司的“太湖号”轮秘密谋划从香港开回上海。但这一计划被船上三副向台湾国民党特务机关告密。当“太湖号”轮乘夜色驶离香港后，国民党军舰“太康号”即用探照灯向“太湖号”轮照射，用高音喇叭命令“太湖号”轮停止前进，然后把该轮劫持到台湾。“太湖号”船长周曾贻被国民党非法判处 12 年徒刑，押送火烧岛服苦役。

北归的私营航运公司，几乎都负债，但回归以后，1950 年就运输了 53 万吨货，收入运费总数达 520 亿人民币（旧币），大部分还清了债务，渡过了难关，个别的还有所发展。但也有少许负债过多的航商，在香港出售一些船舶偿债，有的由国家收购他们的船，最后有 11 艘船参加了后来的公私合营。

五、统一管理运价，从航次运价过渡到里程运价

1949 年 5 月上海解放时，长期处于混乱状态的海运运价一时间成了航商揽货谋利的手段。内外间、同业间，各自为政，相互倾轧，虽曾有轮船同业联合会规定的分货类、分航线的统一运价率，但航商们并不认真执行，特别在货多船少时，临时宣布取消货物类别，一律按最高等级价收费。1949 年 3 月因金圆券加速贬值，所有航商都将全部货物从五类合并为一类，都按最高等级价承运。同年 4 月，金圆券崩溃，运价又改以银元为计费单位。

中华人民共和国成立以后，为了克服水运运价的混乱状态，国家实行水运运价的统一管理，并对直属干线运输的水运运价有计划、有步骤地进行一系列调整和改革。

根据 1950 年北洋航线运输会议决定的第三项规定，北洋线运价以薄利多运、低于铁路运价为原则，在全国币制未统一前，先做到统一成本计算、统一计算标准、确定统一的基数运价。基数运价一般不得超过过去运价的四分之一或三分之一。至于远洋大船则可依据“递远递减”原则，大船成本另行规定。货物分等则在照顾人民生活必需品、工业品和出口政策下暂时划分为十个等级。客运则以 4 人参照货物第六等级一吨重量计费。

1950 年 6 月 8 日，交通部在筹备北洋线通航的准备会议上强调：运价的厘定必须同航线调配相结合，就是以最适宜的船舶行驶最适宜的航线为据，同时订立一个适宜于这条航线和这些船舶的运价。

交通部以薄利多运为标准，拟定了上海—北洋线运价三个基价：上海—秦皇岛每吨海里 90 元；上海—连云港、青岛、烟台、大连、营口等港每吨海里 100 元；上海—天津每吨海里 120 元。从而，出现了中华人民共和国成立后上海船舶跑北洋线的运价表（见表 1–4）以及沪甬线运价表（见表 1–5）。

北洋线货物运价表 表 1–4

始发港		目的港						
上海		连云港	青岛	烟台	大连	秦皇岛	营口	天津
里程		365	408	519	552	657	702	744
吨海里基价		100	100	100	100	90	100	120
等级	10 等	36500	40800	51900	55200	59130	70200	89280
	9 等	40150	44880	57090	60720	65050	77220	98210
	8 等	46180	51620	65660	69830	74810	88810	112950
	7 等	53110	59370	75510	80310	86040	102140	129900
	6 等	61080	68280	86840	92360	98950	117470	149390
	5 等	70250	78530	99870	106220	113800	135090	171800
	4 等	80790	90310	114850	122160	130870	155360	197570
	3 等	92910	103860	132080	140490	150500	178670	227250
	2 等	106850	119440	151900	161570	173080	205480	261300
	1 等	122880	137360	174690	185810	199040	236310	300500

注：大沽口到紫竹林驳运费包括在运价内。

沪甬（上海—宁波）线货物运价表 表 1–5

里程	吨海里基价	等级									
		10 等	9 等	8 等	7 等	6 等	5 等	4 等	3 等	2 等	1 等
136	187.2	25460	28010	32220	37060	42620	49020	56380	64840	74570	85760

1951年3月20日，交通部召开了第二届全国航务会议，会期25天，苏联专家在会议期间作了8次报告。会议全面批判了资本主义经营方式，明确了向苏联学习的目标，在苏联专家的直接帮助下彻底整编组织，全面调整运价。会后作出9项决定，其中第4项是关于航运运价和代理问题。对海运运价的计价水平，强调贯彻低利多运政策。对运价的制订：一要巩固原有大宗货源，争取新货源，鼓励和扶助土产运输；二要根据货源规律减低回程载运价，以上海为起点的去程运价可以低于回程运价，对特殊运输物资可以规定特价。对沿海各线运价水平也作了具体规定：一是转口货物，大连、营口到天津、青岛、上海各线，按东北1951年新运价标准，在3月份降低30%的基础上，再降低10%；二是北洋其他各线运价，因涉及国际航运运价，暂不变动；三是上海北运物资运价可按现行运价再降低20%，大宗货物可临时规定优惠办法；四是沿海客运票价分4等，最低等的第4等客票以不超过10等货运价的50%为限，3等按照4等提高50%，2等按照3等提高50%，1等按照2等提高100%。在1951年5月3日和11日交通部先后行文，对此做出了具体规定。此外，上海利用回程吨位北运物资可降低20%，大宗货还可临时优待，规定特价运输。

1952年2月，海运运价进行了一次全面调整，在10个等级统一运价的基础上，普遍降低10%。同年6月10日起免收江海联运转口费。1953年1月30日，根据交通部关于运价计算调整的规定，将英尺丈量一律改以米丈量，并以1.133立方米折算为一吨，当年运价等级沿海货运改10级为20级。

六、充分发挥私营船舶作用，运输生产有较大发展

上海自1843年开港以后，由于所处地理位置的优越，经济腹地深广，贸易量和进出口的船舶逐年增长，继而替代广州成为中国对外贸易中心，19世纪60年代，形成了以香港和上海为基地的两个航运中心。上海解放前夕就有400多家轮船公司，拥有各种类型船舶1104艘，共计982817载重吨，其中国营、公营船舶353艘，共计439114载重吨，民营船舶751艘，共计543703载重吨。上海的船舶保有量占全国船舶总保有量（1188959载重吨）的83.01%。1949年4月底上海港登记的船舶有1104艘。上海解放前，上海航运界有海员2万余人，其中招商局就近万人，另外，招商局所属修船厂约有千名员工。

上海解放时，“国营”“公营”“民营”航运业共计留下船舶227艘，共计118899载重吨。上海解放后在上海留下的船舶吨位，仅为解放前原有吨位的12.10%，其中可航行的占原有船舶的6.33%。船舶陈旧，设备老化，特别是可航行船舶中，小船和驳船多。截至1949年底招商局船舶保有量达26艘，33835载重吨。其中由登陆艇改造的货船15艘，25500载重吨；500吨以下的小船6艘，2000载重吨；油轮1艘，875载重吨。1950年，15艘登陆艇改造的货船，除留1艘“中119号”轮外，其余14艘全部移交人民海军。这就是上海海运发展的基础，也是上海航运业发展的起点。

为了鼓励私营船公司参加营运，军管会航运处（招商局）在1949年6月9日成立了“航业指导委员会”，广泛吸收私营航业界人士参加，并通过这一组织，把能够航行的船舶都组织起来，投入到煤炭和粮食运输，并在北洋航线安排秦皇岛到日本的航线。

1949年9月，军管会针对长江口被敌人封锁，一时间难以开展海上运输的状况，航运

处及时提出“面向内河”的方针，成立了“华东内河航运管理委员会”，先后在上海、南京、镇江等地组织 4000 多条木帆船，共 85000 多总吨，用于城乡物资交流的运输。该委员会从成立到年底仅 4 个月的时间，运输煤炭就达 30 多万吨，充分发挥了分散在民间的运输工具的作用。与此同时，委员会还成立了“船舶建造处”，负责赶造大批适合长江运输和内河航行的船只，解决解放初期运力不足之矛盾。

1949 年 11 月 2 日，华东航务管理局召开第一次航务会议，会期 6 天。华东地区的航运、航政、港务等 11 个单位共 70 余人参加。于眉局长作了题为《发展航运工作》的工作报告。报告提出，航业建设应采用统一、团结、扶助、发展的方针，并有步骤地稳步推行。报告指出，目前华东区航业建设的中心是大力开展长江和内河航运，支援战争，加强城乡物资交流。

1950 年开始，新中国成立前夕离开上海或远航国外的私营船舶开始返航和北归。这时，长江口仍处于封锁状态，北洋方面以天津为中心的航运业务尚有货物可运，于是私营船舶均集中到天津。由于正确执行了国家“公私兼顾，劳资两利”的政策，并对北归船舶实行减收代理费等优惠措施，从而吸引了在香港的私营航商，他们纷纷主动到天津接洽北归事宜，表现了进一步依靠人民政府的态度，愿意北归，参加祖国航运。继而在全国财政经济统一管理的原则下，实行了“统一运价、统一货源、统一调度”的政策，进一步协调公私关系，发挥了私营船舶的潜力。

1950 年 3 月 3 日，中央人民政府政务院颁布《关于统一国家财政经济工作的决定》，结束财政经济管理上的分散经营，集中使用有限的资金，促进国民经济的全面恢复和有重点地发展。1952 年国家财政概算的总支出中，国家建设费用支出已从 1950 年的 28% 增加到 1952 年的 50%。国家建设费用的增加，促使了工农业生产的普遍增长。到 1952 年农业收成超过抗日战争以前的最高水平，工业产值比 1949 年增加一倍。海上运输迅速发展，已是国民经济的重要组成部分。运输组织的加强和运输方式的改善，既满足了工农业生产发展的需要，又推动了海上运输业自身的发展。自上海解放后的半年时间里，招商局完成货运量 485880 吨，其中绝大部分是煤炭和粮食运输。1950—1952 年短短 3 年中，招商局恢复南北洋航区的各条主要航线，客货运输量连年上升。1952 年以煤炭（占总运量的 50.66%）、粮食（占总运量的 17.52%）、百杂货（占总运量的 13. 48%）为大宗的货运量，上海地区 1952 年年末的煤炭库存量已达 100 万吨左右。当年，船舶完成货运量和货物周转量，分别为旧招商局时期年产量最高的 1947 年的 128.4% 和 102.5%。

随着国民经济的恢复和国家经济建设的重点展开，生产资料的运输比重逐步扩大，钢铁、木材、矿砂、石油、建材等开始批量地纳入沿海海上运输。上海海运 1952 年开始有鞍钢经大连港运上海及长江的钢材，本溪经大连运上海及长江的生铁，以及马鞍山去东北的矿砂，东北经大连、营口运山东、河北、华东地区的木材运输等。

钢铁工业的发展，矿石供应量随之增加。根据解放初期钢铁生产布局和矿产资源的分布情况，形成了“南矿北调”和“东矿西运”之走向。上海海运从 1951 年开始投入马鞍山—大连的矿石运输。马鞍山的矿石出海后，海运大连，再转运到鞍钢、本钢等东北钢厂，矿石运输量逐年增加。

经过整顿、恢复、改造，上海海运的干线运输已经基本恢复了在解放前遭到严重破坏的运输生产力，连续数年超额完成了国家航运计划，基本满足了需要，保证了供应。1952年，年客货运量已超过了旧招商局时期的最高水平。然而，当时的运输能力仍然相当落后，船舶不仅吨位小，而且老旧，如此的航运能力不仅与我国拥有 18000 多公里的大陆海岸线所不能匹配，而且更不能适应国民经济日益增长的需要。

第四节　积极支持、参与新中国建设活动

一、努力支前，为解放浙江沿海群岛做贡献

上海解放以后，人民解放军势如破竹，向福建、华南、西南进军，发起了解放沿海岛屿的战役。此时，招商局接到上级领导机关的任务，除了接管、复航、保证上海煤炭等物资运输以外，还要全力以赴支援人民解放战争，服从人民解放战争之需要。为此，招商局一方面及时调派运力，运输军事物资和运送解放军部队，支援人民解放军第一、第四野战军南下西进，另一方面抓紧动员船员和修船工人参加支前工作，为解放舟山群岛和台湾做准备。招商局为加强支前工作，专门成立了支前动员委员会。支前的 27 艘船舶各选出一名代表组成支前家属照顾委员会开展工作，解决具体问题。1949 年 6 月 14 日，为了鼓励船员积极参加支前运输，消除他们的后顾之忧，航运处颁布了《公营船员特殊伤亡抚慰临时办法》和《民营船舶担任军公运输船员特殊伤亡抚慰临时办法》。

1949 年 10 月，由船舶修造厂的工人、技工、工程师和海员等 160 多人参加的支前队伍，出发到浙江宁波、象山等地，担负起改装和修理渡海作战船舶的任务。他们在沿海荒滩选址，建起临时的船舶修配厂，日夜赶装和修理机帆船，冒着敌机不断轰炸袭击的威胁，克服许多难以想象的困难，仅仅花了 8 个月的时间，就完成了改装 320 艘大小船舶和修理 250 艘船舶的艰巨任务。上海船舶修造厂以周善元为组长，姚宝根为副组长的电气支前小组，荣获了“模范支前小组”光荣称号。姚宝根在 1950 年 2 月 1 日的支前战斗中，不幸英勇捐躯，根据他生前的愿望，被追认为中国共产党党员。

1950 年 1 月，招商局接解放军第三野战军司令部通知，并报请交通部批准，自当年 4 月 15 日到 5 月中旬，先后抽调了 19 艘大中型登陆艇和 8 艘远洋拖轮，停泊修理改装，随同的 2080 多名船员在海军有关部门的统一部署之下，一边协助修船，一边组织学习，武装思想，准备解放台湾。

解放之初，广大海员尤其是普通船员虽然十分痛恨美国和国民党，有强烈的翻身感，但是，也心存顾虑，有恐美惧敌的想法，认为解放军打陆战行，打海战不行。针对这种情况，招商局采取了层层动员，骨干带头，广泛发动，普遍报名的步骤。当时，招商局政治工作的中心是两项，一是确保支前船舶按时完成修理改装任务，二是动员支前船舶的船员服从分配，参加支前工作。

1950 年 4 月，招商局派出支前海轮 27 艘和海员 1082 人，运输军需物资，兼教解放

军战士驾驶和轮机操纵技术。580 多名海员担任了机帆船大队的驾驶。在解放嵊泗列岛的战斗中，有 300 多名上海海员驾船随军出征，他们冒着炮火和风浪，运送一批批解放军后续部队，粉碎了敌人的抵抗。在作战中，他们英勇机智，胜利地完成了支前任务。

1950 年 3 月至 5 月，招商局先后 4 次召开支前船舶船员大会，进行动员。尤其是在 5 月 25 日的支前船员全体会议上，海总领导，海军有关部门、招商局领导分别讲形势做报告，气氛热烈，情绪高涨，有的船员上台表决心，全场高唱将革命进行到底的歌曲，高呼一定要解放台湾。船与船之间也主动挑应战，如“华 212 号”艇向“华 205 号”艇和“中 124 号”艇挑战，保证全体船员参加支前工作。

接着，支前船舶和支前船员重点转入现场练兵阶段，提高操船技术，了解渡海作战常识，并参加由海军组织的到长江口“江亚号”轮沉船处，进行登陆演习。

1950 年 6 月，朝鲜战争爆发，解放台湾搁置。8 月间，除 6 艘拖轮被海军留用外，其他艇、船和拖轮陆续交回招商局。

1955 年 1 月初，华东海军司令部征召上海海运“益昌号”和“利东号”两轮以及 60 多名船员参加解放一江山岛战役。[①] 根据海军有关部队的部署，船舶进厂修理改装，船员进行了战前动员和演习。1 月 18 日下午，解放一江山岛战役打响，“益昌号”和“利东号”两轮一马当先，以最快的速度冲上滩头。当战士轻装冲上去后，船员又帮助部队搬运弹药等物资上岸，整个战斗仅仅两个小时就结束。鉴于“益昌号”和“利东号”两轮船员的勇敢表现，上海市委致电上海海运领导表示对此次政治动员工作的赞许，表扬船员在支援解放一江山岛战役中，表现十分勇敢，能够服从指挥。华东海军司令部也来信表扬“益昌号”和“利东号”两轮全体船员支前工作中表现沉着、机智、勇敢，服从指挥，军工团结。海军 1085 支队特授予 4 名船员为二等功，19 名船员为三等功，并颁发了“中国人民解放军海军立功证明书”。上海海运政治部通报表扬了“益昌号”和“利东号”两轮船员，并号召全体船员向他们学习，随时做好准备，为保卫祖国，支援解放台湾而奋斗。

二、恢复长江运输支持解放军进军大西南

1949 年 5 月，国民党军队在逃离上海时大肆破坏航运设施和航运工具，疯狂地将轮船劫往台湾，行驶近海远洋的船舶均被阻或滞留在外海；不能出海的 100 多艘船舶被焚、被炸，遭到严重破坏，当时黄浦江、长江口和长江下游有大量沉船。

上海解放后，中国人民解放军华东军区司令部于 1949 年 6 月 1 日发布通令，解除长江沿线的封锁、戒严，开放黄浦江、吴淞口和长江航道，准许中国公、私营船舶自由航行。市军管会航运处也于同日颁布《战时船舶管理暂行办法》，要求各航商去上海航政局办理复航手续。招商局“江陵号”轮，经过了三天三夜抢修，于 6 月 3 日率先复航，从上海驶往汉口。6 月 8 日，“江通号”“联汉号”两轮，由上海驶往南通天生港、泰州口岸。6 月 14 日，浦口（南京）至上海煤运航线恢复。7 月 6 日，上海市轮渡公司所属的 4 条对江客渡线和 1 条车渡线也全部恢复营运。申南（通）线、申崇（明）线先后于 8 月 4 日和 9 月 24 日复航。

---

① 中共厦门市委党史研究室编：《彭德清纪念文集》，北京：中央文献出版社，2001 年，第 135 页。

12 月 10 日，招商局“江岳号”轮率先由上海驶往重庆，受到人民解放军第二野战军留守处的表扬，被誉为“蜀道先锋”，赠予“忠于航行的模范”锦旗，至此，长江全线贯通。1950 年 5 月，舟山解放，沿海南北航线相继开通，航运全面恢复。

1949 年春，经过辽沈、平津两大战役后，还未来得及休整的第四野战军奉命挥师南下。然而南方的多发病却侵袭了部队，使百万四野大军在疫病的困扰中停止了脚步。

当时，四野指战员中疟疾、痢疾、胃肠炎的患病率达 50％左右，平均体重由入关时的 60 公斤以上锐减到 50 公斤左右，连站岗放哨人员都难以安排。军区首长当机立断，及时采取紧急措施：部队停止作战行动，就地休整一个月，改善伙食，增加营养；把第四野战军历年积存的老家底 5000 多两黄金拿出来购买药品；责成卫生部派得力的负责人携带黄金，前往刚解放不久的上海买药。

7 月 28 日清晨，由四野卫生部副部长张汝光负责，抽调医疗、药材、财务和保卫方面的精干人员，组成 14 人的购药小组，经过乔装打扮的购药小组来到汉口江汉码头，登上招商局的“江陵号”客轮。他们把装黄金用的麻袋背包放到了床底下，派人轮流看守。

“江陵号”客轮船长发现船超重，了解情况以后，提醒大家要注意保管好贵重物品，乘客很杂，小心丢失。船长的话即刻引起张汝光的警觉：船确实超重了，吃水到船舷边，航行缓慢，而且购药组大都是北方人，是不习水性的“旱鸭子”。船上的救生设备少，一旦发生意外又不能与老百姓争用。

正在进退两难之间，得知“江陵号”客轮上有军代表，而且是四野派出的，专门负责维护船上的秩序和乘客的安全。为预防万一，张汝光等人赶紧找到船上的军代表寻问船上有没有供做筏子用的材料，军代表为难地说：“没有，只有两块跳板和一张破竹床。”于是，四野的同志将跳板和竹床搬来，用绑腿带把它们捆在一起，成为一个结结实实的筏子。然后又在筏子周围系好 9 根附带，以备紧急之用，明确如果发生意外，只要有一个活着，就要把载有黄金的筏子推到岸边，送到上海购药。

中午时分，“江陵号”航行到黄石市江面时，船上的高射机枪班拉响了防空警报器。这次敌机虽未袭击“江陵号”，却给四野购药组敲响了警钟。为确保这批黄金的安全，顺利完成购药任务，“江陵号”军代表、船长和张汝光商量，采取夜行昼宿的航行办法，同时随时做好弃船登岸的准备。

7 月 29 日凌晨，派到“江陵号”高射机枪班协助值勤的四野购药组同志从舱顶走下来说：“前方停靠的码头是十二圩。”正当庆幸平安无事的时候，船顶突然传来警报器的鸣叫声。这时国民党飞机飞临“江陵号”上空投弹，此刻，只见轮船开足马力向港口驶去，但因乘客们乱作一团，争先恐后地向甲板涌去，船体失去平衡，左右剧烈地摇晃起来。在激战中，“江陵号”高射机枪班的战士不断对空射击，迫使敌机不敢低飞投弹、扫射。有的机枪手不幸负伤，仍坚持对敌机射击。敌机终因油尽而飞走，“江陵号”暂时脱险。

由于敌机不断捣乱，加之前边还有一段水路有国民党军驻守，更是险关。为了确保安全，在“江陵号”军代表、船长和船员的帮助下，四野购药组携带着黄金安全转移到两只渔船上，顺流而下，傍晚到达镇江。上岸以后就立即买了去上海的火车票，于当晚 9 时左右，抵达上海。

几百箱防治疟疾、痢疾、胃肠炎等南方多发病的应急药品，由上海立即发给四野各部队使用，很快控制了疫病的发展。

三、支援抗美援朝保家卫国

1950 年 6 月，朝鲜战争爆发。招商局积极投入“抗美援朝、保家卫国”的运动。12 月上旬，招商局成立抗美援朝运动委员会，由夏爵一任主任委员，黄慕宗、马益标任副主任委员。委员会制定了《招商局抗美援朝保家卫国运动行动纲要》，统一领导宣传动员、参加军事干校、慰问和支援志愿军等工作。招商局有 17 名青年工人参加军事干校。广大船岸员工纷纷订立爱国公约，开展以增产节约和提高效率为主要内容的爱国主义劳动竞赛。“海安号”轮船员捐赠了 80% 煤炭超产奖；“永渭号”轮和“永湘号”轮都创造了装卸油效率最好成绩。船岸各单位积极响应上海市抗美援朝委员会“捐献飞机大炮”号召。据 1952 年 5 月统计，招商局员工共捐献飞机款 8 亿多元、子弹款 2 亿多元（旧币）。

1951 年 7 月 21 日，为了响应抗美援朝总会的号召和上海市第三次各界人民抗美援朝代表会议决议，加强组织领导，进一步深入开展本单位的抗美援朝运动，招商局成立抗美援朝委员会，由 15 人组成。王岳任主任委员、程振农任副主任。

在支援抗美援朝战争中，招商局的海员与地方船员一起参加了在鸭绿江运送志愿军渡江和运输物资的任务。在危险的运输工作中，船员们置生命于不顾，提出“鸭绿江水炸不干，运输线就炸不断”“有多少货运多少货”“叫什么干就什么干”的口号，船员在鸭绿江运输中不分昼夜和雨雾，特别是抓紧夜间运输，一夜往返横渡四次，最多可以完成一百多吨物资的运输，保证前线有足够的粮食和弹药。在一次运输中，船员干粮吃完了，当时船上装的就是粮食，但是没有一个船员动用。还有一次，在抢救朝鲜人民的战斗中，刘希禄一个下午就背负营救了 78 名朝鲜兄弟姐妹。抗美援朝战争胜利后，招商局刘希禄和杜乐山等人被光荣评为抗美援朝积极分子，受到了中国抗美援朝总会、东北人民政府等领导机关的奖励和通报表扬。

第五节　建立企业新的人才队伍

一、成立华东交通专科学校培养接收干部

1946 年 12 月，人民解放军在鲁南战役中缴获各种车四五百辆，因我军尚无机械化兵种，华东军区决定用这些车辆组织解放战士和起义战士成立华东运输公司，归军区兵站部领导，为前线运送弹药、给养、兵员。为提高这批战士的政治素质，1947 年 1 月，兵站部在临沂成立了“工训大队”，驻防沂水一带，集中解放战士 300 人参加培训。3 月，兵站部决定扩建“工训大队”为交通学校，由该部政委于眉兼任校长，兵站部副部长熊振作兼任副校长（后为王剑鸣接任）。学校设摩托、土木工程、交通行政 3 个系，学制 2 年。1947 年 4 月开始向社会招生，在校生最多时达 2000 余人，教职工 120 余人。

学校采用准军事化管理，学生享受战时供给制待遇，获得军籍。后来随着战争形势变化，学校驻地屡经迁移，直到 1948 年 4 月驻扎青州，才开始正规学习训练并进行第二次社会招生，此时全校学生 1000 多人。1948 年 9 月，济南解放，10 月，交通学校迁入济南，改名为华东交通专科学校，增设铁路系，在校学生恢复至 2000 人，课程按专科设置，并成立了正规的系科、班级。

1948 年底，华东交通专科学校决定在徐州建立分校，因校舍地处荒郊，饮食交通皆成问题，且徐、蚌地界大战犹酣，人心不定，办学条件实不具备，原定计划被迫推迟，直到 1949 年 3 月 19 日，徐州分校建成并开学上课，经三次招生，共招学生 551 人。校长由于眉兼任，设土木工程、交通行政、会计、摩托 4 个系，教职工 80 余人。图 1–6 为华东交通专科学校教职工合影。

图 1–6　1949 年春，华东交通专科学校徐州第三部开学，校长和全校干部学习组长合影。

辽沈、淮海、平津三大战役后，国民党对江北地区的统治已经土崩瓦解，战场转向长江以南。为了给新解放区输送经济建设干部，华东交专学校响应党的号召，组织动员师生参加南下大军。1949 年 2 月，华东交专总校师生 700 余人在于眉、王剑鸣的率领下从济南出发，到徐州与分校南下师生 200 余人会合，后经皖、苏，抵达上海，成为接收上海公共交通局和海运、河运及其他交通运输部门的骨干力量。这所诞生于战火中的学校，由于采用速成式办学方法，重视理论与实际相结合，两年间培养了大量的专门人才，为华东地区战后城市交通的恢复振兴做出了很大贡献。

二、发挥中共航运地下党核心作用

1947 年，在中共上海工人运动委员会书记张祺主持下，建立了路、海、空交通委员会，负责铁路、海员、航空三方面的工人运动，下设海员党支部，由乐圣法任书记，有党员8人，多在内河小船工作。1948年1月，铁路党组织遭到破坏后，路、海、空委员会停止活动。这期间海员党组织发展缓慢，活动也限于小型分散的经济斗争。1948年，上海局在香港举办党员干部学习班，海员党员谈金龙、马瑞琪等被派去参加学习。

1948年冬，解放战争迅速发展，为了斗争的需要，中共上海工委书记张祺将地下党“路、海、空交通委员会”所属海员方面党的关系转给中共中央上海局副书记刘长胜。在刘长胜的直接领导下，决定将分散在航运业各个方面（包括船舶、码头仓库和一些船厂）的党员集中起来，并从其他系统调来若干党员骨干充实力量，组建航运支部。11月，航运支部成立，由颜泽龙、乐圣法、朱谷人、张烈组成支部委员会，颜泽龙任书记，上级联系人是刘长胜。航运支部成立后，积极发展组织，先后在招商局的机关、海轮、修船工场、码头和中央信托局所属码头仓库等有关航运业的单位，吸收了14名新党员，占支部党员总数的50%，其中，在招商局系统发展6名新党员。

1949年初，为了广泛发动群众，打开斗争局面，刘长胜指示决定以航运支部为核心，成立上海航业界职工联合会，把航运业各单位的工人、职员、高级船员和工程技术人员统一组织起来。航联会作为航运业地下党的秘密外围组织，通过党员和积极分子在职工群众中广泛进行串联活动，在各单位秘密组织500人左右的纠察队，护船护产，提出斗争口号，发动船员和码头仓库职工，开展反“应变”、反破坏、反劫运等斗争，同时争取高级职员留下来为新中国航运事业服务。上海解放前夕，航运支部和航联会加紧搜集航业情报资料转送解放区，开展政治宣传活动，争取航业界上层人士，并进行了接应解放军和抢救船舶等活动。

1949年5月上海解放时，航运支部与解放军接管人员会师，随即归属军管会航运处党委领导。支部和航联会积极配合军事代表开展接管清点、打捞沉船，组织复航等工作，航联会作为公营航业职工群众组织，还负责组建越层工会，办理失业海员登记，组织离沪船员的家属生产自救等工作。6—7月，航运支部所属党员归入航运处党委领导下的工会、人事、保卫支部，航联会在完成了筹建海员、码头两个产业工会的招商局分会的任务后，于同年8月底宣告结束。1949年8月27日，航联会在上海国际大戏院召开员工大会，有千人参加。大会宣告上海海员工会招商局分会和上海码头工会招商局分会筹委会同时成立。航运处处长于眉号召全体员工迅速行动起来，开展为人民立功运动，粉碎敌人封锁，恢复和发展运输事业，促进城乡物资交流，支援人民解放军继续进军。会后《解放日报》作了报道。

三、培养吴淞商船专科学生参加联络员工作

1949年5月27日上海解放。1946年在吴淞商船专科学校就读，已完成三年学科学习的学生将上船实习。这批航海专业生受到了上海市有关航运单位的青睐。校方即组织学生参加毕业前学习班，由在校军代表担任正副班长，学习时间半月、整月不等，学习班期间凡已经落实单位的学生即离校就职。6月28日，30余名学生到水运大队。7月20日，70余人学生到招商局。这批学生除个别人留在机关科室外，全部上船担任军管会驻船联络员，

身穿灰军服，佩戴上海市军事管制委员会财政经济接管委员会航运处服务证，享受供给制待遇。

船舶联络员在“反封锁，反轰炸”生产第一线，克服艰险，积极工作，拼搏奋斗，立志锻炼，在新中国成立初期恢复航运工作中做出了应尽的努力。他们充分发挥科班出身，航海知识丰富的特长，为人民海军培养了许多航海专业人员，同时也同海军建立了深厚的友谊，为以后海军复员转业到航运单位工作打下了坚实的基础，创造了良好条件。

四、积极开展起义船员的政治思想工作

上海解放前夕，官僚航运企业招商局的一大批船舶在国民党军队的胁迫下先后驶离上海。自 1949 年 4 月至 1950 年 3 月，有“中 102 号”轮、“海辽号”轮、“海康号”轮、“中 106 号”轮、“教仁号”轮、“登禹号”轮、“邓铿号”轮、“蔡锷号”轮、“林森号”轮、“民 312 号”轮、“鸿章号”轮、“民 302 号”轮、“海厦号”轮、“海汉号”轮、“成功号”轮、“海玄号”轮、“永灏号”轮、“海辰号”轮 18 艘船舶，在党的秘密组织下，先后在航行途中和在中国香港、新加坡、日本举行起义，其中“海辰号”轮起义后，由日本驶向青岛航途中被台湾国民党军舰胁迫，改道行驶高雄港，船长张丕烈、报务主任严敦烨被国民党宪兵司令部以“准备发动叛乱”的“罪名”惨遭杀害。

因此，做好起义船员的工作迫在眉睫。当时，香港招商局和停留在香港的 13 艘轮船起义后，上海招商局根据党中央和华东局的指示，派董华民、杨再新等组成军代表小组，董华民以上海招商局高级职员和秘书杨再新到南洋视察业务的名义进入香港，同去的还有上海招商局副总经理黄慕宗、船长周崇善、轮机长应芝芳等。2 月 8 日，起义海员举行欢迎大会，热烈欢迎董华民等来港。董华民在会上传达上海招商局领导人对香港招商局和 13 艘轮船起义壮举的高度评价和对全体起义人员的亲切关怀，并代表上海招商局向起义船员颁发任命状。董华民等在中央人民政府政务院“接收港澳国民党机构工作团”的领导下，主要在船员中公开领导护产斗争，抓起义船员思想、风气和学习；开展节约开支活动，改变由集体供膳为将伙食费发给船员，以解决好船员的生活问题，稳定船员情绪；积极领导起义船员粉碎国民党特务破坏起义、劫夺起义船舶的阴谋活动。

1950 年初，为筹建香港招商局海员支会，上海海员工会派出秘书长、招商局工会筹委会副主任邵裕国到香港，与香港海员工会取得联系。在军管组董华民的指导下，协助起义海员组织工会。组织起义船员学习《工会章程》，进行思想政治教育，选举陈天骏、刘汉玉等 15 人组成香港海员工会招商局支会筹备委员。经过短期筹备，选举陈天骏、罗秉球、朱广生分任香港招商局海员支会名誉主席、主席、副主席。工会成立后，在起义船员中组织政治学习；举行文化、娱乐、体育活动；开展认购公债支援上海人民反对蒋介石集团轰炸斗争活动和支援解放台湾的签名运动。

为了提高起义海员对新中国的认识，组织和接待起义船员返沪观光团，让起义海员亲眼看到新中国成立后祖国的巨大变化，从而以事实粉碎国民党特务散布的大量谣言，稳定起义船员情绪，上海招商局和海员工会相继接待起义船员来沪参观访问。3 月 25 日，香港《大公报》刊登消息：为了加强对新中国的认识，香港招商局组成返沪观光团，由罗秉球任团长，定于 3 月 27 日赴穗，转往上海。

观光团出发前，香港招商局海员工会在香港招商局 4 楼举行盛大欢送晚会。香港招商局全体员工向回国观光的起义海员赠送了锦旗。锦旗上书绣：“我们在五星红旗下，惊涛骇浪中，永远前进。”3 月 27 日，97 名起义海员跨过罗湖桥，第一次回到解放后的祖国内地。他们受到广州海员和各界人士的热烈欢迎。广东省总工会主任林锵云和广州市副市长朱光举行茶话会，欢迎起义海员，并向起义海员介绍了广州市解放以后的新面貌。3 月 30 日，由罗秉球任团长的 97 名起义船员组成观光团到沪，受到上海招商局党政领导和海员的热烈欢迎和接待。招商局总军事代表于眉接见起义船员和观光团成员，亲自介绍新中国成立以来人民航运事业的发展，号召起义船员做好护产工作。局工会组织起义船员到上海船厂、农村、工地和解放军营房参观访问，还与上海警备区司令部举行联欢。在观光期间起义船员参加了上海招商局召开的第一届职工代表大会。应上海人民广播电台的邀请，夏文丞代表观光团向台湾广大海员作了《回沪感想》的广播讲话，希望台湾海员不要再受国民党宣传的迷惑和蒙蔽。

第一批观光团在沪期间，上海招商局召开第一届职工代表大会，观光团中的职工代表和个别起义船员参加了招商局职工代表大会。然而，国民党仍不善罢甘休，在香港又散布谣言：“返沪观光团在路上被飞机炸死炸伤不计其所，剩下的人一到上海，被共产党扣留许多。”为了粉碎国民党的谣言，招商局工会说服了有些想留在上海，不愿再返香港的起义海员。4 月 30 日，第一批观光团回到香港，香港《大公报》报道了团长罗秉球的上海观感。5 月 2 日，香港招商局欢迎第一批返沪观光团回港，并隆重举行了欢迎大会。香港工会联合会也邀请起义海员出席了庆祝国际劳动节大会。

5 月 13 日，由张光宪任团长的 85 名起义船员第二批返沪观光团到达上海，参观了中纺九厂和十厂，同警备区政治部联欢并献旗，并到招商局修船厂、“中 124 号”艇及第三码头等单位参观和作报告。观光团离沪前，发表了《向上海人民致敬告别书》，上海《文汇报》记者访问了团长张光宪、副团长刘汉玉，报道了采访内容。6 月 4 日，观光团回港，6 月 6 日，香港招商局全体员工举行欢迎观光团回港大会。两批观光团返香港以后，向起义船员作了报告并谈了感想，揭穿了国民党特务的谣言，解除了部分起义船员返回大陆的思想顾虑，使起义船员更向往回归祖国。

两批起义船员返沪观光团的成员，通过参观访问爱国心更强，护产积极性和劳动自觉性更高，主动提出开展模范船劳动竞赛运动的倡议，得到了在香港各船的积极响应。“登禹号”轮被评为模范船；“海厦号”轮大副陈宏泽等被评为劳动模范；“登禹号”轮水手姚阿金代表起义船员劳动模范进京出席了第一次全国英模大会，受到了毛泽东主席的亲切接见。

为了粉碎敌人的破坏活动，搞好护产工作，进一步做好起义船员的思想工作，稳定船员情绪，1950 年 4 月中旬，上海招商局派出李明川等 10 人到香港，加上已在港的杨再新，分任香港 13 艘起义船的联络员。联络员上船后，组织船员进行政治和形势学习，宣传党的方针政策，做深入细致的思想工作，并建立护船纠察队，防止国民党特务的抢船和破坏活动。在起义船员中发现和培养了一批积极分子，发展了一批优秀青年入团。

五、船舶开展民主改造运动

民主改造是企业内部进行以清除隐藏在职工队伍中反革命分子和封建残余势力，改革旧的生产关系，增强工人阶级内部团结，提高工人阶级觉悟为目的的民主革命性质的群众运动。根据党中央 1951 年 11 月《关于清理厂矿交通企业中的反革命分子和在这些企业中开展民主改造的指示》和交通部的部署，上海海运船舶民主改造于 1952 年 5 月起做全面的准备工作；11 月开始将船员分批集中在陆地进行，到 1953 年 2 月基本结束，然后回船进行思想建设、组织建设和制度建设，前后近一年时间。这是解放初期船舶进行的一次较彻底的改造运动，也是一次较深刻的思想教育运动。随后，华东军区后勤部移交给上海海运的“德安号”等 4 艘海轮，上海海运南洋运输部管辖的 12 家私营船务行的小轮 337 名船员，私营中兴、海鹰两公司的海轮船员和陆地人员 380 人，也相继进行了民主改造运动，到 1953 年 9 月底结束。

华东区海运管理局进行民主改造的共 18 艘海轮，约 800 名船员。民主改造运动前，这些船舶虽然进行了一些制度上的改革，对船员进行了思想教育工作，但是没有充分发动群众，应该镇压的反革命分子和封建把头没有完全镇压，船上的工会组织、劳动生产组织不纯，有些为坏分子所操纵；工人的主人翁思想没有真正树立起来，旧思想、旧作风还相当严重，部分船员互相闹不团结；船员中帮派林立，有“宁波帮”“天津帮”“崇明帮”和“北方派”“南方派”等，还有帮会组织在活动，被封建势力操纵的组织；船舶海损机损事故频繁，其中有的明显属于人为破坏事故。

根据交通部的指示，这次民主改造首先要清除混在职工队伍中的反革命分子，纯洁职工队伍，在斗争中教育工人，提高工人的阶级觉悟；其次要通过批评和自我批评，改造职工中突出的旧思想、旧作风，解决职工内部的突出矛盾，加强工人阶级内部团结，树立主人翁的思想和新的劳动态度；在这基础上，上海海运改革船舶上的一些旧的管理制度，建立民主化的比较科学的社会主义管理制度，进一步解放生产力，迎接国家建设高潮的到来。

根据海运船舶的特点，海轮民主改造采取先分散在船上做准备工作，分批调岸，然而集中进行民主改造，最后回船进行建设的做法。时间安排为两头长、中间短，即：准备阶段时间长些，工作做得充分些；集中阶段时间短，工作紧凑；建设阶段时间充裕些，工作细致扎实，为今后生产建设打下较好基础。

民主改造的基本政策是：紧紧依靠广大工人和下层职员，团结全体船员，包括高级船员和技术人员，组成强大的力量，集中打击极少数隐藏的反革命分子、特务、封建把头和反动会道门首领。

上海海运船舶民主改造运动分三个阶段进行的：

一是准备阶段。1952 年 5 月，上海海运成立了增产节约委员会水上办公室，下设组织、宣教、资料等组，并抽调部分干部，配齐船舶的军代表。为发挥船舶党组织在民主改造运动中的领导核心作用，将原属护航队分总支领导的护航二中队支部与水上支部划出来，成立水上分总支，属上海海运党总支领导。同时建立了青年团水上分总支。为进一步加强对船舶民主改造运动的领导，9 月 9 日，经中共中央华东局组织部同意，上海海运撤销增产节约委员会水上办公室，成立水上增产节约委员会（对内为民主改造委员会），党组书记邓寅冬任主任。与此同时，中国海员工会全国委员会、华东区海员工会会同上海海运工会抽调了 17 名干部组成 5 个工作组，以发动生产竞赛为名，上船协助船舶党支部进行民主改造运动的准备工作。主要是教育发动职工群众，提高工人群众觉悟，同时调查了解船上各类人员的状况，为下阶段开展重点斗争做准备。

由于过去有些船舶的军代表在工作任务紧张繁重的情况下，有包办代替和强迫命令的作风，加上深入群众、关心群众疾苦不够，群众对此有点不满。再有船舶未进行过“三反”，船舶领导没有在群众中检查过官僚主义错误，于是个别船上坏分子利用军代表的一些错误来操纵群众与领导闹对立。针对这些情况，为消除工人群众与军代表之间的某些隔阂，密切船舶党支部、军代表与广大船员之间的关系，各轮党支部建立后的第一项工作便是由军代表出面，通过总结过去工作，进行自我批评，检讨过去对群众疾苦关心不够和某些强迫命令作风，要求广大船员对领导提意见，诚恳表示今后改正这些缺点的决心。各轮军代表的做法使群众很受感动，明显地改善了领导与被领导的关系。与此同时，上海海运成立了船员家属工作组，对船员家属进行普遍访问，发现有的船员家属有困难，就把材料转到船上，军代表或工作组主动找有困难的船员谈话，帮助他们申请救济，随后，人事部门立即审批，予以解决。船舶党支部趁热打铁，在船上进行回忆对比教育，对船员进行思想教育工作。通过思想教育来提高船员的阶级觉悟。发现和培养积极分子，了解各类人员的情况，收集资料。

在教育时，各轮都采取理论与实际结合，上大课与小组座谈、个别交谈相结合的方式，不仅使船员从大道理上认清共产党与国民党、新中国与旧中国的本质区别，而且抓住船员亲身体验的活的事例，进行对比，加深认识。船舶党支部根据交通部指示中规定的积极分子条件，即历史清楚、长年劳动、斗争性强、能联系群众等，对原有的积极分子进行登记和审查，加强对他们的教育培养，提高他们的政治素质和活动能力；随着思想教育深入，在船员的学习活动和生产活动中发现和培养新的积极分子，使积极分子队伍不断壮大和提高。为发挥这些积极分子的作用，党支部和工作组除了加强对他们的教育，提高他们的素质外，还教给他们联系群众的工作方法；通过选举或任命将他们分别充实到学习小组、增产节约小组和工会委员会中担任一定的社会工作，有的担任党的宣传员；不定期地召开积极分子会议，听取汇报，征求意见，布置工作任务；加强党员同他们的联系。到准备阶段结束，船舶积极分子的数量，已从开始时占船员总数的 10%，壮大到占船员总数的 20%—25%。这些积极分子成为船舶党支部、军代表同广大群众联系的桥梁，把广大船员群众团结在党支部的周围，为开展船舶民主改造运动创造了良好条件。准备阶段的另一个任务是了解和弄清船上人员的政治情况和思想情况。采取船岸结合、内外结合的方法，通过个别访问、谈心等进行调查了解，同时有重点地派人在岸上和外地进行调查。通过调查了解，初步摸清反动党团、特务、反动会道门及各种帮派在船上的活动与影响情况，初步划出积极、中间、落后、反动嫌疑四种类型分子的轮廓，了解了船员的内部关系，包括各部门间及高级船员与普通船员之间的关系及过去、现在的生产情况，存在哪些不合理的制度等。

二是发动群众开展民主改造运动。经过 5 个多月的准备工作，绝大多数船舶已具备从准备阶段转入直接发动群众开展民主改造运动的阶段条件，即掌握了主要敌情；群众觉悟有所提高，能分清敌我；培养、组织了积极分子，组织起了骨干队伍，能带领群众坚定地响应党的号召。于是，从 11 月 18 日开始，陆续将 18 艘海轮的船员分三批调岸，集中进行民主改造运动。每批时间一个月左右，分三步进行：（1）进行民主改造运动动员，消除顾虑，端正态度。针对船员的思想动态，船员上岸集中的第一课就是进行民主改造运动的动员，使船员了解其意义、目的、方针政策，看清新中国海员的光明前途，纠正各种错误思想，抛掉对美国和蒋介石集团的幻想，消除顾虑，端正对民主改造运动的态度，积极投入到民主改造运动中来。讲清民主改造运动的基本政策是紧紧依靠广大工人和下层职员，团结全体船员群众，集中打击为数极少的隐藏的反革命分子、特务、封建把头和反动会道门首领，对于参加过国民党、三青团等反动组织的一般成员，作为一般政治历史问题处理；封建帮会的一般成员属于工人阶级内部的教育问题；过去有过封建剥削和压迫工人行为的部门头脑在解放后已经停止剥削压迫的，过去曾经有过压迫工人行为和其他劣迹而情节不严重的高级船员，以教育改造为主。（2）广泛发动群众诉苦和控诉。通过反复动员，多数船员消除了顾虑，开始安下心来认真参加民主改造运动学习。这时就召开大会，进行新旧社会对比教育，启发船员诉苦和控诉，紧接着召开各类人员的座谈会（积极分子、老工人、技术人员等）和各种的小型会议，启发大家进行回忆对比，控诉帝国主义与国民党反动派及反动封建把头、反动道会门首领对自己和其他工人群众的剥削和迫害，树立对敌人的仇恨心，划清敌我界限。在普遍发动的基础上，培养典型在大会上进行诉苦和控诉，将诉苦、控诉引向高潮，会上提出了响亮的口号："算算过去，比比现在，追追苦根，想想甜源。"引导广大群众进一步回忆对比挖苦根，认识自己受压迫、受痛苦的根源，加深阶级仇恨，提高阶级觉悟。通过反复发动，广大船员纷纷起来诉苦和控诉，如第一批参加民主改造运动的 265 名船员中，就有 211 人参加诉苦运动，占 80%。前两批参加民主改造运动船员中，被旧社会逼得家破人亡的有 92 户。在旧社会，由于受生活所迫和在反动统治的条件下，有些船员被迫或被骗参加反动党团、反动道会门及各种帮派组织。对这些人就号召他们在诉苦、控诉运动中参加控诉，清算反动派给予自己政治上的污辱，讲清历史，划清敌我界限，清除顾虑，放下包袱。在第一批开展民主改造运动的船员中，就有 80 人交代参加过反动组织。船员中有些高级船员和技术人员过去思想作风恶劣，为群众所不满。在这次诉苦、控诉阶段，也启发他们参加控诉，一方面诉说自己在旧社会的痛苦和受压迫事实，同时也讲清自己轻视和欺侮工人的不对，取得了工人的谅解，初步解决了技术人员同工人之间历史上存在的不团结现象。（3）发动群众检举揭发，对重点分子展开斗争。经过诉苦、控诉，群众思想觉悟有了很大提高，接着就发动群众检举、揭发，并号召有问题的人忠诚老实，坦白交代。口号是"忠诚老实，自觉交代，打破顾虑，放下包袱，巩固工人内部，做到同毛主席、共产党一条心"。90% 的群众纷纷起来揭发反革命分子进行破坏活动及挑拨分化的事实，通过诉苦、控诉和检举揭发，广大船员站到了一起，加强了团结，少数有严重问题的重点分子被孤立起来了。同时经过内查外调，这些重点分子的材料也已准备就绪，于是，经区局审查同意，并经市有关部门批准，发动群众对那些为群众痛恨的并有可靠材料的反革命首恶分子开展重点斗争。通过斗争，广大船员进一步认清这些反革命分子的罪恶和危害，提高了觉悟和警惕性。最后，根据真凭实据，经过群众讨论和领导批准，实事求是地对这些重点分子作出处理，对问题已彻底弄清，劣迹较轻，本人表示愿意悔改者，在给予适当处分后让他仍回原船工作，其余则留在陆地。

三是进行思想、组织和制度建设。训练班结束，除重点分子及未弄清政治问题的人留在岸上继续学习审查外，其余船员全部回船，一边运输生产，一边进行思想建设、组织建设和制度建设。

思想建设的要求是：巩固民主改造运动的成果，发扬海员工人的优良传统，改造船员中的旧思想、旧作风，进一步提高船员思想觉悟，增强船员内部团结。方法是引导大家通过总结民主改造运动的收获与成绩，学习中国革命史和海员光荣斗争史，认清工人阶级的历史使命，提高思想认识。在此基础上由军代表带头，开始在全体船员中开展批评和自我批评，清理旧思想和旧作风。军代表、政工人员着重检讨官僚主义，不依靠群众，忽视政治思想领导以及执行政策上的各种偏向与个人主义的思想作风等。通过检查，树立依靠工人阶级的思想和民主作风。船长、高级船员及水手长、生火长等着重检讨不问政治、崇美思想、单纯技术观点、轻视劳动、看不起工人和宗派主义的思想作风，以树立依靠工人群众的思想，发挥自己的技术能力；一般船员分别检查各自的缺点，如帮派思想、不相信组织领导、雇佣观点等；过去曾参加过反动党团、道会门的一般成员，则表示不仅要从组织上断绝关系，而且要从思想上断绝关系。

在思想建设的基础上，各轮普遍进行了组织建设和制度建设。改选了工会和生产组织；开始建立基层党的组织；发展了一批青年团员；根据按劳分配的原则，对船上明显不合理的工资制度进行了改革，调整了船员工资；建立和健全了各种安全生产制度，从而推动了运输生产。

在中央交通部的统一部署下，上海海运所属的 18 艘海轮进行民主改造运动的同时，北洋区海运管理局所属海轮也进行了民主改造运动。到 1953 年 5 月 1 日，根据中央交通部决定，两局合并组成上海海运管理局时，所属的海轮，除当年 1 月华东军区后勤部移交的“德安号”“运海号”“运洋号”“凯纳斯号”等 4 艘海轮尚未进行民主改造外，其他各轮均已进行过民主改造运动。

1953 年 5 月，上海海运民改委员会下设海轮民主改造运动办公室，由王玉琪主任，蔡云任副主任，负责领导新接收的“德安号”等 4 艘海轮 362 名船员的民主改造工作。5 月 16 日，这些船员调岸集中，开展民主改造运动，至 6 月底基本结束。

1953 年 5 月 23 日，上海海运南洋运输部管辖的 12 家私营船务行的小轮 337 名船员在南洋私营行业民主改造委员会领导下开展民主改造运动，至 7 月 21 日结束。

1953 年 7 月 11 日，遵照上海市委关于私营行业进行公私合营，必须集中全力进行民主改造的指示，上海海运会同华东区海员工会成立中兴、海鹰公司民主改造运动办公室，开始对这两家已申请公私合营航业的海轮船员和陆地员工 674 人分两批开展民主改造运动，至 9 月 20 日结束。至此，上海海运所属海轮和所管辖下的私营海轮的民主改造运动工作基本完成，广大船员以崭新的面貌投入繁忙的运输生产，迎接新中国建设高潮的到来。图 1–7 为“和平 18 号”轮民改胜利全体船员合影。

图 1–7　1953 年 7 月，“和平 18 号”轮民主改革运动顺利完成。

六、提高劳动福利待遇增加船员工资

上海解放后，招商局于 1949 年 11 月 22 日举办船员训练班，400 余名船员参加（包括船舶调训人员和本局离职人员以及社会上失业船员）。这是首次为新中国培养海员的训练班，宗旨是培养全心全意为人民服务的新中国航运人才。上海航务管理局副局长邓寅冬到会致辞。

上海解放初期，不少海员家属无工作，子女又多，造成家庭生活困难。1951 年上海海运工会制订“会员困难补助办法”，对生活困难职工，实行临时困难补助，每年约 2000 人次。

1951 年 5 月实行《劳动保险条例》后，中国人民轮船公司上海区公司根据劳保条例规定，每月按工资总额提取 7% 医疗基金（后改为 5. 5%）。从此，职工看病，在经济上得到保证，看病住院的医药费和住院费全部报销。因公负伤住院，伙食费也由企业报销，海员在沪直系亲属治病，医药费、住院费报销一半。

新中国成立前，海员职业朝不保夕，无退休制度。上海解放初，劳动保险条例实施后，1952 年即有年满 60 岁的海员开始退休，按规定享受退休金待遇。

1949 年，接管招商局初期，海员工资继续维持原职原薪，并从当年 6 月份起根据物价上涨情况，按上海市折实单位计算发薪，职工生活得到保障，情绪稳定，迅速恢复了生产。在以底薪折算折实单位时，采取累减折算办法，使工资过高者略有降低，过低者略有提高。为照顾船员辛苦，折算后的底薪再按比例发给临时照顾费。为奖励开航，鼓励修船，是年 10 月起又将船舶划分为三种类型，按不同类型支付不同薪金。对开航船全部发给航行照顾

费；对修理船及港内交通船、供应船，薪金全部发给，但不加发航行照顾费；对停航船的薪金按地面人员薪金标准发给，从而使地面人员和船员工资拉大了差距。1950 年，为了鼓励出海航行，招商局建立了低工资多加、高工资少加的航海奖金制度，船员按底薪高低发给航海奖金，100 元以下者加发 30%，100 元以上者加发 10%。

1952 年，从全面推行计划经济的要求出发，华东区海运管理局根据交通部统一部署，进行新中国成立后的第一次工资改革，重点是改革解放前遗留下来的不合理船员工资制度，改变多种分配形式同时并存的局面，借以改变船员工资标准高低不一，大小船舶船员工资悬殊而造成的同职多级、同工不同酬，以及计算繁杂等弊端。

工资改革遵循按劳分配的原则，执行“统一、合理、照顾现实”的方针，统一工资计算单位，统一船员工资标准，统一船员津贴制度，统一船员工资支付办法；按船组制订船员工资标准，实行岗位（职务）等级工资制，根据船舶吨位大小分成船组（301—750 吨，751—1200 吨）。

船员职务规定 3—4 个工资等级。工资等级最高额为 1600 工资分，最低额为 180 工资分，使船员最低工资有适当提高，最高工资与最低工资差距缩小。对船员按职务定工资，按技术标准评定工资等级，以推动船员学习技术，提高业务水平。船员工资实行船岸差，技术船员离船工资为在船舶工资的 71%—77%，普通船员按 1201—2300 吨、2301—4500 吨、4501—7000 吨、7001 吨以上划分，每一岗位的工资为在船舶工资的 83%—87%。经过这一次工资改革，上海海运对船员按职务定工资，按技术标准要求评定工资等级，基本体现了同工同酬，船员有了固定的收入，工资平均有所增加。由于对船员评定工资时需根据技术标准做检查和鉴定，从而促进了广大船员学习技术，改变了靠派司（执照）和关系拿高薪，无能力居高位的不合理状况。

第六节　建立共产党领导下的航运企业

一、实行船舶军管，船舶派驻军代表制度形成

上海解放后，招商局军事总代表于眉和副总军事代表邓寅冬根据船舶大小、任务轻重，对各船舶派驻政治指导员或副政治指导员，开展思想政治工作。船舶指导员刚刚完成稳定船员情绪，开始接管清点工作，全力以赴恢复运输生产时，盘踞在舟山群岛等地的国民党反动派既派军舰拦截商船，布雷封锁长江口，又派机狂轰滥炸共产党控制的船舶，使航运安全生产受到严重威胁的情况。同时，招商局船舶内部管理上也暴露出部分船员贪污腐化、自由散漫等问题。为了粉碎国民党反动派海空扰袭、海口封锁，为了保证正常运输生产和船员生命安全，上海市军管会财经接管委员会航运处根据上述情况及时地做出了工作调整，于 1949 年 7 月 1 日颁布了《招商局军管时期船舶管理暂行办法》，文件规定：本局船舶在军管时期，完全实行军事管制，由本局军事总代表派军代表上船进行军管工作，凡船员一律接受军代表领导，不得违令。

命令颁布后，军管会马上发出通知，将向各船派出的指导员改为军事代表，船舶实行了驻船舶军事代表领导体制，还视船舶大小派出 1—3 名联络员协助军代表工作。招商局机关设立相同船型的军代表，具体联系和管理同类型船舶的军代表工作。这一种船舶领导体制适应战事环境和江海运输恢复期，对粉碎蒋介石集团海空扰袭、海口封锁和保证运输生产、船员生命安全，起到了巨大的作用。同时实行这一领导体制为开展党在船舶的政治工作，从组织上奠定了基础。1949 年 7 月后，在船舶实行军代表制，并相继成立以军代表为主、由船长和吸收船员参加的船舶管理工作委员会，成为船舶民主管理的最初形式。

二、船舶军事代表的任务和职责

船舶军事代表全面领导船舶工作，其任务是：统一领导本船船员和护航武装力量，开展各项工作。具体的职责是：一是保证船舶安全，监督船舶的生产，保证完成下达的运输任务；二是负责本船人事工作，对船员的调动、奖惩、升降提出建议，根据上级有关规定，批准船员临时假期；三是领导船上护航武装力量，遇到敌情，统一指挥护航武装力量和船员对敌斗争；四是了解和掌握船员思想政治动态，开展思想政治工作；五是发现和培养积极分子；六是组织和领导上级部署给船上的各项政治运动；七是组织和领导船员的政治学习、文化学习；八是领导船上的新民主主义青年团的工作；九是协助和指导船舶工会开展劳动竞赛等。

1951 年 8 月，招商局党总支辖属的护航分党总支部成立。此后，凡船舶成立党小组的，军代表为组长。1952 年 6 月以后，凡船舶建立党支部的，军代表为党支部书记，明确其是本船党组织的领导者。

三、船舶派驻军事代表情况

向船舶派驻的军事代表，根据船舶不同类型和执行任务情况有所区别，当时分为正、副军代表和军代表组组长、军代表组组员。客船一般有 3 人组成。“中”字号、“华”字号和拖轮“民”字号船舶，派驻军代表 1 人；港内小轮驳，每 10 艘编成一组，派驻军事代表组，一般为 4 人。

这时期的驻船军代表约有 80 名，全部是随军南下的干部和以后从老解放区调来的干部。他们有着丰富的政治工作经验，有一定的军事斗争知识，年富力强，对党的事业忠诚，组织纪律性和群众观念强，密切联系船员群众，能吃苦耐劳，工作积极热情。第一批 43 名军代表中，营级干部 6 名、连级干部 20 名、排级干部 16 名，仅 1 名战士。但他们文化程度普遍较低，对具体业务生疏。有些同志进城前根本没有看到过大海和轮船，大都晕船严重，生活不习惯。船出海后，茫茫大海天水相连，辨别不出东西南北。

当时，船员思想、政治、作风情况较复杂，组织纪律性较差，船上只有军代表和武装力量中的个别党团员，党团组织一时难以建立。军代表们认真贯彻“全心全意依靠工人阶级，团结其他劳动群众，争取知识分子”的指示，拜内行人为师，学航海知识，学英语，识别英文机器名称，听懂英语口令，尽快达到工作要求，逐步适应和熟悉船舶运输环境，了解船员的特点，为保证党的方针政策落实和建立航运新秩序，做出努力。实践表明，新代表制符合国情，超出预想效果。

四、成立企业党委，船舶建立和发展党组织

上海解放后，在船舶建立共产党的基层组织，发挥战斗堡垒作用，保证党的方针、政策和各项任务的贯彻执行，团结、带领广大船员恢复生产，对于建设新中国的航运事业具有根本性的意义。上海海运的船舶建党工作，从派驻军事代表开始，逐步建立党小组、党支部，到 1953 年发展船员中的第一批党员，经过了 3 年多时间。

解放之初，从上海市军管会航运处接管的招商局开始，就有了一支党员队伍，他们主要来源于随军南下的接管干部，一部分来自地下党上海航运支部以及从别的系统调来的少数地下党员，由军管会航运处党委统一领导。航运处党委是在进上海前，入驻丹阳时成立的，书记邓寅冬，副书记马骏，其工作机构设有组织、宣传、保卫等科。1949 年 8 月，航运处与招商局合并办公，党委组织、保卫科等就在招商局人事处办公（当时人事处处长由党委副书记马骏兼任）。接管后不久，航运处党委按照进城前的计划，即在招商局各职能部门建立起党支部。

解放初期军管会接收的船舶为数不多，包括招商局、水运大队、油轮公司等单位在内，仅有江海轮船 44 艘，远洋拖轮 17 艘，小拖轮 138 艘，驳船 201 艘。当时船员中没有党员（解放前在少数船上有几名地下党员，上海解放前夕均已调岸工作）。航运处向各轮派出军代表后，船上才开始有了党员，稍后，从吴淞商船学校调来一批待分配的毕业生，作为联络员派到船上，协助军代表开展工作，其中也有几名党员。同时，在复航船舶配备了护航武装，视船舶大小，有的是一个班，有的不足一班。第一艘复航的“江陵号”轮，当时就配备一个加强班，其中有少数党员。这一时期船舶党员分别属于招商局船务部党支部（书记张明，副书记郑照烈）和招商局警卫连管理，前者管军代表和联络员中的党员，后者管警卫干部、战士中的党员。

1950 年 7 月，经中共中央华东局批准，招商局历史上第一个企业党委成立，隶属于华东军政委员会直属机关党委的国营轮船总公司（招商局）分党委（书记邓寅冬，副书记王剑鸣、戴德）。分党委下属三个总支，其中船务部总支负责领导船舶的党的工作（总支书记是张明，分管船舶工作的是副书记唐士凯、郑照烈）。这时少数船上建立了党小组。

1951 年 2 月，国营轮船总公司（招商局）改为中国人民轮船总公司，由上海迁往北京；上海改设人民轮船总公司上海区公司，原招商局分党委延续为上海区公司分党委。随着企业组织机构的改变，调整了船舶隶属关系，原属上海的“江”字号长江客货轮及“华”字号货轮共 26 艘连同船员 1410 人划归长江航运单位管辖；“中”字号货轮 16 艘，连同船员 598 人移交大连航运单位；小轮驳 122 艘连同船员 1023 人移交南京航运单位。部分军代表同往，护航大队也调走一个连，一时船舶党员人数减少。同年 8 月，全国水运管理体制改革，上海区公司改组为交通部华东区海运管理局，党的组织机构相应变动，原来的分党委撤销，成立了华东区海运局党组和局党总支委员会（代理书记国都君，副书记陈龙昌、张洪祥，1952 年起王云任专职副书记），但仍隶属于华东军政委员会直属机关党委。这个总支虽属机关总支性质，但也领导船舶党组织。党总支下属 1 个分总支，8 个支部，其中护航队分总支（书记张洪祥，副书记唐士凯）除管辖护航大队队部、一中队、二中队、三中队等支部外，还领导一个由整个船舶党员组成的水上支部。水上支部书记由护航队分总支副书记唐士凯兼任，军代表王晓光任副书记。1951 年 9 月，分总支委员会决定：每条船上成立 1 个党小组，军代表为小组长。

1952 年，船舶数量逐渐增加，为适应运输事业的发展，特别是当时开展机关“三反”运动和船舶民主改造运动的需要，中共中央华东局先后调来两批党员干部，其中大部分上船担任军代表。这年下半年，船舶民主改造运动进入准备阶段，为发挥船舶党组织在民主改造运动中的领导核心作用，党总支将原属护航队分总支领导的水上支部的护航二中队支部划出来，组成水上分总支，并规定每船有 3 名以上党员的成立党支部，不到 3 人的合建 1 个支部。当时有 18 艘海轮，共成立了 17 个支部（其中一个支部由两条船合建）。8 月，水上分总支召开了第一次船舶党员代表会议，内容主要是围绕船舶民主改造运动这一中心任务，进行党内动员，统一思想，统一步调，讨论如何发挥党支部核心领导作用和健全组织生活等问题。

新中国成立以来，驻船舶军事代表通过各个阶段的中心工作和历次政治、生产运动，并通过建立船舶工会和团支部，注意发现和培养船员积极分子，为下一步进行船舶建立党组织做了准备。1953 年上半年，船舶民主改造运动基本完成，经过这次运动，纯洁了船员队伍，加强了团结，船员的政治觉悟和组织观念大大提高，群众积极分子经过鉴别和考验，迅速成长起来，这就为船舶党员发展和建立党支部创造了良好条件。另外，党中央根据形势变化，决定公开党的基层组织和党员身份。1950 年 6 月，根据上海市委关于公开党的工作的部署，在上海市军管会航运处党委领导下，招商局机关和总公司所属陆地单位相继公开了党的工作。当时海运船舶由于尚未进行民主改造，船员队伍情况比较复杂，没有公开党的工作。1953 年 6 月，上海海运民主改造运动结束后，在党总支部署下，水上分总支开始在船舶上公开党的工作。由于原华东区海运管理局所属船舶上，除军代表和护航战士中有部分是党员外，原有船员中没有党员，所以公开党的工作主要是在原北洋区海运管理局合并过来的 10 艘船舶上进行。先在“和平 11 号”船舶试点，然后全面推开，至 11 月结束。

船舶公开党的工作步骤与做法大体分为四步：第一步，在党内动员与酝酿；第二步，在全船进行动员与教育；第三步，在党内外酝酿成熟的基础上，公布党员名单，要求群众准备对党员提意见；第四步，召开公开党的大会，党支部做工作总结报告，听取群众对党员的意见。

五、船舶政治委员体制的形成和作用

上海海运当时所属船舶有三部分：航行在北洋线的船舶、航行在南洋线的小型船舶和公私合营中兴公司船舶、公私合营航行南洋线的船舶。1954 年以前，航行在北洋线的船舶上设立了军代表或副军代表，航行在南洋线的船舶和公私合营的船舶上设立了船代表，公私合营中兴公司船舶上设立了政府代表（统称军代表）。几年来，船舶在军代表的领导下，较好地完成了接收工作，实现反封锁反轰炸反劫持的目标，开展动竞赛活动带动船舶生产

发展，实施了船舶民主改造工作，船员的思想觉悟普遍提高。船舶军事代表自身的整风运动，提高了各个方面的素质和防腐拒变的能力。通过船舶军事代表的工作实践，形成了一良好的工作局面，适应了海上运输的管理需求，为国家计划的完成奠定了基础。

1953 年以后，我国经过 3 年国民经济恢复，进入了社会主义改造和有计划的经济建设时期。交通部在总结船舶管理体制的基础上，肯定了驻船舶军事代表的作用。同时，结合学习苏联海运管理先进经验，在 1954 年 3 月 26 日做出了关于“今后各船一律改驻船军代表为政治委员，实行船长生产管理一长制”的指示，自 1954 年 4 月 1 日起，船舶军事代表改为政治委员（简称政委）。政委制度的确立，使船舶军事代表从为完成某特殊任务的一个临时工作安排，逐渐演变成一个船舶管理体制上的变革，此举符合海上运输的特点，也是符合国情之举。实践证明，从解放初期的军代表制，到政委制，并逐步演变成党支部领导下的船长负责制，党对船舶实行领导，为确保船舶稳定、安全航行，完成生产运输任务，为中国航运事业发展发挥了积极作用，做出了重要贡献。

明确了船舶政治委员的职责：根据中央交通部颁发的海上船舶船员职务规则的规定，政治委员是全体船员的政治领导者，对全体船员实现思想政治领导与文化教育工作，巩固船长在行政事务上的领导职权和威信，领导船舶党、团、工会的组织活动，提高船员的政治觉悟，保证船舶安全，保证完成国家运输任务。另外，为了有效对外开展特殊工作，如对敌斗争，保护船舶安全不遭反革命的破坏，遇有对帝国主义船舶发生交涉及其他紧急情况下，仍以军代表名义进行工作。

六、开展一系列增产节约运动促进生产

增产节约和反对浪费作为一场运动，主要集中在 1951 年 10 月至 1952 年底这段时间。1951 年 10 月，党中央召开政治局扩大会议，分析和研究了朝鲜战场的发展趋势和对策。根据毛泽东提出的“战争必须胜利，物价不许波动，生产仍须发展”的战略方针，会议确定了解决财政困难的五条办法：（1）节约兵力，整训部队；（2）精简机关，缩编人员；（3）紧缩开支，清理资财；（4）提倡节约，严禁浪费；（5）组训民兵，准备推行义务兵役制。会议要求各地从 11 月起开展全面的增产节约运动。

1953 年 9 月初，中央发出“增加生产，增加收入，厉行节约，紧缩开支，超额完成国家计划”的号召，交通部同时也发出了增产节约的指示，上海海运立即响应国家和交通部的号召，迅速在全局范围内开展这一运动。在船舶运输中，广大船员既重视和采用了各种先进经验，又发挥智慧，创造了许多好的方法。其中有“船舶航次分时运行计划图表运行法”“修船进度计划图表法”“木排拖运法”“船舶循环清炉法”等。在修理工作方面，船厂工人创造了“模型制作法”“木材划线法”“冷风敲铲”“冷风喷漆”“炭精棒割铆钉”等先进方法，因而工作效率显著提高。

上海海运通过船舶分时运行图表的计划管理办法，经过船员计算潮水、航时、供应等逐步做到船岸有节奏地生产。以燕尾港运盐为例，以前上海海运船舶停港作业时间需 36 小时左右，现在创造了 12 小时 04 分停港作业记录。上海海运在天津港推行“一潮出口引水法”使船舶在港时间大大缩短。同时，上海海运船舶的积载效率显著提高，船舶

货损率大幅度降低。1953 年上半年，上海海运船舶营运率平均为 73.24%，9 月份提高到 84.82%，10 月份达到 92.9%；航行率上半年平均为 36.75%，到 9 月份提高到 51.04%，10 月份为 45.3%；吨天生产量上半年平均为 50.9 吨海里，9 月份提高到 80 吨海里，10 月份为 75.8 吨海里。与上半年平均成绩相比较，船舶营运效率提高了 24.1%，航行效率提高了 38.89%，吨天生产量提高了 78.78%。如“和平 5 号”轮原计划装载钢铁和杂货 4200 吨，实际装载了 5105 万吨；“和平 6 号”轮原计划装载钢铁和杂货 3700 吨，实际达到 4317 吨，其积载效率超过资本主义国家装载系数 67—68 的所谓的国际标准。这种技术的改进，可以部分地解决当时船舶少货物多，运力不足的困难。加之上海海运所属修理船厂在修理“和平 2 号”“和平 7 号”“和平 9 号”“民主 1 号”“民主 5 号”“建设 5 号”“建设 6 号”等船舶时，船厂和船舶密切配合，缩短了修期，增加了 16.25 万营运吨天。上海海运的货损率以面粉为例，以前货损率达千分之三，1953 年 9 月降低到 0.099%，10 月又下降至 0.029%。

上海海运经过 3 个月的努力，取得了明显成绩：上海海运船舶（包括长江口以北公私合营船舶）9、10 两个月货运量都超过 40 万吨，11、12 两个月虽然时值冬季，货运量也保持在 40 万吨左右，为解放以来的最好成绩，这些成就不仅保证了年度计划的顺利完成，而且保证了增产节约指标的圆满完成。

1953 年，上海海运上半年货运量仅完成年度计划的 44.52%，吨海里仅为年度计划的 40.76%，到 11 月就超额完成了全年的运输指标。货运量为年计划的 100.73%。吨海里为年计划的 101.66%，并且通过经济排队，深入摸底，厉行节约，上海海运扭转了上半年亏损 179 亿元（旧币）的局面，实现盈余，上缴国家 77 亿元（旧币）。

1954 年 1 月，全总执委会通过了《关于在国营厂矿企业中进一步开展劳动竞赛的指示》，号召工人阶级开展劳动竞赛，发展生产，不断提高劳动生产率。上海海运劳动竞赛总体上分为三个阶段：一是在 1953 年 8 月以前，生产秩序尚未正常，劳动竞赛时断时续，亦未与企业管理相结合，带有一定的盲目性和突击性。二是 1953 年 8 月至 1954 年 6 月，生产秩序逐渐走向正常，船舶实行了航次分时运行计划图表，于是劳动竞赛围绕航次作业计划开展。竞赛中一般能把握“两头抓装卸，当中抓潮水”两个关键，初步建立了一套竞赛的秩序。三是 1954 年下半年以后，统一建立起一些竞赛秩序，抓住了先进航次与技术革新两项工作，从而进一步巩固了作业计划，抓好船舶月度工作指标，从月度计划着眼，从航次计划着手，为逐步实施工班作业计划创造条件，进一步推进了劳动竞赛。

1955 年 4 月，中共中央批准国家计委《关于 1954 年度国民经济计划执行基本情况和 1955 年国民经济计划中几个问题的报告》，提出“为解决财政收支矛盾，要求增收节支，开展全面的厉行节约，反对浪费运动。”中共中央发出《关于厉行节约的决定》，提出“厉行节约不是消极的措施，而是加速国家社会主义工业化的积极的方针，各部门和各地区在厉行节约的同时，还应该努力增加生产”，强调“厉行节约、反对浪费”，是全国普遍的长期的经常的政治任务，应动员全党，团结全国人民，发扬艰苦奋斗的作风，养成节约风气，为有效地实现这一任务而奋斗。要求各级党委和政府继续开展“增产节约、反对浪费和贪污的群众运动”“动员千百万群众起来增产节约，反对浪费和贪污”，坚决消灭“目前还存在着的大量浪费现象，逐步形成严格的节约制度”。

1955 年 8 月 17 日，上海海运、上海海运政治部、上海海运工会联合下发了《关于深入发动群众开展全面节约运动的联合指示》，要求各船舶、机关、大连办事处、中兴公司、中兴政治处，认真贯彻中央“关于厉行节约反对浪费”的号召，保证上海海运年度计划的完成；各级行政领导干部和党、团、工会组织必须亲自动手，发动全体员工，开展“全面节约、反对一切浪费”运动，将劳动竞赛向前推进一步，以全力保证完成 1955 年国家计划。

1955 年，上海海运全面节约计划主要从成本、基建、清理物资三个方面着手，为达到全年节约 260.58 万元，把节约指标分解到本局、中兴公司、南洋运输处等。

为了保证完成增产节约计划，明确机关和船舶共同的任务是：时刻地提高警惕，防止敌人的破坏活动；开展经常性的反事故斗争，认真贯彻安全生产质量大检查的措施；各级领导干部和全体员工充分认识本局船舶的技术状况，做好技术管理工作；遵守各项规章制度，将安全与生产统一起来；明确完成增产节约计划的关键，就是保证安全生产，而保证安全生产也就是最大的节约。上海海运对机关各科室和船舶都提出了工作要求。要求机关重点做好 4 项工作：加强理货工作，认真贯彻中央关于“消灭货损货差”的指示，提高运输质量，加强劳动保护工作；加强船舶调度工作，提高计划管理的质量，克服货源充沛而运力不足的矛盾，调度工作必须注意安全，严防事故发生；加强商务工作，认真贯彻 1955 年全国商务工作会议精神，做好经济调查工作，积极组织“南货北运”工作，保证每月运力达到了 12 万吨；加强财务监督，严格财经纪律，做好季度、年度的决算审查工作。同时，要求船舶认真落实三项工作：必须保证船舶安全生产，时刻防止敌人的破坏活动；严格执行黄浦江夜航、狭水道航行制度，加强航行瞭望工作，防止水雷和敌人的破坏；必须加强政治思想教育工作。

为加强这一工作，上海海运成立了增产节约办公室，领导和组织企业开展全面节约工作，并把反对一切浪费行动和劳动竞赛密切结合起来，把劳动竞赛的中心环节与推广先进经验，提合理化建议结合起来。从而，全局员工迅速行动，开展全面节约的以船舶先进航次为中心的劳动竞赛。

七、成立海员工会，船舶工会组织建立

上海解放以前，船上没有按产业原则建立工会组织。

1949 年 2 月，为了迎接上海解放，中共地下党上海航运支部建立了秘密外围组织—上海航业界职工联合会，其主要任务是团结海员和码头、船厂工人以及航运企业员工，开展反撤退、反破坏的斗争。当时，因各方面条件不够成熟，航联会没有在船上正式发展会员，建立下属组织。

上海解放后，航联会公开活动，在航运处党委的领导下，作为公营航业的群众组织开展工作，在配合军代表发动群众进行接管清点、打捞抢修船只、恢复航运、组织政治学习、办理海员登记等工作的同时，着手筹建船舶工会组织。

航联会当时有 30 余名干部，其主要来源，一是原地下党航运支部的大部分成员（另一部分调去筹建上海海员工会）和所联系的骨干积极分子，二是航运处调来的南下干部，三

是由学联介绍来的上海交通大学航管系毕业生。航联会设有海员组，由海员出身的干部和学习航海专业的大学生组成。他们熟悉船舶情况，工作热情很高，为了把船员尽快地组织起来，经常深入船舶，在船员中广泛进行串联活动，加强联系。

船舶工会组织的建立，主要经过如下步骤：

一是通过发动船员参加接管清点、抢修船舶、组织游行集会、举办文娱活动等工作，启发、提高群众的思想觉悟和组织性，并从中发现、培养积极分子，为组建工会创造条件。然后，航联会召开各船积极分子座谈会，交换筹组工会的意见。

二是各轮分别举行群众会议，航联会干部做动员报告，详细讲述工人阶级在新中国的领导地位、工会的宗旨，宣传工人是一家、办工会靠大家等思想，并对过去国民党控制的工会的反动性和行会社团的落后性进行必要的批判，使群众对组织自己工会的意义有一个初步的认识。

三是同群众一起研究如何组织本船工会的具体步骤和方法，通过讨论，统一思想，使船员明确：工会筹委会候选人不限职级，不限文化水平，只要热心为大家服务的均可提名。当时规定：30 人以上的船舶成立海员工会支会筹委会，不足 30 人的成立小组筹委会，小船由几条船合建小组筹委会。到 1949 年 8 月底，招商局所属船舶除少数航行在外的船只，都建立了基层工会筹备组织。

在船舶基层工会筹备组织初步建立起来的基础上，1949 年 8 月 27 日，招商局召开了全体职工大会，宣布上海海员工会招商局分会筹委会成立。这是上海解放后最早成立的大型企业工会之一。会上，中共上海市委常委、上海总工会筹委会主任刘长胜讲话，同时宣布成立的还有上海码头仓库工会招商局分会筹委会。至此，上海解放前地下成立的航联会正式宣告结束。接着又成立了上海五金工会招商局船厂分会筹委会。这样，招商局所属的船舶（包括企业机关）、码头和船厂的职工分别组织到海员、码头、五金三个产业工会之中。9 月，作为上海地区重要产业工会之一的上海海员工会正式成立。在隆重举行的成立大会上，华东局、上海市委的主要党政领导陈毅、潘汉年等到会祝贺，号召全体海员积极执行华东局和上海市委提出来的“粉碎敌人的封锁，为建设新上海而奋斗”的六大任务，并动员海员准备参加支前工作。

1949 年 10 月 1 日，中华人民共和国中央人民政府宣告成立，下午三时，首都隆重举行开国大典，招商局机关和船舶举行了庄重的升旗仪式。翌日，在上海海员工会筹委会和招商局海员分会筹委会组织下，机关干部和船员参加全市大游行。晚上 10 余艘挂满旗的船舶张灯结彩举行水上游行。

10 月，根据航运处党委指示，为了统一企业内工会工作的步调，成立了招商局 3 个分会的联合办事处，受上海总工会领导。

广大船员在自愿申请的基础上，办理了入会手续。11 月，“中 116 号”艇船员经过民主选举，率先正式成立海员工会支会，然后，其他船舶工会支会相继成立。

船舶工会委员会的组成人员有一定的分工，先是分为宣教、福利、纠察、调研等委员，后来改为组织、文教、生产、生活等委员。工会成立后，在军代表、党支部和上级工会的领导下，在团结教育群众、开展劳动竞赛、动员群众支前、参加抗美援朝、组织文化学习和关心群众生活等方面做了许多工作。

1950 年 4 月，招商局召开第一次工会会员代表大会，出席代表 317 人，代表 100 多个基层工会组织，约 9500 名会员。大会选举产生了中国海员工会国营轮船总公司上海委员会（称其“上海委员会”是因组织范围限于总公司上海地区所属基层，不包括外地分支机构在内）。船舶工会一律定名中国海员工会 ×× 轮委员会，以鲜明地体现产业工会的性质。

以后召开的职工代表大会上，与会代表审议讨论了企业工作和计划任务以及职工的福利设施等事项。这是民主管理制度在企业中的探索，从中体现了党的群众路线和全心全意依靠工人阶级办好企业的主人翁精神。

八、船舶团组织的建立和发展

船舶的建团工作开始较早。解放初期，根据华东军政委员会直属机关团工委的部署，在航运处党委直接领导下进行中国新民主主义青年团组织建立工作。1949 年 8 月，航运处党委指派何浚川等几名青年党员负责建团工作。按照当时新民主主义青年团团章的规定，凡 25 足岁以下的共产党员均应同时成为团员，并在青年积极分子中开始吸收第一批团员。1949 年 9 月，招商局召开青年团员会议，宣布招商局团支部正式成立，何浚川任书记。11 月召开了有 700 余人参加的局青年大会，号召广大团结青年，积极组织起来，进一步开展建团工作，接着成立了航运处临时团工委。到 1949 年末，航运处所属单位（包括招商局机关、船舶、码头、船厂和华东区航务管理局等）已发展团员 237 名，团友（团组织之友 26—28 岁）14 名。到 1950 年 3 月，团员、团友分别增至 388 名和 24 名，并建立了 11 个团支部（图 1–8）。

图 1–8　1949 年 7 月，中国新民主主义青年团华东交专总支部全体团员合影。

1950 年 8 月，招商局分党委成立后，随即成立了招商局分团委，由分党委副书记王剑鸣兼任团委书记，马益标任副书记。1952 年 8 月，召开了局首次团员代表大会，总结建团以来的工作，表彰“三反”运动涌现出来的优秀团员，动员广大团员、青年发挥先锋模范作用，积极投入社会主义建设事业，并选举产生了新民主主义青年团华东区海运管理局总支委员会，马益标任书记。

1951 年 8 月，华东区海运管理局成立。9 月，党的护航队分总支委员会决定，成立团分总支委员会，规定船上有 7 名团员以上的成立团支部（船员与护航武装中的团员合并组成），不足 7 名团员的则成立团小组。1952 年党的水上分总支成立时，相应地建立了青年团水上分总支，徐赞绪任书记，领导 13 个船舶团支部和 8 个青年团小组。

九、庆祝人民当家作主

广泛开展宣传鼓动工作。上海解放初期，通过航联会和工会筹委会等群众组织发动船员积极参加庆祝上海解放、慰问解放军、纪念“七一”、庆祝开国典礼等一连串大规模的游行集会，群众高唱《解放区的天是明朗的天》《你是灯塔》《没有共产党就没有新中国》等革命歌曲，扭秧歌，打腰鼓，昂首挺胸，阔步向前。这不但鼓舞了群众的政治热情，也提高了他们的组织性纪律性。船舶基层工会筹备组织在军代表的支持下，结合清点物资、打捞沉船、修理船舶等工作也多次举行庆功、慰问、联欢等活动，组织群众表演节目，并邀文工团做示范表演，活跃了气氛（图 1–9）。7 月，航运处出版了油印小报《航运通讯》，宣传党的政策，报道接管、复航动态，表扬好人好事。11 月，《航运通讯》改为航运处与招商局工会合办的定期刊物，面向群众，以加强船员的形势任务教育，推动生产运动的开展。

图 1–9　1951 年 1 月，招商局海州分公司召开工作总结暨庆功大会。

结束语：新生的招商局，在党和政府的正确领导下，克服了接管初期非同寻常的重重困难，以崭新的面貌，艰苦创业，励精图治，基本恢复了旧中国遭到严重破坏的运输生产力，保证了北洋、南洋航线的通航；基本保证了海上运输的畅通和上海物资运输的需要，夺取了一个又一个的阶段性胜利。1952 年，上海海运年货运量已经超过新中国成立前招商局 1947 年的历史最好历史水平。这些成绩的取得来之不易，充分显示了新中国社会主义制度的优越性，充分体现了中国海员当家作主后的爱国之情和高涨的劳动热情。

上海海运在这艰难的历史时期，发挥了海运事业给经济建设带来的不可替代的作用，充分展示了新中国航运事业在国家交通运输中的重要地位，同时，为上海海运在今后的历程中取得历史性的变化和发展奠定了扎实基础。

第二章

建立社会主义特色的航运事业

（1953—1957）

1953—1957 年，新中国迅速恢复遭到严重破坏的国民经济，进入了社会主义改造和第一个五年计划大规模建设时期。

1953 年 6 月，党中央公布了党在过渡时期总路线，即“在一个相当长的时期内，逐步实现国家的社会主义工业化，并逐步实现国家对农业、手工业和资本主义工商业的社会主义改造”。在中央交通部和上海市委的领导下，上海海运加强了党对企业的领导，发挥行政领导的作用，凝心聚力率领广大党员和船岸职工，积极组织海上运输生产，有效地进行了企业生产改革，学习苏联的先进经验，全面推行计划管理、技术管理、财务成本管理；完成了私营轮船业的社会主义改造；开展了以先进航次为主要形式的劳动竞赛和先进生产者运动，发扬“敢想、敢说、敢做的共产主义风格”，运输生产取得出色成绩。

第一节　调整完善企业管理模式

一、成立交通部上海海运管理局

这一时期，上海海运的行政领导机构有过两次大的变动。1952 年 11 月，中央交通部全国海运专业会议和海运总局人事会议，决定开始筹备组织北洋区海运管理局与华东区海运管理局合并事宜。1953 年到 5 月 1 日，中央交通部批准：两局合并组成的上海海运管理局（表 2–1）正式成立，在大连设立办事处。

表 2–1

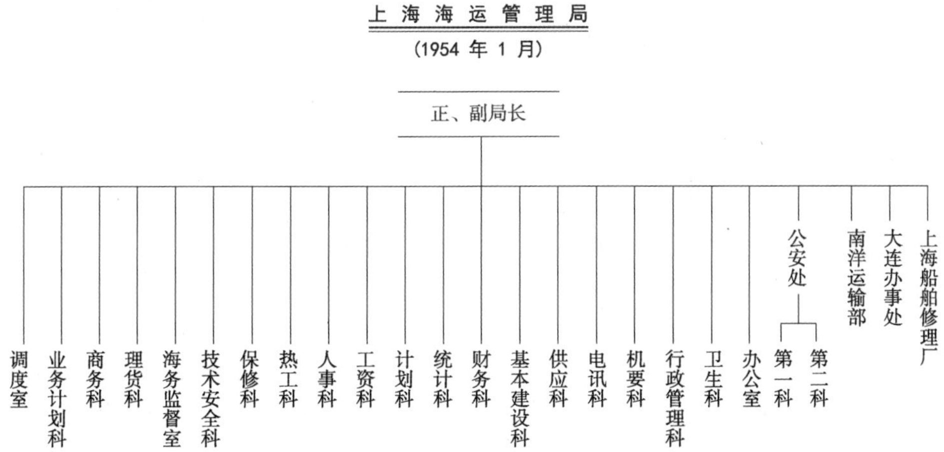

随着行政领导机构的变更，上海海运党组织机构以及对船舶的领导机构，也有过多次的变化。1953 年 5 月 25 日，中共中央华东局组织部批准，建立上海海运党组。党组由 6 人组成，邓寅冬任书记、蒲济生任副书记。12 月，分总支撤销，成立船舶党总支。

1954 年 4 月 1 日，中共中央华东局组织部批准，成立中共上海海运管理局委员会，由 8 名委员组成，蒲济生任书记、王玉琪任副书记。局党委下设船舶党总支、中兴海运公司总支和 5 个机关科室支部以及海训班支部，各轮党支部由局党委直接领导。

1956 年初，又开始筹备组织上海区港务管理局和上海海运管理局合并。

1956 年 2 月 17 日，上海市委组织部批准同意：在筹备组织上海海运管理局和上海港务局合并过程中，成立中共上海区海运管理局临时委员会。委员会由 11 人组成，韩克辛任书记、蒲济生任副书记。

1956 年 9 月 1 日，根据交通部命令，为调整海运体制，实行港口航运区域统一管理，上海港务局与上海海运管理局合并成立交通部华东区海运管理局，统一领导华东区域的港航工作。韩克辛任局长，蒲济生、王本贤、王化民、刘延穆任副局长。区局除直接领导管理海运船舶外，还管辖上海、宁波、温州、连云港 4 个港务局及大连海运办事处、上海航道管理处、中国外轮代理公司上海分公司、上海理货公司、交通国家监察局上海办事处、公私合营鸿翔兴船舶修造厂、南京海运技工学校等单位。10 月 10 日，根据交通部指示，交通部华东区海运管理局改名为交通部上海区海运管理局（表 2–2）。

二、计划运输体系的形成和实现计划运输

生产资料的社会主义所有制，为全面地实行有计划运输创造了条件。交通部在第一届全国航务会议上指出：不论在航务、公务，对接收的机构、人员以及遗留下的旧制度、旧作风，必须加以整顿改造；对旧的经验和做法，必须以新的观点加以批判地接受。并明确提出，中国交通建设主要是学习苏联的经验。国家在解放初期得到苏联专家的帮助，借鉴苏联的模式，学习苏联的经验，逐步建立起和健全了计划管理（图 2–1）。早在 1950 年 1 月 20 日，中苏友好协会招商局支委筹备委员会成立，邓寅冬任主任；1 月 21 日，应我国政府邀请前来招商局指导工作的苏联专家茹可夫和巴雪维奇由中央交通部副部长季方陪同抵达上海 。

图 2–1　20 世纪 50 年代初，苏联专家指导上海海运航运工作。

北洋、华东两区海运管理局未合并前，分别于 1950 年 7 月和 1951 年 6 月建立计划经济制度下的计划管理机构，实行计划调度，编制年度计划和作业计划。1952 年底由北洋区局代表北方沿海航区，参加交通部编制第一个五年计划，预测北方沿海客货运趋向，规划老航线的恢复和新航线的开辟。但 1953 年以前的计划管理工作尚处于摸索阶段，1953 年以后才开始从制度上、职能上以健全的计划编制上报、贯彻执行和监督检查。

计划的编制、执行和检查是计划管理的三个重要环节。生产的社会化和生产资料的全民所有制，为实现国民经济有计划发展的要求提供了可能，但不等于社会主义有计划的发展就能自然而然地实现。它必须着眼于供需信息，做好预测，编好计划，使整个国民经济计划本身体现客观需要的比例关系；并在执行中利用计划管理的调控职能。保持消费和积累，农业、轻工业、重工业之间的协调发展。海洋运输是国民经济的组成部分，它必须服从国民经济的发展要求。遵循党在各个时期的方针政策，上下对口，纵横衔接，把自身的计划融合于国家计划总体之中。

表 2-2

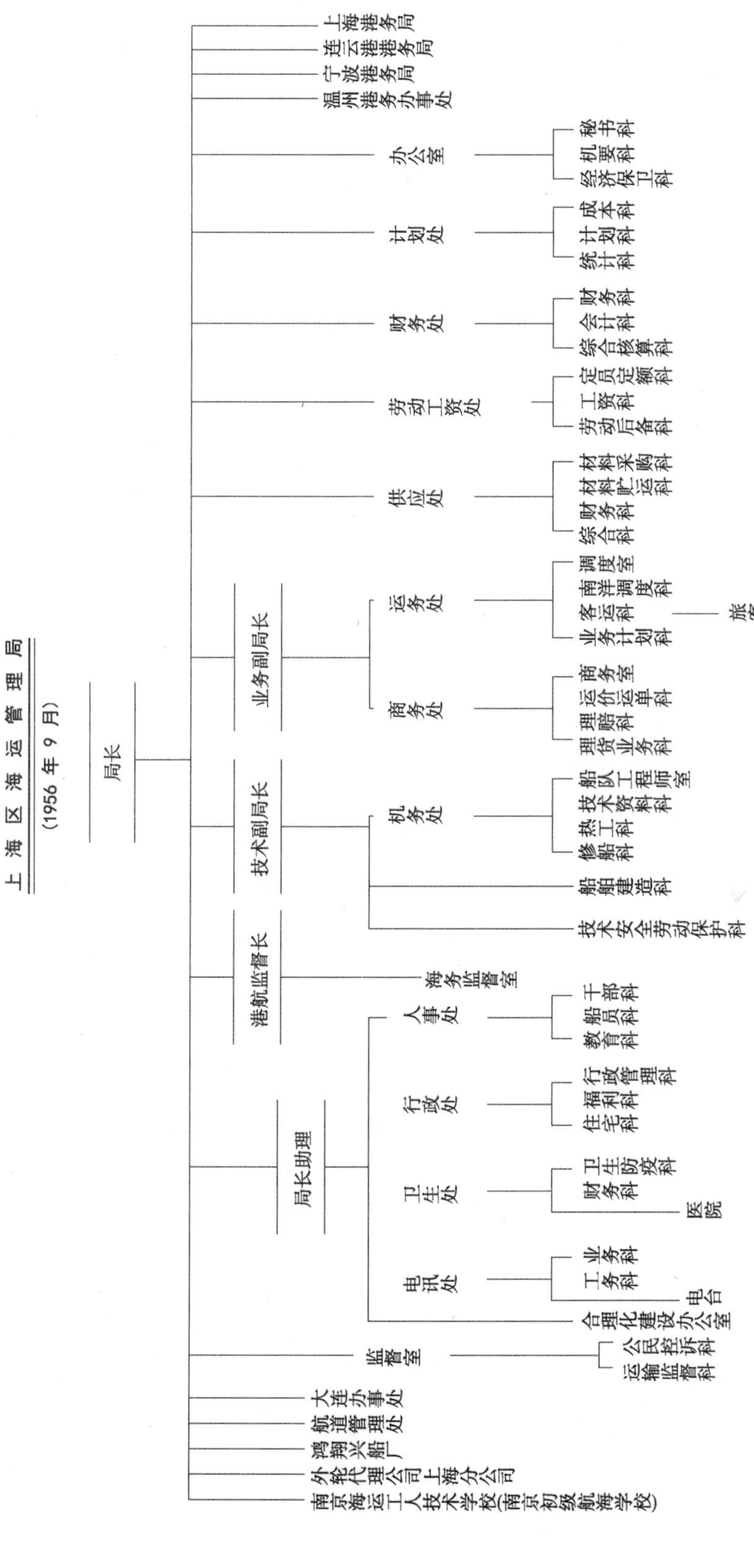
上海区海运管理局
(1956年9月)
局长
业务副局长
技术副局长
港航监督长
局长助理
上海港务局
连云港港务局
宁波港务局
温州港务办事处
办公室
秘书科
机要科
经济保卫科
计划处
成本科
计划科
统计科
财务处
财务科
会计科
综合核算科
劳动工资处
定员定额科
工资科
劳动后备科
供应处
材料采购科
材料贮运科
财务科
综合科
运务处
调度室
南洋调度科
客运科
旅客服务所
业务计划科
商务处
商务室
运价运单科
理赔科
理货业务科
机务处
船队工程师室
技术资料科
热工科
修船科
船舶建造科
技术安全劳动保护科
海务监督室
人事处
干部科
船员科
教育科
行政处
行政管理科
福利科
住宅科
卫生处
卫生防疫科
财务科
医院
电讯处
业务科
工务科
电台
合理化建设办公室
监督室
公民控诉科
运输监督科
大连办事处
航道管理处
鸿翔兴船厂
外轮代理公司上海分公司
南京海运工人技术学校(南京初级航海学校)

1953 年是中国第一个五年计划的第一年。随着有计划建设的全面展开，按计划管理的要求，企业实行按八大计划编制上报和贯彻执行。企业的八大计划分两大类。一类是企业基建计划，它是扩大再生产，按比例发展的固定资产投资计划；另一类为企业生产财务计划，它是多快好省地满足国民经济需要的综合性投入产出计划。企业生产财务计划包括运输生产计划、客货运流量流向计划、船舶修理计划、燃料物料供应计划、劳动工资计划、成本计划、财务计划。基本建设计划一般有五年计划、三年计划、年度计划。三年计划为年度计划的前期准备计划，三年计划对基建项目的按期完成关系极大。企业生产财务计划有五年计划、年度计划以及按业务需要制订的季度计划或月度计划。解放初期处于两种经济制度交替中，资料不全，预测货源的准确性较差，因而就重点以加强月度计划为主，一般不编制季度计划。

1954 年 5 月初，上海铁路系统、海运系统、长航系统和港务系统 4 个交通运输部门，在华东财务第二办公室的领导下，开始新中国成立后第一次全国性经济调查，于 6 月底结束。在此基础上，于当年同物资部门以固定形式，签订了 500 吨以上的运输合同，开始以合同的形式承运物资。

1955 年又发展到建立货物承托运制度，试行《水运物资运输月度运输计划程序和月度计划实施试行规则》，详细规定了托运计划的时间，承托运之间相互保证条件，从而为固定货源、提高计划的正确性打下基础。企业生产财务计划，以运输计划为主体，企业的基本建设计划又以企业生产财务计划为依据，因而海运的运输计划就成为海运企业计划的龙头。自 1954 年开始的 10 多年内每年组织一次全国性经济调查，建立沿海腹地的生产网点和资源分布卡，结合全国性订货会议，物资分配会议，落实货源，确定计划运输量，作为企业综合平衡计划的主要依据。各项计划相互衔接，不留缺口；各项计划的各个计划期内都要求做到“月保季、季保年”；企业的各项工作都必须围绕完成国家计划做出全面部署；检验企业工作的唯一标准是完成国家计划的好坏。

1954 年，上海海运首先在企业行政业务部门推行成本项目分工负责制，把成本计划中的指标，分解下达各职能科室，各职能科室按照职能制订相应措施，随后又逐步形成了保证国家计划完成的组织措施计划。在此基础上，1955 年初进行了新中国成立后的第一次决算审查，由交通部组成专业小组来上海海运审查 1954 年的决算。决算审查团由交通部有关部门组成，决算审查是学习苏联全面计划管理的一种模式，审查相当于审判。按规定企业领导汇报企业决算和回答提问时要站着讲，这和斯大林经常强调的“计划就是法律”的指导思想是一致的。通过决算审查，加强了全面经济核算。当时的经济核算包括企业核算和内部核算两个层次进行。企业核算是围绕完成国家计划指标的全面核算；内部核算是为了保证国家计划的完成，而分解到各生产单位的子目核算。而当时的决算审查和成本项目分工负责制尚局限于前者，1955 年以后才推向后者。

“一五”时期，中国沿海南北两大航区客货运量都大幅度上升，货运量 1957 年比 1952 年增加 1.71 倍，货运吨海里 1957 年比 1952 年增长 1.77 倍，客运量增加 1 倍，单位成本 1957 年比 1952 年降低 37%。可是，沿海船舶吨位只增加近 50%，两者增长率相差悬殊。上海海运主要通过改善和革新海运企业的经营管理，在当时船舶数量少，船舶技术条件落后的情况下较好地满足了客货运输的需要。

沿海南北两大航区 1953 年初结束了船舶的民主改造，调整了管理体制，接着便开展经营管理的改革。改革的主要内容和方向是：从中国实际出发，吸取苏联的经验，大力推行企业的计划管理、技术管理和经济核算，以改变海上运输历来存在的运价高、质量低、费项多和手续繁等积弊；逐步按照社会主义计划经济的原则，来改造企业和组织生产；提高运输效率，降低成本和安全生产，为国家提供质好、量大、安全和迅速的运输力。加强计划管理，首先遵循社会主义各部门有计划、按比例发展的规律，把海上运输的各个生产环节（如港、航、厂、货、航道等），通过一系列计划的制定和组织实施，构成一个相互配合，紧密衔接的有机整体，达到有节奏地均衡地进行运输生产。

1950 年，在苏联专家组组长、海运专家巴谢维奇的帮助下，这项改革先后在北洋区、华东区两个海运管理局试点。1953 年，各大海港实现了固定装卸工人和昼夜装卸作业，港、航区又健全了商务工作，促使计划管理逐步向各个环节纵深延伸。在海运系统全面推行的计划管理，主要抓三个问题：

一是抓关键性计划的制订与落实，以带动全面的计划管理。在海运部门众多的计划系列中，最关键的是运输生产计划。从纵向来说，它上与全国工农业生产计划、产品销售计划紧密相连，下与船舶的航次运输计划和港口的装卸作业计划息息相通。它是构成产、运、销整个国民经济计划中的重要组成部分；从横向来说，海运系统的各个生产部门，则都以它为依据，来编制与之相配合的生产计划。

二是抓船、货、港的月度运输生产计划。根据交通部“关于接受托运计划及汇报货源的规定”，首先由货主提出月度托运计划，经港口汇总之后，提交上海海运编制月度运输生产计划，经过综合平衡，再通知货主按照运输计划发货和收货。这样就通过计划，把船、货、港三方面衔接起来，使错综复杂的环节众多的海上运输能够有计划、有节奏地进行。

三是抓船舶的航次运输计划。航次运输计划是月度运输计划的具体化，是计划管理的基础。1952 年 7 月上海海运首先在“海安号”“北光号”两轮按“航次分时运行计划图表”试行运输，获得较好的效果。“海安号”轮在 1953 年完成秦皇岛—上海—大连—秦皇岛一个往复航次，从过去的 14 天缩短为 10.4 天。同年，上海海运又选择“和平 2 号”等 5 艘船舶重点试验，然后再推广到南北两个航区的所有海轮。这就使计划管理从企业的管理部门逐层深入到第一线的各个生产环节，形成一个有机整体。但是，船舶的图表作业是有条件的。由于我们的气象工作和航行保障设施以及港口泊位的限制，在货运十分紧张的情况下，计划图表作业也遇到过实际困难，后来这种运行方式没有坚持下去。

三、成立公私合营中兴海运公司

1953 年 4 月，上海市委召集有关江海航运单位领导，研究进一步对江海私营轮船业社会主义改造的步骤和计划。不久，批准由韩克辛等组成水上党组，统一领导上海江海私营轮船业的社会主义改造工作。上海私营轮船业的公私合营，自 1953 年 5 月筹备，到 1956 年 6 月全部胜利完成。

上海私营轮船业分为两大部分，一是北洋航线上的大船，二是南洋航线上的小船。北洋航线上的私营轮船业有：中兴、海鹰、新大陆、华胜、安达、民新、志新七家公司，计海轮 11 艘，载重量 55150 吨，从业人员约 1200 名，其中船员 900 余名。南洋航线的私营轮船业有：三兴仁、顺利、庆记、祥泰、三利、利兴、金胜、闽兴、华生、金都、大丰、钜元 12 家航商，海轮 12 艘，载重量 2660 吨，从业人员 282 人，其中船员 238 人。

1953 年 5 月，私营中兴海运公司和私营海鹰轮船公司提出公私合营申请，经 5 个多月的筹备，11 月，中央财经委批准，成立了轮船业方面第一个国家资本主义企业——公私合营中兴海运公司，姜远任总经理，张俊、浦禹峤（资方）、魏文达（资方）任副总经理。

1953 年 6 月，经中央交通部批准，新大陆、华胜、安达、民新、志新 5 家公司，在天津成立私营五轮联合管理处，实行私私联营，为公私合营创造条件。

1953 年 11 月，成立私营五轮联管处与公私合营中兴海运公司联合筹备处，韩克辛任主任，姜远、张俊等任副主任，负责筹备五轮联管处的公私合营及与中兴海运公司合并事宜。

1954 年 10 月，经私营五轮联管处申请，交通部海运总局同意，新大陆等五家轮船公司实行公私合营，同时与中兴航运公司合并，仍沿用公私合营中兴海运公司名称，公司领导班子作了调整，姜远任总经理，张俊、胡斌、浦禹峤、魏文达、朱汝翔（资方）、吴志贤（资方）任副总经理（图 2-2）。根据国有企业资产清点估价办法及交通部有关船舶估价的规定，先由私方提出船舶估价方案，经过公私双方反复协商，并参照职工和技术人员对船舶技术状况及尚可使用年限的研究分析，最后核定资金总额为 9028481 元，公股资金占总额的 68.26%，私股资金占总额的 31.74%。

图 2-2　1955 年 5 月，公私合营中兴海运公司第一次职工代表大会。

南洋航线的 12 家私营轮船业比较北洋线 7 家轮船业情况较为复杂。各分公司分散在上海、宁波、海门、温州、福州等地，一户一船，均存在船小成本高、资金短缺、亏损严重的情况。1950 年 5 月，舟山群岛解放后，这些私营轮船公司由部队生产单位的兴华公司及地方公营运输单位的台州公司代理，后由利民公司统一掌管，实行统一运价、统一货源、统一调度，并配备武装力量随船护航。1953 年 3 月，上海海运茂林船务有限公司与利民运输公司合并，成立南洋运输部，设福州、海门办事处。除统一领导南洋线的国营小轮运输，还代理私营小轮业务。1955 年 2 月，南洋运输部组织这些小船联营，并将分散在宁波、福州的公司集中上海办公，统一成立各公司。

1955 年 6 月，三兴仁等 10 家私营船务行（10 艘船）申请，成立公私合营南洋轮船公司筹委会，刘延穆任主任委员，私方代表朱培林任副主任委员。1956 年 1 月 19 日，经交通部海运管理总局批准，正式成立公私合营南洋轮船公司，刘延穆任董事长，范万来任总经理。1956 年 3 月，公私合营中兴海运公司并入上海海运（图 2–3）。根据海上运输的特点以及前一年公私合营企业盈利情况，上海海运将中兴海运公司定息为八厘。1956 年 6 月，公私合营南洋轮船公司也并入上海海运，定息为五厘。

图 2–3　1956 年上海海运和公私合营中兴轮船公司第一次职工代表大会。

南北洋私营轮船业合营以后，上海海运立即进行了一系列的组织整顿，根据国家“量才录用，适当照顾”的原则，结合合营公司的具体情况，参照国有企业的组织体制，对原有的体制进行了调整，并通过协商，40 多名资方人员均妥善做了安排，有的担任副处长，有的当科长。

1956 年，中兴公司合并到上海海运时，有 10 艘船舶成立了党、团支部。南洋航线的合营船舶隶属于南洋运输部领导，每一条船舶派船代表 1 名，3—4 艘船舶编为一队，较大的船舶成立党、团支部。党团员较少的船舶，编队成立党、团支部。

至此，上海海运所属的生产资料社会主义改造，在经营性质上确保完成，取得了对资本主义经济进行社会主义改造的胜利。

四、船长“一长制”在船舶推而未行

1953 年，中央交通部布置学习苏联经验，在企业内实行“一长制”。交通部制订颁布的《船员职务规章》规定：船长为全船行政管理及技术上最高负责人，在船上实行船长生产管理“一长制”。上海海运在 1953 年 12 月 19 日下发《1953 年工作特点与 1954 年工作部署》一文时提出：1954 年逐步推行在党委统一领导下的生产行政上的“一长制”。这是上海海运第一次提出，并在 1954 年 3 月 8 日上海海运职工代表会议上布置贯彻执行。

当时，干部职工从海上运输的特殊环境、船长的素质和船长的工作特点出发，对实行什么性质的“一长制”有三种不同的意见：第一种是实行社会主义企业完全的“一长制”，党委对“一长制”具有保证监督作用；第二种是实行在党委领导下船长负责制，等条件成熟后再实行完全的“一长制”；第三种是实行船长技术负责制。

1955 年 10 月，交通部政治部调查组来上海对船舶政治工作和推行“一长制”作了调查研究，了解了船舶对推行“一长制”的各种不同的看法。同时，对为什么要推行“一长制”的性质、工作范围和工作方法等提出了意见。由于上下认识上的不一致，在船舶的实际工作中，上海海运船长“一长制”并未有效推开。

1956 年 9 月，党的第八次代表大会召开，提出企业实行党委集体领导分工负责制，企业党委对企业实行全面领导。在学习文件中，有的代表发言批评“一长制”的弊端。

1957 年 3 月，中共中央交通工作部召开省（区市）党委交通工作部长会议与 1957 年 4 月中央交通部召开的直属企业党委书记、局长、政治部主任会议，研究贯彻党中央关于撤销铁道、交通、邮电系统各级政治机关、加强党的领导的批示。会上，领导同志的工作报告、总结发言，均批判了推行“一长制”的错误，指出：由于推行“一长制”，削弱了党的领导作用，非政治倾向较为普遍存在，在领导干部中模糊了群众观点和依靠工人阶级办好企业的思想，妨碍了党的群众路线的贯彻，助长了官僚主义、命令主义、个人决定问题和独断专行的作风。“一长制”作为领导社会主义企业的领导制度是有害的，因此必须加以批判、否定。

根据上级会议的精神，上海海运也开始批判推行“一长制”的错误，消除“一长制”的影响，并研究如何加强船舶政治工作的问题。1957 年 6 月 13 日，上海海运党委召开政治工作会议，作了《关于四年来政治工作的基本总结》，批判推行“一长制”的危害，同时认为，上海海运在推行“一长制”过程中，起初在领导中也曾发生过怀疑，个别同志甚至船员的思想也不通。所以当时曾经一方面推行“一长制”，另一方面又在个别船舶上搞党支部的集体领导，如党政团碰头会等。上海海运党委书记韩克辛在大会总结时强调，“船舶党支部是领导生产和一切工作的核心，政委必须在党支部的领导下工作。今后一般是党支部书记兼任政委，一切主要工作，支部集体领导作出决议以后，由政委建议行政执行”。

五、从警务科起步成立海运公安局

上海解放前招商局机关设有警务室。上海解放，上海军管会军事接管招商局的第 3 天，1949 年 5 月 29 日，航运处党委保卫科接管了旧招商局警务室。当月，军管会上海航运处通过华东军区，从第三野战军后勤部调来一个警卫连，担任船舶护航等警卫工作。6 月上旬，航运处即在招商局人事处建立警务科，下设两个股。警务科对原招商局警务室部分成员进行集训，两个月以后，对 300 余名警员分别做出留用、调遣、开除等处理，其中有 109 人被派往招商局所属各码头担任执勤任务，113 人辞职。

警务科的警员在保卫执勤时，曾遭到国民党潜伏特务的暗杀，1949 年 7 月下旬到 8 月初期间，两名解放军战士在招商局船厂的 4 号码头夜间值勤时被勒死；另有一名解放军在招商局 9 号码头值勤，凌晨突然失踪，翌日下午在黄浦江发现他身中枪弹的遗体。

1950 年 4 月，警务科改称保卫课。课长夏嘉新，副课长印大钧。10 月 30 日，因出海船舶增多，招商局成先后从华东公安部派来三个连，会同原警卫连组成护航大队，下设四个中队，共 592 人，负责船舶武装护航工作。1951 年有两个排的战士调往汉口、广州。

1951 年 1 月 8 日，招商局成立保卫委员会。根据中共上海市委员会、市军管会《关于加强镇反活动的指示》《关于反动党、团、军、政、警、特务人员实施登记办法》，招商局由邓寅冬任书记、夏嘉新任副书记，同党政工团负责人组成保卫委员会，抽调 29 名干部成立反动党团特务人员登记分处。通过镇反学习和登记，有 168 名反动党团骨干、特务人员履行了登记。自 1951 年 1 月至 1953 年 8 月开展的第一至第三期镇反运动，招商局共逮捕反革命分子 64 名。

当年 2 月 1 日，上海海运设保卫科。12 月 11 日交通部任命印大钧为保卫科长。1952 年 1—10 月，上海海运所属船舶遭台湾当局武装袭击 10 次，伤亡 5 人。

1952 年 2 月 12 日，上海海运按照中央人民政府革命军事委员会、政务院联合命令，上海海运配备解放军两个连对航行北洋航线的船舶实行武装护航。保卫科也向所属“民主 3 号”等客轮派出 3—4 人，配合驻船的护航武装搞好船舶内部安全保卫和旅客治安工作。

1952 年 7 月 19 日，华东公安部同意上海海运的保卫科扩建为公安处，下设第一、第二科。

1953 年 3 月 28 日和 29 日，中央公安部来上海海运检查安全保卫工作。公安部肯定了上海海运公安工作的成绩，指出了存在的问题及原因，对今后加强组织建设、业务建设和治安工作等提出了要求。

1954 年 4 月，上海海运为加强机关、仓库和客轮的安全警卫和治安管理，公安处成立经济警察分队，共 30 多人。下设机关大楼，十六铺仓库和“民主 3 号”“民主 4 号”客轮 4 个小队。1956 年 8 月撤销。

1956 年 8 月 5 日，交通部海运管理总局任命张子登为上海海运公安处副处长。9 月 6 日，华东公安局批准在客轮设立公安特派员。为加强上海—宁波客运线“民主 3 号”“民主 4 号”客货班轮的治安保卫工作，同意设立驻船舶公安特派员和公安特派干事各 1 人，另增加几名经济警察，轮流随船维护治安秩序。此后，在上海海运所属客轮上，正式设立了公安特派员和民警小队（后改称乘警队）建制。

上海海运公安处建立了相关制度。对船舶进一步整顿健全了参观会客、出入船舶、海空监视瞭望、灯火管制、武器弹药保管和保密等 6 大安全保卫制度；制定了要害单位标准，确定上海海运机关的调度、机要等 8 个科室为要害部门，船舶的驾驶台、机舱和电台为要害部位，确定要害部门人员 1176 名，对不适合要害部门工作的人员进行了调整和调离。

1956 年 9 月 25 日，华东公安护航团奉命撤销，大部分人员转业到上海海运，组成“上海航运公安局交通运输警察大队”。编制、供给属上海海运，业务工作委托航运公安局领导，下辖 4 个中队，共 614 人，担负上海海运所属船舶的护航警卫和旅客治安保卫工作。

1956 年 10 月 1 日，上海市公安局党组为统一港口对敌斗争，经市委和市人民委员会批准，撤销市公安局交通保卫处、水上分局和海运局、港务局所属公安处，建立上海航运公安局，受市公安局和上海区海运局的双重领导。该局第一处（船舶侦察保卫处）主要负责上海海运所属船舶（单位）的安全保卫工作。原上海海运公安处的朱子龙、印大钧、张荣先等科级干部，分别担任一处第一、第二、第三副处长。1962 年 2 月 22 日，市公安局批复同意上海海运提出恢复公安处建制，负责人朱子龙，公安处下设一科（政保）、二科（船舶保卫）、三科（民警治安）、四科（机关保卫与保密）和民警大队。

此后，台湾当局军舰时常在海上拦劫、骚扰大陆航行船舶，上海海运特制定了《关于加强出海船舶防范匪特拦劫和袭扰破坏活动的应急措施》，并成立了应急指挥小组。上海海运公安处民警大队扩建为乘务警察大队，下设客轮中队，每艘客轮设一民警小队，同时，设有大连分公司中队、训练中队、上海船厂中队、军工路武器库和发讯台小队，负责安全保卫工作（图 2–4）。

图 2–4 上海海运客轮乘警在维护旅客上船。

注：1966 年 7 月 1 日，接北方区海运公安局通知，上海海运党委决定将公安处更名为北方区海运公安局上海轮船公司分局（以下简称“公安分局”）。内部科室队和大连分公司派出所的设置不变。1977 年 6 月 6 日，上海海运党委根据上海市委的批复，决定将 1973 年成立的海运局公安处改称为“上海海运公安局”，并成立上海海运公安局党委。

第二节　学习先进经验，挖掘生产潜力

一、学习苏联管理经验

交通部召开了第二届全国航务会议，邀请苏联专家作了专题报告，并明确了学习苏联海运管理先进经验。技术管理是海运管理的重要组成部分，是为了保持船舶和各种运输设备的正常技术状况，以保证运输计划的完成。1953 年交通部召开全国航务机务会议，在借鉴、学习苏联经验基础上，决定在南北两大航区全面推行这项工作。海运企业基本执行了会议的要求，在上海、广州两个海运管理局设立船队工程师室，掌管技术管理工作；会同海务监督室共同指导贯彻船员职务章则和技术操作规程；贯彻当时制定的修船条例，按大中小修规程，实行有计划地修船；开展群众性的保养自修，建立预防检查制度，执行操作规程和机件磨损记录；加强热工工作，实行燃料消耗定额管理，保证修理计划的准确实现，以提高船舶营运率。

上海海运船舶及其修船工厂，深入开展技术管理工作。1955 年“和平 15 号”轮首创“小修进不进厂”，随之“和平 2 号”“建设 4 号”“生产 1 号”轮相继响应，使船舶修理时间大大缩短。上海海运 1957 年的船舶营运率上升到 83%。另外，为缓解当时船舶少、货

物多、运力不足的状况，还对一些超龄、老龄的旧船，进行“返老还童”的恢复性大修理，使原定在1957年报废的“和平4号”“和平15号”等船舶，以及原来要在1961年报废的“和平1号”“和平14号”“和平17号”等轮，恢复“青春”，继续加入营运。

1952年就以航次计划作为安排生产的主要依据，并先在“北光号”“海安号”轮上推行苏联“莫斯科号”油轮创造的航次分时运行图表。1955年，又选择了“北光号”“和平2号”“和平5号”“和平6号”“和平7号”5艘船舶重点试行。

1953年，在借鉴、学习苏联经验基础上，交通部在推行计划管理的同时，海运企业的业务核算、统计核算、会计核算已逐步形成体系。1954年建立了成本项目分工负责制和决算审查的制度，使企业经济核算深入到各职能科室。1955年全国交通会议确定在港、航企业中全面推行经济核算。1956年，上海海运又制订了船舶核算条例和实施细则，并在“和平1号”“和平5号”“民主9号”三艘不同类型的定线船舶试行，然后逐步向各船推广。上海海运1957年千吨海里的成本为9.6元，比1952年降低36.8%。企业利润1957年比1952年增长5.8倍。从而为在第二个五年计划全面推行经济核算创造了条件。

1958年3月，交通部技术局专门组织了上海海运、广州海运、武汉水运工程学院、大连海运学院、船舶科学研究所、船舶设计院、船舶工业局等10名人员，脱产到北京向苏联汽轮机专家学习。上海海运派出了余为江、邵裕国两位技术人员。学习期为7个月，主要学习5000马力汽轮齿轮机组的技术设计；研究苏联13000马力汽轮齿轮机组。在苏联专家的指导下，通过设计、制造、试验和运行等过程，培养出一批比较全面掌握船用汽轮齿轮机组的专门人才和管理人员。

在海运企业经营管理中，计划管理是生产的基础，技术管理是生产的保证，经济核算则是提高企业经济效益的手段，三者互为因果，相辅相成。它是社会主义企业生产管理的科学方法。这种经济规律，从上述生产改革的实践，可以得到印证。

二、调整船舶管理机制

上海海运在船舶运输管理体制上，主要为全面实施计划经济制度的需要，进行了一系列适应性的调整和变革。接管以前的招商局，整个体制机构的设置都是以“服务商业、促进贸易”而设置的，把轮船业和商业视作密不可分的相关行业，突出在一个“货”字上。上海解放时接管招商局8部1室中，其中有3个部的职能和客货运业务直接有关。客运部、货运部直接经营客货运业务，栈埠部直接管理货物仓储、装卸业务，其规模更大。1947年栈埠部管辖招商局所属的沿江10个分局（或办事处）和沿海13个分局（或办事处）的码头64座，仓库247座，（其中沿海29个码头，仓库175座），招商局把码头、仓库和船舶运输工具组合成一个整体。

1952年10月，全国海运专业会议召开，沿海海运为适应计划经济制度的需要，按企业分工、港航分管的要求，把码头仓库等装卸业务和承托运业务，从船舶运输业中分离出去。从突出“货”，转移到突出“船”，重点围绕船舶，进行航运企业的一系列配套改革。为此，增设燃物料供应、船舶修理和通讯导航等部门，以便不通过市场取得的船用燃、物料，修船和修船料以及大型备件、通信导航设备等，以适应计划供应和计划运输而形成船舶营运能力的需要。

1953 年第一个五年计划开始，海运货源按合理流向实行统一分配，货物装卸按月度运输计划在全面平衡后，编制港口吞吐量计划和船舶运输量计划，港航企业按计划贯彻执行。通过完成国家计划，把港航间的货物装卸和货物运输贯串于一个生产过程。两点连成一线，港口是点，船舶是线。船舶需要在点多、面广的点与点之间组成一条线，可变因素多，涉及面广。1951 年沿海航区以青岛港为界限，划分了两个航区，组建了两个区海运管理局，直属交通部海运总局领导。沿海 5 大港（大连、天津、青岛、上海、广州）由地方政府代管。两个区海运管理局的两支海运船队，航行于沿海 5 大港中的前 4 大港以及连云港、渤海地区和南洋线沿海地区的中小港之间。由于货流走向，不会由于航区界限的限制而中断，致使所属航区的船到非所属航区的港去装货，于是使为完成计划货运任务而争航线、抢货源，而界限无法划清。从而在货源组织工作上，货物承托运业务上以及船舶调度作业上，都会相应地产生一些不易处理的矛盾，并造成机构重叠、人浮于事、重复性工作多、办事效率低等缺陷。为适应计划运输的需要，解决 1951 年以后港航系统中，在组织领导、机构编制上所存在的问题，自 1953 年 1 月起结束了全国 5 大港（大连、天津、青岛、上海、广州）由地方代管的管理体制，在航运体制上取消上海以北分两个航区的分区管理制度。

北方沿海航区的统一，消除了条块分割，集中统一的计划经济增强了适应性。随着工农业的发展、管辖范围的扩大、业务量增加，船舶运输能力大幅度提高。1953 年初，上海海运实有船舶 46 艘，到 1959 年增加到 90 艘。

三、全面推进运价管理

“一五”时期，交通部采取了一系列措施，整顿加强了南北航区的海运商务机构，建立健全了各项业务规章制度，开展经济调查，大力组织货源，为货主策划经济运输线路，调整并降低运价和港口费率，开办代运中转业务等等，提高了海运企业经营管理的效能。

新中国成立初期，航运部门还是因袭旧规，通过报关行揽货，以后又转为由国家统一分配货物，基本上处于“等货上门”的被动局面。

1951 年 3 月 20 日，第二届全国航务会议召开后，在苏联专家的直接帮助下，彻底整编组织，全面调整运价，强调贯彻低利多运政策。

1953 年全面推行计划管理，健全了商务工作，港、航部门开始深入港口的经济腹地，通过经济调查来组织货源，并掌握重点物资的运、销动态及货源、货流的变化规律，合理地组织运输。同时，通过海、陆运输的费用、里程、时间等方面的货物托运单位提供合理运输的经济路线。

1954 年 1 月 2 日调整海运运价和港口费率，当年 7 月 31 日又一次调整海运运价。计费重量从 1953 年以前的“计重”“量尺”“计件”“计重加泡”“量尺打折”改为“计重”和“量尺”两种。其目的是鼓励物资托运部门改进包装，以利于节约船舶舱容，增加货物装船量。

1956 年全国生产资料私有制的社会主义改造基本完成，为适应社会主义经济建设的需要，进行了江海运输统一货物运价分级制的全面改革，这是新中国成立以来从航线运价过渡到里程运价、变动最大、涉及面最广的一次海运运价的调整和改革。它从运价制度、运价的总体结构到运价的计费单位、计费方法和等级分类等，都为以后的运价规范定了型，确定了基本框架和模式。

1956 年 1 月 1 日起，全国沿海海运按照南北两个航区实行统一的里程运价和同一航区的基价水平，改变了 1956 年以前货物运价是基价都按航线制定的方法，当时北方航区 83 条航线就有 83 个基价，华南航区 47 条航线也是如此。当年，交通部正式制订了“水运货物运价计算规则”，在计量上废除计重、量尺等多种计费的计量单位，改以按货物重量计算。在计费上对轻泡货物适当提高等级，对不易计重的货物采用换算计重办法。为有利于开展江、海联运和水陆联运，统一了江、海货物运价分级，并学习苏联经验扩大级差，将货物运价分为 74 类 25 级；以第 25 级为基础，级差自 25 级到 15 级每级递增 5%，15 级到 10 级每级递增 10%，10 级到 5 级每级递增 15%，5 级到 1 级每级递增 20%，最高和最低级的级差达 11 倍。在计费上废除了一条航线一个基价的制度，改为统一按海里里程分段计算运费。大港之间的航线运输基价低于其他中、小港之间运输基价；北方沿海航线运输，其基价低于华南航区航线运输，并取消加收“危险品附加费”，废除贵重物资的“报价计收运费”等制度。

由于我国沿海旅客运输发展滞后，因而对客运票价的制订和调整较晚。解放初期实行航线运价时，客运票价分特、一、二、三等和统舱五个等级。1954 年调整客运票价时，华东沿海各客运航线基本没有动，仅对宁波以北不合理的航线进行了逐步调整。当时上海—宁波客运线稍有调高。1958 年为取得和货运运价相一致，由航线票价改按海里分段计费票价。在此基础上，把原客轮统舱无床铺的改为五等，统舱有床铺的改为四等，硬席改为三等，软席改为一等、二等，开大舱的客票按五等舱票价的计收，并统一里程基价。客运包裹每百公斤运价按五等舱全票票价计算，行李按每百公斤五等舱半票票价计算。基价差距为：五等基价 100%，四等 130%，三等 150%，二等 200%，一等 300%。南北沿海客运分别实行不同水平的统一基价。客运票价自 1958 年以后，20 余年基本维持原状，致使客运业务普遍亏损。

（注：1967 年本着“统一、简化、降低”的原则，从简化计费办法着手进行第三次运价调整，于当年 4 月 1 日起又将货物等级从 25 级合并为 8 级，最高一级的运价率为最低一级运价率的 305%。1983 年进行了第 4 次运价调整，自 12 月 1 日起，交通部直属水运企业运价实行按货物的重量和体积择大计费办法。为照顾某些轻泡货物在按体积计费后不致负担过重，又将货物等级由 8 级改为 10 级，新增了 9、10 两级，并调整了原 8 级级差。与此同时，参照国际水运惯例，结合我国远洋运输总公司的计费办法，除对个别货物规定按重量计费者外，一般都改为按货物重量和体积择大计费办法，即一吨重量货物的体积在一立方米以下者按重量吨计费，在一立方米以上者按一立方米为一体积吨计费，对个别轻泡货物负担运费过重者，制订特定条件下的优惠价，以避免杂货运输中部分货物体积和重量之比偏大，完全按重量吨计费，既不利于船舶舱容的充分利用，又不利于促进货物包装标准化的状况。随着计划管理和经济核算的深入贯彻，海运成本逐步降低。）

四、开展先进航次运动和船舶经济核算

1953—1957 年，上海海运的船舶劳动竞赛形式多样，主要是以创造船舶先进航次而开展，推动船舶运输生产和各项任务的完成。1953 年前，上海海运虽然在运输生产上取得了可观的成绩，但是在计划管理和计划工作上存在不少问题，主要是运输计划质量低、运输成本高、政策水平差、计划变更多、海损事故严重、生产不均衡、港航单位之间各项工作缺乏衔接，更没有在各项定额基础上的统一行动的作业计划。因此，产生船舶在港非生产停泊严重。鉴于以上情况，1954 年，上海海运按照交通部和海员工会筹备委员会发出《关于在航运企业开展劳动竞赛的指示》的要求，在总结以往劳动竞赛经验的基础上，确定开展以技术革新、先进航次为内容的竞赛，将船舶的竞赛形式发展到船舶类型之间的劳动竞赛。船舶开展先进航次运动是海运生产中社会主义劳动竞赛中“斯达汉诺夫式”的运动（20 世纪 30 年代在苏联出现群众性技术革新和社会主义劳动竞赛运动因采煤工人首先发起而得名）。具体地说就是创造新纪录运动，其目的是要打破目前的技术定额和生产定额。广泛和深入地发动群众，开动脑筋，找窍门，发明创造，提出更多的合理化建议，充分发挥现有的设备的潜在能力，促进我国海运事业向前发展，迈向更高层次。

船舶先进航次的内容较丰富，重点是全航次无海损、无机损、无工伤、无货损、无事故；完成航次生产任务，完成航次单位成本，完成航次维修保养任务，从而降低海运成本，为国家积累更多的资金。

1955 年，全国交通运输会议确定“大力推行经济核算制为中心，提高计划管理、技术管理水平的方针”。为了积累船舶经济核算的经验，上海海运开展以节约核算与先进航次相结合的劳动竞赛活动，加强船舶“四算”（算潮水、算气象、算航线、算配载），克服“三多”（事故多、货损多、非生产停泊多）、“六等”（等装卸、等货物、等码头、等命令、等引水、等补给）的工作。同时，为了进一步学习苏联先进经验，充分发挥船舶运输效率和港口工班效率，以解决货多船少的困难，最大程度地满足运输需要并保证完成港口吞吐计划和船舶运输计划，上海海运会同上海港务局、秦皇岛港务局在 1954 年 7 月签订了《港航共同开辟秦皇岛—上海快速货运正规航线联合试行方案》。方案选择和明确了航线、船舶、码头、货种，以便取得经验指导其他船舶和港口改进业务，加强计划管理。

1955 年，上海海运投入到秦皇岛—上海快速煤运航线的“和平 1 号”轮创造了 159 小时 40 分的最高快速煤炭运输航线记录。该轮在秦皇岛港装煤 8700 吨，仅停靠 14 小时 35 分，到上海港卸完煤炭只用了 21 小时 20 分。“和平 1 号”轮全年运量达到 41 万吨，占全局 20 艘货轮总运量的 12%。通过“和平 1 号”轮的试点工作，证明了全国交通会议决议的正确性。决议中指出“必须以贯彻船舶航次计划—船舶航次运行指示图表为中心，严格地制订港口昼夜轮班作业计划。”这对全面提高海运工作计划的管理水平具有很大意义，可使港、航、货主在统一作业计划下互相保证和配合，将海上运输生产过程形成有机整体。

1955 年，上海海运船舶先进航次运动更加广泛深入。全局 28 艘货油轮中有 25 艘船共创造了约 200 个先进航次，可增加 65 万营运吨天，相当于 1 艘 1800 吨级船舶全年的运力，等于上海—大连航次增加 11 万吨货运。

1955 年，上海海运为提高船舶管理水平，以抓船舶经济核算制为中心，对船舶完善制

定了 7 项节约核算指标：一是安全航行里程（不出海损机损事故），二是装卸总定额（提高装卸效率缩短停泊时间），三是载重量运用率（合理配载争取多装货），四是正常航速，五是节约燃料，六是节约润料，七是完成保养自修计划。上半年在“和平 9 号”轮进行试点的基础上，下半年又在“和平 2 号”“和平 4 号”两轮重点推行，然而在各船舶推广。船舶围绕 7 项指标组织同工种竞赛以及建立成绩记录制度，为劳动竞赛提供了可比性，解决了船舶较困难的评比问题，受到了船员欢迎，促进了增产节约工作。1955 年 9 月，上海海运创造了货运 64 多万吨的月度运量历史最高记录，并取得连续 4 个月超额完成月度计划的好成绩，保证了年度运输任务的顺利完成。1955 年上海海运的货运量和货运吨海里分别比 1954 年增长 16.68% 和 15.15%，船舶单位成本也比上年降低了 10.87%。

1956 年，上海海运在总结船舶试点经验的基础上，讨论和制订了船舶核算条例和实施细则，明确规定单船核算，主要以单位成本为主，包括生产和支出两大部分。部分子目，一般以定额的形式下达，不做计划指标，这成为船舶以经济核算的先导和应用模式。

月度、旬度、航次计划统称为船舶运输的作业计划。1954 年以前由于货载少、变化因素大，月度计划很难起到指导生产的作用。船舶分时运行图表是以航次计划为依据，根据每一航次工作，按昼夜 24 小时划分为 24 格，每 4 格即 4 小时为一工班，用各种显明的线条标志出整个航次的作业过程，把每一工班的作业内容和作业要求，以图表的形式公布于众。目的在于使全船每一个成员能及时掌握计划完成进度，核算每一个生产环节上的生产时间和物资消耗，为群众核算、群众监督创造条件。但由于装卸作业速度非船舶所能及，而船舶效率的高低又往往和装卸作业密切相关。为了更好地发挥分时运行图表的作用，1954 年随着港口固定工人，实行昼夜装卸作业，把港口装卸作业纳入分时运行图表中去，并相应地开展了港航一体的创先进航次的群众运动。

先进航次运动是“分时运行图表”的继续和发展，是结合我国海运的具体情况，经过重点培养和典型示范，在生产实践中形成的，目标明确，来之于群众，一时颇为船员所接受。船员干劲大，热情高涨，创造性强，船舶航次时间缩短，船舶周转加快。“和平 5 号”轮两个月内创造了 15 个先进航次。“和平 11 号”轮使上海—烟台—天津往返航次从 13 天缩短到 11 天。1955 年，交通部向所属海、河船舶推广了“和平 5 号”轮经验。在先进航次竞赛中取得显著成绩的船长王倬船长等 8 名代表和船长夏家箴等 10 名代表分别出席了 1956 年交通部召开的“全国交通系统先进生产者代表大会”和中央召开的“全国先进生产者代表会议”。

1958 年开始了“大跃进”运动，中国钢产量从 1957 年的 535 万吨，提高到 1958 年计划的 1070 万吨，国家遵循“以钢为纲”编制国民经济计划。在贯彻执行国家计划中，1959 年上海海运建立了计划项目分工负责制，为群众性完成国家计划提出更具体而明确的目标。计划项目分工负责制的基本内容是：分解指标，纵横包干。要求机关、船舶在包干的范围内，更好地精打细算，落实责任制。在方法上充分走群众路线，按分工定计划指标，分解落实到机关职能部门，由机关职能部门提出分项组织措施计划。组织措施计划中的指标，一般要高于国家下达计划，留有一定的不可预见的因素。经组织措施计划综合平衡后，编制了分船计划草案，下达船舶征求意见，最后通过职工代表大会正式下达。各项计划正式下达后，机关、船舶充分发动群众，贯彻落实。船舶按部门、工班归口包干；机关按职能分工落实到人。每一项计划指标既有部门的“横向”负责制，又有船岸间的“纵向”负责制；既有“主办”指标，又有“协办”指标。“纵向”和“横向”“主办”和“协办”交织在一起，按不同岗位的不同职能进行有节奏的生产。在每一个岗位的每一项工作中都包含了各自的职责分工，又包含了船岸间的互相配合。纵横包干也给包干部门一定的自主权，包括部分执行定额拟订权，船长基金使用权。放权放责是为了调动广大群众节约开支、提高效率的积极性；有程序地全面计划管理，使计划项目按分工落实到人，定期公布实绩资料，定期总结评比，把计划指标形成职工群众的行动目标。群众性生产运动，带来了群众性经济核算。1961 年以后的 5 年调整，以群众核算为基础的经济核算，为全面计划管理提出了更高的要求。

上海海运的群众核算，在不断摸索中经历了 4 个历史阶段。1953 年以前，北洋区局学习苏联经验，曾专门招收核算员，经训练后上船。试行一个月以后，由于船岸关系较难得到有效处理，出现了船舶核算是“你算我干”还是“自己干自己算”等问题。1954 年开始撤离船舶核算员，普遍轮训船舶三副，以三副代替船舶专业核算员。1955 年 4 月，学习鞍钢中板厂经验试行节约核算的试点，正式提出了企业的经济核算制。1956 年，上海海运根据当年 7 月 17 日海运总局在上海召开的海港装卸区和船舶经济核算会议精神，选择了“和平 1 号”“和平 5 号”“民主 9 号”3 艘不同类型的定线船作为推行船舶经济核算制的试点船，到年底又扩大到 8 条船，进入了船舶群众核算的第二个阶段。为能做到考核和奖励相结合，同时试行船长基金制，给予船长以一定的资金使用权。

进入第二个五年计划期间，上海海运船舶经济核算全面推开。“大跃进”运动后期，针对只求速度、忽视成本的倾向，在大搞技术革新和技术革命的同时，强调增产和节约并重的方针。1960 年，上海海运召开了经济核算工作会议，总结交流了前两个阶段的经验，提出了船舶群众核算要以成本核算为重点。通过成本项目的组成核算，带动统计核算和业务核算，从而进入了船舶群众核算的第三阶段。船舶成本组成分两大类 10 个项目。第一类为固定成本，也称不变成本，具体有工资及附加费、基本折旧、修理基金提存 3 项。修理费作为基金而提存，是针对“大跃进”运动期间拼设备造成船舶失修、失养严重的问题，在“大跃进”运动后期提出来的一项纠偏措施。成本项目组成的第二大类为可变成本，具体有燃料、润料、物料、港口费、事故损失、其他船舶费用和分摊上船的机关管理费 7 项。由于船舶一次性投资大，船价高，固定成本的支出较大，随着新旧船舶比重的变化，新船增加、旧船减少、船价上升，固定成本的比重在相应提高。1959 年，上海海运船舶单位成本 7.13 元，是历史最高水平，当时的船舶固定成本占企业单位成本的 36.38％。1964 年，上海海运船舶固定成本的组成比重上升到 49.17%。

降低船舶单位成本的关键，在于节约时间，加速周转。船舶的群众核算，在群众干、群众算的实践中，一个“多装快跑”的口号，在 3 年“大跃进”运动的进程中就这样形成了，并相继创造了不少“多装快跑”的先进航次上，到 20 世纪 70 年代，上海海运船舶经济核算进入第 4 个阶段，从单项核算转为综合核算，以综合性船舶千吨海里燃料消耗为重点，通过燃料消耗的节约代用，带动船舶载重能力的提高，把提高船舶载重量使用效率，融合于船舶的综合核算之中。

五、船舶海上拖运木排创中国海运之首

上海解放前，东北地区少有木材船运往上海，木材海运主要是运输南方木材，直至 20 世纪 50 年代初，上海开始进行了较大规模的基本建设，因此才有批量木材从东北运沪，上海海运承担其主要运输任务。

随着上海市木材公司经营范围的扩大和市场需求量的增加，该公司自 1954 年起，在大连专设了木材转运站，因此，由大连、营口港出海的木材日趋增多。

其间，海上运力和运量矛盾突出。上海海运投入大连—上海木材运输的运力有限，而且木材积载因数较大，船舶装运木材时为保持适当稳性，通常采取与生铁、钢材等并装。当时行驶该航线的铁木船多为 3000 或 5000 吨级中小型货轮，在运力偏紧、舱容不够的条件下，甲板上木材经常堆积如山。航行途中每遇狂风暴雨袭击，险象环生，对船舶和货物安全构成严重威胁。

为缓解运力不适应运量的矛盾，提高东北木材的海运能力，上海海运和大连港开始试扎船舶拖运的木排，实行船舶运输和拖运木排运输相结合的运输方法。1953 年，在苏联专家的建议下，在以船舶装运木材的同时，试行拖运木排运输。当年 12 月，由大连港务局主持，林业部、大连海运学院、上海海运参加，派专人组成扎木排委员会，试行木排的捆扎和拖运。

这种用于海上拖运的木排不同于内河的扁平型排筏，木排由不同长度的木材组成，将木材上下交错叠靠，并将较长者选出，放在木排外层增加强度。[①] 捆扎时以钢丝绳及铁链制成 30 余道横箍，扎成两头小、中间大，椭圆而狭长的形状，浮于水面，远远望去酷似一支硕大的雪茄。

1954 年 4 月 6 日，上海海运所属 1200 马力（约 883 千瓦）的“民 330 号”轮（后改为“生产 2 号”轮）将木排从大连港拖出，途经烟台、青岛等地，历时 11 天，于 4 月 17 日安全抵达上海。航途中虽遇 4 到 6 级风浪，木排始终保持原状，完整无损。

同年 11 月，上海海运“生产 1 号”轮由大连港一次拖带两支“雪茄”形木排驶沪。两支“雪茄”一大一小，共计 4172 立方米，大者有 3000 余立方米。这些木材若用船舶装运，约需 6 万吨天运力，若用火车装运，则需几百节车皮。“生产 1 号”轮拖带海排航行于黄海海面曾两次遇到 6—7 级大风。在紧急关头，船员及时采取改变航向等措施，使木排迎风顺浪，不致被冲散，终将两支木排安全拖进吴淞口，运抵浦东民生路码头。这是中国海运史上的创举。

此后数年，东北地区与上海间的木材海运，都是采取船舶装运和海排拖运相结合的方式进行。海排形状基本都采用“雪茄”形，一次拖运量多者可达（两支木排）9000 余立方米。除大连港外，营口港也建立扎排基地，有海排拖往上海。海排体积由最初仅 500 余立方米扩大到四五千立方米。海排拖运范围亦由北方沿海扩大至南方沿海。其间，交通部海

---

① 刘连岗等编:《大连港口纪事》，大连：大连海运学院出版社，1988 年，第 166 页。

运总局、中国木材公司等单位为规范海排拖运，推进这一新的运输方式，陆续下达了《对原木扎排拖运问题的通知》《海上木排拖运港航交接联系试行办法（草案）》等文件，就扎排、海上拖运木排的期限、费率、交接等问题做了具体规定。

1955 年 4 月始，中国人民保险公司还试办了海轮拖木排运输，借以保证海排在拖运过程中遭受损失时能得以一定数额的经济补偿。“一五”计划时期，上海海运总共拖运木排 26 个，共计运木材 16 万多立方米（吨）。20 世纪 60 年代后，北方海区木排拖运逐渐少见，直至终止。

南方海区的船舶拖运木排运输方式也随之开始，1956 年 6 月 19 日，上海海运“生产 2 号”轮试行拖带了一个长 156 英尺的木排，中宽 16 英尺，体积为 600 立方米（重 762 吨）的小型“雪茄”式木排，自上海港起航，6 月 22 日安全抵达温州港。这是上海海运在南方沿海首次拖运木排。

交通部海运总局指令上海港务局、大连港务局派遣干部、技工成立工作组，协助温州地区筹划捆扎木排。1956 年 7 月 21 日，上海—温州航线，用松杉原木扎成温州地区第一个“雪茄”形体积为 2000 立方米的木排，拖运成功。接着又于 9 月 3 日扎成第二个体积为 2700 立方米的“雪茄”形木排，于 9 月 12 日由上海海运“生产 3 号”轮拖往上海。上海与温州间推行拖运木排运输后，广东出产的身长、腰粗、挺直、专用于制作船桅的木材，可经上海扎成木排后，中转温州等地。温州地区盛产的供建筑用的杉木，也可在当地扎成海排，拖运上海等地。

1957 年春，上海与温州间由单纯拖运木排，发展到既拖木排又拖竹排。针对闽浙地区盛产毛竹而运输困难的状况，上海海运同温州林业局等单位，仿照捆扎、拖运“雪茄”形木排的方法，试行拖运竹排。1957 年 4 月 6 日，上海海运“生产 1 号”轮将一个长 100 米、中部阔 14.5 米、两头阔 4.5 米、体积 3000 立方米，以 7 万余根毛竹扎成的“雪茄”形竹排从温州瓯江拖至上海港。当这个庞然大物缓慢地进入黄浦江时，迎来两岸不少市民好奇的观望。第一个“雪茄”形竹排拖运成功，迈开了由船舶拖运木排到拖运竹排的第一步（图 2–5）。

图 2–5 “大跃进”运动期间，“生产 1 号”轮在海上一船拖运两个木排。

7 万根毛竹需要 2000 吨的船舶装运两趟，包括装卸需要 1 个月时间。而海上拖运竹排，运费只有陆运的 40% 左右。于是，“雪茄”形木排、竹排，一个一个从外港拖运到上海港。此后数年，温州地区时有木排或竹排拖运上海。1961 年后，海排拖运逐渐在南方海区消失。

当然，这些庞然大物体积大，致使船舶航速减慢，最主要的是要选择气象条件较好的季节进行，并要精确预测航行途中的气象变化。在一般天气情况下，从温州到上海需要 5 天，从大连到上海需要 6—8 天，从营口到上海需要 8—10 天。木排和竹排的抗风能力为 6—7 级，由于海上天气变化多，如遇狂风恶浪不及避风，容易发生意外。1956 年 9 月，

“生产 1 号”轮拖带一个 3900 立方米的木排，在成山头附近遇到 10 级大风，拖带木排的钢缆崩断，木排随风浪漂移散落。大风过后，经“生产 1 号”轮和在附近航行的上海海运船舶的共同搜索、打捞，减少了损失。

“大跃进”运动时期，为满足跃进形势的需要，上海海运提出了“一船两用，运量加翻”的口号。从拖运木排、竹排，发展到运输船舶在自身满载的情况下，再拖驳或拖排运行。1958 年 8 月 25 日，“和平 35 号”轮在大连—上海航线满载 3150 吨货物的同时，再拖运装载 800 吨货物的货驳，首先实践了“一船两用、运量加翻”的口号，紧接着 8 月 26 日“和平 31 号”轮从大连港开出，自身满载 3515 吨货物，还拖运 2790 立方米木排到达上海港。

上海海运曾对“和平 19 号”轮大负荷拖带木排进行过测定：由大连开往上海的“和平 19 号”轮自身装货物 3554 吨，再在船舶尾部拖运木排 3482 立方米，运输量一下增加了 98%，航次时间由 116 小时延长到 186 小时，增加了 60%，成为当时实行“一船两用”中，负荷大、效益较好的一个航次。但是，海上运输受自然条件的制约因素大，气象水文的变化都危及船舶拖运运输的安全。船舶拖运木排的运输过程中，曾发生航行途中木排散排事故，“一船两用”更潜藏着断缆和翻船的风险，但为缓解运力和运量的不适应，船舶拖排运输的确也曾起到过应有的作用。

随着木材品种结构的变化，适宜于扎排长度的木材减少，以及木材资源匮乏、代用品增加，同时，扎排木材的长度一般须在 6 米以上，而销售木材在 6 米以上者较少，再加上安全问题，因此，20 世纪 60 年代以后，船舶就不再拖运木排，1961 年后，海排拖运逐渐在南方海区消失。

为有利于提高木材、生铁、钢材等原材料和百杂货运输的装卸效率，上海海运和港口协作，开展了成组运输。

1962 年，随着东北木材运抵上海数量的日益增多，出现了大连—上海航线上一度运输与接卸能力不相适应的矛盾。为提高木材装运效率，保证安全、质量，自 1964 年起，连申木材海运开始推行成组运输方式，即在装运货物时，把木材以网络、托盘、捆条等简易工具集装成组，以装卸机械代替人力搬运。是年 2 月，上海海运“和平 24 号”轮先在该航线进行一个舱口的木材（在起运港）成捆装船和（在到达港）成捆起卸试验，结果效率提高明显。翌年，“和平 24 号”轮又在大连—上海航线试行整船 4 个舱口的木材成捆装运。与以往散装运输相比，装、卸船时间分别缩短了 50% 和 28% 左右。至 1965 年 10 月，参与大连—上海木材成组运输的船舶已发展到 4 艘船，使用的工具钩头钢丝绳由原先的 460 根增至 9600 根。为推行成组运输，交通部及时从制度上确立了木材、钢材成组运输方案、工具和属具的管理办法以及成组运输作业的技术规定。但在以后的较长时间里，此规定未能得到认真落实。“文化大革命”开始后，沿海各港装卸效率急剧下降，连申木材成组运输亦受到影响。进入 70 年代，大连—上海航线铁木海上运输实行大连港与上海港（白莲泾码头）之间的“三定”（定港、定线、定船）成组运输。

1980 年，国家提出开发福建山区经济，一度中断的海上拖排运输方式在福建又被恢复。1981 年，当地利用海上拖运木排方式，运至江苏、浙江、上海等地的木材和毛竹约 20 万立方米，从福建拖排至上海，平均每立方米木材的装卸和运杂费可比海轮装运节省 0.43 元。

六、克服“重货轻客”倾向，发展客运业务

1954 年，海运管理总局召开“客货班轮运输会议”，这是新中国成立以后第一次由海运总局召开的会议。会议的目的是统一海运系统对客运工作的认识，相互学习交流客运工作经验，研究和解决组织领导上以及工作上存在的问题，以迅速提高客运工作的管理水平。参加会议的有浙江省、山东省交通厅，上海海运暨大连办事处，大连、天津、青岛、上海、广州港以及广州公私合营民生分公司等 14 个单位，共有代表 24 名。会议从 5 月 27 日开始至 6 月 1 日，历时一周。会议分析了当时的客运工作情况，商定了今后沿海客运工作的方针和任务。

4 年来，沿海运输、沿海的客货班轮运输在党和上级正确领导和全体职工积极努力下克服了种种困难，逐步发展。主要表现在现有的营运船舶吨位和营运航线已经恢复和超过以往的水平，完成的客货运量逐年上升。随着国家经济的发展，沿海客运流量发生了变化，根据实际需要调整和健全了大连—烟台、大连—龙口、大连—威海、大连—石岛—青岛、大连—天津、天津—龙口—烟台、上海—宁波 7 条航线。沿海客运营运里程全长共计 1277 海里，基本上做到定线、定期。同时，在物资条件十分困难的条件之下，对原有的破旧客船进行了修复和加固，并添购了必要的客货轮代替机帆船。1953 年第一季度完成的客运量相当于 1949 年全年客运量的 3.72 倍，基本上做到安全运输，满足需要。上海海运的广大船员发挥高度的积极性，主动减少停航休息时间，增加班轮航次。上海—宁波航线上的“民主 3 号”“民主 4 号”轮由原来的每周休息一天，延长到每月休息一天，星期天照常航行，全年增加了 104 个航次。

海运管理总局针对海运系统存在的“重货轻客”状况，进一步明确了客运工作的重要性，确定了今后客运工作的方针和任务是：加强管理，确保安全，尽力改进现有的设备，最大限度满足劳动人民在交通方面日益增长的需要。明确地提出了 5 项提高客运质量的工作要求。在这次会议上，确定凡建有客货班轮航线之各港口均成立客运业务的基层组织，一律统称为客运站。客运站由所在地港务局、分局的副局长或办事处主任直接领导。其职责主要是办理客票发售工作，办理旅客行李托运、装卸、搬运、保管、提取工作，办理旅客的问询工作，统计分析旅客流向等工作。同时，对航运单位也提出了具体工作要求。

上海海运根据会议精神，抓紧落实。一是成立客运科，负责客轮设备和客轮供应工作，管理客轮客运服务人员的服务工作。二是缩小大连办事处的业务范围。明确大连办事处的任务是代表上海海运管理渤海湾各线客货班轮的调度、船员教育、班轮中小修理计划和改进提高对旅客服务工作。渤海湾各线班轮的润物料供应工作移交大连港代理。三是确定客货轮上的客运业务人员的编制和领导关系。“服务生”名称取消，一律改为“旅客服务员”（简称“服务员”），直接受客运业务员的领导。在配备客运业务员时逐步选派品质优良，具有一定工作能力和业务水平的年轻同志担任。明确客运业务员除管理服务员以外，应负责管理旅客膳食供应、行李运送和保管等工作。客运业务员在机关接受客运科领导，在船上

接受船长领导。

上海是中国沿海客运最繁忙的港口，上海市军管会十分重视港口的客运情况，尤其关心春节旅客运输工作。1954 年 1 月，中国人民解放军上海市军事管制委员会主任陈毅、粟裕副主任签署了《通告》。《通告》中对 1954 年的春节沿海客运提出了 3 点要求：一是为保证国家计划建设，继续推进增产节约运动，在春节期间，产业工人应尽可能不回乡或少回乡，必须回乡者应以不影响生产为原则。一般市民回乡（包括教员、学生、店员、手工业工人等），须在春节回乡者亦应不影响生产与工作为原则。二是各有关交通机关应根据春节客运计划，切实执行。一切春节回乡人员均应服从交通机关春节客运计划。三是适当增设临时售票处，做好售票工作。各车船最高售票定额已满者，任何人不得强迫交通机关超额售票，不得抢购客票，不得聚众闹事。违者按情节轻重交公安司法机关依法惩处。上海市政府专门成立了“春节旅客回乡联系办公室”，召开会议，采取措施。上海海运亦成立了“春节客运工作委员会”，下设办公室；大连办事处成立了相应组织。

为避免 1953 年因运力不足、准备不充分而产生旅客积压的状况，上海海运在 1954 年 1 月 19 日下发了《关于加强春节期间与安全月中的治安保卫工作的指示》。指示要求：保证完成客运、货运任务，特别是把客运任务当作政治任务来完成，要做到服务周到，态度和蔼，保证安全。做好“四防”（防空、防特、防火、防盗）。明确春节假期前后，机关职工要保持全勤，在航船舶职工一律不得请假（病假例外），船员轮休暂停，以保证春节客货运输，安全生产。上海海运针对上海—宁波航线和渤海湾旅客比上年明显增加的状况，在上海—宁波航线增加了两艘客轮，增调“和平 9 号”轮投入渤海湾运客。同时决定春节运输期间专载旅客，停止装货，以缩短两港停泊时间，加快周转，多运旅客。同时，针对上海—宁波航线旅客密度大、船舶进出港频繁、旅客上下秩序差、安全工作难度高的状况，上海海运与港方积极联系，实行“分舱候船，红旗领队”的办法，防止旅客争先恐后，上船以后乱跑的现象。此后，这个办法沿用了多年。

上海海运参加旅客运输的船舶，通过实践，采取了“旅客代表制”的做法。客运部每航次在各客舱旅客中选举产生旅客代表，加强了船方同旅客的沟通，便于及时集中听取旅客的建议、要求和意见。同时，便于通过旅客代表做好旅客的工作，融洽船方和旅客的关系，对保持良好的客运秩序起到了很好的作用。上海海运经过几年的努力，消除了“重货轻客”的现象，对旅客运输加大了投入，客运航线逐步得以恢复和发展，努力满足了人民的需要。图 2–6 为上海海运客运服务轮训班结业合影。

1956 年 6 月 1 日，跨区域的上海—青岛—大连定期客运航线开航。每月 1 日、11 日、21 日和 6 日、16 日、26 日，从上海和大连，分别由“中兴 9 号”轮和“民主 9 号”轮相向对开，从而极大地缩短南北水陆客运运输的距离，方便了旅客。

1958 年“大跃进”运动展开，上海海运恢复了上海—温州的客运班线，当年 4 月 16 日“民主 4 号”轮首航温州，为瓯江流域的货物集散地带来了活力。

新中国成立后，在有计划恢复和发展客运航线的同时，遵循社会主义客运为人民服务的宗旨，整顿秩序、加强管理。取消小账制度，承办行李包裹的托运业务；废除二等客舱以下的旅客不能在所在船餐厅用餐的规定；改善没有铺位的五等舱条件，增设铺位，核定乘客定额，严格控制超定额运行；为保证妇婴旅途中的身心健康，开始在所有客船上建立母子室，使母婴得到优先安排和照顾；为使旅客能舒适而愉快地度过海上旅途时间，在船上开始设立图书室；并为放映电影、办联欢晚会、开展文体娱乐活动，精心组织，提供场所。在每年春节客运和客运高峰季节，都专门组织力量，以最大限度地满足需要，提高客运高峰期的客运服务质量。

图 2-6　上海海运第一期客运服务轮训班结业合影。

然而，客运多年来一直处于十分不适应的状态，不仅客运船舶设备落后，存在部分以货船代客船的情况，而且根据客运量上升不衰的态势，客船不仅是质量而且数量也严重不足。为加速改变这种不适应状况，20 世纪 50 年代到 60 年代，上海海运在少量建造的乙型客货轮，逐步更换上海到宁波、温州和渤海湾地区客运船舶的基础上，着手有重点地批量建造上海到大连、上海到青岛等长航线上的客运船舶。按以往多年的调查论证，结合吸收乙型客货轮的建造经验，我国自行设计、自行建造的第一艘 7500 吨级甲型客货轮——“长征”轮，于 1970 年由沪东船厂建成投产。继而在 1973 年以后分两批建造 8 艘船舶。在 1975 年以前三年内完工出厂 5 艘，并投入营运。从而使北方沿海客运航线的客运船舶，得到一次全面更新，沿海南北客运通道逐步形成。

第三节　日益壮大的沿海运输

一、国内外订造一批船舶，运力快速扩张

1953 年第一个五年计划开始，上海海运为满足国民经济发展的需要，向波兰、匈牙

利、芬兰等国订造 34 艘 800—1000 吨、3000—5000 吨的沿海货轮，1955 年起陆续交货，投入营运。同时，以 1950 年已经开辟的渤海湾 10 条客运航线为依据，委托江南造船厂建造 2 艘乙型客货轮。

上海海运从接管起义船舶、北归船舶，到修复打捞沉船，到自建新船和国外订造船舶以及私营船舶，经公私合营后并入的船舶在内，到 1957 年第一个五年计划期末，船舶实际保有量达到 76 艘、20.93 万载重吨。已超过新中国成立前 1948 年上海沿海运输船舶 16.47 万吨的 27.08%。但从客货运的需要看，运力仍然不能适应，在 1957 年的实际完成量中，尚有 16.97% 的货物由租用外轮来完成。

第一个五年计划期间国家投资给上海海运的基本建设经费比恢复时期增加了 16 倍以上。随着国家重工业的迅速发展和造船工业的建立，上海海运在租船、买船的同时，着手委托国内造船厂制造国产船。第一个五年计划期，首先完工投产的是江南造船厂制造的两艘乙型客货轮：第一艘“民主 10 号”轮（图 2–7）、第二艘“民主 11 号”轮（总排水量 2690 吨 载货量 567 吨 最大载客人数 563 位），先后于 1955 年和 1956 年投入营运。这不仅是中国造船工业历史上的创举，也是新中国海员首次驾驶自己制造的海轮参加运输。

图 2–7　新中国第一艘自主设计建造的客轮“民主 10 号”轮。

第一个五年计划期间，根据优先发展重工业的方针，结合工农业生产对海上运输的要求，针对客货运输结构、货物流向和港口条件，上海海运着手国内新建和国外订购相结合地发展船舶运输能力，主要发展了三个方面 4 种类型的船：一是适宜于中、小港的沿海乙型客货船，以逐步扭转客运航线增加而客运船舶严重不足的局面；二是适宜于能进出天津、马鞍山等港的散装货船和东北地区、闽浙沿海地区的木材运输船；三是充实和缓解封锁禁运下南洋线小船运输的能力，增加部分 1000 吨及以下的小船。同时，在利用东欧等国家订购建造的船舶也相继到达，到第一个五年计划期末，投入营运的自建船舶和向外订购新船为实有船舶数的 34.21%，载重吨位的 30.24%，整体船龄降低到 16 年，从此初步建成了一支适应货物运输的批量流向，既可达大港口、又可到中小港口，既能海运、又能江海直达运输的货运船队。

二、加紧旧船、沉船修理改造

上海解放时，军事接管招商局残存的船舶，数量少，设备老旧，为加速发展海运业，上海海运在资金十分困难、短时期内难以购造新船的条件下，自力更生，采取当时唯一可行的办法——修理旧船，千方百计延长老旧船使用寿命。“和平 1 号”轮（原名“大江”轮）是上海海运向私营航运企业买进的 1 艘旧船，也是上海海运 20 世纪 50 年代拥有的唯一万吨船，在沿海运输的煤炭中起到了“王牌船”的作用。几次大修理的费用已经超过了其固定资产净值，一直使用到了 70 年代。

1954 年到 1957 年，短短时间内，上海海运将已经到期报废的船舶和即将报废的船舶进行修理和改造。其中有“和平 4 号”轮（原“百飞歌号”）、“和平 14 号”轮（原“宣怀号”）、“和平 15 号”轮（原“中 127 号”）、“和平 17 号”轮（原“中 119 号”）。同时修复了一批打捞起来的船舶，其中有“民主 9 号”轮（原“伯先号”）“和平 9 号”轮（原“东山号”）、“民主 13 号”轮（原“济南丸”）、“民主 313 号”轮（原“生产 2 号”）”等船舶，使其投入运输。其中“和平 9 号”轮（原“东山号”）是建造于 1918 年的 1 艘散货船，沉没以后断裂，打捞出水以后，在不改变原来结构的情况下，将船身加长 2 米，修改了船首和船尾的线型，同时为使船舶能适应沿海百杂货运输的需要，改统舱改为二层舱，参加运输。“民主 9 号”轮（原“伯先号”轮），是由江南造船厂建造的第 1 艘中国全焊接工艺建造的沿海客货轮。该轮载重量 2220 吨、排水量为 3307 吨；船长 84.12 米、船宽 11.55 米、重载吃水 4.75 米、航速 10.5 节，可载客 298 名。该轮在解放前后被火烧，两次遭轰炸，最后沉没于黄浦江。经过打捞，船体严重变形，船底有裂缝。经过会诊，在苏联专家的指导下，后由上海船厂按客轮的标准进行恢复性修理。修理期间，上海船厂的技术人员还专门到大连船厂学习取经，因为大连船厂曾经修理过几艘第二次世界大战期间被击损、船底断裂的自由轮，具有较高的修理水平。1954 年“民主 9 号”轮修理完毕后，长期承担大连、烟台、青岛北方港口的客运任务。“民主 13 号”轮是艘日本船，抗日战争期间沉没在吴淞口，打捞修复以后投入了上海—大连的客运航线。老船、沉船的修复缓解了上海海运运力严重不足的状况。

三、鸿翔兴修船厂划归后，成为修船主力

上海立新船舶修造厂（简称立新船厂），厂址设在上海浦东陆家嘴 621 号，20 世纪 90 年代中期迁至高桥附近。立新船厂的前身主要是鸿翔兴修船厂，创建于 1924 年。上海开埠以后，最早出现的外资企业就是船舶修造业和机器缫丝业，西方船舶纷纷驶入黄浦江，迫切需要停靠的码头和船舶修理服务，于是黄浦江两岸相继建立了船坞和修理厂。鸿翔兴修船厂也由此而建，在上海解放前生产规模甚小，当时职工约 70 人，设备只有 10 多台陈旧的机床。上海解放初，机床增加到 18 台，有沿江岸线 60 米，码头长 14 米，只能停靠 200 吨的小船。厂房矮小破烂，用的是芦席棚，设备只有些皮带车床、老虎榻车之类，起重机器依靠杠棒。业务范围也仅仅能建造一般的小铁驳、小拖轮、机动小船和修理市内机动船舶。

图 2–8　鸿翔兴修船厂（立新船厂）外貌。

1955 年，经上海市人民政府批准其实行公私合营，初归上海市第一重工业局领导。当年 10 月以后划归上海海运，定名为公私合营鸿翔兴船舶修造厂（简称“鸿翔兴修造厂”）（图 2–8）。同年底上海市私营修造船业实行全行业公私合营。鸿安、同益、四合、同兴、裕记、隆大、隆昌、余昌、飞虎、金华、安通、信昌、杨子、元昌、海山、浦南、太兴、实华、友利等 19 家私营小厂并入到鸿翔兴修造

厂。1956年3月份后，在原来并入的19家小厂中划出了大兴、实华、友利三厂，以后并入了钱顺兴、马生昌、张万兴、信成、合兴、王顺兴、建生、联益、益新、王祥昌等10家私营小厂。1957年初，益新（翻砂）厂划出，至此公私合营鸿翔兴修船厂共由26家小厂组合而成，为当时上海海运唯一的一家修造船厂，全厂共有职工900余人。该厂轮机车间厂房是角铁架起的铁皮棚，船体车间为芦席棚。除原鸿翔兴厂外，其余并入的20余家小厂大都设于里弄内，既没有船排，又没有岸线，场地狭小，只能承接加工订货，制造简单的工业机械设备，担负少数船舶的航次修理。由于生产能力低，产品质量差，财务上也极端困难。当年底，该厂固定资产原值为234.9万元，净值133.5万元，利润总额98.5万元。其承修第一艘海轮时，由于当时没有大的修船码头，船舶只能系泊在黄浦江浮筒上。

1956—1959年，国家共投资614.4万元，将该厂原来的生产车间拆除，新建和扩建主要生产车间，使厂房面积增至合营前的6倍多，岸线长度扩大到400米，码头长度增加到210米。职工人数达1400多人。工业总产值逐年增长，以1955年为100%，1956年为199%，1957年为260%，1958年达到419%。劳动生产率也逐年提高，以1955年为100%，1957年提高到183%，1958年达269%。在修船能力上，从只能修理千吨级以下的船舶，提高到能修理万吨级海轮，并且能同时修理3艘船舶；由只能对大船进行小修，提高到可对大船进行中修，修船周期也明显缩短。其间，在保证质量的基础上，因修船期提前，为上海海运多提供了190万营运吨天的运力。

注：1966年，鸿翔兴修造厂改名为上海立新船舶修造厂。1968年9月，经国家计委批准，将原六机部中华船厂在董家渡的1个5000吨级的船坞和上海市第一商业局外轮供应公司所属的船舶拷铲油漆队，合并成立了“上海外轮航次修理厂”。1979—1984年6月，立新厂共修船128艘。1982年，为中波轮船股份公司（中国与波兰于1951年创办的新中国第一家中外合资企业）承修了自动化程度较高的“德兴”轮，标志着该厂修船水平取得了明显提高。为了快修船、修好船，进一步满足客户需要，提出了“确保厂修，发展航修，扩大镀铬，广接外协，搞活经济”的经营方针。1983年执行“修船为主，多种经营，提高经济效益”的经营方针，生产效率和经济效益连年创历史最好水平。表2-3为1976—1988年立新船丁固定资产及利润完成情况表。

1976—1988年立新船厂固定资产及利润完成情况表 表2-3

年份	固定资产期末数		利润总额（万元）	年份	固定资产期末数		利润总额（万元）
	原值（万元）	净值（万元）			原值（万元）	净值（万元）	
1976	1735.7	979.1	136.3	1983	2027.5	1031.8	204.7
1977	1777.4	954.4	99.1	1984	1991.2	951.7	207.7
1978	2117.6	1240.1	139.6	1985	2114.4	1023.8	261.7
1979	2093.1	1217.5	203.2	1986	2245.7	1081.7	271.5
1980	2088.6	1151.7	144.0	1987	2315.0	1082.2	319.7
1981	1955.7	1044.2	134.0	1988	2383.5	1075.4	358.6
1982	1960.6	1040.0	167.5				

上海海运在重点增加船舶运力和建设保证船舶营运的船舶修理厂以后，继而着手组建燃物料供应基地和通信导航、医院、学校等网点，一个以适应计划经济需要、内部组织结构自我完善的全能型运输企业开始形成。

第四节　全面完成第一个五年计划

一、“一五”航运计划的提出和执行

1953—1957 年，中国在经过 3 年国民经济恢复之后，进入了社会主义改造和有计划的经济建设时期。1953 年 6 月，党中央公布了党在过渡时期总路线，即“在一个相当长的时期内，逐步实现国家的社会主义工业化，并逐步实现国家对农业、手工业和资本主义工商业的社会主义改造”。然后，根据这条总路线，制订了发展国民经济的第一个五年计划。

在党的过渡时期总路线的指引和发展国民经济五年计划的鼓舞下，在中央交通部和上海市委的领导下，上海海运各级党组织加强了党对企业的领导，发挥行政领导的作用，率领广大党员和船岸职工，积极组织海上运输生产，有效地进行了企业生产改革，全面推行计划管理、技术管理和财务成本管理；开展了以先进航次为主要形式的劳动竞赛和先进生产者运动；完成了私营轮船业的社会主义改造；建立和健全了安全生产制度，不断开展安全生产大检查，保障船舶生产和船员人身安全。因而，上海海运客货运量分别提前 9 个月、4 个月完成第一个五年计划指标。1957 年，上海海运完成货运量 951.36 万吨，货运周转量 5169740 千吨海里；客运量 139.17 万人次，客运周转量 206015 千人海里。

国民经济的发展，要求海上运力增加，上海海运通过打捞沉船（5 艘）、自主造船（2 艘）、国外买船（23 艘），加上私营航运合营进来的船舶，到 1957 年，上海海运运力已有海轮 111 艘，载重量 21.73 万吨，比 1952 年底的 66 艘增加了 45 艘，载重量比 1952 年的 14.09 万吨增长了 54.2%。随着运输能力的增加和船舶技术条件的改善，经过积极培训教育，船岸职工队伍也不断发展壮大，1957 年上海海运已有船岸职工 8300 多名，为 1952 年的 207.7%，其中船上的生产人员为 1952 年的 223%。

二、发展中突显制度的优越性

经过 3 年努力，上海海运以煤炭、粮食、百杂货为大宗货物的货运量已经超过招商局 77 年中最高年份的历史水平。1952 年上海海运货运量和吨海里为招商局 1947 年历史最好水平的 128.4% 和 102.5%。1953 年第一个五年计划开始，上海海运根据国民经济发展的需要，学习苏联先进经验，加强管理，开展了生气勃勃的社会主义劳动竞赛和增产节约运动，运输效率的逐年提高和运输成本的不断降低以及经过运价的数次调整，为国家提供了量大、质优、安全的运输能力。在不到 10 年的时间里，上海海运运力超过了原招商局 75 年船舶增长数的 79.27%。在充分发挥船舶装载能力方面，1956 年上海海运打破了百年来计算航海船

舶吃水线的陈规，1959 年对有条件的船舶全部使用国内热带干舷，大大提高了船舶载重能力。

1953 年，我国进入第一个五年计划经济建设时期，上海海运职工在党的过渡时期总路线的鼓舞下，进一步发挥领导积极性和创造性，全面贯彻计划管理、技术管理、财务成本管理，使管理水平迅速提高，全体职工在社会主义劳动竞赛中不断创造出新的先进经验，劳动热情高涨，因而客货任务分别提前 4 个月和 9 个月超额完成第一个五年计划任务。货物运输量量如以 1950 年为 100，1958 年则达到 2056；船舶营运率从 1952 年的 78.28%，提高到 1958 年的 92%；船舶平均航速和船舶周转明显提高；1957 年货运吨比 1952 年增长 1.7 倍，单位成本降低 37%，国家投资到上海海运基本建设金额在第一个五年计划期间比恢复时期增加了 18 倍。船舶年产量 1957 年达到 24059 吨海里，比 1952 年提高 41.67%，较之原招商局 1947 年的 5009 吨海里增长了 5 倍。

由于各项技术定额和经济指标的不断提高，劳动组织的进一步改善，劳动生产率随之提高，1958 年劳动生产率（全员）达到 940 千吨海里，比 1952 年提高 2.7 倍；船舶运输成本一再下降，1957 年比 1952 年降低了 39.47%，1958 年又比 1957 年降低了 18.02%。上述一系列统计数字的分析和对比，充分说明上海海运发展迅速，仅用 10 年时间就远远超过了发展 77 年之久的原招商局，证明了社会主义制度的无比优越性。

三、中国水运集装箱运输在沿海起步

上海海运从定船、定线、定货种江海联运的“一条龙”运输，到船舶货物的成组运输，提高了船舶运输效率，密切了港航协作，加速了货物周转。但是，成组运输的方法对货物的装卸运输存在一定的局限性，特别是易碎、易散等货物，在船舶运输和港口装卸过程中容易发生货损货差，因而集装箱运输就从成组运输的推广应用中得以发展。

我国的集装箱运输是在国际集装箱运输迅速发展的影响和推动之下发展起来的。在第一个五年计划期间，1956 年，全国航务会议决定，在全国水运系统逐步推行集装箱运输业务。当年 4 月 15 日，交通部颁发《沿海集装箱货物运送试行办法》，并明确在交通部没有制造自有集装箱以前，先利用铁道部的集装箱，在铁道部和交通部试办的集装箱货物水陆联运中进行。5 月 24 日在上海—大连水陆联运线上，上海海运“和平 18 号”轮在大连装载了从沈阳经铁路装运来的 20 个集装箱，转运到上海。这是我国沿海船舶首次进行集装箱运输。“和平 18 号”轮是上海海运从芬兰订购建造的第一艘载货量 2750 吨的三岛形散货船。1955—1958 年，上海海运向芬兰和波兰订造了 30 艘沿海货船，总计 8 万余载重吨。这批船舶成为当时货运的主力船。

上海海运从 20 世纪 50 年代中期到 80 年代，处于集装箱运输的初期阶段，由普通货船和客货船装运小型集装箱，尚无专用的集装箱船。在船舶运输中，这种箱子只能装载在甲板上，而且无法在箱上加箱。最终，此类箱子因不适合水上运输而被逐步淘汰。

（注：1976 年，上海港务局开始设计制造船用集装箱，1979 年正式投入上海—大连航线试用。当时，月箱量平均为 80—90 箱，年完成集装箱运量 739 吨。

1980 年 2 月 7 日，上海—大连线集装箱水陆联运正式试运。按照方案规定，上海港和东北的沈阳、长春和哈尔滨都使用国家标准 BJ5 型 5 吨集装箱等额对发。试运 9 个月，用

箱 200 个，经大连港中转的联运量共 1516 箱，4052 吨。但是，由于东北货运量少，加上装卸、运输的技术装备不配套以及运价和管理体制等方面的问题，于 1981 年初停运。半年后，先后开辟了在上海—大连、烟台—大连、上海—青岛 3 条集装箱运输线，箱运量逐年增加。）

第五节 在对敌斗争中开辟南洋航线

一、建立运输组织，开辟南洋航线

南洋航线（当时指长江口以南至福州）自 1950—1957 年，由于蒋介石集团盘踞沿海岛屿，实施武装封锁，给沿海船舶运输造成了极大的困难。为了沟通沪浙闽物资交流，巩固和建设国防前线，上海海运广大海员在这条航道复杂、军事斗争尖锐的航线上，发扬艰苦奋斗、不怕牺牲的精神，顽强斗争，胜利地完成了各项运输任务。

1950 年 5 月舟山群岛解放后，南洋航线由于蒋介石集团的武装封锁，只有外商轮船公司（如英商太古公司）及少数私商轮船公司的少数船舶航行，出入上海港。而外商和私商唯利是图随意增加运费，且对所承运的货物极不负责任。因此，闽浙沿海地生产的粮食、木材、土产运不出，而当地人民群众急需的工业品及国防前线的备战物资又不能运入。

1950 年 9 月 1 日，上海海运成立茂林船务有限公司，租用英国等外籍轮船，航行浙闽沿海及香港等地，承运福州至上海的木材及上海、福州的部分物资。开始时，运输情况正常，未遭损失。但自 1952 年 9 月起，蒋介石集团对我租用的外轮也疯狂地武装拦劫。如 9 月 6 日，租用的英籍“华安”轮由上海开往福州，在闽江口被国民党军舰劫往白犬岛，将所装的 915 吨水泥、黄豆、面粉等全部卸去。至 11 月底的 3 个月个中，上海海运租用的外轮被拦劫就达 11 次之多。

为粉碎敌人的破坏，开辟和坚持南洋航线，上海海运在 1952 年 12 月 3 日向交通部和华东军政委员会财委报送《关于开展南洋航运，完成浙闽沿海运输任务的计划和意见》，提出保障运输的一系列措施。12 月 25 日，成立上海海运南洋运输部（后改南洋运输处），下设福州、海门两个办事处，统一经营管理南洋航线的海上运输。

1952 年 12 月 22 日，上海海运针对敌人的拦劫，采用武装护航的措施，由公安处、运务处、水上办公室、海监室、华东财经公安总队护航大队的负责同志组成南洋航线临时委员会，统一领导南洋航线各轮的武装护航工作。

当时，航行南洋线的有 23 艘小船，载重共 5250 吨。根据船的大小、航速快慢、吃水深浅、设备好差，编成 8 个船队，其中 6 个船队航行上海—海门线，2 个船队航行上海—温州线。每个船队设一个指挥所，由其中设备好、航速快和有电台的船舶为指挥船，由驻船舶部队负责人或驻船舶代表任正指挥，船长（船主）和驻船舶代表任副指挥，大副、报务员和工会组长任委员。各船成立指挥小组，驻船舶代表任组长，驻船的部队负责同志和船长（船主）任副组长，报务员、工会组长为组员。各船必须服从船队指挥所的指挥，统一行动。

护航武装有 5 个连，分驻各船随航。浙闽海岸线上，还由驻地部队设 13 个海岸据点，其中上海—温州段 8 个，温州—福建段 5 个。这些海岸据点设有电台，随时向我航行船舶通报该段海面敌情；并以岸炮掩护我船队通过敌人的封锁线；如我船遇敌袭击拦劫，还可以边还击抵抗边就近驶进海岸据点躲避。

南洋运输线上，船员肩负着运输和战斗的双重任务，为保证船舶运输安全和船员生命安全，每艘船舶都配备成班的武装护航战士。面对南洋船小生活条件差，又常遇敌人袭击的情况，上海海运加强军工团结的教育，开展拥军活动，搞好船员与战士的关系，各船代表经常对船员进行热爱解放军、学习解放军和支援解放军的教育，树立军工一家、同舟共济的思想。各船普遍开展尊重驻船部队、关心驻船战士的活动。平日，船员同战士广交朋友，互相关心；节日召开军工联欢会、座谈会，交流意见，融洽感情。有些船，船小房间少，船员就挤着住，腾出房间给战士住；为北方战士开小灶做菜；主动帮助战士修理床铺。战士帮助船员冲洗甲板，船舶靠离码头时，同船员一起带缆绳解缆绳，装卸货物时，帮助看舱理货，特别是战士和船员一起绞锚，表现出解放军吃苦耐劳的精神。当时南洋小船，有些船是靠人力起锚，需要八九个人才能把锚绞起，而各船的船员人数有限，因此每次起锚，战士们都能不召即来，来之即干。遇上敌人，发生战斗时，船员、战士更是彼此支援，共同御敌。船员帮助战士搬运炮弹，为受伤战士包扎伤口。有的船舶被敌舰击损漏水，战士和船员一起堵漏抢救。船员和战士在共同生活、共同战斗中互相学习操作技术和航行知识。不少护航战士，后来转业到海运局很快就能胜任水手工作。有些驻船护航指挥员主动向船员学习航道情况和运输业务知识，船员也逐渐熟悉武器的性能和战斗常识。如不少船长在遇敌袭击时能迅速适应战斗要求，隐蔽目标，以便于打击敌人；有的船长还能识别各种炮的性能，以便灵活躲避敌炮的轰击，减少损失。船员和战士在共同生活、共同战斗中也建立起深厚的友谊，有些船员调离船舶，有些战士退役离船后，彼此仍保持着联系。

南洋线上的船舶既是运输队，又是战斗队。这条航线上敌占岛屿多，据点星罗棋布。当时上海至温州 230 多海里的航线上，其中的 80 海里就有 13 个敌占岛屿；温州至福州 192 海里也有敌占据点 5 处。航线中距敌据点最近只有 1000 米，船舶穿越时，岛上敌哨兵换岗交班、汽车喇叭声都能听得一清二楚。船舶航行中，经常遭遇敌机敌舰的拦劫袭击。仅 1953 年就与敌方战斗 39 次，在 35 艘船舶中参加战斗的就有 30 艘。针对这条航线上军事斗争的特点，南洋航线上每一艘船舶的政工干部都十分重视战备教育，使船员了解防空、防水雷常识和敌人活动的规律；进行组织纪律性的教育，使船员战时听从命令、坚守岗位，有秩序地投入战斗。各船队在与敌交战时，船员和战士们不畏艰险、不怕牺牲，屡次出奇制胜，转危为安，胜利地完成海上运输任务，涌现了“顽强善战的建成船队”“喋血椒江的鸿来船队”和“炸不沉冲不散的通州船队”。

1953 年 9 月 26 日晚 9 时，建成船队（“建成号”“金都号”“永益号”轮）由温州驶往上海，航行至龙眼礁石塘附近，突遭 3 艘敌舰伏击，敌舰由内线向外线攻击，企图迫使领队船“建成号”轮脱离队形，然后各个拦劫。当“建成号”轮处在不利形势下，船长张明德亲自掌舵驾船，不值班的船员搬运炮弹，配合护航部队作战。船首中弹进水，水手汪根宝、黄长顺不顾自己受伤的剧痛，冒着炮火，抱着棉被堵漏。随即，后面的“金都号”“永益号”两轮赶上接火，终于击退了敌舰，船队脱险，改驶到了温州。

1954 年 2 月 15 日，“建成号”率领“新台州号”“振兴号”两轮由石浦开往海门港，当船队航行到青塘嘴水域时，遭到 2 艘敌舰伏击，双方激战 10 多分钟，“建成号”轮还击，一艘敌舰被击中。“建成号”轮左舷货舱中弹，海水大量涌入，船向左倾斜 30 多度；电台天线被打断，报务员和水手立即动手接好。为摆脱敌舰，“建成号”轮只得全速驶向青塘嘴与白沙山水域之间搁浅。船员们不顾天寒水凉，跳入水中抢救物资，排水堵漏。

鸿来船队（“鸿来号”“利兴号”“三利号”“金龙号”轮）血战椒江口，又是一曲悲壮的胜利凯歌。1954 年 7 月 2 日，鸿来船队自上海开海门，在驶往椒江口时，被埋伏在白沙山下的 3 艘敌舰炮艇突然袭击。船员和驻船战士临危不惧，密切配合，同仇敌忾，终于把敌舰击退。不幸的是，船员牺牲 2 人，受伤 3 人，报务员宋培元在战斗中，为受伤船员包扎伤口，被敌人的子弹击中了胸部，鲜血染红了他的衣服。他受伤后，忍着剧痛爬到发报机旁，向上级发出最后一份电报。当船员发现他的时候，已牺牲在发报机旁。宋培元和水手吴茂裕两烈士安葬在海门丰山革命烈士墓地。

1955 年 12 月，通州船队（“通州号”“荣和号”“振兴号”“裕展号”轮）承运水泥支援福建前线建筑机场。13 日通州船队在航行途中遭 8 架敌机空袭。“裕展号”轮中弹进水，船舶代表葛友高带领船员紧急抢修。“振兴号”轮在空袭中也中弹，信号员牺牲，护航战士黄万六和厨工吴明生受伤，船舶代表杜庆勋镇定地指挥船员抢险救生。大副洪启民表现沉着勇敢，主动在驾驶台代替船长指挥。由于“振兴号”轮船员英勇抢救、灭火，该轮所运的水泥一包未损。

当时，在南洋航线航行的船舶不能按正规航线航行，而只能按所谓“里公路”航行（即最靠海岸的一条航线）。而在这条航线上，山多、礁石多、浅滩多、渔网多，航道窄，水流急，涌浪大。船长都是凭经验、看山头、紧靠山脚岸边航行，驾驶稍不留神，就要触礁、搁浅。同时，实行严格的灯火管制，都是夜间航行，白天锚泊。船舶越靠岸边，渔船越多，航行中船的车叶往往缠上渔网，碰到这种情况，不管是酷暑炎热，还是数九严寒，船员都毫不犹豫地下水割除渔网。面对如此恶劣的环境和条件，各船代表对船员普遍进行阶级教育，如控诉揭露敌人的暴行和新旧社会对比等，激发船员的阶级觉悟，使他们认识到：坚持南洋航线，努力运输，沟通物资交流，支援国防建设，才能保住幸福的生活。

二、全力支援解放一江山岛

一江山岛位于浙江台州湾椒江口，距大陆不到 20 海里。上海海运南洋航线上的船舶经常遭受盘踞在该岛上的敌人偷袭、拦劫，船员早就希望拔掉这只拦路虎。[①]

1955 年 1 月 13 日—3 月 14 日，上海海运“益昌号”“利东号”两轮 60 名船员，根据海军有关部队的部署，支援解放一江山岛，胜利完成任务，受到了华东海军司令部和上海市委的表扬，23 名船员被授予光荣称号。

（一）组织精干力量参与对敌斗争

1955 年 1 月初，华东海司征用“益昌号”“利东号”两轮，受 1085 支队调遣使用。接

① 杨奎松著：《中华人民共和国建国史研究 2》，江西：江西人民出版社，2018 年，第 85 页。

着，两轮进厂修理和部分改装，并对船员进行支前动员。这两艘船上的船员经过各项政治运动，有一定认识和觉悟，又有南洋航线对敌斗争的经验。经过动员，绝大多数船员表示自愿参加支前，有的积极分子还向船舶代表表示，经受考验，争取火线入党。但也有少数船员考虑参加支前的工资待遇、劳保享受会不会变，担心家属困难无人照顾；也有个别船员惧怕，表示不愿参加。在船员家属方面，有的家属强调家中困难，拖船员“后腿”；有个别家属甚至到上海海运机关纠缠。针对这些问题，上海海运领导和船舶党支部召开船员大会进行动员，说明此次支前的意义和具体任务，保证待遇不变。同时，上海海运工会派出6个家属工作组，挨家挨户访问，摸清船员和家属的反映要求，进行个别教育，解决某些实际问题，经过说服教育，大部分家属鼓励支持船员参加支前。“利东号”轮水手陈国治的爱人卖掉结婚戒指买回毛线，为丈夫编织毛衣，还积极做婆婆的思想工作，消除老人的顾虑，从而支持儿子支前。“益昌号”轮服务生，由于母亲和妻子思想不通，进行阻拦，加上他本人也动摇不定，虽然对他及其家属多次做工作，但他仍要请病假离船，组织上就同意他暂时不随“益昌号”轮出发。即使这样，春节前工会仍派人到他家访问，当发现他小孩没棉衣过冬，缺钱过春节，访问的干部就陪他妻子去买棉衣和大米，还补助现金。对此，他一家十分感动，春节后，他主动来上海海运销假，赶到“益昌号”轮，参加支援解放大陈岛的运输。船员们经动员教育，明确了支前的具体任务，提高了认识，都积极而紧张地投入修船改装工作。当时天气寒冷，船员日夜劳动，终于完成了按时修船改装任务。出发前一天晚上，指挥员通知船员可以回家过夜，可是到了半夜，又突然接到命令集合出发，结果船员都准时回船，起锚开航。

（二）扎实做好战前准备

1955年1月13日，“益昌号”“利东号”两轮出发驶抵穿山港。根据部队的命令，限期两天内要完成检修机器和了解战斗、登陆部署。当时，气候不好，温度降到零下3摄氏度，并且有七八级西北风，船锚抛不牢，摇晃得厉害。党支部召开动员大会，号召大家克服一切困难，坚决完成任务。船员们早上6时起床，晚上9时休息，紧张地检修8部主机、2部电机和船尾的锚机。在检修机器设备的同时，船员们还要学习、熟知战斗、登陆等部署。船员因忙于检修机器设备，不能集中学习，还有些船员文化水平低，单独学习有困难。于是，就三人一组、二人一对，互教互学。船员们学习热情极高，有的在睡觉前躺在床上互相问答。掌握了战斗部署的要领，接着就举行实地演习。起初，登陆梯放出去的速度很慢，全部放完需要20分钟。而陆海空三军联合登陆作战的要求是以秒计算，每一秒的时间都能决定战斗的胜负。为了解决这个问题，船员们集体研究如何缩短时间。结果采用一位船员的建议：临战前，先把登陆梯放出一半，接近滩头时再全部放下，这样登陆时可缩短三分之一的时间。

（三）英雄斗争立功受奖

1月18日下午战斗打响，“益昌号”“利东号”两轮以最快的速度冲上滩头：“益昌号”轮二副陈士超向船舶代表表示：保证完成任务，如果万一牺牲，希望组织上追认他为中国共产党党员，并通知他在大连工作的未婚妻。“利东号”轮水手长王少亭站在船头，面对着敌人的射击，指挥水手以最快的速度放下了登陆梯。部队迅速冲到岛上。在激烈的战斗中有的战士牺牲，有的战士受伤，“利东号”轮水手陈国治和服务生欧依淦主动向船舶代表请求，冲上岸抢救伤员，先后背回3位伤员和一位牺牲战士的遗体，将伤员放在自己的床铺上，由卫生员急救处理。部队冲上去时，战士都是轻装，船员们就帮助部队将弹药、物资搬运上岸。“益昌号”轮机匠王丰年在搬运物资时，头被碰破，有人劝他休息，王丰年说：“轻伤不下火线”，继续干。从登陆到战斗结束，仅两小时，“益昌号”“利东号”两轮的支援行动完全符合部队的要求。

战斗结束后，上海市委打电话给上海海运领导，表彰“益昌号”“利东号”两轮，称赞“船员在支援解放一江山岛的战斗中，表现十分勇敢，能够服从指挥。这次政治动员教育工作是做得好的。”华东海军司令部来信表扬“益昌号”“利东号”两轮全体船员支前中表现沉着、机智、勇敢，服从指挥，军工团结。经过评议，海军1085支队授予江振义、励永康、陈纪林、蒋南翔等4人二等功臣，王少亭、王丰年、方德善、李谒通、李锡金、吴永吉、陈树萱、陈国治、陈纪海、陈士超、徐麟圣、张明德、赵福祥、郑裕财、戴思云、戴松亭、罗绍清、顾祥郎、顾树铭等19人三等功臣，并颁发“中国人民解放军海军立功证明书”。上海海运政治部在1955年6月27日通报表扬“益昌号”“利东号”两轮船员在支前斗争中的显著表现，号召“全体职工学习他们的服从指挥、沉着勇敢、团结一致、艰苦奋斗、克服困难的精神；学习他们支援前线的经验，在思想上做好准备，一旦祖国需要的时候，立即投入战斗，为保卫祖国，支援解放台湾而奋斗”。

第六节　开展劳动竞赛与技术革新

一、对私营轮船业开展民主改造运动

私营轮船业的海员职工，在上海解放后没有直接参加政治运动，政治认识和阶级觉悟不高，私营企业内部政治情况和思想情况复杂，党团组织没有建立，工会虽然已经建立，但组织不纯，有的船舶的工会干部为资本家把持。因此，上海市委指示：私营轮船业公私合营前，必须首先集中全力进行民主改造，纯洁队伍，提高职工的认识和觉悟，增强职工内部的团结，进而为合营做好组织准备和思想准备。

在港航民主改造运动办公室的领导下，上海海运成立了中兴、海鹰民主改造运动办公室，于1953年7—9月将船员分两批调岸，进行民主改造运动。随后，五轮联管处及其新大陆等5家船行在天津进行民主改造运动。南洋线的12家船行及其12艘小船的船员在1954年第4季度分批调岸，集中进行民主改造运动。

民主改造运动开始后，在海员职工中首先进行工人阶级地位和作用的教育，接着，开展诉苦、控诉活动，并对个别反动分子进行批判斗争，使船员职工认清新旧社会的本质不同，懂得受苦受难的根源，划清敌我界限，提高阶级觉悟，坚定工人阶级立场。在民主改造过程中还吸收资本家列席诉苦、控诉大会，对教育、改造资本家，改善劳资关系有很大作用。

进行两种社会制度的教育，消除了海员职工中的某些顾虑。合营前，经过民主改造运

动，私营企业内的海员职工普遍拥护合营，但由于认识上的问题，有的船员也有顾虑，归纳起来有“五怕”：怕合营后组织纪律严格，怕工作紧张，怕工作调动，怕因工资改革降低待遇，年老多病职工怕失业。海员工会派干部深入到船舶，组织船员学习党在过渡时期总路线，进行社会主义和资本主义两种社会制度比较的教育，划清社会主义社会和资本主义社会、无产阶级和资产阶级的界限，提高政治觉悟和当家做主的认识，认清促进资本主义企业和资方个人走国家资本主义道路，最后走向社会主义，是工人阶级和私营企业中全体职工的光荣责任。同时，向海员职工宣传、传达国务院公布的《公私合营工业企业暂行条例》，学习党和国家领导人关于对资本主义工商业进行社会主义改造的方针、政策和原则的讲话。

组织资方和资方代理人学习，提高认识，消除疑虑。新中国成立后，贯彻“利用私营轮船业对国计民生有利的一面，限制改造其对国计民生不利的一面”的方针，在国家的扶持下，私营轮船业有不同程度的发展；“三反”和“五反”运动后，资方人员基本上接受国营航运业的领导，政治态度有所进步；在中国共产党领导下，国家各方面的建设都取得伟大成就。这是私营轮船业资本家能够接受公私合营的基础。同时，私营轮船业本身的问题较严重，如中兴、海鹰公司长期亏损，负债累累，欠工资欠伙食费，劳资关系紧张。民新、安达两个公司资产与负债相抵，相差 180 万元，实际上已处于破产的境地。因此，劳资双方均对企业前途失去信心，有些资方迫切要求合营，丢包袱。在当时的形势下，中兴、海鹰两家私营轮船公司的资本家最早申请合营，起了带头作用。但是，有不少资本家和资方代理人对公私合营存有疑虑，有的认为是大势所趋，无可奈何，只好表态跟着走；在联管和合营过程中，有的企图抽逃资金，想到外面开工厂；有的资本家对资方代理人提出警告，要他照顾“人情”（意思是太积极了影响其他资方）；还有个别的甚至极端不满，说什么“天昏地暗，地动山摇，神亦不安，鬼亦不安”的论调。针对资本家和资方代理人的思想情况，召开各种不同形式的座谈会，正面进行教育；开展个别谈心活动；组织脱产学习等等，使资方人员的思想逐步起了变化。合营后，多数资本家有进步，愿意接受改造，但有些人思想也有反复，问题不少。有的资本家说，一听到社会主义改造就头痛。在干部和船岸职工中，对资方人员有“左”的情绪，认为同他们少接近、多批评就是立场稳的表现，有的党员、工人不分场合批评资方人员。因此，有些资方人员虽然安排了实职工作岗位，但不敢大胆负责，不敢接近职员。

1955 年 12 月，上海海运党委根据市委《关于在全党干部和工人中学习和宣传资本主义工商业的社会主义改造的通知》的精神，分别做出《关于加强对资本家（包括资方代理人）进行社会主义改造宣传教育的计划》和《关于学习和宣传资本主义工商业社会主义改造的计划》，除组织资方人员学习外，还在干部、工人中普遍宣传，以纠正各种错误的认识，明确资本主义改造的方针，政策和具体做法，统一思想，推动资本主义工商业改造工作向前发展。在党组织领导下，组织资方人员学习。一是成立中心学习小组，由书记担任组长，成员有少数党员，并吸收资方代表人物及骨干分子参加；二是将资方人员划分若干小组，固定学习时间。集体自学与讨论为主，辅以报告；同时，还向他们的家属进行宣传。学习的文件有：陈毅《关于社会主义改造问题》的广播报告，《人民日报》社论《统一认识，全面规划，认真地做好改造资本主义工商业的工作》，全国工商联第一届第二次会议的文件。

进行组织整顿，妥善安排资方人员。南北洋私营轮船业合营后，立即进行一系列的组织整顿，妥善安排了全部人员。根据工作需要与可能的原则，参照国营企业的组织体制，结合南北洋合营公司的具体情况，对原来的机构进行了整顿。根据党和国家对资方人员“量才录用，适当照顾”的原则，通过协商，作出分别安排，中兴、海鹰两公司原有经理、副经理 10 名，合营时安排为委员会副主任 2 人，副总经理 2 人，担任科室正副科长的 6 人。五轮联管处合并到中兴公司时，对 17 名资方人员又进行了适当调整。对南洋线私营轮船业的 22 名资方人员也安排了适当的工作岗位。

1956 年，中兴公司和南洋航运公司合并到海运局时，49 名资方人员都被安排在不同的合适的工作岗位上。同时，进行必要的企业管理改革。合营后，开展群众性的安全生产大检查、增产节约劳动竞赛运动；推行计划管理、技术管理和经济核算制，制订面向生产、面向船舶的各种制度；实行企业利润按照国家所得税、工人福利奖金、企业公积金及资本家的股息红利四个方面的分配制度；合并到上海海运后，进行了工资改革，根据工种、工作表现的情况，按国营工资标准规定评定，采用“高的基本不动，过低的适当调整”办法进行改革。

二、开展创建先进航次为主的劳动竞赛

1953—1957 年，船舶的生产劳动竞赛是在经济恢复时期劳动竞赛的基础上继续开展的。这一时期，竞赛的秩序逐步正常，竞赛的内容不断充实，竞赛的范围不断扩大，竞赛的形式从上海海运内部发展到港航之间。通过竞赛，有力地推动了运输生产和各项任务的完成。

这一历史时期的劳动竞赛内容每年不尽相同，但总的是以创造先进航次为主要形式开展的。

1953 年全国交通运输会议，确定交通部门学习苏联先进经验，推行计划管理。下半年党中央发出“增加生产，增加收入，厉行节约，紧缩开支”的号召。根据上级的指示，上海海运在 8 月召开的第二次职工代表会议上，确定船舶开展以全面推广苏联先进经验“分时运行计划”为中心的增产节约劳动竞赛。船与船之间，按照竞赛的内容、要求，相互挑应战，交流经验，观摩生产指示图表、生产牌。上海海运成立了竞赛办公室，具体负责竞赛工作，定期进行评比，凡完成月度计划，又全月无责任事故者，可得红旗，连续获得红旗作为年终评选先进船舶的条件之一。

1954 年，上海海运党委根据交通部和海员工会筹备委员会发出的《关于在航运企业中开展劳动竞赛的指示》，在总结 1953 年劳动竞赛经验的基础上，确定开展以技术革新、先进航次为内容的劳动竞赛，将船舶的竞赛形式发展到船舶类型之间的竞赛。先进航次的条件是：遵守操作规程与章则法令，全航次无海损、机损、工伤、货损责任事故：完成航次计划吨海里及单位产量；完成先进航次标准时间；完成航次计划的单位成本；严格执行通信规定，准时拍发货电报，确保前后误差不超过 30 分钟；完成航次预防检查养护自修计划。在组织领导竞赛方面，撤销竞赛办公室，在党委统一领导下，由行政、工会、青年团分工负责。

1955 年，全国交通运输会议确定“大力推行经济核算制为中心，提高计划管理、技术管理水平”的方针，上海海运即开展以节约核算与先进航次相结合的劳动竞赛活动。这样，使竞赛发展到同类型船舶、同业务小组、个人三种形式；扩大了竞赛面，北洋国有船舶参加竞赛的比 1954 年增加 11%，北洋合营船舶和南洋国有船舶也参加了竞赛，并逐步建立起竞赛秩序。

1956 年初，全国总工会做出《关于开展先进生产者运动的决议》，3 月 12 日党中央发出《关于积极领导先进生产者运动的通知》。全国航务会议发出“提前半年全面完成五年计划”的号召，上海海运确定开展以同工种为基础的、以先进航次为中心内容的船与船之际竞赛和先进生产者运动，提前 9 个月完成五年计划。随即，上海海运提出了 6 大倡议：一是开展先进航次运动，提高质量，加速船舶周转，降低成本，保证提前完成五年计划；二是全年安全航行；三是提高货运质量；四是全年机器安全运转；五是加强保养自修，减少厂修，做到进坞不进厂；六是提高客运服务质量。同年 4 月，中央和交通部先后召开“全国交通系统先进生产者代表大会”和“全国先进生产者代表会议”，“和平 7 号”轮船长王倬等 8 名代表、“和平 2 号”轮船长夏家箴等 10 名代表分别出席了两个会议。

1957 年上海海运广泛深入地在港航间开展“先进航次与先进作业”的联合竞赛，密切港航协作配合，缩短了航次时间，加速了船舶周转。

这一历史时期的劳动竞赛，船员干劲大，热情高，创造性强。船舶思想政治工作发挥了鼓动、教育船员的积极作用。“和平 5 号”轮为了消灭事故，争取先进航次，提出了“四摸”“七抓”：即摸货物情况、摸仓库远近、摸工班配备状况、摸港方作业计划；抓关键、抓生产责任制、抓装卸过程、抓操作过程、抓鼓动表扬、抓劳动纪律和抓记录总结。船上的部门小组以“四摸”“七抓”制订出具体措施，扭转了以往完不成生产计划的落后局面，两个月内创造了 15 个先进航次。交通部政治部在 1955 年向所属海、河船舶推广了“和平 5 号”轮经验。各船在开展竞赛过程中，普遍发动船员讨论航次运输计划和竞赛计划，解决阻碍完成先进航次计划的关键性问题。“和平 11 号”轮算准潮水、航线、气象变化，缩短了航行时间，每航次由 13 天缩短为 11 天。

竞赛中的宣传鼓动是政治工作保证完成生产任务的重要工作之一。竞赛的宣传鼓动工作包括两方面的对象：一是船员，二是装卸工人。各船在党支部、政委的统一领导下，普遍由团支书、工会宣传委员、二副、业务组长组成生产宣传小组，针对竞赛计划完成的情况，及时收集先进思想和先进事迹，编成稿子，登黑板报，进行广播。上海海运政治部宣传部门按期编写《生产简报》《宣传员讲话》，供各船党支部学习宣传。对安全生产的宣传，提出了“不麻痹，不大意，事故就不敢来惹你”的通俗口号。开展港航协作重要性的宣传，提出“港航是一家”“港航协作好，先进航次跑不了”易被船员和装卸工人接受的口号。

在争创先进航次中，船员深切体会“港航一家”重要性，自觉地搞好船舶与港区之间的团结，掌握“两头抓装卸，中间抓潮水”两个关键。“和平 6 号”轮在一次连—烟—申航次中，由于在烟台港货未集中，装货延误了 3 小时，轮机部门和驾驶部门密切配合，加速航行，终于赶上长江顺水进港，夺回了损失的时间。“和平 4 号”轮争创先进航次宣传鼓动工作的经验是：到港宣传舱时量，把船上装卸舱时量及要求写在黑板上，使装卸工人心中有数；在装卸过程中经常广播各舱装卸情况，介绍先进舱口的经验，表扬好人好事；向港方送喜报，感谢装卸工人为船舶创造先进航次所做的努力。

为了密切港航关系，提高装卸效率，减少非生产停泊时间，1952 年底，“和平 1 号”轮船长龚丕勋率先在该轮成立了对外联系小组，先后与上海、秦皇岛港的有关装卸区签订了港航联系规划，对港务局、装卸区以至码头工人明确了联系的具体内容。1953 年，上海海运推广了该轮的经验，各轮普遍成立了对外联系小组，加强对港方的联系。在港装卸时，船上为装卸工人提供方便，如看舱水手帮装卸工人挂钩子、扶货物，厨房为工人蒸饭、送开水，轮机员为港方修装卸属具等。有些船还举行船员和装卸工人联欢会、座谈会，交流感情，密切关系。

1954 年 4 月，“和平 1 号”轮船长龚丕勋以其高超的航海技术，顺利完成了不用领港即能安全驾驶船舶进入黄浦江靠泊码头的操作，不久，又开创了船舶安全夜航黄浦江的先例，从而打破了 5000 吨级船舶进出黄浦江强制领港和吃水超过 24 英尺船舶不能夜航黄浦江的陈规。1953 年和 1954 年两度被评为上海市劳动模范。

在这一历史时期，由于建立了劳动竞赛的正常秩序，使竞赛活动不断发展，一浪高一浪。在竞赛中，仅 1954 年船员就提出 706 条合理化建议，经归纳分析，将有关改进技术、挖掘船舶潜力、安全节约、提高效率的 30 多项建议，加以推广。如试用雨天装卸工具的建议，就是在 1954 年试制成功的，大大减少了船舶因雨天停泊的时间，这也是我国海运史上的一大创举。此外，“和平 2 号”“和平 14 号”“和平 6 号”轮安全航行的经验，“和平 10 号”“建设 3 号”“建设 5 号”轮机器安全运转的经验，“和平 5 号”“和平 7 号”轮创先进航次的经验，经过自下而上的总结，举办技术展览会，组织参观，互访交流，促进了劳动竞赛的深入开展。每年都涌现出大批先进单位和先进个人，其中 1956 年最为突出，涌现了先进船 24 艘，先进小组 47 个，先进生产者 405 人。

三、开展技术革新，挖掘船舶运输潜力

上海海运为解决“一五”时期运力与运量之间的矛盾，深入开展群众性的技术革命和技术革新运动，不断地挖掘潜在的运输能力。5 年中，广大海运职工在船舶安全航行、缩短周期、增加载重量、保养维修机器、提高航速和装卸效率、节约燃料物料等方面，共提出 1900 多条合理化建议，其中取得显著成效的主要有以下两项：

（一）测定吊杆负荷，提高装卸效率

新中国成立初期，对接管的船舶的吊杆负荷、载重定额，均未进行技术测定，一度硬性规定每根吊杆负荷量为 1 吨，船舶载重量亦按照旧的定额实行。但实际上有许多船舶经过大修，设备条件和性能都得到不同程度的改善，而且船员和码头装卸工人的操作技术水平亦有提高，在确保安全的前提下，吊杆负荷还有潜在能力。上海海运从 1953 年开始，对所属船舶的吊杆、滑车、轴承、绳索等起运设备进行全面的技术测定，到 1957 年各轮吊杆

负荷量平均提高到 1.8 吨。同时，又把多数运煤船的起货机全部换装功率较大的 200 型蒸汽起货机，使与吊杆负荷相配合，并改用抓斗卸煤，大大提高了装卸效率。

（二）调整船舶干舷，增加载货量

船舶干舷是限定船舶吃水的标准，在确保船舶航行安全的前提下，干舷越小，吃水越深，载货量越多。为了科学地测定旧船的载重吨位，挖掘运输潜力，1956 年在海运管理总局领导下，上海海运经过专家和资深船长的共同研究，根据《国际载重线公约》和苏联测定沿海船舶干舷的办法，结合中国气象、海域等条件，并经过实地测量，对所有海轮的干舷进行了 4 次科学的合理调整。根据不同船舶的技术条件，在不同程度上提高了载重线标志，充分发挥了船舶装载能力，打破了百年来计算航海船舶吃水线的常规，适当降低了 33 艘船舶的干舷，增加载重量 2623 吨。1957 年又在 20 艘新增船舶和通过大中修，恢复船体强度的旧船上，增加载重量 3122 吨。通过这次技术革新，上海海运所属船舶共增加载重量 8000 多吨。

四、上海海员医院成立，为国际国内海员服务

由于海上运输的特殊性，船舶流动分散，在港时间短，广大海员长年累月地生活在海上。为使广大海员在生病后能做到早诊断、早治疗、早康复，坚持以防治职业性常见病、多发病为主的发展海员医疗卫生事业，上海海运组建了具有行业特性的上海海员医院（图 2–9）。

图 2–9　上海海员医院外貌。

上海海员医院由坐落在东长治路 505 号的总院和浦东源深路 50 号的传染病分院组成，承担着预防、保健、医疗、教学、科研和国际海员医疗任务。其基础是旧招商局仅有 5 名医护人员的医务室。

上海解放后，旧招商局及医务室被接管，医务室改为设立在长阳路 138 弄的门诊所。随着海运事业的发展，1953 年体制机构变化，北洋区海运管理局和华东区海运管理局合并，在上海成立上海海运管理局，设在大连市的北洋区海运管理局海员医院的部分医务人员和全部医疗设备并入上海海运。

1955 年 1 月 22 日，在东长治路 505 号正式成立上海海员医院。当时职工总数 122 人，治疗病床 100 张，其中内科 46 张、外科 24 张、肺科 30 张。休养室床位 50 张。1956 年 6 月，上海海运与上海港务局合并，两局的医疗卫生部门也同时合并，充实了医院的人力物力。1957 年开设儿科病房，总床位扩充为 180 张。1959 年创办卫生学校。1961 年 11 月设立医务部、门诊部。1962 年增设骨科、泌尿外科。1963 年开设肠道专科门诊及病房，并开设外轮海员门诊及病房，增设了肝病门诊。1970 年 8 月 6 日，在浦东源深路成立了传染病分院，设 200 张床位，将总院的肺科、肝炎病区和肠道、肿瘤病房迁到分院，

使病房布局趋向合理。1973 年起核定床位 500 张。临床有 14 科 1 部、医技有 10 科室。临床 14 科 1 部为：内科、外科、儿科、妇科、眼科、耳鼻咽喉科、口腔科、皮肤科、中医科、伤科、针灸科、肺科、中西结合病区、肝炎病区和国际海员医疗部。其中内科含有心血管、肾病、消化、神经、内分泌血液、呼吸等专科；外科有普外、胸外、泌尿、骨、脑外等专科；中西医结合病区中有中西医结合和肿瘤 2 个专科；国际海员医疗部包括国际海员门诊、国际海员病房和干部病房等。

上海海员医院自建院以来，随着国家海洋运输事业和国家保健医疗事业的发展，就诊范围逐步扩大，业务量不断增加，除承担上海海运所属职工及其家属和来沪国际海员的医疗、保健服务外，还担负着交通部在沪系统和沿海省市驻沪航运单位，以及医院附近的市、区、企业、工厂等 70 余家劳保单位的医疗、保健服务。

上海海员医院以其特色服务而闻名。日本外航船员医疗事业团将海员医院定为在中国的特约医院。医院的特需中心是上海市设立在医院内的唯一涉外体检部门，系澳大利亚、新西兰、阿根廷等领事馆指定的留学、探亲、移民体检中心。该院为 100 多个国家和地区的国际海员治疗服务，年门诊 14 万多人次，收住病员 4000 余人次。20 世纪 60 年代曾先后派出医生赴赞比亚、卢旺达参加援外工作，之后不断扩大对侨胞和港台同胞及台湾渔民的医疗业务。

上海海员医院建院以来，在以“预防为主，防治结合”的方针指导下，逐步建立了适应海运职工分散性与流动性特点的保障职工健康的网点，及有利于生产，有利于病人的诊疗制度和医疗体系。为方便海员门诊就诊时间，早期采用为当日启航的船员发放“船员优先就诊证”的办法。

医院为贯彻“预防为主”的原则，争取早发现、早诊断、早治疗，有计划开展健康体检、职工体检、防癌普查、噪声预防和有毒有害气体防护、船员出国体检、换证体检及港澳地区和外籍人婚前体检，以及艾滋病、性病的体检等。1954 年，医院为上海海运 94% 职工进行体检，1958—1961 年船员体检达 13853 人次，并在全局范围内对钩虫、丝虫、血吸虫、沙眼等疾病进行普查，除沙眼外，基本根治了上述疾病。

以医院为中心，逐步建立起企业各基层医务室与船舶的保健网。自 1970 年以来，先后为船舶基层培训工人医生，为客船及陆地单位输送中初级医务人员，使上海海运所属船舶基本上有 1—2 名工人医生。同时轮流接受基层单位医务人员来院进修，不定期派出高年资医师下基层进行业务指导。帮助基层健全医务室、保健站，提高业务技术，使第一线职工基本能够小病不出门，大病早发现、早预防、早诊治，降低了发病率，保护了劳动生产力。

同时，开展培训办学，先后举办不同类型的训练班、学习班，红专学校、护士学校、卫生学校、半工半读卫生学校，扫盲班、医大班、医用英语学习班，西医学中医学习班、文化补习班等。共培养了大专程度的医师 61 名，一般医师 169 名、护士 429 名、工人医生 260 名、英语学习班 110 人、西医学中医 33 人、文化学习班 353 人、扫盲 147 人。这不仅充实了本院医护人员的力量，提高了职工文化程度和技术水平，也为交通系统基础医疗单位、船舶，培养和输送了大量医疗卫生人员。

医院每年有计划派出中青年骨干医师到市级医院进修，提高医务人员的医药技术水平。

从20世纪60年代中期起，先后送往外院进修达250余人次，这些医师回院后不仅成为创办新的专科的骨干力量，而且把新的医药技术和理论、信息，带进了医院。丰富了学术知识，活跃了学术气氛。同时，根据医院技术开展的需要，邀请院外教授、专家来院讲学，举行讲座和业务指导。

第七节　重视工人阶级队伍建设

一、做好职工扫盲工作，提高文化水平

上海海运在圆满完成第一个五年计划各项任务的同时，十分重视船员职工技术文化水平的提高。1953年12月，党中央发出《关于加强干部文化教育工作的指示》，1956年初，党中央国务院作出《关于扫除文盲的决定》，决定指出："在全国范围内积极地有计划有步骤地扫除文盲，使广大劳动人民摆脱文盲状态，具有现代的文化，这是中国文化上的一个大革命，也是国家进行社会主义改造中的一项极为重大的政治任务。"根据党中央、国务院的指示和全国总工会的部署，上海海运结合海上船舶运输的特点，自1955年到1957年在船员职工中广泛地开展了扫除文盲运动。

普遍建立扫盲机构，提高船员职工的文化水平。上海海运根据党的要求和职工"文化上翻身"的愿望，早在1952年就注意这个问题，普遍开办了文化学习班，广泛开展识字活动，办业余文化教育，取得了一定效果。后来，由于船舶开展"民主改造"等运动，除个别船舶坚持组织船员学习文化外，绝大部分船舶处于停顿状态。

据1955年统计，上海海运船员中仍有50%是文盲、半文盲，船员中大专文化的仅有225名。南洋航线上的小船船员75%是文盲、半文盲，有的船长也是文盲。北洋线上的大船，有少数轮机员是文盲、半文盲。船员队伍这种文化状况，严重阻碍了他们政治水平和生产业务水平的进一步提高，也影响上海海运航运事业的发展。

1955年下半年开始，各船的文化教育陆续恢复。1956年初，上海海运工会根据全国总工会《关于在三年内扫除全国职工文盲的决定》，经过摸底分析，发出了《开展群众性的扫盲运动，保证两年内扫除船员中文盲的通知》，号召凡是文盲、半文盲的船员，都应积极地参加各轮的文化学习班，认真地学习文化；凡是有一定文化水平的船员，立即行动起来，参加扫盲队伍，担任扫盲教员。1956年12月，上海海运行政和政治部制订了《职工业余文化教育十二年规划（1956—1967年）》。各船在党支部和政委的领导下，普遍建立了文化学习班，由行政、工会、团支部领导及扫盲教师、文化学习积极分子组成班委会，统一安排和具体管理扫盲工作。上海海运成立了扫盲办公室，配备了专职干部和教学人员，统一领导上海海运的扫盲工作。

上海海运扫盲工作重点在船舶，有些船员对扫盲的重要意义认识不足，认为自己年龄大，学习有困难；也有的船舶干部认为，船舶情况特殊，在职扫盲很难坚持。为了提高船员对扫盲工作的认识，激励学习积极性和自觉性，各船都组织船员开展忆不识字痛苦的活

动，从而提高了船员学文化的信心和自觉性。有的厨工说，受够了睁眼瞎的苦，写家信要求人，当伙食委员不能认发票，不能记账；有的水手说，没有文化，领料不会填单子，值安全班不识带物单；有的驾驶员说，现在在南洋线上凭经验看山头航行，以后到大船上跑外洋，都用仪器，没有文化难以掌握；也有的船员回忆求人写家信，被人故意戏弄，家人有意见等等。通过回忆，船员们学习的情绪高涨，如有的船员外出开会也带上识字课本在火车上学习。学习中遇到困难也能想法解决，如南洋线上的船小卧室挤，写字不方便，船员们就互相帮助，给参加识字班的学员每人做了一块小木板，让学员抱在怀里练字。

船舶开展扫盲工作由政委统一安排，党政工团齐抓共管。船舶流动分散，甲板、轮机、厨房还有客运部，工班多，作息时间不一，生产任务繁重；船舶根据学员识字多少，分班学习一、二、三、四册识字课本，每班的人数不等。因此，统一安排，保证学习时间，保证识字班不间断，就成了一个重要问题。各船党支部把扫盲工作列入支部的月度工作计划，通盘安排业余时间。扫盲工作是群众性的活动，既要动员不识字的船员入班识字，又要动员有文化的船员担任教员。“和平 2 号”轮大副等 15 人主动要求担任教员，“建成”轮 7 名船员教员包教 7 名文盲，“民主 11 号”轮轮机长也自愿担任教员。不少船舶团支部主动配合，制定扫盲计划，发动团员青年自找扫盲对象，并签订包教包学合同，提高扫盲效果。上海海运规定，北洋航线船舶每个月至少标准 12 课时，每课时 45 分钟—1 小时；南洋航线船舶每个月至少保证 6 课时，每课时 1 小时。上海海运人事部门建立了学籍证和考试毕业办法。船员调动时，学籍证随之转移，保证文化学习的连续性。船员扫盲文化学习一般为 2 年，学习结束举行考试，合格者发给证书，予以毕业。当时，扫盲标准是：能识 1500—2000 个常用字，能阅读通俗书报，能看懂船舶一般规章制度和作业计划，能写 200—300 字的短文，能填报原始记录，能认写船舶设备属具、货物等名称。

船员识了字，出现了新气象。原来是半文盲的船员，有些人能看报、写稿。“大昌”轮的黑板报，过去闹稿荒，现在稿件纷至沓来；原来是文盲的，现在能写简单的家信，有的能记伙食账。

为了表彰和鼓舞群众在扫盲运动中的积极性和创造性，交流扫盲经验，推动扫盲工作，上海海运成立扫盲积极分子和扫盲优秀教员评选委员会，领导和组织各单位的评选工作。根据“勤学苦练、学习成绩特别优良”“认真教学，并在教学方法和扫盲工作上获得显著成绩”的评选条件，由基层提名，群众讨论，评委会审查决定，到 1956 年 6 月，上海海运系统评选出 91 名扫盲积极分子和优秀教员，还评选出“建设 3 号”轮等 9 个先进单位。6 月 30 日，上海海运召开扫盲积极分子大会，先进单位代表“建设 3 号”轮指导员何滨清汇报了扫盲工作的成绩和经验。大会选出 34 名先进个人和 4 个先进单位，出席上海市在 1956 年 12 月召开的扫盲积极分子代表大会。

1957 年下半年，上海海运开始开展整风运动和反右派斗争，职工扫盲工作告一段落。

二、加强知识分子和技术人员的工作

上海海运的知识分子和技术人员，界定不是十分明确，有时界定船上为二副、二管轮以上，陆地为主治医师、工程师以上，有时界定船上为三副、三管轮以上，陆地医师、技

术员以上，有时根据上海市的要求，划定某些船长、轮机长、主任医师、工程师为高级知识分子（分一、二、三类高级知识分子），但通常是指三副、三管轮、医师、技术员以上人员及大学毕业生。在这一历史时期，上海海运党政领导及各船舶党支部、政委对加强知识分子和技术人员做了大量的工作。

为了加强和改善知识分子和技术人员的工作，上海海运成立了以副局长王化民为组长的 5 人小组，具体负责管理和领导知识分子和技术人员的工作。1954 年 10 月，党委派干部专门到“民主 4 号”轮，调查贯彻团结、教育、改造知识分子政策的情况，写出了调查报告。

1955 年 12 月，党委组织力量，深入基层，对 468 名知识分子和技术人员的工作、思想、生活及对其团结、教育方面进行全面调查，还重点调查了“民主 4 号”“和平 7 号”轮的高级船员情况，对马家骏（局总船长）、夏家箴（“和平 2 号”轮船长）等高级知识分子作了全面分析并总结出了书面材料。

1956 年 1 月，党中央召开知识分子工作会议后，上海海运党委遵照中央会议精神和调查的材料，专门研究知识分子工作问题。1956 年 3 月，上海海运政治部主任王玉琪在上海海运职代会上专门汇报了知识分子工作，肯定了占职工总数 10% 的知识分子和技术人员的进步和积极作用；检查了对知识分子和技术人员工作中存在的问题，如对其积极作用估计不足，接近不够，工作方式生硬，要求过高过急，对他们在技术研究方面支持不够等，并针对存在的问题提出了改进措施。

上海海运经过调查，了解到有少数技术人员未被分配在技术岗位上，根据学用一致的精神，组织实施干部培训计划，机关和船舶均建立后备干部名单，从中提拔了一批干部，还选拔部分青年干部，由各业务、技术部门以师傅带徒弟的办法培养为业务技术骨干。1965 年上海海运全年安排了 360 名职工脱产学习，提拔科长、船长、工程师 15 名，同时组织了技术人员归队工作，改变了学非所用的状况。

上海海运知识分子和技术人员一部分是学校培养出来的，但大部分是在实际工作中成长起来的，他们有丰富的实际经验，但缺乏理论知识。为了提供一个良好的学习场所，1956 年 4 月，上海海运成立技术图书馆，添置了有关航运方面的图书、杂志 500 余册，加上原有的图书共计千余册，其中包括中、俄、英、德、日五国文字，还多渠道地搜集国内外有关技术方面的书刊；成立技术研究委员会，经常举办技术讲座，以利提高他们的技术理论水平。

在政治上给予信任，工作上给以支持。大部分船长与政委的关系密切。自船舶党支部公开后，有些船长提出入党要求，经过考察，吸收了夏家箴、王倬、龚丕勋等高级船员入党。对改善知识分子和技术人员的物质待遇方面也采取了某些相应的措施，如对其居住情况进行了普遍调查并作了适当调整。1956 年 1 月，根据市委的布置，确定了 47 名技术人员享受高级知识分子待遇，其中船长、轮机长 37 名。这一年，上海海运在副食品购买证的发放、医院就诊等方面给予他们优惠，同时，安排船舶高级船员集体用餐；制定船长、轮机长上下船使用汽车报销办法等。由于正确贯彻对知识分子和技术人员政策，调动了他们的积极性和创造性，有的船长主动要求进出上海港取消引水，实行浦江夜航。船舶技术人员积极参加生产竞赛，在创造先进航次、安全航行、机器安全运转、雨天装卸、拖运木竹排等方面进行了积极的创新，积累了许多经验。

与此同时，上海海运努力提高提高船员的技术水平，增加海员新生力量。在第一个五年计划期间，国家进入大规模经济建设时期，海上运输业迅速发展，船舶大量增加，船舶技术状况不断改善，上海海运海员队伍增长很快，除原招商局的船员外，又多方面地招收船员，主要来源有四个方面：一是各专业学校输送来的毕业生，5 年中就有 289 名，占当时三副、三管轮以上驾驶员、轮机员的 34.2%；二是归国海员，5 年中吸收了 432 名；三是退役军人，5 年中分配来 945 名；四是向社会上招收了 477 名学徒。上海海运职工总数，1953 年为 4372 人，到 1957 年底为 8306 人，其中船舶生产人员为 1952 年的 227%。

上海海运对船员和新进人员的技术业务培训，特别是培养高级船员，当时采取 5 条途径：一是开办学校，培养一般船员。1955 年开办南京海运技术学校（简称“南京海校”）和上海预备海员技术学校，专门培训水手、生火、机匠一般船员。二是选送一部分有实践经验和培养前途的水手、生火和政治工作干部到大连海运学院、南京海校进行正规学习，培养驾驶员、轮机员。三是开办短期训练班。1954 年分别办了轮机员、机要员训练班。1955 年合并扩大为海员训练班，培训轮机、驾驶、报务、货理、客运、炊事 6 个工种的海员。四是实行指导船长、指导轮机长和两套船员配备制，培养高级船员。1956 年，从在职船长、轮机长中选拔 5 名政治水平和技术水平较高的船长、轮机长担任指导船长和指导轮机长，根据不同航线、船舶，分别随船负责对已有的大副和大管轮实地进行技术指导，使其较快地提高技术水平和管理水平，胜任船长和轮机长的职务。1956 年起，在各轮配备双套大、二、三副和大、二、三管轮船员班子，经常保持 8—10 套人员能脱产见习三个月高一级职务的技术；规定见习人员在见习期间直接参加船上的技术及行政管理工作，现职大、二、三副和大、二、三管轮有责任对其指导。五是对一般船员采取师傅带徒弟的办法进行培训。在职水手长、生火长、一级水手、加油都要带徒弟，签订师徒合同，包教包学。5 年中，共培养提拔高级船员 717 人，一般船员 1285 人，还选送了 1342 名船员支援兄弟单位。在这一历史时期，海运事业的顺利发展和壮大同知识分子、技术人员和普通船员生产积极性的发挥，钻研技术、改进技术有着密切的关系。

三、提高船员职工劳动福利待遇

1956 年，鉴于市场物价趋于稳定，因此，工资分取消，实行货币工资制。上海海运进行第二次工资改革。其规定每一分值为 0.2663 元，减少船员标准工资的等级，调整船员之间的工资关系，适当改善高级船员之间的工资关系（主要是船长和大、二、三副之间的工资关系），拉大普通工种和技术工种之间的工资差距。其中高级船员由 4 级改为 2 级，普通船员由 5 级改为 2—3 级，避免了工资交叉和高低职务之间的倒挂现象。对原工资在新职务标准以内的，套级后，升一级；原工资在新职务标准以上的，超过标准部分仍作保留工资发给，不降低收入。船员工资水平普遍得到提高，每人每月平均增加 7 元。

1953 年经交通部和中国海员工会全国委员会批准，根据海上运输的特殊情况，规定船员在航行中生病（包括在码头停泊 5 天以内），享受船舶航行中生病的待遇，即在病假 6 个月以内享受因工负伤的同样待遇，工资不打折扣，住院伙食费报销，这是在劳保条例以外，给海员的特殊待遇。同年，对居住在大连、青岛、秦皇岛等 11 个港口的船员家属同样给予报销 50% 医药费的待遇。

第八节　社会主义政治文化工作建设

一、政治工作机构的建立和演变

鉴于海上船舶运输企业的特殊性和北洋区海运管理局曾设政治工作室的经验，决定筹备建立上海海运政治处。1953 年 3 月 12 日，华东区海运管理局向中央交通部海运总局报告称：政治处筹备已基本就绪，正、副主任及组织科、宣教科、生产竞赛科正副科长均已到岗，并配备了部分一般干部，工作已开展。1953 年 5 月 1 日，中央交通部批准建立上海海运局政治处。这是党在上海海运企业建立的第一个政治工作机构。

上海海运局政治处主任由上海海运局副局长蒲济生兼任，王玉琪担任副主任。1953 年 11 月 16 日，中共中央华东局组织部批准，蒲济生代上海海运局局长，不再兼任政治处主任，王玉琪为政治处主任。政治处成立初期，处内设组织指导科、宣传教育科、生产竞赛科；公私合营的中兴海运公司设立政工科，南洋运输处设政治协理员。

1954 年 7 月，政治处内增设办公室。11 月，又增设机关直属政工科和南洋运输工作科（专管南洋船舶的政治工作），公私合营的中兴海运公司改设政治处，大连办事处设政工室。

1954 年 8 月，党中央为了尽快改变交通企业的政治面貌，大力加强党的思想政治工作发出指示，决定："在交通部门中建立各级政治机关和在基层单位设政治工作部，直接管理本企业、本单位中党的政治工作和组织工作，实现对工会、青年团组织的政治领导，并对行政实行党的保证监督。上级政治机关同地方党委对所属政治机关实行双重领导。"根据这一决定，交通部政治部为了加强海运企业政治工作，电示上海海运：在已建立政治处的基础上，充实相应干部，自 1955 年 1 月扩大为政治部。此时政治部主任为王玉琪，部内科室除增设青年工作科外，其他未变；中兴公司、南洋运输处、大连办事处政治机构的设置也未变。但充实了部分政工干部，加强了政治部各职能科室及所属政工机构的力量。

1956 年 3 月 13 日，根据船舶政工人员座谈会所提意见，为及时了解和掌握船员情况，指导船上思想政治工作，上海海运决定在局政治部内设两个船队：第一船队负责联系"和平号""民主号"轮，第二船队负责联系"建设号""生产号"轮。

1956 年初，交通部调整海运体制，实行港航统一管理。随着海运体制的调整，10 月 18 日，交通部政治部通知：在上海海运政治部的基础上，扩建上海区海运管理局政治部，局党委副书记田光涛兼主任，王玉琪、陈耕国为专职副主任。这时的政治部机构有所扩大，人员有所增加。部内设办公室、组织处、宣传处。工作范围除直接领导船舶和南洋政工科的政治工作外，还领导上海区港务局、上海打捞局等交通部在上海的单位的政治工作。

二、政治工作机构的性质和任务

上海海运政治工作机构建立后，一方面积极地开展政治工作，不断充实加强政治工作力量．一方面在工作实践中，结合海运企业的具体情况，对企业政治机关的性质、任务及各方面的关系等，进行探索研究，制定相应制度。1953 年上海海运政治处一成立，即组织力量，编写了《政治处工作方针性质任务等问题的意见》。

1955 年 6 月 27 日，上海海运党委为贯彻执行上海市委《健全党委制，改善领导的决定》，又一次对政治部的性质、任务反复讨论研究和做出决定，明确了以下问题：

政治机关的性质：政治部既是上海海运党委的具体工作机构，又是政治工作的行政机构；它受上海海运党委和中央交通部政治部的双重领导；它不是党的一级组织，而是党在海运企业中的一种特殊机构。

政治机关的职责：根据党委和交通部政治部的指示，结合上海海运的具体情况，颁布政治工作计划、号召、指示和决定；派遣升调、任免、撤销政治工作人员；职工的政治思想教育和理论学习；指导生产竞赛工作及有关这方面问题的研究；具体管理日常的党务工作和支部工作；领导工会、青年团的工作；保证与监督行政工作和生产任务的完成。

政治机关与党委的关系：政治机关是在党委领导下开展工作，在党委的集体领导下分工负责上海海运的政治工作与组织工作，政治部的组织处（科）即为党委的组织部门，宣传处（科）即为党委的宣传部门，重大问题提交党委讨论决定，日常工作由政治部直接处理。

政治机关与上海海运行政领导的关系：政治机关对行政工作和生产任务起保证监督作用，但政治机关不能直接处理行政事务和生产技术管理中的问题；行政领导应关心政治机关的工作，提出任务和要求。

政治机关与各轮军代表（政委）的关系：政治机关直接领导和管理驻船舶军代表（政委）及其工作。

政治机关与工会、青年团的关系：工会、青年团的工作，特别是开展劳动竞赛、文化技术教育，由政治机关统一安排，实行政治领导。

三、驻船舶军事代表制改为政委制

这一时期，上海海运所属船舶有三部分：航行在北洋线的船舶，航行在南洋线的小型船舶，公私合营中兴公司的船舶、公私合营南洋轮船公司的船舶。1954 年前，航行北洋线的船舶上设立军代表或副军代表，航行在南洋线的船舶和公私合营南洋轮船公司的船舶上设立船代表，公私合营中兴公司的船上设政府代表。几年来，所有船舶经过了抗美援朝、镇压反革命、民主改造等运动，并进行过人事审查，船员的觉悟普遍提高，政治情况基本摸清，对船员中的反革命分子和嫌疑分子也作了适当处理和安排。为了适应生产的发展和海上运输工作的需要，保证国家计划的完成，加强政治工作，根据交通部 1954 年 3 月 26 日关于“今后各船一律改军代表为政治委员（协理员、指导员），实行船长生产管理一长制”的指示，经请示报告上海市军事管制委员会，上海海运在 1954 年 4 月 24 日发出通知，决定：“自 1954 年 4 月 1 日起，各船舶的军代表改为政治委员（协理员、指导员）；但仍保留军代表名义。对内在保证船长一长制，加强员工的思想教育和保证监督生产任务的完成方面，以政治委员名义进行工作；对外遇有特殊问题，如对敌斗争，保护船舶安全不遭反革命的破坏或遇有对帝国主义船只发生交涉及其他紧急情况，仍以军代表名义进行工作。”

根据交通部颁发的海上船舶船员职务规则的规定，政治委员是全体船员的政治领导者，对全体船员实现思想政治领导与文化教育工作，巩固船长在行政事务上的领导职权和威信，领导船舶党、团、工会的组织活动，提高船员的政治觉悟，保证船舶安全，圆满完成国家运输任务。船舶政工干部的具体职务名称，遵照交通部海运管理总局的指示，上海海运政治处在 1954 年 6 月 12 日发出通知，通知明确：结合各轮政治干部的条件、政治水平和工作能力，暂定行政 16—18 级为政委、副政委，18—19 级为协理员，19—21 级为指导员。当时上海海运北洋航线共有 32 艘船，军代表 28 人，副军代表 4 人，暂代理军代表 1 人，政工员 3 人，共 36 人。根据行政级别和工作能力，改为政委的 19 人、副政委 9 人、协理员 5 人、指导员 3 人。1956 年 4 月 9 日交通部政治部决定，海运、河运船舶政治干部职务名称一律改为政治委员、副政治委员、政治指导员、副政治指导员，撤销政治协理员名称。

1953 年 11 月 1 日，中兴轮船股份有限公司和海鹰轮船股份有限公司实行公私合营，成立了公私合营中兴海运公司。随后，私营新大陆、华胜、安达、民新、志新等五家轮船公司，经过五轮联管处实行私私联营后也并入中兴海运公司，共有 11 艘船，依顺序改名为“中兴 1 号”轮至“中兴 11 号”轮。公司初设政工科，后改为政治处，直接领导 11 艘船舶的政治工作。每船派 1 名政工干部，职务名称为政府代表。1955 年 10 月 28 日，经中共上海市委组织部同意，政府代表改为政治委员或副政治委员。

1952 年 12 月 25 日，中央交通部批准成立南洋运输部（后改为运输处），统一经营管理南洋线的小型船舶。当时有船舶 35 艘（包括私营 13 艘），每船派政工干部 1 人，职务名称为船代表。因为处在敌对军事状况，船舶编队航行，每队成立一个党支部。为了加强南洋船队的政治工作领导，1954 年 11 月 30 日，上海海运政治处做出《关于建立南洋船队政治工作的规定》。

四、船舶实行党支部集体领导下的分工负责制

上海海运船舶实行在党支部集体领导下分工负责制有一个过程。1956 年 7 月，上海海运政治部下发的《1956 年下半年工作计划》中提出：“根据交通部政治部工作座谈会关于树立船舶领导核心，加强政治工作、改变船舶政治面貌的精神，下半年解决船舶如何贯彻集体领导、树立领导核心问题。”这时已不提“船长一长制”，而是提及研究集体领导的问题。10 月 31 日，上海海运党委在《关于安全生产工作初步总结》中强调：“必须加强船舶的政治工作，树立船舶党支部领导生产的核心。”

1957 年初，上海海运党委召开了数次机关处室负责人、技术业务干部、船长、政委座谈会，研究如何加强船舶领导问题。在此基础上，上海海运党委在 2 月 16 日做出《关于加强对船舶领导的决定》时强调：“加强与改善船舶内部的领导，首先是加强船舶党支部领导

的问题。船舶党支部应领导和监督本单位的行政机构和群众组织，积极地实现上级党组织和上级行政的决议，不断进行本单位的工作。船舶各项工作必须以党支部为领导核心，对上级党和上级行政的各项决议、指示，做出统一安排，根据不同性质和内容组织行政、工会、青年团分别认真地贯彻执行，并负监督检查之责。船舶党支部为了更好地领导全船工作，必须认真地贯彻集体领导分工负责和民主集中制的领导原则及发扬民主、依靠群众走群众路线的工作方法与作风。”

1957 年 6 月 13 日，上海海运党委书记韩克辛在上海海运政治工作会议上的总结报告中说：“船舶党支部是领导生产和一切工作的核心，政委必须在党支部的领导下工作，今后一般的是支部书记兼政委，一切主要工作，支部集体领导作出决议以后，由政委建议行政贯彻执行。”

五、突出党组织的统一领导

（一）撤销政治部

根据《中共中央批转中央工业工作部和交通工作部关于撤销铁道、交通、邮电系统中各级政治机关，加强党的领导问题的报告》，经过组织准备和思想酝酿，1957 年 9 月 5 日，上海海运遵照中央交通部政治部《关于撤销政治部并即建立与健全企业党委和监察组织的指示》，宣布正式撤销政治部，原政治部的办公室、组织处、宣传处即为上海海运党委的职能部门。

1957 年 6 月 13 日到 20 日，上海海运政治部召开政治工作会议，总结政治部成立以来的工作成绩、经验、问题，部署撤销政治部以后的工作。会议肯定了新中国成立后在海运企业建立政治机关是完全必要完全正确的。因为当时企业内部政治情况复杂，党的基层组织没有建立，政治机关建立后，在党委和上级组织的领导下，做了大量工作，成绩显著。经过数次政治运动，职工觉悟提高，船舶建立了党支部，企业管理走上了正轨，政治部已完成了历史任务。因此，现在撤销政治机关也是正确的，否则，就会同党的中共八大关于加强党委统一领导的精神不相适应。

（二）保留船舶政委

鉴于船舶流动分散，沿海军事情况复杂，船舶党组织还不健全，政治部撤销后，在船舶仍设政治委员、政治指导员。政治委员、政治指导员是企业党委和行政领导机关派在船上的政治领导干部，负责党的组织工作和思想政治工作，领导工会、青年团的工作。政治委员、政治指导员同时又是船舶的行政负责人之一，由企业党委和行政领导机关共同提名委任。政治委员、政治指导员应在党支部的统一领导下进行工作，党支部书记兼任政治委员、政治指导员，工作中应充分发挥支部的组织作用，克服个人决定问题的倾向。

六、审干、肃反运动

1953 年 11 月，党中央发出《关于审查干部的决定》，对审干工作做了全面部署。《关于审查干部的决定》中指出："建国初期，党的干部队伍迅速扩大，干部成分较过去任何时期都复杂。在新干部中，历史不清、来历不明的分子占有相当的数量，甚至还有少数反革命分子隐藏在内部；老干部中，也还有少数未经过审查，或虽经过审查，但还有某些问题尚未弄清，或当时认为没有问题而以后又发现了某些问题的。有些领导还存在着麻痹思想，对干部的使用，只注意其业务能力，忽视了从政治上考察。鉴于上述情况，必须在两三年内对全国干部进行一次细致的审查，以便进一步了解我们的干部，保证国家建设任务的顺利进行。"

根据党中央的决定和华东一级机关党委的部署，上海海运 1954 年 6 月开始审查干部（简称审干），到 1957 年 6 月基本结束。稍后，又在 1958 年 1 月开始，根据党中央 1957 年 12 月全国审干工作会议精神和 1958 年 1 月上海市委《关于老任务复查和新任务审查工作的指示》，对已审查过的干部进行复查和对新干部进行审查，到 8 月底，前后历时 4 年的审干工作全部结束。

这次审查干部的目的是全面地了解干部，主要从政治上进行审查，弄清每个干部的政治面目，清除混入内部的反革命分子、阶级异己分子、蜕化堕落分子，以保持干部队伍的纯洁；同时又要多方面地了解和熟悉干部的思想品质、工作才能，以便更有计划地培养干部，正确地使用干部。

1954 年 5 月，上海海运成立了审干小组，王玉琪任组长，配备 6 名专职干部；1956 年 6 月，港务局与海运局合并，7 月成立了上海区海运局审干委员会，由王玉琪等 7 人组成，设办公室。审干工作机构成立后，对已抽调的担任专职审干工作的干部进行短期训练，使他们懂得审干的方针、政策和必要的知识。然后对干部进行排队摸底，以便有计划、有次序地进行审查。审干的范围为：上海海运机关和装卸区为办事员以上到处长级干部（副局以上由上级审查），船舶为水手长、生火长以上干部（包括机要员、报务员、专科毕业实习生）。

审干工作采取先领导干部后一般干部，先党内后党外，先机关后船舶的次序进行的。1955 年 7 月，党中央发出《关于开展斗争肃清暗藏的反革命分子的指示》，8 月发出《关于彻底肃清暗藏的反革命分子的指示》，使审干工作实际上与肃反斗争结合起来了。上海海运的审干工作自 1954 年 6 月开始分三批进行：第一批审查科级党员，第二批审查机关一般党员和船舶水手长、生火长以上党员，第三批审查船舶一般党员。对党员的审查，到 1956 年 6 月基本结束。对党员审查结束后，1956 年 7 月转入对非党员干部的审查，到 1957 年 6 月基本结束。通过这次审查，摸清了干部队伍的基本状况；对过去有过怀疑的政治问题或历次运动中交代了的问题而组织上未表示态度的、未做结论的，有的做出了结论，有的做出了补充结论，使干部放下了包袱，轻装为党工作；为使用、提拔、培养干部及建党、建团打下了很好的组织基础；此外，对全体干部进行了一次党的干部政策和忠诚老实的教育。

全国肃反运动是以 1955 年对"反革命集团"的斗争为起点。上海海运于 1955 年 8 月，根据中央指示和市委扩大会议精神，将对"胡风反革命集团"的斗争转入肃反运动，在上海海运党委内设立 3 人专门小组，负责领导这场运动。运动至 1958 年 6 月结束。上海海运参加肃反运动的职工 24388 人（含港务局），其中参加船舶肃反运动的有 52 艘北洋船舶的船员和预备海员训练班的学员共 2472 人。

船舶肃反运动分三个阶段进行：一是岸上准备阶段。主要任务是训练好骨干和做好材料准备工作，主要在岸上进行。二是船舶发动阶段。在船上进行肃反教育，提高船员社会主义建设的积极性和保卫社会主义建设的警惕性，明确肃反政策界限，分清敌我。进一步做好材料工作。进行人事登记。对于所有经过运动的船员都在人事登记表中做出结论性意见，结论意见同本人见面。人事登记结束，船舶党支部即在全船大会上宣布肃反运动结束，并结合生产，整顿治保组织，修订治保制度，转入正常工作。三是岸上审查处理阶段。对运动中暴露出的一般问题可作结论的作一般问题处理；对历史反革命已交代清楚的，进行定案，按中央规定的政策分别进行处理；对现行嫌疑或重大历史反革命嫌疑，已有部分证据确实的，经市委批准调岸，组织专案进行审查和斗争，直到把问题弄清为止。对起义人员，除有充分证据属现行的以外，都本着既往不咎原则，不加追究。通过船舶肃反，清查出了一批暗藏在船舶上的反革命分子和其他坏分子，纯洁了船员队伍。弄清了一大批船员的政治历史问题，做出了结论，使他们放下包袱，安心生产，积极工作，更好地发挥他们的作用。运动中广大船员受到了广泛的政治形势教育，提高了建设和保卫社会主义的积极性，提高了对敌人破坏活动的警惕性，加强了工作责任心。

七、“双反”和反右派斗争

1957 年 4 月开始，根据中央和市委的部署，上海海运机关开展整风运动，发动机关干部“大鸣”“大放”和“大争大辩”。当年 7 月转入反右派斗争，7 月 27 日，上海海运党委书记韩克辛向机关做了反右派斗争的动员报告，号召全体职工立即行动起来，积极投入反右派斗争。此后，区局机关和局属各单位陆续开展了反右派斗争，至 10 月底，区局反右派斗争基本结束，斗争中，把一些知识分子和干部错误地划为“右派分子”，有 7 名机关干部被划为“右派分子”；9 月，反右派斗争告一段落，运动转入一般整改和专题鸣放。12 月，机关整风反右派运动结束。

船舶原计划从 1958 年 1 月开始如机关一样开展整风运动，但从 1 月中旬起，全国掀起了大规模的反浪费、反保守运动，船舶即全部投入“双反”运动，接着贯彻党的建议社会主义总路线，船舶掀起了运输生产“大跃进”运动。在这些运动中，各轮发动船员“大鸣大放”，写大字报，揭发上海海运机关和船舶上的浪费现象、官僚主义作风和“右倾保守”思想。少数船员在揭发这些问题时，发表了一些过激言论，其中 3 名高级船员（2 名船长和 1 名二副）的言论被认为是属于反党反社会主义性质的，被调到陆地进行批判，最后被戴上“右派分子”帽子。这次反右派斗争，在上海海运范围内有 10 人被定为“右派分子”把本属于人民内部矛盾问题混淆为敌我矛盾问题，造成严重后果。直至 1961 年上海海运根据中共中央对 1958 年以来受到评判处分的干部、党员、群众进行甄别平反的指示精神，成立甄别领导小组。甄别工作分准备、甄别、复查 3 个步骤进行，至 1962 年 9 月基本结束。上海海运系统在 1958 年至 1961 年间受到批判处理人员（包括 1958 年“拔白旗”、1959 年“反右倾”受处理的）共有 657 人，占职工总数的 4.5%，其中干部 255 人，党员 129 人。经甄别，原批判处分正确和基本正确的为 518 人，占甄别人数的 79%；其中 1959 年“反右倾”斗争中定为“右倾机会主义”或“严重右倾”以及作为严重个人主义处理的 19 名干部，经过甄别，取消原结论的 16 人。1961 年 11 月，上海海运年度“右派分子”摘帽工作结束，有 8 人摘掉帽子，把在农场和船厂车间劳动的“右派分子”调回安排工作，以体现与地、富、反、坏分子区别对待的政策和便于加强教育管理。

八、上海海运党委第一次代表大会

上海海运党委的第一次代表大会于 1956 年 5 月底召开，是上海港务局、上海海运合并后召开的一次党代表大会。当时上海海运党组织的状况是：上海地区辖有 1 个党委、15 个党总支、185 个党支部，其中机关党支部 38 个，船舶党支部 80 个，装卸区和工地党支部 45 个，护航警党支部 10 个，训练班党支部 11 个，仓库党支部 1 个。共有党员 3524 名，占职工总数的 9.7%，其中候补党员 1136 名，占党员总数的 33%。

上海解放 6 年多来，经过接管、恢复、对私营航业改造及一系列政治运动和企业建设，改变了旧企业的面貌，企业有了明显发展和扩大。上海海运有运输船舶 93 艘，154963 载重吨、船员 3067 人。在全国社会主义建设高潮的鼓舞下，党员和全体船员职工的政治热情和生产积极性有了很大提高，港航企业的先进生产者运动正在形成，为提前完成港航第一个五年计划、为迎接党的第八次全国代表大会，掀起了“学先进，赶先进”的热潮。“建设 6 号”轮全体船员为了向党代会献礼，5 月份创造了 5 个先进航次。

上海海运党委的第一次代表大会为期两天，1956 年 5 月 30 上午开幕，6 月 1 日下午闭幕。大会正式代表 165 人，3 人因病因事缺席，出席代表 162 人，53 名党员列席了大会。蒲济生致大会开幕词。指出：“通过这次大会，将统一全党的认识，加强对港航企业社会主义竞赛的领导，保证港航机构顺利合并，提前完成第一个五年计划指标。”要求代表“充分开展批评与自我批评，发扬民主，认真讨论党委工作报告，选举出席中共上海市第一次代表大会的代表，选举上海海运新的党委委员”。

同日上午，临时党委书记韩克辛做了党委工作报告。《报告》首先简要地回顾新中国成立后 6 年多来，港航企业取得的巨大成绩，发生的根本变化。接着，重点总结了对先进生产者运动的领导，对计划、生产的研究，对面向船舶为生产服务的思想，对职工生活福利的关心和党的思想政治工作等方面存在的问题。针对这些问题提出来今后工作的设想和要求。号召“全党动员起来，团结全体职工，为提前超额完成第一个五年计划而奋斗”！经过小组讨论和大会发言，代表们一致同意党委工作报告，同时，对过去党的工作中的缺点提出了中肯的批评，对当前领导先进生产者运动和两局合并及今后工作等方面，提出了许多建设性意见。

6 月 1 日上午，大会以无记名投票选举韩克辛、蒲济生、刘延穆、胡锡光、郭玉骏、王玉琪、袁子清、姜远、王化民、孔德明、张骏、管炎生、高志明、江澎湃、李景一 15 名上海海运党委委员；选举出席中共上海市第一次代表大会的正式代表韩克辛、蒲济生、牛树才、丁仲、王玉琪、魏清堂、高智先、孔庆福、毛富华，候补代表衫山。

6 月 1 日下午，丁仲代表向大会报告提案处理的情况。到 6 月 1 日 12 时止，大会共收到提案 751 件。提案内容包括党的领导、建党、生产业务、生活福利、思想教育等方面。接着，蒲济生代表大会主席团作了大会总结报告。肯定此次大会开得成功，认真讨论了党委工作报告，明确了今后任务。并指出由于时间仓促，大会存在不少缺点，如党委工作报告思想性不强，会议时间短，有不少代表没有发言机会，民主精神尚未充分发挥等需要改进。

6月4日，上海海运党委会推选韩克辛为书记、蒲济生为副书记。8月9日，上海市委批复同意。11月6日，上海市政建设交通工作部批复增补委员2名，同意区局常委会人员名单。区局党委直属组织有：区局机关总支、上海港务局党委、上海打捞工程局党委、航道管理处总支、第三航务工程局总支、上海航运公安局警察大队总支、各船舶支部、外轮代理公司上海分公司支部、交通部材料供应局上海办事处支部和交通部公路局第三工程局支部。

九、加强船舶党组织建设

（一）党支部建在船舶

第一个五年计划时期，上海海运船舶党组织建设有了很大的发展，党员不断增加，各船舶普遍建立了党支部。

根据党章的规定，船舶党支部领导班子由党员民主选举。凡是船舶成立党支部的通过选举产生了支部书记。在1954年、1956年各船舶根据上海海运政治部的通知，普遍进行过两次改选。各轮通过总结支部工作，开展批评与自我批评，进行党员义务和权利、民主集中制的教育。在此基础上民主选举支委（支书），3名党员的船舶选支部支记1人，4—6名党员的船舶选正副支部书记各1人，7名以上党员的船舶选3人组成支委会。通过选举，提高了党员的民主意识，加强了党员团结和集体领导，较好地发挥了党支部战斗堡垒的作用。

各船舶党支部一般都建立了正常的组织生活制度，每月召开一次支部委员会，一次党员大会，半月召开一次党小组会议。组织生活的内容，较多的是党员汇报自己的思想活动，开展批评和自我批评，汇报反映周围群众的表现情况，汇报分工联系的非党积极分子的情况等。各船党支部普遍做到了月底或月初回顾本月或上月的工作，布置下月或本月的工作，并书面报政治部。

1955年初，为了研究不同类型船舶党支部的基本任务、具体工作内容、活动方式以及如何组织实施保证监督生产任务完成，政治部组织相当数量的干部深入到“和平2号”“和平3号”“和平7号”轮，总结党支部的工作经验，指导面上的支部工作。

1956年初，各船舶党支部普遍根据以下内容进行总结：党支部对保证监督生产任务是怎样做的，对安全生产进行了哪些工作，对党员进行了哪些教育，批评与自我批评开展的情况怎样，对非党积极分子的培养、教育的情况，如何领导本轮工会、青年团工作和存在的问题及改进的意见。

（二）加快船舶党员发展工作

1952年底至1953年初，船舶只有党员70名左右，而且全部是驻船舶军事代表和护航战士中的党员，船上成立不了党支部。以后由于北洋区海运局合并到上海海运，船舶和政工干部增加，同时发展了少数党员，到 1955 年 12 月底，船舶上已有党员 306 名，部分船舶成立了党支部。到 1957 年底，由于发展了一大批党员和增加部队转业复员军人中的党员，船舶上党员已达 763 名，北洋国营船和合营船全部建立了党支部，一般每船有党员 10 名左右，客船每船有近 20 名党员；南洋航线已有 23 艘船舶成立了党支部，尚有 12 艘船因党员数不足而未成立党支部。

在这一历史时期，船舶党员大量增加，新发展的党员，对党的基础知识了解不多。从部队转业的党员，因工作环境和条件的变化，思想上不太适应。党的支部不断建立，新的支委对支部工作不熟悉，领导水平和组织能力不能适应新的要求。为了提高党员的认识，增强党性，上海海运党委在 1954 年 8 月作出了各党支部普遍建立党课制度的决定。1957 年 1 月开始，上海海运党委开办党员脱产训练班。学习的内容主要是党纲党章、《论党》《论共产党员的修养》《政治常识》(包括党在过渡时期的总路线、八大文件)。此外，政治部还根据党员的思想状况和党的中心工作不定期地编写党课材料，发到各轮党支部向党员讲解。

十、高度重视船员家属工作

(一) 工会热忱开展船员家属工作

海上船舶运输，流动分散，船员经常远离家庭，治家育子，全由家属担当。而当时船员子女多，妻子大多是家庭妇女，文化程度较低，有的还是文盲。因此，如何帮助船员家属勤俭持家、教育子女、家庭和睦，使船员少操心家事，集中精力搞好安全生产和各项工作，是船舶基层工会一项重要工作。在这一时期，各船工会在上海海运工会的部署和船上党支部的支持下，热忱做好船员家属工作，得到船员及其家属普遍称赞，对促进海上运输，保证安全生产，弘扬社会新风，起到了积极作用。

1950 年，招商局已有部分海员家属组织起来，但那时是以地区职工家属委员会为主要组织形式。1953—1954 年即以船为单位组成船员家属小组，地区为辅。这样的组织方法，更能适应船舶运输生产流动分散的特点，更能集中和紧密地与船员家属保持联系，船员家属之间也能互相予以照顾。

到 1958 年初，上海海运各船普遍建立了船员家属小组。船员家属小组的任务主要是：互相关心、相互帮助，达到做好家务、团结邻里、和睦家庭、教育子女、密切关系、促进生产、弘扬新风的目的。组织的原则是：以船为单位，按不同地区，分别成立若干小组，或按海员新村、海员大楼组成家属委员会，下分若干家属小组。建立的程序，一般是通过普遍家访，初步掌握了各船员家属情况，物色好小组长，然后宣布成立并开展工作。

1957 年 3 月 3 日，“民主 4 号”轮在海员之家举行家属小组成立大会，到会家属和船员达 200 余人。全体船员家属按居住地区划分 18 个小组。“民主 4 号”轮船长、政委、工会主席讲话，说明成立家属小组的意义和作用，要求家属彼此加强联系，加强团结。会上还放映了电影《平原游击队》。

为了解决船员家属临时性的困难和紧急需要，家属小组还自动成立互助储蓄会，家属量力每月储蓄 2 到 3 元。这样的福利性组织既可发扬工人阶级团结友好、互助互济的精神，也可使船员家属养成精打细算储蓄的好习惯。

（二）涌现一批优秀船员家属代表

家属小组受到船员家属和船员的普遍欢迎。如“和平 13 号”轮家属小组一成立，家住浦东烂泥渡路的 7 位大姐，虽然都有繁重的家务，但仍积极地访问小组内的船员家属；家属也都乐意把家里的事向大姐们倾谈。船上工会和家属小组也能保持经常联系，相互鼓励。“和平 15 号”轮被评为 1955 年上海海运先进船舶，获得若干奖金，船上工会认为能获先进船的光荣称号，家属们也有一份功劳，于是征得船员们的同意，拿出部分奖金买了礼物，工会主席亲自上门送给家属小组，家属们非常感动，表示礼轻情谊重，保证做好家属工作。数年来，“和平 15 号”轮家属小组工作出色，1957 年得到上海海运工会的表扬，奖给“继续努力，为生产服务”的先进红旗，还派代表出席全国先进生产者代表会议。在“和平 15 号”轮上召开船员大会时，家属小组兴高采烈地把红旗送到船上。并向船员介绍参加全国先进生产者代表会议的感想。船员深受鼓舞，表示安心船上工作，搞好生产，同家属小组开展竞赛。

船员家属活动以“五好”为主要内容，即：爱国爱党思想好，生活安排好，家庭和睦好，子女教育好，邻里关系好。家属小组根据“五好”的要求，开展活动，中心是抓生活安排好，以带动其他“四好”。家住浦东海员一村的“和平 6 号”轮水手沈钦银的妻子邓富兰用钱有计划，勤俭节约，很会料理家务。有 4 个小孩，月工资 60 多元，除家庭开销，还每月寄给在乡下的父亲数元 , 互助储蓄 2 元，到年底可给小孩添新衣。邓富兰持家有方的事迹受到上海海运工会的表扬，奖励她衣服、袜子等物品。家属小组以此为典型向家属们广泛宣传。

（三）召开船员家属经验交流会

上海海运工会很注意收集总结家属工作的经验，评选家属工作积极分子，经常召开经验交流会，推动家属工作的普遍开展。1957 年 5 月 27 日，上海海运召开了上海海运系统家属代表会议。这次会议，推举出龚炳英等 60 位先进家属参加了市职工家属代表会议，推举卢娟英等 3 位先进家属参加了全国职工家属代表会议。

为了提高家属积极分子工作的水平，进一步推动家属工作，1957 年底，上海海运工会举办职工家属积极分子训练班，集中上课，听报告，介绍经验，分组进行讨论。这次训练班有工房新村家属委员会、船舶家属小组 150 名积极分子参加。“和平 13 号”轮家属小组、上海海运二村家属委员会介绍了开展家属工作的经验。

十一、加强团的组织建设

（一）组建团的各级组织

上海海运青年团的工作在军事接管旧招商以后不久就积极开展起来。1949 年 9 月 10 日，成立了招商局团支部；1950 年 9 月扩大为招商局分团委；1952 年 7 月 18 日，分团委召开华东区海运管理局团员首次代表大会，出席代表 50 人。大会选举产生了华东区海运管理局团总支委员会，马益标任团总支书记。1954 年 5 月，团总支召开第二次团员代表大会，选举产生了新的团总支委员会，马益标任书记、刘光斌、孙建忠任副书记。大会表扬了 13 名优秀团员，号召全体海运团员、青年认真贯彻毛主席关于“身体好、学习好、工作好”的指示，努力学习，掌握科学知识，为祖国社会主义建设而努力。

1957 年 5 月，上海海运青年团改为共产主义青年团。上海港务局与上海海运合并后，7 月 1 日，上海海运共青团召开团员代表大会，出席代表 194 人，列席代表 44 人，选举产生了共青团上海海运委员会。李清华任书记，刘光斌、李仁文任副书记。4 日，大会闭幕。大会号召海运战线 5000 多名团员、青年认真贯彻共青团“三大”提出的“积极劳动、努力学习、加强团结”的方针，积极投入增产节约运动和反右派斗争。

（二）积极发展年轻船员入团

这一时期，上海海运发展了一大批团员，重点在船舶。1953 年 9 月船上有团员 232 名，团支部 26 个，直属小组 3 个，到 1957 年底船舶上团员增加到 800 名左右，各船普遍建立了团支部。船舶团支部在上海海运团委及各船党支部领导下，组织团员、青年学习政治理论、技术业务，开展文娱、体育、扫盲活动，进行生产劳动竞赛、安全生产以及各项政治运动的宣传鼓动等，发挥了党的助手作用。

1953 年第一个五年计划开始，上海海运团总支根据上级的部署，即在团员、青年中开展青年社会主义建设积极分子活动。1955 年在船舶及中兴公司、南洋运输处、上海海运机关的 36 个团支部和 2 个直属小组中，自下而上开展评选青年社会主义建设积极分子活动，经团支部讨论，党支部审查，上海海运团总支批准，通报表扬 27 名积极分子，其中 4 名被推选出席市青年积极分子大会，1 名出席了全国青年积极分子大会。

（三）开展团的组织生活

青年社会主义建设积极分子活动在更广泛的基础上开展，到 1956 年 7 月，又自下而上地评选出 446 名积极分子（含港务局），其中有优秀青年监督岗的代表、先进团支部的代表、扫盲和体育活动积极分子、两年没有发生责任事故的驾驶员、五年安全无事故的生火工人。对评选出的这批积极分子，优秀事迹比较全面者登入光荣簿；对单项工作比较突出者授予光荣称号，如“优秀义务宣传员”“优秀青年驾驶员”“优秀服务员”“爱护国家财产的节约能手”等。

（四）健全团的组织制度

上海海运团委为严肃团的组织生活，针对船舶的实际情况，建立了四项组织制度：一是联系制度。每个团员联系一名青年，团小组长联系好本小组团员，支委联系好小组长。二是汇报制度。小组每半月向支部作一次全面汇报，支部每航次或每周向总支汇报。三是会议制度。支部大会每月一次，小组会每周一次，支委会每两周一次。四是奖励制度。每 3 个月党支部评比一次，党总支每半年进行一次通报表扬，年终做出各种奖励的决定，从而使团的组织生活形成经常化、制度化。

十二、《上海海运报》创刊

1956年3月9日,《上海海运报》创刊。这是一张以上海海运职工为阅读对象、指导基层工作的上海海运党委机关报。初创刊时，定名为《上海海运》，王玉琪任编辑委员会主任。9月1日，上海港务管理局与上海海运管理局合并成立交通部华东区海运管理局，上海港务管理局出版的《港湾生产》合并到《上海海运》。9月7日,《上海海运》改名《华东海运报》。10月10日，华东区海运管理局改名为上海区海运管理局,《华东海运报》改名为《上海海运报》。

结束语：第一个五年计划的超额完成，上海海运从3年恢复创业期跨入第一个5年蓬勃发展期，上海海运人、财、物得到了迅速提高和发展。其间，船舶增加、运力增长、航线拓展、财富积累、人才成长；对私营航运业进行社会主义的改造取得了决定性胜利；实行了船舶设立政委和党支部建在船舶的制度，这既符合上海海运航运从事海上运输企业的实际情况，也是当时运输环境之需，使中国共产党政治工作的优良传统和政治优势得以继承和发扬，有力地支援国家工农业建设，同时为企业今后的发展奠定了良好的基础。

第三章

曲折前行的航运事业

（1958—1965）

第一个五年计划提前完成，客货运量稳步增长。“大跃进”运动的高指标和“反右倾”斗争的扩大，加上自然灾害、中苏关系交恶，我国国民经济在 1959—1961 年间发生了严重困难，对水运事业造成了巨大压力。第二个五年计划及“调整、巩固、充实、提高”时期，国家提出“全党全民办交通”的方针，上海海运克服运力和运量的矛盾，积极探索管船体制，初探船队管理模式，达到了客货运输不低于第一个五年计划的增长速度，船舶运力也得到了较大提高。同时，上海海运在着力做好沿海运输的前提之下，顾大局、识大体，在人力财力上全力支援了中国远洋运输事业的创建和发展。

第一节　探索航运管理，不断调整船舶管理体制

一、交通部决定实行港、航分管体制，上海区海运管理局撤销

1958 年 1 月 1 日，交通部做出决定，将改名仅一年的大连海运分局交由大连港务管理局管辖。1958 年 4 月 7 日，交通部为改善海河运输经营管理，决定实行港、航分管的体制，撤销上海区海运管理局，改设上海海运管理局（表 3–1）和上海港务管理局。上海海运管辖原有运输船舶、鸿翔兴船舶修造厂、上海打捞工程局、南京海运工人技术学校以及原来由交通部直接领导的上海船舶修造厂。上海海运局局长由李维中担任，蒲济生、王化民、刘延穆任副局长。

1958 年 4 月 12 日，根据交通部《关于上海各直属水运企事业单位组成领导小组的决定》，上海海运和有关单位的负责人组成 7 人领导小组。韩克辛、李维中任正副组长。领导小组受交通部海河运输总局直接领导。图 3–1 为 1959 年上海海运办公大楼外貌。

图 3–1　1959 年国庆 10 周年，上海海运办公大楼外貌。

为集中统一管理北方沿海的运输船舶，1962 年 7 月 1 日，交通部决定将原大连海运分局交回上海海运，大连港务局管辖的 10 艘客货轮，移交上海海运管理。同时明确，有关渤海湾的客运任务由上海海运负责。上海海运于是在大连设立了办事处，对外办公。

1964 年 3 月 4 日经国务院批准，交通部在上海成立北方区海运管理局，统一管理北方沿海航区的港口、航运、船舶修造、燃物料供应、航道、救捞、学校、科研等企事业单位。交通部决定，北方区海运管理局的机构主要从上海海运抽调干部，并吸收上海港务局及其他港口干部组成。上海海运改制为上海轮船公司，专门管理北方航区的船舶运输业务，隶

属北方区局领导。上海轮船公司下属单位除船舶外，有鸿翔兴船舶修造厂、海员医院和大连分公司以及4月1日成立的中国远洋运输公司上海分公司。

表3–1

上海海运管理局组织机构系统表

（1958年4月）

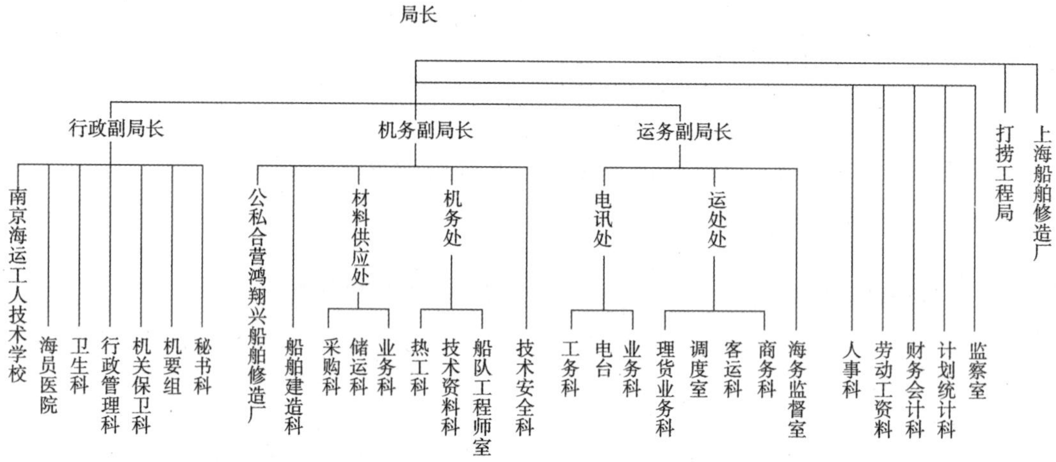

二、探索和改进船舶管理体制

“大跃进”时期，上海海运对船舶管理体制进行了一些探索，主要是推行船舶党支部领导下的船长负责制；实行“两参一改三结合”和试行科室分工包船，在探索中取得一些新的经验，也产生了一些新的问题。

上海海运船舶从1954年开始实行“一长制”，1957年6月召开的局政工会议检查了船舶在实行“一长制”情况下存在的党的领导不强、政治思想工作薄弱等问题，提出“船舶党支部是领导生产和一切工作的核心；一切重要的工作必须经支部集体讨论做出决议后，由政委建议行政执行”。随后进行的反右派斗争中进一步批判了“一长制”，强调船舶党支部的领导核心作用。1958年，根据党的八大二次会议关于在企业中实行党委领导下的厂长负责制的决定精神，上海海运确定船舶实行党支部领导下的船长负责制。

1961年，上海海运的《三年“大跃进”的基本总结》中，回顾肯定了“党支部领导下的船长负责制，是加强党对船舶领导的一种根本性制度”。在船舶上推行这种制度其理由有二：一是船舶是基层生产单位，有党支部、行政、工会、共青团等一整套组织，有行政、技术、业务等一套管理制度，有驾驶、轮机、业务等部门；船舶经常远离祖国海岸，处在国防前哨，流动分散，需单独处理运输生产中的具体问题，因此必须实现党支部的全面领导。只有在党支部集中统一领导下，更好的发挥各级组织作用，才能保证党的方针政策的贯彻，才能更好地团结群众、带领群众完成各项任务。二是船舶生产特点决定了必须有严密的组织、高度的集中，否则不但会造成生产的混乱，而且会造成严重事故。因此必须建立船长在生产上、操作上的统一指挥，健全船长负责制。将这两方面理由综合起来，结论是必须实行船舶党支部领导下的船长负责制。

实行船舶党支部领导下的船长负责制，船舶党支部的工作任务是：全面掌握思想政治工作，加强党的思想政治领导；组织领导生产任务的完成；船舶上的一切重大问题，在支部通过后报上级批准执行；领导共青团、工会工作；领导各种政治运动；加强党的建设。

船长的任务是在党支部领导下积极、主动、正确履行自己的职务，凡是全船日常生产指挥、安全工作、技术管理、生活行政管理等工作在党支部领导下由船长负责。此外，凡是支部认为必须由船长去执行的，船长都必须负责去完成。

三、适应海上运输特点，强化政委制度

多年来的实践证明，船舶设立政委制适应海上运输的特点，在保证党的集中统一领导，贯彻党的方针政策，完成各项政治、生产任务中发挥了很大作用。为了强化这个制度，上海海运采取了如下措施：

一是进一步明确船舶政委（政治指导员）的地位：明确政委是上海海运政治机关派到船上的政治工作人员，在上级党委、政治部的领导和指导下进行工作，与船长同为船舶的主要负责人。

二是充实、加强船舶政工干部的力量。1958 年以来，随着海运事业的发展，船舶大量增加，船舶政工干部数量明显不足。为解决这个问题，一方面积极培养新生力量，先后从船员中选拔了 42 名干部充任指导员；另一方面从机关和所属工厂抽调了 16 名干部，经培训以后，上船担任任政委或政治指导员。1963 年以后又有几批部队转业干部分配到上海海运，从中选调了一批政治素质好、职务较高的党员干部充实到船舶政工干部队伍。

三是通过多种培养方式提高政工干部的政治、业务水平。提出政工干部应该具备的条件是，努力学习马列主义和毛泽东思想，不断提高觉悟，自觉改造思想，阶级立场坚定，阶级观点鲜明，工作干劲大，原则性强，模范地遵守“三大纪律、八项注意”；积极参加劳动，保持艰苦朴素作风，密切联系群众，善于团结人。但当时许多政工干部与这方面要求尚有差距。为此，政治部除组织轮训之外，还通过如下一些途径进行培养：（1）每年安排政工干部参加职代会、政工会或召开一些座谈会，集中学习形势和党的方针政策。（2）利用船泊外港时政工干部碰头机会较多的条件，组织他们彼此“串门”访问，互相取经，交谈工作得失，有助于新老干部的提高和促进。（3）政治机关在布置任务时，注意交代政策和工作方法，并经常派干部跟船、驻港口，帮助他们及时发现问题，改进工作。

为使政委制得到正确的贯彻，船舶整风以后，反复教育政工干部认真贯彻民主集中制和群众路线，注意调整政委同船长的关系，要求政委要善于同党外船长合作共事，在政治上帮助他们提高，鼓励他们取得哪怕是微小的进步；在工作上尊重他们的职权，支持他们的正确意见，帮助解决工作中的困难，遇事多商量，严格防止生产技术上的瞎指挥；在生活上热情关怀他们，并且教育党员也都这样做。发现船长有缺点，采取个别谈心，避免不分场合的当面批评。政委定期召开党、政、工、团负责人联席会议，统一工作步调，妥善安排业余时间，使各方面工作协调一致。明确政委虽然有权在紧急情况下决定某些问题，但重要的是要注意贯彻民主集中制的原则，少数服从多数，执行支委会的决议，把自己置于全党和群众的监督之下，防止独断专行。要求政委要善于依靠工会、共青团推动工作，

发挥他们的组织作用，防止包办代替；要求正确处理同上级行政部门的关系，对管理局各部门布置的业务工作，政委应当加以重视，如有不同意见，可以向上反映，但不能采取“顶回去、压下来”的态度。

四、船舶实行“两参一改三结合”

“大跃进”时期作为船舶管理制度改革的组成部分，船舶推行了“两参一改三结合”，即“干部参加劳动、工人参加管理和改革不合理的规章制度”及“领导干部、技术人员和工人三者结合起来进行船舶管理”，其中重点是干部参加劳动和工人参加管理。

各轮在推行“两参一改三结合”的初期，干部参加劳动的办法多种多样，如有的规定所有船舶干部每星期要参加 4 小时劳动，具体时间和劳动内容由每个干部根据本人工作情况自行安排。有的规定每个干部每年抽出一个月时间下放，以船舶工人（生火、水手、服务员）身份参加劳动，与工人同吃、同住、同劳动，本人原职务由其他人员替代等等。试行一段时间以后，局党委在总结各轮经验的基础上，根据船舶的特点对船舶干部参加劳动做出统一规定：船长、政委不定期的根据生产上的需要随时参加一个部门、一个工种跟班劳动“种试验田”，发现生产上或其他方面的问题，与工人一起研究解决；驾驶员每航次抽出一定时间参加水手劳动，密切干群关系，熟悉生产过程，提高技术水平；轮机员、报务员因本职工作中就包含体力劳动，不另作专门规定。除此以外，要求所有船舶干部都要经常参加清洁卫生、维修保养及其他义务劳动等不定期的体力劳动；年纪较大、体弱有病的干部给予适当照顾，不参加体力劳动或只参加轻体力劳动。

从 1958 年开始，上海海运党委即组织机关干部下船、下装卸区参加体力劳动，以后逐步形成每星期四为干部参加劳动日。船舶干部也都根据各自情况抽时间参加体力劳动。

船舶上如何实行工人参加管理有一个摸索过程，大体分两个阶段：第一阶段主要尝试组织生产工班进行管理；第二阶段则是组织船员大会和生产管理委员会进行管理。

（一）组织生产工班进行管理

各轮开始推行工人参加管理时，大多学习工厂在班组内设立八大员的做法，有的在每个部门内按三班时间组成三个生产工班，有的打破部门界限，按作业时间组成几个大工班，有的按部门成立工人管理小组，每个工班或管理小组内设生产计划员、安全监督员、考勤员、卫生员、物料管理员等，使每个船员除本身职务外都担负一项行政管理工作。但是，经过一段时间的实践后逐渐发现，这样做的结果打乱了船舶上原有的职责分工和领导关系，生产和工作上容易出现混乱现象。

（二）组织船员大会和生产管理委员会

局党委总结了各轮经验，认为船舶人数少，人员集中，工种复杂，分工职责明确，船舶上工人参加管理的形式不宜照搬工厂的形式，决定采用船员大会和生产管理委员会的组织形式。船员大会是在党支部领导下的船员参加管理、处理和决定重大事务、保证上级指示顺利贯彻的一种重要制度。它的主要任务是：讨论和通过全船每一个时期的重大任务和工作总结，统一意志，统一行动，更好地发挥全体船员的积极性和创造性。船员大会由党支部书记或船长主持，一般一个月召开一次。生产管理委员会是在党支部领导下，由船员大会选举产生，在船员大会休会期间船员参加日常生产管理的一种组织形式。它的主要任务是：讨论研究如何贯彻船员大会决议，督促检查决议执行情况；讨论全船日常生产、生活、技术方面比较重大的问题；筹备召开船员大会等。委员会一般由政委、船长、轮机长、工会主席、团支部书记和若干船员代表（主要是工人船员）组成，政委、船长担任正副主任委员。一般每个往复航次召开一次会议。建立生产管理委员会后，废除了原有的船务会议。

1959 年 8—9 月间，在贯彻党的八届八中全会精神的过程中，局党委提出局机关科室要面向船舶，面向生产，转变作风，深入现场，及时解决船舶生产、工作中的问题。根据这个指示精神，机关党总支决定实行机关科室分工包船的办法。经过酝酿、联系、落实，最后确定由机关 24 个科室分工包 29 艘船舶，作为改进企业对船舶管理的措施之一。

科室分工包船的主要任务是协助船舶完成运输生产任务，同时结合本身业务在所包船舶上进行调查研究，改进本身业务。具体做法是：船舶到港前，科室人员先同港方联系，安排好作业计划，落实泊位、装卸工具、劳动力、驳船等；船舶到港后，科室人员在现场协助船舶领导及时掌握装卸进度，发现问题，解决问题，以保证运输任务的顺利完成；与此同时，组织科室人员上船义务劳动，并结合科室本身业务在船舶上进行调查研究，“种试验田”等。机关科室包船的做法，对加强现场力量、密切机关与船舶的联系和协作、帮助船舶解决某些问题有一定的作用，但由于科室有自己的工作职责和工作任务，对船舶的工作难免顾暇不及，这个制度未得以坚持。

五、开展经济形势教育，增强克服困难信心

从 1961 年初开始，上海海运党委按照上级部署，向全体职工进行了一系列的形势教育，旨在提高干部和广大船员群众对时局的全面认识，发扬艰苦奋斗精神，团结一致搞好工作，克服困难。

在党的八届九中全会公报公布以后，党委及各船船党支部用了较长一段时间，反复宣传毛泽东提出的“成绩伟大，问题不少，前途光明”三句话指示，进行正确看待当前形势的教育。通过对 3 年“大跃进”的回顾，肯定全国和海运战线几年来取得的成就，以巩固对于“三面红旗”的认识，在这个前提下，引导职工正视当前困难，增强克服困难的信心。在 1961 年 6—7 月间开展压缩城镇人口支援农业的工作时，着重宣传国民经济以农业为基础的方针，使群众认识到加强农业战线是摆脱经济困难的出路所在，精简职工支农是实行全党全民大办农业、大办粮食的必要措施，为推动“减人支农”造成群众舆论，集中进行了一次以市场供应问题为中心的经济形势教育，进一步讲清国家困难的情况和原因，宣传党和政府为关心人民生活所采取的政策、措施，教育群众以正确态度对待日常生活中碰到的困难，自觉遵守纪律，搞好生产。之后，局党委组织力量编写“认清困难，战胜困难”“工人阶级是领导阶级，肩负着艰巨而光荣的任务”“从大局出发，从集体的长远的利益着眼，搞好生产，自觉分担国家的困难”“发扬革命传统，紧密团结，艰苦奋斗”等资料，通过宣讲形式对船员职工进行系统的思想教育，使形势教育与阶级教育和革命传统教

育进一步结合起来。同时，充分运用《上海海运报》这一宣传阵地，加强对职工先进思想、先进事迹的宣传报道，并开辟“什么是青年海员的前途”的问题讨论专栏，会同共青团组织一起发动团员、青年参加讨论，发表见解，从树立革命人生观的高度，进行思想引导。《上海海运报》先后刊出讨论文章14篇，最后由报社编辑部做出总结。

形势教育是党的政治工作的传统，在顺利的情况下要大讲形势，鼓舞士气，在困难的情况下更要大讲形势，使职工群众对时局有正确的认识和态度，树立战胜困难的坚强信念，不致迷失政治方向。上述几次教育收到了一定的效果。9月，上海海运党委还召开了一次全局党员干部会议，由党委书记作专门报告，回顾前一段工作，研究如何进一步搞好形势教育。在总结经验的基础上，对下一步宣传工作明确了几点：

（1）在宣传教育中坚持实事求是的原则，形势好就讲好，有困难就摆困难，有缺点（失误）就承认是缺点（失误）。对市场供应、物价等情况，要具体问题具体分析，对政府采取的开放市场集贸、适当压缩口粮等措施的必要性，要加强宣传。

（2）教育工作中坚持群众路线，做到领导与群众相结合，特别要强调全党动手做群众的思想工作。要更好地发挥群众自我教育作用，多开些小型座谈会，领导干部参加一起讨论，启发大家进行回忆对比，由群众自己提问题，自己研究，自己解决。把一些有代表性的思想认识归纳起来，由领导做解答报告。党员尤其是党员领导干部，在座谈中发言要注意分寸，掌握哪些话该讲，哪些不该讲，防止信口开河，引起群众议论。

上海海运在经济形势教育中贯彻了以上做法之后，取得了较好的效果。1962年6—7月又集中进行了一次形势教育，从高级船员的思想反映来看，效果也较好，澄清了不少模糊想法，进一步调动了积极性。有几个船长还主动做群众的思想工作，帮助群众正确认识减少食油定量和实行某些商品高价供应的问题，消除了抵触情绪。

第二节　供需矛盾中的运力调整及应对策略

一、反浪费反保守，提出“大跃进”目标

1949—1956年，上海海运经历了恢复、整顿和生产资料的社会主义改造，干线运输中的五种所有制经济成分（五种所有制经济：国营经济、合作经济、国家资本主义经济、私人资本主义经济、农业和手工业经济），逐步过渡成为单一的全民所有制经济，从而把上海海运的干线运输统一于贯彻执行国家计划的运输活动之中。1957年开展了全国性整风运动，发动了群众性的大鸣大放和专题鸣放，从解决人民内部矛盾的要求出发，采取团结—批评—团结的方式，改进工作，加强团结。1958年在此基础上开展“反浪费、反保守”为中心的鸣放运动。

1958年1月9日，上海《解放日报》报道了《上海海运局浪费惊人》的消息，在全局引起了极大的震动。上海海运党委发动机关职工结合整风后期的整改工作，把反浪费、反保守作为全局整风运动的中心任务，批判“右倾保守思想”进行“引火烧身”，以揭露干部

“三风”（官僚主义、宗派主义、主观主义）、“五气”（官气、暮气、阔气、骄气、娇气）和企业管理方面存在问题为主，船岸职工连续几天，不分昼夜赶写大字报，全局大字报总数达上万张。

上海海运在抓好反浪费整改的同时，大力批判右倾保守思想，鼓足干劲，组织生产创新高。1958 年 1 月中旬，提出了船舶运输量完成 1000 万吨的奋斗目标；3 月又提出多运 200 万吨的增产指标。随着形势的发展，士气逐渐高昂，情绪不断高涨，在“全面跃进”的口号声中，计划运输量不断上升。上海干线运输下半年 3 次调高年度计划指标，并形成了计划编制三本账：一是国家计划指标账，二是企业计划账，三是跃进计划账。一切运力安排和工作部署又都是以第三本账为目标，并提出 10 分指标、12 分措施、24 分干劲的工作要求，以保证“钢帅升帐、运输先行”，争取实现全国钢产量 1070 万吨的计划指标的全面完成。

二、“一船两用，运量加翻”，克服运力和运量矛盾

为保“钢元帅”升帐，当时上海海运面对运力严重不足，运量和运力矛盾相当突出的局面。发动船员从各方挖掘运力，提高载货量。如减少煤水储备量，清除呆滞废品；加强港航协作，缩短在港停泊时间；减少进厂修船时间，提高营运率；节约燃料，降低成本，试验并推广“油掺水”“以燃代重”“以重代轻”的做法；提高吊杆负荷量，改进起货机性能，加快装卸货速度；提高炉温，增加主机转数；降低干舷，采用热带干舷。

1958 年 4 月，上海海运向各轮发出以“4 个提高”（提高航速、提高载重量、提高吊杆负荷和提高营运率）为中心，充分挖掘船舶潜力的号召。5 月初，上海海运将“民主 13 号”轮作为“试验田”，派工作组上船。经过两天两夜的苦战，“民主 13 号”轮一举把主机从每分钟 85 转速提高到 102 转，突破主机原有定额上限 96 转。当时，船员在“潜力没有底”“跃进无止境”等口号的鼓动下，船舶技术定额一破再破，主机转速跃至每分钟 106 转、108 转；吊杆负荷从 2 吨提高到 3.5 吨至 4 吨。继而，上海海运将“民主 13 号”轮典型经验推广至各轮。到 1958 年年底，船舶在提高航速方面，平均使用功率从原设计功率的 82% 上升到 104%，主机转速平均提高 10 转，航速增加 1 节；在提高载重量方面，除了减少煤、水储备外，打破国际载重线的规范，一律采用热带干舷；在提高船舶营运率方面实行小修进坞不进厂，柴油机船舶免去季度检修，部分船舶免去中修等办法，使船舶营运率从 1 月的 83% 提高到 7 月的 95%。

1958 年 8 月下旬，上海海运根据上海市委有关指示精神，召开“跃进再跃进誓师大会”，会上提出“一船两用，运量加翻，日行两百八（280 海里），成本减半，提高质量，确保安全，超过‘跃进’指标三百三（330 万吨），大闹技术革命”的口号。会后，上海海运发动船舶开展“放卫星，夺高产”活动，如“和平 18 号”轮在甲板上装木材高达 7.15 米，远远超过甲板装木材不得超过 4 米的规定；“和平 39 号”轮将原为 2 吨的吊杆负荷提高到 5 吨，并且创造了在甲板上装运 750 吨焦炭的新纪录。如此，虽然缓和了运力不适应运量增长的矛盾，但是给船舶设备和安全生产带来隐患。

随着全国大炼钢铁运动的兴起，上海海运货运量骤增，1958 年下半年的煤运量比上半年增加了400%，钢铁运量增加45%，运力和运量的矛盾突出。后经交通部批准，上海海运开始租用外轮参加国内运输，1958年8—12月平均每月租用外轮18万载重吨。

1958—1960年连续3年的“大跃进”，使我国经济发展遭遇到严重的挫折，教训非常深刻。工业战线的“大跃进”，是全党全民大办钢铁；海运战线的“大跃进”，是千方百计挖掘运输潜力，保证“钢元帅”升帐。钢计划不断加码翻番，提出了“一船两用，运量加番，成本减半”的超跃进指标。

为加强党对“大跃进”运动的领导，保证“跃进指标”的完成，在这期间，上海海运党委和各船舶支部不断探索和总结适应领导船舶运输生产跃进要求的工作方法。总结出局领导船舶运输生产跃进的10条方法和船舶党支部在“大跃进”时期的20条工作方法。

上海海运党委对船舶的领导方法是:（1）党委定期听取船舶支部工作汇报，与他们一起研究改进支部的工作方法，决定工作部署。（2）在组织上，党委确定一名副书记负责领导船舶支部工作；在局党委内设立三个船舶工作组，后合并组成船舶工作部，加强对船舶支部工作的具体领导。（3）定期召开党委扩大会议，吸收船舶支部书记参加。从1959年起，每年召开这种会议1—2次。（4）开办党校，轮训船舶党小组长以上的党员骨干，提高他们的思想水平和政治水平，增强船舶党组织的核心力量，更好地发挥船舶党员的先锋模范作用和船舶党组织的战斗堡垒作用。（5）抓两头，带中间。对先进与后进的船舶，分别指定专人跟船，对先进船舶帮助总结先进经验，然后通过召开现场会议、出简报等形式，及时交流、推广；对后进的船舶帮助促进，取得进步后也组织交流。组织一批船舶政工干部集中到一艘船舶跟船1—2个航次，边看边议，边学边帮，达到互相学习，取长补短，共同提高的目的。（6）“种试验田”，局领导干部带领由技术人员、管理人员等组成的工作组下船蹲点，取得经验，指导全面。（7）采用多种方法，及时布置、贯彻上级的重要指示和决定。（8）勤摸底、勤排队，发现问题，及时解决。党委成员和船舶工作部人员经常随船或驻港口，深入了解每艘船舶人员基本情况、支部工作状况，随时进行摸底排队，发现问题，及时帮助解决。（9）下去一把抓，上来归口办。党委成员及船舶工作部人员深入到船舶工作时，作为局党委的派出人员，对船舶的党、政、工、团等组织及生产、安全、技术革新、协作竞赛、人事等各方面的工作情况都进行了解，予以帮助。（10）统一领导，分块包干。局党委规定：凡有关船舶的重大原则性问题，都由党委集体决定，统一部署。同时，为便于工作，船舶工作部人员按照船型分工包干，使每个工作人员能经常深入到自己分工的船舶中去，更加熟悉了解这些船舶的具体情况，提高工作效率。为此，上海海运局海上运输量大幅上升，1958年下半年三次调高计划指标，货运量和货物周转量分别比1957年增长48.48%和47.65%。

三、航运形势逆转，采取封船停航措施

1953—1958年上海海运的船舶运力明显不足，采取了租船的办法来弥补。然而，在1959—1961年间，我国国民经济发生了严重困难。1961年党的八届九中全会强调恢复党的实事求是的优良传统，决定对国民经济实行“调整、巩固、充实、提高”的方针（通称“八字方针”）。这标志着党在这个历史阶段指导思想的重要转变。

1961 年 1 月，为了贯彻执行“八字方针”，全国钢产量和煤炭产量大幅减少，基本建设投资锐减，沿海运量下降，尤其是煤炭运量下降幅度明显。6 月，交通部根据经济形势，将上海海运当年的货运任务由 2250 万吨压缩为 1450 万吨。于是，上海海运从 1961 年 7 月开始，针对船多货少的情况，对性能差、消耗大的大吨位散货船实行停航封船的措施，先后共封存“和平 1 号”等船舶 21 艘，181900 载重吨，分别占当年货船总艘数的 26.58%，总载重吨位的 41.08%。与此同时，对计划内基建船舶，尚未开工的则停建和缓建，已经建造的，一部分转入正在组建中的上海远洋公司，用于开辟中国—日本、中国—朝鲜航线。

停航封存在黄浦江上游吴泾一带水域的 21 艘运输船舶，每船均调派四五名船员看管船舶。船舶停航后，为了抓好船舶的维修保养，上海海运专门成立了停航船管理办公室，管理这批船舶。在党的组织方面，成立两个党支部，并成立了停航船舶党总支。这是上海海运历史上第一次封船。上海海运在贯彻“八字方针”期间，每年平均封存 15.66 万吨船舶。1963 年以后，我国经济形势好转，上海海运停航封存的船舶陆续启封开航，投入营运。

四、分级管理，试点和成立客货油船队

上海海运从租船办公室到科室包船，从停航船办公室到停航船队，都是着眼于从体制上划小船舶管理范围，实行按专业的有效管理，但从性质上仍属于临时性应急措施。科室包船虽然形成一种制度，但组织领导尚不十分明确，不能形成管理船舶的有机整体，存在着时紧时松现象，加上包船工作仅局限在上海港，船舶到外港鞭长莫及，无力过问。为了使整个生产航次环环扣紧，两点一线同时抓起来，上海海运曾在外港设驻港口工作组，指导船舶工作。

1961 年 10 月 12 日，国务院颁发了《国营工业企业管理工作条例》(简称“工业七十条”)。当年，交通部在上海海运所属的“中兴 9 号”客轮、“和平 5 号”货轮、“建设 10 号”油轮 3 艘船舶和上海船厂一个车间（内燃机备件车间）实施“工业七十条”的试点。

1962 年 1 月，上海海运对 3 艘试点船进行了初步总结，并逐步推广。同年 5 月，交通部颁发直属企业实施定、保、奖的暂行规定。规定要求：结合企业整顿、改进企业管理，认真试行“工业七十条”，并在海运企业中试行“五定”和“四保”。“五定”的目标是：定生产技术定额、定航线或平均运距、定人员、定燃润料与主要物料消耗定额和定保养维修标准。在船舶试行“五定”的基础上，对管理机关实行“四保”，其要求是：保完成运输生产任务、保安全质量、保成本指标和保船舶设备良好技术状况。

上海海运经过 10 多年的努力，船舶大量增加，由各职能处室直接管理船舶的方法已不能与之相适应，同时，根据“工业七十条”关于加强企业管理的精神，决定试行船舶分队管理。船队作为一级组织，赋予一定的责权，实行内部核算。

1962 年 6 月下旬，上海海运成立了第一个船队，7 月下旬开始运作。作为试点的第一个船队由“和平 25 号”等 28 艘货轮组成，船舶艘数占当时上海海运船舶总数的 37%。同年 7 月，试点船队开始办公。船队有 31 名管理干部，党委书记、正副队长各 1 人，政工干事 3 人，下设调度、质量，安全监督，机务、技术，财务、供应，以及人事等 5 个组，每组 5 人。各组专业人员所行使的各项专业职能，都直属局职能处室的直接领导。试点船队对船舶不行文，不发指示；一切计划指标、工作部署，全部由局直接下达；船队负责传达落实文件精神到船舶，再搜集反映，报告贯彻落实情况。试点船队不是一级机构，而是一个层次的管理，形式上类似机关科室包船。做到“船到人在”，传达精神快，贯彻落实快，解决问题快，加强了船舶现场管理。

1962 年 9 月，试点船队向上海海运报告了两个月船队管理的试行情况，认为：一是实行船队管理有利于克服职能处室管船只能按专业管专项，不能管全船的弊端，船队管理可以从人员思想、干部管理和技术、业务等方面掌握全船情况，从而为加强基层工作，实行统一领导、分级管理创造了条件。二是船队管理划小管理单位，赋予相应的权限，能够针对船舶运输连续性、范围大、时间性要求急等情况，达到发现问题快、解决问题快的要求。三是船队管理有利于贯彻“工业七十条”，落实企业定、保、奖的组织实施。四是船队管理使机关从管船到管船队，实行了“从点到面”的转移，有利于发挥机关职能处室的作用，管好面上的厂、站等陆地单位，加强厂、站以及各个服务网点的全面管理。同时试点船队认为，船队性质要进一步明确，船队和职能处室的关系有待于进一步理顺。

上海海运认真分析了船队试点中的利弊，肯定了船队试点成绩，提出了全面试行船队管理的要求，于 1962 年 9 月 29 日向交通部提出全部船舶划分为 4 个船队，全面试行船舶分队管理的请示。

1962 年 11 月 10 日，交通部党组批复同意上海海运全面试行船队管理，并明确：船舶调度必须高度集中统一，生产指挥权不宜下放。船队应否成为一级全能性机构，须权衡利弊，慎重研究。

1963 年 3 月 15 日，上海海运在经过一段时间的船队试行基础上，根据交通部党组的批复，正式成立了货一、货二、油轮、客轮 4 个船队。同时明确：各船队不作为一级组织，主要负责船舶思想政治工作和安全生产、技术管理、维修保养以及船员调配工作。

4 个船队的成立，这是上海海运在船舶管理上的积极探索，当时船队的主要职能是：按下达的控制数，负责编制各船年、季度计划，经批准后下达船舶贯彻执行，并监督检查执行情况；按分片包干的原则，负责营口、大连、连云港（包括陈家港、燕尾港）出口和上海到上述港口的物资运输，联系平衡上述港口的船舶密度、港口装卸和运力安排；负责分船月度计划的编制下达，先按旬度安排，再经平衡以后对所属船舶下达航次命令，督促船舶和联系港口组织快装快卸，及时汇报作业进度；负责中修以下的各种周期性船舶修理，审查和开好船舶修理单；负责维修保养和机器安全运转，贯彻执行各项安全生产和机器安全运转，贯彻执行各有关制度、法规、决议和操作规程；根据气象、潮汐、港口条件和船舶特点，掌握所属船舶动态，及时采取预防措施，发生事故负责组织抢救处理；负责年度成本计划的编制下达和贯彻执行，按批准的成本计划分解落实到船，组织单船群众核算；负责船员工资发放到船；负责按计划完成船员培训任务，按缺额提升一般船员，对干部船员代职、提升提出意见和建议，负责调整和调配大副、大管轮以下船员。在船队调度与局调度的关系上，局调度综合平衡月、旬计划，船队在总的综合平衡安排下，按分区包干的原则，负责所属船舶的调整、平衡；船队在分工港口与分工航线范围内，负责所属船舶的调度指挥和运力安排；船舶进出上海港全部由局调度统一指挥，船队设调度部门，但不设值班调度，如夜间或节假日发生意外等紧急情况时，由局值班调度下达命令，并按规定处理；船队和船舶来往电报，统一由局调度收发、分送和保管。这次组成的船队仍属试行性船队，干部均不报请任免。

经过一年多时间的全面试行，其主要问题是船队作为一级组织，在核算形式上却是内部核算，这和机关职能处室的关系上很难理顺。其次，虽在调度上有分区划片的规定，但实际上根据计划，按规定港口和规定货源平衡船舶到港密度，往往会出现一方面船舶计划多变，完不成任务，一方面分工负责的港口多天没有到船，造成货载积压的情况。因而，在船队的职能上、船队和机关处室的关系上，尚须按“工业七十条”分级管理的原则，进一步明确职能，理顺关系，划清责任界限。

1964 年 6 月 1 日，上海轮船公司正式成立，上海海运管理局建制撤销，成为单纯的管船企业。公司机关设立办公室、运务处、船务处、计划财务处、人事处、电讯处、基本建设处、公安处以及油轮船队。

上海海运在船队试点过程中，发现两个货运船队和客轮船队在货运任务的安排方面时常有矛盾，意见不易集中，如处理不及时影响船舶运输效率的发挥。而当时，我国大庆油田开发后，海上石油运量日增，为适应运输需要，上海海运曾设想在油运船队的基础上成立上海油轮公司，属北方区海运管理局领导，为此，除单一货种的油轮船队保留外，撤销了第一、第二货轮船队和客轮船队。机关职能处室按船舶类型分成若干船组，指定专人负责，直接联系船舶，承担期间的管理职能；在政治部内也设立了三个巡视组，代替船队联系船舶，这又出现一种机关职能处室内的船队管理形式。

1965 年 4 月 26 日，上海海运和中共上海海运政治部联合发文《关于实行船舶分队管理并公布各船队筹备负责人员及船舶名单》。文中指出，上海海运为适应当前形势，加强船舶的领导，根据对船舶实行集中调度、分队管理，实行机关科室解决问题到现场、服务工作到船舶的原则，将船舶按类型、吨位、航线和货种划分为 5 个船队，重新建立起第一、第二、第三货轮船队和客轮船队，连同油轮船队共 5 个船队。

第一货轮船队管理 23 艘船舶，筹备负责人刘永顺、陈沛川；第二货轮船队管理 25 艘船舶，筹备负责人张克勤、孙文义；第三货轮船队管理 20 艘船舶，筹备负责人郑洪来、杨琳；客轮船队管理 16 艘船舶，筹备负责人冯攀启、王晓光。船队均建立了党委，设立了政治处。原政治部的船舶工作部于 1964 年撤销。

船队的主要任务有 5 项：一是负责做好思想政治工作，保证多快好省地完成国家计划；二是负责船舶设备的维修保养，保持船舶设备处于良好技术状态；三是负责船舶安全生产和运输质量工作；四是负责督促各船舶努力增产，厉行节约，保证客货运输计划的完成和超额完成；五是负责督促、检查贯彻上级党委和行政领导指示情况，不断总结经验。

文件明确，5 个船队边筹备，边开展工作，各船舶遇有管理方面的情况可直接向船队请示。

五、努力恢复提高货运客运运输水平

1958 年，上海海运实施第二个五年计划，在“以钢为纲，全面跃进”的形势下，煤炭、矿建等原材料和石油等能源运输大幅度增加，1958 年下半年，三次提高年度运输计划指标。到 1960 年提前三年完成第二个五年计划，其中 1958—1959 两年，超常规地猛增。1958 年是三年“大跃进”的第一年，当时上海海运船舶运输能力严重不足，为完成“全面跃进”的物资运输，不得不拼设备，保速度，船舶营运率连续 3 年在 90% 以上，1958 年高达 92.07%。当时我国沿海的主要运输是“北煤南运，南粮北调”，船舶回程货载多，这是“大跃进”带来的高效率。

“大跃进”期间，我国东北、华北等地民用和工业用粮需求日增，有大部分粮食从长江沿岸各省和江浙一带调运，上海海运全力以赴，1958 年共运输粮食 114 万多吨，占全年粮食运量的 83.66%，比上年增长 47.16%。1959—1960 两年上海海运每年北运粮食均达 80 万吨以上。1960 年 9 月，交通部副部长于眉在全国交通系统电话会议上要求运输部门在重点物资运输安排上一定要把粮食运输放在第一位。1961 年以后，东北地区的商品粮基地得以较快发展，由此，上海海运“南粮北调”任务减少，当年粮食运输仅为 24.3 万吨，1962 年减至 11.3 万吨。

3 年“大跃进”使整个国民经济的比例严重失调，重工业生产被迫大幅度下降，为缓解比例失调带来的损失，1961—1962 年连续两年缩短基本建设战线，海上运输受到直接影响。1961—1963 年的 3 年中，年货运量比 1960 年减少了一半，1961 年上海海运开始贯彻“调整、巩固、充实、提高”的方针，部分在建基建项目下马、缓建。上海海运有 1638 名在职人员被精简支农、回乡和辞退。

上海海运客运量在 3 年恢复期和第一个五年计划期间稳中有增。1958—1960 年期间出现起伏，1961 年和 1962 年是沿海客运骤增的两年。1960 年沿海客运量为 144.7 万人次，1961 年增加到 244 万人次，1962 年达到 287 万人次。这一时期正是我国农业遭受严重自然灾害，在农村，粮食歉收，农村缺粮、缺柴，大批农民进城找出路；在城市由于贯彻调整方针，基建工程下马，精简机构，整编人员，动员职工支农回乡。经过国民经济的全面调整，工农业逐步恢复正常，沿海客运逐步趋缓，1964 年客运量恢复到 1959 年水平，1966 年以后，在上下波动 5%—10% 的情况下持续上升。

经过几年的努力，上海海运货运量和货物周转量开始上升，1965 年比 1964 年分别增长 20%和 19%。

第三节　增产节约，技术革新，促进生产

一、船舶开展“比学赶帮超”和红旗竞赛运动

1958 年 1 月，上海海运在船舶上开展以比先进、学先进、赶先进、帮后进、超先进（简称“比、学、赶、帮、超”）为主要内容的红旗竞赛运动，掀起了“反对右倾保守、争

取生产跃进”的高潮。2 月 15 日，36 艘船舶响应上海市党代会和上海市工会联合会的号召，向全局所有船舶提出十大倡议。这十大倡议是:（1）“和平 4 号”轮等 4 艘船舶提出的在 1957 年货、油轮先进航次占总数 25% 的基础上，1958 年达到 30% 以上的倡议；（2）“和平 2 号”轮等 9 艘船舶提出的在“二五”期间做到安全航行、机器安全运转和人身安全无工伤事故的倡议；（3）“和平 1 号”轮等 10 艘船舶提出加强保养、半年内创造无锈船的倡议；（4）“和平 3 号”轮等 9 艘船舶提出节约钢丝绳的倡议；（5）“中兴 10 号”等 5 艘船舶提出消灭货损货差的倡议；（6）“和平 15 号”等 6 艘船舶提出大力加强自修；减少厂修，在保证船舶正常技术状态的前提下，以 14 天的时间完成岁修进坞不进厂任务的倡议；（7）“民主 12 号”“中兴 9 号”两艘客轮提出的提高客运服务质量，使旅客在旅行中玩得愉快、睡得舒服、吃得满意及办好船员伙食的倡议；（8）“中兴 4 号”等 10 艘船舶提出的在 1958 年修改下达的定额基础上再节约燃料 5% 以上的倡议；（9）“建设 3 号”“中兴 4 号”两艘船舶提出加强技术互助，使全船人员在本年度内精通本职技术业务的倡议；（10）“和平 15 号”等 12 艘船舶提出的在第一季度内消灭“五害”（鼠、蟑螂、臭虫、蚊、蝇）的倡议。局工会将这些倡议发至所有船舶后，各轮纷纷做出响应，制订本轮的具体目标和措施。

1958 年 3 月 5 日，上海海运召开大会，号召全局船舶为全年多运 200 万吨货而奋斗，许多船舶纷纷上台宣读本船多装快运的保证和措施，并相互开展挑应战。会后，在全局所有船舶之间和船舶内部掀起了“比、学、赶、帮、超”的群众运动。1958 年，“比、学、赶、帮、超”运动中表现突出的船舶上报材料，经评定后，上海海运授予其 1958 年先进船舶的荣誉称号，并发了奖金。

“比、学、赶、帮、超”是劳动竞赛的一种形式，但它与船舶以往开展的劳动竞赛活动有所不同。这项运动作为船舶“大跃进”的主要形式，它的主要内容随着“大跃进”的发展变化而变化。开始，上海海运号召要“一船两用”“多装快跑”时，船舶“比、学、赶、帮、超”运动的重点是放在多装快跑上。后来，号召船舶开展技术革新、技术革命和对港口“八大保证”活动时，“比、学、赶、帮、超”运动的重点也就向技术革命和大协作的方向转移。除了主要进行运输生产指标的竞赛外，还开展了诸如思想、作风、学习、宣传、保卫、扫盲、卫生、文体活动等许多方面的内容。

船舶红旗竞赛运动是在 1958 年在“比、学、赶、帮、超”运动基础上开展起来的。1959 年初，交通部转发了广东海河运输局发出的友谊竞赛倡议，提出在全国水运系统开展以技术革命为中心的红旗竞赛运动，迎接水上运输更大的跃进。据此，上海海运决定在全局开展船舶红旗竞赛运动，除制订、下达红旗竞赛方案外，还经常组织工作组驻港或随船检查和指导，召开现场会议，介绍和推广竞赛中的先进经验。

红旗竞赛运动的内容是“七比”：比高产、比优质、比安全、比节约、比保养、比协作、比技术革新技术革命。这个运动由各级党委（支部）直接领导，工会积极配合，并设立专门机构——红旗竞赛办公室，负责竞赛运动的具体业务工作。

自 1959 年开始，所有船舶连续进行了两年红旗竞赛运动。两年中，局红旗竞赛办公室除了收集情况、掌握动态、出简报、组织评比外，还总结推广一些好的经验，汇编了竞赛过程中发现的问题和建设，编印了《各轮对管理部门的意见和建议以及有关安全生产方面的问题》《“和平 3 号”等 6 艘船舶 1 至 4 月份事故检查情况》等资料。在制订竞赛指标及措施过程中充分发动群众，依靠群众。各轮在制订竞赛计划过程中，一般都在党支部领导下，分别召开支部大会、干部会、积极分子会及全船大会和各种座谈会，把情况、困难等向大家交底，发动大家充分讨论和制订竞赛指标、措施，然后发动大家订出工班竞赛规划和个人保证措施等，使全体船员都行动起来，为实现竞赛计划而努力。竞赛活动有头有尾，年初部署，年内抓三至四次全面检查评比，年底抓评比总结，有始有终。许多船舶除了参加全局组织的船舶红旗竞赛外，还在船舶内部组织了工班航次竞赛、工班红旗竞赛等，使船舶全年都处在热烈的竞赛气氛中。

二、租船买船造船，多途径增加运力

上海海运从 1958 年第三季度起，租用了一批外国籍船舶（包括苏联、东欧资本主义国家的船），承担北方沿海运输任务。

1958 年租船 51847 吨（年平均船舶吨位，下同），占当年使用船舶数的 22.2%；完成货运量 288 万吨（包括借用外贸船舶），占当年全部运量的 21.7%。

1959 年租船 184511 吨，占当年使用船舶数的 36.6%；完成货运量 528 万吨，占当年全部运量的 26.3%。

1960 年租船 190125 吨，占当年使用船舶数的 31.6%；完成货运量 548 万吨，占当年全部运量的 22.6%。

租用外籍船舶在一定程度上缓和了运力紧张状况，完成了国家物资运输任务。但是，租用外轮大大增加了国家的外汇支出。平均每租用一吨船，一年要付出外汇 10.96 英镑，而当时万吨级货轮卖价每一载重吨为 11—12 英镑，与租船一年的费用相差不大。为此，上海海运建议交通部拨出一部分租船用的外汇，向国外买船，以扩大我国自己的海运船队。经国务院批准，1958—1965 年上海海运总共买入船舶 31 艘，计 283900 载重吨。

买船与租船相比，经济上有明显的好处：

一是买船比租船使用效率高。从租船情况看，北方航区 1959—1960 年两年的租船量，虽比 1958 年增加，但效率却有所下降。原因是多方面的，其中最主要的就是买船后，船舶由上海海运统一调度，运输效率随之大大提高。1959 年，运输效率高于租船 41.87%。买入的船比租用同吨位的船全年可多运货 114 多万吨。1960 年运输效率高于租船 19.75%，买入船舶比租用同吨位船全年可多运货 136 多万吨。

二是支付的外汇，不仅没有增加，反而有所节约。主要原因是船舶货运量增加，收入提高。例如，1959 年买入的船舶共完成货运量 323.1 万吨，如果租用外轮承运，则需 9.3 万吨船，要支付外汇 104.8 万英镑。1960 年买入船舶共完成货运量 691.8 万吨，如果租用外轮承运，则需 16 万吨船，支付外汇 178 万英镑。这两年，上海海运把支付的租船外汇改为买船，不仅减少租船外汇支出，而且完成了任务，船舶又归己所有。

1958 年 12 月，上海海运以 5 万元的船价，向苏联购进了 4000 吨级的船龄超过 40 年的报废船舶“夏伯阳”轮。为补充运力，上海海运发扬勤俭办企业的精神，以 100 万元的修理费交给上海船厂进行恢复性修理。上海海运机关共青团员和青年技术人员每周义务劳

动，配合协助船员一起承担船舶的全部自修项目。在上海船厂的大力支持下，花费了95万元修理费，用了一个多月的时间，完成了修理任务（省下的5万元修理费正好是购船费用）。修理后的“夏伯阳”轮改名为“勤俭”轮投入了营运。“勤俭”轮船员加强保养，厉行节约，使船舶保持良好技术状况，一直营运至1972年才报废，成为上海海运勤俭节约管理船舶的典型。上海《解放日报》整版报道了“勤俭”轮的先进事迹，在社会上和交通部所属企业引起了较大反响。

三是短期内收回了所付出的船价。从1958年到1965年，北方航区总计买入31艘船，支付船价人民币2342.6万元，外加这些船舶在投入运输前，支付的装修费及其他投资，共3600.8万元。至1962年底，共为国家创利3716.9万元，缴交税金248.1万元，上交折旧费444.4万元，共计4409.4万元，收入已超过了投资额的22.46%。

在运力不足和国内造船暂时不能满足运输需要的情况下，以买船代替租船，对社会主义建设是有利的。但在买船的同时，也不可忽视国内造船的必要性。

上海海运在租船和买船的同时，加速国产船的建造。1958年在“大跃进”形势的推动下，我国造船业也迅速发展，自行设计、自行制造的沿海客、货、油轮相继出厂。上海海运订购了一批船舶，其中有上海沪东船厂建造的该厂第一艘客货轮“民主14号”轮；大连船厂建造的该厂第一艘货船“和平25号”轮；江南船厂建造的该厂第一艘货船“和平28号”轮；上海船厂建造的该厂第一艘货船“和平49号”轮；大连船厂建造的该厂第一艘油轮“建设9号”轮。1958—1962年中，上海海运新购国产客、货、油轮19艘，59700载重吨，2622客位，进入了使用新建国产船的新时期。在取得造船经验的基础上，上海海运从此进入了成批造船的时代，也促进了国内造船工业的发展。

三、坚持技术革新和技术改造，提高船舶运输能力

采取技术革新和技术改造措施，是增加运输能力的有效途径。这项工作，上海海运早在第一个五年计划期间就已进行。这时期对以往行之有效的，如调整干舷，提高船舶载货量等项措施仍继续沿用，同时又从革新、挖潜中找出路，取得了新的成就。

货轮舱盖机械化。1958年以前，货轮都是木制舱盖板上覆盖帆布，开关舱都是由人工操作，劳动强度大，工作效率低。如遇到暴雨会来不及关舱，而造成货物湿损。1958年，上海海运首先在“中兴3号”轮上试制成功钢质滚动式舱盖板。1959年，又在“中兴5号”“和平49号”两轮上试制成功木质爬坡式舱盖板。这种机械化开闭舱盖板，大大缩短了开闭舱盖的时间，免除了繁重的体力劳动，提高了工作效率。以后，对木质舱盖又进行了革新和改造。20世纪60年代，“和平16号”轮使用串联起吊式舱盖，“和平4号”轮使用单块铰链式舱盖，“和平36号”轮使用铰链折叠式舱盖等，开闭舱盖时间短，劳动强度小。这几种舱盖，很短时间就在上海海运适合的船舶上予以推广，全面实现了货轮舱盖开闭机械化。

改造部分老船。上海海运“建设1号”至“建设7号”油轮，共7艘，原来是从中国油轮公司接管过来的石油运输船舶，船体及油舱已经腐蚀严重。根据原建造规范要求，进行了割除换新。1963年，为适应油运任务的需要，根据我国造船规范的要求进行改造，利

用原钢板厚度，采取改变钢板厚度分布规律，对左右舷甲板边板及舷顶列板改用加厚板的措施，予以换新。经过改造，延长了这批油轮约 10 年的使用期。“和平 61 号”轮是一艘 1917 年建造的旧货轮，是舱口狭小的三层甲板船，名为万吨轮，实际只能装载 6000 吨货物，装卸效率低，劳动强度高，港航部门视为“包袱”。1965 年，上海海运对该轮采取放大舱口、提高吊杆负荷、改进起货机供气管路、改舱盖板为大块吊装式等措施。经改造后，成为当时万吨轮中装卸效率高、木材装载量最多、装卸工人劳动强度较低的船舶。

四、开展路、港、航大协作，“一条龙”运输应运而生

第二个五年计划时期，关于专业化和大协作，是作为社会主义经济建设中的一个重要问题提出来的。由于“大跃进”来势迅猛，一开始就打乱了原来的计划部署，使港、航等方面应接不暇，难以协调。经过一段时间的实践，路、港、航和货主均意识到只有密切协作，互相支援，才能使各个环节紧密衔接起来，更好地完成运输任务，促进社会生产力的发展。

各种运输方式的协作，早在新中国成立初期，就有萌芽，而且推广很快。那时叫作“联运业务”。华东联运公司曾经扩展到全国，后因受“左”的思想和本位主义思想的干扰，1953 年为行政手段所限制，直至被取消。

1958 年，在交通部孙大光副部长和铁道部余光生副部长的主持下，组织秦皇岛港务局和车站共同首创，并推行路、港、航大协作。这是在新的历史条件下形成的联运业务，当时称之为“一条龙”运输大协作。此后，上海海运和锦州、北京铁路局以及货主、海关、商品检验等部门互相合作，开办了红旗直达列车和定线定班船舶，形成了一线相连、环环紧扣、水陆全程连续不断的运行组织。从而，加速了车船和货物周转，扩大了铁路、港口通过能力。

“一条龙”运输大协作，使国民经济生产与流通统一协调，对加速物资周转发挥了重要作用。国务院于 1958 年底，组成了以薄一波副总理为总指挥、以交通部王首道部长和铁道部吕正操部长为副总指挥的中央运输指挥部。在国务院的领导和支持下，中央运输指挥部召开全国广播大会，交通、铁道两部又在秦皇岛联合召开了现场会议肯定了秦皇岛港、站的经验，肯定了“一条龙”运输大协作是生产关系上的改革；而运输设备的技术革新和技术改造，则是满足了运输生产力的发展。国家对“一条龙”运输大协作给予了很高的评价，秦皇岛路、港、航“一条龙”运输大协作的经验，为我国各沿海港口全面开展“一条龙”运输大协作开拓了新途径。

上海海运学习了秦皇岛路港协作的经验后，便在不同航线上组成了各类物资的协作运输网。从青岛至上海间煤炭运输协作，发展到大连至上海、连云港至上海等几条航线的煤炭运输大协作，进而从煤运发展到盐运、杂货、旅客运输和江海联运大协作。随后又扩展到由开滦、阜新经秦皇岛到上海进长江；由阳泉、淄博经青岛到上海进长江内河；由东北经大连到上海进内河；由大同经天津新港到上海及由连云港到上海的五条大协作煤炭运输线。此外，还组成由燕尾港到上海及塘沽到上海进长江的两条盐运协作线，由上海到秦皇岛转东北的百杂货“一条龙”协作线。上述各条航线约有 40% 以上的货物纳入了“一条

龙”运输大协作，实现了各种运输线路构成网络的要求。

1960 年 1 月，上海海运“和平 1 号”轮等 8 艘船舶向本局所有船舶和沿海各港发出“一条龙”大协作的倡议。这个倡议推动了“一条龙”大协作的迅速发展，继上海—青岛煤炭运输“一条龙”获得成功以后，拓展到上海—秦皇岛并转东北的百杂货“一条龙”、东北经大连—上海并进长江的煤炭“一条龙”运输等 10 条航线。在运输过程中实行定船、定港口泊位、定货种、定时间，各个环节紧密衔接，缩短了货物运输时间，方便了货主，提高了船舶运输效率，如上海—秦皇岛转运哈尔滨的百杂货运输，过去平均需要 20 天，实现“一条龙”运输以后只要 8 天。

在“一条龙”运输大协作中，车船衔接较好，减少了车船之间与货物之间互相脱节的现象，从而加速了车船周转，节省了商品流转时间和费用。例如“和平 55 号”轮在实行大协作前，航行青岛至上海，往复航次需要 138 小时，开展大协作后只需要 96 小时，航次时间缩短了 38%，航行率达 80%，创上海海运历史最高纪录，改变了船舶停港时间一般多于航行时间的状况。

随着路、港、航大协作的发展，以后又推行到江海直达运输，还延伸到地方有条件的内河，即江河之间的大协作。由于运输贯通，货畅其流，城乡之间的生产与流通都大获其利。这种“一条龙”运输大协作，实质上是各种运输方式的联运，从现在经济体制改革来说，也就是一种横向的经济联系。到 1961 年 5 月，上海海运先后与各有关单位，组织各种形式的龙线 32 条，签订协议 28 份。

“一条龙”运输大协作的有效开展，发展了定线船舶，也巩固推动了联运业务的进展。到 1977 年达到一条龙运输的有申津百杂货、秦申电力煤、云浙煤和连申原油等 21 条航线。

通过港航大协作的实践，上海海运总结了搞好与港方关系的“四出、八保证、五满意”的经验，“四出”的内容是：出人、出力、出技术、出主意；“八保证”就是：保证船到码头前做好这些准备工作；保证提供足够的蒸汽；保证装卸工人吃到热饭，喝到开水；保证船舶到港时间正确，前后不差半小时；保证船舶在港随时移泊、随时开航；保证垫舱物料不混在煤舱里；保证船舶吊杆、照明不出毛病；保证全力帮助装卸工人修理装卸工具，必要时船员参加义务劳动。“五满意”是：港口满意、工人满意、驳船满意、货主满意、船员满意。

五、上海—大连“三、六、九” 百杂货航线闻名沿海

上海—大连“三、六、九”百杂货“一条龙”联运线起源于 1960 年。它吸取了秦皇岛港务局和秦皇岛铁路局“路港一条龙运输大协作”的经验，针对当时东北地区和上海货物交流能够经常保持稳定的情况，选择从上海港起运，经大连港换装去东北三省的百杂货，组成水陆联运“一条龙”运输线。上海—大连“一条龙”运输线成型于 1965 年，定型于 1967 年，其主要特点是能够把产、供、销，统一于“一条龙”运输轨道，并坚持“四定”：定船（原为“和平 6”轮，1977 年后增加“和平 5”和“泰顺”轮）、定泊位（上海港固定由第三装卸作业区装货启运，大连港固定由第一装卸作业区九泊位卸货）、定船期（每

10天往返一次）、定装载量（每航次装火车25整车货）。由于这条线装货起运在上海港第三装卸作业区，承运船舶为“和平6号”轮，到港卸货在大连港第一装卸区九泊位，因而于1967年正式定名为申连“三、六、九”联运运输线。为适应定船、定泊位、定船期、定装载量的需要，上海市商业储运公司将上海地区的纺织、针织、五金、交电、百货等批发站及上海千余家工厂的外运任务集中归口，统一办理托运。上海港第三装卸作业区将7000平方米仓库出租给上海市商业储运公司，使70%以上的外运产品，可以从工厂直接运往港区仓库，减去市区运输装卸环节。商储公司以专用的数字编码表示到站名称，使货物标志分明，一目了然。待配载完，经货物数字单据核对清楚后，再向港口办理交接。上海港第三装卸作业区按商储公司提供的货物资料组织装船。船舶实行看舱理货，以网络等按票隔舱，以防止货物滚动而造成的货损货差，保证了货运质量。为有利于对方港口卸货，船上还将货物装入舱口情况绘制“小船图”，附于提单的信封后面。船到大连港，港口作业区根据上海港的货单，事先安排好车皮，按单装卸车，车船直取，提高了装卸效率，加速车、船、货的运转。申连“三、六、九”百杂货“一条龙”运输线经多年实践，运输路线合理，经济效率提高。

六、以客为主，为民服务，实行客运服务“一条龙”

从货运大协作发展到客运，其组成范围更为广泛。当时，在客轮上可代买火车票、预约旅馆等。对老弱病残旅客及单身儿童负责护送到家，或陪送到中转换乘的车船。对旅客生活扩大了服务范围，给旅客带来了方便，做到服务态度、清洁卫生、文化娱乐、安全舒适“四满意”，待客如亲人，受到社会高度赞扬。

1960年1月，上海海运为贯彻交通部1959年10月召开的“路、港、航‘一条龙’运输大协作会议”精神，安排上海—青岛客运航线的“中兴9号”轮，进行客运“一条龙”的试点。通过与港口协作，运用线性规划，将上海、青岛两港相关的交通和服务行业十几个单位组织起来，对旅客的住、食、行进行全面的安排，实现了旅客“一票到家”，极大地方便了旅客。

1961年11月，交通部在宁波市召开直属水运企业客运工作会议，制订了全国统一的客运规则和客运服务的质量标准，规定客轮必须做到“安全第一、正点运行、以客为主、便利旅客”的要求。上海海运针对当时客船设备状况不理想，尤其是客轮的五等舱设备条件较差、旅客反映较大的情况，重点改变五等舱的客运面貌，加强服务力量，增加服务项目，实行“八送”：送毛主席著作，送宣传品，送书报杂志，送棉被毛毯，送饭菜糕点，送开水、洗脸水，送医疗药品，送旅行知识。许多客船对五等舱铺垫草席每航次做到扫过、拖过、揩过、消毒过，彻底改变了以前五等舱乱、脏、异味重的状况。旅客乘船以后感慨地说，现在统舱服务比过去头等舱还周到。

每年的春节是旅客运输最繁忙的季节，上海海运均根据各客运航线客流量的情况合理安排运力，抽调大量的人力、物力支援和投入客运。1965年春节，上海海运沿海10条客运航线，安排了26艘客轮，调集了3000人。在春运20天，272个航次中安全运送旅客13.09万人次。在全船办客运思想的指导下，服务质量明显提高。在春节客运期间对重点旅客送到站、送到家的有4326人次；接送无大人陪伴而乘船儿童75名；背老弱病残旅客上下船855人次；为旅客蒸煮食品，洗烘衣服、尿布，雇三轮车4000多人次；拾金不昧、物归原主270多起，共收到旅客表扬信1940件。

七、推行成组运输，加快船舶周转

1960年9月，由上海海运牵头，大连、青岛、秦皇岛、天津、上海港务局及交通部水运科学研究所等单位共同合作，推行货物成组装运的方法。经过在“中兴9号”轮的试验，用此方法装卸250吨生铁，只要1小时30分便可完成原来3小时的工作量，使工作效率提高一倍。在“和平2号”轮试验，卸310吨细钢条，6小时完成原10小时的工作量。秦皇岛港卸一个车皮的百杂货集装箱，只用了15分钟时间，而以往散装卸货却需1小时30分至2小时。

1964年，北方区海运管理局又进一步推行成组运输，并从制度上确立木材、钢材成组运输的方案、工具和属具的管理办法以及成组运输作业的技术规定。根据航区的货种、船舶、航线、港口作业等具体条件和特点，推行成组运输，成效明显。

1965年12月，上海海运航行上海—天津的3艘杂货船“和平59号”“和平62号”“和平63号”轮3艘船舶积极同港方协作配合，共同开展两港、三区（上海、天津、塘沽作业区）、三条船一条线大协作，“一起红”竞赛，实行成组运输新方法，运输效率和运输质量显著提高。“和平59号”“和平62号”“和平63号”轮分别提前2、3、4个月完成年度运输任务。

从1965年的5条线13艘船，承担货运量118万吨，成组比重37.2%；1966年8条线33艘船，承担货运量324万吨，成组比重62%；1970年26条线58艘船，承担货运量697万吨，成组比重70%。

从全国经济发展速度、海区运输情况来看，运力不适应运量的矛盾日益突出，而且运输组织工作越来越跟不上形势的要求，港口积压待运物资严重。为此，交通部提出打好“专线、成组、一条龙运输线”歼灭战。上海海运积极响应，认真落实，制定了大力开展“专线、成组、一条龙运输线”的奋斗目标。专线运输从1965年的3条线3艘船，承担货运量140万吨，占总运量10.3%，到1966年达到7条线7艘船，承担货运量288万吨，占总运量18%；1970年达24条线33艘船，承担货运量765万吨，占总运量32%。

上海海运通过实践，做到凡是航区内可以直达的煤炭、木材、石油、盐等主要物资，坚决做到直达，以节约物资部门商品流转费用。同时加强合理配载、精算煤水储备、配合港口随到随装卸等措施，船舶实载重量全年平均提高2%—5%。

八、增强修船能力，成立总工程师室，加强船舶维修保养

海运系统是调整“港、航，厂、道”四个环节关系的重要环节，“大跃进”期间，运输任务高指标，船舶拼设备、吃老本，失修失养严重，船舶的使用与保养维修之间不甚协调。船舶失修失养的主要原因一方面是船舶忙于紧张繁忙的运输，不能按计划进厂大修，另一方面由于船厂条件和水平受限难以按技术规范严格检修，又因为生产能力问题不能使船舶

按计划如期出厂。那时，上海海运有 20% 以上的船舶该修未修，以致后来坞修时间平均延长半年左右。而处于良好状态的船舶只占船舶总数的 54%，其余的都只能带“病”航行。同时，在修船厂中，亦有盲目追求产值、忽视质量、不按技术规范严格检修，以致造成船舶严重失修的恶性循环状况。

在经济调整期间，北方和南方两个航区的海运企业为尽快扭转船舶技术状况严重下降趋势，交通部在上海和广州明确了运输企业与修船厂之间的相互责任关系，严格执行船舶按计划进厂大修。同时加强监督检查，严格执行修船工程的技术规范，纠正忽视技术质量的问题。为了提高修船质量，集中了技术力量，整顿修船基地，保证了船舶完好率逐年上升。这样，在“大跃进”中伤损了的船舶，逐步得到修复。同时，还恢复了行之有效的“船舶计划修理制度”和“预防检查，监督检查制度”，使船舶的保养自修变成广大船员的自觉行动。经过 3 年调整，海运系统船舶修理重新纳入了正常轨道。

1963 年，上海海运成立总工程师室。加强对船舶修理中的老大难问题进行研究与解决，并全面规划有效地进行船舶大、中修理、保养与技术改造。

一是摸清船舶设备的技术状况。对所有船舶的技术状况划分为：好的、比较好的和不好的三类。一方面适当地增强船厂的修船能力，争取船厂多修船。1961 年，上海海运修理船舶 100 艘。其中一、二类船修理由年初计划的 71%，到年末上升到 74% ；三类船则由 14% 下降到 12%。另一方面组织船员开展群众性的自养维修升级运动，由于船员加强了自修保养工作，提高了自修能力，船舶保养升级情况也在不断变化。一级保养船舶由年初的 6%，至年末上升到 16% ；三级保养船舶则由年初的 26%，至年末下降为 17%。至 1964 年，船舶的技术状况达到一二类船舶提高到 84%，一级保养船舶提高到 30.7%，基本消灭了三级保养船舶。

二是加强船舶技术管理。提供应船舶自修必要的图纸，供应工具、材料和配件，及时修订主要技术定额，船舶载重定额，合理使用船舶，严格执行航次自修保养制度和技术责任制度。组织船员自修，增加修船能力，建立抢修队和船舶航修站，建造万吨级船坞。

九、推行燃油掺水和经济航速，节约船舶能源

在我国能源并不富裕的条件下，上海海运在第二个五年计划期间，加强科学研究，继续厉行节约，使人力、物力、财力都能够发挥作用。由于“大跃进”运动中“左”的思想影响，海运船舶也曾造成许多浪费，但后来在技术革新和技术革命中，逐渐重视了节约能源的经验，减少了燃料消耗。在提高热效率，讲求船舶经济航速等方面，也取得了一些成绩。

船舶锅炉燃油掺水、掺煤粉。1958 年下半年，北方航区“民主 4 号”及“和平 51 号”“和平 54 号”等客货轮，进行锅炉燃油掺水试验，比较有成效。在合理的技术条件下，不但可以节约燃油，而且由于产生“二次雾化”作用，使炉膛温度分布均匀，改善燃烧，不冒黑烟，减少结焦。据测定，在一般情况下，锅炉燃油掺水 5%，获得最高热效率，并可节约燃油 2%—3%。燃油掺煤粉，在“和平 54 号”轮上试验成功，节约燃油 20% 左右。

当时，北方沿海运输船舶以柴油机为主机，冬季要用凝固点为 -20 摄氏度的 20 号轻

柴油。通过实船调查，发现油舱油温在较短航程时，受外界气温的影响不大。试验证明，轮船在冬季航行于北方港口时，柴油机可以使用凝固点零度的 0 号轻柴油，夏季可使用凝固点 10 度的重柴油。采取储油舱的加温和配备分油机等措施后，除轮船进出港时使用轻柴油外，正常航行时使用的柴油，可由 10 号轻柴油逐步下降为 0 号轻柴油、10 号重柴油，直至 30 号重柴油。

1965 年 3 月，"和平 53 号"轮船员以渣油替代 #100 燃料油试烧成功，上海—大连一个往返航次可以节约燃料费用 6800 元。"和平 53 号"轮试烧渣油之举，技术效果很好，燃烧充分，气压稳定，不冒黑烟，耗油量低。节约开支，经济效果十分显著，大大地鼓舞了机关和船舶"双革运动"的开展。此后，上海海运立即组织力量，在货轮和客轮 12 艘燃油锅炉船上全面推广，不少技术人员随船跟班劳动，坚持"同吃、同住、同劳动和技术干部与工人相结合的做法"，勇于实践，在短短的两个月时间就取得了良好效果，至 5 月底，共计烧渣油 5189 吨，以燃料油和渣油每吨 38 元计算，节约燃油费用约 20 万元，全年减少燃油费用 120 万元。

第二个五年计划期间，上海海运沿海运输主要还是使用一大批旧船。以旧式蒸汽机为动力的船舶，燃料耗费大，热效率一般不高，而成本较高，运输任务越重，成本开支越大。为此，开展了余热利用工作，其重点是利用废气来提高锅炉给水的温度，但还不能更好地提高热效率。到 60 年代，随着柴油机船的燃料品种不断使用低质油代替高质油，开始采用副机废气和烟道余热加温，发展到柴油机船舶利用余热发电。在柴油机发展的同时，各船舶普遍加装了废气锅炉，为余热利用创造了更有利的条件。

北方航区根据船舶在沿海航行的实践经验，系统地测查了主机不同转数的耗油量与航速的关系，结合生产实际，采用"经济航速"，由驾驶、轮机、调度三方面紧密配合，精确计算潮水，船舶和港口之间的及时联系，选择合理航速，因而缩短了船舶在港停泊时间；还采取船舶开航后立即关闭舱口，以及在雾季和台风季节，以气象预报为依据，给航行期留有一定的富裕时间，取得节约燃油的效果。

节约燃油减少能源消耗是运输企业注重的工作。"大跃进"期间，上海海运一度设想借助风力增加动力，曾经在 90% 的海轮上安装了风帆，但是，海轮有桅杆、起货机和吊杆等固定装置，不便于在风向变化时频繁操作风帆来稳定船舶的航向，因此不久又全部予以拆除，造成了不小的损失。

十、充实商务工作，调整货客运价

商务工作直接与海上运输生产相关联。商务工作的内容，是组织托运和经营客货运输业务，并研究拟订客货运价政策和制度，是运输企业为社会服务的"窗口"。商务工作，从交通部主管业务局直到各航运企业，都专设机构处理这些业务。新中国成立后，改革了旧企业的有关规章，逐步建立或修订了有关客货运输规章制度和统一的运价制度。各航运企业处理这些业务的机构，历年来曾有多次改变。有的设商务处，也有的设客运处和货运处，还有为外贸运输船舶服务的外轮代理公司和外轮理货公司，也都具有商务工作的性质。

在"大跃进"运动中，航运业务工作曾受到冲击。后来在调整、整顿中，才恢复和修订了若干有关商务工作的规章。交通部为了适应港口对外贸易的需要，公布了《外籍船舶及国际贸易和国内船舶及国内进出口货物海港费收规则》；为了防止货物在运输过程的缺失或损坏，确立了《水上运输对货物包装及港口货物操作保管工作的规定》；为了适应货物联运以及货运安全，分别制定了《江海干线及联运各省货物运到期限的规定》《水上危险货物及放射性物品运输规则》《水上钢材运输及原盐运输规定》等。商务工作为实现交通部关于为国家提供“量大、质好、安全、迅速运输力”的要求，制定了防止和减少货物差损的措施，提出了两项有关水运企业货运质量和赔偿的限制性指标：一是事故频率（货损货差件数 / 总货运件数）。港务局不超过万分之一，航（海）运局不超过十万分之一。二是赔偿金额比例（赔偿金额 / 货运收入）。港务局不超过万分之五，航（海）运局不超过万分之一。

关于运价业务，也属于商务工作。为了给社会提供廉价的运输，则从降低运输成本出发，曾经多次研究了调整客货运价的政策。按照新中国成立初期关于“发展生产、繁荣经济”的原则，采取低价运输政策，力求“统一、简化、降低”，进行过多次调整。

交通部直属水运企业的运价和港口费用，以 1965 年与 1956 年相比，北方沿海运价约降 18%，华南沿海运价约降 50%，沿海港口费用约降 60%。1958 年 1 月 1 日，交通部实行矿石、煤炭等 6 项流向运输特价，规定：凡起运港均为江海联运港口的运输运价优待 15%。同年 3 月，交通部为鼓励土特产外运及利用水运回空运力，规定：木薯干自湛江出口至广州按二十二级计费；芦苇自汉口经上海中转至天津者按十六级计费。同时，为争取威海鸡鸣岛所产的玻璃砂，在威海、烟台两港利用煤运船回空及客货班轮运往大连、秦皇岛两港，按特价试运。上海至浙江间直达货物运价按二十五级计算。

从 20 世纪 50 年代初起，国家对海运运价虽然进行了多次调整，但往往是调低不调高，其中较大幅度下调的就有 4 次：1952 年 2 月起，因全面整顿旧的运输制度，下降各海运航线运价 10%；1956 年 1 月 1 日起，为实行江、海统一的货物运价的分级制度，沿海运价降低 5.03%；1962 年 1 月 1 日起，为实施由铁道、交通两部于 1962 年联合颁布的《铁路和水路货物联运规则》，对水陆联运的货物一律减收运费 15%；1967 年 4 月起，本着“统一、简化、降低”的原则，又平均降低运价 3.45%。

沿海客运票价，解放初期为航线运价，1956 年改为按海里分段计算，在轮船不能直接靠码头的港口不再另收驳运费。票价基本维持原来水平，个别稍加调整。客票自 1958 年订定以后，多年未动，但原有老旧客轮不断更新，客运条件已有较大改善。同时随着船舶修造价格、燃物料价格及工资等逐步增长，水运客运成本大大提高，价格背离价值的现象日益突出。

十一、开展多种形式的船舶劳动竞赛

上海海运一贯重视组织劳动竞赛的工作，根据各个时期的形势、任务，提出不同的竞赛口号，推动这一经常性群众生产运动的深入开展，使劳动竞赛从内容到形式，有新的发展，取得成效。

1961 年初，面对国民经济严重困难，工业、基建战线缩短，运输任务大幅度下降的形势，职工中产生了泄气松劲情绪。上海海运及时提出“一争三好”的口号，发动群众开展

竞赛。“一争”就是“争上游”，以“争”字当头，意在重新振奋干部、群众的精神状态，改变消极情绪，主动克服当前的困难。“三好”是完成生产计划好、安全质量好、维修保养好。“三好”的重点是要解决“大跃进”时期遗留下来的安全工作薄弱和船舶失修失养的问题，具有针对性。同年 8 月，根据交通部指示精神，在“一争三好”的基础上上海海运提出开展以安全质量为中心的“六好竞赛”。“六好”是：政治思想好、安全质量好、维修保养好、增产节约好、遵守制度好、服务态度好。提出“六好”的着眼点，是全面地贯彻党的调整方针，把企业生产秩序整顿好。

1963 年 3 月，上海市召开的工业、交通、基建、财贸方面社会主义建设先进集体、先进生产者大会，参照解放军开展“四好连队”“五好战士”活动的经验，发出了“办五好企业、做五好工人”的倡议，上海海运职工积极响应，“五好”竞赛由此开展起来。“五好企业”的条件是：政治工作好、完成国家计划好、企业管理好、生活管理好、干部思想作风好。“五好工人”的条件是：政治思想好、完成任务好、学习技术文化好、团结互助好、遵守纪律好。总的提法是：以“五好”为目标，加强基层建设，开展比先进、学先进、赶先进、帮后进的社会主义竞赛。企业行政、政治部门和工会共同制订了船舶“五好”竞赛的方案，具体规定了“五好船舶”“五好班组”“五好职工”的标准以及船与船之间、船内竞赛的组织方式与评比、奖励办法。

1964 年初，上级提出“大学之年，大比之年”的口号，把学习解放军的政治工作经验和大庆油田的经验作为公交企业的重大政治任务。上海海运在部署当年工作时，把学习大庆和大搞群众运动与加强集中管理相结合的基本经验作为企业的努力方向，并首先从年终总结评比入手，学习大庆做法，结合评“五好”，进行了大总结、大评比、大表扬和摆成绩、摆进步、摆经验、摆方向的群众性“评、摆”活动，将此作为学大庆的第一课。以后，根据全国交通工作会议精神，提出“两赶三消灭”的企业奋斗目标（即赶上国内和国际同行业先进水平；消灭重大恶性事故，消灭经营不善所造成的单船亏损，消灭主要经济指标低于本企业历史最高水平的现象），将其列入“五好”竞赛的内容之中。

当时，上海海运劳动竞赛有如下几个特点：

一是在竞赛的内容上突出了政治，把政治思想方面的要求放到了竞赛的首要位置。“五好”的第一好就是政治思想好和政治工作好，其标准是大学毛泽东著作，落实“四个第一”，发扬“三八作风”，提倡“三老、四严”，做到“四个一样”，坚持以阶级斗争为纲，不断进行社会主义教育等等。在检查“五好”条件的执行情况时，强调必须首先检查“第一好”；检查其他四个好的成绩时，也要从政治思想方面的因素来衡量，把政治思想内容纳入劳动竞赛之中。由于过分强调“五好”的政治意义，不断扩大了“五好”竞赛的容量，如 1965 年曾要求船舶的一切工作都要纳入“五好”，无论是制订计划、分配时间、组织力量、检查工作，都要从五个方面着眼，使“五好”活动变成“无所不包”的生产活动，又带有政治运动的色彩。

二是针对船舶特点，组织同类型、同航线船舶“比、学、赶、帮”，使竞赛活动空前活跃，取得显著的生产实效。比先进、学先进、赶先进、帮后进，取长补短，共同提高，这是开展劳动竞赛的本意和实质。这一活动广泛深入地开展起来的同时，上海海运政治部和工会一方面加强思想工作，经常教育群众要树立“四心”，即：比有雄心，学有虚心，赶有信心，帮有诚心；另一方面加强组织工作，做到“四有”：比有对手，学有榜样，赶有目标，帮有措施。在具体做法上，除在职工代表大会期间，相互寻找竞赛对手之外，还采取按月按季公布各轮在运输生产、安全质量、成本节约、保养维修等方面的差距资料，定期组织评比，组织对口检查，组织职工代表视察等方法来促进船舶之间“比、学、赶、帮”活动的不断发展。

上海海运在船舶对口竞赛中，涌现了一批工作活跃、力争上游、成绩出色的船舶，其中上海—青岛航线上的“民主 5 号”轮同“中兴 9 号”轮之间、上海—天津航线上的“和平 59 号”轮同“和平 63 号”轮之间的对口挂钩竞赛具有代表性。“中兴 9 号”轮是一条“红旗船”，1963 年一开始，“民主 5 号”轮在党支部的领导和鼓动下，立誓赶“中兴 9 号”轮，多次登门学习“求真经”，认真对比找差距，从 6 个方面排出本船的薄弱环节，一步一个脚印地学先进、赶先进。结果是第二个月和第三个月，就在节煤、节水两方面先后赶上了“中兴 9 号”轮，第四个月在船舶技术状态上摘掉了“老三级”帽子，被评为一级船；第六个月，多数生产指标已同“中兴 9 号”轮不相上下，到年底全面超过了对手。该轮还组织学习毛泽东著作、进行作风建设和基本功训练等方面取得出色的成绩，于 1964 年被评为全国交通系统 10 个先进单位之一。

“和平 59 号”与“和平 63 号”轮是姐妹船，可比性更大，两船在对口竞赛中，一直保持着你追我赶的热烈气氛。1963 年，“和平 59 号”轮被评上市级先进船，消息传到“和平 63 号”轮，经过多次互访与观摩，找到了彼此的长处和差距，明确了追赶的目标，通过扎扎实实的行动，很快实现了上海—天津双航次的 13 天班期。“和平 63 号”轮水手长更是一个有心人，他先后 10 次访学兄弟船，学了一样又一样，使甲板部工作全面改观，在 5 个月中节约了物料费用 2 万多。到了 1965 年，同航线的“和平 62 号”轮也参加了竞赛，并发展为“两港、三区、三船一条线大协作一起红竞赛”，与港方一起实行杂货成组运输新方法，大大提高了运输效率和质量，3 艘船都提前完成了年度计划。

为了保证劳动竞赛经常持久地开展下去，上海海运工会做了广泛的调查研究，总结活动成功经验，把竞赛秩序与生产秩序相结合、行政干部既要领导生产又要领导竞赛，这样就为建立船内竞赛正常秩序创造了条件，也有利于岗位责任制的贯彻。

第四节　负责“跃进”轮事故调查工作

一、“跃进”轮首航日本不幸沉没

1963 年 5 月 1 日，上海海运曾代管过一段时间的交通部远洋运输局所属船舶“跃进”轮，该轮在首航日本途中失事沉没。“跃进”轮于 4 月 30 日 15 时 58 分由青岛起航，驶往日本门司，5 月 1 日 13 时 45 分航行至北纬 32 度 07 分、东经 125 度 11 分海域，左舷发生猛烈撞击，船舱进水，随即发出密电：“我轮受击，损伤严重。”14 时 20 分“跃进”轮弃船，59 名船员分乘 4 艘救生艇离船。17 时 10 分该轮沉没。5 月 2 日 0 时 02 分，4 艘救生艇遇日本渔船，救生艇上船员获救，19 时 30 分转乘我国前往营救的海军舰艇返回上海。

“跃进”轮是新中国第一艘万吨级远洋货轮，由大连造船厂建造，于 1958 年 11 月 27 日下水，载重量为 15930 吨。“跃进”轮该航次是根据中日民间贸易协定，满载玉米、矿产品和其他杂货首航日本，恢复中断多年的中日航线。

二、“和平 60 号”轮承担调查重任，周恩来总理登船视察动员

为了弄清“跃进”轮沉没的真实原因，根据国务院总理周恩来的指示，由海军东海舰队、上海海运及所属上海海难救助打捞局立即派出舰船，组成调查探摸“跃进”轮沉没原因的编队。上海海运“和平 60 号”轮和救捞局的“救捞 1 号”“救捞 8 号”轮及海军“海设”轮等 4 艘船舶共 172 人，由韩克辛、张智魁率领组成船舶编队和潜水作业分队。

1963 年 5 月 12 日，国务院周恩来总理在上海市委领导陪同下，在锦江饭店听取了各有关方面关于“跃进”轮沉没事故的汇报。[①] 上海海运局局长韩克辛、刘延穆副局长参加了汇报会。

5 月 13 日早晨 6 时许，周总理登上停泊在吴淞口的“和平 60 号”轮甲板，视察了“和平 60 号”轮，并同船员和潜水员亲切握手。

船舶领导为了减少周总理劳累，事先画了一张全船设备示意图，准备按图汇报。周总理知道后，笑着说，同志们搞这张图辛苦了，我们还是到现场去看看。周总理先后察看了船员房间、浴室、厨房，从船头到船尾，从驾驶台到机舱、货舱，边看边问，十分仔细。

这次探测任务，深海潜水是关键。为了从实战出发，著名潜水员沈阿四当场进行了深海潜水演习。周总理十分关心地观看了这次演习。在潜水演习全过程中，周总理紧握对讲电话，不时地与在水下的沈阿四亲切通话。一会儿问他呼吸有困难吗？一会儿问他有何异样感觉？当听到沈阿四回答一切正常的时候，周总理宽慰地笑了。

周总理向大家作了出海探测的动员讲话，还分别同船员和潜水员合影留念。当晚 8 时，周总理和交通部部长王首道、上海市委第一书记柯庆施在锦江饭店接见了“跃进”轮全体船员以及有关单位的领导干部。

5 月 18 日，编队起航，驶向“跃进”轮失事海区。经过 14 昼夜的调查作业，摸清了“跃进”轮在航行途中，船体擦碰苏岩礁的破损状况，查明了“跃进”轮沉没的基本原因，并从“跃进”轮船体内取出航海日志等物件 24 种 41 件。船舶编队和潜水作业分队于 6 月 4 日返回上海。

三、吸取“跃进”轮事件教训，提出“安全是命根子”口号

交通部为接受“跃进”轮沉没的沉痛教训，确保交通运输安全生产，于 1963 年 5 月 27 日晚上召开了部属企事业单位和各地交通厅（局）紧急电话会议。会议指出“跃进”轮事故的 4 点教训：一是对开辟中日航线缺乏全面安排，缺乏充分准备以及深入现场检查，而仓促开航。二是确定的航线只考虑了对敌斗争（考虑得也不完全），而没有考虑到礁石等

① 中共中央文献研究室编：《周恩来年谱（1949—1976）》，北京：中央文献出版社，1997 年，第 553-554 页。

自然条件的危害，没有采取领导、技术人员、船员“三结合”的办法进行充分研究，没有认真走群众路线。航线下达后，又片面地强调保密，没有动员船员做好安全航行准备工作。三是对船员的使用和配备，规定了一些不切合实际的条件，开航前又临时调动大批船员，没有做到使每个人都熟悉和掌握有关船舶机械性能。四是企业管理混乱，没有建立科学的管理方法和建立明确的技术责任制度。

交通部紧急电话会议还提出 6 项紧急措施，特别强调营运船舶必须执行《十不开航》《五不拖带》《十四项注意》各项规定。其中《十不开航》为：船舶未经出口签证，船舶证书过期不开航；超载超客不开航；通信设备发生故障不开航，主要助航仪器未经校验和未掌握误差不开航；锅炉、主机、副机、电器、各种管线开航前未经检查不能保证正常运行不开航；货物装载违反规定，影响船舶稳性、货物质量和航行安全不开航；救生、消防设备不符合规定不开航；燃料、润料，淡水储备不足，主要属具不全不开航；遇有大风超过本船抗风等级，或遇大雾不能保证船舶安全航行不开航；船员配备不齐，主要船员无合格证书和航区情况掌握不透的不开航。

上海海运认真贯彻交通部紧急电话会议的精神，并就执行《十不开航若干技术问题的临时规定》的一些具体问题提出了补充意见，拟定了《十不装卸》上报交通部。不久，交通部批复，采纳其中合理意见，转发各港征求意见，汇集审定后，下达各港执行。

与此同时，上海海运认真吸取“跃进”轮事故教训，进一步开展安全大检查。1963 年 5 月 30 日，召开在港船员和机关职工大会，传达交通部有关指示精神，要求船舶根据交通部提出的紧急措施及本局的补充意见，从思想上、制度上、设备上等方面对照检查，采取有效措施，保证安全生产。会后，上海海运开展了为期 8 个月的安全大检查。经过检查，初步摸清了船舶设备情况，加强维修保养，努力改善船舶技术状况，严格各项安全规章制度，并开展船员基本功训练。

“跃进”轮事件暴露了我国沿海电讯方面的缺陷。上海海运电讯处上海电台虽然收听到“跃进”轮沉没前发出的求救呼叫，但收听不到“跃进”轮沉没以后船员从救生艇上发出的求救信号，致使对当时情况无法掌握。事后，经过检查分析，其主要原因是：上海电台设立在市区，收信效果差，另外对救生艇手摇马达发射讯号之小估计不足，且缺乏收听经验，因此容易造成漏听。据测定，“跃进”轮发讯功率为 10 瓦，中频发射距离只有 20 海里。为此，1963 年 5 月下旬，上海海运根据国务院对无线电台少设严管的指示，采取以下措施：一是加强报务员思想政治工作，提高技术业务水平。二是建立在港船舶报务员每周一次技术业务学习制度。三是积极筹备迁台工作离开市区（即上海海运之后的“641 工程”），有计划地改进电台收发讯设备，以适应远洋、近洋、沿海船舶通讯之需。四是成立船舶定期维护航次修理小组、船舶电台计划修理小组、船舶测向仪校正误差小组，以保证船舶电台和各助航仪器处于良好技术状态，保证船舶航行安全。

上海海运在对船舶进行全面的检查中发现有 19 艘船舶通信设备存在问题，有 46 艘船舶救生艇应急设备不全和不符合规范，有 13 艘船舶自动报警器工作不正常，有 17 艘船舶未安装测向仪。同时，发现了“和平 11 号”“和平 14 号”“和平 15 号”“和平 65 号”“和平 71 号”“中兴 5 号”轮 6 艘船舶不符合开航要求，于是果断采取措施，将这批船舶停航在黄浦江吴淞，由船队抓紧整改和修理，达到开航要求以后才投入营运。

上海海运把安全航行和优质运输提到了重要议事日程，尤其是“民主 5 号”轮船员在实践中提出了“安全是命根子”的口号，在船员中引起较大的反响和认同，也得到交通部领导的首肯，予以推广。

1964 年 1 月，正在上海视察的交通部部长王首道由上海海运领导王玉琪、刘延穆陪同，到“民主 5 号”轮上检查安全工作。“民主 5 号”轮政委徐赞绪重点汇报了船舶吸取“跃进”轮事故教训，提出了“安全是命根子”的口号，狠抓船舶安全工作的情况和船舶开展学习毛泽东选集、学习大庆、学习解放军、学习雷锋的情况，反映了服务员杨怀远学习“毛选”，热心为旅客服务，深受旅客称赞的事迹（图 3–2）。

图 3–2　提出“安全是命根子”口号和涌现学习“毛选”积极分子杨怀远的“民主 5 号”轮。

王首道部长在听取船舶领导汇报情况以后，感触地说，“跃进”轮沉没事故发生以后，在国内外造成严重影响，作为交通部部长，压力很大，为此交通部领导分头深入到全国各航运单位了解安全情况和检查安全工作。各航运单位对如何抓好船舶安全工作都提出了不少办法和设想。“安全是命根子”的口号最好，也是最切合实际，这反映了船员对安全生产的高度重视，这正是交通部门工作的要求。

王首道部长对在座的上海海运领导说，“民主 5 号”轮的经验要好好总结一下，在今年全国交通工作会议上做一交流。同时对“民主 5 号”轮认真开展学习毛泽东选集、学习大庆、学习解放军、学习雷锋活动给予了高度评价和表扬。接着，王部长专门看望了杨怀远，赞扬杨怀远学雷锋学得好，全心全意为人民服务，这是交通部门工作的宗旨，并鼓励杨怀远好好学习“毛选”，在交通战线上做出更好成绩。

1964 年 4 月，交通部在北京前门饭店召开全国交通工作会议。大会前夕，交通部孙大光副部长将出席会议的“民主 5 号”轮政委徐赞绪请到房间内，边看“民主 5 号”轮的发言材料，边对徐政委说，“安全是命根子”这口号提得好，同时还了解了服务员杨怀远的学习和工作情况。

在全国交通工作会议进行经验交流时，“民主 5 号”轮政委徐赞绪安排首先发言。主持会议的王首道部长在大会上再次肯定了“安全是命根子”口号。

在这次大会上，“民主 5 号”轮被评为全国交通系统先进单位。次日，《人民日报》刊登了“民主 5 号”轮等 10 个单位荣获全国交通系统先进单位称号的消息。

“跃进”轮事件引起了国防科委对船舶安全设施的重视，并推动有关部门开始对海上军舰、商船的航行定位系统进行研究。当时，在我国沿海除少数灯塔（如长江口绿华山）附有供船舶定船位的无线电测向仪外，无其他测定船位的系统。实际上，第二次世界大战期间，欧美、各国日本已使用双曲线罗兰 A 系统、台卡系统测定船位。据此国防科委在西安的研究所协同上海海运助航仪器室，配备了罗兰 A 接收机随船测试。从北起渤海湾，南至福州沿海海域，通过测量接收日本罗兰 A 台组的信号，求出船舶定位精度。这一测试工作的成功，为上海海运自制罗兰 A 定位仪打下了基础。

上海海运自力更生，在 1966—1967 年期间，终于成功研制了罗兰 A 定位仪，并经交通部批准，在上海东大名 700 号成立了导航仪器厂（即 1972 年以后的航运电子设备厂），批量生产罗兰 A 接收机（DW–1 型定位仪），以及适合测量我国沿海水深用的回声测深仪。罗兰 A 定位仪在我国沿海船舶上推广使用，对推动我国航海技术的发展起到了十分重要的作用。

四、《上海海运报》八论“安全是命根子”

1964 年 6 月，上海海运推广“民主 5 号”轮把安全当命根子来抓的成功经验，党委书记王玉琪倡导并组织《上海海运报》以《论安全是命根子》为题，从各个方面反复阐述贯彻安全质量第一的重要意义。

1964 年 6 月起，《上海海运报》根据党委布置，连续发表了 8 篇社论，即《安全与生产的对立统一关系》《事事抓安全》《培养和树立严、细、准、狠的好作风》《加强内外团结》《扎扎实实练好基本功》《要做机智勇敢的海员》《人是安全生产的决定因素》《尊重科学规律，狠抓第一性资料》。社论阐述了对海上运输来说，提出“安全是命根子”的口号是十分准确的，把安全当命根子来抓，是广大海员对社会主义事业高度负责和深厚阶级感情充分体现的理念。每篇社论的发表还配有一组船舶重视安全生产的经验介绍和典型事例的报道，使广大海员读后有感，化为行动。例如“和平 72 号”轮通过学习，找出了 66 个制度上、设备上的问题，船员自己动手解决了 70% 的问题。“中兴 7 号”轮一些船员对船长在靠离连云港港码头时使用拖轮有意见，学习以后认识到不能单纯地考虑节约费用而不顾安全。不少船舶学习“民主 5 号”轮“开门抓安全”的经验，建立了工前会制度，在安排工作的同时，布置安全工作，做到工前讲、工中防、工后查，形成一种时时讲安全，人人重视安全的良好氛围。

上海海运政治部还下发通知，要求各单位认真组织学习《上海海运报》社论，提高认识，认真搞好安全生产工作。

第五节　建立工人阶级知识分子的队伍

一、加速培养船舶技术干部

1957 年底“一五”期末，上海海运拥有船舶 76 艘，载重量 20.9 万吨，载客量 6212

人，到 1960 年底，已发展到船舶 107 艘，45.77 万载重吨，扣除这时期内连船带人移交给兄弟单位的 12 艘船舶（不包括这时期下放给江、浙、闽、鲁等省的公私合营南洋轮船公司船舶），实际新增船舶 43 艘，需要增配 43 艘船舶船员。当时，配备普通船员还比较容易，而要在这么短时间内培养和配备这么多成套的船舶技术干部就比较困难。上海海运打破常规，采取一系列措施，加速了对船舶技术干部的培养，包括从老工人中选拔有培养前途的对象，送南京技校进行短期技术业务培训，并经过一段时间的实习，培养了一批三副、三管轮；从在船经过劳动锻炼的实习生中提拔一批三副、三管轮；对德才兼备的技术工人、技术干部破格提拔二管轮，或由三副直接培养为大副。举办船长训练班，由指导船长带领上船，着重进行进出黄浦江、靠离码头的实际操作训练，在较短的时间内，培养出一批船长。3 年中，上海海运共培养提拔了三副、三管轮以上船舶技术干部 728 人，其中船长 71 人，基本满足了船舶大幅度增长对船舶技术干部的需要。

1965 年，我国国民经济进入了一个新的发展时期，海运事业也有了相应的发展，为第三个五年计划做好准备。在发展海运事业的过程中，充实和壮大产业队伍是一个带关键性的问题，上海海运针对船长、轮机长数量不足，部分船员技术素质不高的状况，制订了 3 年培训计划。整个培训工作以干部船员为重点，以船长、轮机长为目标，从三副、三管轮着手。明确三副、三管轮的来源除由分配来的大中专学生补充外，大力培养普通船员和复员军人；二副、二管轮以上的干部船员来源是，现职驾驶员和轮机员，可以采取破格培养和按级提拔相结合的办法来解决。第一年首先要解决 27 套船舶干部船员班子，以后班子每年培养解决 29 套船舶干部船员班子。

为保证船员培训计划的落实，上海海运建立了训练处，撤销了原人事处教育科建制，并在原来“和平 45 号”轮 1 艘训练船的基础上再增加“和平 9 号”轮和“民主 18 号”轮 2 艘训练船，组织教师在船上培养干部船员。理论和实践相结合，至 1965 年底，这 3 艘训练船共培训三副、三管轮以上干部船员 200 多名，在补充干部船员队伍，提高船员队伍素质方面发挥了重要作用。

上海海运以业余教育、脱产培训和到训练船培训相互结合的办法，加快了船员培训的进程，成效明显，得到交通部的重视。1964 年 11 月 13 日，交通部部长孙大光到“和平 45 号”轮视察。1966 年 1 月 12 日，交通部副部长彭德清也登上“和平 45 号”轮，对训练船的工作提出要求，并勉励船员努力学习解放军：“你们是训练船，除了不穿军装，不用敬礼外，都应当向解放军学习。”

二、做好“减人支农”教育，精减职工

1961—1962 年，上海海运根据中央关于缩短工业战线，精减职工，减少城镇人口，支援农业生产的决定，先后两次集中进行了“减人支农”的工作。精减的对象，主要是 1958 年 1 月以来参加工作的来自农村的新职工。在此以前参加工作的来自农村的职工，确系自愿要求回乡，也准许其离职回乡。精减的职工都按离职处理，一律不用带工资下放的办法。支农对象中有几种类型：第一种是曾经回过家乡，亲眼看到家乡情况开始好转，本来已有回家的愿望；或者本人不习惯船上工作，算细账，觉得回乡搞农业，收入与现有生活相差

不大，一经动员，就自动报名。第二种是本人有些实际困难。如因结婚或家属生病欠了债，粮食亏空，家中房屋小，人口多等，需要组织帮助解决才能回乡。第三种是通过教育也打算回乡，但思想上有顾虑，如有的在上海有了恋爱对象，有的家中父母兄弟不和等。第四种是看到人家要走，自己也有所准备，但想等待一下，借机讲讲条件，要些东西如工业券、布票、工作服甚至紧张物资自行车之类。另有少数人则坚决不肯走。这就需要针对不同情况，多方面做好个别工作。这是一项艰巨复杂的工作，关系到职工的切身利益，政策性很强，而且任务重（有百分之十以上的船员符合回乡支农条件），时间紧，牵涉面广，要求高。要完成这一任务，必须切实做好深入细致的思想政治工作。这次减员支农的做法主要是如下几个方面：

加强组织领导。船舶主要由船舶工作部具体负责，并抽调干部组成工作组跟船、驻港，加强对船舶精减工作的领导和检查督促。采取先党内后党外、先干部后群众的步骤，训练骨干，层层发动。首先组织党员、干部反复务虚，提高认识，认清形势，明确精减工作的重要意义和政策，从而高度负责地去做思想工作和组织工作，认真贯彻“决心大、行动快、步子稳、工作细、安置好”的要求。

调查研究，摸清情况，做到心中有底，有的放矢。摸清动员对象的家庭、原籍、进企业时间、经济生活、健康状况、技术水平、本人态度等基本情况，看是否符合精减条件，以便落实对象；对本人的思想动向、各种各样的打算、顾虑、要求以及平时的表现、个性特点，直至周围亲友关系等情况也尽可能掌握，以便有的放矢地进行动员和帮助解决实际问题。

从形势教育入手，广泛发动群众，使群众认清大局，懂得减人支农是克服当前困难最有效的办法之一。树立起自觉分担国家困难的责任感和支援农业生产的光荣感。以小型座谈会的形式，采取骨干启发、共同讨论、领导辅导的办法，依靠群众教育群众。在群众认识不断提高，并形成舆论的基础上，启发精减对象自愿报名。

依靠群众力量，把个别工作做深做细做到家。同支农对象接触，做支农对象的思想工作。一是让支农对象动员支农。由于他们条件相当，感情相通，共同语言多，谈话中肯，往往一席话能解决问题。二是运用老上级、老朋友等关系个别做工作，一把钥匙开一把锁，打通支农对象的思想。三是注意“活思想”，加强引导，把思想工作深入到各个角落。船舶活动地方小，许多支农对象往往自然地三五成群地挤在一起聚谈，吐露自己的真实思想。党支部就注意这方面的工作，对参与议论的党员（支农对象）交代任务，要他们从中加以引导。

严格掌握政策，认真安排，负责到底。干部坚持说服教育，自觉自愿的原则，不搞倡议，不点名，避免造成不必要的紧张，坚决防止强迫命令。本人思想不通的不走，公社没安排好的不走，确有实际困难没解决的不走。从关怀体贴出发，倾听被减人员的意见。他们所提的要求，严格按照国家的有关规定办事，凡属合理的，应当尽量设法帮助解决，不合理的或暂时办不到的，应耐心诚恳地说服解释，不能迁就。

两年中，上海海运减员 3442 人，其中回乡支农的 1211 人。之所以能顺利地完成任务，充分证明我们的船员职工群众同党心连心，当党的克服困难的措施一出，即能积极响应。

三、人力物力和经营管理全面支援中国远洋运输

20 世纪 50 年代中期，我国沿海运输有了长足的发展，对外贸易逐年增加，但当时尚未有远洋运输船队，外贸进出口物资的海上运输依靠租用外轮来完成，每年需支付大量的外汇租金。为此，组建和发展自己的远洋运输船队提到重要的议事日程。1958 年国家提出要建立海上铁路的设想，并于 1958 年 8 月成立了交通部远洋运输局，3 年之后，1961 年 4 月 27 日，中国远洋运输公司在北京成立，开始发展远洋船队。

20 世纪 60 年代初期，我国航行于欧、亚、非洲以及港澳地区的远洋船舶越来越多，船员紧缺，迫切需要一批高素质的船员队伍。1961 年 5 月 31 日，交通部以特急件形式，下发《关于抽调船员支援远洋运输的通知》给上海海运局、长江航运局、广州海运局、大连港务局。《通知》指出：按部 1961 年远洋事业发展计划，除配备新增船舶所需船员外，国外合营船舶上尚需增派部分船员，二者共需要 513 名船员。除部已责成远洋运输局积极设法培养提拔，采取必要的措施自行解决外，尚缺 300 名船员，需从各单位抽调。其中急需配备的 4 套船员，计 180 名，须于 7 月上旬调派配齐。现决定第一批先从上海海运抽调 82 名，长江航运抽调 48 名，大连港务局抽调 40 名，广州海运抽调 10 名。在这一次的抽调船员中，交通部要求上海海运支援的人数最多，上海海运认真落实，如期按要求输送了船员。

1963 年，国际租船市场租费上涨，国家外贸运输任务繁重，为了利用沿海国营船舶开辟中朝、中日航线，以顶替租用的外轮，发展自己的远洋船队，参与国际航运市场竞争，经国务院总理周恩来，副总理李富春、李先念审阅批准，交通部决定在上海组建远洋运输船队，同时确定中国远洋运输公司上海分公司为国有企业，由上海海运代管。

1963 年 7 月，交通部又给上海海运、广州海运、长江航运局下发了《关于抽调远洋船员的通知》。该《通知》指出：远洋运输局今年增加“红旗”“团结”“建设”轮 3 条新船，所需船员须于 10 月底全部配齐。从远洋系统现有船员中无力调剂解决，特决定从上海海运抽调高级船员 35 人，从广州海运抽调高级船员 2 人，从长江航运抽调各级船员 94 人。所调人员的政治、技术条件必须符合远洋运输工作要求，并于 9 月底以前必须办妥调动手续。远洋运输局于 10 月 15 日前，将审查、接收工作做出总结报部。

上海海运根据通知中“抽调远洋船员具体方案”的要求，迅速落实。共抽调船长 2 名、大副 2 名、二副 2 名、三副 2 名、驾驶员助理 2 名、轮机长 2 名、大管轮 2 名、二管轮 2 名、三管轮 2 名、一等报务员 3 名和 2 名水手长、12 名一等水手支援远洋运输。在这次的船员抽调中，上海海运支援的干部船员数量居首位。

1963 年 11 月 30 日，交通部根据国务院周恩来总理批准的开辟中国—朝鲜、中国—日本航线的方案，指令上海海运抽调性能较好的船舶参加营运，并决定在上海海运设置机构，对外用中国远洋运输公司上海分公司名义，专门负责中国—朝鲜、中国—日本两条航线的经营管理。当即，上海海运研究决定，由刘延穆、张俊等 7 人组成领导小组，选调干部着手进行各项筹备工作。具体有 6 项：拟定贯彻实施方案；建立组织机构，配备领导干部；选定船舶，安排航前修理；审查配备船员；进行船舶试航准备工作，派员赴日本考察港口、航道；制定各项制度。

1963 年 12 月 31 日，交通部决定，将远洋运输公司委托大连船厂建造的“团结”“红旗”轮和江南造船厂建造的“建设”轮移交上海海运投入中朝、中日航线营运。

1964 年 2 月 10 日，交通部任命宋涛为中国远洋运输公司上海分公司经理，傅海艇、陆少华为副经理。3 月 17 日，交通部批准上海海运《关于中国远洋运输公司上海分公司的编制机构问题的请示》，明确中远上海分公司在上海海运领导下，进行运输生产管理。当时，上海海运根据实际情况和工作需要，研究确定中远上海远洋分公司机关设立总经理办公室、运务处、船务处、人事科、计划财务科、供应科，人员编制为 50 人。

1964 年 3 月 31 日，上海海运党委扩大会议研究决定，提名中共中国远洋运输公司上海分公司委员会由宋涛等 5 人组成，宋涛任党委书记，报请上海市委批准。4 月 1 日，中国远洋运输公司上海分公司在上海中山东一路 5 号（广东路 20 号）宣告成立。1964 年 4 月 4 日，上海市委交通工作部批准，成立中共中远上海分公司委员会，由宋涛任党委书记。

上海海运为中远公司输送了 419 名船员，其中干部船员 138 名。1965 年上海海运和长江航运又抽调 20 名厨工，支援中远公司。同时，中远上海远洋分公司成立之初，上海海运就将技术状况良好的船舶调拨给中远上海远洋分公司，其中有“和平 60 号”轮、“燎原”“真理”“胜利”和“先锋”5 艘船舶，总计 33150 载重吨。

1964 年 4 月 2 日，中远上海分公司成立的第二天，为做好开辟中国—日本航线准备工作，上海海运派陆少华、林祖乙随同中国经济贸易展览先遣队去日本考察港口、航道情况，了解有关通航业务。此行获得了航行日本所必需的技术业务资料，并同日中贸易促进会等友好团体以及航业界友好商社进行了广泛接触，建立了业务联系。

1964 年 4 月 14 日，上海海运向交通部报送《关于开辟中朝、中日航线的筹备工作情况和首航的请示》《关于中朝、中日航线航行方案的报告》。5 月 21 日，国务院总理周恩来等中央领导人审阅，批准了交通部转呈的上述报告。

1964 年 6 月 1 日，交通部副部长孙大光在上海接见中国远洋运输公司上海分公司负责人宋涛、陆少华以及“和平 60 号”轮、“燎原”轮部分船员代表，对开辟中朝、中日航线有关航行工作专门做了指示。6 月 3 日，国务院外事办公室副主任廖承志接见“燎原”轮船员代表，就航行日本涉外事项作了指示。

1964 年 6 月 12 日，“和平 60 号”轮由上海首航朝鲜民主主义人民共和国，三天以后抵达朝鲜南浦港，受到专程从平壤赶来的朝鲜贸易省副相、对外运输会社社长以及当地人民群众 300 多人的欢迎。翌日，朝鲜副首相李周渊在平壤接见了“和平 60 号”轮船长和轮机长，同他们进行了亲切友好的谈话。

“和平 60 号”轮装载由叙利亚和印度尼西亚转口去朝鲜的棉花、橡胶 960 吨，回程装运在上海转口去印度尼西亚和古巴等国大米、杂货共 2592 吨，于 6 月 25 日顺利返回上海。

1964 年 6 月 18 日，“燎原”轮由青岛起航驶往日本。该轮先后停靠门司、东京、神户三个港口，受到日本友好社团、人民群众、爱国华侨的热烈欢迎和友好接待。同时，“燎原”轮也接待前来参观的日本朋友和爱国华侨 800 余人次。“燎原”轮回程装载人造纤维 2483 吨，于 7 月 9 日返回上海。同年 10 月，“燎原”轮又驶往日本神户港，装载我国进口的第一批维尼龙成套设备返回上海。

1965 年 1 月 1 日，经交通部批准，中远上海分公司归属北方区海运管理局领导。1966 年 9 月，中远上海分公司机关迁离上海中山东一路 5 号（广东路 20 号）。

四、船员工资制度第三次较大的变动

上海海运经过 1952 年和 1956 年两次船员工资制度改革，基本革除了解放前遗留下来的不合理因素，初步建立了适合我国情况的船员工资制度，对调动船员劳动的积极性和迅速发展我国航运事业起到了积极作用。但两次工资改革从总体上基本是引用苏联的模式。在执行过程中，也暴露了工资等级过多、船组划分过细、支付办法复杂等弊端。在总结经验的基础上，1959 年 3 月 23 日，交通部下达《关于建立船员新工资制度》的通知，提出了“新人新制度，老人老制度，并逐步向新工资方案过渡”。为此，上海海运对船员工资制度作新中国成立后第三次较大的变动。在工资形式上采取不分船组，实行各职船员一条龙的工资标准。分 22 个顺序号，确定为地面工资、在船工资、停船工资的三档工资标准。船岸工资差将原来离船折扣改为地面工资（基本工资）为基础，上船工作时加成的办法。不再执行提职提薪、代职代薪。工资标准中，两个顺序号的平均级差为 10—12 元，最小级差为 3. 5 元。新标准中船长工资最高为 270 元，比原标准 432 元减少 162 元；三副、三管轮起点工资 72 元，比原标准减少 23 元；普通船员起点工资也减少 10 余元。船岸差由原 30%—40%，降为 20%，并对超过新标准的工资予以保留，老制度逐步向新制度过渡。

“文化大革命”期间，上海海运按照上海市推行的不分行业、不分工种的没有差别的“36 元低工资制”，致使按劳分配的原则又受到破坏。国家虽然在 1971 年、1977 年、1979 年对部分职工调整工资，但是由于船员调资按顺序号而增加一级工资，序号之间工资级差很小，工资提高很少，导致海员工资长期处于低水平。

这次工资改革以后的新工资制度从 1959 年 8 月 1 日起一直执行到 1986 年 8 月 31 日止，为期 27 年。事实上，历时 27 年的老工资制度向新工资制度的过渡并未完成，有一小部分船员仍保留着 1959 年以前的老标准，没有一个新船员能拿到新工资标准中 270 元的最高工资，新工资制度只设立了标准，没有升级制度的保证。

第六节　重视航运科技教育

一、负责筹建上海船舶运输科学研究所

1957 年，上海海运为了加强研究船舶燃煤品质，降低耗量和减轻船员劳动强度，在上海高桥成立了热工试验站。初始，为节约投资，迅速开展工作，利用废旧船上拆下的一只锅炉作为研究工作的基本设施。该站成立后重点研究了机械加煤和燃烧煤粉的技术，为以后在部分船上加装机械加煤设备打下了基础。50 年代末，上海海运率先在“和平 1 号”轮大修改建时为该船配置了锅炉燃烧煤粉的设备，这是对以往一直沿用的人工加煤除灰的重大变革。20 世纪 60 年代后，随着大庆油田的开发及国内内燃机的研究试制成功，船舶动

力装置逐步推进到以柴油机为主的阶段，燃煤船舶减少，热工的研究重点转向到内燃机。

1960 年 4 月，经交通部批准，上海海运成立海运科学研究所，并将上海海运的高桥热工试验站并入该所。副局长王化民兼任所长。科研所在上海海运科技委员会领导下工作，设海运经济、船体、船舶动力、无线电电子、材料工艺、电气设备、电力装置、航海技术、医疗卫生、打捞施教等研究室及技术情报室。

1962 年，海运科学研究所与交通部船舶科学研究所合并，成立上海船舶运输科学研究所。

二、船舶技术革新、技术革命的三次高潮

1958 年 1 月，毛泽东在南宁会议上提出：现在要来一个技术革命，把党的工作的着重点放到技术革命上去。4 月，在中央和上海市委部署下，上海海运通过组织群众参观本单位技术革新项目展览、合理化建议展览等活动，发动群众献计献策，开始开展技术革新活动。6 月，局职工代表大会第二次会议提出：通过技术革新、技术革命实现运输生产跃进。8 月，上海海运召开再跃进誓师大会，会上提出"大闹技术革命"的口号，组织、发动船员全面开展技术革新、技术革命运动。

上海海运向各轮发出以"4 个提高"（提高航速、提高载重量、提高吊杆负荷和提高营运率）为中心，充分挖掘潜力的号召，并派出工作组去"民主 13 号"轮"种试验田"。工作组在船上发动机舱部船员苦战两昼夜，将主机转速从每分钟 89 转提高到 102 转，突破了原有的定额上限 96 转。上海海运随即在"民主 13 号"轮上召开现场会议，号召各轮学习，出现了船舶技术革新、技术革命的第一次高潮。

第二次以"六化六合一"为中心的技术革命高潮。随着"四个提高"的实现，船舶航速提高，载重量增加，周转加快，但同时船员的劳动强度也大大增强了。针对这种情况，上海海运集中各方面建议，提出以"六化"（即操舵、加煤、除锈、开关舱、带缆和机舱加油自动化）、"六合一"（即驾驶、引水合一，生火、加油合一，一、二水手合一，政委、机要员合一，港、航理货合一和厨工、服务员合一）为船舶技术革命的中心内容，号召人人献计献策，向机械化、自动化进军。经广泛发动，各轮在党支部带领下，组织技术人员与工人协力攻关，掀起又一次技术革新、技术革命的群众运动高潮。

第三次组织技术革新、技术革命大会战。1960 年 3 月 29 日，上海市委第一书记的柯庆施在上海市工业会议上作了关于技术革新、技术革命的报告，上海海运认真落实，决定发动群众投入以实现机械化、半机械化为目的的技术革新、技术革命大会战。4 月 4 日，上海海运组织以巩固、推广、提高为中心的技术革新、技术革命"全面大会战"。4 月 26 日，组织全局系统第二次大会战，中心内容是大搞超声波的推广、使用，要求船舶锅炉助燃、除锈、洗涤、防暑降温等所有工种、工序全面推广使用超声波。

各轮党支部在普遍号召开展技术革新、技术革命运动的同时，都亲自"种试验田"，抓一个技革项目，力争做出样板，推动本船技术革新、技术革命运动的发展。实行领导干部、技术人员、工人三结合，协同作战，船舶党支部在确定技改技革的项目后，一般都组织"三结合"进行攻关，即把领导干部、技术人员和工人三方面力量组织起来协力进行技术革新活动。

上海海运在船舶开展技术革新、技术革命运动中既取得了一定的成绩，也有不少的教训。

在船舶上开展技术革新、技术革命活动，以减轻船员劳动强度，改善船舶设备方面的性能，提高运输效率，提高经济效益，这个方向是正确的。据 1961 年 4 月上海海运办公室关于三年“大跃进”运动的总结中披露，这三年船舶技术革新成果累累。在生产上确有柴油掺淡水、燃料油掺海水助燃剂、左右两次清炉法、自制淡水、电罗经操纵自动化、主机加油机械化、装烧煤滑溜化、撇缆枪、降温水帘、炉门石棉板、降温水箱、避碰闪光灯、锚链方向指示器、舱盖机械化半机械化等项目。这说明广大船员发挥了极大的创造性，搞技术革新、技术革命活动在船舶有用武之地。但是，用大搞群众运动的方式、用突击会战开展技术革新、技术革命是不可取的。这三年中投入的人力物力巨大，但真正成功的，在技术上过关、在生产上能应用的很少，绝大部分项目或者在技术上没有过关，开展了一阵，半途而废；或者一时用上了，但由于不配套或有缺陷，不能巩固。例如 1960 年 4 月 26 日组织的在所有船舶上普遍推广使用超声波除锈等大会战，没有得到应用，浪费了大量人力物力，挫伤了广大船员的积极性。

这次技术革新、技术革命群众运动之所以不成功，其主要原因在于，首先是违背了科学技术发展的客观规律，以“破除迷信”、冲掉一切“清规戒律”为名，实行所谓“五边”（边研究、边设计、边试制、边运用、边改革），还没有研究和设计好，就试制、运用，造成盲目性。其次是搞突击性的群众运动，大轰大嗡。技术革新、技术革命是一种创造性的活动，需要细致、扎实的工作，要经过搜集资料，研究、设计、试制等一步一个脚印的工作，才能取得成果，而这次技术革新、技术革命群众运动，搞“大兵团”作战，把所有的人搞在一起进行突击，要在几天时间里，甚至一天一夜就拿出成果来，结果往往是表面上轰轰烈烈，实际上成效寥寥。

三、负责筹建上海海运学院

1958 年，交通部决定在上海重建海运学院，委托上海海运负责领导筹建工作，并陆续从大连调回原上海航务学院的一批教学业务骨干充实教学力量。1959 年 9 月 5 日学校正式开学，命名为上海海运学院。校址设于浦东大道 1550 号。

1961 年 9 月，上海海运学院筹建工作初步完成，遂脱离上海海运，由交通部直接领导，为交通部部属院校，党委由中共上海市委领导。建校初期仅设海洋船舶驾驶、轮机管理、船舶机械、港口机械等专业，并附设专业基本相同的中专部和一所普通中学（学院所办东昌中学后划归上海市黄浦区政府接管）。

四、成立上海海运学校

1958 年 11 月，在国家国民经济快速发展的形势下，上海市为加快航运人才的培养，决定将上海市东昌中学划归交通部上海海运局，筹办上海海运学院中专部。次年 2 月，上海海运学院中专部宣布正式成立。设船舶驾驶、轮机管理、船舶无线电通信及船体修造、船机修造等五个专业；原东昌中学高二大部分学生转入上海海运学院中专部。在校学生人数为 649 人，教职工 56 人。1959 年秋季，学校招收应届初中毕业生 235 人，学制四年，在校学生达854人；同时补充专业师资50余人。

1960年，上海海运学院第一期建校工程完成，中专部由东昌中学迁入上海海运学院，当年招收新生367名。至1960年底，在校学生为865人，教师和教辅人员总数109人，师资队伍不断充实提高，在专业学科设置上，建立了航海学科、造船学科和基础学科，下设12个教研组，办学构架逐步规范，管理体制、机制和制度初步形成。

这一时期，上海海运学院除正规学历教育外，还为部队开办师资培训班，为远洋总局培训船舶报务员，并从58级中专学生中，保送81名品学兼优学生进入交通部部属水运学院继续学习深造。

1961年，根据交通部决定，“上海海运学院中专部”正式更名为“上海海运学校”，隶属交通部，同年9月学校被确定为交通部重点中等专业学校。当年学校招生9个班，并增设“港口机械专业”，在校生规模突破1000人。学校制定了“关心政治，尊师守纪，勤劳俭朴，艰苦奋斗”十六字校风。

1962年，在国家遭受三年严重困难的背景下，中央提出“调整、巩固、充实、提高”的“八字方针”，学校进入全面调整时期。1962年当年就停止招生，“港口机械专业”停办，原该专业学生转入“船机修造专业”学习。同年，根据交通部指示，成立函授部。1963年“海船驾驶”和“轮机管理”专业停办，61级学生辍学，提前分配至上海海运船舶和船厂工作。同年秋季招收“船舶无线电通讯专业”学生76人，函授招生地区扩大到大连、青岛、汉口等地。

1964年，根据国家教育体制调整要求，“船机修造”和“船体修造”两个专业学生与部分教师转入上海船厂，成立“船舶修理技术学校”，试行半工半读。

1964年，国家经济形势明显好转，为适应航运事业的发展需要，交通部对学校进行重新规划，拨款建设上海海运学校新校区，选址浦东源深路，第一期工程征地44亩，建筑面积14700平方米，并于同年开工。1965年7月，学校搬至新校区。同年秋季，恢复“海船驾驶”和“轮机管理”专业，增设“船舶电气设备”专业，共招新生9个班，在校学生回升到500余人。同时，上海海运技工学校的“水手专业”和“机匠专业”三个班共136名学生并入上海海运学校，按原三年制教学计划继续学习。

为适应学校的办学规模，学校通过对师资结构调整，加强师资队伍建设，充实了一批既有大学学历又有实践经验的教师，使师资队伍在素质和数量上都有了很大提高。至1965年，在校教职工182人，其中教师、教辅人员79人。同时，学校在不断积累办学经验的基础上、努力健全各项规章制度、加强实验和训练设备的建设，学校又回到正常发展的轨道，并初具规模。

在这一时期，学校随着国家经济的动荡起伏，历经了从初建、扩展，到调整、恢复的不断变迁，走过了曲折而艰辛的生存发展之路，全校教职工在极其困难的条件下，培养了一批又一批国家急需的航运人才。

五、成立交通部南京海运学校和上海海运技工学校

1960年1月，交通部决定将南京海运技工学校改为中专，命名为交通部上海海运管理

局南京海运学校，设置驾驶、轮机两专业，学制3年。1961年3月，国民经济调整，鉴于学校师资设备等条件还不充分，经交通部决定调整为技工学校，命名为海运技工学校，改驾驶、轮机两专业为水手、机匠专业。并相继开办船电、车工、钳工等专业。1957—1964年，在归上海海运领导期间，该校通过全日制和短训班，共为上海海运培养船员2401人，其中政委（指导员）83人，驾驶员84人，轮机员85人，船舶技术工人2149人（全日制1396人，短训班1005人）。

1964年8月，交通部决定该校划归交通部远洋运输局领导，改名为南京远洋技工学校。

上海海运技工学校创办于1960年8月，由交通部批准的中等职业技术学校，直属上海海运领导，学校创办初期校址在浦东三林塘，1962年一度停办，后根据交通部有关建立上海海运技工学校的通知，上海海运随即筹建上海海运技校新校舍。1964年开始动工兴建，同年对外招生，因校舍未成，暂寄读于上海海运学校内。1965年5月建址于浦东源深路52号的新校舍落成，上海海运在新校址开办船员短期培训班，称为船员培训学校。“文化大革命”期间停办。1976年4月，上海海运决定恢复海运技校，设船舶水手、船舶轮机工、船舶电工三个专业，招收高中毕业生，学制2年。1978年交通部征得上海市劳动局同意，正式发文恢复上海海运技工学校。1983年改招初中毕业生，学制3年。

六、开办海员医院附属护士学校

1958年秋，经交通部和上海海运批准，上海海员医院开始筹建上海海运管理局海员医院院附属护士学校。1959年2月21日正式开学，首届学生84人，编为“591班”“592班”。

1960年春，该校为上海海运客轮培养中级卫生人员，招收80名新生，编为“602护士班”（其中有30名男生）。同年4月，经交通部和上海市卫生局批准，护校改名为上海海运管理局卫生学校。至年底，学校进行充实调整，增加师资力量，增添教学设施，健全教学管理机构，成立教导处，设有综合教研组和政治教研组，建立共青团支部和学生会组织，学校的教育经费由交通部拨款。1962年8月，根据交通部关于精减学校的指示，“卫校”宣布停办。

1965年春，为解决上海地区海运系统中级医务人员不足问题，报经北方区海运管理局批准，上海市卫生局备案，在原海运局“卫校”设施的基础上成立了上海海员医院工读训练班。1965年秋，参加上海市中专统一招生，招收新生30人。1966年7月，经交通部和北方区海运管理局批准，工读训练班改为上海海运半工半读卫生学校。开始，学校不能按期正常招生，而处于停顿状态。1965年入学的30名护士班学生，1968年毕业后，被动员上山下乡去江西、江苏、黑龙江、安徽、甘肃等地，半工半读学校也告停办。1971年，在原半工半读学校基础上成立了上海海员医院医训班，从1971年到1976年共举办学习期为1—1.5年的3个护士班，毕业学生98人；学习期1年的两个医士班，毕业学生89人。毕业后护士班学生主要留院工作，医士班学生由市卫生局统一分配。

七、成立职工业余大学

1958年7月，上海海运成立了业余大学，同年9月正式开学。业余大学下设海运管理、海运经济、轮机、驾驶、电讯、材料供应、医疗卫生、社会科学、外文等 9 个专业。报名参加学习的，除社会科学系外有 443 人。同时，业余大学还附设机关学校一所，设专业四系一组（船舶修造、电讯电航、海运管理、海运经济系，安全生产研究组），报名参加的有 584 人。由于业余大学学员的文化水平悬殊，不能达到大专教学要求，遂于 1960 年做了一次调整，严格入学要求，将高中毕业以下的学员全部动员到中学班级补修必要的基础课程，同时将海运管理系与海运经济系合并为海运管理系，轮机系改为船舶修造系，电讯改为电讯电航仪器系，撤销了材料供应系和安全生产研究组，并将医疗卫生系划归上海海员医院红专学校，改名为医专班，1960 年和 1961 年分别新设中文系和英文专修班。至 1961 年共有学生 205 人。

1962 年，上海海运共有 480 名干部、工人船员、工程技术人员在工、理、医和外语等各类业余大学学习，其大部分是通过业余学习，逐步提高到高中毕业水平，再进入业余大学学习的。“文化大革命”开始后，业余大学停办。

八、开展函授教育

1962 年，交通部指示有关院校，为适应船舶流动分散的特点，举办大中专函授教育，业余培养技术干部船员。大连海运学院和武汉水运工程学院同时向上海海运船舶和工厂招生；海运学校也设立了函授部，举办中专函授教育，先后开设驾驶、轮机、电讯机修 3 个专业，除接收上海海运船员学习外，办学范围扩大到沿海各港口及长江沿岸各港，在册人数最多时达 400 余人。上海海运还配合两个学院的函授教育成立了函授站，为大中专函授生辅导、面授。1962 年有中专函授生（上海海运学校）128 人，大学函授生 58 人。1963 年有中专函授生（上海海运学校）146 人，大学函授生 44 人。

1965 年始，上海海运业余大学函授站一度开设船舶电工、货物装卸、形式逻辑、写作知识、代数、物理、语文等函授单科班，并建 112 个互助组，聘请兼职辅导员 217 人，函授人数达 2406 人，形成了函授学习热潮，一直到“文化大革命”运动开始后才被迫停止。

注：1980 年冬，大连海运学院恢复函授招生，1981 年 7 月，武汉水运工程学院开始函授招生。1981 年 7 月上海海运成立函授站，设于职工大学内，有函授生 134 人，其中属上海海运 47 人（本科：驾驶专业 8 人，轮机管理 8 人，机械与液压 1 人，轮机自动化 30 人）；属交通系统其他单位的 87 人（本科：驾驶专业 6 人，轮机管理 19 人，机械与液压 14 人；单科：轮机自动化 48 人）。此外尚有英语初级班及中级班的函授生 42 人。

第七节　突出政治思想工作的重要性

一、开展船舶整风运动

1957 年底，上海海运机关和局属陆地单位整风反右派斗争结束，局党委根据上级指示，决定从 1958 年起，用半年时间在船舶上进行一次整风运动。1958 年 1 月，第一批船船整风运动开始。《人民日报》发表了《反浪费、反保守是当前整风的中心任务》的社论，局党委一方面在局领导干部中开展思想交锋，批判领导干部中的“右倾保守思想”，另一方面在全局范围内开展反浪费、反保守的“双反运动”。于是，船舶整风运动刚开始，即改变了原来的部署，转入反浪费、反保守，重点是反对“右倾保守思想”，目的是为生产“大跃进”创造条件。这次运动历时半年。

船舶整风运动大体分两步：

一是广泛深入地了解和分析船员群众的思想情况和船舶存在的各种矛盾。运动一开始，各轮党支部根据局党委的要求，首先对船员群众的思想状况和船舶存在的各类矛盾进行调查了解和分析研究，以便在整风运动中有的放矢地进行教育，做好工作，达到端正政治方向、提高思想水平、改掉工作缺点的目的。调查研究的内容主要包括三个方面：了解每个船员的思想动态，研究分析各类人员的思想特点；调查和研究船舶内部的各类矛盾；广泛搜集船员对局机关的意见。这三方面的调研资料为正确处理船舶内部矛盾，做好船员思想工作，创造了较好条件。

二是用“大鸣大放、大争大辩”的方式发动船员揭露矛盾，解决矛盾。船舶党支部在摸清情况，心中有数后，在局党委统一部署下，组织船员学习《人民日报》《解放日报》有关反浪费、反保守的社论，动员广大船员围绕“双反”掀起“大鸣、大放、大字报”高潮。短短几天时间，全局5200多名船员，就贴出大字报几万张。随后，各船舶党支部引导船员将大字报揭发的问题进行分类排队，分析研究，提出整改意见。

5月初，根据上海市委指示和局党委的部署，各轮再一次发动群众进行整风补课，船长、政委在船员大会上作自我检讨，提出改进思想作风、改进工作的规划，然后发动每个船员制订个人红专规划以及全船和各部门的跃进规划，将整风运动的积极性引导到掀起运输生产“大跃进”的高潮上去。船舶整风运动到6月底大体结束。

这次整风运动中，归纳为存在船员“鸣放”和整改的问题，有浪费、右倾保守、局领导机关的经营管理工作作风问题和船员内部互相提的意见等四大类。

（一）浪费问题

船员揭发的浪费现象主要有：船舶各类事故给国家造成巨大损失；修船工作中存在大量浪费现象；船舶制度混乱，有些事无人负责，造成浪费；积压物资，造成浪费。这次整风运动从反浪费着手，这方面的大字报约占全部大字报数量的10%以上。对揭露出来的浪费问题，船舶上能改的，船员积极整改；船上不能改的，则反映到局机关协调解决。

（二）右倾保守问题

船舶整风和“双反”运动的重点是反右倾保守思想，但是由于船员在实际工作中感受不到船舶上有多少严重右倾保守思想，因而有关这方面的大字报数量不多。鸣放告一段落后，局党委归纳出船舶上“右倾保守”思想的主要表现是：某些船舶领导干部对生产跃进“没有信心”“畏首畏尾”“害怕困难”，对增产指标感到把握不大，不肯点头；某些技术人员强调船舶生产活动要有科学根据，或怕出事故而对生产跃进持保留态度等。为解决这些所谓“右倾保守”思想，在局党委领导下，各船舶采取了组织大争大辩，批判“右倾”思想，企图以此来解决领导干部和技术人员中的“右倾保守”思想。经过反复多次的大争大辩，一些干部和技术人员虽然并没有真正解决思想问题，但在全国及全局生产“大跃进”形势下，继续发表所谓“右倾保守”言论的人少了。

（三）局机关的经营管理和工作作风问题

在整风大鸣大放中，船员写的大字报数量最多的是批评机关经营管理的问题和机关干部的工作作风问题，其数量占大字报总数的60%左右。对船舶的这些意见，局里安排机关工作人员认真收集整理，并要求各部门组织调查研究，提出整改意见。这对局机关改进工作改变作风起到了促进作用。

（四）船员内部互相提意见

船舶大鸣大放的大字报中有20%左右是船员之间相互批评，内容涉及船员思想、工作、学习、生活、作风等各个方面。这样的批评形式，把船员个人一般的缺点，用大字报公之于众，给被批评者造成了很大压力，即使有些批评内容是正确的，被批评者也感到受不了。一些船舶技术人员受到大字报点名批评后，背上了很重的思想包袱。

这次船舶整风运动，揭露出大量浪费问题，这对厉行节约、改善管理起了积极作用；揭露出局机关、船舶领导干部作风方面的问题，是对干部敲了警钟，对党组织加强干部作风建设起了促进作用。同时，通过整风对各类人员的思想特点进行了全面深入的分析，对加强船舶思想政治工作的主动性和针对性，也有一定的积极意义。

这次船舶整风采取的方法及其最后效果表明，用“大鸣、大放、大字报”的方法来解决人民内部矛盾问题并不成功。首先，这次整风中重点反对的“右倾保守”思想，其中很大部分是认为船舶生产活动应有科学依据和主张实事求是的思想，被错误地批判了，这给实际工作带来不少损害；有些思想可能有问题，那也是思想认识问题，只能用讨论的方法，说服教育的方法，不能用强制的压服的方法解决。其次，这次整风运动的目的之一是解决船员内部的矛盾，增强团结，调动广大船员的积极性。但采用“大鸣、大放、大辩论、大字报”的形式，不仅没有解决船员的思想问题，反而增加了相互间的矛盾。

二、开展“反右倾”斗争

1959年7—8月，党中央在江西庐山召开政治局扩大会议和八届八中全会。在会议后期，党中央于8月7日发出《关于反对右倾思想的指示》。根据党中央的指示和上海市委的部署，上海海运于10—11月在党员干部中开展“反右倾”斗争。

1959年10月16日—11月11日，上海海运党委召开扩大会议，出席会议的有局党委委员及17级以上党员干部，传达庐山会议精神，开展“反右倾”斗争。这次会议分为三步进行：传达党的八届八中全会精神，主要是传达了《关于以彭德怀同志为首的反党集团的错误的决议》；分组学习和讨论。在学习和讨论中，党员干部表示拥护中央的决议，同时对“大跃进”、人民公社化运动中的问题及对成绩缺点的估价等，反映了一些实际工作中发生的错误，讲了真心话，谈了自己的认识；对所谓的“右倾机会主义分子”批判斗争，对所谓“右倾情绪严重，个人主义较多”的干部进行重点帮助。党员干部普遍进行“洗澡”，检查自己的右倾思想和右倾表现。

上海海运党委根据党中央批转的关于划分“右倾机会主义分子”的标准和处理办法，局系统有 6 人定为“右倾机会主义分子”，给予撤销党内职务处分，有的调离原职另行分配次要工作；25 人被定为“严重右倾”，其中有的人调离了原职；1 人被划为“漏网右派分子”，给予开除党籍、行政撤职处分。对上述被错误处理的同志，在 1961 年甄别时全部平反，其中被错划为“右派分子”的同志，在党的十一届三中全会后作了改正。

1960 年 3—6 月，上海海运根据上海市委的部署，在全体船员职工中开展了以“三面红旗”为中心内容的社会主义、共产主义教育，作为“反右倾”斗争的补充。目的是解决船员职工中的“右倾错误”观点，为维护和坚持总路线、“大跃进”、人民公社而奋斗。

这次“反右倾”斗争，造成了严重后果。在政治上，把阶级斗争引入党内，使一批干部遭到错误的批判，受到了不公正的定性和处分。而这些党员干部，大都是敢于讲真话，敢于反映实际情况和敢于提出批评意见的同志。他们本人受到不应有的打击，在精神上受压抑、工作上受影响，不能正常地发挥自己的积极性、主动性。同时，党内的民主生活受到严重损害，助长了个人专断作风和党内个人崇拜现象的发展。在经济上，打断了纠正“左”倾错误的进程，发展了“大跃进”的错误。上海海运在 1959 年上半年已发现了“大跃进”中的某些“左”的做法，并采取了纠“左”的相应措施，如计划指标的压缩，船舶载重量、吊杆负荷量、主机转数、锅炉气压四项技术定额的调整，停止“一船两用”等正确措施，却被当成“严重右倾”“保守思想回潮”“右派思想表现”加以批判，使“左”倾错误更加泛滥，持续的时间更长，造成的损失更大。

三、恢复政治部建制，加强对船舶基层领导

1961 年 7 月，交通部党组报经中央批准，决定在部内和直属水运企业建立从上到下的政治工作系统。据此，上海海运恢复了政治部建制，于 1962 年初正式开始工作。

上海海运政治部恢复以后，在党委的领导下，把党的组织、宣传等工作部门和工会、共青团的工作具体地管了起来，加强了日常领导和统一部署，使各方面的力量拧成一股绳，围绕党委确定的中心任务，步调一致地进行工作。

为了做到更好地面向船舶，加强基层工作的领导，政治部注意总结经验，研究改进工作方法和工作作风，采取了不少措施：

在机构设置上力求精简，各部门分工不宜过细，以便统一使用干部力量，可以根据任务需要，摆得开，收得拢。同时掌握一批固定力量，能机动地上来下去，集中分散，专门抓好船舶工作，其职责是推动中心工作，具体掌握进度；了解情况，督促检查，上情下达；调查研究，总结经验，组织交流。局政治部专设的船舶工作部就发挥了这样的作用。

为了做好上情下达，使船舶及时了解情况，局政治部分批召开在港船舶会议，由领导干部直接讲；把机关中层以上党员干部组织起来，分船包干，来一条船去讲一次；由领导干部带领工作组在船舶比较集中的外港宣讲；指定一批水平较高的船舶政委，在外港就近向兄弟船做报告；请外港的党委帮助作传达。这些办法，不但使流动分散的船舶能及时了

解上面精神，较快地动作起来，而且对机关干部转变作风，也是一种改进。

发挥企业报作用。党委和政治部领导对《上海海运报》的工作抓得很紧，经常给办报人员提要求、指方向，并审定重要稿件。报纸扩大了版面，增加了报道船舶运输生产、船员生活等信息。几年来，通过报道和评论，在进行正确的政治导向，发掘先进苗子，传播好人好事新风尚，促进群众的“比、学、赶、帮”活动，交流各轮政治工作经验等方面起了很好的作用，受到广大船员和政工干部的欢迎。

同时，把原来主要由工会负责的劳动竞赛和船舶家属工作，放到政治工作的重要日程，发动政工干部、工会干部和行政干部一起来抓，加强了对这些工作的思想领导和组织领导。

政治机关的建立，一方面使党委摆脱了事务，集中精力去抓企业的重大问题，加强党的方针政策领导，另一方面对船舶中心工作实现了“四个统一”，即统一干部认识，统一工作要求，统一行动步伐，统一基本做法，提高了工作的及时性和有效性（图 3–3）。

图 3–3　1959 年 5 月，中共上海海运委员会党校第一期学员合影。

四、加强与规范船舶政治工作

1961 年 1 月，毛泽东在党的八届九中全会上号召全党大兴调查研究之风，恢复和发扬实事求是的优良传统。中央在广泛开展调查研究的基础上，相继制订、颁行了“农业六十条”“工业七十条”等一系列工作条例，把各行各业的工作引向正轨。上海海运党委根据这个精神，总结船舶政治工作的经验，形成了若干工作条例或类似的规定、办法，逐步试行。

1961年6月，党委有关部门制订了《上海海运局政治工作条例（草案）》，发至基层党组织进行讨论。8月9日，经过修订的《条例》开始试行。《条例》内容计40条，对上海海运政治工作的体制、任务，政委的职责，政治工作的主要内容和基本方法等，分别作出规定。12月，又提出了《关于改进船舶思想政治工作的若干意见》，涉及的内容比较广泛，包含10个问题：（1）不断提高船员的政治觉悟和生产积极性，保证更好地完成运输生产任务。（2）加强党支部的集体领导，贯彻党支部领导下的船长负责制。（3）认真研究贯彻党的方针政策。（4）改进思想政治工作的方法，使政治工作与经济工作紧密地结合起来。（5）正确认识船舶技术干部的特点，认真贯彻党对知识分子团结、教育、改造的政策。（6）坚决贯彻群众路线，实行民主管理。（7）严格执行各项规章制度，建立与健全各级负责制。（8）切实改进领导作风，深入调查研究。（9）健全党内组织生活，加强党员的思想教育和党的组织建设。（10）加强学习，提高水平。《若干意见》反映了船舶政治工作的实际经验，有助于规范船舶的政治工作。

1962年6月，交通部政治部制订的《国营运输船舶政治工作条例（草案）》下达。该《条例》比较全面、系统地概括了几年来船舶政治工作正反两方面的经验，针对性较强，内容简明扼要，基本精神与“工业七十条”相衔接，具有更好的规范作用。《条例》内容除总则外，包括“中国共产党船舶支部工作”“政治委员（政治指导员）的工作”“船舶工会工作和船员大会”“船舶共青团支部的工作”“对高级船员的工作”。《条例》对一些过去有所争议的重要问题作了明确的回答，如第一条指出：“国营运输船舶是水上运输的基层生产单位。它在上级管理局统一管理和指挥下，担任水上客货运输任务，不是独立的经营单位。”基于船舶流动分散、具有半军事化等特点，“要求广大船员具有较高的政治觉悟，要求建立严格的指挥系统，实行高度的集中统一指挥，反对无组织、无纪律”。《条例》对于船舶党支部和党小组的任务，支委会应当讨论的主要问题，政治委员的行政职责等一一作了具体规定。在政治工作方法上，《条例》指出，政治委员除应有计划地向全体船员上政治课，进行政治理论和时事教育外，应着重抓活的思想政治工作，要求做到“熟悉人员，掌握动态；个别谈心，说服教育；树立榜样，帮助后进；深入宿舍，家庭访问；生动活泼，方式多样”。在工作作风方面，要求政治委员除应以身作则执行《党政干部三大纪律、八项注意》外，还应注意做到“三不”“六要”。“三不”就是“不包办技术、业务、行政事务；不包办工会和团支部的工作；不独断专行”。“六要”是“要尊重支委会意见；要深入抓好党小组工作；要尊重和团结高级船员；要善于依靠党、团、工会组织推动工作；要有工作和学习计划并坚持完成；要经常深入班组、船员宿舍和船员家属宿舍”。《条例》强调了对高级船员工作的重要性，特地列出专章，提出了团结、支持、帮助、关心高级船员的具体要求。

上海海运政治部对交通部颁发的《国营运输船舶政治工作条例（草案）》极为重视，花了较长一段时间组织全体政工干部和党员船员反复地学习、讨论，并根据实际工作，提出了不少建设性的修改和补充意见。

1963 年 3 月，交通部政治部下发了条例草案的修改稿。在边学习边试行部颁条例草案的同时，上海海运政治部还结合本局实际，制定了《关于加强船舶党支部工作的若干规定》。

1963 年中央组织部颁发《中国共产党国营工业企业基层组织工作条例试行草案》后，政治部又提出了《关于加强船舶党组织工作的意见》，具体地加以贯彻。1964 年 9 月，中央工业交通政治部下发《中华人民共和国工业交通政治工作条例（草案）》，要求工业系统各政治部门先行参考试行。

这一时期，上海海运通过学习、执行上级的政工条例以及制订贯彻本单位的条例和实施办法，对于进一步明确船舶政治工作的方向和要求，丰富工作内容，规范政工干部的行动，起了很好的作用。

五、加强船舶党支部组织建设

1962 年以来，在整风整改的基础上，结合试行上述几个政治工作条例，在强化政委制的同时，加强了船舶党支部的组织建设，整顿了支部工作秩序，以适应新的船舶领导制度的建立，更好地发挥党支部的战斗堡垒作用。

配好船舶党支部委员会的班子，健全支部领导核心。上海海运组织部门尽一切可能加强船舶党支部委员的配备，对那些能力弱的，采取党校培训、政委帮带等办法加以培养提高；不适合的，通过改选、调动等方式进行调整；支委之间不团结的，帮助他们调整关系。经过这些整顿，船舶支部的状况有所改变，根据 1962 年的分析，组织健全工作好的支部，由年初的 17 个上升到 24 个，占总数 32.5%；各方比较差的支部由 20 个降至 14 个，占 8.9%。1963 年后，政治部不定期地召开专业性的党支部工作会议，吸收在港船的组织委员、宣传委员参加，讲解党的基础知识，交流工作经验，帮助他们提高思想水平和工作能力。

适当配备党员力量，保持船舶党员的合理分布。几年来由于新船的不断增加和调派船员支援远洋，党员在船员中所占比例相对下降。而船员的频繁调动，往往使船舶党员的分布不均衡，影响到党支部的组织建设。为此，组织部门尽量做到每艘客轮至少有 15 名党员，货轮和大油轮至少有 7 名党员，保证都能建立起支委会；小油轮和拖轮至少有 3 名党员，保证能建立支部；在所有客轮及 60% 以上的货轮、大油轮的驾驶、轮机人员中至少各有 1 名党员。同时在船员调配上也采取了相应措施，以保持各轮党员分布的相对稳定。

建立正常的党支部工作秩序，加强支部工作的计划性，克服被动忙乱现象，并把党内民主生活活跃起来。上海海运政治部总结了各船的经验，规定船舶党支部每月坚持开好三个会议：一次支部大会，二次支委会，二次党小组会，上好一次党课。这些会议的内容要互相衔接起来，主要是围绕生产，研究思想政治工作，开展批评和自我批评。为了便于检查督促，组织部门向各船舶下发统一的会议记录本，要求支部认真做好记录。

除了坚持党课教育外，船舶各支部还不断教育党员在发挥模范作用的同时，积极做好群众思想工作。为此，经常向党员交任务，交方法，监督检查，具体帮助。1964 年提出，每个党员至少要固定联系三名群众，通过日常的生产、生活和学习，了解群众的思想情况和要求，主动进行工作，并及时向支部汇报。

六、研究改进船舶思想政治工作方法

上海海运政治部总结了“中兴9号”“和平5号”“和平6号”“和平51号”“民主5号”轮党支部工作经验，归纳出船舶思想政治工作的11个方面的基本做法和原则。主要包括：要从船员的产业特点出发，因势利导，善于发扬船员的优点；要针对新船员大量增加的情况，注意加强组织性、纪律性的教育和爱船如家的教育；在教育的方式上，应强调领导教育与群众自我教育相结合，普遍教育与个别教育相结合，解决思想问题与解决实际问题相结合，表扬先进与转化后进相结合；在处理思想问题时，要严格区分思想问题与政治问题、思想问题与技术业务问题的界限；要善于抓住某些倾向性问题的苗头，把工作做在前头；做船员的思想政治工作必须看对象，要针对老海员、青年海员、女海员和不同出身的技术船员、转业军人等等的特点，提出不同的要求，采取不同的方法；必须正确区分船员中的先进和落后，不能把那些埋头苦干、作风正派而参加社会活动较少的人当作落后分子；教育党员必须关心船员，不仅要关心他们在船上的思想、工作和业余活动，而且要关心他们的家庭生活，为此要经常进行船员家庭访问，做好家属工作；政工干部要熟悉每个船员的出身成分、家庭情况、社会经历、思想品质、个性特点，时刻掌握船员的思想动态，有的放矢地做工作；把调整人与人之间的关系，列为经常性的思想工作内容；利用社会力量做工作，如邀请旅客中的先进模范人物、领导同志或社会活动家与船员座谈、做报告，邀请外港的码头老工人讲新旧社会对比等。这方面“中兴9号”轮党支部做得很有成效，交通部政治部曾将他们的经验批转全国水运单位参考。

这一时期，船员家属工作进一步得到加强，女海员的工作也引起了重视。除了局工会抓好经常性的家属、女工工作，有计划地加强组织和教育之外，船舶进行家庭访问次数较前大为增加，不但政工干部、工会干部经常做，而且不少船长、轮机长等船舶行政干部也积极参加，形成了一种全面关心人的风气。在家访中，深入了解船员的生活疾苦，帮助修理房屋、家具，帮助安排好家务，调解家庭纠纷，有经济困难的主动把补助费送上门，这些工作很实际地解除了船员的后顾之忧，有利于安全生产。再是通过家访，与家长们沟通情况，互相配合，帮助一些青年船员克服不良习气，争求上进，也收到了很好的效果。通过家访或邀请家属上船参观座谈，启发他们关心生产，支持和鼓励自己的亲人搞好工作，争当先进，也有明显的作用。

1963年以后，学习解放军的政治工作经验，着重抓了落实“四个第一”“狠抓活思想”“大树学习毛泽东著作标兵”等工作，局政治部在思想政治工作方面曾经尝试了一些新的做法。

船舶政工干部在落实“四个第一”时，对“抓活思想”的工作普遍比较重视，“中兴9号”“和平63号”轮为了把思想工作做在前头，注重总结船员现实思想的一些活动规律。“民主5号”轮摸索了“一看”（看船员思想情绪）、“二听”（听他们议论什么关心什么）、“三访”（有目的地去访问谈心）、“四议”（将看到、听到、访问而了解到的思想问题适当地

组织议论)、“五讲”(正面教育提高)抓活思想的方法。

1966年，上海海运政治部提出，在经常性的思想政治工作中，要抓好3个薄弱环节，一是加强知识分子的思想改造，二是加强公休船员的思想工作，三是加强船员集体宿舍、招待所等地方的思想工作。

七、开展“四清”运动和“五反”运动

1963年，遵循中共中央《关于目前农村中若干问题的决定》(即“前十条”)和中共中央《关于农村社会主义教育运动中一些具体问题的规定》(即“后十条”)，在农村开展以清理账目、清理仓库、清理财物、清理工分为主要内容的运动。在城市开展反对贪污盗窃、反对投机倒把、反对铺张浪费、反对分裂主义、反对官僚主义的“五反”运动。1964年底到1965年制订了《农村社会主义教育运动中目前提出的一些问题》(简称“二十三条”)，统一了城市和农村的社会主义教育为“四清”运动(清政治、清经济、清组织、清思想)。1965年在全国范围内分期分批地开展了以“四清”为内容的社会主义教育运动，组织生产新高潮，掀起“比、学、赶、帮”的增产节约运动。

上海海运的“五反”运动1963年4月先从机关开始，到12月结束。1964年8月，再开展“四清”运动，到1965年4月26日结束。机关参加人员1144人，其中科以上干部149人。通过“四清”运动，共查处贪污盗窃、投机倒把行为的16人，查出有各类“政历”问题的29人，戴上地主兼资本家帽子的1人，戴上资本家帽子的3人。根据“四清”工作队的意见，上海海运机关进行了整编和调整，机关工作人员精简了336人，占机关工作人员总数的30%，有的调整了岗位。

上海海运机关“四清”运动结束，逐步向船舶推开。船舶“四清”运动从1964年8月开始，到1966年下半年在“文化大革命”的冲击下中止。全公司98艘船舶(不包括大连分公司船舶)中，派工作队上船进行“四清”运动的有69艘船舶。这场运动历时两年。

为适应形势和任务的需要，有利于船舶“四清”运动的全面展开，针对船舶流动分散，思想动态、生活情况不易掌握的特点，上海海运着手第二次组建船队。船队的主要任务是：负责做好思想政治工作，坚持“四个”第一，发扬“三八”作风，以政治统帅经济和业务，保证“多、快、好、省”地完成国家计划；负责船舶设备的维修保养，使船舶各项设备处于良好状态；负责船舶在生产过程中，确保安全，提高质量；负责推动船舶努力增加生产，厉行节约；负责督促检查党和国家有关方针、政策的贯彻执行，及时掌握每个时期每一项中心工作的进展情况。

新建船队与1964年撤销的船队相比，船队规模小，管理职能少；在船队机构设置上，船舶调度、海务管理、工资发放等业务未下放到船队。船队的重点是抓船员思想动态，抓安全生产情况，在很大程度上，为适应面上社会主义教育和“四清”运动的需要，从政治上要求船队能起到保证、监督作用。

上海海运船舶“四清”运动有领导，分批进行，并且政委和党支部一直十分注意船舶的运输生产和安全工作，所以全公司的生产任务未受到大的影响。

八、开展学习“毛选”活动

1960 年 9 月 30 日《毛泽东选集》第 4 卷出版。这是当时我国政治生活中的大事。党中央转发了中央宣传部《关于〈毛泽东选集〉第 4 卷的宣传和学习问题的报告》。上海海运党委根据中央和市委的指示，布置各级干部学习，并通过《上海海运报》向船员职工进行了广泛的宣传。干部职工积极响应党的号召，群众性的学习毛泽东著作逐步形成。

1961 年、1962 年，上海海运干部和船员职工学习毛泽东著作，主要是结合经济形势、克服困难，选学敢于斗争、敢于胜利，战略上藐视敌人、战术上重视敌人的有关文章，并组织党员干部通读第 4 卷。这对教育干部职工振奋精神，战胜困难，起了很的大推动作用。

1963 年上半年，党中央、毛泽东发出向雷锋同志学习、向南京路上好八连学习的号召。经过党、团组织的宣传，不少职工从雷锋和好八连的事迹中受到启发，学习毛泽东著作的积极性大为提高，涌现出一批以团员、青年为主的学习小组，还有不少职工也开始个人自学。1963 年下半年，干部、群众经过社会主义教育，学习毛泽东著作实现思想革命化，渐渐成为自觉要求，学习的人数显著增多。据 1964 年初的不完全统计，在 7 个陆地单位和 20 几条船舶中，已有 126 个学习毛泽东著作小组，1300 多人参加学习。这些小组和个人，大多属于青年积极分子。学习的文章，最多的是《为人民服务》《纪念白求恩》《愚公移山》《中国社会各阶级的分析》这几篇，其次是《矛盾论》《实践论》《正确处理人民内部矛盾的问题》以及《关心群众生活，注意工作方法》《中国革命战争中的战略问题》等文章。有少数积极分子则是按《毛泽东选集》1—4 卷的顺序进行通读，突出的如杨怀远、周耀琮等。学习的方法比较灵活。学习的时间是挤出来的，多数是利用早、中、晚和假日的业余时间进行个人自学，不少还写了学习笔记。学习小组一般也以个人阅读为主，定期或不定期地组织集体讨论交流。

1964 年 3 月，上海海运政治部宣传部在《关于广泛组织职工学习毛主席著作的情况和意见》的报告中，肯定了几年来群众学习毛泽东著作的成绩：能坚持学以致用的正确方向，有联系实际的良好学风，取得了改造思想、改进工作的一定效果。宣传部在总结经验的基础上提出了使群众学习更加普及持久的一些具体办法，报经政治部批转后，进一步引起了基层党、团、工会组织的重视，加强了日常学习的宣传和组织工作。局工会在这一年 4 月，对 53 艘船舶作了一次调查，发现其中 32 艘船已建立了 92 个学习小组，985 人参加。这些船舶的毛泽东著作学习，大多是在听了大庆“两论（《矛盾论》《实践论》）起家”的事迹介绍，激发起学习热情的情况下，由党支部因势利导地组织起来的。

1961 年初至 1964 年上半年，在党组织的号召和组织下，在先进人物先进单位的带动下，上海海运群众性学习毛泽东著作的活动比较自然地形成和发展起来。学习中能注意理论联系实际，从而取得了较好的效果。

1964 年下半年，随着学习解放军政治工作经验和《毛主席语录》的出版，组织职工学毛泽东著作的工作，日益提到更重要的位置。到了 1965 年，林彪提出了“突出政治”的口号，当年 3 月，政治部提出《迅速掀起活学活用毛主席著作高潮的意见》，反复宣传，并要求：一是从阶级教育入手，进一步激发职工学毛泽东著作的深厚的无产阶级感情；二是狠抓一个“用”字，要结合社会主义教育运动、政治教育、组织生产新高潮、体制和制度改革、五好运动、训练、修船等等任务，学习毛泽东的一系列理论；三是在学用结合上，要采取精读、联想、对照、应用、多记的方法；四是各级党委和政工干部在任何情况下，都要把“活学活用”摆在一切工作的首位，“在研究、布置、检查、总结工作时，都要研究、布置、检查、总结毛主席著作学习”；五是建立学习制度，各基层要定期汇报学习人数、时数、篇数和效果。接着，上海海运召开了政治工作会议和职工代表大会，会上大讲突出政治，反复宣传活学活用毛泽东著作是“突出政治”的根本，是职工思想革命化、企业革命化的必由之路。会后，《上海海运报》在两个月中连续发表了有关学毛泽东著作的社论5篇，学习动态报道36篇；宣传推广交通部命名的学习毛泽东著作标兵杨怀远的经验；组织职工参观解放军廖初江、丰福生、黄祖示“活学活用”事迹展览会；开办第一期船舶政工干部学毛泽东哲学著作读书班。下半年，交通部党委做出《关于进一步深入开展大学毛主席著作、大练基本功活动的决定》后，上海海运政治部召开了学习毛泽东著作经验交流会，还开展了向解放军战士王杰学习的群众运动。在“外学解放军，内学杨怀远”的口号下，1965年上海海运掀起了几次学习毛泽东著作的高潮，到年底，普遍成立了毛泽东著作学习小组，90%以上的干部、群众参加了学习。

上海海运抓典型、树样板，组织经验交流，涌现出一批学习标兵，带动了周围群众，学习的人数越来越多，积极分子队伍不断扩大。1965年以来群众性学毛泽东著作的活动，由于上级抓，形势促，在宣传和组织工作上花了很大力气。虽然在一些提法和做法上，由于受到“左”的思潮的影响，有某些绝对化、庸俗化的倾向和形式主义、脱离实际的问题，但职工群众的学习热情和学习取得了某些效果。通过学习，职工的精神面貌起了深刻的变化，全心全意为人民服务的思想得到了广泛的传播，促进了人们主观世界的改造，推动了生产和工作。

学习毛泽东著作，从落后变为先进，从不安心工作转变成“为革命干一辈子海员”的事例，差不多在每条船甚至每个班组都可以找到。原来的许多积极分子更上一层楼，成为有影响的先进榜样。在执行各项生产任务中，不怕苦、不怕累、不怕脏、不怕烦；迎着困难上，抢挑重担的革命精神和战斗作风有了很大发扬。在驾驶、轮机人员中，“为革命开好船”“为革命运好货”“为革命管好设备”等口号，比过去任何时候都响亮。通过学习，在船舶中出现了许多先进事迹，如“和平27号”轮发扬“硬骨头”精神，坚持上海—青岛快速航线，创出安全高产的突出成绩；“勤俭号”轮发扬“穷棒子”精神，克勤克俭管好船，使这条原来将报废的船舶继续延长了寿命，多用了10来年；“民主5号”轮船长学习运用一分为二的哲学思想来开船，保证了安全航行；许多客轮处处为方便旅客着想，急旅客之急，在服务工作中出现大量好人好事。“民主5号”轮客运部工班人人争做杨怀远式的好服务员。

九、树立杨怀远等学习标兵

在毛泽东著作学习运动中，上海海运党组织培养、树立了以杨怀远为代表的一批学习标兵，扩大宣传，发扬先进，推动全盘，起到了比较长远的影响。

杨怀远生动丰富的先进事迹，经过多年来宣传介绍，已家喻户晓。他全心全意为人民服务的“小扁担”精神，随时随地宣扬革命乐观主义的“顺口溜”，从亲身实践中提炼出来的“服务学”，适应时代精神，广为传颂，在全市乃至全国产生了广泛的影响。杨怀远是20 世纪 60 年代上海市学习毛泽东著作“四大标兵”之一。

杨怀远的成长是同党的教育、培养分不开的。他 1956 年参军，1958 年入党。杨怀远1957 年摘掉文盲帽子，第二年在船舶政委的指导下开始学习毛主席著作。在部队时，已开始学习毛泽东著作。1960 年退役到“民主 5 号”轮当上服务员。

1963 年初，毛主席发出“向雷锋同志学习”的号召，杨怀远以雷锋为榜样，更加自觉地学习毛泽东著作，用毛泽东思想武装自己的头脑。杨怀远学习毛主席著作的一个重要方法，是多读、多想、多写，学一点、用一点、边学边用，学用结合。“民主 5 号”轮当时航行上海—青岛航线，六天一个来回，三天靠一次码头，杨怀远根据航次特点坚持一天一小学，三天一大学，“长流水，不断线”。“小学”就是毛主席著作随身带，有空就学，每天坚持学习一小时；“大学”就是船靠码头一般不下地，这样一天可以学习两三个小时。离船公休更是学习好机会，复习学习内容，整理笔记做些总结。船上政委徐赞绪发现了这个好苗子，有意识地加以培养和引导，对他提要求，交任务，使他在群众学习中发挥骨干作用。当杨怀远初露头角时，党委书记王玉琪等领导就给以关心和帮助。交通部部长王首道、副部长孙大光等领导几次接见、谈话，给他鼓励。在各级党的领导关怀下，杨怀远迅速进步，不断做出显著的成绩。1965 年 4 月交通部授予杨怀远“学习毛主席著作标兵”的称号，部党委做出《关于宣传和推广杨怀远活学活用毛主席著作经验的决定》。

1965 年 4 月 22 日，交通部、交通部政治部在上海市人委礼堂召开大会，北方区局局长李维中在会上宣读交通部、交通部政治部关于授予杨怀远“学习毛主席著作标兵”称号的决定和中共交通部委员会关于宣传和推广杨怀远活学活用毛主席著作经验的决定。交通部政治部主任梅盛伟给杨怀远授奖，并作了讲话。他要求交通系统职工响应交通部党委的号召，开展一个群众性的学杨怀远、赶杨怀远的活动，学习杨怀远活学活用毛主席著作的经验，学习杨怀远全心全意为人民服务的精神。

会后不久，上海市委决定，将杨怀远同杨富珍、蔡祖泉和“红雷小组”一起列为上海市活学活用毛主席著作的标兵，在全市进行宣传。

1965 年 6 月 11 日—9 月 20 日，在交通部政治部的组织和安排下，杨怀远为北京、天津、西安等 17 个城市的交通系统职工和大连海运学院等 5 所院校的学生作了 104 次关于活学活用毛主席著作经验的报告。

在上海海运企业内部，通过反复的宣传介绍，杨怀远的先进事迹在广大职工特别是客运工作人员中产生了很大的影响，他的许多好思想好作风得到了广泛的传播。1966 年 2 月23 日上海海运除杨怀远之外，还有“勤俭”轮政委封启柱，工人船长何滨清、乐嘉祥，船长洪振权，技术员王金铸，船舶生火刘荣富、肖存忠 7 人出席了交通部在北京召开的交通系统学习毛主席著作积极分子代表大会。会上，杨怀远等 8 人被评为全国交通系统学习毛主席著作标兵，“勤俭”轮被评为学习毛主席著作先进集体。

当时，上海海运党委善于抓典型，发挥先进典型的作用，制订了企业党、政、工领导干部经常联系学习标兵的制度。政治部提出了在各个工种培养杨怀远式先进分子的计划，在公司范围内评出了一批标兵。此外，还特别宣扬了周耀琮的先进事迹。周耀琮是“和平42号”轮见习铜匠，是共产党员、上海市先进生产者，1965年4月因癌症去世。他生前认真学习毛泽东著作，树立了明确的革命人生观，言行一致，模范带头，不管工作条件好坏，党需要他到哪里就扎根在哪里，虽身患重病，却始终坚守岗位一心干革命。他默默无闻地做了许多关心生产、关心群众、维护国家利益的好事，从不计较个人名利。他的表率作用获得了船员的尊敬，受到上级党委的高度评价和表彰。他去世后，党委特为他举行隆重的追悼会。《上海海运报》专题介绍了他的事迹。

十、职工文体活动蓬勃开展

上海海运积极进行企业文化建设，在广大船岸职工中开展文学、书法、美术、摄影、集邮等活动，涌现出一大批文艺创作积极分子和优秀文艺作品。从20世纪50年代始，上海海运海员文学活动蓬勃兴起，陆续产生了一批海员作家和海员文学作品，有多人成为全国和上海市作家协会会员。船长陆俊超先后发表小说《九级风暴》《姐妹船》《相逢在安特卫普》及《幸福的港湾》等作品，其中有的翻译到国外。船长樊天胜先后在《人民文学》杂志发表《华沙导游人》《大地的繁星》等作品，其小说《阿扎与哈利》获全国优秀短篇小说奖，散文《重返回归线》获中国海员工会全国委员会颁发的海洋文学优秀奖。上海海运职工文学创作在这一时期达到了高峰，受到读者的广泛喜爱，在社会上引起了强烈反响。

上海海运的文体活动也蓬勃开展，1960年，上海海运对职工中的篮球、乒乓、游泳、足球运动员进行了集训。当年夏季全局有千余人参加与海上安全生产密切相关的游泳锻炼。

1961年，上海海运所属基层单位共有64支篮球队，队员600多人；24支足球队，有队员300人；2支排球队，有队员20人；52支乒乓球队，有队员450人。其中有一级运动员7人，二级运动员37人，三级运动员468人。经常参加国防体育运动人数600余人。当年，上海海运分别组织了乒乓队、篮球队赴北方海港及江阴、靖江等地进行友谊比赛，并建立了水球队，参加市级水球锦标赛，获第六名。

1964年，上海海运篮球队参加上海市第四届运动会，以五胜一负的成绩取得篮球比赛产业组亚军。上海海运体育队伍还经常参加全市的运动会，多次获奖。“大庆6号”轮被评为上海市“职工体育先进单位”。

结束语：上海海运在随着国民经济的波浪式的前进而曲折艰难地前行。这一时期经过广大员工的努力奋斗，增产节约，不断完善运输组织，企业效益提高，实力增强，无论在船舶艘数、船舶吨位、客货运量、服务质量和船员队伍建设等各项指标都有了长足的发展和提高，海上运输的服务性特征愈加明显。同时，坚持实事求是，克服了盲进弊端，通过封船停航等措施，化解调整的压力；吸取“跃进”轮沉没事故的沉痛教训，提高了安全管理水平，树立了“安全是命根子”的理念，并深深扎根在广大员工的心中。

生产关系必须适应生产力的发展，上海海运运输能力的扩大，超越了管理职能和管理幅度，改善和改革船舶管理提到了重要的议事日程，探索了船队管理模式，获得了初步经验，为以后成立专业性的船公司打下了基础。

上海海运在物质文明建设取得良好成绩的同时，精神文明建设也取得了显著成就，涌现了以杨怀远为代表的一批先进人物，发挥了模范带头作用，推动了企业健康发展，进一步发挥交通运输“骨干”和国民经济建设“先行官”的作用，推动经济发展。

第四章

冲击发展中的航运事业

（1966—1977）

“文化大革命”十年内乱，使我国国民经济停滞不前，给水运事业带来了严重的冲击。在混乱的无政府状态之下，上海海运正常的运输秩序被打破，许多行之有效的规章制度被取消。然而，航运企业的特殊性和长期的“半军事化”基础管理起到了作用，广大海员继承和发扬优良传统，战风斗浪，努力克服极左思潮带来的影响，坚持生产，服从大局，坚决贯彻周恩来总理关于发展水运的指示，尽力把“文化大革命”造成的损失降到最低。其间，进一步加强船舶管理体制，在困难中谋求前进，船舶拥有量翻番，陆地产业随同航运的发展应运而生，并有所发展，为企业交通运输起到了保障作用。

第一节　全面内乱时期航运遭受严重冲击

一、《上海海运报》遭遇停刊

1966 年 5 月 16 日，《中国共产党中央委员会通知》下达后，“文化大革命”全面展开，上海海运党委立即组织机关、船舶党员负责干部分批学习。20 日，上海海运党委召开扩大会议，传达北方区局党委关于“文化大革命”运动的指示，要求与会人员从上级指出的文、史、哲、法、经等意识形态领域的两条路线斗争来领会这场运动的重点和意义。6 月 5 日《人民日报》社论《横扫一切牛鬼蛇神》的发表，全国掀起打倒“资产阶级代表人物”、批判“反动学术权威”的浪潮。上海海运机关、船舶的职工群众也纷纷贴出大字报。当天，上海海运党委召开声讨“反党、反社会主义分子”罪行大会，号召职工群众联系本单位的情况揭发问题。会后，机关职工的斗争锋芒迅速转向企业内部，矛头首先指向《上海海运报》，随即触及业余大学、海员业余作家、业余乐队和“技术权威”等方面。

1966 年 6 月 13 日，北方区局社教运动工作团党委派出检查组到《上海海运报》检查。16 日，上海海运党委相继召开机关党、团员大会和机关职工大会，号召群众揭发本单位各方面的问题。会上，《上海海运报》检查组负责人发言，指出该报存在所谓种种严重问题，并点了个别办报人员的名。会后，机关内出现了一个大字报高潮。大字报对企业的问题上纲上线，在 10 余天的时间里，被大字报点名批判的船岸干部、群众达 500 余人。

经北方区局党委批准，上海海运党委决定，将《上海海运报》全部人员调离，并令其检查交代问题，另派人继续办报。1966 年 9 月 20 日，党委决定《上海海运报》停刊。

二、成立“文革领导小组”，开展 “文化大革命”运动

1966 年 6 月 25 日，上海海运党委成员调整分工，加强对“文化大革命”运动的领导，同时决定：机关、船舶分别成立“领导小组”，对船舶运动按不同情况作如下部署：

（1）进行过“四清”运动的船舶，由船舶党支部领导开展“文化大革命”，少数船舶如党支部领导班子有问题，可选择部分党员骨干和“革命左派”组成“文化大革命”领导小组领导运动。

（2）正在进行“四清”运动的船舶插入“文化大革命”内容，由“四清”运动工作队

统一领导。

（3）尚未开展“四清”运动的船舶，尽快派驻工作队，“文化大革命”和“四清”运动双管齐下。

1966年6月28日，北方区局工作团向上海海运派来“文化大革命工作小组”，领导公司机关“文化大革命”运动。以后，工作组扩大为“文化大革命工作队”。

7月初，“文化大革命工作队”根据国家经委关于交通运输部门第一线不搞“四大”（大鸣、大放、大字报、大辩论）的指示精神，向各船舶发出通知，明确：航行船舶不贴大字报，采取小字报、座谈会、个别谈心等方式背靠背地揭发问题。这项保障船舶航行安全的重要措施得到广大船员的理解和支持，许多船舶揭下了原来的大字报，但也有部分船员表示反对，来电来信提出质问。随后，上海海运机关成立的“文化革命委员会”认为上海海运宣传“安全是命根子”，推行船长负责制是执行“修正主义路线”，并对党委书记王玉琪进行了批判，10月19日，王玉琪被停职检查。

1966年7月30日，“文化大革命工作队”从船舶抽调91人组成若干“文革工作小组”。

1966年8月17日，上海海运党委与船舶“四清”工作队发出事故通报。通报指出，自开展“文化大革命”以来，船舶已发生船员自杀事件4起，均属本人因有一般“政治问题”害怕受整挨斗所造成。通报要求各轮工作小组注意做好政策宣传，加强防范。23日，在席卷全国的红卫兵运动中，上海海运机关成立“红卫兵队”，有490余人参加。

三、“文化大革命工作小组”上船开展运动

“文化大革命工作小组”开始时的指导思想是以阶级斗争为纲，放手发动群众，在意识形态领域里开展“兴无灭资”的斗争，巩固和发展“四清”运动成果。在方法上，有领导有步骤有秩序地开展，意在按正常的做法领导运动。在部署上，将整个运动分为思想、组织准备，发动群众揭问题，批判斗争重点对象和思想、组织、制度建设这样四个阶段来进行。

“文化大革命工作小组”上船后，船舶纷纷成立了“文革领导小组”。船舶领导小组成立以后，根据《中国共产党中央委员会关于文化大革命的决定》（简称“十六条”）关于“斗垮走资本主义道路的当权派”和“批判资产阶级反动学术权威”的精神，责令船长、政委重新“下楼”检查。

上海海运有75艘船舶进行过“四清”运动，有70名政委和56名船长被责令在群众大会上“下楼”，其中被迫检查3次以上的有33人，个别人被迫检查6次，有6名政委和8名船长始终“下不了楼”，以后被勒令停职检查。“下楼”是“四清”运动的做法，运动要求“当权派”认识错误，直至群众满意为止。在“文化大革命”发生初期，其做法更加恶性发展，船舶领导干部受到很大的打击。

“文化大革命工作小组”在船舶运动中根据北方区局的“四清”工作团规定注意掌握4点：认真执行国家经委关于交通运输部门第一线不搞“四大”的指示，船上不搞批判斗争，如有重点对象，需报经上级批准后调离船舶上岸进行批斗；当船员要求将某些干部

“罢官”“停职”应采取“冷处理”办法，放到运动后期去处理。对那些有政治历史问题的人，仍强调重在表现，凡已作过处理的就不再进行批斗；对重点对象要坚持文斗；坚持生产，注意安全。以上这些措施和要求，对于稳定船员的思想情绪和保证安全生产具有积极意义，起过一定的作用。但是，工作组力图加强运动领导和使运动纳入既定步骤、秩序的做法，同“文化大革命”所谓“直接依靠群众”“让群众自己解放自己”的“大民主”的做法不合拍。因而，“文化大革命工作小组”上船不久，不得不几次调整自己的工作安排，来适应全国“文化大革命”发展的大形势。即使这样，还是无法正常开展工作，最后被迫撤走。

四、运送“红卫兵”大串连，“破旧立新”公司改姓船舶换名

在全国红卫兵大串连中，上海海运在1966年11月先后抽调了8艘客轮、2艘油轮、19艘货轮兼顾运送革命师生，相当于一个月减少了20万吨运力，这给运输生产造成很大压力。而且，在以后的红卫兵大串连高潮中，上海海运又投入了更多的船舶运力。

上海海运船员在当时的形势和条件下把运送红卫兵当作一项极其光荣的政治任务。为了满足运送大串连师生的需要，以敢想、敢干、敢闯的精神，打破常规，大挖运输潜力，致使运客能力成倍增长，参加运送大串连师生的10艘客、货轮从原定额载客4900多人，增加到11400多人，提高了134%。如“战斗7”轮原可载客800名，在有一航次，从青岛驶往上海，港方发出1350张船票。为此，该轮船员不得不让出了大部分房间，并动手搭了19个大吊铺，可多容纳400余名学生，才把大串连师生全部安全运到上海。

“大庆17”轮有一航次奉命，需运送2500名大串联的红卫兵，按照油轮《防火防暴规则》的规定，上船人员不准穿带钉的鞋子上船。船长深知油轮装红卫兵完全违反《国际海上人命安全公约》，如何保证油轮与2500名红卫兵的生命安全，令船长忐忑不安。“大庆17”轮只得加装简单的海上救生设备，救生艇左右各一只，每个红卫兵配备一件救生衣。清洗各个油舱，加装取暖设备，在主甲板上烧焊了几只蒸汽饭灶，简单供红卫兵一日三餐之用，在这种完全不符合客运要求的情况之下，“大庆17”轮前后共运送4次，达一万多名红卫兵，完成了航运史上“空前绝后”的特殊任务。

在运送红卫兵期间广大船员把他们看成是毛主席的红小兵，革命事业的接班人，想方设法热情接待和服务。航行途中，为红卫兵送医送晕船药，送被子毛毯，送毛主席语录；为红卫兵理发，搭建厕所，提供洗澡场所。“战斗39”“战斗43”轮船员组织乘船的红卫兵和解放军一起召开“回忆对比”大会。“工农兵12”轮把全船旅客编成一个大队，下分中队、排、班，各级“干部”由红卫兵选举产生，让他们自己管理自己，自己处理纠纷，自己买饭票，保证了船上良好秩序，此做法在当时得以推广。

不久，中共中央、国务院下达了《关于革命师生进行串联问题的通知》，决定从1966年11月21日至1967年春季一律暂停免费乘船乘车进行革命串连。这是党中央和毛主席充分考虑了交通运输的实际情况，是对交通事业的极大关怀。《通知》下达以后，上海海运客运紧张状况得以缓和。但是，上海尚有100万革命师生需通过船舶和铁路运往北

方，上海—大连客运航线的运输任务仍然繁忙。

中共中央主席毛泽东主持的八届十一中全会，通过《中国共产党中央委员会关于无产阶级“文化大革命”的决定》，即“十六条”。“十六条”公布后，作为“文化大革命”急先锋的红卫兵在全国各地刮起了一阵“破除四旧”之风。上海海运船员受此影响，也在船上进行破除“四旧”。许多船员将进口船舶设备、仪器上的外文标识、铭牌等涂上油漆，或设法铲掉。有些船员认为，原来干部船员和一般船员的房间大小不一，是不合理的，如果拆掉改装则费时又费力，于是就在每个干部船员房间里加上一二个铺位，普通船员与干部船员同住一室，以示平等。对于那些涉及全公司的问题，则按照所谓群众的意见，由公司党委与机关“文革工作队”一起讨论做出决定，作为“破旧立新”的措施付诸实施。

1966 年 9 月 22 日，迫于当时形势，上海海运党委召开整改工作会议，研究“破旧立新”问题。整改事项有四项：一是全部运输船舶更换船名：“和平”改名“战斗”，“建设”改名“大庆”，“民主”改名“工农兵”；二是废除各级船员原有的技术职务名称，除船长、轮机长的名称不变外，大、二、三副和大、二、三管轮分别统称为驾驶员和轮机员，水手、生火、厨工等一律不分职级；三是废除船员考试制度，代之以群众评议推荐同领导审批相结合的船员选拔办法；四是干部船员全部实行新工资标准，取消保留工资；航行津贴按平均数发放。上海海运以沪轮船（66）号字第 465 号文通告全局，于是上海海运和大连海运所有船舶全部改名。

1966 年 12 月 5 日，公司机关个别人和“战斗 61”“战斗 7”“工农兵 4”轮等船舶的造反队头头互相串联，并与“上海市工人革命造反总司令部”挂上钩，成立了“工总司海运局联络站”。造反派认为“公司”两字是“修正主义”的东西，自行将上海轮船公司改名上海海运局。1968 年 4 月，上海市革委会在批准上海海运局成立革委会时，也批准上海轮船公司正式改名为上海海运局。

五、144 位船员家庭被非法抄家

破“四旧”后期，社会上出现了一股“抄家风”，上海海运机关在“文化大革命工作队”的支持下成立了“红卫兵队”。全公司被抄家的 144 户职工中（其中 73 户系外单位的红卫兵所抄）。抄家对象中有船长 20 人，轮机长 7 人，驾驶、轮机、报务员 41 人，政工干部 2 人，一般船员 44 人。以后，船舶造反派也开始抄家。抄家对象的所谓罪名是“黑五类分子”（“地、富、反、坏、右”）、资产阶级分子、有剥削经历的人、运动重点对象等，还有个别船舶以“有制造事故、破坏生产嫌疑”为由而进行抄家。抄家中抄去的主要是金银珠宝、现金和存折，还有古玩、书籍、字画、唱片、衣物以及所谓“变天账”之类的东西。

粉碎“四人帮”以后，根据党中央和市委有关文件的要求，上海海运在落实政策时，专门成立了抄家物资处理小组，做好抄家物资的清点、核实、退回工作，加快处理进度，尽力做到物归原主。上海海运“文化大革命”期间共有 336 户被抄家和上交财物的家庭。小组成员陪同被抄家和上交对象到上海市设立在江湾五角场的全市存放抄家物资仓库认

领。到 1995 年 3 月，基本完成了被抄家和上交的家庭的清退工作，其中清退文物、工艺品 1060 件，图书 3374 本，唱片 266 张，还有红木家具等，对查无下落的文物、工艺品等，小组成员与被抄家合上交对象一同到上海市文物部门咨询，按当时同类型器物的行情作价，退还现金，共补偿 44804.30 元。补偿额最高为 8552 元，最低的一户为 0.3 元。上海海运原机务处一位干部“文化大革命”中被迫害致死，并被抄家。当其子领到补偿款和清退文物时，含泪而说：“这不仅仅是几百元的事，而是体现了党的拨乱反正路线、方针的正确，通过你们的辛勤工作把党的政策落到实处，把党的温暖送到了‘文化大革命’受害者的心里。”他用几百元的补偿款购买了业务书籍，供办公室同事阅读使用。原中兴轮船公司董事林熙生，1970 年病故前反复交代其子，一旦抄家物资归还，一定要找回被抄去的解放前与日本某海运株式会社签订的一份租船合同，待中日建交以后凭此合同可以向日方追回 200 万美元的欠款。在清退过程中，其子再次要求查找。清退小组多方联系，几经周折，终于在“文化大革命”待销毁的材料中找到了这份租船合同。

六、“文化大革命工作队”被迫撤离船舶

派到船上的“文化大革命工作队”在上船四五个月时间里，对稳定当时相当混乱的局面、维持船舶生产秩序、制止乱揪乱斗等方面起过一定的作用。但是，派到船上的“文化大革命工作队”由于不得不执行“文化大革命”的极左路线，贯彻错误做法，如在确定所谓“重点对象”时不同程度地扩大了范围，在“破四旧”和抄家活动中支持了群众的过火行动，从而在政治上、感情上、人身安全上伤害了不少干部和船员，造成了不良的后果。

1966 年 9 月底，上海海运为落实国务院总理周恩来提出的关于抓革命促生产的重要指示精神，根据北方区局党委的贯彻意见，立即成立了抓运动、抓生产两套班子，统一安排运动和生产工作，加强生产调度指挥，以保证运输生产工作的正常进行。次月，船舶“四清”工作队提出《关于深入开展“文化大革命”的意见》。《意见》指出，在前一段运动中，出现了批斗对象面过宽、查抄对象面过大、轻率宣布停职以及武斗等现象，运输生产连续 3 个月完不成计划，事故不断发生。《意见》提出，坚持分期分批，有领导有步骤地搞运动，要求各船舶的“文化大革命工作队”在已开展运动的船舶中按照揭发、批判、群众自我教育、建设四个阶段顺序进行；在暂不开展运动的船舶主要进行正面教育，引导船员学文件、创“五好”。大部分“文化大革命工作队”被迫草草收场，匆匆撤离船舶；来不及撤离的即被揪住批判；那些已撤离的工作组组员以后也被各轮造反组织揪回批斗，直到 1967 年 3 月，才被陆续放回到原工作单位。

七、批判所谓“资产阶级反动路线”

1966 年 11 月开始，在批判“资产阶级反动路线”的高潮中，上海海运一些群众上挂下联，批判党委和工作队执行“资产阶级反动路线”（简称“资反路线”）。随后，船舶和机关处室的部分群众在“自己解放自己”“踢开党委闹革命”等口号的影响下，纷纷成立各种名目的群众组织，上海海运各级领导干部受到冲击，各级党组织无法正常开展工作，党员的组织生活被迫停止。北方区局派来的“文化大革命工作队”分批撤离。

这场批判先从批判北方区局派来的《上海海运报》检查组在处理《上海海运报》问题上，犯有全面否定、随意上纲、伤害公司主要领导人及办报人员的错误开始，然而很快蔓延到船舶，矛头首先指向各轮的工作队。不管青红皂白，说工作队和各级党组织都犯有执行“资产阶级反动路线”的罪过。

在批“资反路线”中，公司党委领导干部和大部分中层干部也遭到各种形式的批斗，政治机关受到严重冲击，各级党组织无法正常工作，党员组织生活被迫停止。船舶和公司机关的部分人员在“造反有理”“踢开党委闹革命”等口号鼓动下，也纷纷揭起“造反”旗帜，成立各种名目的造反组织。在许多船舶和处室网络队员，建立基层造反队。同时，在“联络站”以外，也出现了一批以“红海员”“红卫军”“海联”等名称的“造反”组织。1967 年 3 月，联合成立了“上海海运船岸职工革命造反联合委员会”。

1967 年初，上海市工人造反总司令部上海海运局联络站在公司范围内召开了“清算‘大庆 16’轮资反路线斗争大会”，引起连锁反应，各轮掀起了批“资反路线”的高潮，纷纷开大会批斗工作队和船舶政工干部。对已撤离的工作队员被“勒令”回船接受批斗。批斗会，有的船在航行中进行，有的几艘船联合在码头上进行，反复多次。

八、“造反派”夺取上海海运党、政、财、文大权

“十六条”提出，在“文化大革命中”中“要撤换那些走资本主义道路的当权派，把那里的领导权夺回到无产阶级革命派中”。1967 年 1 月 12 日，以“联络站”为首的上海海运 12 个造反组织，按照上海市“工总司”的策划，向上海海运党政机构进行夺权。这一天夜里，他们用“上海海运局革命造反联合指挥部”的名义，强行收缴上海海运党政公章，召开大会宣布接管公司党、政、财、文大权。会后即向公司所属船岸单位发出通电，宣称公司已被夺权。于是船舶、机关各部门和陆地基层单位都相继搞起了“夺权”行动，从此，公司各级党政机构陷入瘫痪或半瘫痪状态。

许多船舶的“夺权”是在航行中进行的。夺权的主要标志是抢走船舶的公章，查封材料等。造反派夺权以后则乱发“号令”。1967 年 2 月 17 日，“工农兵 12”轮造反队在上海—大连线航行途中夺权，查抄了公安员保管的机密材料，伙同在船串联的学生冲击了民警小队，船抵港后，将一名民警押送当地公安局。旅大警备区得悉后，从船舶安全着想，为防止意外，宣布该轮停航整顿，并取缔了“工农兵 12”轮造反队，拘留了两名造反骨干（其中一名不久释放回船，另一名 4 月 20 日押回上海继续拘留）。此举触犯了该轮的造反派，“联络站”也以此寻衅闹事。4 月初，“工农兵 12”轮回上海，“联络站”串联六所院校的部分学生，组成“反复辟团”，通过各种途径向有关方面施压，迫使有关方面于同年 8 月，宣布为“工农兵 12”轮平反。

在这种情况下，中央考虑到船舶海上航行的特殊环境，于 1967 年 3 月 6 日向上海市革委会发来“船舶一律不夺权，学生一律回校”的紧急电文，避免夺权引起的混乱。

1967 年 3 月，遵照毛泽东关于军队介入地方“文化大革命”的指示和中央军委《关于集中力量执行支左、支农、支工、军管、军训任务的决定》，驻沪三军支左办公室派出由南京海军学院干部组成的“解放军毛泽东思想宣传队”（简称“军宣队”）进驻上海海运。军

宣队举办毛泽东思想学习班，对上海海运“文化大革命”中发生的事件和两派造反组织之间的争端进行调查。

“文化大革命”期间，由于部分船员离船造反，船舶缺员严重，影响开航。造反组织把责任推给上海海运领导，责令其解决问题。刘延穆、徐晋阶等研究后采取了从各方面调人补充船员等措施，暂时缓和了船员紧缺的状况。

九、公司实行军管，工宣队进驻，机关大精简

“文化大革命”开展后，船员思想被搞乱，生产秩序遭破坏，特别是批“资产阶级反动路线”和“夺权”以后，无政府主义严重泛滥，船舶更陷入混乱状态。一方面，不少船员纷纷离船去“造反”，使船上严重缺员，公司不得不从各区、县招收大批渔民和待分配的高中毕业生上船充当临时劳动力；另一方面，船上的各种规章制度被错误的批判，有的被任意废弃，有的在执行中大打折扣；干部船员屡遭冲击，人身和家庭财产安全得不到保障，经常惶恐不安；造反派闹派性，打派仗，这种乱糟糟的状况，严重地影响船舶运输生产。

1967 年 6 月 26 日，上海市革命委员会决定对上海海运实行军管。军管会由军宣队人员组成，刘俊岭任主任，任汉卿、郝振林、朱明任副主任。“联络站”“海革会”两大派造反组织，在公司军管会促成之下，宣布实行联合，共同组成“上海海运局联合总指挥部”，后根据上海市工总司意见，改称工总司海运局联络站。军管会对公司“文化大革命”中发生的打、砸、抢事进行调查，对两大派的争端进行调处。然后，军管会针对船舶中纪律松弛、生产下降、物资浪费、事故频发的状况，做出 7 条暂行规定，制止违反劳动纪律，制止不服从人事调配，制止任意更改船舶规章制度，制止造反派组织擅自调动人员脱产，制止擅自动用档案材料等行为。这些措施，在一定程度上抑制了船舶混乱状态的继续发展。

1968 年 1 月，根据上海市革委会关于区、县、局单位都要在春节前成立革委会的要求，上海海运军管会召开“迅速实现革命的三结合动员大会”，拟成立“三结合领导小组”，但由于革委会成员的名额分配问题，各造反组织互相争持不下，使革命的“三结合”一时无法实现。2 月，军管会为改变公司生产指挥上的混乱，决定成立临时生产领导小组，在军管会领导下负责处理公司日常生产问题。领导小组由 5 名中层干部和 2 名造反组织代表组成。4 月 29 日，上海市革委会批准上海海运革命委员会组成人员名单，委员 32 名，常委 9 名，军代表刘俊岭任主任。5 月 2 日，上海海运在立新船厂召开群众大会，宣告上海海运革命委员会正式成立。

1968 年 9 月，上海海运的企业管理工作在组织编制上受到一次极大的冲击，革委会把上海海运原来的 11 个机关处（室）改组成三组一室（政工组、生产组、后勤组和办公室）；把在编的 1000 多名机关各部整编为 300 人的小班子；把机关小班子以外人员集中起来组成为大班子，由工宣团领导，全面清理阶级队伍。5 个船队除在高桥炼油厂附近的油运船队保留外，货运一、货运二、货运三和客运船队被撤销。

1968 年 10 月 16 日，上海市革委会派出毛泽东思想宣传团（简称“工宣团”）进驻上海海运。 军管会、革委会为制止船舶运动中出现的乱揪乱斗现象，作出规定：凡是批判、

揪斗、隔离、定案的对象以及需要内查外调者，一律书面报告，并附有关材料，经批准后方可进行调查和批斗；严禁打人、体罚、变相隔离；凡“文化大革命”中畏罪自杀的和无故死亡、失踪者，要将案情上报，并附材料；严禁私设公堂，搞逼、供、信，制造假证陷害好人，搞打击报复，否则以破坏“文化大革命”论处；凡利用本规定翻案者，从严惩处。同时发出通知，规定各轮在安排干部船员下放劳动前必须报批，未经批准，一律不准下放劳动。

1968 年 11 月，工宣团、军管会听信参加“海辽”号轮起义的个别人员在逼供下所做的假交代，决定对留在上海海运的 51 名起义人员建立专案，用专题学习班的形式进行审查。学习班结束后，又对其中两名起义人员进行隔离审查。直至粉碎“四人帮”后，落实政策，这批起义人员才恢复了名誉。

1969 年底，上海海运机关“清队”工作结束，干部实行“四个面向”，去农村插队落户，去工厂当工人，去慰问团和去支援教育工作等。1974 年以后大部分“四个面向”干部被陆续调回，粉碎“四人帮”后全部落实政策。

十、恢复船队建制，实行二级管理

“文化大革命”初期，上海海运在混乱中虽然采取了一些补救办法以维持生产秩序，但已造成无可挽回的损失。1967 年完成的运输生产任务比 1966 年有较大幅度的下降。1967 年上海海运投入的运力比上年增加 1.8 万吨，但完成的货运量却比上年减少 100 多万吨，货物周转量减少 7 亿吨海里。船舶营运率从 82.4% 下降到 75.66%。

随着“文化大革命”的不断冲击，致使上海海运安全和运输生产受到更多的影响，1969 年年度运输生产计划无法完成。11 月，上海海运就要求交通部调低计划指标，后经交通部军管会生产指挥部同意，上海海运年计划 1940 万吨调整为 1700 万吨。至年末，实际完成 1723 万吨。同年，“大庆 25”轮与浙江航运局被拖带的“民 152”客驳在黄浦江发生碰撞，客驳翻沉，死亡旅客 24 人，损失 49 万元。交通部军管会生产指挥部就此事故发出通报。

1969 年 12 月，上海海运军管会、革委会决定恢复船队建制，把 129 艘船舶组成货一、货二、客运、油运 4 个船队。1970 年 1、2 月份，各船队先后建立革命委员会，继而 4 个船队分别成立党的核心小组。与此同时，上海海运局机关大班子解散，机关干部除“四个面向”外，有的去“五七”干校，有的逐步充实机关小班子。这时，各船队职能扩大，船队设立调度、海务、机务、船员调配、工资发放和成本管理等部门，船队在必要时还可以独立对外，可以向船舶行文、下达指示。

1970 年 1 月 13 日，上海市革委会工交组负责人，在落实中央“两报一刊”元旦社论精神，进一步搞好水上安全工作会议上，对上海海运运输生产中存在的安全问题提出批评，上海海运在 1969 年内发生各类事故 230 起，死亡 29 人。为此，上海海运革委会决定举办毛泽东思想学习班，开展革命大批判，从思想上政治上找根源。

1970 年 1 月，根据上海市革委会指示，经上海海运军管会、工宣团、革委会联合召开会议讨论，推荐工人船长徐殿宏为市革委会委员候选人。不久，市革委会确定徐殿宏为上海市革命委员会委员。3 月 9 日市革委会组织组批准，原上海轮船公司经理、党委常委刘延穆予以“解放”，重新安排工作。16 日经市革委会组织组批准，中共上海海运核心小组成立，由张茂勋、徐晋阶、杨怀远、高志宽、杨林标等 5 人组成，张茂勋任组长，后增补刘峙、安善平、杨雪林为小组成员。驻上海海运工宣团撤离，确定张茂勋、杨怀远、徐殿宏等 9 人为出席上海市第四次党代表大会代表。接着，上海海运船舶开始分批整党，至年底，建立了党支部 146 个，2812 名党员恢复了组织生活，“纳新”55 名，“吐故”3 名，另有 14 名党员受到党纪处分。通过整党建党，一些造反派骨干分子也入了党。

1970 年 12 月，上海海运革委会在同济大学礼堂召开大会，贯彻落实中央《关于加强安全生产的通知》精神，3000 多人参加大会。上海市革委会工交组领导到会讲话。大会提出要把“生产领域的阶级斗争”作为“一打三反”的重要内容来抓。会上拘留了 3 名“撞船肇事犯”。随后，上海海运在市体育馆再次举行规模更大的群众大会，将“战斗 65”等船舶的海损、失火事故上纲为阶级敌人蓄意破坏，批斗了 4 名事故责任者，其中 1 人当场被宣判徒刑 3 年（缓刑）。

1973 年 8 月底，上海海运鉴于机关“大组套小组”的机构形式不适应生产管理的要求，决定撤销上海海运革委会生产组和后勤组，改设运输组、计划基建组、人事工资组、安全组、船技工业组、物资管理组、财务组和行政管理组。同时，经上海市委同意，上海海运建立公安处。其主要任务是负责船舶和机关内部的公安保卫工作，业务上受交通部公安局和上海市公安局领导。根据交通部和上海市委决定，上海海运所属上海船舶设计院划归上海造船公司领导。

1973 年 1 月，上海市革委会、上海市支左办公室决定撤出驻上海海运军宣队，结束对上海海运的军管。上海海运党委决定，军宣队分两批撤离，第一批 15 名，第二批 22 名，以利统一安排军代表撤离后空缺的各基层单位党政负责人人选。

1978 年 4 月 5 日，上海海运决定货运一队和货运二队合并，为货运、客运、油运 3 个船队，船队规模和职能能进一步扩大。在职能上，船队不仅管船、管生产，而且可以按自身的需要搞基建；能自建职工住房并分配；能自建航修站，承担船舶航修任务；能自置车辆、交通船，自行解决生产调度上的交通问题和必要的船员到、离船接送问题。4 个船队的人员编制共达 507 个，成为三次组建船队规模最大的一次，职责上已经具备了二级管理的职能。

十一、从“批邓”转为揭批“四人帮”，企业生产秩序好转

1976 年 3 月 27 日，上海海运党委在劳动剧场召开全局“批邓”大会，有 2000 余人参加，局党委负责人带头作批判发言，鼓动职工投入“批邓”运动。但受到干部群众不同形式的抵制。

1976 年 4 月 4 日“长征”轮船员王国权、郑军威、王荣元等在船队干部随船宣讲形势的学习会上，手拿 3 月 5 日的《文汇报》（该报在纪念雷锋的报道中删掉了周恩来的题词），直截了当地说了“上海市委是反周总理的”等言论，同时他们还在其他场合点名斥责张春

桥等人。上海海运党委负责人对此极感惊慌，立即责成公安处立案追查。上海市工交组负责人在《公安情况简报》上做出批示：要海运局彻底追查，抓紧不放，“坚决打击反动谣言制造者”。第二天，“四人帮”在上海的同党王秀珍和王日初、金传德等人专程来到上海海运，在局党委召集的党员负责干部会议上宣布，上海市委宣布了上海海运党委书记和局革委会主任的任免决定。

1976 年 10 月 6 日，党中央粉碎“四人帮”后，“四人帮”在上海的余党，通过一些渠道布置向下“吹风”，妄图煽动群众对抗中央。上海海运工会有关负责人参加市总工会召开的特别会议后，按照总工会的布置，经局党委领导同意，分两批召集基层工会负责人开会，照本宣科传达了市总工会的“吹风”内容。当天晚上，由于中共中央政治局打招呼会议精神的及时下达，上海海运的“吹风”活动才被制止。

1976 年 10 月 13 日，上海海运党委书记冯品德在党委常委会上传达中共中央政治局通报粉碎“四人帮”情况的打招呼会议精神。次日，局党委召开党员干部会议，传达中央打招呼会议精神。粉碎“四人帮”的喜讯随即迅速传遍全局，广大职工，群情振奋。18 日，上海海运党委在劳动剧场召开海运职工声讨“四人帮”大会，局党委书记冯品德和基层单位代表发言。会后，与会者上街游行欢庆。22 日，局党委又组织 5300 多名职工举行游行，热烈庆祝粉碎“四人帮”的历史性胜利。

为加强上海海运党委领导力量，1976 年 12 月下旬，交通部彭德清副部长根据交通部党组、中央驻上海工作组及上海市革委会的决定，在上海海运党委扩大会议上宣布：张建会、傅海艇参加局党委工作。

1977 年 3 月 5 日，上海海运局党委举行党委扩大会议，局机关组室和基层党组织负责人参加，会期 6 天。会议内容为揭批“四人帮”及其余党篡党夺权的罪行，并联系实际，清查局党委班子中与“四人帮”及其余党有牵连的人和事，集中清查“更新轮事件”和“反革命吹风”两个重大问题。会上，党委一名副书记对过去跟着“四人帮”余党所犯的错误作了检查。交通部副部长彭德清参加会议并作指示。党委副书记刘延穆作会议小结，并代表局党委宣布：经上海市委和交通部决定，这位副书记暂不参加局党委工作，回到所在党支部参加学习和检查交代问题，接受群众批判教育。

1978 年 3 月 8 日，上海海运举办“四人帮”炮制“更新轮事件”罪行展览，历时 80 天。在不影响“更新”轮营运的情况下，分别在上海、大连、青岛、天津等港流动展出，肃清“更新轮事件”的流毒。其间共接待了 402 个单位共 26000 多人。交通部部长叶飞、副部长彭德清，公安部部长赵苍璧，上海市委书记严佑民等在展览期间分别上船视察，并提出指导性意见。

上海海运党委根据上海市委指示，在 1977 年 12 月，决定成立复查组，负责全面复查“文化大革命”期间发生在上海海运的案件。1978 年 1 月 24 日，上海海运党委在延安剧场召开上海海运职工揭批“四人帮”大会，2000 多人参加。会上，揭发控诉了上海海运一些帮派思想严重的人和打砸抢分子在“文化大革命”中对广大干部进行疯狂迫害的罪行；被害者家属也进行了揭发控诉。上海海运公安局宣布：依法拘留 6 名打砸抢分子，收容劳动教养 1 名。

1978年3月13日，上海海运在局技工学校礼堂召开1978年工业学大庆会议，700多名代表参加，历时5天。局党委副书记刘延穆作《上海海运局1978年至1985年生产建设规划要点》的报告。大会表彰了上海海运被评为1977年上海市先进生产者的蔡国华、黄国忠、周来根等18人，对局级3个先进企业、96个先进集体、234名先进生产（工作）者授予锦旗和奖状。

1978年3月23日，中共上海市委任命上海海运局党政领导班子成员：冯品德任党委书记；史堪任任党委副书记、局长；安善平任党委副书记、政治部主任；刘延穆担任党委副书记、副局长；周平、傅海艇、郭玉彬任党委委员、副局长；张建会、冯攀启、韩士林三人任党委委员、政治部副主任。

1978年7月13日，根据交通部《关于部直属企、事业单位实行党委领导下的局长分工负责制和一级单位名称的通知》，上海海运改称为交通部上海海运管理局，同时撤销上海海运局革命委员会。8月，上海海运清查工作结束，基本查清了上海海运与"四人帮"篡党夺权阴谋有牵连的事。

1978年5月25日，上海海运遵照交通部指示精神，将"更新"轮改名为"上海"轮。1984年10月12日，上海海运为消除"文化大革命"在船舶命名方面的"左"的影响，决定更改"战斗""工农兵"轮船名。"战斗"轮货轮恢复"文化大革命"前的"和平"轮船名，上海的客轮由"工农兵"轮改为"新"字号轮；大连分公司的4艘"工农兵"轮改为"天"字号轮。

十二、船员职务名称和船员考试评奖制度被改变、废除

"文化大革命"初期，在社会上破除"四旧"（即所谓旧思想、旧文化、旧风俗、旧习惯）风行。上海海运也受到严重影响和波及，在船员管理上出现了混乱现象，船舶定员制度受到干扰，船舶改变了原有的船员职务名称，船舶取消大、二、三副和大、二、三管轮的职务之分，统称驾驶员、轮机员；取消一、二级水手，一、二级生火和大、二、三厨职称，一律改称水手、生火、炊事员；同时，不管船舶各工种的特殊性，取消原来各工种内部分工，实行大轮班，船舶长期形成的行之有效的船员职务难以执行，给船舶的安全航行带来了严重的隐患。

船员的正常考试提升制度被废除。1968年8月，交通部军事管制委员会下发了一个通知，废除1963年12月由交通部正式颁布的《中华人民共和国船员考试办法》（简称"63办法"）。于是全国船员考试和换证工作中断，代之以所谓群众评议同领导审批相结合的船员选拔提升制度，使船员的提拔缺乏了规范性，严重地挫伤了船员要求上进的积极性。

船员的工资待遇也因此受到影响，干部船员的工资标准被降低，船员中凡超过270元的一律减少；基本工资100元以上的一律取消保留工资。废除评奖制度，改为"绝对数"，平均发放，使具有特殊行业的船员工资待遇与其他行业的工资待遇相同，单纯地依靠思想政治工作来调动船员的积极性。

第二节　顶住极左思潮冲击，坚持搞好生产

一、周恩来总理关于发展水运的指示，扭转航运混乱局面

交通运输是国计民生的命脉，“文化大革命”期间受“四人帮”破坏十分严重，铁路运输不畅，既不安全，又不准点；港口压船压货严重；交通不通，处处告急。当时，受周总理委托担任建港领导小组组长的粟裕同志除了落实周总理提出的三年改变港口面貌的指示外，十分关注交通运输。①

粟裕同志针对我国外贸运输能力紧张，国内造船工业难以适应航运发展需要的情况，主张建立与发展我国自己的船队，同“四人帮”针锋相对，坚决支持鼓励交通部贷款买船，迅速发展我国商船队。他明确指出：“这是买来时间和速度。只要我们高质量地把国家建设好，就能立于不败之地。”

当时，交通部的水运工作反复摇摆于修船还是造船之间，方针不定，以致发展缓慢，修、造船能力只能达到需要的 60%；远洋船 80% 要到香港或国外去维修。粟裕同志又以敏锐的观察力指出：“水运工业是发展水路运输的物质基础。”粟裕同志支持了造船统筹工作，根据当时的情况提出了水运工业“修造并举，以修为主；造船则大中小结合，以中为主，同时狠抓配套配件生产”的方针，这一正确方针，得到周总理、李先念等领导同志的重视与支持，得到广大干部、技术人员和工人同志们的支持。如此，硬是从“四人帮”横行霸道的夹缝当中，完成基本建设投资 10 亿多元，新建了 10 个三千吨级以上的船坞，扩建、新建了修造船厂、船舶配套厂 14 个。这在当时历史条件下，被水运部门的同志称之为“黄金时代”。

1971 年 3 月，全国交通工作会议在北京召开。周恩来总理接见了全体代表。会议提出 1971 年运输生产、基本建设的主要任务（原交通部部分）是：直属水运货运量 0.57 亿吨，地方交通部门汽车、轮驳船货运 1.37 亿吨。新造钢质轮驳船 17 万吨，水泥运输船 31 万吨。新建、改建国防公路 5700 公里。为此必须做到以下几点：提高运输效率；加强设备维修和制造，提高修造量；基本建设要集中力量打歼灭战；搞好安全生产；认真清理仓库；加强企业管理。

1972 年 3 月全国交通工作会议在北京举行，会议讨论的主要议题有：

（1）根据国家计划安排，1972 年交通运输、生产、建设的主要任务是：直属水运货运量 6000 万吨，港口吞吐量 1.5 亿吨，地方交通汽车和轮驳船的货运量 4. 3 亿吨。新造钢质船 13. 6 万吨，水泥船 3 万吨。船舶修理 652 艘。新建改建国防公路 3000 公里。

（2）大力提高运输工作质量。由于运输紧张，要大力改进运输组织工作，切实加强运输基础工作，充分挖掘潜力，节约使用运力，千方百计加速车船周转；要加强装卸搬运

① 《粟裕传》编写组编：《粟裕传》，北京：当代中国出版社，2012 年，第 560—564 页。

工作。

（3）狠抓设备维修，提高产品质量。狠抓船舶的养护和修理，扭转船舶完好率下降的局面是刻不容缓的任务。水运工业必须坚决贯彻“修造并举，以修为主”的方针。在处理修船和造船的关系时，一定要把保证船舶修理、改进船舶技术状况放在首位。1972 年，船舶营运率，远洋船舶要达到 90%，华南沿海要达到 85%，北方沿海和长江干线要达到 80%。

（4）抓紧收尾配套工作和续建工作，切实搞好安全生产，整顿和加强企业管理。1972 年，要把岗位责任制、考勤制度、技术操作规程、定额管理制度、质量检验制度、设备管理和检修制度、安全生产制度、经济核算制度切实建立健全起来；要减少非生产人员，不要任意抽调生产人员从事非生产工作和非本职工作。

粟裕同志后来又批准给远洋船员增加生活补贴，重新确定船员出国费用，建立船员制服发放制度。

二、贯彻全国交通工作会议精神，提高运输效率

1972 年 7 月，上海海运召开会期 5 天的船舶、基层单位、机关处室负责人会议，传达贯彻全国交通工作会议精神和国务院副总理李先念在会上的讲话精神。会议根据《全国交通工作会议纪要》提出的要求，对健全企业管理，加强运输组织工作，挖掘运输潜力，提高运输效率，搞好安全生产，大打修船翻身仗等方面的工作做了安排，并决定局属船舶恢复党支部领导下的船长、政委分工负责制。

1972 年 10 月 18 日，交通部在北京召开安全工作会议，上海海运“大庆 16”轮和“战斗 50”轮的代表出席会议。“大庆 16”轮代表在会上介绍了安全航行的先进经验。18000 吨级的“大庆 16”轮是上海海运顶住逆流保安全、创高产的突出典型。在 1970 年，“大庆 16”轮提前 4 个月完成全年运输任务，被上海市评为活学活用毛泽东思想先进集体。1972 年 2 月《人民日报》报道了“大庆 16”轮安全航行先进经验，自 1968 年以来，安全靠离码头数百次，连续安全航行 10 万海里。1973 年 10 月 17 日，国家计委《生产日报》刊登了“大庆 16”轮在新建的秦皇岛港油运码头快速装运原油以及该轮连续安全航行 33.5 万海里的先进事迹。国务院副总理李先念批示：“大庆 16”轮的精神要大大提倡，他们的事迹符合毛主席指示的“一不怕苦、二不怕死”的革命精神，不愧为红旗船。

这条船多年来一直保持着为革命一心搞生产的传统，在市劳动模范周来根轮机长的带领下，发扬“动手派”精神，自力更生搞修理，千方百计保生产，于 1974 年创造出上海海运单船年产量的最高纪录。

三、顶住逆风抓好运输生产，船舶拥有量翻番

在 10 年“文化大革命”中，国家生产建设遭到破坏，国民经济损失严重，海上运输也是事故不断，经济效率显著下降。但由于代表党内健康力量的中央领导人正确的措施，特别是邓小平主持中央日常工作期间大力抓整顿，加上国家对海运事业的大量投资，大批量建造大吨位、大马力新船，并向国外购买旧船，上海海运 1975 年的船舶拥有量比 1965 年

末翻了一番多，因而上海海运运输生产仍有所发展。“四五”计划期间，上海海运的运量年均增长率高于“三五”期 1.5 个百分点。另外，由于上海海运半军事化管理和广大船员勤劳勇敢的优良传统，有形无形地抵制了错误思潮的冲击，做到在“文化大革命”中基本上没有停船闹革命事情发生，做到船舶照开，货物照运，相比全国许多企业被迫停工停产的情况，实属不易。

上海海运船岸职工坚持运输生产的努力，表现在诸多方面：

1966 年全国红卫兵大串连，29 艘客货轮承运大量的红卫兵生产上受到了很大压力；在开展“清理阶级队伍”运动中，许多船长和驾驶、轮机人员受到冲击，虽然精神上受到折磨，思想上一时想不通，但他们不忘海员本色，仍以安全生产大局为重，坚守岗位，兢兢业业地履行着自己的职责；船舶政工干部身处逆境仍坚持为党工作，开展思想政治工作。

许多船舶如“战斗 5”轮多年来形成人人关心运输生产和货运质量的好船风，在动乱中仍然坚持质量第一的方针不放松。造反派说“如果质量第一，那么路线第几？”指责多数船员“只顾开船不看线”。老工人回答说：“人活着要吃饭，不干活吃什么？”“动不动闹停产，我们的国家怎么办？”1968 年由于大连港造反派搞武斗，有时船在码头一停 20 多天无人来装卸，船员们又急又气，就自己动手干，开动起货机，下货舱“码关”，运货进库，全部自己解决。在这一年中，船员自卸百杂货 2000 余吨。在“四人帮”大批“复辟倒退”期间，码头生产秩序再度混乱，“战斗 5”轮的船员仍然坚持装卸货看舱制度，努力把牢装卸货物质量关，并与码头上的小偷小摸行为做斗争。

1975 年 1 月，周恩来总理在全国四届人大重申发展我国国民经济的两步设想，上海海运职工大受鼓舞，纷纷提出全局当年的货运任务向 3000 万吨的目标进军，上缴利润要有新的突破。经过广大船员的努力，1 月份客、货运量创造了历史上同期最高纪录。

在动乱的 10 年中，上海海运船员还执行了不少新任务，有许多新成绩和新创举：

1967 年 6 月 10 日，越南国际无线电报务员实习生 25 人来上海海运实习，为期三年，1971 年 6 月 15 日圆满结业回国。

1969 年 2 月，“战斗 39”“战斗 51”“战斗 13”3 艘船舶圆满完成了渤海海区破冰引航的任务，交通部军管会专门发电表扬。

1973 年 10 月 6 日　上海海运“大庆 26”轮满载原油驶离秦皇岛港，这是秦皇岛开埠后，70 多年来首次输出原油。秦皇岛港原油码头也成为中国第一座采用管（道）水（路）联运方式运油的码头。11 月 12 日，上海海运根据上海市保煤运输紧急指示，决定从 57 艘货轮中抽出 28 艘船舶立即投入抢运煤炭，到月末，就取得好成绩，11 月底的上海煤炭存量比 10 月份增加 20%。

1974 年，上海海运根据船舶雾中航行碰撞事故多的情况在黄海中、南部施行定线分道航行的办法，得到交通部的高度重视和支持。1978 年部颁发了《船舶在北方沿海定线分道航行办法》，交通部彭德清副部长指出，多年来各航区都总结一套安全生产的好经验，如上海海运定线分道航行的办法，几年来在这个海区没有发生碰撞事故。

1975 年 6 月 11 日，“大庆 25”轮装载 4200 吨成品油从上海出发首航西哈努克港成功，运油支援柬埔寨。

1976 年 5 月 20 日，“战斗 36”轮由秦皇岛港满载煤炭进长江，安全抵达武汉港，这是上海海运 5000 吨级货轮第一次直航武汉，还有大型客轮投入上海—温州航线等等，都克服了重重困难取得了成功。

在基本建设方面，上海海运利用废钢船舶建成了第一座万吨级浮船坞，1976 年 2 月 27 日，新建的“华山”浮船坞在获港船厂投产，成功举起 15000 吨级的“大庆 50”轮，同时建造了海滨油库，建立了船舶航修站，从而提高了运输生产力。

1977 年 5 有 6 日，上海海运为执行国务院、中央军委批准下达的打捞在第二次世界大战期间沉没的日本万吨级客货轮“阿波丸”（代号“七七一三工程”）的任务，抽调“工农兵 14”轮与“沪救捞 4”轮、“烟捞 601”轮及潜水队、医疗队组成打捞编队，从上海出发，前往福建三都港，参与打捞工作，并圆满完成任务。这项打捞工程历时 4 年，是新中国历史上最大规模的深水打捞工程作业。①

四、颁发水路货物运输规则，提高货运质量

水路货物运输过去没有一套完整的规章制度，只执行单行的规则和办法。1971 年 12 月 10 日，交通部颁发试行《水路货物运输规则》，之后又颁布《船舶进出港口管理办法》《海损事故调查和处理规则》《中国远洋运输船舶调度规程》。1972 年 10 月 18 日，交通部颁布试行《交通部直属水运企业货运质量标准及统计考核办法》《交通部直属港口装卸货物质量检验办法》。1973 年 11 月，交通部通知各海运局、港务局要求切实改进水上货运质量。9 月下旬，交通部水运局会同商业部综合局在上海召开清理“文化大革命”以来水上货运事故积案座谈会。根据会议核实的情况，从 1972 年青岛货运质量会议以来，水上货运质量已有所改进，但问题仍然很多。会议要求加强企业管理，提高运输质量，防止货运事故发生。

五、海上运输主要经济指标全面增长

1975 年是“四五”计划最后一年。上海海运完成货运量 3095 万吨，货物周转量 1659 万千吨海里；客运量 268 万人次，客运周转量 559370 千人海里。全国四届人大以后，邓小平主持中央日常工作，经过整顿生产秩序，加强企业管理，全国形势好转，我国海上运输有较大发展，年运量比 1974 年增长 17 倍，创造了历史最高水平，使整个“四五”期平均年增长率高于“三五”期平均年增长率 1.5 个百分点。“四五”期末，上海海运拥有船舶 144 艘，1095630 载重吨，15166 客位，比“三五”期末净增船舶 369710 载重吨，4704 客位。10 年中，国家投资上海海运 9.1 亿元，上海海运上缴利润 5.91 亿元，加上提取折旧费 1.9 亿元，合计 7.81 亿元。表 4-1 为 1953—1990 年上海海运国内粮食运输统计。

① 叶飞著:《叶飞回忆录》(下)，北京：解放军出版社，2007 年，第 213—214 页。

1953—1990 年上海海运国内粮食运输统计　　表 4–1

年份	运量 / 吨	占本局沿海总货运量比重 /%	年份	运量 / 吨	占本局沿海总货运量比重 /%
1953	856502	26.75	1972	126135	0.54
1954	1164530	21.19	1973	128718	0.54
1955	850972	14.26	1974	42892	0.16
1956	801521	10.58	1975	52473	0.17
1957	1033323	10.86	1976	160413	0.48
1958	1435439	10.16	1977	329681	0.90
1959	1462851	6.89	1978	241141	0 63
1960	1422565	5.70	1979	378481	
1961	430068	2.96	1980	437322	
1962	173996	1.49	1981	615331	
1963	344974	2.95	1982	349813	
1964	759207	6.70	1983	179885	
1965	872798	6.40	1984	618315	
1966	758153	4.86	1985	246098	
1967	528057	3.44	1986	226009	
1968	598587	3.74	1987	85224	
1969	393994	228	1988	476779	
1970	304989	1.57.	1989	469492	
1971	158162	0.78	1990	189325	

注：1979 年后，国内粮食运量占沿海总货运量比重甚微，均在 0.63% 以下，故表中未列。

第三节　海上运输业务艰难发展

一、迅速壮大和发展石油运输

20 世纪 50 年代，除东北抚顺地区自产部分石油以外，我国国内油源主要集中在玉门、克拉玛依。由于生产力低下，供应不足，1953 年上海部分公共汽车曾以瓦斯代用，1954 年才开始全面使用汽油。当时，玉门油供应北方沿海的大连炼油厂，全部由铁路直达。随着炼油厂能力的扩大，供应量增加，铁路受限制，1956 年连云港油库建成，玉门油开始从陇海路经连云港出海。

第一个五年计划期，上海海运的石油运输量只占总运量的 5.8%，其中除进口的部分转口油以外，大部分是从连云港运往上海、大连炼油厂的原油，以及大连、上海炼油厂运往沿海各地使用或转运的成品油。

1961—1963 年，虽然国家经济进入调整期，上海海运的货运量大幅度下降，但是，石油运量不降反升，稳步提高，从 1960 年的 114 万吨到 1961 年的 148 万吨，1962 年达到 191 万吨。上海海运及时调整客货油运输能力。为适应油运任务需要，1961—1964 年购买了 5 艘旧油轮，到 1965 年年末，上海海运油轮增加了 47990 载重吨，这也为以后发展油运和成立油轮船队打下了基础。

1971 年，上海海运的油运量已占整个公司总运量的 42. 45%，年运量达 864.8 万吨，超过了煤炭运量占总运量 28.01% 的水平。这种石油运输量大于煤炭运输量的比例结构，在上海海运中持续了 10 年（1971—1980 年）。在这 10 年中，国家先后发现和开发了华北、中原、胜利等油田，扩建了上海炼油厂、南京炼油厂、长岭炼油厂，新建了金山石化总厂、镇海炼油厂、安庆炼油厂、武汉炼油厂等沿海、沿江（长江）的部分炼油厂、石化厂。在运输生产力布局上，扩大了港口通过能力，新建了大连港鲇鱼湾、秦皇岛、黄岛，以及上海金山石化厂等专用深水泊位和货主码头。从平战结合、经济高效的原则出发，在运输方式上采用管道运输和船舶运输一线相连的联运运输。

新建了几条输油管道，原油通过管道流向大连、秦皇岛和青岛的黄岛油港。在出海口选用深水岸线，建造深水泊位，选用大吨位油船（沿海运输油船从 20 世纪 50 年代的 4500 吨级，发展到 20 世纪 70 年代的 15000—24000 吨级，20 世纪 80 年代的 65000 吨级），经由这些出海口通过油船把原油转运去各地炼油厂和化工厂，从而使沿海运输不仅油运量大增，而且彻底改变了原油运输的流向。1960 年以前，实行的是以玉门油为主，由铁路经连云港出海的运输方式。1960 年以后拆除连云港港油码头及相关设施，玉门油源不再东运。大连港由原来只承担成品油运输发展到既成品油运输，又有原油运输，除原有大连寺儿沟油港外，新建的鲇鱼湾油港专用于原油出海码头，以扩大原油通过能力。20 世纪 80 年代的东北大庆、华北中原以及胜利等 3 个地区的原油，经 6 路输油管道，集中到沿海 4 个专用油港，再经 4 个专用油港装船出海。

这“3 地 6 路 4 港”的出海线路为：大庆油是从林源过铁岭分 2 路出海，一路经鞍山到大连在大连鲇鱼湾油港出海；另一路过锦州、锦西到秦皇岛，在秦皇岛油港出海。

华北中原油、胜利油分 3 路：一路是华北中原油，从油田本部到石楼，再到秦皇岛，在秦皇岛油港出海；另一路胜利油，从胜利油田总部东营，直达黄岛，在青岛的黄岛油港出海；再一路是中原、胜利油，从鲁宁管线到江苏仪征，通过江海直达出海。尚有少量的辽河原油，自 50 年代开始，由铁路到大连，在大连寺儿沟油港出海。

通过以上 4 港出海的原油，由上海海运承担的，主要是供应上海炼油厂、金山石化总厂、南京炼油厂和浙江炼油厂的原油。自 70 年代末开始，上海海运不仅承担着国内的石油运输，而且还担负着石油出口的运输任务。石油品种也不是单一的原油、成品油和能源物资运输，而是扩大到石脑油、磷二甲苯等石油化工制品的原料运输。这一切都预示着上海海运的石油运输任务繁重，前景宽广。

上海海运在 1969 年前后的一年时间里，相继购入 15000 吨级以上的油轮运输船 8 艘，共计 131960 载重吨。1970 年以后，随着国家造船工业的发展，开始批量建造国产原油船。在 1971—1975 年，上海海运拥有国产油轮 20 艘，约 352800 载重吨，一支油轮运输的主力船队开始形成。上海海运石油运量 1977 年为 1953 年的 80 多倍，占总运量的比重从“一五”期的 5.4% 增长到“四五”期的 47.3%。1976—1978 年又增长到 48.1%，接近于全局运量的一半。

上海海运的油品运输一直与国家的石油开发、加工、储备等战略目标而同步发展。为保障上海市和华东地区用油和炼油的需求，上海海运承运了上海炼油厂、南京炼油厂、上海金山石化厂、宁波镇海炼油厂、仪征化纤厂和九江、荆州、福建炼油厂以及茂名石化厂等石油运输，随后又开辟了海上平台的石油运输，承接了国家进口原油过驳、舟山战略运输任务。在成品油运输中，上海海运曾用 1500 吨级的“大庆 7”轮，开辟了我国前无先例的上海—南京的特种危险品“铂重整”的水上运输（“铂重整”是炼油厂提高汽油辛烷值和生产芳烃的重要工艺，同时还副产氢气）。由于沿海油田建设和港口建设的快速发展与沿海“矿建”材料运输量迅速增长，上海海运“四五”期的运输总量比“三五”期增长了 5.8 倍。

二、万吨级油轮首航南京成功，开辟黄金水道

1964 年，上海海运遵照交通部关于筹备万吨级油轮担负大连到南京原油直达运输的指示，本着“不打无准备之仗，不打无把握之仗”的精神，在航道部门、打捞部门的通力配合之下，经过 1 年多的努力，进行了深入的可行性研究。1966 年 3 月 26 日 1.8 万吨级油轮“建设 17 号”（后改为“大庆 17”轮）轮装载原油 10800 吨，由大连港起航，安全驶抵南京栖霞山炼油厂码头，完成了万吨级油轮从大连到南京的海进江直达运输试航任务。这是我国航运事业的重大突破，充分发挥了长江“黄金水道”的作用，有力地推动了长江经济的发展。

图 4–1　“建设 17 号”轮首航南京成功，徐文若船长在船旁留影。

随着我国经济发展，沿海油运任务加重，海船进江意义重大。上海海运研究决定将 1965 年初购进、1962 年建造的 1.8 万吨级波兰油轮，改名为“建设 17 号”轮承担此项任务，并挑选了 38 岁年轻有为吴淞商船学校毕业的徐文若船长担任“建设 17 号”轮首任船长（图 4–1）。

长江流域自建造大型的南京栖霞山炼油厂、湖南岳阳长岭炼油厂后需要大量原油，仅靠火车运油难以满足，于是交通部谋划用大型油轮从海上运油进江。但是，长江航道原本复杂，加上抗日战争时期，为阻止日舰上驶进攻南京，国民党在江阴下游水域沉下大量船舶，构成水上封锁线，限制所有船舶只能在封锁线以下水域航行。

交通部为了使万吨油轮安全直航南京，组织长江航道部门，对封锁线水域的沉船进行打捞，并进行航道测量、设标与海图绘制等工作。同时，上海海运局副局长徐晋阶率领总船长吴灏、港监部门的专家和“建设 17 号”轮徐文若船长、大副贺程万、二副丁裕年、三副顾金根以及引水员等，租借一条港监引水船，从吴淞口一路勘察至南京，熟悉长江航道以及风流、潮水、水深等状况。

为了防止“跃进”轮悲剧重演，在上海海运领导下，徐文若船长制订了周密的安全措施和应急部署，组织船员进行多次消防演习以防万一。当上海海运决定“建设 17 号”轮担任进长江首航任务以后，上海海运领导、船舶“四清”工作队、油轮船队的领导自始至终随船工作。首先是深入进行思想发动工作，使每一个船员认识到这次进长江试航任务不但在经济上有重要意义，而且在政治上更有重大意义。其次，在组织、制度、技术操作和设备等各方面的安全措施都做了反复检查和落实，不留一点漏洞。

1966 年 3 月 21 日，“建设 17 号”轮在大连装载 10800 万吨原油起航，因为是首航，留有安全系数，未予满载，载重吃水定为 9.5 米。3 月 25 日，“建设 17 号”轮进入长江，但到南京需过三处险要水道和一道关：即白茆沙狭水道、江阴封锁线水道、镇江湾水道和靠泊南京栖霞山炼油厂码头一道关。 为进入长江，有长江资深引水员领航，协助船长指挥船舶航行。过白茆沙水道时，“建设 17 号”轮从航道中央顺利通过。船经张家港双山沙岛的福姜沙水道以后，至江阴港口锚地抛锚过夜，全船灯光明亮。

为保证“建设 17 号”轮的航运安全，长江航政部门领导两次深入长江沿线各专区、县、公社、生产队宣传万吨油轮进江的意义，教育群众遵守航行避让规则和注意油轮防火要点。在万吨油轮进江时，令江上民船在白天均驶入长江小河支流，以保持航道畅通。夜间民船里的船民与江阴澄江镇居民，纷纷隔岸观赏“建设 17 号”轮的雄姿。为保护巨轮安全过夜，当地驻军在江北设立暗哨班，加强防范，而江南码头上，挤满了观赏群众，另有一队队民兵荷枪实弹，保卫着“建设 17 号”轮过夜安全。

第二天，天气晴朗，徐船长下令起锚续航。船过杨中与高港，便进入江都水道、谏壁水道和复杂的丹徒水道。丹徒水道航道狭窄，江中多沙滩暗礁石，水流湍急，由北向南，奔流而下，江水转向几乎是直角，是船舶航行事故多发地段，所以长江航政部门在此水道专门设立了监督站，指挥进出镇江港的来往船舶。

徐文若船长与引水员指挥巨轮过了丹徒水道，驶过焦山水道和世业洲水道，再经狭长的仪征水道，下午便到达南京栖霞山炼油厂。在徐船长指挥下，“建设 17 号”轮缓缓地靠上了浮码头。码头上立刻响起了一片掌声，欢迎“建设 17 号”轮首航南京顺利到达。码头上两辆红色消防车严阵以待，船首尾各有军舰、快艇守护，一切为了保证“建设 17 号”轮的安全。南京市委彭冲书记登上“建设 17 号”轮，慰问徐文若船长和船员。

上海海运“建设 17 号”轮首航南京成功意义深远，从此，无数的万吨巨轮，沿着“建设 17”轮的航线，航行在这条黄金水道上。

交通部部长彭德清 1980 年在交通部技术人员代表大会上作了题为《总结经验，乘胜前进，为实现航运事业现代化而奋斗》的报告。报告中指出：“上海海运克服了长江航道狭窄、复杂、滩多流急等困难，在 1966 年 3 月‘大庆 17’（“建设 17 号”已改名）轮首创万吨级油轮进长江。14 年来，由海进江油轮共达 2500 多艘，直达运输原油 4300 多万吨，节约了大量的过载费用，缩短了航行时间”。

三、以上海为中心，沿海客运通道逐步形成

新中国成立以后，我国的沿海旅客运输多年来一直处于十分不适应的状态：客运船舶设备落后，存在部分以货船代客船的情况；而且根据客运量上升不衰的态势，客船不仅是质量较差，而且数量也严重不足。3 年调整期，沿海客运量依然逐年攀升，1962 年客运量比 1960 年翻了一番。上海海运为适应客运任务需要，先后抽调 15 艘货轮进行必要的添装改建，其中 4 艘顶替客货轮投入客运航线，其他 11 艘作为备用船。

从 20 世纪 70 年代开始，上海海运调整了前期建造的乙型客货轮的航线，逐步更换到航线较短的上海到宁波、温州和渤海湾地区客运航线上，并着手有重点地批量建造上海到大连、青岛等长航线上的客运船舶。1970 年建造的第一艘 7500 吨级甲型客货轮“长征”轮建成投产。继而在 1975 年以前，完工出厂了 5 艘客船并投入营运。这样使从事北方沿海客运航线的客运船舶，得到一次全面更新，彻底改变了以货轮代客轮运送旅客的局面，而且，客船船龄明显下降，既具有相当规模，又令广大旅客满意的沿海客运通道逐步形成。

新中国成立后的 30 年，在有计划恢复和发展客运航线的同时，遵循社会主义客运全心全意为人民服务的宗旨，整顿秩序、加强管理。取消了小账制度，承办行李包裹的托运业务；废除了二等客舱以下的旅客不能在所在船餐厅用餐的规定；改善了没有铺位的五等舱条件，增设铺位，核定乘客定额，严格控制超定额运行；为保证妇婴旅途中的身心健康，开始在所有客船上建立母子室，使母婴得到优先安排和照顾；为使旅客能舒适而愉快地度过海上旅途时间，在船上开始设立图书室；精心组织放映电影、开联欢晚会、开展文体娱乐活动。在每年春节客运和客运高峰季节，都专门组织力量，以最大限度地满足需要，为以后的改善客运高峰期的客运服务，打好基础，做好先导。

四、“风庆轮事件”

为了加速发展我国远洋运输事业，早在 1964 年，周恩来总理就做出造船和买船同时并进的决定，并得到毛泽东主席的同意。1970 年，周恩来总理又指示，力争在几年内基本结束依靠租用外轮的局面，把立足点放在国内造船上。在国内造船一时还不能适应需要时，适当买一些船舶，把远洋运输主动权掌握在我们的手上。这是发展我国远洋运输事业的重要方针。

1974 年 10 月 4 日，经毛泽东主席提议，邓小平同志任国务院第一副总理。10 月 17 日，江青等人在中央政治局会议上提出所谓“风庆轮事件”。

“风庆”轮是上海江南造船厂建造的一艘万吨级货轮。1974 年上半年，它曾航行过地中海和欧洲一些国家，但它并不是第一艘航行地中海和欧洲的远洋国轮。在此之前，“向阳号”“东风号”两艘万吨级远洋货轮，早就成功地远航到欧洲和北美洲。但是，“四人帮”却在“国产船”上大做文章。一方面攻击交通部在周恩来总理领导下的买船是“崇洋媚外”“买了资本主义的破烂货”等。另一方面，又别有用心地大肆鼓吹“风庆”轮的这次远航是长了无产阶级志气，灭了资产阶级威风，是扬眉吐气的三万二千海里。他们把交通部

派驻在“风庆”轮上协助工作的李国堂打成买办资产阶级的代表，王洪文还下令将李国堂扣在上海批斗。“四人帮”制造“风庆轮事件”，攻击周恩来总理，向海运界施加压力，致使我国的海洋运输业的发展又一次受到干扰。①

“四人帮”制造了“风庆轮事件”后，便在交通部内大抓“假洋鬼子”和“资产阶级的买办”，使刚刚恢复的海运领导机关再次受到冲击。一些刚刚解放出来的干部又一次受到批判。不少海运领导干部由于怕“再犯路线错误”，缩手缩脚不敢大胆负责，从而在海运企业中出现了“软、懒、散”的不正常的局面。

买船受到干扰，船队发展被遏止。周恩来总理主持中央日常工作期间，采取的利用贷款大规模买船的做法，一是要迅速结束我国外贸运输主要依靠租用外轮的局面。二是要通过购买新船，引进先进的造船技术，改变我国造船工业的落后面貌。但“四人帮”却利用“风庆轮事件”，在中央政治局发难，企图达到不可告人的政治目的。“四人帮”在批判“崇洋媚外”的同时，不顾国情，大搞远洋轮“国产化”。当时我国的造船能力有限，且造船质量同国外先进国家相比差距很大。在这种情况下，“四人帮”拒绝引进一切技术和设备，主张船上的每一个螺丝钉都必须是中国工人阶级自己造的。这种极左思潮不仅妨碍了远洋船队的发展，也大大影响了中国造船事业的发展。

“风庆轮事件”以后，“四人帮”要弃“修”为“造”，海运管理机构再次受到冲击，甚至一些根本不具备造船能力的修船厂，也都造起“争气船”来。在这种情况下，建造出来的船舶质量很差。有的船板开裂，有的船体钢板和电焊缝电化腐蚀严重，有的主机咬缸，有的技术不过关，长期泡在水中，无法使用。

由于船厂的弃“修”为“造”，使刚刚恢复的修船工作再度停顿。当时远洋船舶有相当一部分被安排在中国香港、日本、东欧、西欧和北欧等一些国家和地区进行修理，使国家花费大量外汇。从事沿海运输的待修船舶，则不得不再度带病航行。

1972 年，上海海运利用远洋退役船舶，更新沿海船队，较大规模地购买远洋货轮的举措，虽然曾因受到“四人帮”严重阻碍，特别是别有用心地制造“风庆轮事件”，而一度中止，但在 1975 年全国四届人大会议以后，在邓小平、李先念等领导人的支持下，又积极执行原购买计划。1974—1975 年两年，上海海运更新了近 15 万吨老旧船舶。

五、海运业的整顿与好转

1975 年，在周恩来总理病重住院期间，邓小平同志主持中央日常工作，曾进行了一场全面的整顿，这次整顿使海运业又一次出现了转机。

首先是抓了企业领导班子的整顿。按照老、中、青三结合的原则，建立起精干的领导班子。依据具体情况，在各海运单位选拔和使用了一批敢于负责的老干部和中、青年干部充实领导岗位，从而使“软、懒、散”的状态有了改变。

其次是健全规章制度。在整顿中，海运企业和船队再次建立了岗位责任制度、考勤制度、技术操作规程、质量检查制度、设备管理和维修制度、安全生产制度、经济核算制度

① 叶飞著:《叶飞回忆录》(下)，北京：解放军出版社，2014 年，第 26—28 页。

等 7 项作业管理制度。对产量、品种、质量、消耗、劳动生产率、成本、利润和流动资金等八项主要经济技术指标也进行了全面考核，再一次进行安全整顿工作。

上海海运根据船队的实际情况，建立了更详细、更全面的安全生产规章制度。这些制度包括：航前会议制度、交接班制度和防台风、停航、保养等制度以及避碰、雾航、进出狭窄水道等航行规则。在货运质量的管理方面，也提出了更高的要求，不仅要求将货物完整无损地运到目的地，还要求运货期限要短、运输费用要低、服务态度要好、运输手续要简便等。经过整顿，显著提高了海运的效能和安全质量。1975 年上海海运提前一个月完成了全年生产计划。

六、“更新轮事件”

“更新”轮（原名“凯赛”轮，后改为“上海”轮）（图 4–2），1957 年由比利时建造，载重定额为 8000 吨。1975 年底，交通部根据周恩来总理和其他中央领导同志的指示，利用香港游资，以低于国际市场废钢船的价格买进了这一艘远洋客货轮，1976 年 1 月 26 日交给上海海运使用。当时上海海运有关部门为这艘船取名“工农兵 22”轮。这本来是正常的买船、用船业务工作，但是，“四人帮”及其余党，还有上海海运帮派势力人物，借机大做文章。当时，上海海运党委主要负责人认为这条船够不上“工农兵”资格，不能叫“工农兵号”，遂正式命名为“更新”轮。

图 4–2 “更新”轮更名为“上海”轮。

1976 年 2 月 8 日，上海海运党委主要负责人在上海市党员干部会小组讨论会上以“更新”轮为炮弹，污蔑交通部“奉行洋奴政策”“当假洋鬼子”，将矛头指向邓小平。他的发言内容当晚被编入会议简报。上海市公交组根据这份材料，派专人采访以后写成一份《工交情况》，上报“四人帮”以及在上海的余党。3 月 10 日，王洪文批示印发。3 月 13 日，张春桥把他当作“反击右倾翻案风”的炮弹，攻击邓小平等中央领导人。在此期间，上海海运党委一些负责人还组织 2 万多人次参观“更新”轮。这位主要负责人对“更新”轮的布置提出了具体要求，“要使参观的人一上船就看到批判文章，带着批判的眼光去参观”。局党委另一名负责人上船宣布了所谓“批判、使用、改造、修理”的八字方针，说：“对这样的崇洋媚外典型就是要批字当头，用大批判开路。”据此指示，“更新”轮上贴满了批判的大字报。这些情况由上海工交口子编发在《工交情况》第 107 期，“四人帮”和在上海的余党见之如获至宝，继而向中央领导同志发难。上海海运的主要负责人在上海的万人大会上以“更新”轮为炮弹，大批所谓的“崇洋媚外”的思想。

七、自建船用燃油储备设施，中国船舶燃料公司上海分公司成立

上海海运 1959 年以前的船舶供应业务，主要是船用物料的供应。船用燃料，除油船由

承担油运任务的专用码头按指标或借用油罐代理加装外，货船基本上都是烧煤。船用烧煤也主要是由船舶直接运到各有关港口、码头，由各港组织供应上船。

1959 年下半年，上海海运开始批量买进部分万吨级自由轮式货船，以及原有部分烧煤船改烧燃油，烧油船舶比重提高，燃油消耗量增加，为保证船舶燃油的及时供应，上海海运在黄浦江何家湾建立卸油站，成为航运企业自建船用燃油储备设施的起点。

何家湾卸油站于 1959 年开工，年卸油能力为 12 万吨，卸油站原来的设计是新建 500 立方米半地下式重油储油罐 2 个，后因申请的钢轨未到货，一直到 1960 年 9 月，2 个油罐尚未正式动工。由于当时大庆油田开始出油，连云港将不再有玉门油出海东运，因而原在连云港的卸油站连同油码头设施开始全部拆迁大连港，于是从陇海路到连云港的铁路油槽车，一时期大量涌到上海。根据铁路局向华东运输指挥部的报告，第四季度将有 10000 吨上海海运船舶用油到上海，储存成了大问题。经交通部、商业部协商，并经华东运输指挥部有关会议决定，借得高桥石油采购供应站的油罐 16000 吨容量，暂作燃油储存之用，并将原设计何家湾新建的 2 只 500 立方米油罐，改为 3000 立方米和 5000 立方米各一只。

新建油库由国家投资，是当时上海适应“大跃进”需要的基本建设工程之一。油库纯系船用燃料专用油库，内设储油罐、卸油码头、铁路专用线，以及栈桥设施，用以收受国家直接分配的、由铁路或船舶运上海的船用燃油。供应范围主要是上海海运船舶和租用船舶的用油。

1964 年，交通部在上海成立北方区海运管理局，统一管理北方沿海航区的港航企业和在上海的部属企业，从而对上海的部属供应体制也进行了较大规模的改组，成立上海物资供应公司，下设船用物资供应站和燃料站，实行独立核算，专业管理，统一北方沿海部属各港航企事业单位的物资供应。物资站统管了在区局领导下的船用物料 329 个供应点；燃料站除上海海运何家湾卸油站和供油驳外，又将上海港、打捞局、航道局等单位的燃料供应设备，都集中划属燃料站使用，并负责区局管辖范围内的全部燃料供应业务。

1965 年以前，上海地区船舶所使用的燃油，占燃料供应总量的 18.41%，1965 年以后，蒸汽机船逐步淘汰，不少船舶改为烧油，燃油供应量逐年增加。

1968 年 2 月 10 日，交通部军管会通知，北方区局海运管理局撤销，北方区局物资供应公司下属的燃料站和船用物资站，改名为上海轮船公司燃料供应站和上海轮船公司材料供应站，隶属于上海海运。材料供应站仍维持在区局成立前的业务范围，但供应量有较大增加，燃料供应站业务范围扩大，供应量骤增。

1972 年，中东石油危机，来我国口岸加油的外轮日益增多，加上国内运输船舶的燃油储备量增加，十分需要扩大燃油储备能力。为适应外贸船舶燃料供应的需要，经国务院批准，由交通部、外贸部、商业部、石化部联合发文，交通部在北京成立了中国船舶燃料供应总公司，在沿海各主要港口设分公司。上海海运燃料站一套班子、两块牌子，对外称中国船舶燃料供应公司上海分公司，对内仍为上海海运燃料站，既供应上海海运自身船舶，又承担上海港外轮、远洋运输船舶的燃料供应，并负责浙江、福建等省属船舶的代提、代供业务。1972 年，中国船舶燃料供应公司上海分公司有 9 艘供油船（驳），年可供油 52 万吨。

20 世纪 70 年代，随着船队规模的扩大，船用燃油和物料供应量增加，上海海运的燃、物料供应设施开始与船队建设同步。上海海运在 1973 年着手筹建上海海滨油库，经过 3 年的努力，于 1976 年建成投产。上海海滨油库是当年上海港口建设的一项配套工程，也是国家提出“三年改变港口面貌”的要求。

八、重视水域环保，船舶油污水处理业务起步

1974 年，国家发布《防止沿海水域污染暂行规定》，不准船舶向水域排放“三废”（废气、废水、固体废弃物）。20 世纪 50 年代，船舶使用的燃料，基本上都用煤炭，60 年代由煤改为烧油，到 70 年代基本上都以烧油为主。上海海运由于新建船舶的主机都从蒸汽机改用柴油机，另外能源政策变化，烧煤改烧油，特别是 20 世纪 60 年代后期，沿海油运任务增加，油船迅速增加，因而使沿海海域造成污染的或然率逐步增大。为了防止油船洗舱水和空载压舱水，以及机舱舱底油污水对水域的污染。1975 年 6 月，上海海运将 1 艘 300 吨的油驳改装后，试行港作船舶进行含油污水的处理。在此基础上，于 1976 年 4 月，又在江苏杨林港附近的江面上，将 1 艘载重 15000 吨级在 1974 年报废的“大庆 26”轮，自主改装成油污水处理船。

1979 年 7 月 1 日，杨林港油污水处理站正式成立，全面承揽上海港水域的中外船舶的油污水驳运、处理，以及船舶修理时清挖油脚和处理业务。以后，杨林港油污水处理站就成为上海海运油污水处理基地，除配备船舶污水处理船外，还配备了 4—5 艘油污水驳运船。日油污水处理能力达到 2000 吨，油污水驳运载重能力 2200—3200 吨，不仅解决了油运和烧油船舶大量增加后容易造成水污染的问题，而且能为国家回收节约大量能源。

上海海运所属物资供应部门，不仅为进出上海港的中外船舶提供部分物料供应，同时，又承揽了中外船舶油污水驳运处理和船舶修理时清挖油脚的业务。

1980 年，尽管上海海运船舶油污水工作刚刚起步，但也取得了可喜的成绩。这一年驳运油污水船舶 492 艘次，处理油污水 51100 吨。其中本企业船舶 379 艘次，处理油污水 30670 吨；外单位船舶 108 艘次，处理油污水 15550 吨；外轮 8 艘次，处理油污水 4925 吨。处理油污水 345 艘次，处理油污水 236650 吨。其中本企业船舶 248 艘次，处理油污水 161470 吨；外单位船舶 89 艘次，处理油污水 70250 吨；外轮 8 艘次，处理油污水 4925 吨；向外供应油脚 12000 多吨，使企业总计收入 130 万元。随着进出黄浦江船舶增加，油污水处理业务每年增加，到 1988 年驳运油污水船舶达到 636 艘次，处理油污水 91800 吨，其中外单位船舶有 190 艘次，外轮增加到 47 艘次；处理油污水船舶达到 695 艘次，其中外单位船舶 199 艘次；向外供应油脚超过万吨，三项业务收入达到 276 万元。

上海海运重视水域环保工作的举措既开拓了新业务，增加了企业收入，又为上海水域环保做出了贡献，更为以后上海港被选择为联合国全球环保基金组织赠款和世界银行信贷

在中国六大港口建设环保项目之一，上海海运兴建船舶油污水处理厂打下了基础，创造了条件。

第四节　突出重点，合理调整客、货、油运力结构

一、全面扩大运输船队，船型更新船龄下降

上海海运根据货种结构的变化和拥有船舶的实际情况，在“三五”期末和整个“四五”期，相应调整客、货、油运船舶结构，突出发展壮大油运能力，着手建设煤炭专用船队，改善客货船设备条件。上海海运在1969年前后的一年多时间里，相继购入15000吨级以上的油船8艘。1970年以后，开始国产油船的批量建造。大连造船厂建造第一批15000吨级油船4艘，前两艘于1971年先后出厂营运；第一批2艘24000吨级油船的首艘于1974年出厂营运。在1971—1975年的5年中，上海海运购建国产油轮20艘，总计352800载重吨，一支油运主力船队初步形成。

上海海运的干货运输在船舶运输能力上欠账较多、技术状况较差。通过3年调整，淘汰了部分老旧船舶，船舶载重能力下降。1963—1965年间虽曾停止过租用外轮，但在1966年以后的5年中，又累计租用外轮完成运量184.6万吨，相当于租用54030吨船。因而，在20世纪60年代自建中、小型国产杂货船的基础上，结合当时港口建设，自70年代开始着手建造大型散货船和煤炭专用船。“安源”轮是上海海运第一条国产煤炭专用船，1970年由中华船厂建成投产。从1970年开始，上海海运在江南船厂和沪东船厂，批量建造18000吨级和25000吨级煤、矿两用船18艘，394000载重吨。其中在第四个五年计划期末的1975年，出厂营运10艘206000载重吨。形成了一支煤矿专用的专业船队。

20世纪60年代沿海客运运输长期处于十分不适应的状态，不仅客运船舶设备落后，且尚有部分以货船代客船；而且根据客运量上升不衰的态势，客船数量严重不足。为加速改变这种不适应状况，70年代开始，上海海运着手有重点地批量建造上海到大连、上海到青岛等长航线上的客运船舶。按以往多年的调查论证，结合吸收乙型客货轮的建造经验，自行设计、自行建造的第一艘7500吨级甲型客货轮“长征”轮，于1970年由沪东船厂建成投产。继而在1973年以后又分两批，开工建造8艘客轮。到1975年，完工出厂5艘客轮，全部投入营运。从而使航行在北方沿海航线上的客运船舶，得到了一次全面的更新。

自1969—1978年的10年中，上海海运新增国产船近80万吨，占1978年底实有国产船舶载重吨位的90%。国产船的大批量增加，加速了老旧船的处理。1969年到1978年的10年中，改变用途和报废处理老旧船舶50多万吨，其中三分之一是1974年和1975年两年内处理的。从此，上海海运船舶的运力和运量基本适应，虽然在十年内乱时期，部分新造船舶存在一些质量问题，但总体上客、货、油运船舶的技术状况得到了较好的改善。1978年的上海海运船舶的平均船龄，从1968年的19.14年，降低到14.4年。其中，客货轮船龄为11年，货轮船龄为17.24年，油轮船龄为9.63年。

二、从简陋的航修站起步，建立上海立丰修船厂

1969 年，上海地区停航待修船舶增多，特别是船舶水线以下工程增加，急需坞修。而当时上海各大型造船厂实施“以造船为主，修船为辅”的方针，正在建造大型货船，所属岸坞都只能满足造船需要。20 世纪 60 年代后期，由部分船员组成的修船小队，利用挂在浮筒上的一艘报废船“战斗 14”轮为场所，办起了抢修海损船舶的浮筒航修站。1967 年从抢修海损船舶发展到自我航修，在王家渡靠岸建起三座 58 米长的修船码头，然后将“战斗 14”轮靠泊码头，定名为王家渡航修站。

1970 年，上海海运大胆提出利用两艘废钢船拼接建造一艘浮船坞的设想，经过缜密的计算论证，组织力量拆船造坞，在王家渡附近将 2 艘万吨级废钢船改建成国内第一艘钢质浮船坞。因该浮船坞建造方案在 1970 年 2 月 1 日批准实施，故定名为“7021”浮船坞。

经过半年时间的建造，“7021”浮船坞于 12 月 19 日空载沉浮试验成功。首艘进坞的是 2800 吨级的“战斗 35”轮，在坞沉浮起的全面试验中，一次成功。坞体强度、上浮稳性、操纵性能均良好，机电运转正常，达到了“沉得下、浮得起、翻不了、折不断”的要求。船底触墩到坞面甲板出水只需 93 分钟。该船坞长 134 米、外宽 35 米、内宽 24 米，举力为 4700 吨。实际投资 474 万元。至 1972 年，“7021”浮船坞坞修船舶 70 艘次。其建成投产不仅缓解了当时坞修能力严重不足的矛盾，更重要的是填补了我国自行制造大型浮船坞空白，为上海海运发展修船工业，既能够厂修，又能够坞修奠定了基础。

1972 年，上海海运为适应大吨位船舶的修理，进一步利用王家渡的优越地理位置和前沿水域的有利条件，组织立新船厂、王家渡航修站、外轮航次修理厂，并在上海船厂的支援下，继续建造了举力为 13000 吨级的大型浮船坞，定名“黄山”号。

“黄山”号浮船坞 1973 年 2 月 20 日开工，1974 年 3 月 20 日建成，当年 8 月 24 日以“锦州”轮进坞修理而正式投产。自此，王家渡航修站的修船能力大增，迈上新的台阶，于是上海海运决定“改站为厂”，有利于今后的发展。

1975 年 4 月，王家渡航修站改为工厂编制，取名为上海立丰修船厂（以下简称“立丰船厂”）（图 4–3），地处上海浦东三林塘，建厂时拥有固定资产 2300 万元，厂区占地面积 5 万余平方米，职工人数 739 人。后又调入举力 6500 吨级“庐山”号浮船坞，形成了对万吨级以上船舶坞修和部分厂修的能力。为使修船能力得以充分发挥，立丰船厂先后自制 400 吨油压机、机械除锈设备、高压水清洗装置、坞壁式悬挂作业小车、船舶螺旋桨液压拆装工具以及 60 吨浮吊和拖轮等配套设施。1978 年，全厂占地面积增加到 14.2 万平方米，固定资产 4438.3 万元，职工人数增加到 1283 人。到 1981 年，立丰船厂又陆续建成船体、轮机、铜工、舾装等主要生产车间和 258 米顺岸式修船码头。

图 4–3　上海立丰修船厂码头。

1980 年，上海海运船舶结构已发生了很大变化，3000—5000 吨级船舶比重减少，15000 万吨级以上船舶增多。上海海运即对所属修船厂的船坞组合进行了整合，当年 3 月，立丰船厂的“庐山”号与荻港船厂的“华山”号浮船坞进行对调。

1985 年前后，上海地区 35000 载重吨船舶增加，当时上海只有江南造船厂一个大型岸坞可供这类船舶进坞修理。立丰船厂以变应变，着手对“黄山”号浮船坞进行拓宽，确保了型宽在 26—27.4 米的船舶都能进坞修理，形成该厂 10000—35000 载重吨的各类船舶的坞修系列。同一时期，该厂还相继增辟 3 条修船线，新建了修船专用码头。1985 年 1 月 12 日，立丰船厂总长 164 米、举力 9000 吨的“华山”号浮船坞将总长 178 米，自重 11000 余吨的“大庆 44”轮稳稳地托出黄浦江面。这是国内浮船坞超长超载抬船成功的首例。

“华山”号浮船坞抬起“大庆 44”轮后，该厂技术人员对“大庆 44”轮进行数次测量，数据均在正常范围之内。在改革形势的推动下，立丰船厂继续采取一系列的扩大浮船坞适应性的试验，先后抬起了局部超重和船型特殊的“上海”“海兴”“屈原”轮等轮。

1987 年，立丰船厂完成了原 258 米修船专用码头接长 100 米改造工程，先后配备 3200 匹马力全回转式拖轮和 1670 匹马力拖轮，以提高修理船舶掉转和靠泊能力。其间，“黄山”号浮船坞经过科学计算，顺利托起 4 万吨级的“华明”轮，是为该船坞投产后托起的最大船舶。

1988 年，经过扩建后的“黄山”号浮船坞，首次接受上海海运超宽、超长型“安平 16”轮的坞修任务。“安平 16”轮船宽 28.4 米，是一艘 3.5 万吨级的大型散装货轮，而“黄山”号浮船坞主要承接型宽不超过 26 米的船舶坞修。为了解决大型船舶的坞修难题，立丰船厂通过精心设计和反复测算，将船坞的上甲板和两边拓宽，使船坞的净宽达 28.8 米。这项改建工程虽然投资了 80 万元，但“安平 16”轮进坞成功，拓宽了“黄山”号船坞修理的业务，提高了经济效益。

20 世纪 80 年代，立丰船厂大力开发新技术、新工艺，促进修船的优质、高效、安全和低耗。如通过船舶螺旋桨拆装液压化，提高坞修效率；推广应用修机械零部件、电机和锅炉化学清洗技术，废除传统的柴油和汽油清洗工艺；为 1.5 万吨级以上油轮自行设计加装固定式甲板泡沫灭火系统装置；为油轮加装惰性气体保护系统装置等，解决了修船生产中不少技术难题，成为当时上海市具有相当修船能力修船基地。

1983 年，立丰船厂除流动资金周转指标外，其他主要经济指标都创历史最好水平。

1987 年，该厂还制订“深化改革，缩短船期，稳定质量，提高效益”的生产经营方针。先后调整二、三线修船体制，组建综合服务车间，进一步完善为一线修船服务的效能和生产调度指挥系统。至年底，完成中、小修船舶 19 艘，坞修 93 艘。实现工业总产值 1871.9 万元，比上年同期增长 32.3%，其中修船产值增长 37.3%，中、小修船平均周期比计划要求分别缩短 10 天和 22.5 天。

1988 年，立丰船厂完成自制 48 米 / 20 吨码头高架吊车和 30 吨 / 时 VCH 开式油污水分离装置。同时调整劳动组织，成立了第五条修船线。至此，该厂已拥有固定资产原值 7447.8 万元，净值 5563.5 万元，有 2 座可同时并靠 6 艘万吨级船舶的修船专用码头，各类金属加工机床 95 台，辅助船舶 12 艘，年修船能力达 107 艘（万吨级）。

1983—1989 年的五六年间，该厂在新工艺、新产品的引进、开发、研制、应用等方面就完成主要项目 80 余项，解决了修船生产中不少技术难题。1990 年，该厂工业总产值达 4283.6 万元。

三、适应外轮修理需要，建立上海外轮修理厂

20 世纪 60 年代，随着外贸事业的发展，进出上海港的外轮日益增多，外轮的航修和小修业务也随之增加。1968 年，上海海运接收中华造船厂董家渡船坞和上海市外轮供应公司所属的船舶敲铲油漆工程队，合并成立了上海外轮航次修理厂（以下简称“外轮厂”）。外轮厂地处上海浦东小南码头路 6 号（图 4–4）。厂区占地 4 万平方米，码头岸线总长为 231.3 米。建厂后，生产业务以船舶的敲铲油漆为主，兼营坞修和航次修理。1970 年末，该厂固定资产原值为 467.2 万元，净值为 50.3 万元，利润总额 100.9 万元。

图 4–4　上海外轮修理厂大门。

1971 年前，外轮厂附属立新船厂，之后开始独立经济核算，直属上海海运局。1975 年，外轮厂完成了“昔阳”轮第一艘小修任务以后，开始逐步扩大经营业务范围，以修船为主业，承担中外船舶的岁修、中修、小修、坞修、航修、海损抢修及有关劳务工程。

20 世纪 80 年代外轮船发展迅速。1985 年 6 月外轮厂开始试行厂长负责制，在从生产型向生产经营型转变过程中，加快新技术开发和生产结构的调整步伐，制定了修船为主、多种经营、对外开拓的经营方针。1986 年，外轮航次修理厂改名为上海外轮修理厂，修船业务拓展，创汇能力提高。

1986—1988 年，外轮厂创汇逐年上升，由 224 万元外汇人民币增至 624.6 万元外汇人民币。 在扩大修船业的同时，逐步引进世界先进修船技术。派出技术人员先后考察了日本、新加坡、荷兰、联邦德国、泰国等国家的修船管理、技术和工艺。经分析论证，引进新加坡万度力公司的柴油机零部件修理和翻新技术，组成新加坡万度力和上海外轮修理厂联合公司，截至 1988 年，已同世界 40 多个国家和地区的多家船公司建立了业务往来。

四、“备战、备荒、为人民”筹建荻港修船厂

1964 年 5 月，毛泽东在听取国家计委关于编制“三五”计划（1966—1970 年）的汇报时提出：制订计划要考虑打仗，要搞三线基地，一、二线也要搞点军事工程。为体现经济建设和国防建设体系和布局的一致性，国家要求在东南沿海的大中型海运企业，都要有适应战时需要的后方基地。为此，交通部及各地方省市针对性地开展了一批水运基础设施建设项目。

上海海运从 1969 年开始在浙江镇海沿海和安徽铜陵沿江一带选址。由于从地理位置上

考虑，一是南京长江大桥下游不宜战备建厂；二是根据整体布局，当时上海市“三线”建设均在安徽。1971 年 2 月，为了适应“备战、备荒、为人民”之需和落实“三线建设要抓紧”的要求，经过南京军区选址，选定 1949 年中国人民解放军渡江第一船登岸处的板子矶作为战略后方修船基地。4 月，经交通部批准，上海海运在安徽省繁昌县荻港镇北 1.5 公里处的长江边，建造荻港修船厂，工程代号为“711 工程”。

荻港修船厂距离繁昌县城 23 公里，有公路直达；距古城芜湖 54 公里，水陆均通。1971 年 7 月 22 日，上海海运成立“711 工程”指挥部，并在宁波地区招收 500 余名下放支农老工人及其子女，作为建厂首批工人，临时驻扎在停靠厂区的已报废的万吨级货轮“战斗 92”轮上。

1972—1973 年，上海海运开始征用土地和拆船造坞。当时几乎没有任何大型设备，全凭手拉肩扛，至 1973 年初，共拆解“钢 86”轮、“钢 7”轮旧船 2 艘，造浮箱 4 只，为国家节约投资近百万元，还利用旧船尾造了 60 吨浮吊的浮体，利用自动舱盖板等建造了 80 吨的方驳，并垒筑了简易码头、乙炔站，轮机、船体厂房，为边基建边生产创造了条件。

图 4–5　上海海运荻港修船厂。

1973 年正式开始建厂，当时总规划为：建筑面积 11 万平方米，修船码头岸线 600 米，万吨级浮坞码头两座。1975 年边建设边生产，1978 年 11 月，“711 工程”竣工，正式交付国家验收，所有项目一次交验合格，正式命名为“上海海运局荻港修船厂”（图 4–5）。该厂能够同时并修 10 艘船舶，可承接 15000 吨级以下各类型船舶的修理工程，年可修船 60—70 艘。全厂有职工 3000 人。工厂占地面积 30 多万平方米，岸线长 1700 米。国家投资 5830 万元，加上浮船坞，配套设备等，共有固定资产 7830 万元。设有船体、轮机、管铜、舾装、电工、配件、起运、机修、铸锻等车间和部门，主要设备 524 台（套），配套设备 1500 台（件）。该厂有浮船坞 2 座，拖轮 4 艘，运输船舶 4 艘。60 吨、30 吨浮吊各 1 台，2.5 吨、4 吨炼钢炉各 1 台；有码头 5 座，其中浮坞码头 2 座、修船码头 1 座、起运码头 1 座、工作码头 1 座；与生产配套的附属设施有制氧站、空压站、乙炔站、总降压站、热处理工段、中央试验室等。

1973 年，上海海运 882 千瓦（约 1200 匹马力）拖轮“生产 1”轮到荻港进行试修，靠人抬肩扛搬运材料、设备，登轮作业。经两个月日夜奋战，如期修复，顺利返航上海。同年 8 月，上海海运退役的 1000 吨级油轮“大庆 1”号轮来厂修理，完工后，留厂使用，承担上海到荻港之间的油料和其他基建物资的运输任务。

1974 年 9 月，安徽省第二建筑工程公司进入工地，12 月正式开始动工兴建厂房。同年底，“7021”浮船坞由立丰修船厂划归荻港修船厂。

1975 年 4 月，抽调技术人员、工人 37 人，赴宁参加“华山”号浮船坞建造。翌年 3 月，“华山”号到达荻港修船厂，归该厂使用。“华山”号浮船坞是中国第一艘采用全新钢材的浮箱分段式浮船坞，是继“黄山”号后国内自行设计建造的第二艘大型浮箱式钢质浮船坞，总造价 1373 万元。

1975 年底至 1976 年，部分生产厂房陆续竣工，设备安装开始进行。至 1976 年底，共完成轮机、配件车间大小机床 84 台、行车 4 台的安装，并完成了制氧站设备的安装调试，基本上可以满足修船需要。1978 年 5 月，结束了基建设备的全部安装。

荻港船厂建成投产以后，除修理上海海运的部分船舶以外，还修理过长江班轮和各种工作船舶。由于受地理条件和南京长江大桥高度限制，到荻港厂修理的船舶进出不便，万吨以上的船舶过南京长江大桥还需要割桅杆以保证安全通过大桥。长江枯水期船舶进出更为困难，造成其生产任务不足，长期不能达到原设计生产能力，1979—1987 年平均每年完成的生产任务只为设计能力的 38.5%，1984 年以后连年亏损。

荻港船厂是上海海运根据国家战备要求而建设的一个中型修船厂，至此，上海海运的自我修船能力配套得以完善，自 1955 年接收上海市第一重工业局公私合营鸿翔兴船舶修造厂以后，发展建立了外轮船厂、立丰船厂、荻港船厂；船厂职工 1957 年为 1022 人，1978 年增加到 7042 人；修船工业产值 1957 年为 264.4 万元，1978 年达到 2998.5 万元。

五、建立船舶配件厂承担船舶维修零部件加工业务

1971 年，上海海运筹建船舶配件厂，厂址设在浦东源深路上海海运学校内。建厂初，有金属切削机床 19 台，55 名职工，主要承担船舶维修的零部件加工业务。

1972 年船舶配件厂正式投产，初为上海海运局材料站管辖，1975 年改由上海海运局直接领导。当年，船舶配件厂建成机加工车间，配电变电所；利用机床的包装箱板和旧毛竹等搭造了近 150 平方米的棚屋厂房；先后安装大小车床 15 台，并制成压床、1 吨半吊车、卷扬机、平盘研磨机、探伤机等 10 台生产上急需的机器。全厂职工 220 人，分机加工、钳工、锻工、机修、油头、油嘴等班组。车、磨、滚、铣、钻、插、锯和焊等工种齐全。能够生产离心泵、双缸泵和起货机的全部部件。对内燃机从只能加工压油泵齿轮到能够成批生产油头、油嘴，为生产和加工上海海运各类型船舶需要的配件。1975 年，各种机床增至 72 台，职工人数 326 人，配件产值 67.3 万元。

1976 年，新增万匹机缸盖，并自制了镗缸机、铣槽机、攻丝机、凸轮车床、凸轮磨床、风磨机和 0.5 吨电弧炉等 7 个项目的设备，并在没有热处理车间的情况下，利用铸钢车间临时安装了 75 千瓦井式电阻炉，自行解决了活塞环热定型处理，以及一般工作的调质和回火等处理。全年完成总产值 160.1 万元，比上年增长 13%。主要产品产量内燃机配件完成产值 101.4 万元，占年度总产值 63%。

1977 年，该厂能加工和生产以下产品：缸盖（下缸盖）、缸套、各类活塞环、排气阀、油头偶件、CZ 空压机铝活塞、6250 油枪总成、6250 燃油凸轮、200 型起货机各种配件、72 型弹子滑车，并形成了生产能力。年可生产 76/160 下缸盖 18 个；43/82 缸头 48 个；43/82 缸套 36 个；各类活塞环（包括 43/82）3000 根；排气阀 200 根；72 型弹子滑车 600 套；6250 缸套 100 只；6250 缸头 48 只。

注：到 20 世纪 80 年代，该厂已能批量生产 43/82 缸头、缸套、油头、油泵偶件、活

塞令、凸轮等配件，并试制 43/82 活塞头、活塞裙及 58/100、60/106 缸头等船舶急需配件，配件生产能力逐步提高，对 43/82 型国产主机的缸头、缸套、活塞环、喷油器总成等易损配件可基本满足上海海运船舶的需要。1982 年 7 月，为落实国务院关于归还“文化大革命”期间被占用校舍的指示，该厂撤销。其生产业务划归立新船厂和立丰船厂，所占用的校舍、场地归还上海海运学校。

六、建办航修站，增强自修船舶的辅助能力

1967 年，“文化大革命”期间，上海各船舶修理厂生产混乱，效率低下，航运公司的船舶严重失修，为扭转这种局面，上海海运在黄浦江上游吴泾航段，办起了第一个浮筒航修站。

在 1970—1974 年期间，上海海运又建立了 4 个航修站，并采取边生产边发展的方针，使其从无到有，从小到大，较好地解决了上海海运所属客、货、油船舶的航修、抢修任务，特别是为以后繁忙的旅客运输和紧张的煤炭、石油运输发挥了重要的保障作用。

1970 年，上海海运利用报废的“战斗 86”轮在黄浦江鲁班路浮筒办起货轮第一航修站。成立头两年就航修船舶 36 艘次，产值 27.3 万元。继后，上海海运加大了投入，修船能力逐年提高，1980 年货轮第一航修站航修船舶 42 艘次，产值 173.2 万元；1990 年，该站发展到占地 2520 平方米，有一个长度为 180 米的泊位、1 艘电焊船、10 台机床，职工 131 人，当年修船产值达到 259 万元。

1974 年，上海海运利用报废的“钢铁 4”轮在黄浦江高桥附近办起货轮第二航修站（图 4–6）。当年修船产值为 52 万余元。以后逐步发展成为具有码头岸线的陆地航修站。1990 年，有职工 92 人，1 艘航修船、1 艘电焊船、30 台机床，当年修船产值为 247 万元。

1974 年，上海海运利用报废的“大庆 2”轮在浦东桂家村沿岸办起油轮航修站。后逐步发展成为具有码头岸线的陆地航修站。1981 年固定资产原值 753.7 万元。1988 年固定资产原值 907.2 万元，净值 638.7 万元。1990 年，该站占地 33066 平方米，有 4 个泊位，共 270 米长。职工人数为 452 人。当年修船产值为 764.1 万元。

1974 年，上海海运利用报废的“真理”轮在鲁班路浮筒办起了客轮航修站（图 4–7)。1981 年固定资产原值为 472.4 万元，净值为 333.6 万元。1988 年固定资产原值为 467.3 万

图 4–6 上海海运货二航修站。

图 4–7 上海海运客轮航修站。

元，净值为 244.8 万元。1990 年，有 1 艘电焊船、1 艘抢救船、7 台机床，职工 75 人，当年修船产值为 449.7 万元。

经过几年的精心谋划和合理安排，上海海运船厂和航修站同步建设和发展，逐步形成了以船厂修船为主，以航修站修船为辅，厂修、抢修紧密配合的修船格局，形成了以船舶为中心的“管船、用船、养船、修船”的完整体系，适应了航运企业运输生产发展的需要。

第五节 干部下放和招收培养一批女船员

一、科研、管理干部“四个面向”被下放劳动

1969 年 8 月，上海市革委会发动“干部四个面向”（面向工厂、农村、边疆和基层）运动，用“接受再教育”的名义，把大批干部调出上海。在动员时，一些来自船舶的造反组织头头也上台作虚假表态，“带头”报名。上海海运及所属打捞局的机关干部 300 余人被“动员”出去。

图 4-8 干部参加“五七”干校劳动学习。

同年 12 月，上海海运“大班子”余下人员和打捞局、船舶科研所、船舶设计院、海运学校等单位的干部共 1200 余人被送往上海市工交系统“五七”干校（图 4-8），编为第 8 兵团（当时的干校建制为班、连、兵团），一面参加农业劳动，一面进行“斗、批、改”。一批待“解放”的领导干部和“清队”对象在干校继续受到审查批斗。以后，又从干校调出一部分人，以“战高温”名义下放到仪表局系统的工厂劳动。

二、大规模派女船员上船，在客运工作中发挥作用

新中国成立前，国内海轮上无女船员，航海行业成为男子的天地。1953 年 6 月，原在天津港务局工作的女青年孔庆芬要求上船工作，被安排在上海海运万吨级货轮“和平 1 号”轮，成为中国第一名海轮女船员和船长，冲破了海船由男人一统天下的旧传统。

1957 年，又有两名大连海运学院毕业分配的女船员上船见习驾驶员。她们克服了生活上、生理上、体力上的种种困难，由见习驾驶员逐渐成为三副、二副、大副。同年，从武汉河运学校毕业的两名女性，到海轮上任报务员，在船数年后，被提拔为主任报务员。

1959 年，上海海运首次向社会招募 12 名女青年，上船担任客运服务员。该批服务员上船后，克服晕船和生理上的困难，工作出色，不少人后来被评为局一级先进生产者。经第一批试点后，逐年向社会招工时，都有一部分女青年被安排在客轮客运部，分别任客运服务员、广播员和小卖员等。这些女船员渐成为客运服务中的主要力量。

1965 年，大连海运学院轮机系女毕业生张兴芝被分配至上海海运，主动要求上船工作，先在机舱担任 4 年机匠，后又任 4 年三管轮、4 年二管轮、3 年大管轮。1983 年通过国家适任考试，被任命为“长柳”轮轮机长。是中国唯一通过国家考试后取得证书的海轮女轮机长。

20 世纪 70 年代，上海海运客运部门干部颜娟娟成为中国第一名海轮（客船）上的女政委，从事船员的思想政治工作多年。

1975 年，上海海运从社会招收了 40 名 74 届女初中毕业生，分配在船舶驾驶部和轮机部工作，由老船员以师傅带徒弟的方式教其学习水手、机匠业务，其中个别女船员热爱航海事业，刻苦钻研和掌握航海技术，一度担任驾驶员之职务（图 4–9）。

图 4–9　20 世纪 70 年代在“战斗 67”轮的女海员。

1976 年，上海海运招收第二批女船员约 40 人。1978 年，终因女性生理和体力等原因，这两批女船员逐渐调离货船和油船，上岸工作。

1978—1979 年间，上海海运学院有 2 名女毕业生分配在上海海运的客轮上见习三副，两年以后也离开船舶，上岸工作。

到 20 世纪 80 年代初，上海海运试行合同制的用工制度。1982 年 1 月，通过劳动服务公司，从职工子女中招收第一批 21 名合同制工人，全部为女性，上客船担任客运服务员。1983 年又招收第二批 20 余名女服务员，以第一批部分合同工为骨干力量带领新合同制服务员，每季度进行一次考核，评一次浮动工资。她们中大多工作积极，热情为旅客服务，受到旅客好评，有的担任服务组长，有的担任船上广播员，有的女服务员因表现出色还被评为市“三八红旗手”。1985 年，上海海运有女客运服务员（包括广播员、售货员等）992 人，1990 年达到 1376 人。

三、中国第一位女船长孔庆芬

1933 年 9 月 10 日，孔庆芬出生在天津一个普通邮递员的家庭里，家里 7 个子女，她排行老大。17 岁时，她到天津航政局做文书工作。1950 年 9 月，天津区港务局正式成立，孔庆芬成了天津区港务局一名港务监督员。在天津区港务局与天津海关、水上公安局、检疫所等有关部门实行港口联合检查工作中，孔庆芬克服世俗封建思想，组织各部门的女同志成立了一个班，积极开展工作，先后在英籍怡和公司的船上破获了偷运假人民币案，并在当时遣返侵华日军家属和无国籍的旅客时做出了突出成绩，为此受到表扬。

1952 年 3 月，因为工作出色，她被选为华北区海员工会的女海员代表光荣地出席了在北京召开的全国妇女代表座谈会。出席这次会议的还有新中国第一个女火车司机田桂英、第一个女飞行员伍竹迪以及第一个女拖拉机手梁军等。

会议期间，宋庆龄、蔡畅、邓颖超等领导同志接见了她们。邓大姐非常高兴地说："现在解放了，男女都一样，男同志能做到的事情女同志也能做到的。女同志能开火车，能开飞机，也能开轮船。"秉性爽直的孔庆芬急了，因为她只不过在陆地工作，而没有真正开过船，便红着脸说："邓姨，她们开火车、开飞机都是真的，可我是个假海员，不会开轮船。"邓大姐笑了、说："不会，就学嘛。"邓大姐这一席话，决定了孔庆芬一生的道路，从这一天起，她下定决心要做一个名副其实的女海员。

从北京开完会回到天津后，孔庆芬向党组织和领导汇报了自己要当一名真正海员的想法，得到党组织的支持。于是，孔庆芬从学习船舶驾驶技术开始，自学外语，学习引航技术。

1953 年 6 月，20 岁的孔庆芬冲破了旧传统，被安排在上海海运当时最大最好的一艘万吨级货轮"和平 1 号"轮上学习，成为中国第一名海轮女船员。孔庆芬钻研业务，虚心向前辈请教，进步神速。她在上海港监参加了交通部举办的高级船员鉴定考试。来自各航运单位的 60 多名考生中，只有 3 人 13 门功课全部及格，而孔庆芬就是这其中的一个。

1954 年第 6 号《新中国妇女》杂志封面，刊登了孔庆芬学习航海业务的照片。1955 年 9 月，孔庆芬 22 岁时，获得了由交通部部长章伯钧签发的海轮三副证书。经过短暂的实习，孔庆芬担任了执行宁波到上海复航任务的"民主 3 号"轮的三副，从此她成为新中国海轮上的第一名女驾驶员。

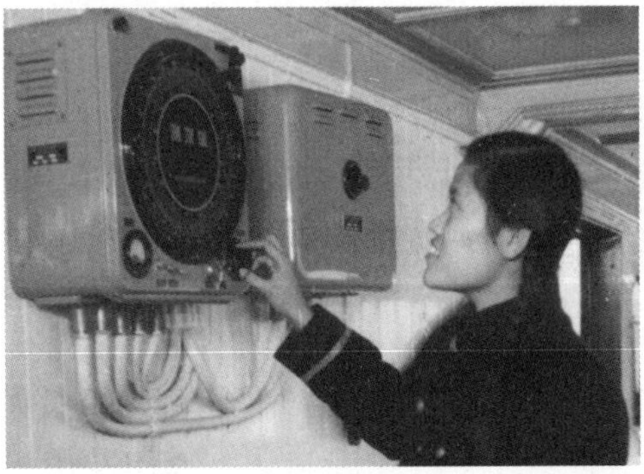

图 4–10　三副孔庆芬在驾驶台使用测深仪。

1956 年，上海人民美术出版社著名年画画家李慕白还以孔庆芬的事迹创作了年画《新中国的女航海员》。1957 年少年儿童出版社出版了由作家代琇、庄辛创作的《女海员》一书。1958 年孔庆芬升任二副，1968 年升任大副。经过 15 年的航海磨练，孔庆芬于 1969 年通过船长技术考试，被正式任命为船长职务，从此，成为中国航海史第一位远洋轮女船长。1970 年 3 月 8 日，孔庆芬 17 年来梦寐以求的"我要开船"的理想终于实现了，她第一次作为船长，驾驶"战斗 67"轮（3000 吨级）货船起航（图 4–10）。

1971 年，在孔庆芬担任船长的第二年。"战斗 67 号"轮满载着钢轨和生铁等货物，从大连港起航，途中遭遇风暴，在船体倾斜 7 度的危险时刻，她临阵不慌，指挥若定，使货轮安全抵达天津港。

1974 年，孔庆芬胜任万吨油轮船长。1976 年 8 月，孔庆芬取得远洋船长证书，并担任万吨级货轮"风涛"轮船长。同年 9 月 21 日，指挥"风涛"轮由上海港起航去日本，9 月 25 日"风涛"轮胜利抵达日本横滨港，首航成功，受到日本朋友们热烈的赞扬和欢迎。

1980 年，孔庆芬以船长的身份，在"上海"轮，参加了停航 30 多年的上海—香港客运航线的复航工作。孔庆芬一直在祖国航海事业上工作到退休，把自己的一生献给了祖国的航海事业。1982 年第 3 期《瞭望》杂志封面刊登了中国第一位远洋轮船女船长孔庆芬的工作照片。

第六节　建立教育基地，培养企业需要人才

一、海运学校遭受冲击，上海海运成立教导队

1966 年“文化大革命”开始，教育受摧残，学校遭破坏，企业教育被停办，工人上驾驶台，上海海运技术干部奇缺，技术工人也严重不足，各类事故和潜伏性事故频发。

“文化大革命”期间，上海海运学校首当其冲，成了运动的重灾区。广大干部和教师成了批斗对象；校园内武斗、夺权乱象繁生；知识失去了其应有的价值和地位，各种教学设备、图书文献遭劫；学校内建起工厂、盖起仓库，满地工业垃圾，游泳池竟养起了鱼。

1968 年 10 月，工宣队进驻上海海运学校，将全校教职工近 200 人“一锅端”安排到奉贤海滨上海市工交五七干校。此后的 3 年，虽然有一些教职工陆续被重新分配，但是花十余年心血初步建立的一支教职工队伍终究难逃被解散的厄运，上海海运学校名存实亡。

1968 年，学校在极端困难的条件下与上海海运共同接受了交通部下达的对 40 名越南航海、航空报务员的培训任务，学校组织仅存的少量教师，尽最大努力按时完成了这项政治任务。同年，无线电通讯专业 63 级、64 级 148 名学生毕业，大部分进入上海海运船队。1970 年下半年，在“全国学习解放军”的号召下，上海海运学校送走了“文化大革命”前招生的 358 名学生。

1970 年，已被海军东海舰队军管的上海海运，为解决船舶技术干部紧缺的问题，仿效部队办学模式，在学校开办“教导队”。同年 10 月，开办了第一期驾驶员短训班，学制 3 个月。1971 年 4 月，“教导队”正式成立，下设驾驶连、轮机连、电讯连、政工连。1975 年，政工连改名为上海海运政校，并增设船电连，学制 3 个月至 1 年，为“文化大革命”中产生的一批工人驾驶员、轮机员、报务员、电机员及局属船舶、陆地政工干部等补习专业理论知识。“教导队”的开办，使一批有志于航海教育的干部和教师又得以重新聚集，客观上为劫后余生的学校保留了一线生机。

上海海运学校于 1978 年恢复，直接隶属交通部。交通部委托上海海运主管，学校的教学业务则受交通部教育局和上海市教育局指导，同时决定由当时的上海海运职工大学的领导班子兼管海运学校复校事宜。从此，确立了上海海运学校与上海海运职工大学两块牌子、一套班子的管理体制，形成了中专学历教育和成人高等学历教育并行的教育格局（图 4–11）。上海海运学校复校后招收高中毕业生，

图 4–11　上海海运职工大学、上海海运学校

学制 2 年。

二、兴办上海海运“七二一”工人大学

1975 年，中央发布“七二一最高指示”，大力推广上海机床厂从工人中培养大学生的经验，全国各地如雨后春笋般地办起了以“七二一”命名的工人大学。在此背景下，上海海运“教导队”也由此更名为“上海海运七二一工人大学”，学校成为上海海运船舶技术干部和船员培训基地。为贯彻“走上海机床厂道路”，大办“七二一工人大学”，上海海运还要求局属单位“放开步子”，采取“先上马后备鞍”的办法，把“七二一工人大学”的牌子先行挂出来。

10 年内乱，尽管学校惨遭劫难，困难重重，但学校广大教职工从未动摇过对教育事业的孜孜追求。他们冲破重重障碍，忍辱负重，为上海海运培养了一批又一批船舶技术干部，在“文化大革命”的一片乱象中，为确保国家海上运输大动脉的畅通，为中国航海职业教育事业做出了贡献。到 1976 年 7 月，局属各单位共办了 17 所“七二一工人大学”，其中船舶就有 7 所。

1976 年 10 月，粉碎“四人帮”以后，“文化大革命”宣告结束，我国各项事业百废待兴，教育界开始拨乱反正，以 1977 年恢复高考为主要标志，迎来了教育的春天，学校进入了一个全新的发展时期。

1976 年底，“上海海运七二一”工人大学更名为“上海海运工人大学”，并采取了一系列整顿措施，从组织关系、机构设置上理清了学校内外的各层关系。上海海运政校脱离学校，成立上海海运党校。

1976 年，上海海员医院在医训班的基础上成立上海海员医院“七二一”医科大学（以下简称“七二一”医大）。1977—1980 年，“七二一”医大相继开设 5 期工人医生班，4 期工人医生提高班，学员共 260 人；开设 5 期西医学中医学习班，学员计 63 人；开设中级卫生技术人员复训班和上海市财贸系统英语辅导班，学员计 189 人。并对 1970 年以后参加工作、基础理论掌握较差的中级医技人员 148 人，进行了系统复训。

1978 年以后，“七二一”医大开办了学制二年的医专班，招收学生 33 名，毕业后参加市卫生局统考，该班于 1980 年下半年挂在上海海运职工大学，改名为海运职大医专班。为解决护士培训问题，经上海海运批准，1980 年 9 月在海员医院“七二一”医大开设护士班，招收 41 名学生，学制 2 年，学籍属上海海运学校（1983 年 8 月毕业，绝大部分学生留院工作）。1982 年 2 月上海海员医院停办“七二一”医大。

三、成立上海海员医院训练班

1965 年春，为解决上海地区海运系统中级医务人员不足问题，报经北方区海运管理局批准，上海市卫生局备案，在原上海海运“卫校”设施的基础上成立了上海海员医院工读训练班。1965 年秋，参加上海市中专统一招生，招收新生 30 人。

1966 年 7 月，经交通部和北方区海运管理局批准，工读训练班改为上海海运半工半读卫生学校。1965 年入学的 30 名护士班学生，1968 年毕业后，被动员上山下乡去江西、江

苏、黑龙江、安徽、甘肃等地，半工半读学校也告停办。1971年，在原半工半读学校基础上成立了上海海员医院医训班，从1971年到1976年共举办学习期1—1.5年的3个护士班，毕业生98人；学习期1年的两个医士班，毕业生89人。毕业后护士班学生主要留院工作，医士班学生由市卫生局统一分配。

四、上海海运技工学校恢复招生

1976年4月，上海海运决定在源深路校舍恢复海运技校，隶属于职工大学建制，设船舶水手、船舶轮机工、船舶电工3个专业，招收高中毕业生，学制2年。1983年改招初中毕业生，学制3年。

1978年，交通部正式发文，批准恢复上海海运技工学校。1980年经上海市审定，上海海运技工学校为上海市重点技工学校（图4-12）。1981年11月，该技校直属上海海运领导。

图4-12　上海海运技工学校。

根据规划，“七五”期间，上海海运每年要增加10多艘船舶，加之船员自然减员，每年需增添一般船员400名。同时，据上海市有关部门规定，今后企业不再直接从社会招工，改由技校输送。而上海海运技工学校原只有教学楼一幢、实习工场和简易实习室及游泳池、大礼堂等设施，难以满足企业发展的要求。1985年，经交通部计划局批准，上海海运批复同意上海海运技校投资500万元，进行扩建。学校经扩建后面积约为16600平方米，设立了水手、轮机工、船舶电工、和船舶钳工4个专业，学生1200人，学制3年。从1989年起，该校又先后建造实验楼、教学实习工厂楼、变电所、操场等，经扩建后，占地面积28417平方米，建筑面积20132平方米。轮机专业设有动力实习车间、柴油机、辅机拆装室、车钳焊实习工场。水手专业设有水手工艺实习教室及上高、船舶搭跳板等室内作业设备，另有模拟驾驶台操舵装置。电工专业设有电子实验室、电力拖动实验室、电工工艺实习室、电机拆装室，此外还有各种专用教室，如海图教室、制图教室、航海仪器室、船艺室、语音室、阶梯教室等，电化教室有各种电化教学仪器、摄像机、投影仪及各种直观教具。该校内建有近7000平方米的体育场地，内有250米跑道、足球场、篮球场以及田径活动场地，另有乒乓球室、游泳池等，并置有多种具有航海特色的运动器材，能满足学生开展体育活动的需要。

上海海运技工学校提倡教书育人，把德育工作放在首位，树立“立志、勤奋、严谨、求实”的校风，坚持以生产实习教学为主，理论联系实际，教学结合实习，实习结合生产，强化基本操作技能训练，1990年被评为上海市职业技术教育先进单位。

1990年，全日制在校学生有11个班级433人，短训班学生350人，有教职工189人，专职教师85人，其中高中级专业技术职称25人。从复校至1990年共培养全日制毕业生1828人，开办局内船舶工种职前、职后初、中、高级工专业短训班90余期，共3903

人次。学校还经上海港监核准，承担上海地区海员“四小证”（船舶消防、海上急救、海上求生、救生艇筏操纵）专项培训；学校受上海市劳动局委托承担上海地区水上作业电焊工安全技术培训与考核，对合格者发给安全操作证；学校还接受有关单位委托培训外派海员任务，向一专多能发展，逐渐形成与国际海员劳务市场接轨的办学格局。

上海海运技工学校建立了严格的考核制度，对毕业生实行技术等级证和毕业证书的双证制度，即毕业生须接受上海市劳动局技术等级工考核，发给等级工证书，并经学校毕业考试，发给毕业证书。1990 年以后，四级工合格率达 67%。由于毕业生既具有专业基础理论知识又有实际操作 技能，普遍成为船舶技术工人的骨干，一部分技校毕业生已提升为技术干部。上海海运技工学校先后被交通部评为生产实习教育质量 A 类学校，部级重点技校，被劳动部审定为国家级重点技校。

结束语：“文化大革命”10 年内乱使上海海运的各项工作受到了严重破坏和折腾，蒙受了损失。然而，鉴于航运企业在国民经济中的重要性和特殊性，海员队伍长期形成的优良传统，以及以周恩来、邓小平等为代表的国家领导人的关心，上海海运利用其自身的特殊条件，保持“动乱中不断航”，坚持做到船照跑，客货照运，企业在艰难曲折中得以前进，并顺势而为地调整了客、货、油运船舶的结构，加速发展了油运船队，新建了煤炭专用船，改善了客轮设施，企业综合实力增强。1978 年，上海海运拥有船舶 139 艘，126.8 万载重吨，为 1949 年的 37.5 倍，使之适应和满足了各时期国家沿海运输之需，也为今后改革开放和走社会主义市场经济创造了条件。

第五章

迎来大发展的好时机

（1978—1992）

党的十一届三中全会吹响了改革开放的号角，沿海和远洋运输迎来了快速发展时期。上海海运勇于改革，敢于探索，积极开放，利用国际航运市场萧条的机会，再一次大规模更新船舶，扬长避短，发挥优势，以上海为中心的南北两条干线客运通道形成，沿海客运逐步达到高峰。同时，在确保沿海煤炭、石油运输的前提下，立足沿海，发展远洋，加速远洋船队的建设，并通过上海海兴轮船有限公司香港上市，组建合作、合资、联合联营公司等举措，为企业增强发展后劲和搞活水上运输创造了良好条件。企业管理更趋规范，航运作为国民经济“先行官”的作用充分发挥。上海海运迎来了航运的春天，取得了卓越成就。

第一节　以运输生产为中心

一、恢复交通部上海海运管理局，设立总船长、总轮机长、总会计师

1978 年 7 月 13 日，根据交通部《关于部直属企、事业单位实行党委领导下的局长分工负责制和一级单位名称的通知》，上海海运局改名为交通部上海海运管理局（表 5–1 和表 5–2），同时撤销上海海运局革命委员会。

1979 年 2 月 8 日，上海市革命委员会批复同意上海海运恢复职能处室建制，并设立总船长、总轮机长、总会计师。经批准设置的处室有：办公室、人事处、教育处、运务处、机务处、工厂处、海务监督室、基建处、科技办公室、财务处、计划处、行政管理处、通讯导航处和政治部办公室、组织处、干部处、宣传处、武装部。当日，上海海运宣布：陈沛川任总船长，蔡国华任总轮机长，姜稚农任总会计师。

1980 年 11 月 28 日，经交通部批准，上海海运实行船舶管理体制改革，撤销货一、货二、油轮、客轮 4 个船队，实行局对运输船舶的一级管理。同时，建立航运、船务、人事三个部和客运、船员调配两个处。三个部的主要领导人由副局长兼任，并配备若干助手，其职能是对机关处室进行归口管理。党委办公室内增设船舶政工组，原生活服务站扩建为船舶服务站。上海海运还设立安全委员会、节能委员会、劳动鉴定委员会、干部技术职称评定委员会。

二、开展“工业学大庆”运动，建设大庆式企业和船舶

从粉碎“四人帮”到党的十一届三中全会这一期间，上海海运根据上级的部署，主要抓两件大事：一是开展“揭、批、查”运动和落实党的政策，二是开展“工业学大庆”运动。在当时“抓纲治国（治局、治厂）”的号召下，“纲”是揭批“四人帮”的肃清流毒，分清是非；“治”是以大庆为模式，整顿企业，建设队伍，搞好生产。

“学大庆”运动包含从政治到业务、从领导到群众多方面的内容和要求，主要是通过揭批，整顿好各级领导班子，整顿企业管理，建立强有力的政治工作制度，调动工人、技术人员和干部的社会主义积极性，进行“三老四严”的作风建设，培养先进，开展“比学

上海海运管理局机构表

表 5-1

上海海运管理局（一）（1988 年 1 月）

- 正、副局长
  - 办公室
    - 秘书科
    - 外事科
    - 法律科
    - 信访科
    - 文书档室科
    - 行政管理科
    - 海云饭店
    - 汽车队
  - 企管处
    - 体改综合科
    - 质量管理科
  - 计划经营处
    - 计划科
    - 统计科
    - 综合科
  - 人事处
    - 工资科
    - 科技干部科
    - 干部科
    - 外派科
    - 人事科
    - 技安科
    - 人事档案科
    - 集体事业管理办公室
  - 财务处
    - 财务会计科
    - 收入物价科
    - 外汇管理科
    - 劳保工资科
    - 海兴财务
  - 审计室
    - 运输审计
    - 综合审计
  - 运务处
    - 调度室
    - 海兴业务科
    - 货运科
    - 商务科
    - 集装箱科
  - 安全监督室
    - 海务科
    - 安全办
    - 海事科
    - 资料科
  - 船技处
    - 修船科
    - 配件科
    - 技管科
    - 造船科
    - 节能办
  - 科技办
    - 科技科
    - 情报科
    - 电算科
  - 教卫处
    - 学校管理科
    - 职教科
    - 宣教科
    - 综合科
    - 卫生科
  - 基建处
    - 综合技术部
    - 设计室
    - 基建办(施工科)
  - 住宅办
    - 综合科
    - 征地动迁科
    - 施工技术科
    - 房屋管理科
  - 老干部处
    - 综合管理科
    - 生活服务科
  - 武装部
    - 战备科
    - 民兵预备役科
    - 军械科
  - 海运报社
    - 编辑室
    - 采访通讯室
    - 录像室
    - 广告经营部

赶帮超”劳动竞赛，开展技革挖潜，全面完成国家计划，使主要技术经济指标达到本单位、本行业的历史最高水平，运动的目标是将上海海运建成大庆式企业。

上海海运管理局下属单位表 表 5-2

10. 上海海运管理局（二）（1988 年 1 月）

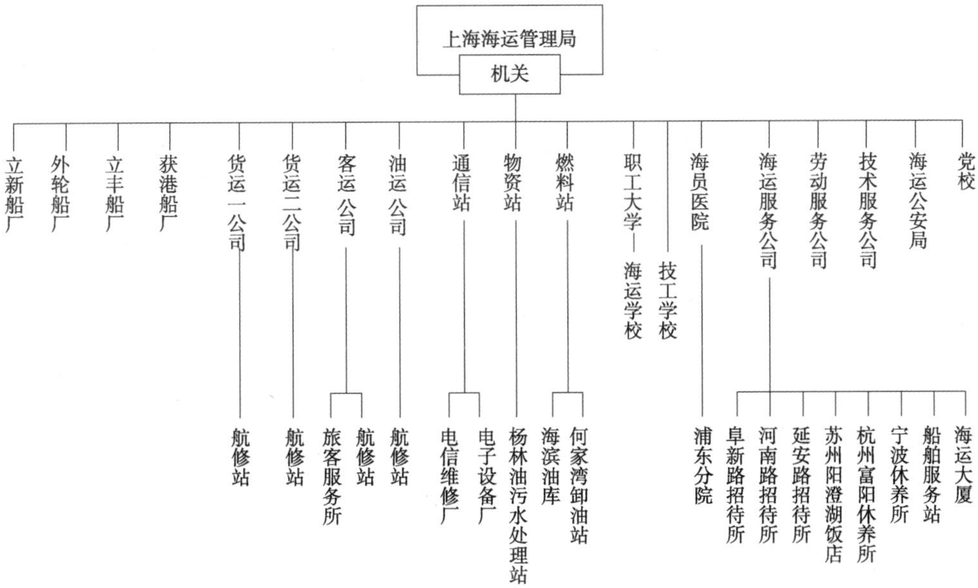

1977 年 1 月，上海海运成立了“工业学大庆”办公室，具体组织和指导局系统的学大庆运动。接着制订了《工业学大庆规划》。然后，上海海运召开了为期 5 天的全局“工业学大庆”会议，有 200 余名代表参加。会上，传达了中央文件，学习毛泽东的《论十大关系》，批判“四人帮”破坏“工业学大庆”的罪行，交流各单位“学大庆”的经验，宣布上海海运“学大庆”的规划，并布置了全年工作。会议表彰先进、树立标兵，被评为 1976 年上海市级先进生产者的有周来根等 7 人，树立的先进标兵有 1 个局级先进企业、6 个先进集体标兵、3 个先进班组标兵、7 个先进生产（工作）者标兵，并表扬了 12 个局级先进集体、32 个单项先进班组、235 名先进生（工作）者。上海海运在职工代表大会和政治工作会议恢复之前，这次会议起到布置和推动当年企业全盘工作的作用。年底，评出局属外轮航次修理厂为大庆式企业，油轮船队为学大庆先进企业，23 艘船舶为学大庆的先进船舶。

1978 年是上海海运不断鼓劲，大办大庆式企业的一年。原先，上海海运党委领导的想法是先抓好企业整顿，医治好“四人帮”造成的内、外伤，然后再开展办大庆式企业工作。因而在 3 月份召开的“工业学大庆”会议上提出的口号是：“今年狠抓整顿，明年建成大庆式局”。但是，上级对“学大庆”运动的要求越来越高，到了 5 月，交通部召开全国交通战线“学大庆”会议，部党组根据国务院关于“在整顿中学大庆，用大庆精神抓整顿”的指示精神，向部在沪直属单位提出了年内确保建成大庆式企业的要求，交通部的主要领导人还带了工作队来沪指导督促。在这样的形势之下，上海海运在 7 月份召开了“大战三季度，年内建成大庆式局”誓师大会；在 9 月份“质量月”活动中，又以抓安全质量为中心，发动群众批判无政府主义来促进企业整顿。然后围绕安全质量问题开展“冬季攻势”，以期进一步推动全局学大庆的群众运动。年底开展了“学大庆”的检查评比工作，油轮船队、通信导航站、立新船厂、外轮航次修理厂（已获大庆式企业称号）等 4 个单位达到了大庆式企业的标准；货轮船队、立丰船厂等 6 个单位年内可建成“学大庆”的先进单位；77 艘船舶建成学大庆先进船舶。加上去年建成的，共有 93 艘学大庆先进船舶，占全局运输船舶总数的 69%。在这些先进船舶中，有被誉为“海上红旗”的“大庆 16”轮，安全高产优质低耗的“长虹”轮，货运质量信得过的“战斗 5”轮，哪里需要就到哪里去的“海运轻骑兵”“战斗 19”轮，热情为旅客服务的“长锦”轮，精心管理的“大庆 10”轮、“泰顺”轮，年运煤炭 90 多万吨的高产船“长宁”轮等。周来根、周以恒、蔡国华、徐殿宏、杨君劲、顾土良等被评为上海市劳动模范。

上海海运通过开展学大庆的群众运动，企业面貌发生了较大的变化：8 项技术经济指标超额完成计划，大多数指标达到并超过历史最好水平；落实党的政策，肃清林彪、“四人帮”的流毒；调整和充实了各级领导班子，基本形成了团结战斗的领导核心；政治思想工作和技术培训工作得到加强，初步建设起一支能打硬仗的海运职工队伍；以安全质量为重点，贯彻落实《工业三十条》，整顿了企业管理，针对运输生产的薄弱环节，开展群众性的技术革新活动；关心群众生活，努力办好各种福利事业；机关努力做到“三个面向”“五到现场”，工作有了新的起色。对照大庆式企业的 6 条标准和国务院关于大庆式先进局的规定，1979 年 1 月，上海海运被交通部和上海市的工业学大庆检查验收团确认为具备条件，可评为学大庆先进局。

党的十一届三中全会以后，上海海运在 1979 年职工代表大会上，继续提出尽快地把企业办成大庆式企业的奋斗目标，制定了《学大庆先进船舶 1979 年检查验收标准》，其内容包含思想、路线、政策，领导班子、队伍建设、船舶管理、关心群众生活等 5 个方面的条件。

随着全党工作重点转移后出现的新形势，工业学大庆运动渐渐为新的工作要求所取代。1981 年，党中央在《转发国家经委党组〈关于工业学大庆问题的报告〉的通知》中，肯定了大庆的革命精神、巨大成就和宝贵经验，也指出了以往宣传、推广大庆经验中出现的一些绝对化、模式化问题，要求全国工交战线从自己的实际情况出发，学习和发展包括大庆在内的一切先进典型的好经验，以改进领导作风，建设职工队伍，加强企业管理，推进四化建设。上海海运在新的指导方针下，放弃了这类大搞群众运动的方式推动企业生产管理的做法。

三、创新管理机制，成立专业公司

1985 年 9 月 11 日，国务院批准颁布了《关于增强大、中型国营工业企业活力若干问题的暂行规定》，按规定精神，上海海运开始从分权上划小核算单位，在“统一计算产值、统一纳税、统一承担债务和统负盈亏”的前提下，着手沿海运输船舶的相对独立的管船机制，组建专业运输公司。这标志着上海海运船舶管理体制，逐步进入社会主义有计划商品经济的历史新阶段。

1985 年 10 月，上海海运首先对货种单一的石油运输，组建成立了上海海运石油运输公司，经注册登记后，经营管理沿海的石油运输。经过一年半时间的实践和探索，上海海运在 1987 年 2 月注册组建客运公司。1989 年 2 月又注册组建了第一货运公司和第二货运公司。

上海海运组建的 4 个沿海运输公司都按照增强大中型国营工业企业活力的有关规定，在核定的经营业务和所属船舶运输能力的范围内，负责组织安全生产，加强管理，试行多种形式的经济责任制，赋予相应的自主权。

上海海运根据运输形势而确定了“确保沿海、参加远洋”的经营方针，1986 年 7 月正式注册登记成立上海海兴轮船有限公司。从此，货一、货二、客运、油运 4 个公司是沿海运输公司，确保沿海物资运输需要，上海海兴轮船有限公司作为上海海运远洋运输的一个窗口，沿海运输船舶参加远洋运输，统一由该公司以承租或代理的形式，一个口子对外，承担外贸物资运输和第三国货物运输。

多年来，上海海运通过三上三下的船队建制和专业运输公司的成立，不断摸索创新船队管理方式，有效调整管理幅度，实行分层次、分权管理方法，使企业努力适应改革、开放的形势和有计划商品经济中的航运市场。

四、开展经济责任制试点，改革船舶劳动组织

党的十二大以后，全国改革重点由农村逐步转向城市，城市经济改革由试点发展到全面铺开，企业经营管理、分配制度、领导体制的改革逐步深入。上海海运根据企业改革、搞活企业的总体布局，在船舶实行两项相互有联系的改革：一是船舶经济责任承包制，二是船舶领导组织改革。从试点到逐步扩大。

1983 年初，上海海运决定在“长绣”轮等 6 艘船舶进行经济责任制试点，当时也称“联产计奖经济责任制”，船舶实行“三定”（定员、定营运天、定船员基础奖）、“一包”（包单位成本）、“五保”（保航次任务、保航次时间、保航次油耗、保五好设备、保安全质量）。1985 年 5 月，上海海运对上述试点船进行总结，制订出《船舶经济责任制试行方案》，将承包船再扩大到“长征”轮等 32 艘船舶。这个《方案》，规定承包内容改为“一保”（保安全质量）、“二包”（包全年运输生产任务、包全年盈亏和成本）、“三定”（定船舶人数、定全年营运天、定船员基础奖）。到 1986 年，已有 70% 的船舶实行承包，承包的船舶逐年增多，承包的项目删繁就简，由原来的 9 项指标改为产量、成本、安全质量 3 项，承包的效益不断提高。

1985 年 7 月，上海海运在“安源”轮等 11 艘船舶上进行改革船舶的劳动组织，实行定员定船安全生产责任制的试点。这次船舶劳动组织改革的指导思想是鼓励上船，稳定船员队伍，落实岗位责任制，促进安全生产，提高劳动生产率。1988 年上半年，在总结试点的基础上，再推广到 67 艘船，其中油船 20 艘，快速运煤船 47 艘。

国内快速运煤船实行的改革方案称为《船舶定员定船轮班工作承包》，主要内容为：“一包”（船员在承包期内完成休假），“二定”（船舶定员、船员定船），“三保”（保船舶安全生产、保生产任务和船舶设备维修保养、保船员岗位责任制落实）。原油运输船舶实行的改革方案称为:“一包”（在减少定员的基础上，包本轮船员当年休假结清），“二保”（保船舶安全无事故、保本船年度运输生产计划和船舶维修保养计划的完成），“三定”（定员、定人、定时间）。

承包的办法，均采取层层承包的形式，即船公司经理与船长承包、船长与船舶部门长承包、部门长与个人层层签订合同。在合同期内，按局颁发的船员定额减下来的船员量，除工资以外的有关费用提成，少量留作船长和船公司作奖励基金，其余按多劳多得发给在船船员。经测算，实行定船定员安全生产责任制承包的67艘船舶，可减少代公休船员700人。

船舶改革劳动组织，减员承包，打破了不适时的船舶定员标准，充分挖掘劳动潜力，有利于国家、集体和个人三者利益。在实行过程中，承包船的党支部及船公司政治部门积极进行思想政治工作，有些船舶召开党员大会，上党课，教育共产党员带头完成船长提出的承包方案；实行减员承包，船员的经济收入普遍有所增加，但也增强了劳动强度，承包船领导都注意安排好船员伙食，千方百计改善船员生活，有些政委下厨房，包烧夜更饭等。

经过一段时间的实践，一些船舶归纳出减员承包的7大好处:（1）基本上体现了船舶科学定员，打破了人浮于事的现象;（2）岗位责任制明确，加强了协作，调动了船员生产劳动的积极性、创造性，提高了劳动生产率;（3）较好地贯彻了按劳分配，根据“贡献大小、技术高低、劳动态度好坏”分配，奖勤罚懒，使奖金的作用得到了应有的发挥;（4）国家、集体得利大，船员收入也相应增加，促使船员安心船上工作;（5）船舶消耗降低，企业成本下降，完成生产计划指标却相应上升;（6）船员队伍相对稳定，有利于管理，保证安全生产;（7）有助于船员队伍的建设，对减员的船员，一是补充船员公休，二是集中进行培训，提高技术业务和思想水平，三是增加外派船员。

1985年6月，上海海运在上海外轮航次修理厂开始试行厂长负责制，在从生产型向生产经营型转变过程中加快新技术开发和生产结构的调整步伐，制定了修船为主、多种经营、对外开拓的经营方针。1986年，改名为上海外轮修理厂。

1988年3月16日，交通部批复同意上海海运实行局长负责制，按照局长任期目标责任书实行局长任期目标责任制。上海海运在局长三年任期（1988年1月1日—1990年12月31日）内不断完善《三个条例实施细则》和《干部管理办法》，并按要求在1988年上海海运船舶上逐步实行了船长负责制。

五、拨乱反正，恢复政治工作机构，重申船舶领导体制

“文化大革命”中，党的政治工作遭到严重的破坏和扭曲。上海海运船舶政治工作由此受到了严重影响，具体是：局和船队各级政工机构被搞垮，船舶政工干部被揪斗、遭迫害；陆地单位政工干部被搞散，其中不少人也被批斗遭迫害。船舶政治工作的内容、任务被篡改。粉碎“四人帮”后，上海海运通过“揭、批、查”运动，从思想上、组织上、制度上进行了初步的整顿，恢复了政治部，重申了党支部领导下的船长、政委分工负责制的船舶领导制度，逐步扭转被歪曲的政治和业务的关系，船舶政治工作逐渐有了

起色。

1978 年 3 月，经上海市委和交通部批准恢复了局政治部，任命上海海运党委副书记安善平兼政治部主任，张建会，冯攀启、韩士林为政治部副主任。

1978 年 6 月 8 日，上海海运召开了“文化大革命”后的第一次政治工作会议。会议的主要任务是学习党中央关于加强思想政治工作的指示，揭批“四人帮”破坏政治工作的罪行，以邓小平在解放军全军政治工作会议上的讲话精神作指导，将船舶政治工作拨乱反正的任务提上了议事日程。

参加会议的代表来自机关、船舶和基层单位的政工干部 400 人，会期 4 天。交通部副部长彭德清到会讲话。

会上，讨论修改了《上海海运政治工作条例（试行草案）》；“长自”轮等 15 个单位交流了揭批“四人帮”和开展思想政治工作的经验。

大会总结介绍了“长顺”轮党支部《加强党支部集体领导，船长政委分工负责制》的经验。这个经验肯定：党支部领导下船长、政委分工负责制，是有利于加强党对船舶工作的领导，符合海上运输特点的一项基本制度。能否正确贯彻执行党支部领导下船长、政委分工负责制，前提是加强党支部的领导，关键是政委处理好和船长的关系，方法是多商量多沟通，具体的是：对船舶各项任务，该船长办的，党支部、政委不包办，该党支部、政委办的，主动负责，不推诿；政委和船长在党支部集体领导下，做到政治上互相尊重、工作上互相商量、业务上互相支持、生活上互相关心。政委既是船上的政治工作干部，又是党支部书记，因此能否做到相互支持、尊重、关心、商量，关键是政委要有较强的政治素质，较好的业务水平。这次大会使船舶政治工作逐步走上健康发展的轨道。

1978 年 6 月，政治部下发了《上海海运局政治工作条例》，规定了政治工作机构的任务、指导思想，明确各级班子和干部的工作职责等。

1979 年 2 月，上海市革命委员会批复同意上海海运恢复职能处室建制，局政治部恢复了办公室、组织处、干部处、宣传处、武装部等办事机构，以后又成立了老干部处，并提拔和调任了各处室领导干部，陆续充实了一批工作人员。与此同时，货、油、客三个船队建立了政治处，加强了船舶政治工作的领导和船舶政工干部的管理。

上海海运船舶领导体制，在“文化大革命”前是实行党支部领导下的船长、政委负责制（有一段时间根据上级的要求也曾实行党支部保证监督下的船长、政委负责制）。“文化大革命”中这个领导体制被冲垮了。“文化大革命”后，通过“揭、批、查”运动，消除“左”的流毒，在指导思想上的拨乱反正，上海海运 1981 年政治工作会议上重申：船舶实行党支部领导下船长、政委分工负责制，并在实施过程中不断进行研究改进。针对政委在工作中不同程度地存在着包揽行政事务过多，没有很好地调动和发挥船长管理指挥生产、安全、技术、业务的积极性，局政治部采取了总结经验、加强教育、制定制度的措施，以保证船长、政委分工负责制的正确贯彻。

1979 年 3 月，上海海运政治部派出干部专门到船舶和船队调查了解贯彻执行党支部领导下船长、政委分工负责制的情况，着重教育政委严格要求自己，主动与船长搞好关系；尊重船长的职权，支持船长的工作。1980 年 11 月，组织船舶政委学习邓小平在中央政治局扩大会议上关于《党和国家领导制度改革》的讲话，联系船舶管理的实际，对船舶工作方面党政不分的问题进行了分析：有历史原因，有制度上的问题，有船长精力方面的原因，也有政委思想作风的问题。历史原因包括：解放初期实行军事代表制，船出吴淞口才把目的港告诉船长；50 年代军代表改为政委，批判“一长制”，强调党的一元化领导。制度上的问题包括：实行党支部领导下的船长、政委分工负责，虽然有船员职务章程，但尚缺船长、政委的明细分工条目。船长精力方面原因包括：沿海航线，进出港频繁，平时船长既是管理者又是直接操作者，再要把船上的全部管理工作都由船长担当，造成船长精力不济。干部思想作风方面的原因中，的确有的船长只管开船，别事不管，把过多的行政管理工作推给政委；也有的政委不调动发挥船长的作用，愿包揽行政事务。

1981 年底 1982 年初，上海海运政治部经过调查研究，根据多年来船舶政治工作情况和新时期政工干部应具备的素质，制订了《船舶政工干部守则》，经 1982 年 3 月局政工会议讨论修改后实施。1982 年局政治部着手起草《船舶党支部领导下船长政委分工负责制条例》，对党支部的任务及政委、船长的职责作了明确的规定。

六、实行局长负责制，调整管理体制

1988 年，交通部推行按照局长任期目标责任书，实行局长任期目标责任制工作。

3 月 16 日，交通部批复同意上海海运局实行局长负责制，除完成生产、经营和安全等目标，并要求局长 3 年任期（1988 年 1 月 1 日—1990 年 12 月 31 日）内不断完善《三个条例实施细则》和《干部管理办法》，并要求上海海运船舶在 1988 年内实行船长负责制。随后，上海海运召开了第二十五届职工代表大会第一次会议，局长蔡国华提出了企业工作目标：以运输生产为中心，加快和深化改革，实行局长负责制，积极推行多种形式的经济责任制，确保安全，提高经济效益，增强企业活力。会议通过了本局局长负责制、船长负责制等议案。

4 月 5 日，交通部政治部组织部副部长陈福珊、市交通党委书记赵恒灿来上海海运向局、处及基层党、政领导干部宣布了部党组关于调整上海海运领导成员的决定。调整后的上海海运行政领导为：局长蔡国华，副局长孙治堂、黄国忠、李绍德。局党委由黄为民、蔡国华、孙治堂、李德忠、陈昌本组成，黄为民任书记。

根据交通部有关实行局长（厂长、经理）负责制的企业撤销政治部的通知精神，上海海运做出了相应调整。撤销了局政治部，把职工思想政治工作逐步划归行政负责。

（一）建立行政主管职工思想政治工作新体制

上海海运成立了以局长为主任、党委书记和分管副局长为副主任的精神文明建设活动委员会，负责协调全局党、政、工、团共同做好思想政治工作；确定教卫处为局的主管职工思想政治工作的职能部门；根据两个文明一起抓的要求，调整了各基层（船公司）领导班子，行政上配备一名副职专管思想政治工作，并建立相应机构，配备人员。这样，逐步建立起了行政主管职工思想政治工作的新体制，以适应局长（厂长）、船长负责制的要求。

（二）行政召开政治工作会议

1988 年 9 月 12 日，局行政主持召开了首次思想政治工作会议，副局长李绍德传达了中宣部关于加强企业职工思想政治工作的文件，布置年底以前的思想政治工作。局党委书记黄为民讲话，阐述党群系统如何与行政系统协调配合做好思想政治工作。1989 年 3 月 9 日，局行政召开精神文明建设会议，出席会议的有全局政工干部和各级主要行政干部。局精神文明建设委员会副主任沈良义作了题为《努力完善思想政治工作新体制，积极开创思想政治工作新局面》的工作报告。局长蔡国华、局党委书记黄为民分别作了以《一手抓运输生产，一手抓思想建设》《努力发挥党的思想政治工作优势》为题的讲话。"海兴"轮船长、"林海 1"轮副船长等分别作了以《船舶领导体制转变后，如何开展思想政治工作》《船长全面负责，发动行政干部做好思想政治工作》为题的经验介绍。

（三）建立党务工作制度

由"双轨制"转为"单轨制"后，局党委本着精简、高效的原则，重新制订、明确党群办事机构的任务、职责、权限和要求。建立了每季一次党务工作例会，每月一次党群工作例会，每季一次党风活动日制度。1988 年 7 月 13 日，局党委召开首次党务工作例会，回顾上半年工作，部署下半年党务工作。

上海海运根据上级的部署，有计划、有步骤地完成了从机关到船舶的"改制"工作。

七、船舶领导体制改革，政委转任副船长

根据交通部 1987 年《关于部属企业全面推行和完善厂长（经理）负责制工作的通知》，上海海运船舶领导体制开始改革。

1988 年 5 月 5 日，上海海运行政和党委联合发出《关于颁发〈交通部上海海运局船长负责制条例〉等试行稿的通知》。《条例》规定："船长是船舶主要领导，在局和公司领导下对船舶生产指挥、行政管理、技术管理、涉外工作、治安保卫和思想政治工作统一领导，全面负责。"《条例》对"船长与副船长""船长与党支部""船长与船舶工会"的关系及"船舶的生产指挥和管理决策""船长、副船长的任免与管理"等都作了规定。到 1989 年初，全部船舶由党支部领导下船长、政委分工负责制改为党支部保证监督船长负责制。这是新中国成立后几十年来，上海海运船舶领导体制的一次重大变化。

船舶实行船长负责制，政委一律改任副船长，是根据交通部的指示，有计划、有步骤、逐步推开、分批进行的。

船舶领导体制的改革，在酝酿过程中，局机关干部尤其是政工干部和船长、政委议论较多，反映也较强烈。在船长方面，认为船舶不像厂矿企业，船长也不同于厂长、经理。船长既是船上的行政领导，又是直接从事生产的劳动者，不仅要具有全面指挥领导的素质，还要有充沛的精力驾驶船舶，像这样两者具备的船长．不是变换一个制度后，所有船长都能胜任的。在政委方面，有的认为，现在职工的思想变化相当大，思想政治工作的难度越来越大，不管政委改用什么名称，在新的形势下思想政治工作总要有人去做。对实行船长负责制，政委改任副船长，不论船长还是政委普遍担心，怕船长两头兼顾难以保证航行安

全，怕削弱淡化思想政治工作。对这些思想反映，局党政领导认为是有一定道理的。但改制是上级布置的，必须贯彻执行。于是局、公司分别制订了实施计划，各船公司成立了领导小组。从准备阶段、实施阶段到验收阶段，做到有计划安排、有时间进度、有具体要求、有专人负责。

（一）抓好重点，以点带面

选择3艘客轮、3艘货轮、2艘油轮作为船长负责制、政委改任副船长第一批实行单位。在“大庆47”轮等作为试点船专制中。总结了船员对“改制”有“4个不同”的看法：一是认为不需要改，认为取消政委设副船长，是换换名称而已。二是不愿意改，政委认为现在的工作已经很吃力，改后政工干部的地位更低，工作更难做，这实际上是削弱思想工作。船长认为，船长、政委两人配合得很好，有政委在船上，船长能一心地驾驶好船，现在要两人担子一人挑，对安全生产不利。三是对此不理解，党员认为这一改不仅政委不存在了，党支部的地位和作用也削弱了，上级一直说要加强党的领导，坚持党的领导，现在怎么体现。四是认为不搭界，一般船员认为改与不改主要是船长、政委的事，与我们不搭界，有事该找谁，我们还是找谁。该轮党支部在公司党委的帮助指导下，针对船员、党员、干部的思想，组织船员学习局制定的《船长负责制条例》《船长职务规则的修改和补充》《副船长职务规则》，组织党员学习局党委制定的《船舶党支部工作条例》，为全面改制奠定了基础。

（二）举办培训班、书面函授，对船长、政委进行培训

根据交通部的要求，上海海运在《关于实行船长负责制有关问题的通知》中，规定对所有船长、政委进行有关船长负责制知识的专题轮训，做到合格一批，推行一批。1988年9—12月，先后举办了6期船长、副船长培训班，培训了200多名船长、副船长。对离船上岸培训有困难的船舶，采取寄材料到船，书面函授的方法进行培训。

（三）制订工作条例

实行船长负责制改变了船舶的领导体制和原来的工作渠道，为使新旧领导体制交替顺利进行. 各项工作不断不乱，上海海运组织有关部门调查研究，广泛听取意见，制订了《交通部上海海运局船长负责制条例》《交通部上海海运局船舶党支部工作条例》《船长职务规则》《副船长职务规则》等。

（四）制订验收标准，逐船验收

上海海运推行船长负责制工作的指导方针是“积极、稳妥、扎实”，从有利于船舶管理、安全生产的实际出发，不搞大呼隆，不搞一刀切，成熟一艘，推行一艘。为此局和船公司从5个方面进行检查验收，即船员认识基本统一；船长、副船长经培训考核基本合格；船长负责制实施方案和船舶管理制度已经制订，船长、副船长具体职责已经明确，船舶各项岗位责任制基本落实；船舶领导班子能做到互相团结、互相协调、互相尊重、互相信任，船长与副船长、党支部、工会、团支部等的关系已经明确；船舶安全生产，民主管理已作了部署和规定。验收合格，由船公司推行船长负责制领导小组正式发文批准实行船长负责

制，向船长、副船长颁发任命书，并报局备案。

推行船长负责制，政委改任副船长，尽管党内外持有不同的看法，反映较强烈，但到1989年初，全局190艘船舶全部完成了改制。

政委改任副船长，思想政治工作由行政上主管，在实施一年多的时间里，暴露出一些问题：

在船上，思想政治工作出现“船长难到位，副船长怕越位，思想政治工作没地位”的不正常状况。船员职工的思想政治工作虽规定由船长全面负责，但不少船长在实际工作中不愿做或无精力做。有相当一部分船长表示：船长管开船，技术业务工作已忙得团团转，思想工作管不了，也管不好。因此，有些船长、副船长就采取对上不对下的态度，对上面说是实行船长负责制，对下仍然是分工负责制，按原来的体制办。副船长感到工作难做，力不从心。于是，“老年政委等退休，中年政委想不通，年轻政委盼改行”，严重挫伤了政工干部的积极性。船舶思想工作一度出现“空白”，船员思想混乱。

同时，在实际工作中，普遍感到关系不顺。转制后，陆地单位（船公司）党委副书记转任行政副职，免去副书记职务，既要向行政正职请示、汇报，又要向书记请示、汇报。副船长也要以成双重身份向公司行政两个部门汇报请示工作，参加两个系统召开的会议，增加了负担。

这次“改制”以政代党，名义上要完善党的领导，加强思想政治工作，而实际上忽视了船舶党组织的政治优势，削弱了党的思想政治工作。

八、恢复政委职务，加强船舶政治工作的领导

1990年1月上旬，交通部召开了部直属单位政治工作会议，总结过去工作，研究解决和如何充分发挥基层党组织的政治核心作用，加强政治工作的问题。1月20日，交通部党组发出《关于完善船舶领导体制的通知》（简称《通知》）。《通知》根据党的十三届四中、五中全会精神，按照交通部直属单位政治工作会议精神，决定：“航运企业和拥有船舶的单位，其船舶继续实行船长负责制，为更好地发挥船舶党支部的政治核心作用和加强船舶的思想政治工作，船舶专职政工干部的职务名称，由副船长改为政委。”

根据部党组的通知，上海海运在1990年2月13日向船公司党委发出了《关于完善我局船舶领导体制的实施意见》，进行副船长改为政委的工作，理顺政工机构，加强船舶政治工作的领导。

根据交通部党的要求，上海海运在《关于完善我局船舶领导体制的实施意见》中，对“改职”的要求、步骤、完成的时间等作了具体部署。自1990年3—7月底，分三个阶段进行了船舶“改制”工作。

（一）进行了准备工作

根据党组通知精神，2月中旬上海海运和广州海运局、大连轮船公司共同组织力量，修订出《交通部上海海运管理局船长负责制条例》《中国共产党上海海运管理局船舶支部委员会工作条例》《船长职务规则》《政委职务规则》。3月12日，交通部党组批准

实施。

修订后的船舶党支部工作条例，强调党支部在船舶中处于政治核心地位，它的主要任务是：搞好支部的思想、组织、作风建设；领导船舶思想政治工作和精神文明建设；保证、监督党和国家方针、政策在船舶贯彻执行；加强对船舶工会和共青团组织的领导；船舶的重大问题提出意见和建议，参与决策；与船长、政委一起对船员职务的升降、奖惩进行研究，提出建议，在支部书记主持下，召开支部委员会和部门长以上干部讨论，由船长、政委签署意见，报公司有关部门。船舶党支部的核心作用：认真做好船舶的思想政治工作和精神文明建设，有计划、有系统、有步骤地对全体船员进行坚持四项基本原则、反对资产阶级自由化的教育，进行爱国主义、集体主义、艰苦奋斗、企业精神等方面的教育，按“四有”标准培养船员，不断提高船员的政治素质。船舶党支部对船舶业务工作、运输生产、技术管理起保证监督作用，支持船长行使行政管理职权和生产指挥权。

修订后的政委职务规则规定政委是船舶领导人之一，主要负责船舶思想政治工作和精神文明建设，并协助船长兼管部分行政工作。明确政委的主要职责范围是：组织政治学习，把思想政治工作落实到船舶运输生产和安全工作中去；做好支部日常工作，教育党员，充分发挥党支部的战斗堡垒作用，发挥党员的先锋模范作用；密切联系群众，协调党群、干群、部门间的关系；掌握党的干部政策，对船舶干部的提拔、晋升把好政治、思想关；教育船员树立“安全第一”的思想，督促、检查各项规章制度和保障船舶安全措施的落实；领导船舶公安员、政干工作；做好外事纪律教育，严格执行《出国船员守则》；领导船舶民兵工作，负责船舶武器弹药保管、保养工作，指导工会、共青团等群众性组织开展各项活动等。

同时，上海海运还组织力量编写了《关于完善我局船舶领导体制的宣传提纲》，向船员宣讲。《提纲》回顾了实行船长负责制、政委改为副船长以来的状况，提出了副船长改任政委的要求。

局党委提出，副船长改为政委的工作，要做到“三个必须”，即必须使广大船员、干部充分认清副船长改为政委，完善船长负责制的积极意义；必须在整个工作过程中贯彻“积极、稳妥、慎重”的方针，必须有利于船舶的稳定、团结、安全，有利于进一步加强思想政治工作。

为做好这次“改职”工作，上海海运先后在1990年3月间召开的职代会、政工会和各船公司召开的工作会议上，要求各轮以积极的政治热情搞好这项工作。各船公司还专门举办了船长、副船长学习班，着重学习讨论修订后的《船长负责制条例》《党支部工作条例》《船长职务规则》《政委职务规则》《船舶职工大会条例》，统一思想，提高认识，确保副船长改为政委工作的顺利进行。

（二）对副船长进行考核，确定是否改任政委

在认真学习，统一认识的基础上，各船公司成立由党办、经理办、政工科、组织科负责人参加的考核小组，对本公司所属船舶工作情况及副船长进行分析作考核。对船舶工作的

考核，主要看完成生产任务指标、党风建设、廉政建设、精神文明建设、科学管理、思想政治工作等方面。对副船长的考核，主要看其在1989年春夏之交政治风波中的表现、政治觉悟、政策水平、工作能力、自身建设等方面。对基础较差的船舶，船公司还派出专人随船了解情况，指出其存在的问题，限期整改，或根据其具体情况，在船长、副船长的配备上作相应调整。对群众意见较大的个别副船长，则由考核小组成员找其讲话，既肯定其成绩，又坦率地进行批评帮助，并对其提出具体的整改要求。在各船总结工作、船公司考核的基础上，船舶党支部提出副船长改为政委的申请报告，船公司审批。到1990年7月底，全局配有副船长的197艘船舶，除7艘远洋（期租）船舶外，190艘完成了“改职”工作。全局263名副船长，其中240名改为政委，12名改为副政委，1名撤销副船长职务。

这次“改职”工作，由于结合了对船舶工作的考核，对副船长的考核，促进了船舶政工队伍的建设，推动了船舶各项工作的开展。

另外，党中央《关于加强党的建设的通知》中规定：“党在企业的基层组织处于政治核心的地位。其主要任务是：搞好党的思想、组织、作风建设，领导企业的思想政治工作和精神文明建设，保证监督党和国家方针政策的贯彻执行，坚持企业的社会主义方向……”，局党委根据这个规定的精神，结合海运企业的具体情况，将在1988年划由行政负责的思想政治工作、精神文明建设和行政干部的考察、管理、选拔以及《上海海运报》重新回归党委领导和管理。政委接受船公司党委和行政双重领导，以党委领导为主。1990年4月，局党政联合设立政治工作处。政工处在党委领导下，协同宣传处具体指导全局的思想政治工作。4个船公司党政联合成立政治工作科，在公司党委领导和局政工处、宣传处的指导下，管理和抓好本公司的思想政治工作和精神文明建设。

九、实施三年承包，企业经济效益增长，职工收入提高

1987年3月下旬，交通部召开全国交通厅局长会议，部署深化企业改革，搞活交通企业工作。会议要求交通系统积极推行两个层次的承包经营责任制，即主管部门对企业的承包和企业内部的承包。1987年5月上旬，交通部在北京又召开了搞活大中型企业座谈会，提出大中型施工、运输、港口三类企业实行承包经营责任制的初步方案，安排部直属港航企业推行船舶经营责任制。7月下旬，交通部在西安召开了搞活交通企业研讨会。会议探讨了推行两个层次经营承包责任制的原则和方式，交流了各种形式承包经营责任制的经验。交通部钱永昌部长在会上强调，要积极推行两个层次经营承包责任制，进一步搞活交通运输企业。

上海海运根据交通部的要求和自身发展的需要，1988年实施了向交通部实行承包，承包期三年。承包形式为“四包一挂”，即包国家重点物资运输生产计划、上缴利润、技术改造、安全生产，并实行工效挂钩。

承包3年中，上海海运十分注重增强企业发展后劲，为实现“八五”计划，上海海运对所属船公司和陆地单位全面推行了经理、厂长、院长负责制，同时实行承包经营责任制，并在全局范围内开展了全面质量管理，增强了企业自我改造、自我发展能力（图5–1）。

上海海运为适应运输市场的变化，积极扩大船队。承包三年中，购置船舶19艘，增

图 5-1　局长任期目标考核会现场。

加运力 51 万吨。同时淘汰了 13 艘低效率、高能耗的老旧船，船舶结构得到了调整和改善，在航运市场占据了制高点。1990 年承包期的最后一年，在 3 年承包计划能全面完成的情况下，又签订了 15 艘船舶的建造合同，为努力完成“八五”运输计划再添把劲、加把力。

3 年承包期内，上海海运完成货运量 20064.7 万吨，货物周转量 1807.5 亿吨海里；完成客运量 1128.4 万人、旅客周转量 36.5 亿人海里；实行营运总收入 38.5 亿元，营运总成本 28.2 亿元，利润总额 8.78 亿元。特别是 1989 年，航运市场煤炭运输一改前两年供不应求的紧张局面，出现有煤销不出，港口接卸不畅，上海海运面对煤炭运输的严峻形势，顺应市场变化，及时调整运力，并打破常规找通道，哪里通畅往哪里运。经过努力，全年煤炭运输仍然呈上升态势，全年共完成 4155.4 万吨，比上年同期增长 6.7%；煤炭运输量占全局总运量的比重为 59.6%。在确保完成国家指令性计划的前提之下，积极开拓运输市场，发展远洋运输。1988—1990 年共为国家创造外汇 24625 万美元，实现了经济效益和社会效益双丰收。

上海海运连续 5 年获得全国交通经济效益先进单位称号，1989 年被批准国家二级企业。

3 年的承包，上海海运取得了较好的经济效益，生产长一寸，福利增一分，上海海运职工的收入逐年提高（表 5-3）。

上海海运 1988—1990 年职工收入分配情况表　　表 5-3

年份	分类	人数（人）	年度人均收入数（元）					
			合计	其中				
				标准工资	浮动工资	各种奖金	各种津贴	各种补贴
1988	单位领导	9	3705.80	1872	278.70	1141.10	—	236
	中层干部	140	3203.62	1501.73	343.05	1039.44	76.70	242.40
	职工	27304	3549.58	1148.30	467.97	836.63	840.91	255.77
1989	单位领导	9	4731.20	2258.70	810.70	1147.80	—	276
	中层干部	143	4258.16	1877.33	837.80	1213.60	102.85	266.56
	职工	27958	4612.016	1415.78	632.89	1060.61	1238.98	264.66
1990	单位领导	10	4985	3060	575	1058	—	292
	中层干部	158	5079	2665	192	1588	342	292
	职工	28298	5570	2098	200	1318	1680	274

第二节　放开搞活海上运输业务

一、发展外贸运输，成立上海海兴轮船公司

1979 年，随着我国对外贸易的扩大和旅游事业的发展，外贸业务和对外交往逐渐频繁，在恢复中断 30 年的上海—香港客货运班轮航线的同时，经交通部批准，1979 年 1 月 20 日上海海运成立上海海兴轮船公司。上海海兴轮船公司隶属于上海海运领导，在中国银行另立银行账户，为相对独立核算的经济实体，于 1979 年 12 月 15 日正式营业对外办公。

上海海兴轮船公司按照国际贸易海上运输规则，以航运为主，多种经营，开展上海—香港客货运班轮航线以及近远洋外贸物资运输，兼营代理船舶和租船业务，公司设在广东路 20 号。

上海海兴轮船公司董事长为刘延穆，总经理为蔡国华（后为孙治堂）。公司设三五人的工作班子，负责对外业务交往，有关机务、调度、人事、财务、供应等均由有关职能处室和船队办理，客运船队党委书记兼任上海海兴轮船公司副经理，这实质上是在原有客、货、油 3 个船队的基础上，增加的一个以公司命名的“外运”船队，以公司命名，主要是为了适应外贸业务的需要，便于开展工作。

上海海兴轮船公司成立后，在改革开放方针的指引下，远洋运输得到迅速发展，运量逐年增加，业务日趋兴旺。创办之初，其远洋揽货（除石油外）等业务曾接受上海远洋运输公司代管，得到了其大力支持。从 1984 年 9 月起，公司开始在国际市场上独立揽货，独立经营，除进出口业务外，还承接第三国货载和程租、期租等远洋运输业务。公司建立了自己的境外代理网，除在香港派有常驻代表外，还与国外 20 多家经纪人和上百家船舶代理行保持密切联系，使公司所属船舶在世界各港口都能顺利装卸货物。同时，还在中国香港、纽约、新加坡等几个主要租船市场设有揽货代理，保持联系渠道畅通，从而在国际租船市场上掌握着“船少货多”的主动权。在内地，公司也与化工、冶金、矿产等十几家大型进出口专业公司以及沿海各港保持密切联系。为进一步开拓业务，还相继与厦门经济特区船务有限公司、上海招商旅游公司等单位建立了联营公司。在外贸运输中，该公司坚持“质量第一、信誉第一、用户第一、双方互惠”的宗旨，做到船期准、安全好、质量高，深受外商和港澳客户赞誉。公司所属航行上海—香港航线的“上海”和“海兴”轮船员坚持“亲、勤、和”的优良服务作风，努力为国外旅客和港澳台同胞提供优质服务，享誉海内外。上海—香港客班航线曾被交通部命名为“文明航线”，“上海”轮被评为上海市交通邮电系统“最佳服务窗口”。

与其他航运企业相比，上海海兴轮船有限公司有其独特的优势，既可兼顾国内外运输，调度灵活，机动性强。遵循上海海运确立的“立足沿海、参加远洋”的经营方针，当国内运力紧张时，将部分远洋船舶抽调回国，参加国内沿海运输；当国内运力富余时，又可将多余运力及时投放国际航运市场，既确保了国内沿海运输，提高企业经济效益，又发展了

外贸运输，为国家争创外汇。

1980 年 4 月 1 日，上海海兴轮船公司根据交通部的要求，陆续派出“新华 5”“泰山”“新华 6”3 艘船舶分别担任九江—香港、芜湖—香港、武汉—香港的外贸和对港澳物资首航运输任务。1980 年 8 月，上海海兴轮船公司与湖北省外运公司、长航武汉港务局达成协议，联合开辟汉口—香港的我国第一条江海直达对港澳贸易定线货班航线。

1984 年 8 月，上海海运为有利于搞活海上运输，充分发挥扬子江轮船股份有限公司、上海锦江航运有限公司合作的几家联营公司的作用，在体制上对上海海兴轮船公司进行改革。改革以后的上海海兴轮船公司作为上海海运内部的一个经济实体，对外正式登记、自立户册、自理开支、自负盈亏，按上海海运规定，每年上缴利润。

根据国际航运惯例以及商务上的需要，上海海兴轮船公司名称定为上海海兴轮船有限公司（以下简称“海兴公司”），其经营业务为：（1）自营船队。工商登记资产暂定 2 艘船舶“上海”和“海兴”轮。（2）代办业务。上海海运远洋运输船舶拨交海兴公司经营，由上海海运支付一定的代办费。上海海运承担对外贸易物资运输，按国家计划统一以海兴公司的名义对外承运。（3）代管有关业务。有上海海运参加的联营公司扬子江航运公司、上海锦江航运公司、金刚船务公司等均由海兴公司派人参与经营、代管。在经济上与上海海运签订代管协议或代管经济合约。在管理体制上，按精简、效能的原则，既考虑海兴公司是一个经济实体，又遵循专业管理的要求合理组织，负责经营业务，包括招揽货载、船务工作、船舶修理联系业务以及船员管理等。公司船舶到香港，为便于经营管理，由香港招商局轮船股份有限公司以及香港金刚船务公司代理，同时兼办海兴公司在香港的有关业务。

至 20 世纪 80 年代末，海兴公司拥有可参加营运的客、货、油轮及化工专用船共 80 余艘，经常航行境外的有 50—60 艘，船舶吨位从 3000 吨级至 6 万吨级不等，可适应于各类港口，满足货主的不同要求。其中有 2 艘客轮投入上海—香港的客货定班运输；1 艘客轮航行宁波—香港客运航线（1989 年 5 月该公司“海达”轮首航宁波—香港，每月 4 日和 20 日开航），其间也曾一度开辟了厦门—日本那霸航线；5 艘 3000 吨级的化工专用船和 20 余艘油轮航行于日本、东南亚各国，运载成品油二石脑油、航空煤油、液体化学品产品以及椰子油、棕榈油等植物油；2 艘 6 万吨级油轮航行全球。公司十几艘中小杂货船承担东南亚百杂货运输，其中中国香港至泰国的不定期班轮航线经常有 2—4 艘货船对开，另有 20 多艘 2—4 万吨级的散货船航行于世界各港，在国际航运市场上承运粮食、化肥、钢材、矿石、煤炭、焦炭、饲料和木材等。到 1989 年年底，公司船舶已经航行至世界上 61 个国家和地区，397 个港口。1990 年，公司拥有可参加远洋运输的船舶 84 艘，150 万载重吨，外贸运量达 750 多万吨；公司有船员约 4000 多人，其中船长、轮机长、驾驶员、轮机员等技术干部约 1000 人，而且约 90% 达到大中专文化程度。

1984—1988 年的 5 年中，上海海运共创外汇 2.52 亿美元，按企业留成 40% 的规定，可留成 1.01 亿美元。上海海运花费 8300 万美元在国外购买了 29 艘二手船，约 56 万载重吨。这批船舶的增加既可为沿海煤炭运输提供了保证，又开辟了企业利用自创外汇有计划地在国际市场购买二手船舶、提高船舶运输能力的新路子。

二、面向多元化海运结构，组建联营公司搞活运输

上海海运随着江、海、洋航区范围的延伸，船公司的相继成立，经营自主权的不断扩大，在地方政策许可的范围内，通过中央直属企业和地方企业的联合，发挥地方企业的优势，增添了“确保沿海、参加远洋”运输的经营活力。上海海运在1982—1988年的6年中，先后组织和参与筹建了扬子江、锦江、鹭海、金海、兴海5个合作、合资、联合联营公司。联营公司实行董事会领导下的总经理负责制。董事会由联营单位提名组建，公司的一切重大问题由董事会讨论决定和审议，公司总经理由董事会讨论聘任，董事会的各项决议由总经理负责组织实施。横向联营运输企业情况表见表5-4。

联营公司不仅从经营管理上的条条管理转向以块为主的条块结合，在职能上，也一定程度上起到了计划经济和市场调节相互结合，发挥了经济结构多元化运输中的市场调节的功能。

1982年4月3日，中国扬子江轮船股份有限公司正式营业，公司由长江航运管理局、上海海运管理局、中国国际信托投资公司联合筹资组建。公司根据交通部外贸物资运输的业务划分原则，承担南京以下和沿海各省和希望通过长江进出口的省市的外贸进出口物资运输，对中国国际信托投资公司在长江沿江各省的投资经营货物优先承运。根据经济上合理、技术上可行的原则，积极组织直达运输，减少中转环节；枯水季节与长江航运及沿江各省航运企业合作，利用芜湖、南京、张家港、南通等港组织船舶参加外贸物资运输。公司承运物资去向，主要到中国香港地区，同时根据需要和可能发展日本、东南亚航线的进出口物资运输。

1983年3月，上海锦江航运有限公司筹建开业。1982年12月由上海海运管理局、上海市锦江饭店、上海市工商界爱国建设公司、上海市投资信托公司合资组建，资金为人民币和美元各100万元。公司以补偿贸易的方式，从营运收入中分期偿还船价，购买了14800吨级客货船1艘，后改名“锦江”号，经营上海到香港的定期客货班轮运输。

锦江航运有限公司是上海市跨行业、跨部门，不同隶属关系的4方合作经营的联营企业，也是直属上海市领导的第一家国营地方航运企业。公司组建初期，其有关客货运输业务，包括船舶管理和维修保养、安全通讯、调度指挥、燃物料供应等由上海海运负责；有关船舶客运服务业务、客运餐务和旅游等由锦江饭店负责。随着运输结构、运输航区的扩大，还经营集装箱运输和上海—日本、马来西亚货运航线。公司逐步形成了一个自主经营实体，完善了自身的经营管理体制，到1988年已发展到10艘船舶，114000载重吨，年货运量达到58万吨，货物周转量达到5.27亿吨海里。

随着沿海开放城市的扩大，外向型经济的深入发展，上海海运从自身需要出发，在1987年以后的2年内，又先后组建鹭海、金海、兴海等3个船务有限公司和船务贸易有限公司。

1987年12月16日，经交通部批准，鹭海船务企业有限公司由上海海兴轮船有限公司和厦门经济特区船务有限公司联合筹资组建而成。注册资金75万元，上海海兴轮船有限公司出资60万，占80%。公司设在厦门，上海设工作组。公司利用经济特区的经营渠道，从事航次租船和沿海、远洋的国内外客货运输。1987年12月30日，公司租用上海海运“长柳”轮开辟厦门到上海的客货运直达快速航线，成为上海海运和广州海运联合经营的上海—广州客运航线的一个补充。1988年9月22日又首次试航厦门—那霸的中国—日本客运班轮航线，其目的是方便台胞通过这条航线回大陆探亲，同时了解中、日间旅客运输和民间交往的前景。

横向联营运输企业情况表

表 5–4

<table>
<tr><th colspan="2">杨子江轮船股份有限公司</th><th colspan="2">上海市锦江航运有限公司</th><th colspan="2">厦门鹭海船务企业有限公司</th><th colspan="2">上海金海船务贸易有限公司</th><th colspan="2">上海兴海船务企业有限公司</th></tr>
<tr><td colspan="2">上海海运管事局、长江轮船总公司、中国国际信托投资公司联营</td><td colspan="2">上海海运管理局、市爱建公司、市投资信托公司、上海锦江饭店联营</td><td colspan="2">上海海兴轮船公司、厦门特区船务有限公司</td><td colspan="2">上海海运管事局、上海石化总厂联营</td><td colspan="2">上海海兴轮船公司、招商国际旅游公司联营</td></tr>
<tr><td>联营集资总 3000 万元人民币</td><td>其中：我局集资 500 万</td><td>联营集资总额人民币 100 万元美元 100 万元</td><td>其中：我局集资人民币 25 万元美元 25 万元</td><td>联营集资总额人民币 75 万元</td><td>其中：我局集资 60 万元</td><td>联营集资总额 2000 万元人民币</td><td>其中：我局集资 1600 元</td><td>联营集资总额人民币 600 万元</td><td>共中：我局集资 420 万元</td></tr>
<tr><td>备注</td><td>1982.7 注册</td><td colspan="2">1983.3 注册</td><td colspan="2">1987.7.15 上海市工商行政管理局注册
1987.11.4 厦门市工商行政局注册</td><td colspan="2">1988 年 12 月上海市工商行政管理局注册</td><td colspan="2">1988.12.3 上海市工商行政管理局注册</td></tr>
</table>

金海船务贸易有限公司，原名金海船务企业有限公司，筹建于 1988 年 12 月，1989 年 2 月 5 日改用现名。公司由上海海运和中国石油化学工业总公司上海石油化工总厂联合组建的，融运输、贸易于一体的联营企业。为密切协调联营双方的管理职能，上海海运发挥海上石油运输的专业运输技能，负责组织船舶安全生产、培训航海专业人员，优化承运上海石油化工的进出口物资，为上海的石油化工工业提供优质服务。上海石油化工企业从有利于发展生产，提高效益的要求出发，优先提供本单位、本系统的国内外石油化工货源，把租船运输的部分物资，在联营公司成立后半年内改由金海船务贸易有限公司承运。金海船务贸易有限公司是新中国成立后，单独由船舶运输业和货主联合经营的第一家经营性航运企业，它是上海海运和上海石油化工企业多年来船舶、货主合作的进一步发展。公司集两家的各自优势，通过组织体制的变化和经营管理职能的加强，使良好的协作关系得以更具体的体现、延续和发展。

1988 年 12 月，兴海船务企业有限公司由上海海兴轮船有限公司和香港招商船务企业有限公司合营。公司筹建过程较长，合营开始，招商船务企业有限公司全权委托上海招商国际旅游公司联合集资 600 万元，其中上海海兴轮船有限公司出资 420 万元，占 70%。公司设上海，在上海注册登记。公司有五星红旗船，也有挂巴拿马方便旗船。运输船舶挂旗不同，注册也不同，在货源组织、调度指挥、生产管理、经营核算等方面都有不同的要求和方式。为能更好地处理这些不同的要求和方式，利用招商局在香港的优势，给予提供良好的外部条件，使挂五星红旗船和挂方便旗船能灵活运用、互为补充，更好地为发展外向型经济和外贸提供安全优质服务，更好地在确保沿海、参加远洋运输的基础上，提高营运效益，因此，既有挂五星红旗的船，又有挂方便旗的船，为更有效地搞活运输探索了一条新路子。

扬子江、锦江、鹭海、金海、兴海 5 个合作、合资、联合经营的公司，各有各的特色，各起各的作用，直属海运公司、地方海运公司以及集资联营的海运公司，三种不同形式的公司，它们正是 20 世纪 80 年代中期，在海上运输中实行有计划商品经济后，航运结构上的一次重新组合，也是上海海运提高企业效益和社会效益的一条有效途径。

自 1985 年以后，北方沿海直属海运企业，已有上海海运和大连轮船公司两家，再加上地方海运企业，上海集资联营海运企业，到 20 世纪 80 年代中期，北方沿海海运 3000 吨以上船舶已达 274 万载重吨，其中直属企业占 85.03%，地方海运企业占 12.13%，上海集资联营海运企业占 2.84%。这种“有水大家走”局面的形成，标志着航运独家经营的状况已经结束。在计划经济和市场调节的结合中，上海海运在发展，企业结构在调整，以顺应改革开放的深入和适应有计划商品经济到社会主义市场经济的全面实施。

三、客运业务迅速拓展和延伸引来发展高峰

1979 年以后，上海海运紧紧抓住改革开放的有利时机，在搞活经济的同时，沿海海区之间的客运航线相继增加。1979 年 1 月 1 日中美正式建交，全国人民代表大会常务委员会

图 5-2　1980 年 1 月 7 日，中断 30 年的上海—香港航线恢复通航。“上海”轮首航时举行隆重的开航仪式。

发表《告台湾同胞书》，提出争取和平实现统一祖国大业，台湾和大陆尽早实现通航、通邮、通商的积极建议。1980 年 1 月 7 日，为有利于港、澳同胞和海外侨胞回大陆探亲，适应对外贸易和旅游事业的需要，中断 30 多年的上海—香港客运航线恢复通航，上海海运万吨级客货轮“上海”轮离沪驶往香港（图 5-2）。由于客运船舶定线、定班、安全准点、周转快、运价低，承担该航线运输的“上海”轮客货船有设备齐全的冷藏货舱，可以装载质量高的保鲜货物。这条航线复航以后，不仅旅客运输量稳定，而且部分高档外贸物资运输也由空运转入海运，并从 1980 年的“上海”轮一艘船，增加到 1981 年以后的“海兴”“锦江”三艘船舶。

1980 年 1 月 7 日，上海海运在上海外虹桥码头隆重举行了“上海”轮开航仪式。交通部副部长李维中和上海市工交办、市财办、市侨办领导以及各界人士 400 余人参加。香港丽的电视台专门派人随船拍摄了电视片。1 月 10 日，“上海”轮顺利抵达香港，香港电视台、电台、报刊等新闻媒体作了新闻报道和评论，祝贺“上海”轮复航成功。

上海—青岛、上海—大连、上海—广州的客运航线，是当时我国沿海客运的主要航线，航行其间的船舶是上海海运性能好、船龄低、船貌新的客船，也是当时新中国成立以来现代化的客轮。这个型号的客轮 1981 年开始建造，上海海运共拥有 12 艘，船名分别是：“长征”“ 长锦”“长绣”“长河”“长山”“长自”“长力”“长更”“长生”和“长松”“长柏”“长柳”轮 等，这些客船的新颖船名也反映了时代的特征。

为适应上海—大连客运航线旅客大量增加的情况，上海海运将该客班航线由原来的隔日班改为天天班，船期由原先的 6 天缩短至 5 天。1980 年 1 月 5 日，交通部在上海召开表彰大会，授予上海—大连客运航线“先进客运航线”荣誉称号（图 5-3）。1985 年 1 月 12 日　申连客运航线被交通部、中国海员工会全国委员会命名为“文明客运航线”；“长征”“长锦”“荣新”3 艘客船同时被命名为“文明船”。

图 5-3　交通部授予上海—大连“先进客运航线”称号。

1982 年，交通部全国交通工作会议提出上海、广州两个海运局和有关省、自治区、直辖市要积极发展南北客运，以缓和铁路南北客运紧张的状况。1982 年 3 月 5 日，上海海运“茂新”轮首载上海解放后第一批旅客驶往福州，中断 34 年的上海至福州客运航线正式复航（图 5-4）。开航前，上海十六铺码头客运站举行了复航仪式，上海市交通办公室主任韩克辛、交通部水运司副局长王瑛出席并讲话。由于福建省崇山峻岭，河谷、盆地穿插其间，山地、丘陵占全省总面积的 90% 以上，故有“闽道更比蜀道难”之说。因而，这条航线的开辟，对沟通地区间物资交流，活跃海内外市场起到积极的作用。

图 5-4“茂新”轮首航福建省三沙港。

继上海—福州客运航线复航后，一条由上海海运和广州海运联合组织的上海—广州沿海客运航线相继通航。这是在新形势下，由北方沿海航区和华南沿海航区，以对等的方式联合组成的沿海客运运输线。1983 年 11 月 30 日，上海海运的“长柳”轮和广州海运的“紫罗兰”轮分别自上海港和黄埔港启碇对开，于 12 月 2 日在台湾海峡安全交会后续航，按规定如期完成通航任务。这是继货轮开辟“南北航线”以后，客轮首次顺利通过台湾海峡。“长柳”轮首航广州受到热烈欢迎（图 5-5）。

“长柳”轮起航时，上海海运在公平路码头隆重举行了上海—广州客货班轮航线首航仪式，上海市副市长朱宗葆出席并剪彩。

为支持厦门经济特区的建设，方便人民群众，上海海运又将上海—广州客货班轮航线扩大为上海—厦门—广州客运航线。1984 年 7 月 1 日，“长柳”轮和“紫罗兰”轮同时抵达厦门港。随“长柳”轮到厦门港的上海海运局副局长孙良义与同行的上海多家新闻媒体的记者参加了厦门市政府举行的上海—厦门—广州客运航线通航庆祝仪式（图 5-6）。自此，上海海运的上海—广州客货班轮开始湾靠厦门港。1987 年 12 月 30 日，厦门—上海直达客运航线的开通，减轻了当时铁路和民航的负担。

图 5-5 “长柳”轮首航广州受到黄埔港群众热烈欢迎。

图 5-6 1984 年 7 月 1 日，“长柳”轮从上海首航厦门港时，厦门港举行了隆重的欢迎仪式。

我国沿海海岸线长，岛屿多，具备发展沿海客运运输的优良自然条件。到 20 世纪 80 年代末，除地方性客运运输以外，从总体上已形成南北两条区域间干线客运通道。北线以上海到大连为主，通过上海—大连线，沟通以大连为中心的渤海海区的区域性地方客运，从大连通过陆路中转去东北地区各省市。南线以上海到温州、福州、厦门，通过厦门—广州线沟通以广州为中心的南海海区的客运航线，从沿海海岸线延伸，使福建省经济特区和广东省经济特区连成一片。

南北两条干线客运通道都以上海为中心。上海经过几十年建设，已形成一个轻、重工业门类齐全，科技力量雄厚的综合性、科技工作基地。上海的产品有80%供销全国各地，并有不少产品畅销国外。上海“海、陆、空”交通方便，有适应城市工业发展的交通运输网。因此，自20世纪80年代开始不仅直达旅客增加，而且中转旅客也大量增加。据1987年抽样调查，在来往于上海到大连、青岛、温州、福州、厦门5条航线的中转旅客在40%以上，最多的已达58%。从上海去大连的旅客，有半数以上是进出东北三省的中转旅客。由于火车挤，旅途时间比较长，不少旅客不愿乘火车直达，而乘船到大连，再转向东北各地，或从大连到上海再转向南方和中南地区，相对大车比较方便。上海—温州线，由于温州山峦起伏，没有铁路，只有水路、公路，乘长途汽车没有乘船方便、舒适，因而随着地区经济的繁荣，中转旅客的比重也相应增加。上海到青岛虽有火车直达，而且火车直达比乘船还要快2—3小时，但由于火车票比船票贵近1倍，加上客船活动场地大，生活设施比火车好，旅客也乐于乘船。因此，上海海运开辟的客运航线深受广大旅客欢迎，客运量逐年上升。

厦门是福建省的重要城市之一，位于福建省东南部，鹰厦铁路终点，城区建在厦门岛西南及鼓浪屿上。鼓浪屿有海上花园之称，隔台湾海峡，面对台湾省，从厦门到香港海上航程仅287海里，通过厦门到香港客运航线，使上海—厦门—广州线向港澳地区延伸。随着我国对外开放和对台政策的影响，台湾当局当时也逐步放宽台湾同胞回大陆探亲，台湾同胞希望能有一条既方便、又省钱的回乡探亲路线，于是上海海运曾试行开辟厦门—那霸客运航线，作为台湾和大陆未直接通航前的一条过渡性客运航线。随着地区经济的发展，依附于优越的自然条件，一时间使南北两条干线客运通道，形成我国纵横交叉、内外相连的沿海干线客运运输线路网，并借助于这一线路网的形成和发展，进一步推动了沿海经济的发展。

1986年1月17日，行驶上海—福州的客班轮开始中途湾靠福建三沙港。这是上海海运开辟的第10个客运港口，方便了闽东地区的旅客，促进地区经济的发展。

客运运输的迅速发展，货物运输的规模也随着工农业生产的发展而提升，促成上海海运航运业从沿海向近洋和远洋延伸。

四、“立足沿海，发展远洋”，积极拓展内外贸运输

20世纪70年代以后，我国利用国际航运市场萧条的时机，加速远洋船队的建设，到1976年，虽已基本缓解了依靠租用外轮来完成外贸物资运输的局面，但仍然还有30%左右的外贸物资需要以各种不同的途径租用外轮去完成。

为支援国家远洋运输，1978年4月30日，上海海运“神州”轮首航澳大利亚，往返10700余海里，历经42天，于6月11日满载23665吨小麦到达上海港。

"神州"轮起航前，船上 54 名船员中只有电报员和一名机匠曾到保加利亚接过船，其余船员均无远洋经历。为此"神州"轮领导和驾驶人员等专门到中远上海分公司学习取经，受到了热情接待，听取了仔细介绍，熟悉了中澳远洋航线和远洋业务情况以及船舶航行、靠泊、装卸等过程中需注意事项，从而做到心中有数。

"神州"轮 1975 年建成，长期从事煤炭运输，自接受远航澳大利亚装运小麦任务以后，船员连续奋战，把 6 个货舱整修清扫一新，顺利通过澳大利亚港口方的检验，并得到赞扬。6 月 13 日，交通部副部长彭德清在上海海运领导冯品德、史堪的陪同下，到"神州"轮慰问船员，听取汇报。彭副部长传达了李先念副总理关于"交通运输成绩很大，要大鼓干劲好好干"的重要指示。他勉励船员，要在保证北方沿海运输的前提下，精打细算，跑南北航线，跑远洋航线。要加强与远洋、港口职工的团结，扭成一股绳，组成一个战斗集体，奋发图强，埋头苦干，为实现交通运输现代化而努力。

从 1979 年第二季度开始，上海海运组织抽调 7 艘 25000 吨散货船（"神州""德州""沧州""锦州""华太""华红""云海"）参加远洋进口粮运输；同年 12 月 3 日，在原有基础上又相继抽调"长阳""郑州""泸州""泰峰""新华 4""新华 5"等货船和"大庆 14""大庆 21""大庆 43""大庆 44""胜利 5"油船参加远洋货运和油运，从而使沿海运输和远洋运输，在运力和运量上又得到一次适应性的调整。这一调整，给上海海运带来了新的转机。1978—1990 年原油运量情况见表 5–5。

1978—1990 年原油运量情况　　表 5–5

年份	运输量 / 吨	占本局沿海总货运量比重 /%
1978	14156765	36.94
1979	11520552	32.25
1980	11696865	31.45
1981	10804053	28.51
1982	10896992	26.84
1983	10144949	25.01
1984	9448814	22.44
1985	10491181	24.05
1986	12293793	23.37
1987	11107762	20.71
1988	10897811	19.29
1989	11349478	18.51
1990	12122368	19.33

1980 年，上海海运再次调整，继续运用国内、国外运输相结合的方式，在确保国内沿海客货运输的基础上，抽调可以抽调的运输能力投入国外运输和港澳地区的物资运输，并积极争取第三国货载，走向国际航运市场，使船舶运输效率得以进一步发挥。

上海海运 1980 年完成国内沿海运输任务和 1979 年基本相同，但投入国内运输的营运船舶却比 1979 年少了 7 万吨，从而增加了远洋运输的运量，当年完成吨船产量达 19883 吨海里，比 1979 年提高 7.5%，实现利润 1.65 亿元，比 1979 年增加 22.82%，各项技术经济指标都达到历史较好水平。

上海海运调整沿海和远洋运输的船舶运输能力，从而使“确保沿海、参加远洋”形成了上海海运的一条基本经营方针。运用这条方针，既搞活了货运，又搞活了油运、客运，它贯穿于整个上海海运的客、货、油运输，体现了有计划商品经济的要求，面向国际航运市场，在竞争中充分发挥了船舶运输潜力，起到了传统的计划经济所不易起到的作用，既发展了指令性计划为主的沿海运输，又扩大了以指导性计划为辅的远洋运输。

随着我国石油化学工业的迅速发展，化学品进出口的数量和品种急剧地增加。为了适应化学品海上运输的需要，打破日本的垄断，上海海运决定安排“大庆 14”轮投入试运任务。1982 年 8 月 9 日，“大庆 14”轮从大连港装运石脑油 1526 吨到日本川崎港，卸货后 8 月 31 日到日本四国松山港装载 1524 吨“邻二甲苯”，于 9 月 13 日回到天津港，顺利完成了试运任务，积累了经验，为石油化工原料运输探索了一条新路子。

1983 年 10 月，上海海运从日本辰巳公司购买了我国第一条化学品船“化运 1”轮（图 5–7）。该船总长 95.50 米、船宽 14.50 米、型深 7.20 米、总载重量 3860.17 吨、航速 12.5 节。经过整修后，1983 年 12 月 12 日，该轮正式投入营运，承运日本—金山和日本—仪征航线的乙二醇等运输。由于乙二醇是一种精化学品，是涤纶的原料，它对盐、铁和水等成分要求极其严格，“化运 1”轮投入营运以后打破了我国精化工品由外轮包揽承运的局面。为保证质量、确保安全，在运输业务开展前上海海运制订了具体的改善设备、培训船员、开展专职干部业务培训和制订装卸程序等措施。1983—1985 年，上海海运又新购液态化学品专用船 5 艘，逐步开辟了除日本以外的斯里兰卡、马来西亚、泰国、菲律宾、新加坡等东南亚航线。

1984 年 4 月，鉴于中国远洋运输总公司不便为上海海运承揽进出口货载，上海海运决定以上海海兴公司名义在国外建立外运代理和揽货经纪人业务网络，独立进行远洋运输业务。

1985 年 4 月 5 日，在上海海运职工代表大会上，蔡国华局长提出了“立足沿海，搞活远洋；航运为主，多种经营；提高效益，信誉至上”的经营方针。1987 年为开辟长崎航线举行签字仪式（图 5–8）。

1990 年上海海运年外贸运量达 700.5 万吨，为 1979 年的 10 倍多，为 1985 年的 1.7 倍，10 余年间累计完成外贸运量 4583 万吨。远洋运输发展到世界航运市场的 60 多个国家和地区的 400 多个港口。特别在承运外贸的液体化工品上，上海海运的特种油运船队，已成为远洋运输中一支不可缺少的运输力量。

图 5-7　从日本购进的“化运 1”轮交接仪式。

图 5-8　1987 年为开辟长崎航线举行的签字仪式。

五、“南极洲”轮为局创汇，为国争光，名扬欧洲

1984 年底，上海海运与日本伊藤忠商社签订了建造两艘 27000 吨级自卸船的合同。根据交通部的批示，两艘自卸船实行单独核算。国务院重大技术装备领导小组和国家计委也下发通知明确“同意交通部从国外订购两艘自卸船，用于秦皇岛至鲅鱼圈航行试运”。两艘自卸船的建造、使用，原计划是专线专用。1985 年大连海运独立，1986 年，交通部决定第一艘交付的“北极星”轮由大连海运使用，第二艘“南极洲”轮（图 5-9）交由上海海运接管使用。为接好、管好、用好“南极洲”轮，上海海运专门成立试运行领导小组。

图 5-9　自卸船“南极洲”轮

1986 年 11 月 30 日，“南极洲”轮装载秦皇岛—上海的 21900 吨煤炭抵达上海港民生装卸公司作业区的洋泾码头进行自卸。当天下午，交通部内河局局长、上海市交通办主任和上海海运蔡国华局长、孙治堂副局长等领导以及各有关人员、日方技术人员都登轮，检查落实船舶自卸煤炭的各项准备工作。12 月 1 日，船舶自卸煤炭试验开始。“南极洲”轮上的每个岗位均由船员操纵，日方技术人员负责协助。在整个煤炭自卸中，基本情况正常，获得圆满成功，每小时平均卸煤约 1684 吨。参加“南极洲”轮煤炭自卸的试验人员多达 120 人。

这两艘船的自卸设备由瑞典和德国提供，日本组装，船长 175 米，型宽 27.8 米，满载航速 12.5 节；自卸装置每小时可卸货 3500 吨。由于鲅鱼圈发电厂缓建等原因，两船在国内无用武之地，为充分发挥先进的自卸船的优势，交通部在 1987 年 4 月批复同意“南极洲”轮和“北极星”轮在保证完成国内驳运和货运任务的前提下，可参加远洋国际海运。

1988 年 4 月，上海海运以每天 8500 元美元将“南极洲”轮租给了美国“NAVIOS 租船公司”。从此，“南极洲”轮远离祖国驶往英吉利海峡，参加了世界七大工程奇迹之一的英法海底隧道的石料运输。

当“南极洲”轮船员来到英国，见到的只是英方为建隧道而临时建造的简易码头。“南极洲”轮的运输任务是从英国北海一个海岛的石料厂和挪威一个石料场将百余万吨建筑石料按时运送到英国南部的爱尔格兰。两港装货和卸货地远离港口中心区，“南极洲”轮有不少船员连港口小镇都没有去过，大多数船员在空闲时，仅在简易码头边转转，散散步。在这艰苦的条件之下，船员们不负公司之重托，斗志昂扬地提出了“艰苦奋斗，赢得高效，为国争光，为局创誉”的“南极洲”轮精神。他们吃苦耐劳，艰苦奋斗，365 天不停航，赢得租方称赞，不仅续订租期，而且租金逐年上升，至每天 12000 美元，直至海底隧道竣工才班师回朝。

英国雨水特别多，而英吉利海峡更是风大浪高。3 年中，“南极洲”轮遭受了近百次的大风大浪袭击，几乎 10 天左右就遇到一次，船舶如不按期运输石料，按签约规定要扣租金，这对按期确保运输石料任务的船员来说，无疑带来了更多的困难。

1990 年 2—5 月，“南极洲”轮航行中遇到特大风暴，其势之猛，时间之长，是英国百年来所未见。为了不影响船期，船员们发扬了勇敢拼搏的精神，巧妙地与风浪周旋，每航次都按期将石料运到卸货港。1991 年 2 月，英国南部遭受了特大暴风雪的袭击，泰晤士河被迫封港，当地引航站也停止工作。按合同规定，船舶遭遇如此“不可抗力”的影响，耽误船期是不扣租金的，但“南极洲”轮的船员想货主之想，急工程之急，毅然绕道 70 海里，转到另一引航站进入爱尔格兰内港，此举受到了租方和货主的高度赞赏。

在 3 年中，“南极洲”轮船员换了一批又一批，然而“南极洲”轮精神不倒，以中国海员特有的坚韧不拔、吃苦耐劳的精神，创下了租期内 1000 天不停航的记录，为英方 3 艘同租自卸船之最。“南极洲”轮船员在 3 年中，船员机舱主机吊缸有 65 次；自修、调换了自卸装置滚筒 201 只；自卸系统的管系、阀件全部处于良好的技术状态，确保了 3 年安全航行，使租方和货主十分满意。

“南极洲”轮以出色的服务为国家争了光，为上海海运赢得了荣誉，安全地完成了 129 个航次，运输了 320 多万吨石料，创汇 1195 万美元。3 年中，“南极洲”轮有 10 多个航次到德国汉堡港装运石料，进出港口时，汉堡港口都升起五星红旗，并播放中华人民共和国国歌，表示对中国海员的敬意。港口负责人称赞“中国船员，好样的”！当英法海底隧道英国段竣工时，英国政府专门树立了海底隧道纪念碑，作为永久性纪念。英方将“南极洲”轮船名铭刻在纪念碑上，以表达对中国船员的赞誉和崇敬。

1991 年 7 月，“南极洲”轮回到祖国，又立即投入到了保煤运输中，7 月 2 日，该轮满载 26000 多吨煤炭驶抵上海石洞口发电厂经过改造适合自卸船的新型码头，当日，成功自卸煤炭 8000 吨，成为保煤运输的生力军。1992 年 5 月，“南极洲”轮再度出租海外。

六、适应市场需求，积极开拓“5 吨集装箱”业务

1980—1990 年的 10 年中，上海海运在国家计委、交通部的领导和支持下，克服种种困难，同兄弟船公司与港口一起奋斗，终于使我国北方沿海的国内集装箱运输出现了初具

规模的好形势。上海海运先后开辟了上海至大连、烟台、青岛、南通、温州、福州、厦门和广州8条航线，到1990年已完成37万箱，110多万吨百杂货运输。10年中未错发1箱和丢失1箱，货运质量基本完整无损，为提高我国沿海百杂货运输质量做出了贡献。上海海运使用规格为“5吨集装箱”小型箱开展运输，得到了客户和社会的充分肯定。

1988年上海海运为了加强5吨集装箱运输的管理，专门成立了集装箱运输科。一方面加强对船舶集装箱运输的管理，同时，对多年来集装箱运输存在的问题进行调查、分析和整理，提出了改进和提高的措施。

上海海运当时的集装箱运输绝大部分是客班轮捎带运输。客班轮属于成本较高的运输，5吨集装箱运输既体现不出经济效益，又需花费很高的修理集装箱的修理费，每年要开支300多万元。上海海运在1980年建造了第一批5吨集装箱，使用10年以后，有50%的集装箱有所损坏到了报废期限。而当时运输市场适合集装箱运输的货源较多，上海海运急货主所急，以比大修更高的价格将应报废的5吨集装箱再进行翻修，从而维持沿海各航线上集装箱箱量的平衡。

1989年，沿海客班轮运价进行了调整，使原来集装箱无法解决的更新改造资金有了转机。1989年11月14日，交通部运输管理司等部门联合给上海海运局、广州海运局、大连轮船公司下发了《关于进一步做好国内沿海集装箱更新造箱工作的通知》。《通知》指出：近年来，国内沿海集装箱运量有所增长（1985年为51062箱，135561吨货物，1988年为73706箱，210703吨货物，分别增长44%和55%），但因运费太低，加之未认真提取折旧费，以致无力更新造箱，集装箱保有量逐年减少。以上海海运为例，1998年保有5吨集装箱1720箱，到1989年10月末仅剩下1161箱，而且集装箱多已老旧，濒临报废，难以维持现有国内沿海集装箱运输，为此，必须采取切实措施解决这一问题。《通知》要求，自1989年9月5日起，根据交通部和国家物价局《关于调整直属水运企业客运运价的通知》将客货班轮运输集装箱按现行运价加150%计收的运费，扣除有关税金以及费用后，按照第二步利改税及承包办法计算所得的企业留利中的生产发展基金，用于集装箱的更新改造。同时应严格执行部财务会计局《关于将集装箱列入固定资产管理的通知》，按规定提取折旧基金。提取的折旧基金与上述生产发展基金一并用于集装箱的更新改造。在交通部的重视和关心下，上海海运终于解决了5吨集装箱的更新改造资金问题，根据当时的造价，每年可以添置新箱100个。到1990年底，上海海运5吨集装箱拥有量达到1500个，基本满足了各航线的需要。其中，上海海运在1989年箱源极其紧张的情况下，投入30万元，将一批应报废的5吨集装箱翻修，1990年初，200个翻修一新的5吨集装箱相继投向上海港，主要用于箱量增长较快的上海—温州航线。

上海海运自从1987年以后，每年5吨集装箱运量达到5万箱左右，同时，十分重视与港方密切配合，尽力满足各航线对集装箱箱源的需求，为发展我国沿海集装箱运输做出了贡献。

七、“海樱”轮首航那霸—厦门航线，两次接送台湾同胞

1988年9月28日，从日本那霸至我国福建厦门的不定期的客货运航线正式开通，这

是一条便于台湾同胞到大陆探亲访友、参观旅游的航线。担任这条航线运输的是滚装客货船“海樱”轮，第一批从那霸接回103名台湾同胞，兼任厦门鹭海公司董事长的上海海运蔡国华局长和随行代表20人参加了首航。航行途中，台胞们三五成群，饶有兴致地或畅饮于酒吧，或欢跳于甲板，或在休息室打牌，或购物于小卖部，有的台胞与船员拉起了家常，有的感慨地说，欢畅的30小时的航行，一生难忘。“海樱”轮抵达厦门港时受到了港务局、外轮代理公司、鹭海公司、旅行社等单位热烈欢迎。

“海樱”轮在日本停靠期间，蔡国华董事长拜会了那霸市有关负责人，受到了友好接见。日本那霸是日本冲绳县首府，台胞到那里旅游的很多，那霸—厦门航线的开辟，架起了一座探亲的桥梁，在当时起到了推动海峡两岸“三通”的作用。

随着大陆和台湾交往的增加，1990年初，台湾旅行社将组织约360名台胞来浙江普陀山朝拜进香和旅游。拟由台湾出发，经日本石垣后，转乘“海樱”轮到宁波（镇海、北仑港）或上海，再赴舟山普陀山，然而取原道经日本石垣回到台湾。且台湾旅行社正通过中国国际旅行社与上海海运接洽。为了沟通台湾与大陆的民间往来，上海海运拟提供“海樱轮”承担这项业务。

1990年2月15日，上海海运专门请示交通部运输管理司，1990年2月28日交通部批复，同意“海樱”轮赴日本石垣接送台胞。同时，同意上海海运“海樱”轮以航次出租的方式，租给香港方通旅游贸易公司，到日本石垣接送由台湾旅行社组织的台胞来宁波或上海，共两个航次。

为此，上海海运安排了“海樱”轮投入这项运输业务。为保证运输任务的完成，上海海运负责“海樱”轮的调度和安全管理，对外，以上海海兴轮船公司名义经营。上海海运接送如此较大规模的旅游团尚属首次，为圆满完成这项任务，在“海樱”轮两个航次的营运中，上海海运适当调整了“海樱”轮船员班子，增派了3—4名随船人员，协助和配合工作。

第三节　船舶更新、改造规模空前

一、提高技术性能，适应运输市场之需

上海海运随着船队规模的扩大，船型结构的调整变化，船舶的技术性能也在相应地提高。在船型系列的不断改进中，舱口、舱容、隔舱层次以及吊杆负荷等都在确保安全、提高质量的前提下，随着货物的装卸批量、装卸条件和码头设施的要求相协调，特别在船型结构的调整改进中，机型的选型、定型也在逐步展开。

20世纪70年代，随着我国造机工业的进一步发展，大功率低速柴油机开始从试生产到批量生产。上海海运船舶万吨级“风”字型散杂货船和“长”字型煤矿两用船，都采用6ESD276/160型柴油机，单机9000马力（6619.5千瓦）；25000吨级“州”字型货船采用6ESD275/160B型柴油机，单机功率12000马力（8826千瓦）；万吨级油船上则全部采用9ESD258/100型柴油机，单机功率8200马力（6031.1千瓦）。在此期间，在

使用国产柴油机的基础上，也引进部分国外的新机型，其中有“长”字型货船上的SULZeR6RND76/155型，15000吨油船上的MAN K9260/lOSE型等（图5–10）。在客船上则一律采用国产的ESD243/82B型机。自20世纪70年代开始，上海海运新增船舶中使用的机型不管是国产的，还是引进的，其动力装置全部为柴油机，并相应地淘汰了一批老旧的蒸汽机船，而没有淘汰的蒸汽机船，也大部分从烧煤改为烧油，从而既增加了船舶的装货吨位，又减轻了船员的劳动强度。特别在20世纪70年代后期，柴油机船也开始掺烧劣质燃油，进一步降低运输成本，提高船舶的经济效益。

图5–10 “长宁”“长虹”轮同天下水。

20世纪70年代末至80年代初，自党的十一届三中全会以后，随着工农业生产的发展，上海海上运输发展迅速，船舶的动力装置也发生根本性的变化。蒸汽机船逐年被淘汰，到1988年结束了蒸汽机使用于上海海运船舶的历史。柴油机机型也在不断更新换代，我国造机工业引进国外先进机型专利生产的各种机型，逐步进入国际船用柴油机的先进行列。20世纪80年代中期的新建国产船，“新和”型船上的SULZER6RTA38机、“安平”型船上的6RTA58机、“振奋”型船上的6RLB56机、“建设”型油船和“百灵”型客船上的B&WL35MC机等，都是当时世界上最先进的柴油机机型。它采用长冲程或超长冲程，直流扫气，性能参数提高，机型体积小，功率大，能耗低；耗油量已低达176g / kW · h左右，比老型柴油机降低了25%左右，从而使营运船舶综合性能源单耗连年下降，1988年比1965年降低了57.82%，1988年比1980年降低了36.99%。

上海海运在提高船舶技术性能的同时，十分重视船舶油污水处理，1986—1989年，上海海运共接收含油污水的船舶2870艘次，处理船舶油污水817095吨；供应船舶油脚45736吨，其中原油油脚36515吨，成品油油脚9221吨；总产值高达1031.7万元。同时，上海海运对船舶加大投资，增添环保设备，到1989年底，上海海运有船舶190艘，已经安装了油污水分离器185台、15PPM船舶舱底水报警器81台、船舶排油监控装置29台、船舶生活污水处理装置18台，并在立丰船厂投资了28.5万元，新建了油污水处理池，在立新船厂投资35万元，改造镀铬混合废水处理装置。

二、大规模更新船舶

20世纪80年代船型趋向多功能、专业化。上海海运在调整船舶的大、中、小标准和比例结构中，扩大大吨位、大功率船的比重，试行和发展装得多、周转快的新型船舶，除继续建造原有性能好、适应性强的船舶外，又选用9种船型，其中有部分属试用性船型。

（一）客货船

“瑞新”轮双体客货船，由上海海运科技人员和上海交通大学主持设计，1985年由江洲船厂建成。该轮可装货物 140 吨，载客 1502 人。船型主要特征是：一艘船在主甲板以下有 2 个船体；一个上层建筑横跨 2 个船体，2 个船体中各有主机；双艏、双艉、双舵和 2 个推进器。由于上层建筑跨度大，客舱多，比一般客货船多载客。它是为缓和当时上海—温州线客运量大幅度上升，运力不足的状况而试造的一种船型。“瑞新”轮（图 5–11）1985 年 4 月 22 日投入运营，航行于上海—温州航线。

图 5–11　双体船“瑞新”轮下水。

（二）货船

“森海 1”轮尾机型铁木船，1980 年由大连船厂建造。它是为大连港出海的木材运输而定型建造的船舶。船型设计基本上以大连港的木材到货批量和装船能力的有关数据为依据。4 个舱口，大小基本相同，起重能力单杠 14 吨，适应铁木成组运输需要。1980 年建成后，由于船大，一次 7000 立方米的木材装运量，到上海港卸货时，接卸能力受限制，场地紧张，难以正常运转，因而仅几个航次后就改用于北方沿海到浙江地区的煤炭运输。同类型有“森海”编号的“森海 1”—“森海 4”轮 4 艘。

“友谊 3”轮尾机型杂货船，1979 年由南斯拉夫建造。4 个舱，起重能力为前 4 艘单杆 5 吨，后 2 艘双杆 5 吨。同类型以“友谊”字头编号的友谊 3、5、7、9、11、12 号 6 艘船，前 4 艘由南斯拉夫建造，后 2 艘由巴基斯坦建造，6 艘船同是类似于易货贸易性质而订造的新船。

“振奋 1”轮和“长辉”轮型改型的尾机型散货船。继“长”字型 12 艘船后，1984 年又以“振奋”字头编号的“振奋 1—4、5—8、9—10、11—12”等 4 组船共 12 艘相继出厂，其中 1—4、5—10、11—12 分别由江南船厂、上海船厂和新港船厂建造。前 6 艘于 1984 年建成投产，后 6 艘于 1985 年建成投产。这 4 组船是根据上海宝钢的原料码头而定型设计的专用船。宝钢原料码头的主要特点是：岸线短，仅 640 米 ×36 米；泊位少，只能同时停靠 2 艘 10 万吨海船；设备大型化，岸吊一次起吊能力约 50 万吨，配有 1800 吨 / 时桥式起重设备 4 台。为能充分发挥其整体设施的卸货能力，加速船舶周转，降低船舶造价，要求运输船舶大舱口，不设吊杆。为满足这一要求，弥补适航性上的缺陷，船舶尺度比“长辉”轮型船舶略有放大，载重量从原来的“长”字型 18000 吨，增加到 20000 吨。在同类型 4 组船中，除“振奋 9—10”轮装有双杆 5 吨起重设备外，其余 10 艘都是无起重设备的船舶。

“安平 1”轮尾机型散货船。同类型以“安平”字头编号的 1—3、5—6 等 5 艘船，前 3 艘由江南厂于 1986 年和 1987 年建成投产，后 2 艘由上海船厂在同一时期内建成投产。舱口大小十分接近的 6 个舱，每对货舱设单杆 15 吨起重设备。主要以远洋运输为主，为顶替“州”字型报废后的船舶运输能力。

“新和”轮尾机型多用途船，1985 年由中华船厂建造。船舶舱内有隔层甲板，放下隔层甲板为散装货船，支起隔层甲板又是百杂货专用船；大统舱2个舱口，也能装集装箱，起重能力，一舱为4杆5吨，二舱为2杆5吨。船名以“新”字头的共有6艘：“新和”“新平”“新泰”“新宁”“新城”“新惠”，均由中华船厂建造，前3艘建于1985年、后2艘建于1986年、最后1艘于1987年建成投产。

继“新和”轮等建成投产后，1989年又有保加利亚建造的“友谊16”“友谊28”等2艘同类型的尾机型多用途船到达上海，投入使用。这是由国家订购后分配给上海海运的船舶。“友谊16”“友谊28”有3个货舱，起重设备单杆8吨；货一舱容积小，货二、三舱容积分别为货一舱的133%和131%，舱容大小均衡。

（三）油船

“建设1”轮尾机型槽管成品油船。同类型有“建设”字头编号的“建设1—10”号10艘。前6艘由沪东船厂先后于1982—1986年建成投产，后4艘于1987年分别由江洲船厂和上海船厂各建造2艘。这批船的建成投产取代了60年代建成使用的同吨位油船。1958年向芬兰订造2艘4200吨油船后，于1960年我国自制的第一艘4500吨油船“建设10”轮于1960年由大连船厂建成投产，当时分两批建造了同类型4艘船，这批船到1983年开始陆续报废。“建设1”轮等10艘船是在原有3批船的基础上，纠正缺陷，提高适航性，作为现阶段的定型船而批量建造的成品油船。

“化运1”轮尾机型液体化工品船。同类型有“化运”字头编号的“化运1—5号”等5艘，全为日本造，1984—1985年购入。买进时“化运1”轮是建于1977年的旧船，为I/Ⅲ型化学品船，边油舱为特涂，中油舱为不锈钢材质，设有集中货泵舱；“化运2”轮和“化运3”轮为Ⅰ型化学品船，货舱为不锈钢材质，设深井泵，适用于装载酸、醇、苯等Ⅱ/Ⅲ型化工品；“化运4”轮和“化运5”轮为Ⅲ型化学品船，左右油舱为特涂。5艘船都可同时装运2种化学品。“化运”1—3轮载重3000吨，“化运4—5”号载重6500吨。1983年上海海运从日本购入国内首艘液体化学品专用船“化运1”轮，“化运2—5”号都建造于1984年，购进时属新船。

1985年，立丰船厂总长164米、举力9000吨的“华山”号浮船坞将总长178米、总吨1.6万余吨的“大庆44”轮托出黄浦江面。这是国内浮船坞超长超载抬船成功的首例。图5-12为“大庆50”轮进入“华山”号浮船坞。

图5-12 “大庆50”轮进入“华山”号浮船坞。

“大庆91”轮尾机型原油船，1987年由沪东船厂建成投产的当时最大的国产原油轮。它是按国际公约等有关规定，设有惰性气体装置的新一代大型原油船，货泵排量2.000 $m^3/h \times 3$。

1990年6月21日，渤海造船厂开始为上海海运建造3.5万吨级浅吃水肥大型散货船。

图 5-13 “宁安 1”轮首航仪式在宝山钢铁总厂码头举行。

1992 年 1 月 4 日，中国自行设计制造的第一艘浅吃水肥大型散货船“宁安 1”轮首航仪式在宝山钢铁总厂举行（图 5–13）。

上海海运船舶建设基本经历了 3 个历史阶段:（1）新中国成立以后的 10 年，船舶主要来源是打捞修复的沉船、起义北归的船舶、技术改造超龄的船舶和逐步向国外订造船舶以及租用的外轮。（2）1959 年以后随着沿海客货运输量的大幅度上升和国家钢铁工业、造船工业的较快发展，有了自己的新船。1963 年，经党中央和国务院批准，开始利用贷款买船的方式发展船队。那时，开始从租船转向买船，接着从买船转向批量建造国产船转化。同时，船型开始考虑货物种类的变化，相应地调整客、货、油轮和大、中、小船舶的比例和结构。（3）1979 年以后，以造、买结合的方式扩大船舶规模。当时，交通部的方针一是自己造，二是国外买。但是国内造船能力不足，远远不能适应航运之需，到国外去买，国家投资有限，难以大量买船。

上海海运 1978 年已有船舶 124 艘，船舶的平均船龄为 14.40 年；到 1988 年，有船舶 155 艘，平均船龄下降为 12.53 年。

三、从实际出发，扩建船厂增强自修能力

上海海运船舶运输能力在国民经济迅速发展的基础上得以快速提高，随之而来是船舶修理需求增加。在计划经济的条件下，为加快船舶周转，减少船舶修理费用，上海海运从实际出发，重视船舶修理工作，船舶修船厂从小到大，得到了发展和完善。至 20 世纪 70 年代末，上海海运除原先的立新船舶修造厂（原鸿翔兴船舶修造厂）外，先后建成上海外轮航次修理厂、上海立丰修船厂、荻港修船厂三家修船厂及第一货轮、第二货轮、客轮、油轮四家船舶航修站，共有职工 7000 多人，形成了一支初具规模、自成体系的修船力量，不仅可承担万吨级以下客、货、油轮的小修、检修任务，而且可担负 2.5 万吨级货轮的小修，以及各类船舶的坞修工程。同时还可以承接其他航运单位的修船工程。

上海海运随着船队的发展，修船业务明显增加，同时，到上海港的外轮逐年增多，也有航修等业务需求。当时，船舶修理中的柴油机旧部件翻新工作业务量较大，上海海运船厂虽然进行了一些尝试，但由于焊接设备和焊接材料跟不上，致使修理周期长，而且质量不过关。这方面的修理业务在国内修船厂也属空白点。

在改革开放的形势之下，上海海运为提高船厂的修理能力，积极探索与国外企业合作经营的新路子，决定用合适的方式引进新工艺新设备，减少每年用于船舶进口柴油机备件的外汇支出，并以此扩大外轮修理业务，为国家多创汇。经交通部同意，1983 年 7 月 1—8 日，上海海运所属的上海外轮航次修理厂组成 5 人小组，对新加坡万度力私人有限公司进行了考察和业务洽谈。同时通过对香港和新加坡有关船厂的了解以及与各船公司的接触，发现船用柴油机的整新工艺既广泛使用，也非常成熟，得到船级社的认可，船公司也对此

工艺的质量表示满意。

1983 年 12 月 3 日，上海海运所属的上海外轮航次修理厂以中国上海外轮航次修理厂的名义，与新加坡万度力私人有限公司签订了合作经营协议。协议明确双方在 1982 年 11 月 30 日所签订的寄售协议的基础上，为进一步密切双方的业务关系，决定在上海外轮航次修理厂利用新方的技术和设备，独立进行柴油机旧部件（即缸头、活塞头、进排气阀）的修理和翻新、螺旋桨和机器部件的修理业务。中方从修理费中提取 20% 支付给新方。新方应派人到中方协助工作，直到中方能自行经营管理时止，并在国际上对中方的业务进行宣传。协议的期限为 10 年，期满以后新方所提供的设备、技术工艺无偿地归中方所有，在双方都愿意的基础上可以重新签订新的协议。1984 年 3 月 2 日，交通部发文批准上海海运上海外轮航次修理厂与新加坡万度力私人有限公司签订了合作经营协议。批复要求，合作经营企业的活动要遵守我国法律、法令和有关条例和规定，维护国家信誉，信守合同，讲究经济效益；按照平等互利原则，依法保护外商资产、应得利润和其他合法权益。

1984 年，交通部海洋运输管理局批复同意上海海运派员赴新加坡进行技术培训。于是，上海外轮航次修理厂派出工程师、质量监控员、机加工、钳工、焊工和镀铬人员共 7 人到新加坡万度力私人有限公司进行培训，为期 3 个月。

上海海运上海外轮航次修理厂与外商成立的中外合作经营企业——上海外轮航次修理厂—新加坡万度力联合公司，于 1985 年 5 月 18 日举行开业典礼。上海海运蔡国华局长出席并剪彩。

上海外轮航次修理厂—新加坡万度力联合公司经营柴油机旧件修复业务，运用切除—对焊—机加工—镀铬工艺，使修复件寿命比新件增加 1—2 倍，进入了国际柴油机旧件修复业务的先进行列，填补了国内空白，取得了良好的经济效益和社会效益。这项业务 1986 年产值达 63 万元，利润达 23 万元；1987 年增加到产值 94 万元，利润 40 万元；1988 年实现产值 123 万元，利润 56.4 万元。

1986 年，上海外轮航次修理厂改名为外轮修理厂。上海海运被交通部列入国家经委重点抓的引进国外智力工作的三千个企业之一。上海海运即成立引进国外智力领导小组，副局长黄国忠任组长。

1988 年，上海海运立新、外轮、立丰、荻港 4 家修船厂已经拥有固定资产 19363.8 万元；厂区总面积达 62.91 万平方米；拥有泊位 13 个，岸线 1732 米；有船坞 5 个，计 38220 吨；并有金属加工机床 461 台。

1990 年，上海海运所属各修船厂、站共修理船舶 129 艘。立新、外轮、立丰、荻港 4 家修船厂全年修船工业总产值达到 10185.6 万元。在大力发展厂、站修理的同时，上海海运十分重视提高船员自修及维修保养的能力，大力提倡和发扬上海市、交通部劳动模范周来根轮机长的“动手派”精神，加强船舶维修保养，改善船舶技术状况，提高船舶营运率，延长船舶使用期限。

四、接管南通船舶修造厂

南通船舶修造厂（简称“南通船厂”）（图 5–14）前身是江苏省张家港船厂。因张家

图 5-14　南通船厂

港要建造海港码头，该船厂迁到南通市长江南岸，改称南通船舶修造厂。

1977 年 12 月，抛石围堤，筹建厂房。厂区面积为 21 万平方米，岸线总长度为 1550 米。1979 年 8 月，贯彻国民经济调整方针，南通船厂被国家列为缓建单位。缓建期间，在交通部支持下，由他厂调拨进一批旧设备。

1982 年，受交通部委托，上海海运委派专人到南通船厂进行了实地调查。翌年 4 月 20 日，上海海运正式接收南通船厂。

当时南通船厂有职工 736 人，其中技术员 6 人，助理工程师 25 人，工程师 9 人。1983—1986 年，共投入建设资金 338.9 万元，其中更新改造资金 80 万元。其间租借荻港船厂“庐山”号水泥浮船坞，建造 2 只浮码头，修理“战斗 14”号万吨级货轮；用从张家港船厂拆迁来的钢结构的活动房屋，新建了 1700 平方米的船体车间、2070.39 平方米的轮机车间、2651.27 平方米的综合车间。在长江南岸围堤 420 米，作为油轮洗舱站。由于资金和管理上等问题，1987 年该厂划归南通市港务局。

五、着力做好船用物料和油、水供应后勤保障

新中国成立后，随着计划经济制度的贯彻实施，船舶燃、物料供应，逐步从自由市场供应转入到按国家计划分配供应，特别是船用燃料。1950—1970 年期间基本上都按国家计划供应上船，没有市场采购。

1949 年上海解放时，接管的招商局在新开河沿马路有一座旧式库房（面积约 1600 平方米）和一块场地（面积约 60 平方米）。当时船用物料除钢丝绳、白棕绳、润滑油、油漆、小五金、工具、电料、助导航仪器，以及各种气体物资由商行直接送上船以外，其余一般物料都由采购部门招来跑街或掮客，通过投标，委托标价最低的商号直接送物料上船，或送物料进库。库房不设提送工，只有一个送物料员。送物料时，根据上船物料的多少，临时租用车辆，送物料到港，再临时雇佣工用扛棒装车、落驳、吊上船。当时招商局留下的除有一条载重约 20 吨的摇橹木驳，接管时已作专用水上仓库外，没有其他任何送物料的专用运输设备。

1950 年接管国民党救济总署水运大队的两个水上仓库，同年接收了人民解放军第三野战军在上海汇山码头区域的半幢仓库（面积 738 平方米），经必要的整理后，改为储备草席、草片、油布、隔仓网兜等物资的仓库，并兼作工场。

船舶的供应业务 1952 年以前全部由港口承担，1952 年 9 月 1 日起才由港口转移到海运企业自行办理。1956 年 9 月 1 日，上海港务管理局和上海海运管理局合并，成立上海区海运管理局，统一领导华东区域的港航工作。在物资管理上，正式成立物资供应处，除供应原上海海运所属船舶以外，还直接管理和供应公私合营中兴轮船公司的 11 艘船，以及福建、浙江交通厅在上海办事处的 35 艘船，同时接管了 2 家仓库。在港航合并、全行业公私

合营后，增加物资供应范围的同时，交通部系统在上海各基层的物资申请、计划汇总、分配和调剂工作，也开始由上海区海运管理局统一管理。在这一时期内物资供应量，比解放初期增加 1.3 倍，原有新开河仓位不敷使用。正逢当时交通部上海物资供应办事处紧缩库场，将其中一库大连路仓库交上海海运，二库交仓库所在地杨树浦的打捞局，并由打捞局借让二层楼老式木结构仓库半座及池塘旁西北边场地一块，暂作上海海运船舶的旧料库，使仓储能力得到一次适应性提高。

仓库堆场从 1952 年的 3 处发展到 1957 年的 6 处，仓库面积从 1952 年的 3138 平方米发展到 1957 年的 7967 平方米。堆场面积从 1952 年的 60 平方米发展到 1957 年的 1180 平方米，并有物料供应船 2 艘 26 载重吨，成为上海海运发展物资供应设施的起步阶段。

1958 年 5 月 1 日，交通部为改善海河运输的经营管理，恢复港、航分管体制，撤销交通部上海物资供应办事处，业务并入上海海运，并要求在保证船舶燃、物料供应的同时，承担交通部在上海的直属企事业单位和物资储备和管理。1959 年 7 月 14 日，根据交通部北京供应会议精神，在上海成立交通部材料供应办事处，行政上实行交通部财务材料局和上海海运双重领导，原属交通部上海物资供应办事处在日晖港的特种储备物资仓库，也随着体制的变化，统一由上海海运管理使用。

到 20 世纪 70 年代，随着船队规模的扩大，供应量增加，上海海运的燃、物料供应设施开始和船队建设同步，进入规模化建设。世界路仓库、海滨油库等大型供应设施逐步建成，并陆续使用。世界路仓库筹建于 1971 年，它是在上海市水产供销公司世界路冰库的场地上建造起来的。在上海海运船队的发展过程中，船队规模扩大，能力提高，修船厂、航修站相继增加，特别是北方区海运管理局撤销后，承担了 13 个陆地单位的原材料和船用物料供应，以及交通部大型设备材料的代管和代发。1966—1971 年，供应量增加 57%，而仓储能力基本上维持在 1966 年的水平上，包括借用的（2700 平方米）在内合计 7586.8 平方米，仅比 1966 年增加 10%，特别是整体储存能力只能在一般料的储存上。其中：大连路仓库（4886.8 平方米）为当时的主要库房。主要储存钢丝绳、氧气、乙炔、油漆、化工、柴油机汽缸、小型配件、电气、小五金、杂料等。旧料库（1500 平方米）主要储存船舶退料、救生衣、席子、旧杂料等。公平路简易仓库（1200 平方米）主要储存草皮、草包、耐火砖、木材等。

为满足大吨位船舶增加，大型备件供应量大的需要，1968 年，上海海运在上海船厂浦东厂旁侧的空地上，由简易到固定地建起一座 1700 平方米的大型备件库。1971 年随着造船工业的发展，为支援上海船厂造万吨级船台，把新建的大型备件库又转让给上海船厂，上海船厂以同等面积（1700 平方米）、同等投资（21 万元），为上海海运船舶配件厂新建了机加工车间（756 平方米）和铸工车间（970 平方米）。1971 年，为供应大批不宜于露天堆放的大型设备和急需的原材料，平整了军工路电台旁 3000 平方米场地，建成了一座 600 平方米的简易库房。1972 年，上海柴油机厂建造万匹柴油机车间，刚刚建成的紧邻柴油机厂的简易仓库和库场，正是柴油机厂万匹机车间的用地范围。为配合万匹柴油机车间的上马，使我国造机工业打好翻身仗，柴油机厂以沿黄浦江边的苗圃及其沿江空地 30 亩相交换。上海海运军工路电台旁的简易库房及场地交上海柴油机厂，用于建造万匹机车间；柴油机厂沿黄浦江边的苗圃及其沿江土地用于上海海运迁建大型备件库及库场。但由于该地处于低洼地，既坑洼不平，又无道路交通，需要大量填土；如等场地填平，修好路，势必影响柴油机厂万匹机车间的上马。正逢当时上海市水产供销公司需要建造家禽、家畜等副食品的码头仓库，需要黄浦江岸线，需要靠近岸线的仓库基地，并愿以世界路冰库及场地（42 亩）相交换。经三方协商取得一致意见后，于 1972 年 6 月由上海海运、上海柴油机厂、上海市水产供销公司，签订了三方土地交换协议书。协议书由上海市城市建设局鉴证。

世界路仓库于 1972 年下半年开始整理场地拆除 3 座天然冰库，填平池塘，平整土地，1973 年开工，1976 年完工。建成大型备件库 2834 平方米，内装一台 5 吨行车；露天行车堆场 4600 平方米，装有桥式铁轨行车；危险品仓库 150 平方米；露天堆场 8000 平方米以及生活间等。

继世界路仓库建成使用后，接着进行大连路仓库的改造工程。大连路仓库地处市中心，沿着主要马路。该库库房不仅破旧，年久失修，屋面严重渗漏。为结合该五金库大修，利用其占地面积及部分空地，改建成一座多层楼仓库，作为船舶物料储存和发放仓库的一部分。1977—1978 年大连路仓库改建完成。

到 1978 年，上海海运拥有仓库及修旧利废加工厂等有世界路仓库、大连路仓库、公平路仓库、浦东南路备件库、昆明路维修车间、江浦路和昆明路修旧利废车间等处；仓库面积 14226 平方米，堆场面积 12670 平方米，达到与船队同步建设和发展的要求。

上海海运在扩大物资仓储能力的同时，海滨油库新建、何家湾油库扩建工程，也相继开工。海滨油库根据三年改变港口面貌的要求，成为当时上海港港口建设的一项配套工程。20 世纪 70 年代，国际形势发生巨大变化，中美关系日趋缓和，中日关系改善。1971 年 10 月 25 日，第 26 届联合国大会通过决议，恢复了中华人民共和国在联合国的一切的合法权利。我国国际地位不断提高，国际贸易扩大，来我国外轮不断增加。1971 年国家计划委员会决定：将国内外船舶的供油任务，从商业部划由交通部统一管理，进出上海港的船舶供油任务，由直属交通部的上海海运管理局统一负责。由于 70 年代前后的几年中，沿海运输和长江运输的船舶，新造船已大部分采用柴油机，原有烧煤的蒸汽机船，也大部分改烧重油，进出上海港的外轮更是全为烧油船。因此，船用油料的消耗量连年上升，年供油量从 1959 年的 8.2 万吨上升到 1972 年的 57 万吨。当时供储油设备，上海海运只有 1959 年新建的何家湾卸油站 2 个油罐，容量 8000 立方米。在数量和品种上都无法适应当时的需要，为应急需不得不利用 2 艘报废的万吨级油船充当水上油库，但存在安全隐患。

1972 年由交通部报请国家计委批准，在上海新建船用油库，并列入 1972 年国家大型建设项目。当年就着手选址，通过实地调查搜集有关方面的水文、气象、地质等资料，进行技术经济论证，最后选定油库建库地址在川沙县（今浦东新区）北部凌桥公社的长江岸边，“六二七”基地码头上游，占用岸线 500 米，新建 2 座万吨船码头。重油类油库采用半地下建筑，轻油类油库采用地面建筑。工程于 1973 年 12 月正式开工，1975 年底正式验收，当时，8.9 万立方米油罐都已试投产 1 年以上，年供油能力 54 万立方米，主体工程进展较快，质量基本良好。

何家湾卸油站的扩建，是在海滨油库即将建成的后期。何家湾卸油站原有 5000 立方米和 3000 立方米重油罐各一个，附之以 2 条铁路卸油专用线，长 190 米，只能提供半列油槽车卸油，卸油时间慢，通过能力低，加上栈桥年久风化，损坏严重，急需改善。扩建工程主要为提高供油能力，铁路油槽车卸油和码头运油船卸油两用。铁路来油以重油、渣油、润滑油为主，码头海运来油以轻油、重油为主。何家湾油库新建 4 只燃油油罐，每只 5000 立方米，加上原有 8000 立方米，共 28000 立方米。另有润滑油 8 只 100 立方米油罐，其中机油 3 只，汽缸油 2 只。原有库场基地 48 亩，扩建中筑堤填土 9.5 亩，扩建后共占地 57.5 亩。整个扩建工程于 1978 年完成。图 5–15 为何家湾油库。

图 5–15　何家湾油库

随着物料库场、仓储能力的提高和油库建设规模的扩大，燃、物料供应船舶和物资运输车队也相应增加。物料供应船从 1952 年的 1 艘 20 载重吨，到 1957 年的 2 艘 26 载重吨，发展到 1962—1970 年的 4 艘 100—120 载重吨，到 1980 年以后的 8 艘 710 载重吨。物料供应车 1970 年以前仅 12 辆，载重 80 吨，1975 年发展到 26 辆 100 吨，1980—1988 年增加到 29—30 辆，载重达到 120—153.4 吨，形成了多档次、多功能、适应性强、作业条件好的车型系列，使整个物料供应车队，进入一个全新的阶段。

船用燃油供应能力配套设施也在相应完善，起点为北方区海运管理局成立供应公司的 1965 年。当时有油水供应码头 3 个 172 米长，油、煤、水供应船舶 28 艘、9398 载重吨，到 1975 年码头泊位增加，油、煤、水船的比例结构随着燃料结构的变化相应变化：供油船增加，供煤船减少，单船载重在提高，特别是供油船，到 1990 年最大的单船已为 1000 载重吨。

六、通信导航技术日益发展，适应祖国航运事业之需

上海海运在新中国成立初期，船舶航海仪器不仅简陋而且型号杂、功能低，绝大部分导航设备使用的是磁罗经、六分仪、无线电测向仪，只有个别船舶装有电罗经。船舶的测深用手锤，计程仪也是拖曳式的，需人力测量和收放，直到 1956 年下半年，才开始从当时的德意志民主共和国引进了 12 台雷达，陆续在客货船上安装使用。

随着运输生产的发展，上海海运船舶的通信导航设备进行了多次更新换代。1968 年上海海运新建电台投入使用，架起了我国第一条海岸电台定向天线，满足远洋运输需要，承担了全国 52% 以上的远洋通信业务。1979 年 3 月上海海运开放了第一条单边带无线电路，提高了船舶通信技术功率。同时，为提高通信导航的技术水平，发展电子设备维修和制造，进行多项设备的自我改造和更新，极大地改变了旧、杂、缺的状况，设备功能得以提高。

上海海岸电台（XSG）的发展大致可分为三个阶段。

第一阶段是 20 世纪 50 年代前后。1956 年下半年，电信处由上海港务局划归上海海

运，两个收讯台和一个发讯台也同时归上海海运管辖，担负着对船舶的通信联络任务。上海海运为了保证计划调度和航行安全的需要，除使用电报通信手段外，还增设了船岸双边带无线电话电路。当初电台发讯机的输出总功率不到 5kW，单机最大输出功率只有 4kW，开放的 6 条线路，均采用莫尔斯人工电报。

第二阶段是 1964 年以后，随着国内运输船舶的增长和远洋船队的逐渐形成。原有设备已经越来越不能适应航运事业发展的需要，从而考虑对上海海岸电台的扩建工作。1964 年，交通部正式批准上海海岸电台扩建报告，开始动工扩建。

1966 年 12 月，上海海运地处军工路的发讯台首先完成迁移至“02”新台工作。1968 年 5 月，坐落在广东路 20 号 7 楼的收讯台迁至“01”新台工作，广东路 20 号 7 楼中央室也相继建成正式使用，并架设了我国海岸电台第一条定向天线，满足了远洋船舶通信的需要。1968 年架设了港口超短波无线电话台，使用国际规定的第 14 频道，专供调度生产指挥使用。1977 年又开放了两条选呼电路，对及时沟通船岸通信联络收到较好的效果。1979 年启用军工路发讯台，用作专用广播电路，播发通电、航行警告和气象报时。

随着海运事业的发展，旧的通信方式，不能适应日益繁忙的无线电通信业务需要，加上电子工业的飞跃发展，船舶通信采用单边带通信技术。1978 年上海海运曾先后两次试用单边带无线电话，上海海岸电台临时增开单边带无线电路，并使用有无线转接装置，取得了良好的效果。1979 年 3 月上海海岸电台正式开放第一条高频单边带无线电话电路。通过第二阶段的扩建，上海海岸电台得到了很大的发展。发讯台的输出功率增加到 225.1kW、单机的最大输出功率从 4kW 增加到 15kW，所开的线路从 6 条增加到 31 条，其中单边带 3 条、甚高频无线电话 2 条、选呼电路 2 条。通信距离从近海扩展到远洋，并开设了 11 条电传电路、可直通 8 个单位。至此，上海海岸电台承担了远洋船舶包括外轮在内的大部分通信业务。

第三阶段是 1980 年以后。随着我国改革开放政策的不断深入，特别是全球海上遇险和安全通信国际公约的颁布对通信提出了严格的要求：要逐步取消莫尔斯报的通信，用数字选择性呼叫代替音频数字选呼；用窄带直接印字电报和单边带无线电话代替莫尔斯报；用奈伏泰斯自动接收航行警告和气象报告代替人工抄收。这些通信方式要求收、发信系列设备都能遥控自动化工作。为迅速、安全、可靠地进行海上救助，大量新技术和新设备将被采用，是通信方面的重大改革。按照上述要求，上海海岸电台自 1986 年开始计划对岸台设备进行改造。1988 年完成了 SPT 发讯机及遥控设施的订购和安装工作，解决了岸台发讯机的老化问题；同时又完成了微波通信设备的选型、核价和订购工作，对于确保收发讯台之间的联络、克服过江电线、遥控线中断的老大难问题起了保证作用。不久，单边带无线电话及窄带直接印字电报部分电路，将能按照国际规定进行工作，通信业务将更加繁忙。电报部分电路，将能按照国际规定进行工作，通信业务将更加繁忙。那时上海海岸电台的总发射功率已达到 267.1kW，已经拥有部分遥控自动化的先进通信设备、是我国和远东最大的海岸电台之一。

为加强对船舶通信导航设备的维修保养，20 世纪 50 年代上海海运就设立了专门的设备维修部门。当时船用通信、导航设备的品种和数量较少，因此，维修人员总共只有 30 多人。船用电台、雷达和测向仪的维修，由电讯处工务科负责，而测深仪和电罗经则由海监室所属的仪器室维修。60 年代，为了明确职责，将通信和导航的维修分开。电讯处的雷达修理人员并入仪器室。为便于管理，1966 年 5 月，仪器室并入电讯处，并从广东路 20 号大楼迁至长阳路 29 号。此后，虽又经几次分合，但船舶通讯导航设备的维修、保养、管理工作已基本形成了统一于通信部门负责的管理模式。

20 世纪 60 年代到 70 年代，正当我国处在“文化大革命”的动荡年代，电子工业在世界各国却得到了突飞猛进的发展。各种新型通信导航设备层出不穷。为了确保船舶的安全航行。1972 年，上海海运电讯维修业务分成航修和制造两部分，在保证航修的情况下研制、生产船用新型助航设备。制造组就是以后电子设备厂的前身。1979 年根据交通部指示，制造与航修分开，分别成立上海航运电子设备厂和上海海运通信站维修厂。随着海运事业的不断发展，上海海运通信导航设备的配置也日趋完备。

20 世纪 60 年代国产雷达问世，上海海运所有船舶才予以陆续配置。此后，随着远洋航线的开辟，为适应远洋运输的需要，先后购置了几批进口雷达，供远洋船舶更新，而且每船配备两台。至此，上海海运船用雷达已从 50 年代的 30 多台，增加到近 400 台。为便于操作和维接，其品种集中了几家产品的型号，改变了过去“万国牌”的状况。为跟上国际新技术的步伐，上海海运采取两种方法更新、改造旧设备。一是在国内外购买一批名牌产品，装备所属的船舶。上海海运 95% 的船舶配置了单边带无线电话，70% 以上的船舶配置了气象传真仪，50% 的船配置了卫星导航仪，每轮都配备了 2 台超短波无线电话和 4 只全频道手持无线电话。并在 1988 年为 12 艘 15000 总吨以上的远洋船舶配置了自动雷达标绘仪（ARPA）和为部分船舶配置了奈伏泰斯（518 kHz 航行警告接收机）及窄带直接印字电报。二是自己研制生产部分助航仪器。所属电子设备厂集中了部分优秀工程技术人员，从研制生产“罗兰 A”接收机开始，10 多年来先后生产了测深仪、超短波无线电话、选呼接收机、2182kHz 值班机录音装置等 10 多种产品，供上海海运所有船舶使用，填补了我国通信导航设备的许多空白，改变了船舶通信设备的落后面貌。

上海海运通信站维修厂是上海最早成立的电讯维修部门。它一直担负着国内外船舶的维修业务，其历史悠久，技术精良，设备齐全，备件充足，成为保证船舶安全航行不可缺少的一支技术力量。

上海海运海岸电台是我国最大的海岸电台，担负着我国远洋、沿海、内河船舶的通信业务和国际、国内船舶遇险紧急救助通信业务，但长期未能得以更新和发展，发信系统有些仍使用的是早该报废的欧洲 30 年代、美国 40 年代的设备。虽经努力挖潜改造维持使用，但不能满足日常通信业务的需要，更不能适应航运业的发展。

随着现代通信技术的发展，国际海事组织要求于 1992 年 2 月 1 日开始在全世界实施全球海上遇险和安全系统（GMDSS）。GMDSS 的实施将逐步淘汰海上船舶通信沿用几十年的人工电报，采取全新的通信手段。为此，上海海运建设海运通信中心，以满足上海海岸电台的改造和需要，也能为船岸通信人员新技术培训和通信导航设备的维修服务提供必要的条件。在立项、建造的过程中得到了交通部和港务局的支持和相助。

1992 年 8 月 21 日，交通部批准上海海运建设通信中心工程。上海海运通信中心工程

图 5-16　1997 年建成的海运大楼。

于 1993 年 11 月 6 日正式开工，1995 年 3 月完成桩基和围护工程，1995 年 3 月 18 日正式开始建安施工，至 1995 年 12 月 6 日完成结构封顶，1997 年 4 月竣工（图 5-16）。上海海运通信中心大楼南临黄浦江，地处北外滩黄金地段。1992 年该工程估算为 4143 万元，以后经 1993 年、1996 年、1998 年三次调整估算，总投资规模为 14472.20 万元。

七、立新船厂竖起改革开放后陆家嘴首块外商广告牌

1984 年，经过 5 年的改革开放，上海被列入我国沿海开放城市，各项改革大力推进，其中广告业发展迅速。1962 年成立的上海广告公司在“文化大革命”被撤销，广告业跌至低谷。改革开放后，销声匿迹的广告业在上海的电视、报刊等媒体和高楼大厦又逐步恢复，曾经是广告繁荣的外滩一带更是国内外商家青睐之地。

上海海运所属立新船厂抓住机遇，顺势而为，利用地处黄浦江浦东陆家嘴黄金地段的位置，在改革开放的浪潮中敢于尝鲜，迈开了新步子。这一年，一块宽 24 米、高 3 米的英文“CASIO”（日本卡西欧）的大字广告竖立在立新船厂面向黄浦江的船体车间的面墙上。这块广告引人注目，尤其是晚上，广告牌灯光闪烁，更为耀眼和吸引眼球。外滩的商家、行人和行驶陆家嘴的中外船舶的船员都会注目而往，广告效果突显。这是当时陆家嘴第一个外商广告牌（图 5-17）。

图 5-17　改革开放年代，立新船厂在浦东陆家嘴竖起了第一块外商广告牌——“卡西欧”。

这一块广告牌是立新船厂积极开展多种经营，对外招揽广告业务的成果。该厂的一位女职工凭着广泛的社会关系和敏感的嗅觉，牵线搭桥引入了这项广告业务。立新船厂厂长特别安排厂办负责人和有关经营业务人员同外商委托方上海广告公司进行多次洽谈，签订了为期 3 年的广告合同。第一年立新船厂收取广告费 30 万元，其中包括 6 万元为广告制作费，第二年和第三年收入广告费均为 24 万元。

其间，上海市轮渡公司曾对这广告的设立提出看法，派人来厂交涉，提出“CASIO”广告牌夜间灯光离浦东陆家嘴市轮渡码头距离较近，广告灯光有点刺眼，有碍轮渡驾驶员的视线和瞭望，影响轮渡停靠码头的安全意见。对此，立新船厂十分重视，听取市轮渡公司的建议，进行适当的解释，采取了相应的措施，避免影响驾驶员视线，保证市轮渡安全

靠离码头。同时，主动联系上海港监、上海海运海监室会同市轮渡公司人员再一起到现场反复察看，形成共识，得到认可，认为广告牌不影响市轮渡的行驶和靠泊，从而使广告牌有效存在。

1987 年，“CASIO”广告合同期满，如此好的广告效应，对方要求续签 3 年合同，并要求广告牌重新制作和安置，不仅广告牌的宽度增加了 2 米，而且广告牌的位置从船体车间的山墙移升到了顶部，更显广告效果。立新船厂满足了对方 的需求，续签了合同。

当时，上海出现了不少外国商家的广告，1985 年，上海国际饭店顶楼竖起了日本东芝的巨幅霓虹灯广告，社会上一度异议纷纷。然后，立新船厂坚持开放意识，顶住压力，“CASIO”广告在陆家嘴展现多年，一直到立新船厂迁离为止。

第四节　保上海保华东保全国，肩负重任做贡献

一、煤炭需求量骤增，企业全力以赴组织运输

“六五”和“七五”计划期间，上海和华东地区煤炭需求量逐年增加。1984 年，华东电管局在上海沿黄浦江边就有 6 家电厂，即高桥、杨树浦、闸北、南市、闵行、吴泾电厂，年需煤炭 400 万吨。这一年运到这些电厂的煤炭共 457 万吨，其中海运量达到 320 万吨，绝大部分是由秦皇岛港运抵上海。

改革开放以后，上海新建宝钢、石洞口发电厂，其煤炭供应也主要依靠秦皇岛—上海、石臼所—上海等航线的海运而来。为此，上海海运、秦皇岛港务局、华东电管局、沪浙闽苏等省市的燃料公司、浙江电力局、大同和开滦矿务局、山西省煤炭运输公司、天津铁路分局等单位建立了秦皇岛—上海煤炭运输联合协调例会制度，以加强煤炭产运销全过程管理。同时，还将全面质量管理的科学方法用于该航线的煤炭运输，促进煤炭运输效率和质量的提高。

上海海运是海运煤炭运输的主力军，20 世纪 80 年代投入大量运力为上海燃料公司、上海电力工业局以及国家计划单列的宝山钢铁厂运送煤炭。其中宝钢煤炭需求量增加速度最快，它在 1985—1989 年的 4 年中，增长了 62.7%，平均每年递增 12.9%。供应上海民用煤和工业用煤 1985 年到 1989 年增长了 23.9%，平均每年递增 5.5%。随着我国国民经济起飞，上海以及邻近地区经济建设迅猛发展，国民生产的总值的增长远远大于国家用电量的增加，能源需求急剧上升，作为国家经济发展中心的上海，发生了影响国计民生的“煤荒”。1988 年下半年至 1989 年初，上海煤炭供应缺口达到了惊人的程度，煤炭库存量只有几个小时，各行各业频频向上海市政府告急，许多工厂因缺煤，一周中只能“做五休二”（当时是一周六天工作制）或者“做四停三”。上海市燃料公司营业厅人满为患，排起长队等候开票，采购人员争取捷足先登获得煤炭的额度。为此，上海市采取了多种办法以缓解这种局面。当时，华东地区所需要的煤炭有 30% 是在上海港中转，而煤炭的主要运输是由上海海运船舶承运。

为改变上海和华东地区煤炭紧缺的状况，在交通部支持下，上海海运于 1988 年 8 月

成立了专业运输煤炭的第一货运公司，公司有船 56 艘，运力 140 余万吨，其中万吨以上运煤船 41 艘。为缓解上海燃煤紧缺的状况，支援上海经济建设，上海海运充分发挥船多运力充足，调度灵活，港航关系密切和船员吃苦耐劳的优势，发起了保煤运输，几十艘船舶日夜航行在秦皇岛、青岛、连云港和石臼所等北方港口到上海港的煤炭运输线上，担负起上海市和华东地区 80％以上的煤炭运输任务。

1988 年 11 月，上海海运运到上海的煤炭比上年同期增加了 6.7%，12 月煤炭运量继续上升，又比上年同期增加 50 多万吨。上海市燃料公司从全国千方百计争取到的几十万吨计划外的煤炭也全部及时运到上海。

二、“多运煤就是保上海，保上海就是保全国”

两个月的努力，上海海运虽然煤炭运输量明显增加，但是上海市的煤炭需求仍然形势严峻，上海海运急上海所急，为进一步抓好煤炭运输，1988 年 12 月 23 日，在六楼礼堂召开“保煤运输动员大会”，上海市副市长顾传训受朱镕基市长委托出席大会，对到会的干群和船员代表介绍了上海的经济形势和当前用煤的紧张状况，向全体煤运船员发出了“多装快运煤炭，确保上海经济发展”的号召，要求大家确立“多运煤就是保上海，保上海就是保全国”的理念；并向当年单船完成煤运量 100 万吨以上的“振奋 2”“振奋 3”“振奋 4”“振奋 8”轮和“徐州”轮 5 艘船舶颁发了“运煤先锋船”锦旗。

1988 年 12 月 24 日下午 2 时许，朱镕基市长和市经委、市交通办领导在上海海运蔡国华局长、孙治堂副局长的陪同下，踏上了陡直的舷梯，登上 25000 吨级的“华北”轮，看望慰问奋战在煤运第一线的海员。朱市长刚到舷梯口，就主动伸手，与欢迎他的“华北”轮船员握手致谢。

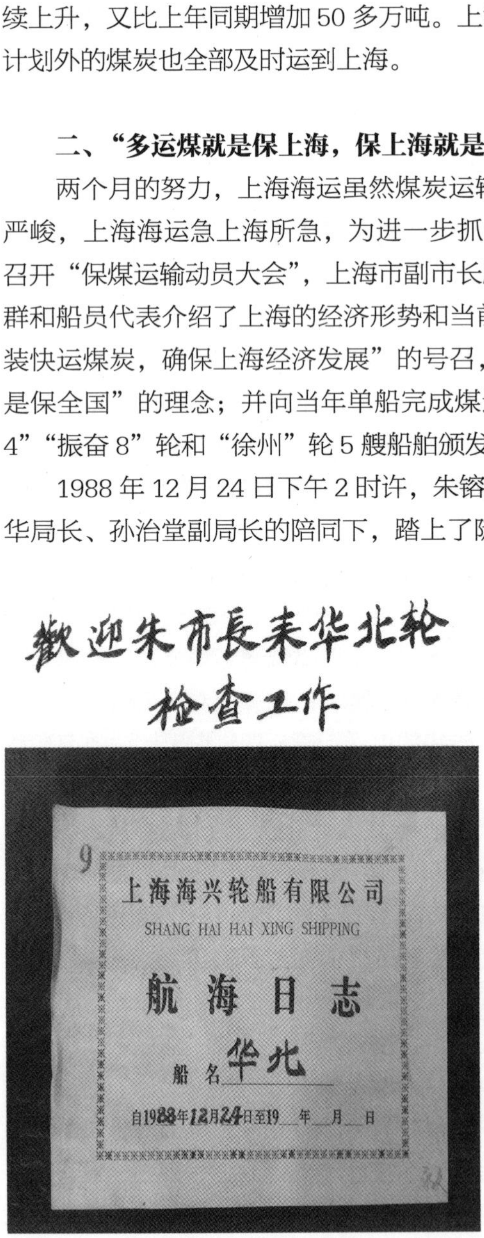

图 5–18 “华北”轮航海日志上记载了朱镕基市长检查工作的重要时刻。

在简朴的会议室里，朱市长工工整整地在一本崭新的航海日志上签名留念（图 5–18）。上海海运第一货运公司经理顾汉范先向朱市长介绍了率先提出争取年煤炭运量突破百万吨大关的“福州”轮船长和以苦为荣、退休后坚持在“华北”轮工作的王琮船长。朱市长关切地询问了两位船长的年龄、当海员的时间等情况。当他得知“福州”轮船长已年近 60 岁，有的地方航运公司愿意高薪聘用他时，高兴地说：“真是老当益壮。”并赞赏地对王琮船长说：“你不为金钱所感，很好。”

蔡国华局长代表全局 3 万名职工，欢迎朱市长莅临。 他汇报了上海海运保煤运输的情况和存在的一些困难。当朱市长听到蔡局长说“我们一定把上海的困难作为我局的困难，无条件地为上海多运煤，运好煤”时，朱市长带头鼓掌。

朱市长还认真听取了王琮船长介绍“华北”轮船员积极抢运煤炭的情况。王船长发言时，朱市长几次询问了船舶的情况，并感谢海员们辛苦工作。朱市长对“华北”轮船员吃苦、耐劳、艰苦奋斗的精神以及取得的好成绩，再一次带头鼓掌，表示感谢。朱市长说：“从今年11月份以来，海运、港务两局的广大职工，积极响应市府的呼吁，做了很多工作，为上海市多运多卸了几十万吨煤炭，很辛苦。今天我是专程来向海运局、港务局的领导和职工表示谢意的。”朱市长接着说：“上海的煤炭现在很紧张，库存量不够多，希望你们多运煤。你们交通运输工作是关系到稳定上海的大局，否则上海就不行了，要停产。你们要多做些思想工作，要使三分之二家在上海的船员知道，多运煤，也关系到自己家庭的切身利益；要使三分之一家在外地的船员也了解，多运煤就是保上海，保上海就是保全国，上海稳定了全国也就稳定了。”朱市长又简要介绍了上海市当年的经济形势和明年的工作情况，最后说：“我从2月份到上海，一直为煤炭伤透了脑筋，一直在忙着‘倒煤’，保持上海的生产，但现在难以维持，所以今天来当面拜托大家了。”接着，朱市长高兴地与在场的“华北”轮船员合影留念。朱市长在蔡国华局长、孙治堂副局长的陪同下，走上甲板，来到正在卸煤的货舱口，观看了卸煤的过程，还向蔡局长了解煤船运的工作特点。半个小时后，朱市长在海员的鼓掌声中离开了“华北”轮。朱市长对上海海运海员的关怀和支持，激励着广大海员不断奋勇前进，多运煤，快运煤。

为了完成朱市长交给的重任，上海海运船岸员工展开了一场声势更浩大的“保煤战役”，尤其是直接担负着抢运煤炭重任的上海海运第一货运公司，以朱市长嘱托为目标，“以苦为荣，无私奉献”，40余艘万吨巨轮，3600多名煤运船员，日夜不息地来往于南北港口间，将上海人民和建设急需的煤炭一船船运抵上海。

在1989—1993年的5年保煤运输中，上海海运第一货运公司累计运煤多达18378. 9万吨，每年平均3675. 78万吨，约占上海海运年运煤总量的85%。

1993年上海海运有20艘船舶年运量突破百万吨大关，全年运煤量达到4901.7万吨，经过全体海运干群数年的努力，终于解决了“上海煤荒”。

1989年2月6日大年初一上午，上海市委书记的江泽民同志登上了停靠在老白渡的“振奋5”轮，向坚持节日生产，为上海和华东保煤运输的船员进行了春节慰问。江泽民同志说：“我来向船员同志们拜年，如果没有你们的辛勤劳动，上海人民用电、吃饭和生活就都会很困难，我祝同志们节日愉快，身体健康，取得更大的成绩。”当年3月，在庆祝上海海运建局40周年时，江泽民又亲笔书写了“发展海运，服务四化”的题词，并转告全体煤运船员，要竭尽全力搞好保煤运输。

1989年2月17日，受朱镕基市长委托，到秦皇岛港“倒煤”的顾传训副市长，登上了停靠在秦皇岛港302泊位的“长虹”轮，慰问中要求船员们为保煤而大力发扬“以苦为荣，无私奉献”的企业精神，为保煤运输再作出大贡献。图5–19为上海海运保煤运输动员大会。

3月11日，交通部副部长林祖乙和副市长倪天增在上海海运召开的“庆祝建局40周年首届海运艺术节闭幕大会”上，再次拜托海运船员要为保煤做出更大努力，并希望海员

图 5-19　顾传训副市长参加上海海运保煤大会。

家属要支持丈夫、儿子的保煤运输。

在保煤运输期间，上海海运提出了全面开展创“最好安全水平、最好经济效益、最高年货运量、最高年周转量”的“创四最，争百万”船舶劳动竞赛，在被喻为“黄金水道”的上海到连云港港、日照港、青岛港、秦皇岛港的航线上，南来北往的几十艘船舶为振兴上海，建设华东，全力运输煤炭。

1992 年 7 月，国务院副总理的朱镕基仍然十分关注上海海运煤炭运输情况，委托交通部副部长林祖乙带领国务院、交通部等有关部门人员到上海海运现场办公。

林祖乙副部长一行 7 月 6 日到上海，7 日一早就到北票、中华南栈码头现场了解情况。在北票码头，林祖乙副部长先登高观察港区机械设备情况，而后要去正在码头卸煤的“森海 2”轮慰问船员。因码头几条码头煤炭运送带正在作业，上面煤灰飞扬，地面煤灰积满，林祖乙副部长猫腰穿过几条码头煤炭运送带来到船上，深情地对船员说，“你们辛苦了，你们为上海和全国做出了贡献，我代表国务院和交通部感谢你们，并向你们的家属表示亲切慰问。你们要注意身体，吃好休息好。”接着林祖乙副部长一行又赶赴停靠在中华南栈码头的“华志”轮慰问船员。在船员餐厅，林祖乙副部长看到挂在墙上的“运煤先锋船”的锦旗，得知该轮去年运煤 132 万吨，创造上海海运单船煤炭运输最高纪录时，坚持要与船长、政委在锦旗下合影。

7 月 9 日，林祖乙副部长一行听取了上海海运领导的工作汇报，对上海海运提出由于抽回远洋船回国抢运煤炭，致使船舶周转量减少、船舶效率降低、企业经济效益下降、资金不足、船员工资待遇较低等情况，林祖乙副部长表示帮助解决。

1992 年 7 月 23 日上午，上海市副市长顾传训在上海海运局副局长陪同下来到停泊在董家渡卸煤的“华振”轮慰问船员。顾传训副市长听取上海海运煤炭运输情况汇报后非常满意。他说:“秦皇岛港煤炭赤字越大，上海海运局做出的劳动和功劳就越大。上海海运局的海上运输是上海经济建设的一条重要补给线，能源运输的 80% 是由你们完成的。你们任务完成得很好，特向你们表示慰问。”当得知保煤运输船舶周转快，船长回家休息有困难，需要解决 3 辆小车控购指标时，顾副市长当即指示市经委予以解决，时隔数日，3 辆桑塔纳轿车到位。货一运公司分得两辆，在行驶中经常得到交警的敬礼。

三、恪守职责，无私奉献尽显海员本色

1989 年春夏之交政治风波时，上海也卷入其中。市内交通全面瘫痪，严重影响了工农业生产和人民正常生活，同时特别影响到船舶的运输生产。上海海运党委于 6 月 5 日向全体职工发出电话紧急通知，提出 7 点要求:（1）认真组织全体党员、全体职工学习中共中央、国务院《告全国共产党员、全国人民书》和上海市委、市人民政府《告全市共产党员、市民书》，统一思想，提高认识。（2）各级党组织和各级行政干部要密切配合，加强值班，

积极搞好生产指挥，带领广大职工坚守岗位，坚持生产，确保安全生产。（3）要克服一切困难，保证船员上班，保证船舶副食品供应，运送船员的交通艇要随叫随开，及时运送船员和食品。陆地单位要尽力支持船舶，保证船舶开航。（4）各单位党政领导要加强值班，加强通信联络，加强重点部位的保卫。（5）如有学生来单位串联，要予以制止，不予接待，要教育职工不信谣、不传谣，不围观。（6）全体党员一定要立场坚定，旗帜鲜明，坚决与党中央在政治思想上保持一致，坚信党中央、国务院、中央军委的正确决策，充分发挥党组织的战斗堡垒作用和党员的先锋模范作用。（7）各单位有情况要及时向局党委汇报。

各船公司为了保证船舶正常运行，组织公司机关干部到北票、中华南栈、高桥等码头现场办公，一方面传达上海海运党委的要求，一方面现场帮助船舶解决船舶生产和船员生活问题。客轮公司5天内共接送船员76航次，29艘客船均安全准点进出港口。油运公司在浦东大道和浦东南路交通受堵的情况下，先用小车将船员从陆家嘴接送到上海船厂，再改乘大客车直送高桥码头。船公司还规定，船员为赶船而乘私人摩托车或者乘坐出租车，车费给予报销。为了解决船员上船，上海海运机关干部用自行车把赶到机关的船员及时送到船上。局机关和基层单位先后组织1120名党员、干部和职工参加清除路障的活动。

陆地单位也想方设法为船舶服务，海运服务公司对船舶运送副食品时，陆上交通不通就采取白天不能送晚上送的办法，紧急需要的就改为水上运送，不误船舶开航。劳动服务公司对船上的卧具化整为零，用自行车运送。客船“长锦”轮需要1000条被单，公司的机关干部用10辆自行车及时送到船上。燃料站以变应变，用煤驳船作为交通艇，接送供油船船员上下班，并改做一天休一天为做二天休二天，减少交通瘫痪的影响。5天中，为国内外船舶供油、供水199艘次。通信站的员工有的骑自行车，有的步行3—4小时到地处川沙的电台上班，保证船岸联络畅通。

6月4—8日，靠在宝钢码头卸煤的好几艘船舶船员应交通受阻，就干脆留在船上不回家。

6月10日，航行上海—厦门—广州客运航线上的“海樱”轮载有100多名大学生。这批学生买的是到厦门的船票，航行中，学生提出要去广州。“海樱”轮领导及时向上级请示，为防止船航行到台湾海峡和香港附近时发生意外，上海海运决定“海樱”轮返回汕头港，把这批大学生由陆路送往广州。

1989年1—6月，上海海运煤运船平均周转天数为6.8天，比去年减少了0.3天，其中“振4”轮和“振11”轮创下了周转天数5.7天的快速运煤新纪录。

1989年8月26日上海海运再次召开“保煤运输动员大会”，上海市顾传训副市长再临会场，代表市政府感谢上海海运广大海运职工，长期来为国民经济建设，为上海市工农业生产做出的积极贡献，并预祝船员们在这次保煤运输战役中，取得的好成绩。

是年9月16日，交通部副部长林祖乙到上海海运指导工作，赞扬上海海运保煤运输生产搞得好，特别是动乱期间，因措施有力，仅6月份就为上海多运了18万吨煤炭；不久前朱镕基市长在北京还感谢交通部对上海能源供应的支持，专门提到了上海海运做出的贡献。林祖乙指出，当前煤炭运输任务仍相当繁重，国务院要求入冬前，全国电厂储煤需达到600万吨以上，民用煤也要运足，海运局肩负重任，在煤炭运输上要下大力气，希望再创新辉。其间，林副部长又登上了停泊在董家渡码头的“振奋1”轮，对船员进行了慰问，对船上实行“三班两运转”的情况进行了解并给予赞赏。他说，目前，煤运船舶运力紧张，周转快，船员很疲劳，要进行船员劳动组织的改革，做到“停人不停船”，让船员休息好，保护劳动力。

1989年10月6日，国务院在北京中南海召开煤炭运输表彰大会，上海海运蔡国华局长和运务处张洁明处长出席了表彰大会。国务委员邹家华和交通部领导接见了煤炭运输先进单位代表，并在中南海与大家合影留念。

在上海市、交通部领导的关心鼓励下，上海海运广大船员“以苦为荣，无私奉献”，在难忘的1989年中，运煤主力的货一公司全年完成煤运量3339.5万吨，人均运煤一万吨，为年计划的105.3%；实现利税1.6亿元，人均创利4万元左右，为改变上海煤炭紧缺的局面做出了很大的贡献。

该年。上海海运在做好保煤运输的同时，积极安排运力，参与了国务院下达的“救灾粮食货源运输”特殊任务。当时，上海每月需饲料7.2万吨，而库存仅万吨，上海市政府于12月2日召开了“抢运煤炭、玉米”紧急会议，上海海运立即抽调了“振奋10”轮、“神州”轮、“方兴”轮、“华兴”轮4艘船抢运玉米，经过一个月的拼搏，成绩显著，受到国务院“粮食货源组织和调运”领导小组的表彰。为此，朱市长委托市交办领导，于12月17日下午来上海海运，转达他的问候。

1990年1月4日，上海海运在市府礼堂召开了保煤运输表彰动员大会，上海市顾传训副市长到会祝贺说：“你们煤运工作做好了，市府放心，上海经济的发展就有了基础。”会上，夺得“创四最”桂冠的“振奋11”轮代表介绍了他们向科学要运力，向双增双节要效益，年完成63个航次运煤122.5万吨的先进经验。货一公司党委书记赵德澄同志在会上作了题为《发扬“以苦为荣，无私奉献”，多装快跑，再创佳绩》的发言，汇报了一年来公司为实现朱市长的要求所做的工作。

会上，船公司代表宣读了12艘年煤炭运量突破百万吨的船员精心制作的一封“运煤先锋船致朱市长的信”。此信由中国首届硬笔书法大奖赛冠军陆维中同志用小楷书写在宣纸上。信中说：“一年来，每当我们遇到困难的时候，我们就想到您的嘱托，想到上海人民的期望，想到党对我们海员工人的关怀。尤其是在去年春夏之交的动乱时期，我们全体船员坚决响应您的号召，坚守岗位，坚持生产，保证了海上运输线的畅通，为稳定上海、稳定大局做出了积极贡献。”宣读后，此信交给了顾传训副市长，请其转交朱市长。

事隔3天，市政府转来了朱市长1月7日亲笔书写的致12艘“运煤先锋船”的感谢信，并通过局长蔡国华同志“转第一货运公司领导赵德澄、顾汉范同志”。“你们作了大贡献，创造了历史的业绩”，这是朱镕基市长对煤运船员最大的嘉奖。据当时的资料表明，这是朱市长任职行政官员以来第一次给企业写亲笔表扬信，也是上海海运史上第一位上海市市长到船舶慰问，并亲笔给海员书写嘉奖信。

1 月 8 日，蔡国华局长即批示转给货一公司，要求传达到全体职工并掀起保煤运输新高潮，为彻底扭转上海煤炭紧急状况再做贡献。

1990 年 1 月下旬，朱镕基市长委托市经委副主任陈松泉率领“上海市赴秦皇岛慰问演出团”，对日夜奋战在港区的港务工人和煤运船员进行慰问演出。演员中有著名的京剧艺术家李炳淑、沪剧艺术家茅善玉、歌唱家沈小岑及滑稽、杂技、舞蹈演员。慰问演出团还来到停泊在港区的“长连”轮上，团长陈松泉副主任向船员传达了朱市长的亲切问候。

四、采取措施，关心船员，保障运煤

保煤运输十分艰巨，广大船员非常辛苦，上海海运因势利导，采取多种措施关心船员生活，维护船员利益。

第一项措施：上海海运对运煤船的人事制度进行了改革，在 1989 年《中普级船员定船定员轮休制承包方案》的基础上进一步深化，逐步做到“人息船不停”的“三班两运转”劳动组合形式，以利于快速运转的煤运船员有与家人相聚和休息机会。此形式全面推行后，当时的《上海海运报》记者曾经对 20 多艘快速煤运船进行了采访，大家对这种为确保“抢运煤炭人息船不停”的劳动组合表示了赞同，但船长、大副、轮机长、大管轮等高级船员因紧缺而未能得到固定的轮休。

第二项措施：上海海运根据我国船员，尤其是国内船员收入不高的状况，为稳定队伍，充分利用当时国家给煤运船员的“特殊政策”，在奖金分配上做足文章，货一公司出台了“航次奖由 200 元增至 300 元”“四、五、六航次奖翻倍”“快速煤运船实行减员增效的方案”“‘州’‘华’字型船快速运煤航次奖调整”“船舶技术干部积存公休可以经济补偿”“关于‘三级跳’船舶的奖励规定”等措施旨在增强凝聚力，调动船员积极性。

“四、五、六航次”，是指从上海港煤码头到秦（皇岛）、青（岛）、连（云港）、日（照港）来回一次，按海里和当时的船速、潮汐，一般是秦为 7 天，青为 5 天，连、日为 4 天，加上其他因素，则每月可来回装煤炭为“四至六个航次”，如此以每航次 300 元计，则达到此目标，每航次即为 600 元，一般说来，考虑到船员辛苦和设备维修，上海海运调度采取长短结合、劳逸相配原则调配，故而每月一般在 5 个航次左右，累计可得月奖 3000 元，加上其他奖金，船员每月可平均多得一二百元。同时还推行《百日安全奖分配方法》《船员自修奖励实施细则》等激励机制。

“三级跳”是指运煤船乘潮水进入黄浦江后，因煤码头卸煤船尚未卸完，只能先靠江中的浮筒，待卸煤船完后再上靠。而卸完煤的船，因潮水原因无法直接开航出港，只能去浮筒上带靠，等候潮水到位，再起锚解缆开航。如此一来，无形中船舶多了二次靠离的过程（浮筒→码头→浮筒），不仅增加了船员的劳动量，更是增加了船长在安全操纵中的许多麻烦，如不是市府的号召，一般来说黄浦江执法部门海事监督局也不会同意。

第三项措施：上海海运投入保煤运输的 40 多艘船，70％是航行了 20 余年的老旧船。面对如此现状，将“减员”下来的船员组织起来，配之有管理能力和技术水平的轮机人员，对需要维修，又不能停航的船进行“抢修”。一是船在码头卸煤、系泊浮筒时派人上船抢修；二是船在出黄浦江前的几个小时内派人抢修（抢修人员在吴淞口下船）；三是派人随船，在航行中抢修。后来又发展到在船舶常去的秦皇岛港驻扎“抢修小组”，上船抢修。总之想方设法、竭尽全力提高船舶营运率。

1989 年 12 月 16 日，货一公司正式成立“船舶抢修小组”（不久改名“抢修队”），对系靠黄浦江 45 号浮筒的“方兴”轮进行了 10 余小时的设备“抢修”，并告成功，致使原要进航修站停靠二天的该轮，提前一天半便投入煤运。本着来自船舶、服务船舶、为船舶分忧解难的宗旨，抢修队不分昼夜，发挥机动灵活的优势，帮助船舶吊缸、拆检、抢修，为增加营运率起到了很大的作用，使公司的船舶营运率提高了三个百分点，为保煤运输开创了一条新路。

第四项措施：安全航行永远是船公司的主题，上海海运提出了“抓住两个关键，确保航行安全”的方略，这就是抓住“长江南水道的安全操作”，抓住“二副值深夜班（24—04 点）责任教育”两个关键。南水道是满载巨轮进入黄浦江的必经航道，深水处江面并不宽，稍不注意，往往导致搁浅；二副深夜当值，往往容易瞌睡，以致招来海上事故。同时，又根据船舶在黄浦江出入频繁的情况（年进出 3500 多次），提出“管两段、保进出”的方法。两段即黄浦江中的“陆家嘴”和“董家渡”两段江面。那时的航道，就像如今常常堵车的马路，大小船只往来不绝。黄浦江陆家嘴，自古即有“黄浦江船好撑，陆家嘴湾难过”之说；而董家渡江面窄，且两边均有码头，是满载煤炭的万吨巨轮最难航行的一段河道。这两处江段是船舶出事最多的地方。为了确保船舶进出黄浦江安全，上海海运货一公司海务部门与主管这两处江面的上海海监局董家渡监管处加强联系，获得他们的支持，建立起共建文明的单位，以确保实现“让黄浦江成为安全江”的市府要求。经过努力，1990 年全年无大事故，一般事故也比 1989 年减少了 6 件，同比仅为 41.7%。

第五项措施：深入开展“创四最 争百万”劳动竞赛活动。单船（指 1.5—2.5 万吨级运煤船）年运煤一般在 80 万吨左右，最高的也只有 90 多万吨。1988 年初，“福州”轮船长韩清邦提出“力争年运煤突破百万吨”口号后，引起了各轮的响应。“振奋 11”轮率先突破百万吨大关，成为上海海运货运史上第一艘年货运量过百万吨的船舶，年底相继又有 4 艘船舶突破“百万吨”。

上海海运货一公司在两个文明建设取得丰硕成果，被光荣评为上海市 1989—1990 年文明单位和交通部 1988—1990 年双文明建设先进单位。

1992 年 4 月，已为国务院副总理的朱镕基同志视察山西，代表国务院作了“抢运三西（山西、陕西、内蒙古西部）1000 万吨煤炭”的报告，并指示交通部门要全力以赴。为此，为了不影响上海和华东保煤任务的完成，上海海运抽调远洋船舶投入“一千万吨”抢运任务，顺利完成了上级下达的指标，得到国务院的表彰。

1994 年 2 月 14 日下午，上海市主管工交工作的副市长蒋以任在市经委、市计委、交通办、物资局、电力局、燃料公司等单位负责人的陪同下来到上海海运 505 会议室。副市长蒋以任代表黄菊市长感谢海运职工为上海建设所作贡献，并向孙治堂总经理、黄为民书记赠送了绣有“物资运输枢纽出大力，交通先行申城谱新篇”的锦旗。蒋副市长对在座的上海海运领导和船公司负责人说：“多年来海运（集团）公司为支援上海市的经济建设做了大量的工作，只要市府一声令下，你们就全力以赴运输大量的煤炭、石油，满足了需要。船员们很辛苦，上海人民忘不了。”蒋副市长通报了1994年上海的经济还将迅速发展，煤炭、石油等物资的运输仍然十分繁忙，祝愿海运（集团）公司在新的一年中运输、效益双丰收。孙治堂总经理代表3万海运职工感谢市领导、市政府对上海海运的关怀，上海市几任领导对我们的工作一贯重视和支持，多次登门指导，使我们很受鼓舞。上海海运一定要为上海市和华东地区的经济发展努力服务，继续出大力。

第五节　加强船舶安全管理

一、船舶违章作业，发生严重事故

1982年5月5日10时30分，“大庆53”轮由上海空放秦皇岛，航至石岛港东南50海里处，爆炸起火，约50分钟后沉没，20名船员罹难，29名船员由辽宁省长海县海洋公社的辽长“渔6245”和“渔6246”两艘渔轮奋力救起。经济损失1400万元。这次事故的直接原因是，船员在机舱里违反明火作业规定，烧电焊所致。“大庆53”轮爆炸事故责任人轮机长、大管轮、机匠长、机匠、政委被上海市人民检察院依法批准逮捕，追究刑事责任。交通部给予上海海运主要行政领导人记大过处分。这次事故是新中国成立后上海海运最惨重的一次毁灭性事故。

“大庆53”轮爆炸事故发生以后，交通部副部长钱永昌和上海市交通办公室、全国海员工会、上海市总工会负责人以及上海海运代局长刘延穆等奔赴石岛处理事故并慰问“大庆53”轮船员。

1983年11月11日，“战斗67”轮满载生铁、钢丝盘条等由天津驶返上海途中，于20时45分左右，在北纬36度49分、东经122度46分附近海域，遭遇大风，由于船舶装载不符要求，致使舱内货物移位倒垛，船舶倾覆沉没。23名船员罹难，21名船员第二天被“长治”轮救起，经济损失达600多万元。这是继“大庆53”轮爆炸沉没后，又一起重大恶性事故，损失惨重，教训深刻。“战斗67”轮脱险的21名船员，分乘一只救生筏和一艘救生艇在大海里同大风浪搏击了17个小时，到11月12日午后被“长治”轮当值二副发现。“长治”轮船长、政委当机立断，全船迅速做好了营救准备，船长机智地操船接近救生筏和救生艇，将遇险船员救上大船。

1984年3月29日，市政府交通办召开交通邮电系统安全生产大会，表彰“长治”轮船员奋勇营救“战斗67”轮的事迹，宣布表彰决定：给予船长应嘉良、二副刘有雄各记大功一次，晋升一级工资，发奖金50元；给予政委王金铸记大功一次，发奖金50元；给予46位船员各记功一次，各发30元，随船工作的局机关干部也被记功受奖。

1984 年 3 月 7 日上午 9 时 35 分，正在上海立丰船厂修船的上海海运 25000 吨级“神州”轮，因机匠长在机舱净油机间违章动用风焊气割引起大火。在国家和人民财产遭受重大损失的关键时刻，上海立丰船厂近千名干部、工人以及该轮上的船员，争先恐后、奋不顾身地投入了灭火抢险的激烈战斗。他们在厂领导的组织指挥和党团员模范行动的影响下，同消防人员一起，于 12 时 45 分扑灭了大火，把火灾损失减少到最低程度，保障了船厂和周围船舶的安全。在灭火抢险中，交运车间 26 岁的带缆水手、民兵副指导员、团支部书记曾云彪因机舱的空油柜受热爆炸，献出了宝贵的生命，还有不少职工光荣负伤。

二、修订完善一系列安全规章制度

1982 年 7 月底，上海海运为了吸取“大庆 53”轮爆炸事故教训，组织 30 余人安全质量宣讲团，分赴各港口，登船向船员传达国务院和交通部领导人对安全质量工作的要求和指示，宣讲“大庆 53”轮爆炸事故的沉痛教训，教育船员进一步树立安全质量第一的思想，切实抓好安全质量工作。

1984 年 1 月 16 日，上海海运决定建立研究安全质量问题的定期会议制度，规定每月 16 日召开一次以安全为内容的局务会议。1984 年 4 月 12 日，上海海运改组安全生产委员会，设立安全生产委员会办公室，由副局长周以恒担任主任，总船长陈沛川、政治部副主任黄为民任副主任。安全指挥办公室每季度对全局安全情况进行评估、分析，提出相关建议，并视全局安全生产状况组织全局性安全检查。

1987 年 9 月，上海海运根据交通部安全工作会议提出的从严治理、全面整顿、逐一验收的要求，遵照“标本兼治、远近兼顾、综合治理”的方针，从本局船舶安全管理的实际情况出发，制定了《运输船舶安全检查标准》。1988 年第二季度，上海海运将海务监督室和安全生产委员会办公室合并为安全监督室。其主要职责是：对船舶的运输生产在技术、业务、管理上进行指导；在遵章守纪、技术操作、设备使用上进行监督；在安全生产的横向关系和边缘问题上进行综合协调，为局属运输单位和职能部门提供服务，组织开展全局安全检查和“百日安全活动”等。

1990 年 10 月，上海海运专门下发了《上海海运安全生产先进评比奖励试行办法》，确定每年评比一次局安全先进集体和个人，重点评比船长、轮机长；“六好”驾驶台和“五好”机舱以及消防、环保、劳动保护、货运质量等方面的先进集体和个人。

与此同时，上海海运对全局一系列安全规章制度进行修订和完善：

（一）安全航行制度

1984 年 1 月 1 日起，中国施行《海上交通安全法》，以加强海上交通秩序的管理，保障船舶设施和人命财产的安全，促进对外贸易运输和维护国家的权益。上海海运在贯彻执行海上避碰章程和海上避碰规则的同时，开始逐步形成和完善与避碰有关的船舶雾季航行制度、定线分道航行办法、狭水道航行规则等规则。

1986 年 11 月，上海海运颁发《雾航制度》，规定必须严格遵守《国际海上避碰规则》

及各港港章，在雾天视线不良时不得使用自动舵；正确使用安全航速，并在避让程序上倡导6海里为发现圈、3海里为判断圈、2海里为避让圈、2海里以内为戒备区；对使用雷达避碰（包括自动雷达标绘ARPA），亦作了较详细的规定。

上海海运针对历年来船舶雾季航行碰撞事故多发的状况，于1974年在北方海区试行定线分道航行。经两年实践，船舶相遇时形成的紧张局面明显减少。在总结经验的基础上，1976年对定线分道航行办法作了修改，并常年执行。这个办法得到了交通部高度重视和肯定。1978年，交通部总结了上海海运定线分道航行办法，制定颁发了《交通部运输船舶在北方沿海定线分道航行办法》，就定位条件、定位选择、分道航线分隔等作了具体规定，几年来在这海区未发生船舶碰撞事故。

（二）防台防汛规章制度

1962年，上海海运针对上海沿海台风影响频繁的特点，制订《抗台防汛规定》。1972年，颁发了《船舶防台规则》。进入20世纪80年代后，上海海运对《船舶防台规则》又进行了数次修订。

（三）防火防爆规章制度

从1977年起，上海海运的消防工作由原来的海务监督室管理改为上海海运公安局消防科负责。1978年，上海海运颁布《油轮修理防火安全制度》，要求在修船过程中把好测爆、审批、动火、看火“四关”。1981年又颁发了《二氧化碳（或1211）组合式灭火系统检查保养制度》。

20世纪80年代后，上海海运年客运量增长迅猛。根据国务院九部委紧急通知精神，于1981年专门制定了有关严禁旅客携带易燃易爆危险品乘船的通告。

1982年3月9日，上海海运公安局制订《关于油船油舱涂塑防火防爆的安全措施》共10条，要求海运系统各修船厂、航修站及各涂塑防腐的油轮认真落实。并建立《明火作业记录本》。同年9月27日特颁发了《船舶机舱明火作业的暂行补充规定》，规定航行船舶明火作业必须由轮机长亲自布置，现场检查，在具备安全条件和船长批准后，方可进行作业，并向船公司报备。1983年3月2日，“大庆20”轮在上海高桥码头卸油时，因雨水渗进前桅照明灯水密电源插座而引起火警。为防止其他船舶发生类似事故，上海海运专门发出通报，拆掉油船大桅上强照明灯。同年，根据交通部颁发的《油船安全生产管理规则》，上海海运结合具体情况制定实施细则，并增加“在不加温控制环境中洗舱措施”等内容。

1986年9月，交通部全国海洋运输情报网和中国航海学会危险货物运输专业委员会在大连海运学院联合召开海上危险货物安全运输研讨会，针对法规不统一、不完善的状况，建议在统一意见的基础上迅速颁布新的国内危险货物运输规则，尽量与国际接轨。翌月13日，上海海运海监室通知局属油船按照国际公约（73/78 MARPOL）规定，从即日起，除了2万载重吨以下油船，仍可采用蒸汽蒸舱、洗舱外，2万载重吨以上的油船不得再用此法洗舱。同年，上海海运下达《局属船厂（站）修理局属船舶的消防安全责任（试行）》文件。

1987年9月22日，上海市人民政府发布《上海市水上消防工作暂行法》。1988年7

月，上海海运开始贯彻执行交通部颁布的《港口消防监督实施办法》。该《办法》对火灾预防、消防组织、火灾扑救、消防监督等均有具体规定，对装载危险品货物也有安全要求。1990 年，上海海运拟订《船舶室内救火须知》，对救火工作的实施提出了具体要求。

（四）救生应急制度

1981 年 7 月，上海海运颁发了《救生艇安全操作规定》，提出除演习操练及应急救助（人落水）外，不得随意使用救生艇。同时规定放救生艇的安全操作规则，要求将使用救生艇的艇号、缘由及时间，详细记入航海日志。根据《1974 年国际海上人命安全公约》（SOLAS）的规定，上海海运在各轮逐步配备了各种气胀式救生筏，并制定了相应制度。1983 年 SOLAS 修正案生效后，上海海运对气胀式救生筏的使用制度又作了修改，并颁发《气胀救生筏及静水压力释放器的安装、使用、维修及养护规定》。1989 年 1 月 21 日，上海海运颁发《关于封闭救生艇演习、保养制度》，要求防止救生艇吊钩自动脱落，并规定每 3 个月必须对救生艇进行一次维护保养。

（五）预防船舶机损规章制度

1972 年 6 月，上海海运颁发了《轮机部航行和停泊值班、交接班制度》《看炉须知》《货泵间值班操作规则》等规章制度，对轮机人员的工作责任作了明确具体的规定。1981 年，又颁发《船舶设备预防检修制度》和《机炉舱管理规定》。

为加强船舶轮机的安全管理，确保主、辅机安全运转，上海海运在总结“长”字型客货船轮机管理经验的基础上，于 1984 年 7 月制订了《长字型客货轮轮机安全质量管理航次统一工作程序》，对备航（航前会）、起航（检查要求与操作顺序）、正航、抵港、移泊、停泊值班（机舱巡回检查）、护船、维修保养、空调开放等都做了具体规定，以预防机损事故。20 世纪 80 年代后期，部分船舶安装了新型的翅片管强制循环型废气锅炉。由于操作人员对其性能不熟悉、责任心不强、违反操作规程及设备本身存在一些问题，锅炉管组烧坏事故频发。上海海运要求各轮结合本船实际情况，制订相应的操作规程，严格执行。1990 年 4 月，交通部颁发《运输、港口船舶机电设备损坏事故管理办法》，上海海运即向所属船舶发出通知，要求认真贯彻执行。

（六）环境保护规章制度

20 世纪 70 年代始，上海海运环境保护部门执行的法规和制度主要有：（1）《1973 年国际防止船舶造成污染公约及 1978 年议定书》；（2）1977 年国务院颁布的《防止沿海水域污染暂行规定》；（3）1980 年 7 月 1 日上海港务监督公布施行的《防止上海港水域污染暂行办法》；（4）1981 年 7 月上海海运颁发的《油轮防污染规则》；（5）1982 年 8 月全国人民代表大会常务委员会通过的《中华人民共和国海洋环境保护法》第五章“防止船舶对海洋环境的污染损害”，共计 12 条；（6）1983 年 4 月 9 日国务院发布的《中华人民共和国船舶污染物排放标准》；（7）1983 年 12 月 29 日国务院颁发的《中华人民共和国防止船舶污染海域管理条例》；（8）1984 年 5 月 11 日全国人大常委会通过的《中华人民共和国水污染防治法》；（9）1985 年 2 月起试行的《上海市水域环境卫生管理规定》及

《关于船舶废弃物清除管理的实施办法》;（10）1985 年 3 月 6 日国务院颁发的《中华人民共和国海洋倾废管理条例》;（11）1985 年 4 月 19 日上海市人大通过的《上海市黄浦江上游水源保护条例》;（12）1986 年 12 月 31 日发布的《关于对船舶油舱清洗作业防污管理办法》;（13）1987 年 9 月 5 日全国人大常委会通过的《中华人民共和国大气污染防治法》。

结合生产实际，自 1981 年起，上海海运陆续制订《加强燃油管理规则》《机炉舱防污染规则》《油轮洗舱、下舱作业规则》《油轮防污染规则》《散装有毒液体物质船舶污染管理办法》等十多项具体规章制度，使部分环保法规得到充实和具体化。1989 年 2 月，上海海运贯彻交通部转发的有关国际《防止船舶生活垃圾污染规则》，向所属船舶发出通知及具体规则，并会同各船公司安全监督员商定了船舶的实施办法。

（七）劳动保护规章制度

1981 年 9 月，上海海运修订《劳动保护工作暂行条例》并正式发布试行。1989 年，上海海运发布《关于软梯、桥板和安全网使用的有关规定》以及《进入封闭舱柜防中毒、防窒息规定》等规章制度。

三、安全第一，预防为主，加强船舶安全防范

（一）日常安全防范

1986 年 12 月，为贯彻“安全第一，预防为主”的方针，防止各类事故的重复发生，上海海运安全委员会办公室编发了《船舶安全措施》，主要有：防止碰撞措施，做到“避碰十要”:（1）严守规则;（2）遵循避碰程序;（3）善用安全航速;（4）发挥良好的船艺;（5）早让、宽让;（6）核对避让效果;（7）防止 2 海里圈;（8）掌握正确船位;（9）掌握船舶追越要领;（10）正确使用雷达。

防止火灾 10 项措施:（1）严守船舶防火防爆有关规则;（2）注意用电超负荷;（3）防止烟蒂乱丢;（4）向旅客和装卸工人宣传防火;（5）堵绝漏油、溢油;（6）防止夹带危险品登船;（7）弄清货物性质，防止危险品货物混装、错装;（8）修船严密防火，遵守明火作业规则;（9）保持消防设备处于良好状态;（10）机舱、货舱内严禁吸烟。

防止船舶倾覆措施:（1）保持良好稳性;（2）保持良好适航状态;（3）防止货物移动;（4）水密设备处于正常状态;（5）排水系统畅通正常;（6）注意防台和大风浪中正确操纵船舶。

（二）养修并重，预防为主

1987 年 5 月上海海运发布《船舶机损事故管理办法》，规定船舶发生机损事故后，要及时报告，详细记录事故发生情况，机关船舶技术处应在 10 天内处理完毕，借以加强船舶技术管理工作，贯彻落实“养修并重，预防为主”的方针。

（三）加强检查，重点防范

1990 年，上海海运石油运输公司，根据多年的实践和事故教训，找出了导致油轮火

烧爆炸的16项主要因素，即:（1）违章明火，尤其是连通油舱的危险管，易点燃引爆；（2）洗舱不净，机舱泵间管线残油积聚，动火把关不严；（3）违章吸烟；（4）违章使用电热器具及非防爆电器；（5）电线电器老化，受潮短路；（6）燃油中混入一级危险油品；（7）压力表接头脱落，高压油管断裂，燃油、滑油喷射到排烟管、增压器等高温热源处；（8）货泵断油，干磨发热起火；（9）泵间溢油通过隔墙轴封漏入机炉舱；（10）高温热源处烘烤可燃物；（11）烟道积油垢烧红或锅炉燃烧不良，烟囱冒火星；（12）危险物品混放，油棉纱自燃；（13）装油外溢，外部火源引燃回烧；（14）装卸、洗舱、压载中违章操作，导致货油静电集聚放电；（15）碰撞、触礁、搁浅，船体破损，货油、燃油外溢；（16）厨房油炉、电灶使用不当等。并据此发出通知要求各轮加强检查，预防火灾和爆炸。

（四）实行“三不放过”原则

1990年上海市总工会发出《关于进一步加强企业班组安全建设，创建安全合格班组的通知》，上海海运提出《安全船舶建设要点（26条）》，要求各轮落实安全责任制，对发布的《安全检查300条》，逐条分解，落实到人，进行目标管理，将防火（爆）、防碰撞、防倾覆、防工伤列为船舶安全预防工作的重点，争创“六好”驾驶台、“五好”机舱和“三好”厨房。加强安全教育，经常开展“不伤害自己，不伤害他人，不被他人伤害”的宣传活动。同时还强调，抓好安全防范需加强基础管理，对“三违”（违章指挥、违章作业、违反劳动纪律）行为，除实行“三必须”（必须登记、必须教育、必须纠正）外，还要按《违章违纪处罚条例》严肃处理。对事故实行“三不放过”（即原因、责任、防范措施）原则。

四、做好季节性安全防范

（一）春节客运安全

春节前后是沿海客运高峰期，客流量猛增，尤以申甬、申温线为甚，因回乡过年旅客拥挤，时间紧迫出现压客现象。为此除妥善调度、增加船舶和航班外，特别强调航行安全和码头上下客安全，要求船舶认真检修，落实预防措施。

1985年交通部发出《关于严禁违章航行，立即制止客（渡）船超额运输，确保旅客安全的决定》，要求严格执行。上海海运进一步强调了春运安全工作，每逢春节前都要制定详尽的安全措施，并检查督促落实。

（二）渔汛季节航行安全

每年清明节后，在北纬34度以南上海佘山洋面及山东石岛附近海区，各种鱼类汇集进行产卵洄游，形成沿海渔汛期。此时各种渔船相对密集，穿梭于沿海港口和主要航道。许多渔船船员对避碰规则不熟悉，操船盲目，渔船的号型往往不明显，使海轮途经渔场时，增加了碰撞危险。20世纪80年代后，长江口捕捞鳗鱼鱼苗现象日益严重，严重地威胁轮船航行安全，尤以南水道、横沙、吴淞口水域为甚。为此除港监、渔政等部门加强管理外，航运单位每年于渔汛季节来临前，均发出通知，要求各轮熟悉渔船航行捕捞特点，正确避让渔船，做好渔汛期的航行安全工作。当值驾驶员必须备车、使用安全航速，可使用两台雷达交替同时观测，加强瞭望。在南洋航区，由于水域宽阔，要求船舶切勿进入渔船群中，而应绕航避让。

（三）船舶雾季航行安全

上海长江口水域及邻近海区每年 4—5 月为多雾期，1 月则常出现“团团雾”，早晨夜间出现频率高，日出后就消散。

据长江引水船海洋站 1963—1978 年 16 年的统计，上海平均每年雾季 22 天，1972 年多达 34 天。每年以 4 月份为多，平均达 9 天 / 月，又适逢渔汛，雾中碰撞约占船舶碰撞总数的 70% 以上。7 月份山东半岛（成山头）海面的有雾天气最多可达 28 天。1978 年交通部运输船舶在北方沿海实行定线分道航行，由雾季航行扩展到平常航行。

1982 年，上海海运总结新中国成立后 30 多年来船舶雾航事故的教训，提出船舶雾航安全的 5 点预防措施：（1）雾航二级戒备制度。当视程降低到 5 海里时，应备车、开雷达，认真瞭望，戒备航行。当视程降低到 2 海里时，船长上驾驶台，派水手瞭头，全船戒备，使用安全航速，谨慎驾驶。（2）头脑中要有 1 条线（定线分道航行中的分隔线），2 个圈（使用雷达时的 2 个警戒圈：5 海里减速，2 海里停船），3 个 S：[Safe Speed（安全航速）、Starboard（右舵）和 Stop Ship（停船）]。（3）狭水道航行必须做到早开雷达，早抛锚，决不盲目摸航 1 分钟。（4）正确使用雷达。（5）坚持安全质量第一方针。

（四）防台、防热带风暴

1972 年上海海运发布《船舶防台规则》，规定船舶要成立由船长、政委和部门领导参加的防台领导小组，对船员进行防台教育，提高船员防台能力，落实防台措施，做到常备不懈。1977 年 9 月 11 日第 8 号台风在长江口登陆，上海海运有 71 艘船受到影响，广大海运职工严格遵守《船舶防台规则》，防台抗台，许多船舶化险为夷。其中“战斗 46”轮因顶往 12 级台风的正面袭击而获得“抗台英雄船”称号，“大庆 24”轮、“大庆 20”轮和“长青”轮也分别记集体二等功。1978 年 5 月 19 日上海港监颁布《上海港台风强风时期水上防台管理规定》。

1981 年，14 号台风影响上海，黄浦公园潮高 5.22 米。上海海运“繁新”轮在南水道鸭窝沙锚地走锚，船舶车叶缠到了锚泊的澳大利亚来访军舰的锚链，后该轮再度走锚，搁浅于长兴岛南端。事后上海海运对《船舶防台规则》进行修订，增加台风威胁中和台风袭击中的紧急措施及台风过后的工作等内容。同年 10 月 21 日凌晨，“云海”轮在航行中，意外遇到急转 90 度的 8119 号台风，被卷入台风眼，经全体船员两昼夜的顽强战斗，采取了调整水尺，控制主机，稳住船头，避免飞车，选择右前方受风，防止失控，加强水密检查等措施，同舟共济，终使该轮在次日 12 时，离台风中心仅 50 海里安全通过。

20 世纪 90 年代初，上海海运对《船舶防台规则》再次作了修订，并向船舶提供介绍台风和热带风暴知识的资料。

（五）防风、防冻、防冰

1981 年，上海海运发布《船舶防风、防冻及冰区航行规则》，要求船舶及时收听气象预报，及早做好防寒潮、大风、冰冻的准备，注意冰区航行安全等。1985 年 10 月 10 日上海海运在《关于认真做好今冬明春防风、防冻工作的通知》中，再次强调要严格做到：（1）及时认真收听有关气象报告、收看有关气象传真图，结合海上实际情况及时采取防风、避风或滞航等措施。（2）严格按载重线证书和载客定额，进行配载和装客，保证船舶有足够的稳性，充分考虑到冬季甲板上浪在北方沿海会造成结冰，上层重量增加的影响。（3）出航前应按章将甲板上一切洞孔、货舱舱口严格盖好封妥，在强风中航行应勤加巡查。一切可能移动的属具、绳索等，均应加固绑扎。（4）如遇风浪过大应适当改变航向或降低航速。大风浪中如需调头应谨慎操作。避风抛锚应选择水域宽敞，水深适度的锚地。（5）冰区航行时，要加强瞭望，避开冰块，或降低车速以缓和撞击力量。码头有冰，切勿盲目倒车，以防损坏船舶螺旋桨和舵。（6）严寒期间，船舶露天管道应包扎保暖，用后将残水废气全部放完，防止冻裂。预防汽笛、绞锚机等被冻。舱内无货时，应避免开舱，以防压舱水及水柜冰冻。

1988 年，上海海运为贯彻交通部第四季度安全办公会议精神，吸取 9 月 14 日“长锦”轮在大连港大角度倾斜，误船期 23 小时的教训，根据冬季特点，决定全面开展以落实岗位责任制为主要内容的船舶冬季安全活动，确保冬季安全生产，并向船舶介绍常规防冻措施：（1）航行中不论昼夜应保持航行灯常亮，以保持严寒中灯内干燥驱逐水汽，防止灯丝骤热骤冷损坏。（2）标准罗经、船尾露天应急磁罗经内照明灯泡常开，柜外用帆布套扎紧。（3）室外电罗经复示器、转速表复示器、舵角指示器内照明灯泡昼夜常开。（4）救生艇淡水桶（箱）的水只能装容量的四分之三，用帆布包妥，甚至暂时移至室内。

五、恢复指导船长、轮机长安全责任制，加强船舶技术安全指导

在“文化大革命”时期，指导船长、指导轮机长制度被废止。直至 1982 年，交通部针对船舶数量和船员人数大量增加，而安全生产情况不稳定，技术安全管理薄弱的被动局面，为加速对新船员的技术指导，加强海务和机务的技术监督工作，逐步建立起船舶技术管理的正常秩序，决定在航运企业恢复指导船长、指导轮机长制度。

上海海运为落实交通部要求，1982 年 8 月 3 日，决定建立指导船长、指导轮机长安全责任制。每一位指导船长和指导轮机长对口负责管理 15 艘左右船舶。指导船长、指导轮机长分别受海监室主任、机务处处长领导，并向总船长、总轮机长担负起技术安全责任。同时，发布了《关于贯彻指导船长、指导轮机长制度的细则》，落实安全技术责任制，明确指导船长的具体职责是：（1）检查、监督分管船舶贯彻执行上级有关安全生产的指示、各项规章制度和操作规程；指导和协助船长进行技术业务管理工作，解决航海驾驶中的疑难问题，推动驾驶员的技术业务学习，提高驾驶人员技术业务水平；（2）参与新航线的开辟、事故处理和海难救助工作，搜集、整理和总结有关航行安全方面的经验教训和技术资料，提出保证安全措施；（3）掌握船舶驾驶人员的技术业务水平和管理能力，提出调整、升降、奖惩等意见；（4）督促检查船舶做好各项原始资料记录和导航仪器的正确使用、养护和误差测定及对救生、消防等安全应急设备的管理和定期操练，及时做好防冻、防风、防台、雾航等季节性安全航行工作，并如实反映情况，及时提出建设性意见，当好企业领导落实

安全生产的参谋。

指导轮机长的具体职责是:（1）检查、监督主管船舶轮机部开展“五好设备”活动，不断提高船舶轮机技术管理水平；参加主管船舶热工测试，指导船员提高热工效率，降低油耗比，组织推广各种节能、挖潜的革新成果与先进经验，并组织轮机部执行船舶维修保养体系（CWBT），进行设备的自查与互查，提高设备的完好率，保持机、炉舱清洁整齐，搞好文明生产;（2）根据上级制订的技术政策、维修原则和修船计划，及时监督船员编制轮机设备的年、月度预防检修计划和岁修、航修进厂工程修理单，指导船员开展自修工作，做好各种机械设备的测量记录和损坏修理记录，确保自修工程优质，按期完成，对重大修理项目须由船舶指导轮机长参与解决;（3）经常检查督促轮机部及时填写和保管轮机日志、辅机日志、电气日志、轮机长记录本、车钟记录、安全活动日记录本、备件工具物料清册和各种测量记录、损坏修理记录，使船上所有的技术资料、图纸、文件的保管完备齐全;（4）负责处理主管船舶的机械设备损坏事故，对重大事故要亲临现场，组织调查研究，查明原因，分清责任，找出教训，制定措施和提出对事故责任者的处理意见，并有责任经常对船员进行安全教育;（5）了解掌握主管船舶轮机、电气人员的技术业务管理水平和工作情况，有权随时考核轮机部船员，根据实际情况向有关部门提出调整、升降、奖惩的意见;（6）参与主管新建、新接收船的试航验收和老旧船的技术鉴定及报废处理工作；参加船舶验收工作，组织有关方面完成在船检中限期解决的项目;（7）参与对主管船舶的机电设备的保养、操作、技术管理，对在预检中所发生的技术问题，有权决定处理，个别重大疑难问题应向总轮机长和机务处长请示。

《细则》还规定每年指导船长、指导轮机长必须有一半以上的时间随船工作。这一制度恢复后，对帮助解决运输生产难题，落实安全责任制起到了积极的作用。1986 年上海海运货二公司实行指导船长“保驾”（即对船长实行随船现场指导）措施。该公司 4 位指导船长两年中培养了 20 名新船长，对新上任的船长实行“保驾”，重点放在长江口南水道和黄浦江事故多发地区。

六、开展群众性安全质量活动

（一）安全质量检查

1981 年 7 月，在传达贯彻中共中央领导人对货运质量问题的批示以及交通部的通知精神，上海海运派出运输质量普查组和“一条龙”百杂货运输质量检查组，深入船舶检查货运质量，并通电各轮开展质量自查活动，要求加强岗位责任制，努力提高货运质量水平。

1982 年 5 月 5 日，发生“大庆 53”轮爆炸沉没恶性事故。次日上海海运即向各轮发出通电，要求认真吸取教训，对安全生产中的隐患，边查边改，立足于自力解决，并先后组织 7 个工作组和 67 名职工代表对航行船舶及 13 个陆地单位进行安全抽查和视察。局机务、运务、海监、人事等职能部门还对检查出的问题，进行了综合分析，逐条处理。“大庆 50”轮通过全船大检查，查出 47 个问题，订出防火防爆 8 项补充规定。正在修船的“长柳”轮，把防火安全列为首位，制定明火作业“三检查”制度，即动焊前有专人进行现场检查，完工以后船舶值班人员须进行复查，夜间值班人员再次进行检查，切实做好防火工作。

当年，上海海运还在《上海海运报》上开展“有章不循、违章不究的原因在哪里”的群众性讨论，以利在本局范围更加广泛地开展以查思想、查纪律、查制度、查管理、查设备为主要内容的安全质量大检查。

1987 年 9 月，上海海运发布了《运输船舶安全检查标准》（共有细则 300 条），在船舶试行。该标准以防海损、防火灾、防机损、防工伤、防污染、防货损货差为主要内容，涉及安全第一、预防为主的思想教育、遵守劳动纪律、遵守安全生产规章制度和操作规程、船舶设备管理、安全管理基础等 5 个方面，为船舶进行安全自查和安全工作整顿提供了依据。

（二）安全日、安全月和百日安全活动

1978 年起，群众性的安全大检查与安全质量月活动相结合。当年 9 月开展了第一次安全质量月活动，批判无政府主义，加强制度纪律教育，开展船舶“六无”（系指无海损、机损、货损货差、工伤死亡、火灾、污染等责任事故）安全生产竞赛（图 5–20）。同年 11 月该局发布《“六无”竞赛评比奖励办法》。翌年 7 月，上海海运货轮船队开展了以防台为中心的安全质量月活动。当年底全局评出“六无”船舶 53 艘，占营运船舶的 35%。

图 5–20　船舶安全知识竞赛。

1980 年 9 月 10 日，在全国第三次质量月电视广播大会的推动下，根据交通部和市经委的部署，上海海运抽调 118 名干部，分成 16 个工作组，分别随船和驻港，从“安全质量第一”思想教育入手，贯彻以岗位责任制为中心的各项规章制度和操作规程，查事故苗子和隐患，督促落实“三会一日”制（航前会、船务会、船员大会和安全活动日），还充分利用广播、黑板报、摄影、漫画以及不定期地举办安全展览会等多种形式在职工中进行生动形象的安全教育。当年上海海运共评出“六无”船舶 119 艘。在开展安全质量月活动中，基层干部职工对局机关管理工作亦提出不少意见和建议。1980—1981 年，“战斗 44”等船舶开始试行全面质量管理，使船舶管理向程序化、制度化、标准化方向发展，有效地促进了货运质量的提高。

1983 年 5 月，全国开展第四次安全月活动。5 月 5 日，上海海运召开全局安全质量大会，纪念“大庆 53”轮遇难一周年，重温事故教训，组织职工观看安全生产教育影片《悔恨》，举办船舶消防展览，印发《1982 年船舶海损事故典型案例》，并利用《上海海运报》开辟“遵章守纪，消除隐患”专栏，积极宣传安全生产的先进典型。局属各船普遍利用广播、黑板报、挂横幅、贴标语、举办安全生产图片展览、观看安全教育影片和录像等形式，进行安全宣传和教育。有的还请“大庆 53”轮事故幸存者谈切身体会。通过一系列活动，使广大船员进一步提高了安全观念和意识。

1984 年始，上海海运开始连续开展“百日安全活动”，1984 年 4 月 14 日，召开百日

安全活动动员大会，开展以反违章、反违纪为重点内容的安全宣传、检查和整顿。该次活动于7月22日结束，共检查船舶130艘次，计500多岗位，对发现的违章违纪现象作了及时严肃处理。第二次“百日安全活动”从同年7月23日开始，贯彻“以严治航，狠抓落实”的方针，要求把提高质量，确保安全放在企业管理的首位，并把当年9月的质量月活动同百日安全无事故活动结合起来，以“月促百日，以百日促全年。”第三次“百日安全活动”紧接着在11月初全面展开，把冬季安全生产作为重点，要求切实抓好季节性安全防范及船舶整顿验收工作。

1985年4月，上海海运第四次“百日安全活动”结束，第一次在全局范围内实现了百日无重大事故和大事故的奋斗目标。此后，每年一般都要开展3次“百日安全活动。”1987年曾实现过连续三次百日安全。20世纪80年代后期，该局在持续开展“百日安全活动”同时，在运输船舶中进一步推行了全面质量管理，建立完整的质量保证体系，促使客货运输质量显著提高，从而也推动了“六无”竞赛活动的开展。

七、认真抓好特种物资运输

海上船舶所担负的运输任务，有大宗货物运输，也有特种货物运输。特种货物运输，通常是指由于货物的特性，在运输过程中有特别的要求，需要采取特别的措施。新中国成立后40多年来，上海海运承运的特种物资除油以外，主要有以下几类：一是鲜活的，如牛、猪、蜜蜂、鱼苗等。对这类物资的运输，要求保活。二是怕湿易燃的，如硫黄、菜籽饼等。对这类物资的运输，要求防爆、防潮、防霉变。三是怕重压怕震动和易碎的，如玻璃、电子仪器等。四是军用物资。这些货物，从上海海运运输总量看，所占的比例不大，但它们的特性各异，运输质量要求高，措施要求严，其中有一些货物是运往国外的，运输质量的好坏，直接影响国家的威望和声誉。因此，为保证运好特种物资，避免海损和货损事故，上海海运船舶摸索了许多行之有效的经验。

做好思想动员，提高认识。船员对承运特种物资，一般的容易产生四种不正确的思想：第一，“货损难免”的思想。认为船舶运货量大，装装卸卸环节多，运输过程时间长，有的跨度大，温差悬殊，有些货物大大小小、生生死死，本身就难“侍候”，且常遇大风大浪，颠簸厉害，有点浪损货损也算不了什么。第二，“与船无关”的思想。有些船员认为，局有规定，凡因浪损，只要打个报告，就作为人为不可抗拒的“浪损”事故处理。还有的认为，货主和港方无须船上承担质量和数量的责任。因此，工作不主动，明明看到货损也不采取措施。第三，“怕苦嫌烦”的思想。特别装运要求保活的货物，要喂食、要防病、又怕惊、又怕震，因此船员怕艰苦，嫌麻烦。第四，“恐惧危险”的思想。承运易燃易爆的物资，船员容易产生这种思想。船舶领导要针对船员这些思想情况，进行了四个内容的教育：第一，树立信心教育。有的船装运玻璃，一次发生了“浪损”40箱，而另一航次装的玻璃比前次多，航行中又遇到了九级大风，却全部完好无损。船舶领导就以此正反两方面经验教训，组织船员讨论，查出货损的原因，主要是船员看舱不认真，装卸工人装货不规范，并根据以往的经验，制订出装运玻璃要“装紧、压牢、轻放、填平、丁字形装和加钉木条”的技术措施，提高了船员杜绝货损的信心。第二，进行主人翁教育。其中有一年在14条船运的

1.56 万头生猪中，成活率达到 99. 5%，其中 11 条船运的生猪成活率达到 100%。据分析，最主要的是有少数船的领导忽视承运中的思想教育，尤其是主人翁的教育。有些船员认为，生猪成活多少是押运员的事，与我们无关。第三，政治责任心的教育。第四，进行主观能动性的教育。对易燃易爆货物的运输，讲清只要采取正确的措施，把好各道关口，加强检查，是能够做到确保安全的，以稳定船员情绪，消除顾虑。

装货前，协助部门领导组织甲板、轮机两部门对有关设备进行检查。这是保证运好特种物资的先行。检查的内容主要有 7 项：（1）货舱是否清洁、干燥、无异味；（2）装卸设备是否正常；（3）货舱各种管系、电缆设备是否处于完好状态；（4）污水沟、污水井是否畅通；（5）通风设备、二氧化碳灭火系统是否完好；（6）舱盖、水密门是否密封；（7）航行中，特种货物需要的各种备料，是否适用、备足。

监督和检查船舶有关人员牢牢把住“5 关”。这“5 关”是：（1）把好配载关。船舶有关人员要摸清货物的包装、性能、标志、件数，达到配载合理，干湿不混装、轻重不倒装、性能相违不同装。（2）把好装货关。在装货过程中，教育值班人员，如驾驶人员、看舱人员，要有高度的政治责任心，爱护国家财产，坚守工作岗位，做到人不离舱口、眼不离货种。（3）把好运输关。在航行中，密切注意舱温、货温，对有自燃、怕湿性能的货种，要按规定测温、量污水。发现货物移位和其他异样情况，要立即组织力量下舱察看，加固，抢险。（4）把好卸货关。教育水手做到认真看舱，防止碰损；按票交货，避免混乱；船边巡视，防止货物落水。（5）把好交接关。卸货完毕，与港方交接清楚，避免交错、混票；交好原始事故记录。

上海海运认真贯彻交通部关于支农物资运输的要求，船员更是细心周到。“和平 24 号”轮在甲板上装载几千箱蜜蜂，航行途中遇到 5 级大风，押运员十分着急，怕蜜蜂风大受凉死亡，船员用帆布做成大屏风，为蜜蜂挡风。“和平 79”号轮装运蜜蜂时，因甲板气温较高，蜜蜂嗡嗡乱飞，押运员请求船员帮忙。船员急押运员所急利用船上一切可以利用的降温设备，用鼓风机、电扇吹，用冰块放在蜂箱上为蜜蜂降温消热，使蜂群转危为安。在油轮上装运鱼苗更是困难重重，“建设 15”和“建设 16”轮装运前先进行试验，发现空气中油味对鱼苗影响不大，而装运鱼苗的水中有一星半点儿油就会致使鱼苗死亡。对此，船员认真冲洗甲板，并将用来供应鱼苗用水的皮管和泵浦、工具全部用咸水洗净以后再用蒸汽“消毒”，使鱼苗的成活率达到 95% 以上。因油轮没有吊杆，船员帮助货主将几百斤重的鱼苗篓子手抬肩扛搬运到船上。

八、939 名旅客黄海大转移，航海史上立奇功

1992 年 3 月 3 日清晨，由上海开往青岛的 7500 吨级“长柏”轮客船正行驶在黄海海面。6 时 15 分，特等 4 室客舱内突然起火，火势迅速向二等客舱蔓延，浓烟弥漫。船上 939 位旅客和 191 名船员的生命安全和上亿元的国家财产面临着严重威胁。6 时 40 分，“长柏”轮向上海海运调度室报告船舶起火，并告船位，同时抛下右锚 5 节，固定了船位。

“长柏”轮发出了“SOS”求救信号。船上服务员一边高喊“着火了”，一边敲打每一间客房，组织旅客转移到甲板上。当时正行驶在附近海面的运煤船“长顺”轮当值大副郭

培宪首先听到了这个微弱的求救信号，但当他用甚高频通话，想进一步了解情况时，却再也听不到“长柏”轮的呼救声，于是，急忙报告船长吴伟川。吴船长立即登上驾驶台，凭着航海经验和高度责任心，立即与局调度联系，得知本时间段的确有一艘客船“长柏”轮驶经黄海区域。于是吴船长急忙查看雷达荧光屏，从荧光屏回波中判断出，“长柏”轮的位置应是北纬 34 度 20 分、东经 121 度 30 分。火警就是命令！时间就是生命！“长顺”轮全速驶向“长柏”轮，早晨 7 时 57 分赶到了救助现场。

6 时 35 分，上海海运调度室听到“长柏”轮船长于希然呼救声：“我轮特等客舱着火，火势大，烟雾浓，旅客正在疏散。”当值调度主任立即要求“长柏”轮船长先组织人员灭火，并告知，局里马上调船前来营救。

孙治堂局长、黄为民书记等局领导闻讯来到在局调度室，根据当时险情，立即成立了“‘长柏’轮抢救领导小组”。孙治堂局长命令“长顺”轮吴伟川船长担任现场施救总指挥。这时，上海海运“长通”“长宁”“振 2”“振 3”“振 6”“长风”和“大庆 27”等船舶奉命向“长柏”轮快速驶去。

这一天，交通部林祖乙副部长原要参加部海监局年会，得悉“长柏”轮火灾消息以后，立即取消到会讲话的议程，马上召集有关人员组织成立了救助指挥部，命令附近港口和救助中心不惜一切代价，全力救助，并要确保旅客和船员的安全。与此同时，烟台港的两艘救助船、青岛港两艘消防拖带两用船、青岛海军的两艘军舰和直升机、连云港的两艘拖轮以及上海港的大马力拖轮纷纷赶往出事地点。

9 时 45 分，接到调度命令的“长通”轮也赶到了现场。此时，海面有 7 级风浪，现场总指挥船长吴伟川一方面指挥“长通”轮架起水龙带灭火，控制火势，一方面操纵“长顺”轮艰难地并靠在“长柏”轮的下风位置。“长顺”轮水手虞顺利、王平、姚宝君，置生死于度外，在“长柏”轮船员配合下，以最快的速度在两船之间用两块近十米长的木跳板，搭好一条拯救近千名旅客的“生命通道”。在风浪中完成这项“搭接”工作，不仅要技术过硬，更要有“不怕死”的精神，因为任何一个疏漏，就有可能掉下两船夹缝中而丧命。

架起了“生命通道”，系好了安全网。目睹着上下起伏的跳板和两船夹缝中奔腾咆哮的海浪，许多旅客吓得不敢走步，虞顺利不顾安危，身先士卒，来回奔走在“生命通道”之上携老扶少，让旅客安全通过。突然一位孩子从紧包的毛毯中滚了下来，急得母亲惊叫起来，眼明手快的虞顺利扑了上去，一把抓住；又有一位旅客不慎一只脚滑入安全网中，鞋子顿时掉入海中，吓得大家一阵慌乱，又是虞顺利一个箭步上去把他拖了上来。在舷边接应的船员王平、姚宝君任务也很艰巨，他们伸出有力的胳膊，将一个个旅客接应过来。一名旅客眼看着要走到“长顺”轮时，由于两船不断晃动，跳板摇晃加剧，致使其从“长顺”轮船舷外墙往下坠，说时迟那时快，王平、姚宝君两人同时伸出手去，一把抓住，将其拎上甲板，避免了坠海死人事故。当一批又一批旅客安全到达“长顺”轮时，许多旅客含泪高呼“共产党万岁！社会主义就是好！海员兄弟谢谢你们！”许多旅客紧抱船员，连声说谢。在吴伟川船长的指挥下，“长顺”轮和“长柏”轮的船员无所畏惧，配合密切，于 10 时 40 分，仅用 55 分钟，奇迹般地将包括 48 名儿童、4 位残疾人在内的 939 名旅客，全部安全转移到“长顺”轮上。被救的旅客住进了会议室、阅览室、餐厅和船员房间，船员们把自己的被子和衣服给旅客使用。旅客得救了！“长柏”轮 41 名服务员、厨工和乘警随同而上，以便做好旅客的安顿工作。交通部、上海市交通办、上海海运的领导松了一口气。但是，“长柏”轮上大火仍在燃烧，灭火战斗还在继续。

“长通”轮是此次黄海大营救第 2 艘抵达现场的营救船舶，9 时 45 分抵达现场时，“长柏”轮已左倾 7 度，而“长通”轮却是未装煤炭的空船，船长刘厚基深知如果离“长柏”轮较远，则船上的水龙喷不到火点。必须靠近，但在七级风浪中如果把握不住，就会骑上“长柏”轮而造成更大事故。面对此情，刘船长想到的是抢救第一，于是他竭尽所能，将船缓缓地向下风的“长柏”轮 慢慢地“压过去”，并果断地抛下左锚，稳住船艏，两轮相距渐渐缩小，20 米、15 米、5 米，只听得几声沉闷的橡皮靠把叽叽咯咯响声，“长通”轮万吨巨轮终于轻轻地贴上了“长柏”轮。随即六组早已准备好的人马，紧握高压水龙，暴雨般的水柱霎时喷向火点。随着风的劲吹和浪的汹涌，两船间的距离不断在变动，驾驶台上的刘厚基船长用车舵调整船位，以确保救火人员和船舶的安全，并且保证水龙的有效射距。轮机长赵仁发，在灭火的整整 4 个小时里，坚守岗位，没有差错地变换了 150 多个车钟，最多时 1 分钟内执行 6 个车钟命令。

水手长林荣安，带领其他水手，手握 7 公斤压力的水龙皮带，战斗在船舷边喷水灭火。其间发生了两次危及船舶和船员安全的苗头，都由于他的机智和果断，得以解危。一是“长柏”轮二等舱上艇甲板的氧气瓶和乙炔瓶快要被大火烧到，他发现后即叫客轮船员放倒氧气瓶和乙炔瓶，加大水量喷射降温避免了爆炸；二是客轮上两艘救生艇和生活用起货机吊杆在大火中被烧坏并倒向一旁的“长通”轮，水手长林荣安急忙将身边在喷水的水手小张拉开，避免了一次人身伤亡事故。

合同工机匠周勇峰，一手紧握 12 磅榔头，爬过船舷，纵身跳到“长柏”轮上，不顾灼热，砸碎客房门窗，以利灭火。

闻讯赶来的“振奋 2”“振奋 3”“长阳”“长风”“湖州”等船舶，虽然无法直接参加灭火和营救旅客，但也等候一旁，在上风处抛锚，挡风助力。

经过 9 个小时的奋战，“长柏”轮大火终于扑灭。当“长通”轮鸣笛一声，掉头驶离时，两轮的船员频频招手，谢声不断，互祝平安。

3 日 14 时 45 分，“长顺”轮根据局指令撤离现场，满载 939 名旅客驶往青岛，4 日凌晨 2 时 30 分顺利靠上青岛港客运码头。3 月 4 日下午 4 时 15 分，得救的最后一名旅客，依依不舍地离开了“长顺”轮。

1992 年 3 月 5 日下午，正在石臼所开会的黄镇东部长专程赶赴青岛，先到青岛新兴旅社看望和慰问“长柏”轮遇险的旅客，然后，黄部长登上“长顺”轮看望慰问旅客和船员，再三叮嘱船舶领导和船员“要认真做好旅客的安抚工作”。3 月 5 日晚上，上海海运党委副书记刘国雄带领客运公司领导和有关人员抵达青岛港，看望慰问得救旅客，并拜访了青岛市政府，汇报情况，请求支持。在青岛市和青岛港务局的支持下，设立了“接待站”做好旅客的安抚工作。分两批组织旅客到上海认领行李，对受损的行李按《客规》和具体规定视情况予以赔偿。当一位温州女旅客领回被水浇湿的皮包，见包内 26000 元现金分文不差，连连说：“真没有想到！”

"长柏"轮在"华振""长阳"两轮的前后护航下，于 3 月 6 日安全返回上海。

"长柏"轮事故发生以后，两日未合过眼的上海海运党政领导在 3 月 4 日晚上 11 时 30 分又召开有关处室、船公司会议，重点研究脱险旅客转程来沪和行李处理等善后工作。会议一直到 5 日凌晨 2 时结束。会后，黄为民书记即率领相关人员搭乘"生产 1"轮到长江口，登上用应急舵操船返回的"长柏"轮，慰问船员，了解情况。

3 月 6 日，孙治堂、黄国忠等局领导到"长顺""长山""长柏"轮慰问英雄救火的船员，并与有关同志研究总结这次抢救火灾的经验。

"黄海大营救"事迹，受到了各方的关注和赞誉，上海《解放日报》以整版篇幅予以报道。交通部副部长林祖乙认为，"长柏"轮事故发生以后，上海海运依靠自己的力量，在如此短的时间内，把这么多的旅客无一伤亡地安全转移，是一件了不起的事。这是国际海运史上的奇迹。

1992 年 3 月 19 日，在上海海运职代会上，孙治堂局长宣读了对"长柏"轮灭火救难功臣的嘉奖令：给予成功营救"长柏"轮上旅客和灭火有功的"长顺"轮、"长通"轮分别记集体一等功和集体二等功，各奖励 12000 元和 8000 元；给予"长顺"轮船长吴伟川和水手虞顺利分别记一等功和二等功，各奖励 3000 元、2000 元。吴伟川船长被上海市政府增补为上海市人大代表。

事后，上海海运组织事故调查组进行调查。"长柏"轮由于起火部位烧损严重，又因救火时大量进水，能够反映火因的残留物极少，经反复现场勘查、取证、试验，并由有关专业部门验证，综合分析现有的证据和资料，查明起火部位在"长柏"轮特等舱左舷 4 号房间，其起火原因可能是由于人为留下的火种引起，但不能完全排除电器线路机械损伤，严重受潮等意外因素引起电火，而导致火灾的可能性。火灾事故调查中发现有一个无票乘船的船员家属因未及时逃离，窒息死亡在船员房间内。

"长柏"轮事故教训深刻，上海海运给予负有领导不力的客运公司总经理和党委书记行政警告处分。同时，客运公司也给予"长柏"轮船长降级大副处分、给予大副行政记过处分；政委和客运主任虽然负有不可推卸的领导责任和管理责任，但鉴于两人在救火和疏散旅客中表现突出，分别给予行政警告和通报批评处理。

上海海运通信站 04 单边带无线电报务班在"长柏"轮火灾事故抢险中成绩显著，特辟专用频道，作为紧急通信指挥路线，在班长郭淑琴的带领下，紧急通信持续了 29 个小时，确保通信畅通，及时传达抢险指挥部的指令，保证抢险工作顺利进行，上海海运授予该报务班集体二等功，并奖励 1200 元。

第六节　重视人才队伍建设

一、做好知识分子工作，发挥其聪明才智和专长

上海海运广大知识分子，新中国成立后在党的领导、教育下，为海运事业做出了重要

贡献。在改革开放新时期，他们是发展和搞活海上运输、开创海运事业新局面的一支骨干力量。为了改变过去对待知识分子的“左”的错误做法，清除“左”的思想影响，调动广大知识分子的积极性和创造性，全面开创海运工作的新局面，上海海运根据交通部的部署，认真贯彻执行党的知识分子政策，对知识分子从各方面进行了大量的工作。

对干部、职工进行知识分子地位和作用的教育。党的十一届三中全会全后，党的工作重点转移到社会主义现代化建设上来。党中央指出：在新的形势下，知识分子的状况已经发生深刻变化，党在解放初期提出的对知识分子“团结、教育、改造”的方针已经不适用目前的情况，知识分子是工人阶级的一部分。根据中央的指示，局党委反复对干部、职工进行教育，组织干部、职工学习中央及中央领导同志关于知识分子问题的重要指示，学习《邓小平文选》中有关论述和《知识分子问题文献选编》，统一思想，提高认识，使干部、职工明确认真落实知识分子政策，是实现新时期战略目标的一项重要措施，是在政治上同中央保持一致的重大问题，也是衡量一个部门和单位领导工作优劣的重要标志之一。

无论在职工代表大会上和思想政治工作会议上，还是在整党中，局党委领导联系本局技术要求高、知识分子多的特点，不断宣传三个观念：一是反对把马克思主义同人类文化成果割裂开来、对立起来的错误倾向，确立尊重科学文化知识的正确观念，动员全党、全体职工努力学习，掌握现代化科学文化知识；二是反对把知识分子同工人阶级割裂开来、对立起来，把知识分子看成异己力量的错误倾向，确立知识分子是工人阶级一部分的正确观念，加强工人和知识分子的团结；三是反对把坚持党的领导同实行内行领导割裂开来、对立起来的错误倾向，确立要正确领导就必须内行的正确观念，大力加强干部队伍在革命化的前提下的知识化、专业化，以提高干部、职工对知识分子、科技人员的认识。检查落实知识分子政策情况，加强知识分子工作。

根据党中央 1982 年 1 月 30 日发出的《关于检查一次知识分子工作的通知》精神，上海海运成立由党委副书记张建会为组长的落实知识分子政策领导小组，并由干部、宣传、房调、科技等部门组成工作班子，对党的十一届三中全会以来落实知识分子政策情况进行调查。这次检查的范围是大副、大管轮、工程师、技师、讲师、主治医师以上科技干部，共 1631 人，占全局科技人员总数的 34%。检查的结果表明，党的十一届三中全会后，上海海运在落实知识分子政策方面做了大量工作，主要表现在;（1）平反冤假错案，政治上予以信任。“文化大革命”中，上海海运中高级专业人员和船舶技术骨干被“审查”的有 129 人，全部复查，有的平反，有的作了适当结论。清理了 1631 名中高级科技人员的档案材料。 1978 年以来，有 972 人晋升了技术职称，其中大副、大管轮以上干部 438 人。（2）创造条件，对技术干部进行培训。先后开办了船长、轮机长轮训班及外语学习班 11 期，参加培训的近 300 人。（3）关心生活，解决他们的实际问题。解决了 52 人夫妻分居两地的问题，安排了 103 名子女就业。还提高了中高级科技人员的分房标准，有 146 户居住条件得到了改善。检查后，针对存在的问题，采取了相应的解决措施，如重新制订科技人员的分房标准，解决科技人员的住房困难；对年老体弱的高级专业人员因工作或就医需要用车，给予方便等。

根据中央组织部、宣传部、统战部 1984 年 1 月 24 日联合发出的“再次检查落实知识分子政策的情况”的通知和上海市组织部的部署，上海海运又成立了由政治部副主任黄为民负责的“检查落实知识分子政策领导小组”，抽调组织、干部、宣传、科技等部门有关人员，对全局落实知识分子政策的情况，再次进行了全面检查。这次检查，是按照中央提出的“政治上一视同仁，工作上放手使用，生活上关心照顾”的政策，边检查边解决问题。这次检查期间，根据市委的要求，上海海运将检查工作与整党工作相结合，自 1984 年 2 月 14 日动员部署，到年底结束。这时，上海海运有各类科技专业人员 4454 名，其中高级科技人员 80 名，中级科技专业人员 1075 名，有大专以上学历的 1547 名。

1982 年以来，上海海运选拔了 5 名大专以上学历的知识分子担任局的领导工作，有 12 名知识分子担任局机关处室领导工作，局属基层单位已有 166 名符合“四化”要求的干部进入领导班子；有 300 名晋升和评定了技术职称，其中晋升为高级工程师的 35 名，晋升为工程师的 165 名；通过考核，晋升船长 104 名，轮机长 97 名；对全局船舶技术干部中在 60 年代毕业的、有大专以上学历的知识分子逐个进行检查，对仍担任大副、大管轮以下职务的进行逐个分析，对其中的 55 名，由船管处根据每人的情况，提出了使用及培训提高的意见；对已平反的 102 名中高级专业人员和船舶技术干部进行了第 4 次复查，对 1462 名知识分子的档案材料再次进行了清理；解决了 25 名知识分子夫妻分居两地的困难。

1986 年 5 月，上海海运和各基层单位调整充实了落实知识分子政策领导小组，加快了工作进度。从 8 月初开始，局落实知识分子政策领导小组邀请民主党派人士、知识分子代表组成验收检查小组，到各基层单位听取汇报。召开不同类型人员座谈会，设点现场接待知识分子来访，对知识分子档案进行抽查，最后召开知识分子大会，汇报验收的情况。

这次验收检查表明，上海海运机关和各基层单位基本上解决了知识分子的历史遗留问题。对使用上和生活照顾方面也普遍做得较好。1987 年 2 月下旬，交通部落实知识分子政策上海地区检查组来上海海运，对落实知识分子政策工作进行检查，听取了全面汇报，进行了重点抽查。2 月 26 日，检查组在检查情况通报会上宣布上海海运落实知识分子政策，解决知识分子中遗留问题的任务已基本完成，并指出上海海运在落实知识分子政策工作中，组织健全，方法对头，措施得力，成效显著。根据交通部和上海市委的检查要求予以通过。

为进一步落实知识分子政策，充分发挥知识分子的才智和专长，根据上级的有关规定和指示精神，结合具体情况，1984 年 2 月 6 日，上海海运党委和行政制订并颁发试行《交通部上海海运管理局知识分子管理工作的暂行规定》，对管理范围、政治待遇、管理使用、专业培训、考核、晋升、奖惩、生活照顾、组织领导等作了具体规定。经过两年多的试行，1987 年 7 月，《暂行规定》进行了某些修改后颁布实行。

清除“左”的影响，发展优秀知识分子入党。党的十一届三中全会后，对落实知识分子政策工作进行了数次检查，其中也包括检查知识分子“入党难”的问题。1984 年底，中央组织部连续召开在知识分子中发展党员工作座谈会，强调发展优秀知识分子入党的重要作用，解决优秀知识分子“入党难”的问题。党的十一届三中全会后到 1984 年底以前，上海海运系统虽然已发展了 40 多名优秀知识分子入党，但仍然没有完全解决优秀知知识分子“入党难”的问题。1985 年，上海海运党委根据中央指示精神，制订了《中共上海海运局委员会 1985—1987 年发展新党员的规划》。到 1987 年底的三年中就发展了 500 多名优秀知识分子入党，尤其是船长、轮机长中的党员人数已达 40%。

二、加强政工队伍自身建设，选拔培养船舶政工干部

20 世纪 80 年代初，上海海运共有船舶政委、副政委 220 多人，其中有 83 人参加过抗日战争、解放战争；有 134 人是“文化大革命”前参加工作的。这支政工队伍，大多数经过部队锻炼转业到企业的。他们对党、对社会主义有深厚的感情，有一定马列主义理论水平，有一定的政治工作经验，并且热爱船舶政治工作，适应海上船舶运输环境。在“文化大革命”期间，他们受批挨斗，有的遭迫害，身心受到严重摧残，但仍始终坚守岗位，尽力工作，保证运输安全生产正常进行。粉碎“四人帮”以后，在实现历史性的伟大变革中，他们认真贯彻执行党的十一届三中全会以来的路线、方针、政策，拨乱反正，积极开展思想政治工作，涌现出一批热爱本职工作、身体力行、作风踏实、深入群众、虚心好学、善于研究新情况，努力开创船舶工作新局面的优秀政工干部。但在以经济建设为中心的“四化”建设新时期，这支船舶政工干部，有的在年龄上显得偏高，50 岁以上的有 113 名，约占总数的 50%；体弱多病、等待离退休、不宜上船的有 22 名，占总数的 10% 以上。在文化程度方面，总体上显得偏低，小学和相当初中文化水平的就有 195 人，占总数的 87%，高中以上文化程度只有 29 人，占总数的 13%。根据排队分析，政策水平较高、作风踏实、群众中有威信、工作能抓得起的占 33.5%；属于中等一般水平的占 52.5%；以身作则差，工作能力低，不够称职的有 14%。另外，还有少数政工干部政治上衰退，工作得过且过，作风不正，私心过重，违反政策和外事纪律，受到了党纪政纪处理。

根据形势发展的需要，上海海运党委对政工干部的思想建设和作风修养不断提出新要求。1980 年强调干部要加强责任心和原则性，以身作则，增强政策观念和组织观念，要在拥护“三中全会”路线，坚持四项基本原则，遵守社会主义法制和公共道德，学习政治文化、技术、管理以及敢于同各种歪风邪气做斗争等方面做到“五个带头”。

1981 年，针对干部中出现的某些不良倾向和工作疲沓现象，提出了结合整顿党风，争当合格政工干部的号召。1982 年通过政工会议，制订了《船舶政工干部守则》，要求政工干部以立场坚定、忠于职守、学习认真、品行端正、方法科学、作风民主 6 条标准规范自己的行动，经常对照自己找差距。在党的不断教育下，船舶政工干部中涌现出一批表现良好的同志。党委在 1982 年政工会议上对工作突出的曹湘河等 19 名船舶政工干部进行了表扬。

1981 年 3 月，上海海运恢复了局党校，对政工干部开始轮训。党校当年举办了两期政委学习班，局党委办公室和船舶政工组也举办了三期短期政委学习班，通过轮训使政工干部的精神面貌起了变化。上海海运党委针对政工干部后继乏人的局面，多渠道选拔培养政工干部：一是在船舶、机关中挑选、培养一批精干的同志充实船舶政工队伍。二是从机关职能部门抽调干部上船代职，这一措施不仅可以部分地解决政委人手短缺的问题，也有利于机关干部更好地接触实际、熟悉基层情况，加强群众联系，促使机关工作的改进。1982 年有 30 名干部下船代职。三是从局属陆地厂、站、校中的党支部正副书记，从部队复员转业干部中选拔了一批适合作政治工作、身体条件好的。 1985 年，上海海运选拔 40 人，经

过培训后到船舶任副政委；对原在船上任副政委的，经过考察，有 30 人提升为政委。

局党委运用多渠道选拔政工干部，以党校为主培训政工干部，使船舶政工干部源源不断地得到了充实。同时，抓紧对政委轮训，轮训内容除了理论和政策教育之外，充实了政治工作业务训练的课程，由局党校订出计划，分期分批，在较短期间对全部船舶政工干部轮训一遍。至 1982 年 5 月，共轮训了 139 名船舶政委，并按照船舶承担的任务繁简和干部的水平能力，采取必要的岗位调整。

对新遴选的政工人员和已在职的船舶政委，主要采取脱产进党校系统培训，提高他们的政治理论水平、文化水平、政治工作业务水平。在党校培训政工干部，设置了这样几种学制：一是政工干部中专班，学制二年，自 1984 年开始招生，至 1989 年共办了四届，培训 138 人。这个班的招生对象，为本局船舶、基层或机关职工，具备初中毕业或具有同等学力、二年以上工龄、40 岁以下、政治思想品质好、共产党员、身体健康，经考试达分数线者录取。入学后，学完教学计划的全部课程，各门考试合格（包括上海市组织的统考），国家承认中专学历，发给上海市教育行政部门颁发的毕业证书。学员毕业后，上船实习半年到一年，多数分配在船舶任副政委，少数在陆地单位政工部门工作。二是政委培训班，学制 7—8 个月，自 1982 年 11 月开始招生，到 1983 年 7 月共办了两届，培训 83 人。该班的招生对象为本局的船舶、厂、站及局机关的职工，条件为党员、年龄在 30 岁左右、初中以上文化水平、身体健康，准备选拔培养成船舶政工干部。录取办法为：根据条件，由基层推荐，本人自愿，局干部处审查，局党校在开学前进行文化测验和体格检查，合格者入学，不合格者退回原单位。这个班录取的 83 名学员，大部分是船上的水手、机匠等技术工人，也有少数是船上的大副、大管轮、电机员等技术干部，还有少数是陆地单位的干部和工人。入学后，重点学习哲学、政治经济学、中共党史、近代史、政工业务，还学习语文写作知识、党的建设、企业管理。学习结束后，个人作小结，进行鉴定，主课考试合格者发给结业证书，大部分由局政治部分配上船舶任副政委，少数人任船舶见习政委。三是政工干部轮训班，学制三个月左右。该班是对在职政工干部的脱产轮训，多数是船上的正副政委，也有少数陆地单位的科级干部和局机关党政部门的干部，年龄在 40—50 岁。入学后，主要学习中宣部规定的党政干部必读的马克思主义哲学、政治经济学、科学社会主义、中共党史四门基本理论课，还学习政工业务、党的建设、法律常识、经济管理等。1986 年开始，举办了两期，共 60 人参加。除采取这些长短不同的学制培养、轮训政治工作干部外，还根据形势发展、党的中心任务的要求，随时举办轮训班，学习时事政治、经济形势、党中央决定指示等，提高政工干部的认识水平和工作能力。1982 年、1983 年连续办了八期政委、船长学习班，共有 250 多人参加；1984 年举办了五期 21 级党员干部整党文件学习轮训班，其中大部分是政委。同时，采取随船跟班的形式培训。如 1982 年以来，挑选了适合当政工干部的对象和部队转业干部 30 名，随船跟政委见习，然后正式分配任船舶政委。

三、树先进典型，评选优秀政工干部

在新的历史时期，上海海运政工干部经过党组织的培训教育，在贯彻党的路线、方针、

政策，建设“两个文明”，发展海运事业，培养“四有”职工队伍等方面做了大量工作，取得了可喜的成绩，涌现一批又一批热爱政治工作，具有奋斗精神、创新精神、求实精神和刻苦学习精神的优秀政治工作者。为激励政治工作干部不断奋进，勇于创新，交流工作经验，促进海运企业思想政治工作，上海海运每年在局政工会议上表彰优秀政工干部。如1983年，表彰了28名船舶政委、副政委。1985年，经各单位党组织推荐上报，局评选委员会评定，有魏洪光、余松波等8位政委、副政委被授予优秀政工干部称号。

1985年根据交通部政治部的要求，上海海运上报了10个先进政工部门和14名先进政工干部的典型材料，其中有“海樱”轮政委陈福田、“林海1”轮政委李明岳、“长虹”轮副政委杨汝荣、“林海5”轮政委石德善、“鸿新”轮政委王金铸、“建设5”轮副政委彭正周、“化运2”轮政委凤云浦等人。他们中有的长期从事船舶政治工作，不断进取，积极工作，在船员中有较高的威信；有的以身作则严于律己，大胆开展工作，改变后进船舶面貌；有的能积极主动地把思想工作做到安全生产中，协助船长努力提高经济效益，搞好船舶管理；有的是局党校培训出的年轻的新政委。同时，对在重大事件中做出突出成绩的，即随时记功表彰，如1983年担任“长治”轮政委的王金铸，在组织船员抢救“战斗67”轮遇险船员过程中，积极主动，措施得力，市政府给他记大功一次。

四、组织青年职工政治轮训

从1983年7月至1986年，上海海运对局系统1970年后参加工作、30岁以内的职工进行了政治轮训。这次轮训，领导普遍重视，组织措施周密，教育内容和计划安排适当，青年学习积极，达到了预期效果。

为了加强对青工轮训工作的统一领导，上海海运成立了以政治部副主任黄为民为组长，由局党办、宣传处、工会、团委、教卫处主要负责同志参加的青工政治轮训领导小组，并抽调干部在宣传处内设立专职工作班子，具体处理日常工作。各船舶成立了由政委负责的青工政治轮训领导小组，还成立了由船舶思想政治修养较高、有一定理论水平和教学能力的同志和局培训的小教员组成教学小组，负责讲课、辅导、小测验等教学工作。根据船舶流动分散、人员不易集中，而且需要轮训的青年海员人数较多的实际情况，采取先培训政治教员，后由政治教员随船上课的办法开展青工政治轮训。

经过自愿报名、基层组织推荐、干部部门审核、局青工政治轮训领导小组批准的程序，从陆地单位和船舶职工中选拔出37人，举办了两期政治教员培训班，每期一个月，学习《青工政治读本》。通过培训，使政治教员基本上掌握了教材的内容，具备了上课的技能，再分批上船，在船舶党支部、青工政治轮训领导小组领导下，担任授课、辅导工作。图5-21为上海海运举行海上读书知识竞赛。

图5-21 上海海运举行海上读书知识竞赛。

这次青工政治轮训的内容，是系统地学完《中国近代史》《科学社会主义常识》《中国工人阶级》三门课程，进行热爱祖国、热爱社会主义、热爱共产党的教育，进行社会主义制度优越性和社会主义各项原则的教育，进行中国工人阶级的历史地位、历史责任和优良传统的教育，进行做一个有觉悟的工人阶级成员的教育。各船、各单位都以市委宣传部编写的《青工政治读本》为主要教材，参照市有关单位和《支部生活》编辑部联合举办的《青工政治轮训讲座》十二课以及局编写的讲课提要，上课讲解。陆地单位采取分期分批脱产集中轮训的办法，每期20天左右；船舶多数采取半脱产与业余相结合，在船轮训的形式，每期三个月，累计训练时间150小时左右。学习结束，对每个学员全面考核，由局出题统考，考试合格者，由局发给合格证；不合格者，限期补考，在补考合格前停发奖金。考试成绩，作为转正、晋级考核内容之一。

轮训取得了优异的成绩和明显的效果。突出体现是：提高了爱国主义觉悟，增强了对党对社会主义的热爱，进一步端正了劳动态度，素质有提高。青工轮训领导小组对轮训前和轮训后的青工分析排队：一类较好的青工由40%上升到70%，二类一般化的青工由40%下降为18%，三类较差的青工由20%下降为4%。

五、加强远洋船员的管理

随着远洋运输船舶的增加，远洋船员队伍的扩大，航行港口的拓宽，远洋船员在国外境外违纪问题时有发生。同时，远洋政治工作也有了初步的实际体会，取得了一些经验。船舶政工干部普遍要求局政治部门制订统一的船员在国外港口办事、购物、下地的制度，以便有章可循，加强对船员在国外港口的管理，杜绝和减少涉外事件的发生。局政治部经过调查研究，参照上级有关部门下发的关于涉外机构和涉外人员的规定，从上海海运远洋船舶的实际出发，在1980年初起草了《远洋船舶在国外港口的一些具体事项的规定》，并提交于3月召开的政治工作会议上讨论，于3月10日正式下发了该规定。

1981年，经过实践，局政治部又补充下发了《船员在国外港口下地须知》。以上两项规定，对远洋船员在境外港口哪些不应做、哪些严格禁止，从政治要求到思想品德、从组织纪律到思想作风、从购买物品到衣着仪容等等，均作了具体而简要的明确。各船党政领导，对船员普遍反复讲解宣传这些规定，做到人人皆知、条条明白，提高了船员贯彻执行的自觉性。这些规定对加强远洋船员外事教育，严格涉外纪律，抵制资本主义社会腐朽思想的侵蚀，防止资产阶级自由化思想的污染，减少船员违纪事件的发生、维护国格人格，起了积极作用。

六、以杨怀远为典型，广泛开展宣传学习模范英雄人物活动

数年来，上海海运一直坚持每年一度自下而上评比先进，两年一届评选劳模，三年一次树立企业标兵活动。局政治部把大力表彰模范先进人物，广泛宣传学习模范先进人物事迹作为思想政治工作的重要任务，集中地组织船岸职工宣传学习杨怀远“小扁担”精神、立丰船厂“神州轮灭火抢险英雄集体”、局系统“毕建斌等十大标兵”和周来根等先进事迹。

杨怀远1960年从部队复员来到上海海运，先在油轮上做生火，1962年底调客轮当服

图 5-22　上海—广州客运航线首航时，杨怀远肩挑扁担为旅客服务。

务员（图 5-22）。30 多年来，他在平凡的岗位上做出了极其不平凡的事迹，是交通战线闻名的老模范。“文化大革命”前，他就被评为上海市五好职工、交通部学习毛泽东著作积极分子；1980 年后相继获交通部、上海市劳动模范，市优秀党员，交通部特级服务员，全国劳动模范荣誉称号。

上海海运对杨怀远“小扁担”精神的宣传，除“文化大革命”的 10 年，多年来一直没有间断过，特别是 1985 年，在改革开放的新形势下，开展了声势浩大的“树理想，学杨怀远”的活动。

1985 年 6 月 3 日，交通部部长钱永昌写信给杨怀远，高度赞扬杨怀远热忱为旅客服务，待旅客如亲人的“小扁担”精神，对服务工作精益求精，不断探索服务规律的工作态度。钱永昌部长指出，“为人民服务是我们的精神优势，必须大大发扬，使它的内容更宽广，水平更提高”。9 月 3 日、4 日，新华社、《解放日报》《文汇报》先后发表了杨怀远《讲点服务学》的文章。9 月 12 日，上海海运政治部发出《关于在船舶开展向杨怀远同志学习活动，进行理想教育的意见》。1985 年国庆节前夕，钱永昌在京接见杨怀远，并听取杨怀远汇报全心全意为旅客服务的体会。上海海运党委书记黄为民陪同杨怀远赴交通部。在京期间，杨怀远向交通部机关和部直属单位干部、职工作了数场以《发扬“小扁担”精神，一辈子做人民的服务员》为题的报告，听众达 7000 多人，中央电视台拍摄录像，播放了报告会实况。与此同时，举办了杨怀远事迹展览会，展览会有实物、有录像，观众近 2000 人。

10 月 12 日，上海海运局党委在召开的 1985 年第二次政工会议上做出了《关于贯彻全国党代会精神，深入开展学习杨怀远同志先进事迹的决定》，对开展学习杨怀远先进事迹活动作了进一步部署。《决定》指出：20 多年来，杨怀远顶住了种种压力，克服了重重困难，在名誉、地位和物质考验面前，坚持全心全意为人民服务，在平凡的工作岗位上做出了不平凡的成绩。《决定》要求局属各单位的党组织都要组织干部、船员、职工进行学习，号召“学习他坚定的共产主义理想，全心全意为人民服务的信念，坚持做到为人民服务不转向；学习他把远大的理想同个人的志向、同自己的本职工作结合起来，从我做起，从本职做起，从现在做起的‘小扁担’精神；学习他急旅客之所急，想旅客之所想，把为旅客服务、为旅客排忧解难当作自己最大的追求和乐趣；学习他不求名誉地位、不计个人得失的共产党员的本色；学习他积极探索服务规律，不断总结经验，改进服务手段，力争上游的进取精神”。

1985 年 11 月 5 日，上海市委、市府隆重举行表彰大会，授予杨怀远全国劳动模范、市优秀党员称号。会上，交通部副部长林祖乙宣读了国务院关于授予杨怀远全国劳动模范的决定；市委副书记吴邦国宣读市委关于授予杨怀远优秀共产党员称号的决定。市委书记芮杏文、市长江泽民向杨怀远颁发金质奖章和荣誉证书。市委副书记黄菊代表市委、市府讲话，要求全市共产党员、共青团员、干部和各界群众都要以杨怀远为榜样，做有理想、有道德、有文化、有纪律的社会主义劳动者。全国总工会副主席蒋毅也讲了话。杨怀远向来自全市各系统的一千多名领导干部作了题为《发扬“小扁担”精神，一辈子做人民的好服务员》的报告。这次大会后，市委专门发出通知，号召全市各系统开展学习杨怀远的活动。

1985 年 12 月 2 日至月底，杨怀远事迹展览在市工人文化宫展出。这个展览会是由市交通党委、市总工会和上海海运联合举办的。芮杏文为展览会题了“只求为人民服务到白头”的会标；江泽民题词：“学习杨怀远同志在改革中坚持为人民服务的宗旨。”展出的内容，从理想、事业、追求、探索等各个方面再现了杨怀远全心全意为人民服务的高尚情操。展览会还放映录像片《路春风暖客心》。展览期间，共有 718 个单位的 85000 多人次参观。

自 1985 年 9 月下旬以来，杨怀远的“小扁担”精神引起传媒舆论界的普遍注意，新华社、中央电视台、中央人民广播电台及全国 20 多家报纸大量播发和以大量版面刊登杨怀远的事迹，并介绍上海海运开展学习杨怀远活动的情况。上海海运宣传处协助杨怀远，整理了一万多字的《只求为人民服务到白头》的文章。该文章先在《解放日报》《文汇报》全文刊登，接着《人民日报》在头版头条位置全文转载，并配发《让理想化为造福人民的行动》的评论员文章。

在交通部、上海市委的指示号召下，在全国宣传媒体的传播推动下，杨怀远的“小扁担”精神在全国引起了巨大反响，一个宣传学习杨怀远的高潮蓬勃掀起。自 1985 年国庆前到 1986 年 1 月的短短四五个月中，就有 120 个本局、本市及外省市的单位邀请杨怀远作了 120 多场次事迹介绍报告，听众逾 12 万人次。上海海运从机关到船舶、工厂、医院、学校，再次掀起了学习杨怀远的热潮。

杨怀远在 20 多年的服务员工作岗位上，注意从实践中学习，总结成功的经验和不成功的教训，积累了大量的服务素材，如怎样观察各类旅客的要求，解决旅客的困难；如在言（言语）、行（行动）、表（表情）上怎样做到统一；如怎样做到亲（亲切）、勤（勤快）、和（和气）、迎（迎送）、访（访问）等等。杨怀远还积极学习文化，学习心理学知识，不断探索服务规律，研究旅客心理上的变化。1985 年，上海海运党委派两位有写作水平的干部帮助杨怀远整理出 5 万多字的《讲点服务学》一书。《讲点服务学》汇集了杨怀远 20 多年服务工作的心得，凝结了杨怀远 20 多年风风雨雨的心血。

1986 年 1 月 1 日，中共中央书记处候补书记郝建秀在中共上海市委副书记吴邦国以及上海市总工会、团市委、市妇联负责同志的陪同下，到杨怀远家拜年，勉励杨怀远把“小扁担”精神传下去。

七、《荣誉的十字架》诽谤杨怀远，工会组织挺身维权

1988 年 5 月，上海《小说家》杂志第三期刊登了作家张士敏小说《荣誉的十字架》，影射和诽谤全国劳动模范杨怀远和其家属佘秀英。该小说的发表给上海海运员工带来了极

大的震动，在社会上、新闻界、出版界也造成了很大的影响。上海海运局工会旗帜鲜明地坚决予以指责，坚决维护杨怀远和其妻子佘秀英的名誉和利益。

为揭露作家张士敏利用小说《荣誉的十字架》诽谤全国劳动模范杨怀远和其家属佘秀英的真相，当年7月2日，上海海运局工会和杨怀远以及其妻子佘秀英在上海海员俱乐部联合召开新闻发布会，51家新闻、出版单位的记者、编辑出席了会议。上海海运局工会主席陈昌本说，工会的重要职责之一，是要理直气壮地为职工讲话，维护职工的切身利益。在杨怀远及其家属的声誉受到诋毁、人格受到侮辱、代表为人民服务的“小扁担”精神受到严重挑战的时候，上海海运局工会有责任挺身而出为他们伸张正义。15日，交通部政治部致信杨怀远和佘秀英，称赞杨怀远几十年如一日全心全意为人民服务，在客轮服务工作的岗位上做出了不平凡的成绩，不仅是改革的积极拥护者，而且是改革的实践者。不赞成社会上个别人利用文艺形式贬低先进模范人物的做法。相信杨怀远能一如既往、理直气壮地继续战斗。来信还赞扬佘秀英是杨怀远的当之无愧的“贤内助”，对她表示感谢和亲切慰问。中国海员工会也致信杨怀远，勉励他摒弃烦恼，锐意进取，使“小扁担”精神更加发扬光大。

1991年2月27日，上海市徐汇区人民法院对杨怀远、佘秀英诉张士敏诽谤一案做出一审判决，确认张士敏犯有诽谤罪，判处有期徒刑9个月，缓刑一年。

第七节　科技、教育成绩斐然

一、科技成果硕果累累

1979年7月，国内当时最大的含油污水处理船“黄岛”轮经修理改装后投产，每年可处理含油污水72万吨。

1980年8月，立新船厂创制的“大中型船用柴油机油塞头环槽镀铬”获交通部三等奖。

1981年11月，经交通部科技局、工业局组织的技术鉴定，上海海运CZZY型低速大功率柴油机电子/气动遥控装置和CZJ–1气象传真接收机两项科研成果获得通过。

1982年7月，上海海运有十项科技成果在上海市政府召开的科技成果授奖大会上获奖，其中CZZY型低速大功率柴油机电子/气动遥控装置和GCD–1港口雷达获二等奖，有8个项目获得三等奖。

1982年9月，中国第一台船用溴化锂余热制冷装置在“战斗28”轮试用成功。

1982年11月，上海市政府有关委办和国防工办领导人到上海海运“长顺”轮视察机舱自动化科研项目，并给予充分肯定。1985年，上海海运“船舶无人值班机舱自动化系统”获“国家科学技术进步奖”。

1985年，上海海运开辟经杭州湾至算山码头航线，获上海市科学技术进步二等奖。上海海运“船体整段割换的改造修理技术”获上海市科学技术进步三等奖。

1986 年 3 月，“上海”轮 QC 小组被上海市 1985 年度两港一航 QC 活动成果一等奖。

1987 年 10 月，“森海 4”轮 QC 小组被评为 1987 年度全国优秀 QC 小组。该轮获得成果的课题是“以航适港防碰撞，安全航行促效益”。之后，“森海 4”轮朱尔敏船长光荣出席了全国第九次质量管理代表大会。

1990 年 11 月 25 日“大庆 63”轮在渤海海面，顺利靠上 5 万吨级储油船渤海“长青”轮，开创了国内海上“单点系泊”的先例，打破了中国海上开采石油长期依靠外轮承运的记录。

二、创新修船技术，提高修船水平

上海海运为提高修船效率，改善船舶的技术状况，确保船舶的安全航行，在扩大修船能力建设的同时，致力于推进技术的进步。自 1980 年以后，上海海运重点研制和大力开发新技术、新工艺，以期修船工作达到优质、高效、安全和低耗。通过船舶螺旋桨拆装液压化，提高坞修效率；推广应用修船机械零部件、电机和锅炉的化学清洗技术，完善工艺规程、检测手段和三废处理；废除传统的柴油和汽油清洗工艺，节约能源，改善劳动条件；设计改进船舶尾轴油封，改善了结构，提高了性能；冷热喷涂焊技术和快速电镀技术也得到推广应用。从 1982 年起先后改装 12 艘 15000 吨级以上油轮船舶安全防火设施，自行设计加装固定式甲板泡沫灭火系统装置，开创了油船安全技术改装的先例；1984 年在“大庆 43”轮加装惰性气体保护系统装置获得成功，使油船技术改造又迈出新的一步。1987 年经过招标，承接香港“银歌”轮加装 $C0_2$ 灭火系统，从而使立丰船厂该项技术进入境外市场；改装 24000 吨级油船涡轮货油泵、电动货油泵，以及用 8NVD 柴油机组更换 6270 柴油机组，推动了上海海运船舶设备的更新换代。

油轮运输的繁忙，既带来了良好的经济效益，也增加了维修保养的工作量。上海海运为了避免油轮在航行途中和停泊码头、浮筒时检修中的明火作业，保障船舶安全，大力应用粘结新技术，研制和推广了 SG － 200 胶室温固化耐高温胶粘剂。1982—1983 年，粘结新技术的应用，在节约能源、减少修船费、提高运力等方面取得了较高的经济效益，上海海运减少船舶修理费 38 万元，增加运力 168 万吨天，总价值达 208 万元。同时，通过在船舶上长时间的广泛应用，积累了一定的经验，有了较为成熟的修复工艺。据此，上海海运于 1983 年 12 月对“S-2 聚硫密封胶在船舶的应用”进行了技术鉴定并获通过。由于国内缺乏能在室温下固化高温时使用的胶粘剂，因此难以对船舶在航行时经常发生的蒸汽管道设备泄漏等故障进行修补，为解决这一问题，在交通部的支持下，上海海运于 1983 年起进行了室温固化耐高温胶粘剂研制工作。一年多来，在上海合成粘结研究所、沪东造船厂等单位的大力支持下，与海军 801 厂联合研制成功 Sa-200 高温固化耐高温胶粘结，经过在 20 多艘船舶上试验应用，取得了较好的效果。

工艺技术的创新，推动了专业人才的培养。立丰船厂建厂初期，职工队伍的组成除了青年学生分配进厂以外，有三分之一以上来自农民征地工，初中以下文化程度的占全厂职工总数的 70% 以上。职工队伍文化素质较低，技术青黄不接，修船质量无保障。为改变这一现状，立丰船厂利用建厂初期，大部分职工由 800 客位的“立丰一号”交通船接送上下班，交通船在黄浦江上需航行近两小时机会，吸收文化程度高和学有专长的工程技术人员任兼职教师，在交通船上办起了小学、初中文化班，初级英语班和技术培训。

1980 年 6 月厂教育办公室成立，这是上海海运系统最先出现的工厂办教育的职能部门。通过厂教育办公室把全厂的职工教育纳入企业发展的总体规划。经过 6 年的努力，培训职工 1570 人次，其中完成初中文化补习 607 人，完成三级工培训 705 人。在此基础上，为巩固分期培训的成果，改善技术工种的来源，强调不经培训不能上岗的原则，酝酿筹办技工学校，改从社会招工为通过技工学校培训后分配到厂，扩大修船工人队伍。1986 年，立丰船厂技工学校正式成立。技工学校由立丰船厂、立新修造船厂、外轮修船厂联合办校，学校领导体制为董事会制，立丰船厂厂长为常务董事长，学校各级领导由立丰厂配备。到 1988 年底有 10 个教室，可接纳 480 名学生，设有电焊、电工、钳工、装配 4 个专业。从 1986 年以后的几年中已有 120 名学生毕业，走上了修船工作岗位，有的已成为修船技术骨干。

三、研制推广机舱恒温隔声室保障船员健康，交通部予以推广

1983 年底，上海海运船舶总数为 168 艘，其中老旧船有 119 艘，占船舶总数的 70.83%。经过不断地更新和增添新船，到 1986 年底船舶总数达到 188 艘，其中老旧船 109 艘。1986 年船员为 13795 人，其中从事船舶机舱工作的船员有 4762 人，占船员总数的 34.52%。在船舶机舱工作的船员中，工龄在 10—20 年的有 2069 人，工龄在 20 年以上的有 997 人。

在老旧船舶上，机舱设计原无隔声要求，空间位置小。且处于船舶的底部，机舱内空气闷热浑浊、振动持续，噪声很大，劳动条件恶劣，严重影响机舱工作人员的健康。过去由于种种因素或条件的限制，船舶机舱劳动环境长期得不到有效解决。在上海海运职工代表大会的提案中，代表们多次提及。为此，上海海运领导非常重视解决船舶机舱噪声问题。

为了进一步掌握和了解船舶机舱噪声对人体危害的程度，上海海运组织劳动部门和海员医院以及局卫生防疫站，历时 1 年 3 个月，对 24 艘不同类型的船舶机舱噪声状况进行专题测试和分析。调查表明，机舱噪声对船员健康的影响和危害，主要引起听觉系统损伤和精神系统损伤，主要表现为听力损失、耳鸣和精神衰弱症候群，对心血管系统也有一定程度的影响。并随工龄增加而增大，受害程度较深的往往是具有 10 年以上从事机舱工作的人员及高级轮机管理人员。上海海运有一位油轮轮机长，几十年从事船舶内燃机的管理工作，在进行轮机长审核换证书时，由于噪声的危害致使噪声性耳聋，结果不符合换证标准，无法继续从事轮机长工作，连机匠工作也不能胜任，最后只能提前退休。

由于船舶机舱劳动条件差、噪声等危害严重，一些船员不服从分配，不愿意到机舱工作，有的要求改行或调离船舶。一些毕业分配进局的大学生，也不想上船从事机舱工作，以致造成轮机管理人员的紧缺。

为此，上海海运领导多次召集劳资、科技、机务、财务等部门研究对策和治理途径，提出“花大力气、下大决心、集中精力、逐步解决”的工作要求。在上海交通大学和宝山劳动保护设备厂等单位的协作和配合下，通过设计和试制，认为恒温隔声室可以达到治理船舶机舱噪声的要求。

1983 年，上海海运先在 3000 吨级的“胜利 1”轮和 7500 吨级的“长绣”轮上开始安装机舱恒温隔声室，随后陆续在其他油轮、货轮和客轮安装试用，其主要方法是以隔离机舱操作人员为主，在机舱内建“恒温隔声室”。改造安装的重点是老旧船舶，考虑到各船舶机舱大小不一、空间狭窄、施工场地局限等因素，为便于拆装和维修保养，主要采用模块式预制件，利用船舶进厂修理时，进行现场安装，全部工周期仅 20 天左右，既不影响船舶修船出厂期，也不影响船舶的营运。

为了验证机舱恒温隔声室的实际使用效果，上海海运请上海交通大学振动冲击噪声研究室进行了隔声量的测试。在实际航行情况下，室外平均噪声高达 100 分贝时，室内平均噪声仅为 7 5 分贝左右，隔声量达到了交通部 JT4517 — 82 标准和国际标准规定；当机舱室温在 40 摄氏度以上时，室内温度保持在 28 摄氏度左右，达到设计要求，治理机舱噪声、高温等危害的效果显著，深受船员欢迎。

在试点和研制过程中，上海海运得到了交通部劳动工资局的支持和鼓励，不断摸索经验、改进设计。1984 年 12 月，船舶机舱恒温隔声室工程通过了交通部组织有关专家的技术鉴定，获得了交通部部级技术鉴定证书。技术鉴定意见认为：隔声室设计合理，隔声性能良好，符合交通部 JT4517 — 82 标准 A 声级 75 分贝的要求，达到国际船舶噪声标准的水平。同时指出：船舶机舱恒温隔声室采用轻型隔声板组装结构，具有装配方便施工周期短等优点，适宜于营运船舶的改造，应尽快在营运船舶上推广应用。

在没有伸手向国家和交通部要一分钱的情况之下，上海海运依靠自己的力量，在 1983—1986 年的 4 年中为 68 艘船舶安装了机舱恒温隔声室，占应安装此设备老旧船舶的 62.3 9%，共支出费用 220 多万元。

几年来，船舶推广使用恒温隔声室，较好地改善了机舱工作环境，保障了船员的健康，逐步消除船员后顾之忧。在船员中出现了三种令人可喜的现象：要求调离机舱工作的人少了；各船的轮机长到局技安科挂号排队，争先恐后要求尽快安装；船员公休后，由人事部门安排上船前，都要先询问这条船是否安装恒温隔声室。广大船员表示今后一定努力工作，以感谢企业的关怀和爱护。

1987 年 10 月 16 日，交通部、劳动人事部下发《关于交通部全面推广上海海运局改善船舶职工劳动条件经验的通报》。《通报》指出，我国现有一批老式船舶，由于机舱的噪声和高温的影响，劳动条件十分恶劣，是危害职工健康、影响航运安全的一个“老大难”问题，广大机舱职工反映强烈。近几年，上海海运有计划地逐年自筹资金对所属船舶的机舱进行治理改造，到目前为止，该局已在近 80 艘船舶安装了恒温隔声室（约占应装船数的 80%），使这部分职工劳动条件得到很大改善，深受广大职工好评。同时随着该局对机舱管理制度的进一步加强和完善，几年来未因此发生过事故。这项工作的实践证明，只有在一定的经济基础下，领导思想上重视，认识上到位，才能真正解决那些危害职工安全健康的“老大难”问题。交通部专门在上海召开现场会，向交通系统拥有大、中型营运、工程和港作船舶的各航运单位，全面推广应用上海海运在船舶机舱安装恒温隔声室，积极改善轮机职工劳动条件的经验。

上海海运在老旧船舶安装机舱恒温隔声室，有利于船员身心健康的科技项目获得 1987 年劳动人事部劳动保护成果奖三等奖。

四、合办上海海运学院分院，上海海运学校复校

1978 年，根据天津市“三结合”（高校、地方政府、企业）办大学分校，广植人才的经验，由上海海运学院、黄浦区人民政府、上海海运局、上海港务局等四家举办上海海运学院分院。

上海海运学校于 1978 年复校，直接隶属交通部；交通部委托上海海运局主管，学校的教学业务则接受交通部教育局和上海市教育局指导；同时决定由当时的上海海运局工人大学的领导班子兼管海运学校复校事宜。从此，确立了上海海运学校与上海海运局工人大学两块牌子、一套班子的管理体制，形成了中专学历教育和成人高等学历教育并行的教育格局。

1978 年，上海海运学校恢复了“海船驾驶”专业。1979 年，恢复“船舶轮机管理”和“船舶无线电通讯”两个专业，并开始招收应届高中毕业生，学制二年。1978 年春，上海海运局工人大学首次自主组织入学招生考试，学制二年，创办大专层次的航海职业教育。开设“海船驾驶”“船舶轮机管理”“船舶无线电通讯”和“船舶电气设备”四个专业，录取成人大专学生 135 名。1980 年与海员医院合作，办了一期上海海运学校名下的护士班。

1980 年 7 月，交通部决定，“上海海运局工人大学”更名为“上海海运职工大学”，隶属交通部，由上海海运局主管，教学业务接受上海市高教局指导。上海海运职工大学为全日制成人高校，学制三年，参加上海市成人高校统一招生考试。同年，上海海运职工大学通过上海市高教局首批整顿验收。1981 年通过上海市高教局组织的职工大学数理学科统考，并确认其办学达到大专水平后，由教育部正式备案。1982 年，首届 127 名毕业生获得大专毕业证书。1983 年，第二届毕业班在全国航海院校中首先实行论文答辩制，聘请校内外相关学科的教授、专家参加评审，63 名毕业生全部通过答辩，取得毕业文凭。其中不少优秀毕业论文获得评审专家的一致好评。

1980 年，复校后的首届上海海海运学校驾驶专业毕业生 42 人走上工作岗位。同年，中专统一改为招生应届高中生，学制三年制。1981 年，恢复“船舶电工”专业。该年秋季，海校 4 个水上专业全面招收新生。1985 年，根据交通部指示，学制恢复为二年，84 级学制相应调整为二年半。次年，根据国家教育体制改革有关要求，交通部决定上海海运学校恢复招收初中毕业生，学制四年。

至 1986 年，上海海运职工大学毕业 7 届 13 个班，341 名学生；海运学校毕业 17 个班，647 名学生。大部分毕业生不久便担任船舶大副、二副，大管轮、二管轮，一级、二级报务员及电机员等技术职务，充实了上海海运等运输单位船舶的技术力量。

在这期间，学校还承担了以上海海运为主的船舶技术干部培训任务，举办各类培训班、短训班和提高班。至 1985 年，学校累计开办各类培训项目十七种 60 多期，共培训船员 2300 多人次。

在恢复重建的同时，学校逐步建立各项教学管理制度，着眼于推进规范化管理和教师业务交流提高的长效机制的建立。1980 年，学校建立期中教育质量检查制度；1981 年，制订教师工作量考核制度，成立校学术委员会，开始出版《海运职大》与《教学法研究》（1986 年起更名为《教育探索》）等校内学术刊物；1982 年起，每学期开办教师教育教学理论学习班；1983 年对教师提出“三管”（管教、管导、管学）要求；1984 年始，连续抓教学法的改革，推进课堂教学质量的提高。1978—1985 年，两校已编制教学计划、教学大纲 190 种；编写教材和实习（实验）指导书 320 种。学校还积极参加交通部中专联络网中专教育研究会、中专教材编审委员会、上海市中专教育研究会，参加上海市职工大学校长及各相关学科协作组等各项活动，从中交流经验，获取信息。

1980 年以来，学校行政管理体制得到不断健全，建立校长办公会议、行政会议制度；教学管理、学生管理、行政管理和后勤管理机构逐步形成。1983 年学校成立“体育卫生工作委员会”，1984 年成立“五讲四美三热爱活动指导委员会”，建立学校政治思想工作会议制度；1985 年建立教职工代表大会制度。1984 年，学校党总支升格为党委，同年提出“重视德育教育，保证基础知识，加强专业理论，突出实践能力”的教学指导思想；1985 年明确提出“积极疏导与强化管理相结合”的学生工作原则，使学校办学向正规化、规范化的方向不断迈进。

1984 年，为进一步扩大办学规模，经交通部批准，对上海海运学校实施扩建，二期工程征地 28 亩，拨款六百余万元，新建教学办公楼、实验主副楼、三号四号学生宿舍楼及运动场等项目，共计建筑面积 15970 平方米，1985 年底开始基建施工，1988 年全面完成。自此，学校占地总面积达 73 亩，总建筑面积达 35000 平方米，学校的教学条件、学生住宿条件及教职工的办公条件都有明显改善。

这一时期建成的实验实习室包括：驾驶专业的导航、电航、天象、气象、海图、VHF、船艺、水手工艺等；轮机专业的动力、机舱自动化、热工、柴油机拆装等；电讯专业的接收机、发讯机检修、计算机等；船电专业的电工、电站、拖动、电子等；基础学科的物理、化学、电教、语言等 20 多个。此外，还建成拥有 20 台车床、40 台钳床等设备的金工实习工厂。这些实验实习室的建成，基本满足了两校教学计划所规定的所有实验、实习项目的教学，使学校教学设施设备建设上了一个新的台阶，在同类学校中达到领先地位。

在“文化大革命”结束后恢复整顿这一重要的历史时期，学校以党的十一届三中全会精神为指导，在交通部、上海海运局、上海市教育主管部门的重视和领导下，在全体教职工不懈努力下，办学条件不断改善，教学质量明显提高，管理体制、机制日趋成熟。经过短短几年，将一个在“文化大革命”中遭受严重破坏的学校恢复成为一所初具规模、实力较强、在行业中有一定影响力的航海院校，1986 年，荣获上海市职业技术教育先进单位称号，为学校不断适应改革开放新形势、探索和实践高等职业教育新思路，积累了有益的经验和必要的条件。

20 世纪 80 年代中期，随着国家改革开放步伐的加快，教育体制改革也不断深入。1985 年，中央发布《中共中央关于教育体制改革的决定》，明确提出大力发展职业技术教育，并要求发展高等职业教育。1986 年，上海市高教局为贯彻中央精神，提出在上海市部分行业、企业举办的职工大学施行高等职业教育试点，探索高等职业技术教育的新思路。经过严密论证，积极筹备，在交通部和上海海运支持下，学校决定在海洋船舶驾驶和轮机管理两个专业率先试办“高职班”，经上海市高教局批准，同年招收应届高中毕业生 30 名，定名为“高等海洋船舶驾驶专科班”和“高等轮机操作和管理专科班”，学制三年，翻开了我国高等职业教育办学历史新的一页。学校充分利用企业办学的优势条件，实行校企合作，工学结合，根据企业的需求制订教学计划，在全国航海院校中首创了航运类专业“三上三下”新的教学模式，即学生在校三年内安排三次上船实习（认识实习、专业实习、毕业实习），突出实践技能的培养。在招生方式上实行“双招”，即学校招生与企业招工相结合，采用“订单式”培养，学生毕业即取得“双证”（专科学历证书和船员适任证书），可直接上船工作。为保证教学计划的实施，上海海运特调拨两艘船况条件较好的 25000 吨级船舶“郑州”号和“湖州”号为教学实习船，并定期安排企业技术人员来校讲学。这一教育模式的实施，是学校航海教育的一次重大改革，不仅以满足企业对航海技术人才在数量和质量上的需求为办学指导和办学出发点，也使学校在航海技术人才的培养方式上迈入一个新的台阶。

1986 年，学校在总结了 20 多年办学历史经验的基础上，着眼于今后的发展，提出了“励志、求实、勤奋、守纪”的八字校训，并结合学校实际，确定“统一思想、深入改革、打好基础、强化管理、确保质量＂的学校工作指导方针。1987 年，上海海运学校通过上海市教育局、市体委、市防疫站对体育卫生工作的联合复验，通过上海市教育局组织的中等专业学校办学水平评估检查。在这期间，国家教委职教司领导、上海市教卫办领导等先后来校视察，对学校高职班办学模式给予充分肯定。

1988 年 12 月，学校隆重举行建校 30 周年庆典活动。交通部部长钱永昌，国家教委职教司副司长闻友信，上海海运局局长蔡国华、党委书记黄为民等领导题词祝贺，交通部、上海市、上海海运等有关领导和校友近千人参加了庆典活动。学校办学水平的提高得到上级主管部门和领导的充分肯定，上海海运为了鼓励广大学生勤奋学习，振兴海运事业，决定从 1989 年起，设立“金锚奖”“银锚奖”“铜锚奖”等海运奖学金，奖励上海海运学校、上海海运职工大学、上海海运技工学校三校品学兼优、德才兼备的优秀学生。1989 年 7 月，上海电视台“中专生”栏目第一次播出以上海海运学校学生学习生活为素材的《走向海洋》专题片，极大地鼓舞了师生教与学的热情，扩大了学校在社会上的声誉和影响，有利于吸引更多的有志青年学生投身航海事业。

1990 年 10 月，交通部教育司组织高校专家组对学校驾驶和轮机两个航运类专业高职班进行全面评估论证，对这一培养模式和学校教学质量给予高度评价。同年，国家港监局颁文批准该校高职班毕业生免考取得船员适任证书。1991 年 1 月，交通部领导及交通部体改司、科教司等领导视察学校，对学校在德育和加强实践性教学等方面取得的成绩给予肯定。

1991 年初，为增强航海类专业学生国防意识，适应海洋运输船舶的工作特点和战时性质，按照国际上对商船学院学生的通常做法，交通部发文要求，航海院校一律实行“半军事管理”。学校为贯彻交通部要求精神，对学生管理体制进行了一系列改革：建立专门的领导和管理机构，新建半军事管理大队部，由校长、党委书记亲任大队长和政委；大队部下设驾驶、轮机、电讯和船电 4 个中队，把半军事管理和日常的学生管理工作拧在一起，实行统一管理；建立健全“半军事管理”各项规章制度，对学生作息、出操、内务等实行严格的检查、考核、评比；建立半军事管理日志和大队部碰头会制度，及时了解和沟通当日发生的情况以及时处理；班主任全部实行坐班制，专辟办公室，按中队集中办公，从组织体制和运行机制上，对半军事管理的全面实施给予制度保证。驻沪海军 37712 部队和“东救 302 船”也予以大力支持，派出 27 名官兵进驻学校，帮助学校实行“半军事管理”。《上海教育报》图片新闻报道：上海市首家实行全面半军事化管理的上海海运学校、上海海运职工大学努力坚持社会主义办学方向，培养合格的海运人才。

1993 年，为适应上海海运船员劳务输出的需要，经国家海事局批准，学校开办首期国内高级船员外派班。随着办学规模的不断扩大，至 1995 年，学校四个航海类专业学历班已达 30 个，其中 12 个中专班、14 个高职班、4 个外派班，在校生总数达 1100 多人。

这 10 年中，共培养高职毕业生 600 多人、中专毕业生 1530 人。同时，学校还为企业举办在职船员各类考证培训班、继续教育班与岗位培训班等，每年有 1000 人次左右的高级船员和其他人员参加培训。

国家改革开放的大好形势，政府和主管单位对职业教育的高度重视，为学校规范、快速发展提供了十分有利条件，也是学校发展历史上外部环境最好的时期之一。学校抓住机遇，深化改革，适时提出八字校训，进一步明确办学理念。“半军事管理”的全面实施，特别是高职教育的开办，对于学校发展具有“里程碑”式的意义，也为上海市乃至全国高等职业教育起到了开拓作用，提供了宝贵经验。学校的办学模式得到了来自企业和社会的高度认可。在 1992 年 8 月召开的全国成人高教会议上，国家教委副主任朱开轩对学校高职班招生招工相结合的办学模式给予高度肯定。1993 年《中国高等教育》第 1 期刊发学校《探索高等职业技术教育的新路子》一文，并专门配发编者按，认为：“上海海运职工大学在深化成人教育改革中，解放思想，勇于开拓，突破仿照普通高校专科教育的模式，积极探索高等职业技术教育的新路子，着力培养具有复合型、应用性的航运职业高级人才和符合国际公约要求的海员，这种探索精神值得学习。”1989 年，学校被评为“全国交通教育系统先进集体”。1989 年和 1992 年分别荣获“上海市职业技术教育先进单位”称号，1991 年被评为“上海市交通邮电系统文明单位”。10 年探索，10 年创新，终于结出丰硕果实，为学校在市场经济条件下求生存、求发展，打下了坚实的基础。

五、开办立丰船厂技工学校，培养技术工人

1986 年，鉴于上海海运所属各船厂技术工人缺乏，“立丰”“立新”“外轮修理”等三厂协议联合开办技工学校，上报有关领导部门。同年 10 月经交通部批复同意建校，校址设于浦东三林塘立丰船厂内，由立丰船厂承办，定名为立丰船厂技工学校。学校设钳工、船体二个专业，经费由三家船厂按比例分担，毕业生也按出资比例分配。1987 年经上海市劳动局验收为合格技校。1988 年增设船舶电工、机加工专业。1990 年 12 月，经交通部教育司生产实习教学评估定为生产实习 B 类学校。至 90 年代初该校占地面积 4200 平方米，教

学设备齐全。有一幢5层教学楼，楼内有45平方米教室10间。另置有办公用房和学生宿舍，校内有实习场地1100平方米，设钳工、船体两个工场，内有车、刨、铣、钻等各类机床，并配有柴油机、电焊机、刮削台、工作台等。该校还拥有电化室、电脑室、图书室、资料室和操场、篮排球场、健身房、乒乓球室等教学、体育设施。学校重视生产实习教学，突出技能训练，理论与实践之比为4:6，积极承担厂内生产任务，结合生产，进行实习教学。

第八节　改革开放初期的党群工作

一、揭批“四人帮”拨乱反正，纯洁队伍

上海海运在群众性揭批“四人帮”的同时，一面组织专门力量调查摸底，一面发动群众大揭大批，有组织有步骤地开展了清查工作。经过深入细致的清查，至1978年8月，做到了两个基本查清。一是基本查清了上海海运在“文化大革命”中同“四人帮”篡党夺权阴谋活动有关的几件大事。主要有：（1）以批崇洋媚外为名炮制“更新”轮事件，为“四人帮”诬陷中央领导同志提供炮弹，为批“右倾翻案”大造舆论；（2）鼓吹张春桥的“阶级关系变动论”，炮制“与走资派做斗争”的反动电影剧本《搏斗》，矛头直指邓小平同志；（3）投靠“四人帮”余党马、徐、王一伙的帮派体系，结帮拉派，以帮代党；（4）编印所谓《交通系统右倾翻案十大表现》和“条条专政”的材料，攻击交通部领导；（5）翻印“四人帮”及其余党编造的攻击、诬蔑中央领导同志的无头材料，散发到船舶；（6）“四人帮”垮台后，参与上海余党的反革命“吹风”活动等。另外，对1967年11月20日“造反派”抢军管会材料，1967年8月到1968年4月北方某港“造反派”抢船舶上武器等影响较大的打砸抢事件也作了调查。二是基本查清了局内同“四人帮”阴谋活动有牵连的人及其帮派势力。这些人特别是其骨干分子，打着造反的旗号，竭力推行“四人帮”的反革命路线，破坏党的领导，分裂工人阶级队伍，搞乱企业，乱中夺权。1974年以后，又同原局党委主要负责人相勾结，大搞阴谋活动，干了许多坏事。

清查运动开展后，重点审查了44人，其中经有关部门批准拘留审查1人，停职审查5人，离职审查1人，其余分别采取“说清楚”或办学习班等方式进行审查。在清查工作中，严格执行市委的指示：择其有悔改表现者鼓励，罪行严重而无悔改者打击；对于说过错话，做过错事，基本说清楚了自己的问题，有悔改表现的，在取得群众谅解之后，就及时给予解脱。查出有严重打、砸、抢行为者27人，其中不少人就是帮派势力的骨干分子。为加强社会主义法制，对他们和其他刑事犯罪分子，在掌握确凿证据的基础上作了严肃处理，依法分别采取了拘留、劳教、判刑和管制的措施，有力地打击了“四人帮”的社会基础。

上海海运按照有关政策对“双突”人员进行认真处理。“双突”人员，即是在“文化大革命”中“四人帮”及其余党根据他们规定的发展党员条件和提干条件，突击入党人员和突击提干人员。

对于“文化大革命”中突击发展入党问题的处理工作，上海海运从 1980 年初开始，到 1982 年 2 月，查出并定为突击发展入党的计 36 名，占当时全局党员总数 0.64%，占 1966 年 10 月至 1976 年 10 月期间发展的新党员数的 3.7%。经过核查，已作处理的 33 名，其中开除党籍的 1 名，取消党员资格的 23 名，承认其党籍 8 名，留党察看的 1 名。在取消党员资格的 23 人中，船员占一半以上，其中三副、三管轮以上技术干部 6 人，一般船员 2 人，机关干部 4 人（原系船舶人员）。开除党籍和留党察看的 2 人，也是船舶技术干部。

在“揭、批、查”的过程中，对一些“文化大革命”中突击提拔的干部或有其他问题的干部，也陆续作了调整处理。在 47 名原上海海运机关处、组室负责人中，调整的有 21 人，调整面为 44.8%。被调整的干部有的是清查对象，有的是“四人帮”余党搞“选苗”“掺沙子”时突击提上来的，继续留任又不称职；有的是派性足，群众意见大，或犯有其他错误。船舶也有 7 名副政委被调离领导岗位。

二、落实政策，平反冤假错案

（一）平反冤假错案

平反“文化大革命”中造成的大量冤假错案，有步骤地处理新中国成立以来的许多历史遗留问题，调整社会关系，这是党在新时期采取的重大措施。在这方面，上海海运遵照中央和市委的指示，从机关到船岸基层做了大量的工作。

在粉碎“四人帮”后的几年里，上海海运按照中央、上海市委的历次指示，对“文化大革命”案件反复地进行了复查。1977 年 12 月 5 日，党中央发出通知：凡纯属反对“四人帮”的人，已拘捕的应予释放；已立案的，应予销案；正在审查的，解除审查；已判刑的，取消刑期予以释放；给予党籍团籍处分的，应予撤销。

12 月 29 日，上海海运成立了复查专门小组，首先为纯属反对林彪、“四人帮”而遭迫害的干部、群众进行平反。其次遵照党中央关于认真解决“文化大革命”中审干遗留问题等指示精神，从 1979 年 7 月，先后复查了在“文化大革命”中受到审查的 56 名局、处级干部和高级知识分子；64 起与运动有关的非正常死亡案件；36 人被定为敌性的案件；89 人受到清除出党和其他纪律处分的案件以及统战对象、起义人员的案件，还复查了原未结案和仅作审查结论的 974 人案件。上海海运共计复查 1183 人，对其中 1052 人改变了原来的定性、处分和结论，占复查总数的 88.9%。这一阶段的复查工作，局党委和所属党组织倾注了很大精力，建立了近 80 人的复查工作班子，依靠群众，结合揭批，为落实党的政策做了大量深入细致的调查研究和善后工作。但是，由于不少案件的复查是在党的十一届三中会以前进行的，当时指导思想上受到“两个凡是”错误方针的束缚，工作中还存在着“左”的思想影响，因此，对有些案件在政策上掌握偏严，有些可以不留尾巴的留了尾巴，而且在大部分复查结论的文字上保留肯定“文化大革命”的写法。此外，也还有一些“文化大革命”案件，因种种原因，没有得到复查。1980 年，在检查落实干部政策的工作中，虽又做过一次复查，仍未能彻底解决问题。

1982 年 8 月，根据中央组织部和上海市委关于认真做好平反冤假错案、落实干部政策善终工作的要求，上海海运对以往的复查工作做了一次全面的回顾和检查，也就是进行了第四次复查。这次复查，党委重新组成和充实了局和所属单位的复查班子，通过深入学习三中全会精神和有关文件，进一步消除“左”的思想影响和厌倦松懈情绪，使大家从与党中央在政治上保持一致的高度，统一认识，善始善终地完成这一历史任务。在具体工作中坚决贯彻中央一再强调的“宜粗不宜细，宜宽不宜严”的方针，采取“抓住重点，注意查漏，全面回顾，逐个落实”的做法，更好地体现了实事求是的精神和设身处地替受委屈的同志着想的负责态度。这次复查工作持续了一年，完成复查和修改结论的共有 778 人，最后通过了市委组织部和市交通办的验收。至此，上海海运系统共复查了“文化大革命”案件及“文化大革命”期间处理的违纪案件 1456 人，给予平反纠错的 1338 人，占 91.9%。

在复查过程中，上海海运多次召开群众大会，为被错判、错处的干部、群众郑重宣布平反。对于被林彪、“四人帮”迫害致死和含冤死于他们那条反革命路线冲击之下的人员，一律予以平反昭雪，恢复名誉，同时对受害者分别进行抚恤、救济、补助、恢复和补发工资，还做了归还抄家物资、调回原单位工作、让子女顶替入局等一系列善后工作。为了给复查对象及其家属消除不良影响，向有关单位发出一千余封信件，说明情况。

善始善终的复查工作，使大批干部、群众放下了沉重的思想包袱，心情舒畅，精神振奋地投入工作。不少被复查的同志说，在 10 年动乱中遭到诬陷迫害，被扣上种种莫须有的罪名，材料塞进档案，还株连家属亲友，现在党恢复了实事求是的优良传统，一再落实政策，真叫人心悦诚服。如有一位起义船员，其妻于 1954 年从新加坡回国，“文化大革命”中两夫妇都被打成“派遣特务”，在船上和里弄两面受批斗，并被调出上海海运。1979 年复查后虽已调回船舶工作，但结论不彻底，经最后复查平反，推倒了一切不实之词，恢复了名誉，消除了在里弄中的影响，夫妇双双两次来局，向党组织表示感谢。又如“长更”轮一位大副，工作表现好，要求入党，船上党支部因发现他档案中有“右派言论”等材料未予考虑，后经复查否定，本人见到复查意见十分激动，写下了很多感激党组织的字句，表示“决心以更坚定的信念永远跟党走”。

（二）处理历史遗留问题，调整社会关系

党的十一届三中全会后，为了调动一切积极因素，并尽可能把消极因素转化为积极因素，党中央采取一系列措施来调整各方面的社会关系，有步骤地处理了新中国成立以来许多历史遗留问题。上海海运根据中央、市委的有关决定和指示，做了以下工作：

（1）对参加香港招商局 17 艘船舶起义的 109 名船员以及 11 名起义、投诚的原国民党军政人员全部落实了政策。1979 年 9 月 14 日，上海海运政治部、工会召开原“海厦”号等 17 艘海轮起义海员座谈会，在沪的起义海员 70 多人参加，回顾了当年起义历程。上海海运党、政、工领导人到会讲话，向起义海员表示敬意。会后，有 17 名起义海员代表赴京参加了交通部、中国海员工会全国委员会举办的海员起义 30 周年纪念活动，受到党和国家领导人的接见，交通部给他们颁发了起义证书。

（2）对 1957 年被错划为“右派分子”的 28 名人员全部作了改正。在反右派斗争中受牵连的 44 人也重新做出复查意见，为他们消除影响。

此外，对 1959 年“反右倾”斗争中受过批判、定性和处理的 26 人再次进行了善后

处理。对局内68名“地、富、反、坏”四类分子进行了清理，除纠正4人外，全部摘掉帽子。

（3）把小商、小贩、小手工业者及其他劳动者从原工商者区划出来，恢复了劳动者身份。接着又明确宣布，原工商业者已经成为社会主义社会中的劳动者，其身份一律改为干部或工人。

（4）支持各民主党派恢复活动，帮助民革、民建、民盟、九三、农工5个民主党派组织的26名成员恢复了组织生活，帮助九三、民建两个民主党派的基层支部恢复了活动。

（5）认真落实知识分子政策，充分发挥他们的作用。对全局科技人员进行了一次普查，发现有472人学非所用，通过调整，使其中411人技术归口，发挥专长。1979年任命船长49名，提拔工程师77名、技师9名、轮机长49名，其中有的同志出身不好，社会关系比较复杂或本人有些政治问题，但他们现实表现和技术水平符合要求，就充分信任，委以重任，在全局反响很大。当这些同志接到调令时，心情十分激动。有些同志被调到出国船上工作，出色地完成了任务。这一年，上海海运发展了20多名优秀知识分子入党，选拔了若干优秀知识分子充实领导班子，这对于调动广大知识分子的积极性具有很大的影响。几年来，上海海运知识分子中有5人被提拔担任局级领导职务，29人担任处、室领导职务，166人进入基层单位的各级领导岗位；全局晋升、评定各类技术职称的有300余人。在关心知识分子的生活条件方面也做了一定工作，为25名知识分子解决了夫妻两地分居的问题。

三、加强远洋船员政治思想工作

1979—1983年，上海海运在“对外开放，对内搞活经济”的方针指引下，有3500名船员参加远洋运输，航迹遍及40多个国家和地区，这给船舶政治工作带来崭新的课题。如何搞好客货运质量，赢得信誉，争取更多的货源和客流；如何防止外界腐蚀思想的影响和侵蚀；如何戒备敌对势力的破坏捣乱，确保安全，这些都有赖于强有力的政治工作保证。几年来，经过船队党委、船舶党组织和政工干部共同努力，逐渐摸索到一些工作经验。上海海运及时总结，并形成了远洋船舶航次思想政治工作的工作程序：

船舶在接受远洋运输任务后，党支部做好以下几件事：

（1）在备航中，对全体船员要进行3项教育。一是任务教育：向船员讲清本航次具体任务，完成这一任务的有利条件和存在问题，以及这一任务对开辟远洋运输与支援“四化”建设的现实意义，并在工作态度上向船员提出要求。二是安全教育：要针对“三新”，即任务新、航线新、港口泊位新，提出具体措施，使船员普遍重视，加倍注意航行安全，确保“四机一炉”和大舱管系、阀门处于良好状态。三是外事教育：除了概括性介绍所到国家或地区的政治经济情况外，着重联系实际地讲《涉外人员守则》和《远洋船舶在国外港口的一些具体规定》，同时对所到国或地区的风俗礼仪和港口注意事项作必要介绍，使船员明确到外国港口后可以做什么，不该做什么。

（2）起航后，要开好3个会，做好个别谈心工作。一是党支部的支委会议（或开扩大会），研究确定本航次的工作计划和措施，统一思想，统一步调。二是党、团员大会，交任务，提要求，使每个党、团员在完成航次生产任务的过程中，既认真地做好本职工作，又积极地去做群众工作，发挥模范带头作用。三是船员大会，再次进行动员。在动员中，一要总结船舶备航中的成绩和暴露出来的问题，大力表扬好人好事；二要把支委会研究的工作计划和措施，向全体船员交代清楚，使大家目标一致，齐心协力地去做。四是做好船员的谈心工作。谈心时着重了解船员出国远航后有些什么想法，如因出国需要，个别船员在职务或工种上有所变动的想法，对家庭、女朋友有否牵挂等，及时做好思想工作。

（3）船舶抵达国外港口前，要做好3件工作。一是开好治保会议，讨论、制定如何注意登船人员动态等安全措施。二是督促行政干部开好装卸会议，认真操作。三是编好船员下地小组，指定小组负责人，对全船再次进行外事纪律教育，反复强调遵守纪律的重要性和严肃性，防止涉外事件的发生。下地人员回船后，小组负责人要汇报下地情况。

（4）需要提防的问题。由于船舶远航时间长了，跑的航次多了，船员对航线、泊位及所到港的情况比较熟悉起来，容易对安全航行、涉外活动等方面产生麻痹松懈情绪。政工人员就要细心观察，及时加以提醒和教育，注意防止和克服违反外事纪律事情的发生。

掌握航线特点，把牢几个关口：

出境船舶不同国内船舶，远洋客运航线更有异于远洋其他航线。1981年，上海海运党委办公室总结了上海—香港定班客货航线上“上海”“海兴”两轮的工作经验。

一是对外影响大，工作要求高。这条航线一开辟，立即引起国（境）内外各方面的关注。“上海”轮首航时，香港两家电视台竞相报道，船靠港时，来船参观的各界人士络绎不绝，政治影响非同一般，这就对船上的工作提出了高标准的要求。

二是航行区域和旅客身份复杂。上海—香港航线不算长，但将近三分之一的航程是过台湾海峡，其间有几个转向点，要特别注意防范劫船和其他破坏事件的突然发生。旅客的政治面貌很复杂，曾发现间谍的踪迹，还有香港地区的黑社会势力人物乘船，这些都威胁着航行安全和客轮治安秩序，船上安全保卫任务相当艰巨。

三是牵涉关系广，涉港澳活动和境外事活动多。几乎每个航次都要接待一些港澳、国外的社团或知名人士。在香港，除了接待海关、移民局官员和装卸公司的人员外，还要应付各种产品推销商和其他三教九流的人物。这些人有的会施展吹捧、奉承、送礼等手法，同船员搭关系、“交朋友”，谋取“方便”。这就要求船员具有较高的政治水平和严格执行各项纪律的自觉性。

四是侵蚀船员思想的途径多，范围广。香港报刊多，大部分报刊对内地情况十分敏感，其中有些还对当时政治、经济形势、政策进行歪曲，传播反动、黄色、低俗的内容。这些报刊通过旅客、装卸工人等不同途径带到船上，船员看后容易造成思想混乱，有些辨别能力差的船员会欣赏不健康的生活方式。

“上海”“海兴”两轮的党组织和政工干部针对上述5个特点，着重抓好以下几方面的经常性教育工作，全力把好关口。

一是抓爱国主义教育，把好船员“思想免疫关”。思想教育内容丰富，主要是爱国主义——热爱社会主义祖国的教育。“上海”轮党支部针对一些船员对社会主义制度优越性认识模糊的情况，专门安排时间组织学习，引导大家认清两种社会制度的本质区别，懂得社会主义的优越性，不仅要看过去已经取得的伟大成就，还要相信通过今后的改革开放，必将进一步发挥出来。“海兴”轮党支部注意就地取材，用船员耳闻目睹的事实为例子，使大家从香港社会中的种种病态现象，看透资本主义的腐朽性。

二是抓安全教育，使船员保持高度的政治警惕性，把好安全保卫关。这条客运线上的安全保卫工作涉及面广、责任重大，它既要确保安全航行，又要防范可能发生的破坏事件；既要提高客运服务质量，又要对混入旅客的坏人和可能影响客轮治安秩序的人进行严密的控制。客船上必须把安全防火的教育放在重要位置，增强防范意识，是船上安全教育的重要一环。“上海”轮开航以来，由于广大船员认真地做到了“既当服务员，又当保卫员”的要求，提高警惕，随时防范，没有发生坏人在船上破坏的情况。“海兴”轮船员坚持做到船舶每一往返航次进行一次紧急战斗演习，还规定船上任何部位、任何时间动明火修理，都要先书面登记，征得船长、政委、轮机长、政治干事的签字同意。

三是抓纪律教育。两轮党支部经常对船员讲涉境外守则，反复进行遵纪守法的教育，避免在这一问题上出现“开始紧张一阵子，中间马虎一点，最后不当一回事”的现象。两轮严格执行编组下地的规定，不容破例，把这一纪律教育同为国争光的教育结合起来，使船员在各种场合能自觉做到大方有礼，不卑不亢，一举一动注意政治影响。

四是抓精神文明教育，把好服务质量关。党支部在船上大力倡导“五讲四美”，进行精神文明教育，开展精神文明活动，因而大部分船员具有强烈的政治荣誉感和为中华民族争光的责任感，在客运服务方面有很好的表现。服务人员不以貌取人，不分客舱等级，一视同仁，扶老携幼，热情对待。对患病、残疾或有其他特殊困难的旅客给予特别照顾。船员拾金不昧，婉拒小费。支部还鼓励船员研究各种旅客的生活特点，不断改进船上卫生、餐务、娱乐等方面的服务状况，提高运用方言、外语的能力，满足旅客需要。

上海海运远洋船舶党支部针对船员的思想变化，按不同情况做了相应的工作。远洋船上的诸多思想教育中，爱国主义教育最根本，把爱国主义精神渗透到各方面，贯串于始终。一些远洋船舶抵达外国港口，常引起当地爱国侨胞的关注。于是，船舶经过有关程序，热情接待他们上船参观，让他们亲眼看见中国自造的现代化轮船，看到祖国的成就和进步。“德州”轮是我国自行设计、制造的万吨级货轮，1982 年 3 月 11 日驶抵美国纽约。当地华侨报纸《北美日报》整版刊登“德州”轮货舱、驾驶台、厨房、船员俱乐部的照片，还发表《中国自制的德州轮今次首航纽约》专稿。这消息很快传遍纽约的中国城，不少华侨团体和进步组织通过我国驻纽约领事馆上船参观。有的华侨激动地说：“中国过去连钉子都靠进口，叫作洋钉。现在，能造这样大的船，是我们华侨的光荣。”爱国将领冯玉祥的儿子冯洪志偕同外甥女上船后，从船头看到船尾，从甲板看到机舱，从驾驶台看到船员房间，他感慨万千，兴奋地说：“是我们中国制造的，长志气！长志气！”该轮领导把这些情况，及时向船员传达，船员很受感动，激发了船员爱国热情，工作干劲更大了。

四、开展“树新风、立新功”活动

“精神文明树新风，增产节约立新功”口号的宣传，体现了两个文明建设一起抓的要求。20 世纪 80 年代，上海海运在“树新风、立新功”“双新”活动中，主要是在船舶开展以小指标百分赛为形式的社会主义劳动竞赛和新长征突击手活动，宣传全国交通战线劳动模范杨怀远的先进事迹。同时进一步加强“五讲四美”教育，在“文明礼貌月”活动的基础上，扩大成果，大力提倡文明开船、文明管理、文明服务。

建设精神文明结合运输生产，“大庆 61”轮是做得较好的一条船，针对航行中的薄弱环节，强调文明开船保安全。该轮常从秦皇岛、大连开南京。在长江段航区里，浅水区多，小船多，“一条龙”拖驳多，小船经常抢大船的航道，稍一疏忽就会出事，驾驶员们对此很头痛，有的埋怨航政管理不好。政委就启发他们要开“文明船”“礼貌船”，立足预防，“礼让三分”，并引导他们在具体操作上研究出一套文明开船的办法。在长江航行时，船长在进长江前就根据季节和气象变化，对驾驶人员交底讲清操船特点。对小船做到预防早一点，警告及时一点，措施想在前面一点；为避免浪损，距离远一点，车速慢一点，瞭望、报告及时一点；靠离码头时用车、用舵、用锚配合好一点；风向、流速、船舶吃水掌握得准确一点。船长、政委还注意观察驾驶人员的思想动态，掌握喜怒哀乐时容易出事故的薄弱环节，有的放矢地做好工作，努力做到不带思想问题开船，使安全航行的措施一一落实。

在推行文明管理方面，他们开展了全船讲纪律的活动。该轮的规章制度是比较健全的，如轮机部通过“安全月”活动，建立了 13 个巡回检查点，明确了 53 项检查内容，对易出事故的地方都挂上警戒牌，对所有机械设备建立了“病历卡”。党支部发现有些人操作随心所欲，就抓住这个苗子，引导大家从自己目睹的“大庆 43”轮事故吸取教训（“大庆 43”轮在马尼拉发生火灾），大讲纪律性，及时纠正把规章制度当儿戏的错误思想，促进了船舶安全管理。

五、召开局党的第四次代表大会

中国共产党上海海运第三次代表大会是在 1971 年 7 月“文化大革命”时期召开的，距这次代表大会已有 20 年。在这 20 年间，上海海运各级党组织和广大党员走过了不平坦的道路。党的十一届三中全会以来，工作重点转移到以经济建设为中心，党的工作进入了一个新的发展时期。到这次代表大会召开时，上海海运系统有基层党委 18 个、党总支 3 个、党支部 381 个，其中船舶及船公司党支部 258 个、工厂党支部 59 个、医疗卫生党支部 11 个、学校党支部 15 个、机关党支部 38 个。共有党员 6591 名，其中预备党员 124 名。具有大专以上文化程度的党员 1291 名，占党员总数的 18.1%，具有中专、高中文化程度的党员 1661 名，占党员总数的 25. 3%。

中共上海海运第四次代表大会大会在 1991 年 11 月 11 日上午开幕，13 日下午闭幕，历时 3 天。出席正式代表 195 人，列席代表 54 人，特邀代表 4 人。

在会议开始前，宣读了上海市领导为大会的题词。市委常委、副市长赵启正的题词：“坚定信念，开拓前进。”市政府顾问、原市长汪道涵题词：“任重道远，发展海运。”原市委书记夏征农题词：“海运先锋。”市委原副书记陈沂题词：“坚定共产主义信念，加强海运党的建设。”

上级党委领导和交通部有关部门领导参加了开幕式，其中有：市委常委、市纪委书记张定鸿，市委组织部副部长吴敏华，市交办党委书记钱云龙，交通部人劳司副司长马国栋，全国海总主席张士辉。

交通部党组发来贺电。贺电说：中共上海海运管理局第四次代表大会的召开，是海运局全体共产党员和广大职工政治生活中的一件大事。党的十一届三中全会以来，特别是“七五”期间，上海海运管理局党委认真贯彻党的路线、方针和政策，坚持“四项基本原则”，坚持改革开放的方针，充分发挥核心作用，带领全局共产党员和广大职工，同舟共济，艰苦奋斗，圆满完成了上级交给的各项任务，全局的两个文明建设取得了丰硕成果。希望通过这次大会，认真总结经验，明确奋斗目标，更好地坚持党的基本路线，深入贯彻落实中央工作会议精神，进一步加强党的建设和思想政治工作，不断推进全局两个文明建设，改善经营管理，努力搞好企业，提高经济效益，为发展我国交通运输事业，做出更大贡献。

上海海运局局长、党委委员孙治堂致开幕词。他指出：这次大会担负着艰巨和光荣的任务，将对“八五”期间全局两个文明建设产生重要的现实意义和长远的历史影响。他要求代表们，不辜负全体党员的委托，认真履行代表的职责，行使党章赋予的权利，群策群力，反映全局党员的意志，努力把这次大会开成一个庄重、热烈、民主、团结、振奋的大会。

市交通工作党委书记钱云龙作了讲话。他指出，海运局各级党组织在交通部党组和上海市委领导下，和上海地区兄弟企业的党组织一道，自觉投身社会主义事业的伟大斗争，经受住了历史风雨的严峻考验，各方面工作取得了很大成绩。他希望认真贯彻落实中央工作会议精神，进一步推动海运局党的建设及各项工作。

局党委书记黄为民代表上届党委作了题为《充分发挥党组织的政治核心作用，为推进我局两个文明建设而奋斗》的工作报告。报告首先简要地回顾和总结了从第三次党代表大会到这次代表大会期间 20 年的经历和经验。《报告》号召全局 6500 名共产党员，承前启后，继往开来，坚持党的基本路线，充分发挥党组织的政治核心作用、战斗堡垒作用和党员的先锋模范作用，带领全局职工发扬企业精神，“求是、务实、开拓”，不断推进我局两个文明建设，为建设有中国特色的社会主义而奋斗。

局党委副书记兼纪委书记刘国雄代表上届纪委作了题为《加强和改进纪检工作，为发展海运事业服务》的工作报告。

11 月 13 日上午，大会选举孙治堂、刘国雄、陈昌本、陈德诚、李绍德、黄为民、黄国忠（按姓氏笔画为序）7 人为第四届局党委委员；选举毛招发、刘国雄、刘敬森、朱斌、张玉迎、姜文鑫、黄新明 7 人为局纪委委员。

13 日下午，全体代表通过《中国共产党上海海运管理局第四次代表大会关于党委工作报告的决议》和《中国共产党上海海运管理局第四次代表大会关于纪委工作报告的决议》，还通过了《致全局共产党员的一封信》。

六、健全职工代表大会制度，加强民主管理

通过职代表会吸引职工参加企业管理，是上海海运的光荣传统，自 1953 年首次举行职工代表会议，到 1957 年发展为职工代表大会，每年循例开会，逐渐形成制度。历年的职代会，对于沟通上下情况，密切船岸关系，改进企业管理和保证国家计划的完成，起到很好

的作用。在“文化大革命”中，职代会制度遭到废弃，1977 年重新恢复。恢复后的几次职代会，围绕企业整顿和安全生产问题，动员职工开展学大庆运动，做了不少工作。但在会议的开法上，还是沿袭过去的习惯，主要是自上而下地总结工作，布置任务，反映群众意见仍显不足，尚未能充分发挥职代会应有的功能。

党的十一届三中全会以后，中央对职工代表大会制度作了一系列指示，邓小平代表党中央向工会“九大”致辞中指出“所有的企业必须毫无例外地实行民主管理，使集中领导和民主管理结合起来”，“企业的重大问题要经过职工代表大会或职工大会的讨论”，明确了职工代表大会是企业民主管理的基本形式，是保障职工群众参加企业管理，行使当家做主权利的权力机关。上海海运认真贯彻中央的决定，经过几年来的实践，使职工代表大会制逐步趋向健全和完善。

职工代表大会制度是企业三项基本制度之一。1979 年底，上海海运工会着重加强制度建设，根据全国总工会下发的职代会条例草案，结合本单位具体情况，草拟了《上海海运局职工代表大会条例》。该《条例》草案经 1980 年第 21 届职代会第一次会议讨论修改后通过。从此，上海海运职代会有了一个可以遵循的正式章程。《条例》有 6 章 23 条，对于职代会的性质、职权，代表产生办法，代表的权利义务，职代会的组织制度，职代会和行政领导人的关系等等，分别作了明确具体的规定。《条例》的许多内容在总结过去多年实践经验的基础上加以规范化，并有了发展和提高。明确职代会的职权，规定了 7 个方面的企业重大问题须经大会讨论；规定实行代表常任制，每两年改选一次，连选可连任。为了使职代会在闭会期间发挥参与管理的功能，规定大会可设立若干专门委员会，其职责是对企业的重要问题分别进行调查研究，向企业领导提出意见和建议，检查行政有关部门执行大会决议和提案处理情况；讨论审议有关工资奖励、企业基金、福利基金的实施方案等。职代会的全部工作，在局党委的统一领导下进行；局长作为企业行政工作的领导者和生产、业务的指挥者，对上级领导机关和职工代表大会负责，对大会做出的决议和审查通过的提案，负责组织落实，并向下次大会报告执行结果；局工会委员会是局职工代表大会的工作机构，其职责是：负责筹备职工代表大会大会、组织选举代表、发动职工实现大会决议、组织职工代表视察等。

1981 年中央颁发的《国营工业企业职工代表大会暂行条例》是工业交通企业民主管理走向法治化的重要标志，上海海运根据该条例制订了实施细则（试行）。实施细则从实际出发，作了若干重要的补充规定。关于交付大会讨论的企业各类重大问题，具体地区分为“讨论审议”“讨论决定”“讨论通过”三种情况，如将年度运输、修船、劳动工资等计划，企业发展规划，造船买船计划，职工住宅建设计划，财务预决算和经营管理方面的其他重大问题列为“讨论审议”事项；将劳动保护措施计划、职工奖励基金福利基金使用计划、职工住房分配方案等有关职工切身利益方面的问题列为“讨论决定”事项；将工资调整方案，职工培训计划，体制改革方案，全局性规章制度的建立、修改、废除等问题列为“讨论通过”事项。对于职工代表的名额分配作了新的规定，其中关于船员代表应不少于代表总数的 60%，局党、政、工、团领导干部安排到机关有关处室选举，列席代表人数不超过正式代表总数的 5%，船员代表在大会主席团中应占较大的比例等规定，都体现了对船舶为主的生产第一线职工民主权利的重视。

按照新的职代会制度，1980 年上海海运召开了经过换届选举的第 21 届职工代表大会第一次会议，1981 年举行了第二、第三次会议，1982 年召开了第 22 届职代会第一次会议。这几次职代会都有一些推进民主管理的新举措。

听取局长的工作报告历来是职代会的主要内容。为了发扬民主，真正体现企业领导人对职工代表大会负责，就将讨论审议工作报告列入大会的正式议程。第 21 届职代会的做法是，在大会之前两个月将局长的工作报告稿发到基层讨论，吸收了群众意见修改补充后再提请大会审议。这样可使全局上下对企业一年来所取得的成绩和存在问题更好地统一认识，有助于同心同德克服前进道路上遇到的困难。自第 21 届职代会起，运务、财务、人事、基建、机务等职能处室一般都就职工关心的问题向大会分别作专题发言，汇报货源组织、运力安排、新航线开辟、多种经营、各项基金使用、住宅建设、全员培训、工资奖励等多方面的内容。这实际上是对局长工作报告的具体补充，也是管理工作接受群众监督的一种有效形式，深受职工代表的欢迎。

上海海运职代会设立生产、生活、分房三各专门委员会，分别由民主选举的船岸代表组成，任期两年。大会闭会期间，由局工会组织各专门委员会分头进行活动，不定期地听取有关部门执行大会决议情况汇报，商讨研究，提出意见、建议。

早在 20 世纪 50 年代末，上海海运工会就开始组织职工代表进行视察活动，当时被上海《解放日报》视为工会工作的创举，曾于 1961 年以《一项有意义的工会工作》为题发表评论，向全市工厂企业介绍经验。1982 年，上海海运工会在企业行政的积极支持下，恢复并推进了这一做法。

1981 年 11 月，上海海运工会根据 7 月党中央、国务院转发的《国营工业企业职工代表大会暂行条例》，制订了贯彻执行这个条例的实施细则。1984 年，上海海运第 23 届职工代表大会第一次会议对该细则进行了修改。1987 年 9 月，根据党中央、国务院发布的《全民所有制工业企业职工代表大会条例》对局 1984 年修改的细则进行了修订，以适应局长、船长负责制的情况。1987 年底，根据船舶的特点，制订了《局属运输生产船舶职工代表大会实施细则》。制定和修订这些职代会的条例细则，从而使职工代表大会制度，逐次完善，职代会的职权和代表的民主权利不断扩大。

七、工会工作的恢复和发展

“文化大革命”中，上海海运各级工会遭到严重的破坏。1973 年产生的第七届工会委员会，在上海“四人帮”余党的追随者控制下，变成了他们上呼下应篡党夺权的工具。粉碎“四人帮”后，在党委的领导下，经过揭、批、查，工会调整充实了领导班子，于 1978 年开始恢复正常活动。上海海运广大工会干部受到极大的鼓舞，加快了恢复各级工会组织的进程。4 年来，工会在局党委和上级工会的领导下，遵循工会“九大”制定的新时期工会工作的方针和任务，紧跟全党工作重点的转移，经过指导思想上的拨乱反正，组织上的恢复整顿，以“四化”建设为中心，全面开展了工会工作，取得了显著成绩。

整顿组织，加强思想建设。1979 年上半年，对基层工会组织进行了整顿。在做好老会员登记和发展新会员的基础上，经过民主选举，建立了工会委员会，并制定了各个委员会的工作职责。1980 年初，根据工会章程，对船舶、车间一级工会进行了改选。通过改选，一批思想好、干劲大、作风正、得到群众信任的老工会工作者和新的优秀分子选进了工会领导班子，有力地保证了工会各项活动的开展。1982 年 4 月，上海海运第八次工会会员代表大会同第 22 届职代会同时举行，选举产生了上海海运第八届工会委员会。

为了提高船舶工会干部的思想认识和业务能力，1981 年，上海海运工会还举办了一期船舶工会干部学习班，有 25 艘船 44 名工会干部参加学习。通过几年来的锻炼，涌现了一大批热心工会工作，乐于为群众办事，工作中做出显著成绩并为群众所拥护的基层工会干部和积极分子。在 1980—1981 年的评比中，船舶和陆地单位共评出优秀工会积极分子 935 名，其中评为上海市优秀工会积极分子的 10 名。

工会恢复活动以后，发扬群众生产、群众生活、群众教育一起抓的工作传统，围绕运输生产，花大力气组织劳动竞赛的工作。几年来，各级工会在党的领导和行政的支持下，做了大量劳动竞赛的组织发动工作，使竞赛的组织形式、内容、评比、奖励工作和比学赶帮超活动都有了发展和提高，对调动广大职工的积极性，改进企业管理，搞好船风，促进运输生产，都起了积极作用。通过竞赛，涌现了大批的先进集体和先进人物。

上海海运工会一贯重视船员家属工作，进入新时期后，恢复了这个好的传统，并在工作中有所发展。不少船舶工会把家访作为一项经常性的任务，访问了所有船员家庭。20 多艘船舶工会在党支部的支持下，先后组织了近千户船员家属登船慰问，通过参观船舶和座谈交流治家经验，使家属更加关心船舶生产。局工会经常进行有重点的家访，为一些有特殊困难的或临时发生急病、临产等情况的船员家属雪中送炭，还接待处理了许多家庭矛盾和邻里纠纷。

为了进一步依靠家属搞好家属工作，局工会在本市船员居住比较集中的地段建立了 24 个家属联络点，大连、青岛等地也建立了几个联络网点，选配家属组长，发动家属中的积极分子，发扬互助友爱精神，解决家属日常生活中的一些困难。这些家属干部为船员分忧解愁，做了大量的工作。如崂山三村家属干部何国秀在居委会支持下，将 13 名船员智障子女组织起来，办了一所福利工场，使船员十分感动。又如东体育会路海运新村的家属干部龚炳英，不管哪个船员家里有事，她总是热心上门帮助，为了减少船员的后顾之忧费尽了心血，被誉为“远航海员的好妈妈”。她的许多感人事迹，《文汇报》和电视台都做过宣传报道。

在关心群众生活方面，工会做了大量的工作。一是关心退休职工、工伤或长期患病职工和“航病”死亡职工家属的生活，协助行政做好死亡职工的善后工作。每逢节假日，对住院治疗的伤病职工均重点地进行访问。1979 和 1980 年还派人去辽宁、江苏、浙江、福建、天津等地，对部分长期生病的职工进行家访和慰问。同时，做好职工的困难补助工作，对生活上确有困难的，实事求是地帮助解决。1982 年已有 14 个基层单位建立了互助储金会，参加的职工有 6000 多人。二是协助行政，千方百计帮助职工维修危险房屋，努力改善职工居住条件。三是努力办好职工疗休养事业，逐步改善和提高职工的集体福利，除了按上级工会分配的名额组织职工去北戴河、杭州屏风山和上海虹桥等疗养院疗休养之外，1981 年工会在行政支持下，在宁波创建了上海海运第一个职工休养所。

工会尽力为基层提供文化服务。如建立了电影放映站，恢复了流动图书箱，为各船舶增订了 9 种杂志，帮助部分船舶办起小图书馆，为各轮配备了录音机并及时将一些报告、讲座录成磁带供船舶组织学习，与有关部门联合举办了船舶文明礼貌新气象图片展览以及“情操高、心灵美”图片展览等。此外，在配合行政搞好职工业余教育、住房分配、抓好改善船员伙食、关心女职工、重大事故善后事宜等方面都做了大量工作。

八、开展建设“职工之家”活动，开创工会工作新局面

1984 年 7 月，上海海运工会根据全国总工会“用三年左右的时间对全国四十三万个基层工会组织普遍进行一次整顿，逐步地把它们办成名副其实的职工之家”的决定和市总工会的具体部署，在船舶和陆地单位开展了建设“职工之家”的活动。到 1988 年，已有 167 艘船舶建成“职工之家”（占船舶总数的 80%），没有完成“建家”任务的，基本上是新投入营运的船舶和少数远洋船舶。

这次建设“职工之家”活动，其做法和程序是：第一，各船舶工会在党支部领导下，根据局工会制订下发的“建设职工之家标准”及“验收细则”每半年进行一次自查和自评，并针对存在的问题，提出改进措施或落实计划。“建家标准”是：有一个密切联系群众的领导班子和一支热心为群众服务的工会积极分子队伍；动员并组织职工开展社会主义劳动竞赛，保证安全生产，提高经济效益；关心职工物质文化生活，维护职工合法权益，努力为职工排忧解难；推进船舶民主管理，在建立和完善船员大会制度中发挥积极作用；组织船员学习政治、文化和业务技术知识，开展卓有成效的思想政治工作，不断提高船员的思想政治素质和文化技术素质；加强小组建设，不断完善工会民主生活和民主制度，做民主的模范。验收细则是建家标准的具体化，将每条标准分解成若干细则。第二，船舶工会委员会经过自查自评，然后向会员大会报告，经会员充分讨论，认为已经达到验收标准，就向局工会申请验收。第三，局工会组织有关人员深入船舶，根据验收标准，听取工会负责人“建家”活动情况汇报及自查自评打分结果，听取船舶党政领导和船员对“建家”活动及工会工作的意见；察看“建家”活动和工会工作的有关资料，实地察看“职工之家”活动场所；根据“建家”活动自查报告和各方面的意见，提出验收评分意见。第四，凡经验收合格的船舶工会，由局工会发给职工之家合格证。

通过“建家”活动，进一步整顿了工会组织，促进了工会各项活动的开展，使工会既为职工说话、办事，维护职工合法权益，又加强职工的思想政治教育，使建设一支有理想、有道德、有文化、有纪律的职工队伍的“两个基本职能”得到了落实。通过创建“职工之家”，各级工会办了大量的好事、实事，受到职工欢迎。各级工会领导班子进一步得到调整、稳定和加强。

1987 年开始，在已建成“职工之家”的船舶中开展了建设先进“职工之家”评选活动，到年底，有 16 艘船舶工会获得先进“职工之家”称号。

九、共青团工作的恢复和发展

经过揭批“四人帮”，拨乱反正和贯彻共青团“十大”精神，上海海运共青团组织逐步恢复正常活动，围绕党的中心任务，针对青年特点开展活动，工作日趋活跃。

1978 年，上海海运在全局青年中开展了争当新长突击手的活动，引导青年把树立革命理想同脚踏实地的工作结合起来，勤奋学习，掌握本领，在生产中敢想敢干，勇挑重担，做老实人，办老实事，加强革命纪律性。1978 年底，局团委召开了第一次青年积极分子大会，于士荣等 8 位青年荣获局“新长征突击手”称号；授予“和平 5”轮等 4 个团支部为“争当新长征突击队”先进集体。1981 年，上海海运于士荣、谈伟兴和服务员叶金女被团市委命名为上海市新长征突击手。

为探索新时期共青团工作的新路子。1980 年起，上海海运团委于每年 1 月召开一次为期三天的大型青年工作会议，以生动活泼的方式研究交流工作经验。在 1980 年的会议上，“大庆 50”轮等 7 个单位的团支部介绍了他们在工作重点转移中做好青年思想政治工作的经验。在 1981 年的会议上，局团委总结了从实际出发，针对青年思想特点，进行思想教育的做法。主要是:（1）讲事实，说真话，以疏导方法解决青年中的思想认识问题。有的单位组织青年就“怎样看待人生的价值”“怎样看待社会弊病”“八十年代要不要学雷锋、做好事”等大家感兴趣的问题，开展讨论，进行自我教育。（2）典型示范。局团委先后总结了 12 个优秀团干部和青工的事迹，采取报告会、登报、上船舶放录音、印发材料等办法，广为宣传。青年们在这些具有较强说服力的事迹影响下，振作了精神。（3）注意抓世界观这个“总开关”，分层次地进行教育。在道德教育中，对有过错误的失足者，要求他不要违法乱纪；对后进者，要求他不要损人利己；对团员，则要求他做到助人为乐，先人后己。由于加强了该方面教育，1979 年初统计的 265 个后进青年两年后有了不同程度的转变，其中有 45 人入了团。同时积极开展多种文化娱乐活动，寓教育于活动之中。各级团组织把思想政治工作和解决青年切身利益问题结合起来，在力所能及的范围内实实在在地为青年办好事，关心青年的痛痒，使青年具体地感受到党、团组织的温暖。

上海海运团委在 1981 年以来开展的“三热爱”教育中，努力帮助青年拨开思想上的一些“迷雾”。为了解答青年中既然提倡解放思想，为什么又要强调坚持四项基本原则的疑问，团组织请了老红军和革命烈士的子女来局作革命传统报告，请专业学校的讲师作中国近代史简介的报告，举办了有关党的历史问题决议的图片展览，帮助大家从党的历史和现实教训中，加深对坚持四项基本原则的理解。并组织讨论解放思想和四个坚持的关系。少数青年到过国外，产生了“社会主义未必好，资本主义未必坏”的错误想法，团组织通过算细账、摆家庭生活变化等方法进行两种社会制度的对比，并用“长辉”轮三副叶勇革的先进事例，进行爱社会主义祖国的教育，团组织还用身边共产党员的典型事例教育青年，宣传优秀党员的先进事迹，帮助一些青年端正对党的认识。还开展向“四人帮”讨还青春的活动，激励青工补好文化课，为“四化”做贡献。

上海海运团委为青年办实事，办好事，其中突出的一件事就是成立了“婚姻介绍组”。海员常年在海上工作，与女青年接触的机会少，不少青年船员为婚姻问题而烦恼。这是既实际又需要帮助解决的问题。局团组织决定用社会力量为大龄青年船员择偶牵线搭桥。

1980 年 8 月 22 日，上海人民广播电台、《青年报》播发上海海运团委成立“婚姻介绍组”为青年海员寻找伴侣的消息后，5 天时间就收到 800 余件愿与海员交朋友的女青年来信。至 1981 年底“婚姻介绍组”先后安排了男女青年约会 600 多次，有 73 对青年恋爱关系密切，11 对青年举办了婚礼。在他们筹办婚事时，团干部还帮助搬运家具，缝新婚之用的被子。青年们感动地说：“团干部真是我们的知心朋友，团组织就是我们的家。”

上海海运团委在开展青年思想政治工作中，着重抓好三个环节：一是端正对青年人的看法。开始有的同志觉得现在青年“经济上要求高，难满足，政策上要求低，难调动积极性，思想工作难见效果”，而对青年们当前在想些什么，干什么，有哪些新的特点则缺少全面的了解。后来在党委的帮助下，通过学习讨论，逐步端正了认识，看到了青年身上的积极因素是主流，工作起来就有的放矢了。二是帮助团干部树立热爱青年工作的思想，掌握做好青年思想工作的基本功。团委自 1980 年下半年以来举办 4 期团干部学习班，训练了 140 名团干部。这些同志回到船上积极开展工作，摸索新时期思想工作的新路子。三是经常进行调查研究，取得青年思想教育工作的主动权。如 1981 年发现青工中赌博问题较多，于是对 14 艘船舶和有关里弄以及 70 名曾参与赌博的青年船员进行了调查，分析了其中的原因，写了调查报告，及时向各级团组织提出了制止赌博，进一步开展“五讲四美”活动的要求。

十、召开局共青团第四次代表大会

1984 年 4 月 22 日至 24 日，共青团上海海运第四次代表大会召开。出席正式代表 248 名，列席代表 30 名。此时局系统有团员 3684 名。

上海市团市委副书记吴汉民出席大会并致祝词。

局团委副书记黄新明作了题为《为开创海运事业新局面贡献青春和力量》的工作报告。《报告》回顾了共青团 5 年来的工作，提出要抓好以学习整党文件为内容的团员教育；继续开展以共产主义人生观为核心的思想政治教育，引导青年在抵制精神污染，建设精神文明的实践中健康成长；围绕“安全生产，提高效益，提高企业素质，提高青工素质”的目标，继续深入开展“为海运事业增添光彩”的新长征突击手活动；开展健康有益、寓教于乐的文娱体育活动，活跃青年业余生活；整顿团支部，加强组织建设，提高战斗力。

局政治部副主任黄为民在闭幕式上讲话，希望团组织成为党的有力助手，团干部成为海运事业的合格人才，团员青年成为学习文化技术的先锋、安全生产的尖兵、社会主义精神文明建设的生力军。

会上，局团委表彰了“战斗 37”轮等 21 个先进团支部，何冠华等 182 名好团员。授予立丰船厂青年职工“浦江抢险青年英雄集体”称号。

大会选出上海海运共青团第四届委员会，黄新明为书记、李佩荣任副书记。

十一、围绕海运生产，持续开展新长征突击手活动

上海海运团委结合航运企业特点，紧紧围绕海运生产，持续开展“为海运事业增添光彩”的新长征突击手活动，充分发挥团员青年在本职岗位上、生产领域里的突击作用。评

选出一批又一批局、市级新长征突击队、新长征突击手积极分子、五好青工、文明青工。在开展新长征突击手这个总主题中，主要开展了以下内容的活动:（1）继续组织青年服务队，扩大青年服务队服务范围。客、货、油船基本上每船建立了一支服务队。服务队的活动，坚持工余为主，注重实效。涌现出“安源”轮、“大庆 50”轮一批先进青年服务队。（2）开展“五小”智慧杯竞赛活动（小建议、小发明、小改造、小设计、小革新）。根据国家经委、全国总工会、共青团中央的通知，1983 年在全局开展了这一活动。这是一项广泛的群众性科技活动，是争当新长征突击手活动的继续和深入。到 1984 年 3 月，经评选奖励了一批优秀项目。（3）开展“争创青年文明岗”活动。1984 年，局团委在全局团员青年中开展以提高责任心、严格执行规章制度和遵守劳动纪律为主要内容的“争创青年文明岗”活动。这是将两个文明建设落实到每个青年的岗位上，进一步推动新长征突击手活动的一项措施。在船上组织“一水岗位”“二水岗位”“生火岗位”“机匠岗位”“厨房岗位”5 个岗，根据政治思想好、遵守纪律好、团结协作好、勤俭节约好的标准，以团支部为实施单位开展竞赛，每年“五四青年节”前召开表彰大会。

局团委和各基层单位（船舶）团组织狠抓了团的组织建设，开展评选先进团支部、好团员、优秀团员活动。1982 年，局团委制定出先进团支部、好团员、优秀团员标准。为加强对船舶团支部的指导，局团委成立了船舶青年工作部，分类指导船上工作；建立了在港船舶团支书例会制度，定期交流基层工作情况。1985 年制定出《上海海运企业团干部管理条例》《船舶团支部工作细则》。1986 年，推行团员证制度，先在客轮团支部试点，然后在全局船舶团支部中全面推行。到 1987 年全部完成。这项制度的实行，加强了对团员的管理，增强了团员的组织观念和组织纪律性，促进了团支部工作的开展。

1985 年初，局团委根据交通系统开展的“安全优质创一流，文明岗位育新人”的竞赛活动的要求，在上海—秦皇岛航线上的煤运船舶团支部开展了这一活动。这是抓住一条航线，几种类型的船舶，加强团的建设，推动全局船舶团支部工作的一项措施。竞赛的内容，是围绕加强团的建设、爱岗争优、丰富青年业余生活等 3 个方面进行的。到 10 月，经考核评比，部分船舶团支部获得“申秦航线共青团工作红旗船舶”的称号，颁发了荣誉证书和奖励支部活动经费。

十二、加强党风廉政建设，纠正行业不正之风

1990 年 3 月 9—12 日，党的十三届六中全会通过的《中共中央关于加强党同人民群众联系的决定》指出：坚定不移地加强廉政建设，继续发扬艰苦奋斗精神，克服党内存在的消极腐败现象，这是改善党群关系，保证我们事业立于不败之地的战略措施。

上海海运根据党风和廉政建设必须坚持“一要坚决、二要持久”的方针，持之以恒地加强党风党纪教育，不断提高广大党员的认识，发挥党员的先锋模范作用；抓党员领导干部的勤政廉政，促使干部增强经得起执政党地位和改革开放两个考验的自觉性；坚持不懈地纠正行业不正之风，保证海上运输的正常进行。

上海海运采取多种形式，对党员进行党风党纪教育。

党支部普遍组织党员开展了《党章》《准则》的再学习；开展了以党规党纪为主要内容

的专项教育。1990 年全局有 6100 多名党员参加了党纪条规学习和测验，使党员熟知党规党纪基本内容，明确哪些是应该做的，哪些是不能做的，从而增强遵纪守法意识，提高明辨是非和防腐拒变的能力，以党的纪律规范约束党员的行为。

1990 年，在学习贯彻《中共中央关于加强同人民群众联系的决定》的基础上，根据上海市政府发布的《上海市企业事业单位领导干部保持廉洁的若干规定》和《规定实施办法》，修订出《局各级干部保持廉洁的若干规定》，重新修订和颁发了《局党政领导班子约法十章》和《上海海运局党风责任区》，制订出《关于我局在经济交往活动中接受和处理礼品的有关规定》，同时对礼品的处理、出境出国、外事活动、工作餐、业务招待费等方面提出了 7 条要求；1991 年，根据形势发展的要求和干部变化的情况，对原有的制度又作了进一步的修改，将本局有关党的建设和廉政方面的 22 个制度、规定加以整理，汇编成册，印发到各级党组织，安排党员和干部学习，以使党风廉政建设达到制度化、规范化；1992 年，局纪委将上海海运近几年来党内发生的、少数党员放松自身约束、经不起资产阶级腐朽思想的侵蚀、严重违反党纪国法的案例，和有关集体盗卖船用物资、贪污受贿、严重违反外事纪律和违反社会主义道德等 12 件代表性的案例汇编成册，以《模拟案例选》的形式，下发各支部在党内宣读，引以为戒。同时，对党员、干部廉洁奉公的典型事迹进行了通报表扬。据统计，仅 1990 年就有 252 人 391 人次上交礼品（礼金）和拒收礼品礼金 885 件（次），价值 4 万余元，其中党员 170 人，处级干部 49 人，局级干部 2 人。1993 年，根据中纪委二次全会精神和市委、市交通党委的部署，对执行反腐倡廉制度、规定方面进行了全面检查。

十三、坚持纠正行业不正之风，争创党风建设先进单位

1990 年，上海海运根据党中央、国务院的指示，按照上海市委、交通部的统一部署，连续开展了 3 个“纠行风”战役。

第一战役重点解决 3 个问题：一是部分船员利用船舶运输工具的便利条件，贩卖香烟牟利的歪风；二是一些客轮餐饮价格偏高，搬送小件行李乱收费，侵占旅客的利益；三是少数货、油船利用议价运输，向货主索要好处费和饭贴。经过全局干部职工一年的共同努力，纠风工作初见成效。

第二战役重点解决 3 个问题：一是采取联合行动，对隐蔽的贩烟行为进行打击，保证《烟草专卖法》的实施；二是查处远洋船员瞒关、闯关、走私违纪问题；三是查以岗谋私、转包工程中谋取私利的问题。

第三战役重点放在公安单位和公安干警中开展“五对照五检查”活动，普遍进行警风警纪教育解决特权思想、粗暴待客、办事拖拉 3 个问题上。

与此同时，抓好典型的教育，在大力开展“学雷锋、树新风”活动的基础上，又开展了向严力宾同志学习的活动；继续宣传杨怀远和“十大企业精神标兵”的先进事迹。经常通报廉政建设、纠行风的典型事迹，用广大干部和党员的身边事例来教育船员职工。

上海海运从 1987 年初，根据市交通党委的部署，开展了“争创新时期党风建设先进单位”活动，以后连年持之以恒地继续开展这项极为有意义的活动。实践证明，它对激励党

政领导干部勤政廉政、推动安全生产和各项工作的健康发展起了积极的作用。1988 年初，根据党的十三大关于在改革中加强党的建设的要求，党委规定了 6 条争创标准：一是党政领导班子在思想上、政治上同党中央保持一致；二是党政领导班子党性强，表率作用好，团结协调，战斗力强；三是党政领导班子坚持两个文明一起抓，勇于开拓，积极改革，效果显著；四是党政领导班子重视党风建设，全党抓党风局面已形成；五是党的基层组织健全，党员素质进一步提高；六是机关作风进一步改进，服务、效率、表率作用好。争创活动的重点是局和基层单位党政领导班子和机关。对这 6 条标准，根据形势、任务的变化以及出现的新情况，每年修正一次。

1993 年，上海海运党委制定了争创党风先进达标的条件，即首先要达标，在达标的基础上争创先进。基层单位党组织每年初在总结上一年“争创”工作的基础上，制订下达当年“争创”规划，领导班子成员制订或修改个人“争创”计划；年中，先进行自查，然后由上级党政领导成员带队，分别逐个基层单位进行检查，进行初步评比，召开经验交流会；年末，进行自查、互查、总结、评比，表彰先进单位和先进个人。这个“争创”的工作程序，已形成了制度，走上了规范化。经交通部党组和上海市交通党委党风联合检查组的检查，上海海运 1988 年被评为党风表扬单位，1989 和 1990 年被评为党风先进单位。

第九节 “两个文明”建设结硕果

一、组织形式多样的劳动竞赛

1983—1987 年这段历史时期，上海海运各单位、各船舶紧紧围绕开展了以安全、优质、低耗、高效为中心的劳动竞赛及合理化建议、技术改革等活动。

这一时期的劳动竞赛，随着企业经济改革，不断开拓竞赛的新路子，提出竞赛的新内容。1983 年以来主要开展以“安全质量”为主要内容的单项竞赛，其中包括六无安全客运质量、货运质量、服务质量、船舶五好设备竞赛。1985 年以来开展“百日安全无事故”竞赛和船舶内部课题攻关竞赛，列出了尾轴等 21 个课题，在职工中广泛开展合理化建议和技术改革活动。1987 年开展了增产节约、增收节支活动，提出了有针对性的 10 个课题，发动职工献计献策。这一系列竞赛活动，产生的物质效益和精神效果是显著的。到 1987 年底，局系统安全航行 30 万海里的船舶有 14 艘，40 万海里的有 3 艘，50 万海里的有 3 艘，“长自”轮、“长征”轮安全航行达到了 60 万海里。在货运、客运、通讯质量及轮机设备管理等船际单项竞赛中，有 9 艘货船获得交通部优质运输先进集体称号，6 艘客船被评为交通部文明船。针对生产中的难点和关键，全局共提出合理化建议 3287 条，其中被采纳的有 1446 条，已经实施的 1040 条，实现经济效益 2450 万元。通过评审，对一部分有明显经济效益的合理化建议给予奖励，其中油轮航修站副站长葛文华的粘结技术、“森海 1”轮大副赵美丰的走锚警报器等，在实际应用中有较好的效益，先后被评为上海市总工会合理化建议先进个人。

上海海运1983—1987年共评出局级先进集体658个（次），先进生产（工作）者1291名（次），其中，船长朱尔敏，厨工蒋华金荣获全国五一劳动奖章，服务员杨怀远荣获全国劳动模范，“长征”轮、“大庆40”轮、“安源”轮被评为1984—1985年度上海市模范集体，船长车朝纯、轮机长周来根和油轮航修站副站长葛文华荣获上海市劳动模范称号；“大庆27”轮、“长自”轮、“森海4”轮被评为1986—1987年度上海市模范集体，朱尔敏、蒋华金及轮机长张庆信等荣获市劳动模范称号。这些先进集体和先进个人的先进事迹和先进思想，是海运企业宝贵的精神财富，对企业生产、管理、安全及各项工作起了促进作用和表率作用（图5–23）。

图5–23　1991年上海海运表彰技术比武优胜者。

二、深入开展精神文明建设活动

上海海运以坚持开展“文明礼貌月”活动、创建“文明单位（船舶）”、参加“十大窗口”竞赛等为主要形式，继续进行群众性精神文明建设（图5–24）。

图5–24　上海海运召开精神文明建设工作会议。

1983年1月31日，中央宣传部等24个单位发出《1983年继续开展“五讲四美三热爱”活动的意见》，要求认真抓好今年的“全民文明礼貌月”活动。根据上级指示精神，2月24日，局政治部发出通知，部署第二个“全民文明礼貌月”活动。要求各单位在巩固和总结去年“五讲四美”活动成果的基础上，重点开展“三优一学”（优质服务、优良秩序、优美环境，学雷锋学先进）活动，继续治理“脏、乱、差”。

在这次“全民文明礼貌月”活动中，局属各船舶开展了形式多样的活动。一是有些船舶请杨怀远作了“学雷锋精神，做好客运服务工作经验”的报告；二是普遍组织团员青年学习张海迪的事迹；三是为了使青年海员分清美与丑，局团委请大学教师向青年作了“审美趣味”和“审美标准”的报告，请著名滑稽演员姚慕双谈职业道德；四是有些客船实行了“三包”：到站迎客，途中照顾，抵港送客，落实到人，一包到底；五是有的船舶开展了“三优一学”“五看”竞赛：一看谁学雷锋好事做得多，二看谁的服务质量高，三看谁钻研业务过得硬，四看谁遵纪守法工作做得好，五看谁讲卫生达到“洁、齐、美”。六是在港船舶普遍参加了全市性统一活动，如3月2日的全市卫生大扫除，3月5日的全市学雷锋、学先进、树新风、做好事活动，3月12日的植树活动。

1983年2月23日，上海市召开全市“五讲四美”表彰大会。上海海运“海兴”轮、“福州”轮、“大庆50”轮和杨怀远、黄永祥分别被评为市“五讲四美”先进集体和先进个人。

"全民文明礼貌月"活动从1982年开始到1984年历时3年，随后，这个活动转入经常性的工作。

到1986年，上海海运评出文明单位39个，其中船舶32艘（有7艘船被上海市命名为文明单位，15艘船被交通部命名为文明船）；上海—大连、上海—香港两条客运航线被评为文明航线。

在创造文明单位（船舶）活动中，为加强军政军民团结，促进社会风气的好转，地方学习解放军，解放军支持地方，客船"鸿新"轮与海军护卫舰八大队511舰在1984年初开展军民共建活动。

三、积极参加"十大窗口"竞赛

1985年4月，市府交通办公室和市总工会组织市"十大窗口"竞赛活动。16日举行誓师大会，宣布；从18日起上海市港口、铁路、民航、海运、长航、长途汽车、轮渡、邮政、电信等"十大窗口"竞赛活动开始。参加竞赛的共46个单位，上海海运有上海—大连、上海—青岛航线的"长锦"轮等8艘船参加。竞赛的内容是：贯彻人民交通为人民的宗旨，全心全意为旅客和用户服务，扎扎实实为旅客办实事办好事；以优质服务为重点，做到卫生好、秩序好、服务质量好、安全生产好、职工精神面貌好，杜绝粗暴待客，推广文明用语；勇于改革，制定便民利客措施，增设服务项目，接受旅客监督。竞赛每年评比一次，并公布优胜。

1985年9月，《解放日报》反映"海轮上伤风败俗现象严重，令人吃惊"。中央和交通部领导人对此十分重视。上海海运结合"十大窗口"活动，在客轮上开展与旅客共建"文明客船"活动：制定了"文明乘船须知"，严格管理；加强公安工作，打击混杂在旅客中的违法犯罪分子，从而使客轮上的旅客秩序明显好转。10月25日，上海海运向交通部部长钱永昌报送了《关于开展文明乘船、做文明旅客活动，克服旅客中伤风败俗问题初见成效的情况报告》。11月4日，交通部办公厅给上海海运来信，信中说："钱永昌部长已阅，认为你们做得很好，希继续抓下去。"交通部政治部还通报部属有客轮的企业都来抓好这项工作。

竞赛的第一年，1986年3月19日，"十大窗口"竞赛先进集体、先进个人表彰大会上，上海市交通党委、交通办授予上海海运参赛的8艘客船"长征""长锦""长绣""长河""长山""长自""长力""长更"轮"文明"船称号；"长征"轮服务员蒋国光被评为服务明星，"长河"轮服务员许林玲等7人被评为优秀服务员。"长征"轮、"长自"轮被评为优胜单位；"长更"轮服务部等4个班组被评为优胜班组。

四、隆重举行首届艺术节，弘扬企业精神

1989年3月，上海海运举行首届艺术节。这是一次全局性的大型宣传"爱我海运，创优图强"企业精神的活动。

3月6日，上海海运为庆祝建局40周年举行的首届艺术节在上海杂技场开幕。这届艺术节内容丰富，活动多样：组织了局系统文艺调演，百人大合唱，海运 40 年成就展览，职工摄影、美术、集邮等艺术作品展览，编辑出版海运 40 年纪念特刊，为服务海运 30 年的老海员、老职工颁发纪念章和荣誉证书等。艺术节期间还与上海电视台联合摄制反映上海海运在祖国现代化建设过程中的重要作用的专题电视片《在大海上奋进》(上、下集)，播出后在职工中和社会上反映良好，在社会上产生了良好反映。

通过这些活动，反映上海海运 40 年来，特别是党的十一届三中全会以来所取得的成就，展现广大海员在改革开放形势下的精神风貌，激发了广大海员“爱企业、爱船舶、爱本职”的高昂热忱，扩大了海运企业在社会上的影响，增强了海运企业的凝聚力，进一步促进了企业两个文明建设。3 月 11 日，上海海运首届艺术节在上海市体育馆闭幕，并举行文艺演出，上海电视台进行了实况转播（图 5-25）。

图 5-25　1989 年上海海运举行首届艺术节。

上海海运颁发的“上海海运卅年工龄纪念”金币直径为 60 毫米，24K 镀金，由上海海运工会宣传干部杨颐年征求各方面的意见设计而成。同时，上海海运还制作了由“神州”轮船员周恒祥设计的局徽；发行了《船型明信片》和《上海海运艺术节》首日封。

五、促进航海科技发展，上海市航海学会成立

为推动科学技术的发展，1956 年我国成立了中国科学技术协会。在航海界，1962 年，交通部副部长于眉与水运局长李清等领导和有关部门商量，酝酿筹办中国航海学会，旨在加强航运界同行间的经验交流，提高学术水平，保障航行安全和促进航海科技发展。交通部水运局副总工程师周启新负责筹办工作的推进。1963 年 5 月 1 日，我国自己建造的第一艘万吨级远洋货轮“跃进”号沉没，针对航海领域种种亟待解决的问题，周恩来总理指示国家科委成立由专家学者组成的航海科学专业组。

1963 年 11 月和 1964 年 6 月先后交通部召开了国家航海学会专业组的筹备和成立大会。会上，商讨了筹组中国航海学会的意见。1963 年 12 月，交通部发文指示广州海运局、上海海运局、长江水运管理局和大连海运学院作为牵头单位，分别筹建华南、华东、长江和北方地区学会。在这样的形势下，上海市航海学会筹备委员会在交通部和上海市科学技术协会双重领导下，于 1964 年 10 月组成，并积极开展筹备工作。筹备委员会由叶荫任主任委员，王再鸣、王倬任副主任委员，陈沛川担任秘书长。

1966 年 5 月，“文化大革命”开始，上海市航海学会筹备委员会被迫停止筹备工作。1978 年 3 月 4 日，上海市科协召开了自然科学专门学会恢复大会，宣布上海市各学会恢复工作。于是，由原上海海运局党委副书记刘延穆同志负责，上海市航海学会恢复了筹备工作。

1978 年 3 月 10 日，由刘延穆同志主持召开了恢复后的第一次工作会议。参加会议的有原学会筹备委员会秘书长陈沛川、副秘书长俞杰及新老工作人员。会上，商讨了各项筹备事项，并提出争取在“五一”节前正式成立上海市航海学会。4 月 1 日，在市科协党组织领导下，召开了复会筹备会第二次会议，由上海海运局、中国远洋上海分公司、上海海运学院、上海船舶运输科研所、上海港务局、上海打捞局、上海航道局、上海港务监督、上海船舶检验处、上海渔业公司、长航上海分公司等单位的领导参加。与会单位代表一致认为，有必要成立航海学会，并表示将积极参加学会工作。会上，还通过了航海学会党的领导小组成员、理事长、副理事长和秘书长等名单，上报市科协审批。为保证学会经费使用，暂定由上海海运垫付 5000 元，要求各会员单位每年支付一定金额会费，作为学会开展活动的费用，由上海海运委托银行开户。同时商定，理事会下设组织、编辑、航海学术、轮机学术、电子助航学术、水运管理学术等六个委员会外，再加设普及委员会，要求上海海运学院、上海远洋公司、上海港监等单位迅速派出一名同志到学会秘书处工作，办事地点设在广东路 20 号上海海运 4 楼。

1978 年 6 月 9 日，上海市科协批准建立上海市航海学会及其党的领导小组和第一届理事会成员，并同意上海市航海学会的挂靠单位为上海海运和上海远洋公司，以上海海运为主。

1978 年 6 月 28 日，上海市航海学会在风雷剧场召开成立大会，近千人参加。会议由学会理事长刘延穆主持。钱永昌副理事长作《上海市航海学会筹备情况和下半年工作打算》的报告。交通部副部长彭德清到会讲话。

六、中国航运界首本科普刊物《航海》创刊

上海市航海学会筹备期间，编发出版了三期《中国航海》杂志。学会成立以后，为贯彻全国科学大会精神，促进航海事业现代化，次月就向上海市委、上海科协申请出版《上海航海》。1978 年 12 月 31 日，上海市委宣传部、市科协、市工交政治部联合发文，同意《上海航海》杂志出版（当时仅是内部刊物）。后经申报批准，获得正式出版刊号，1979 年 1 月 20 日，《上海航海》定名为《航海》（双月刊），1979 年 7 月《航海》杂志首期出版，国内发行。1980 年 11 月《航海》杂志发行范围扩大到国外，是当时我国唯一的航海科普刊物。

为加强领导和管理，提高《航海》杂志的社会效益和经济效益，进一步适应改革开放之需，1987 年 12 月 9 日学会成立了《航海》杂志社。

七、《中国海员》复刊

1926 年 1 月 5 日，中国海员第一次全国代表大会在广州召开，苏兆征同志总结了这个时期的罢工斗争所取得的伟大胜利。邓中夏同志在这次大会上作了讲话，他说：这次大会是海员的新纪元，得到新的生命，它有力地说明了海员地位的重要性，海员责任的伟大。这次大会通过了一个宣言、七个决议案和一封致全国海员的书、一封致世界海员的书以及工会的新章程，并选举了全国海员工会的执委。就是在这次会上讨论了对广大海员宣传教育的问题，决定由海员总工会办一本定期的周刊，并取名为《中国海员》。这是《中国海

员》的第一次出版，在这期的创刊号上翔实地刊登了这次大会的全部内容，广东省革命历史博物馆还保存着这本创刊号，是一本珍贵的历史史料。在《中国海员》创刊后的三年里，杂志按期出版，到 1929 年开始，杂志改为半月刊，至 1930 年杂志停刊。

20 世纪 30 年代初，廖承志同志在西欧领导中国海员运动，为了更广泛而又更方便地向海员宣传革命的道理，介绍国内和世界各地革命运动的发展情况，中国海员总工会西欧分会决定，利用西欧的有利条件，把曾在中国海员中产生过深刻影响的中华海员工业联合总会的《中国海员》杂志在西欧恢复出版。复刊后的《中国海员》杂志每期都由德国工人联系出版，1932 年末，德国面临法西斯恐怖统治，为防备法西斯的迫害，海员国际书记处决定撤退，并让中国海员支部闵一帆等转移到荷兰鹿特丹港，《中国海员》停刊。

中华人民共和国成立后，全国各地海员工会代表会议于 1949 年 12 月 25 日召开。会议通过了《关于出版海员刊物训练海员干部的决议》并于 1950 年 1 月 5 日经全总常务扩大会议批准，编辑出版《中国海员》。当时，《中国海员》以报纸的形式出版。后于 1957 年与交通部合办，更名为《中国航运报》。《中国航运报》出版了 1 年，于 1958 年停刊。

在改革开放的新时期，中国海员工会全国委员会决定出版《中国海员》杂志。经过半年筹备，《中国海员》杂志于 1985 年 6 月正式出版。1986 年起，又与交通部合办，主管单位为交通部，主办单位为上海海运。

2004 年，根据新闻出版总署“中央和国家机关各部门在京外地方辖区内所办报刊实行属地管理”的要求，《中国海员》杂志在上海新闻出版局的更换期刊登记证时，将主管单位变更为上海（海运）集团公司。上海（海运）集团公司更名为中远海运（上海）公司以后。《中国海员》杂志的主办、主管单位均为中远海运（上海）公司。

《中国海员》杂志是中国海员建设工会的机关刊物，全国水运系统唯一的一本具有 90 多年光辉历史的属于港航职工自己的杂志。

八、丰富活跃职工群众的文娱生活

粉碎“四人帮”标志着国家刚刚从一个束缚思想的时代走了出来。改革开放后，上海海运职工思想解放，各种文化活动“百花争鸣”，群众性的文化娱乐生活有了很大的发展，企业文化建设进入新时代。

（1）编辑出版了《海上旅游》画报、《海运科技》等杂志，其中《绿舟》为海员职工参与的综合性刊物，以文学创作为主，有“海内外”“影视创作”“散文”“小说”“收藏”“船模天地”摄影、书法、美术、集邮等专栏。在海员中有一定的影响力。

（2）编写了许多支持海运、服务海员的专业书籍。

《海务资料》为上海海运局海监室 1989 年开始编印的资料性读物，不定期地介绍世界各国及我国各港口的有关资料，便于船舶人员掌握有关情况。

《海员健康顾问》由上海市航海学会编印，根据航海企业的特点及船员健康的特殊需要，由海员医院资深的医务人员撰写。原中国航海学会理事长，交通部副部长彭德清为本书题词。原全国海员工会主席张士辉作序。

《国际交往礼仪》由《航海》杂志社 1990 年 5 月编印，为适应我国改革开放政策的需要，提供远洋船员在外交流的参考材料所需的知识性读物，先后在海运局管事培训班及海运学校学生培训时，作为讲课资料。

《海员心理的研究和应用》由中国航海学会、《航海技术》编辑部 1991 年 5 月编印。为加强船舶的思想政治工作，塑造和培养海员良好的心理素质，并根据航海的特殊条件下的海员心理活动特点编纂而成，是船舶思想政治工作研究的一个创新成果。

（3）撰写与汇编了许多反映为上海海运发展做出贡献的真人真事和研究职工思想政治工作等文章和刊物。

《爱的奉献》为 1990 年起海运局客轮公司编印的群众性读物，不定期分集出版，主要内容为反映客运职工发扬“小扁担”精神，坚持开展“学雷锋”活动，全心全意为旅客服务的事迹。

《煤运战线上的共产党员》于 1991 年 6 月编印，由海运局第一货运公司编写，反映了日夜奋战在煤运战线上的共产党员的先进事迹。

《碧海红花》为上海海运工会主办的不定期群众读物，反映被誉为船员“半个政委”的“海夫人”支援海运事业的生动事迹，深受船员和家属的欢迎。

《闪亮点》由上海海运组织处 1987 年 1 月编印，反映全局各条战线上共产党员先进事迹的小册子，不定期出版。

《上海海运局历届全国、交通部、上海市劳模等光荣册》由上海海运工会 1989 年 3 月编印，记载了上海海运历届全国、交通部、上海市的劳模和先进工作者。

《中共上海航运业地下党组织史料》由中共上海海运党史资料征集委员会 1988 年 5 月编印。作为资料，经过原航运系统地下党老同志的回忆以及调查访问，资料编入了地下党航运支部的组织领导关系、党员名单及与敌斗争的事迹。

《原招商局船员起义三十五周年纪念册》由交通部、中国海员工会 1985 年为纪念招商局船员起义 35 周年而编印。

《上海海运三十年》由上海海运 1979 年编印，图文并茂地介绍了上海海运从 1949 年至 1979 年的建设和发展。

《上海海运局工会成立四十周年纪念刊》由上海海运工会 1989 年编印，以画刊的形式，图文并茂地介绍了上海海运工会成立 40 周年的建设和发展。原交通部部长钱永昌、原全国总工会书记处书记方嘉德、原上海市总工会主席江荣、原中国海员工会主席丘金及原上海海运管理局代局长刘延穆等题词。

《上海海运四十年》由上海海运计划经营处 1989 年 9 月编印，本书主要运用“海运 40 年统计资料”编写，重点反映在国民经济建设中，上海海运所处的地位和发挥的作用，以及随着国民经济的发展而发展的历程。

《组织史资料》由中共上海海运局委员会党史资料征集委员会 1988 年 5 月编印，收集及编入了上海海运从 1949 年 5 月至 1987 年 12 月组织工作的资料，以及新中国成立后历年来党组织发展的情况与党政机构的组织状况。

《海运论坛》：上海海运职工思想政治工作研究会主编，本刊为上海海运党委主办的理论刊物，宗旨是为加强对海运事业的思想政治工作的探索和研究，有“党的建设”“思想政治工作”“人才开发”“纪检与监察”“探索与研究”“信息之窗”等栏目。

《海运企业思想政治工作》于1984年12月编印，在全国改革开放的热潮中，提出航运企业的思想政治工作如何改革，开创思想政治工作的新局面，作为船舶思想政治工作的辅助读物。

《上海海运政工研究》由上海海运职工思想工作研究会于1985年3月编印，本书以本企业有关思想政治工作方面发生的100个实例，展示了广大海运政工干部进行思想政治工作的丰硕成果，也说明了企业思想政治工作的重要性。

《上海海员工人运动史》由上海海运党史资料征集委员会和中国海员工会上海海运管理委员会联合编辑。本书为内部资料，根据中共上海市委党史资料征集委员会和上海市总工会的要求，经过半年的努力撰写而成，1990年9月，由上海市新闻出版局准印出版。

《海运党建论文集》由上海海运组织处1990年11月编印，论文集是上海海运局关于党建理论研究的开端，通过党建理论的研究和探索，对如何加强党建理论工作提出有力的方略。

《中共上海海运管理局党史大事记》由中共上海海运局党史资料征集委员会1991年3月编印，本书介绍了1949年5月至1989年5月上海海运局有关党史的大事，是上海海运党史的回顾，史料翔实、珍贵。

《上海海员工人运动史》由中共上海海运局委员会、党史资料征集委员会、局工会《上海海员工人运动史》编写组编写，中共党史出版社出版1991年6月出版。本书是《上海工厂企业党史工运史系列丛书》之一，由“上海海运业沿革和海员基本情况”“上海海员工人运动”“中国共产党上海海员系统组织史资料”“历史资料、人物小传和回忆录”四个章节组成，反映了上海海员的斗争和发展史。

《上海海运船舶政治工作史》由中共上海海运局委员会编撰，从1992年组织人员，历时4年，编写成史。1996年12月，经上海市委宣传部审核，内部出版。该史充分反映了上海海运船舶政治工作的悠久历史和广大海员艰苦创业、战风斗浪、无私奉献的光荣传统。

（4）组织成立社团。成立了海洋文学社、摄影爱好者协会、影视爱好者协会、海运集邮协会、上海海运文化艺术联合会。这些群众性的文化艺术组织，都广泛地开展了活动，先后举办了海运航海邮展、王鹏举个人丝绒画展、王榕屏西藏风情个人摄影展。在群众创作活动中涌现出了一批在社会上有一定影响的作者和作品。王松钧的书法作品和周成的国画被选送日本展出。“和平28”轮工会在船上因地制宜举办邮展、影展、画展，被评为上海市1986年基层集邮表扬单位。

1985年12月，上海海运成立了影视爱好者学会，参加者有540余人，多次自编自导自演电视小品，并经常进行专题的影评活动。如，杨怀远曾和上海滑稽界知名演员王汝刚合演了一个电视小品，宣传“小扁担”精神;《上海海运报》录像室拍摄了大量的船舶生产动态和船员的先进事迹，录像片《海魂之歌》《心桥》《有这样一位厂长》等参加市和市交通邮电系统的评比，获得优秀奖。为了记录和保存海运局一批参加过长征、抗日战争和解放战争的老同志的斗争史料，老干部处还拍摄了大型的录像片。

在体育活动方面，经常举办球类、棋类及游泳等项比赛。特别是针对海员特点，在船舶开展的通讯体育比赛，受到船员的普遍欢迎。“大庆 61”轮体育活动成绩优异，1986 年被评为上海市“职工体育先进单位”。

结束语：1979 年，上海海运进入了新的历史时期，特别是党的十一届三中全会以来“七五”期间，坚持改革、开放、搞活运输。上海海运在确保沿海运输物资运输的同时，冲破封闭式的航区范围，参加远洋运输，跻身于国际航运市场，同时推动横向联合，组成合资、联营公司发挥了单一的运输体制所不能发挥的作用。改革带来了生机，开放带来了活力，这是上海海运两个文明建设取得了丰硕成果的时期。1978—1988 年的 10 年中，上海海运平均每年净增加船舶 10 万吨以上；客货运递增速度，货运吨为 4.9%，客运人为 10.2%；1988 年上海海运局船舶的载重吨位为 1949 年的 67.32 倍，一天的客货运周转量相当于 1949 年一年的客货运周转量；累计实现利润 18.01 亿元，比前 30 年利润总和还超出 34%。1988 年一天的利润 55.9 万元，比 1950 年一年完成的利润总额 46.4 万元还要多 20.47%。上海海运初步形成了包括工业、通信、燃物料供应、教育卫生等行业，围绕运输船舶服务的运输综合体，也是集团性运输企业的雏形。

第六章

企业发展迈入新时代

（1993—1997）

中共十四届三中全会指明，我国经济体制改革的目标是建立社会主义市场经济体制。1993 年，交通部行政职能实行转变和进行机构改革。上海海运按照交通部建立市场经济体制、重点抓好在国民经济起骨干作用的大型企业的工作要求，一是经济体制从传统的计划经济向社会主义市场经济转变，二是经济增长方式从粗放型向集约型转变。国有大型企业上市这是我国在总结改革开放 30 年时的三大主要成绩之一。上海海运积极推动现代企业制度的建立；进行股份制试点，上海海兴轮船股份有限公司顺利在香港发行 H 股，成为国家批准的首家在香港上市的交通运输企业。

第一节　建立市场经济体制下的航运企业

一、实行政企分开，加强行业管理职能，成立（集团）公司

20 世纪 90 年代，邓小平南方谈话和中共十四届三中全会指明了我国经济体制改革的目标是建立社会主义市场经济体制。邓小平同志还提出“发展才是硬道理”的著名论断。随之，中国开始新一轮改革，经济转入加速发展的历史时期。在这一时期，交通部按照建立社会主义市场经济体制的目标深化交通改革，推动我国路水路交通事业进入快速发展的轨道。

根据党中央、国务院的决定，结合行业实际，1993 年交通部转变的职能主要是：政企职责分开、简政放权、加强宏观调控和行业管理职能。对部属企业下放部分计划、财务、设备、价格和人事劳资等管理职权。减少直属水运计划比重，取消非重点物资运输计划，进一步放开运输价格；下放部分运输线路、运力额度、边境口岸的运输审批权；下放部属事业单位自有资金建设项目审批权；下放出国人员及进出口设备的审批权限，简化手续。

在上述背景下，上海海运改制为上海海运（集团）公司，其目的是：改革企业原有的管理体制和机构设置，使之符合精简、高效、职责分明、减少层次、科学决策、协调配合和专业化管理等要求。在上海海运总部机关的改制中把不属总部管理范围的职能，尤其是具体事务性工作，下放给成员单位，突出总部的规划、决策、监督和协调职能。根据改革的总体思路和实施计划，上海海运把企业改革工作分成三条线全面有秩序地推进。

一是企业的整体改制；二是基层的经营机制的转换试点；三是机关的职能处室调整。为积极稳妥地搞好改革工作，上海海运成立了改革领导小组，认真研究、制定改制方案和实施计划。为了使广大职工对组建（集团）公司有一个比较全面而深刻的了解，举办了两期处级干部脱产学习班，召开了机关干部大会，从思想上明确为什么要改革，从步骤上明确改革的方针、政策和具体实施安排，从要求上明确广大干部投身改革的应有态度。《上海海运报》连续发表了企业组建（集团）公司的宣传文章，形成了改革的舆论环境。

在交通部和上海市交通办领导下，经过周密筹备，1993 年 6 月 18 日，交通部上海海

运管理局正式更名为上海海运（集团）公司；各职能部（室）的职掌和（集团）公司内部管理的若干规定也作了相应的调整和制定，从而为理顺（集团）公司与下属单位、（集团）公司职能部室之间的相互关系打下了基础。按照调整职能，理顺关系，下放权限，转换机制的原则，上海海运把下属单位划分为职能公司、事业单位、直属企业、驻外机构等，使企业的内部关系从原来的行政隶属关系，转向趋于经济关系，以适应市场经济和转换经营机制的需要（图 6–1）。

图 6–1　上海海运（集团）公司成立。

本着“两精简、两提高”和“统一领导分级管理，集权与分权相结合管理体制”的原则搞好机关的改制工作，行政部门合并了三个处级机构，分离了三个处级机构，成立了“六部二室”即：企划部、财会部、航运部、技术部、监审部、人事部、总经理办公室、安监室。接着又对各处室内的科级机构和人员设置进行调整。经过整个改制，企业原行政处室从 13 个减为 8 个，同时对机关职能机构和人员编制进行了调整，处级职能机构设置减少 35%；各部（室）内的科级机制和人员编制均减少 30%。在组织基层的改制工作中，明确国有资产管理是在上海海运授权下行使，有关国有资产的保值是对上海海运负责。

从思想观念上看，过去长期计划经济模式下形成的一些陈旧的思维方式、观念和习惯，还在很大的程度上继续束缚着一些职工；从管理上看，虽然上海海运有不少的规章制度，但仍然是比较粗放的，缺乏科学性和严密性，还存在不少漏洞和浪费，人力、财力、物力都没有得到充分有效的利用；从经营上看，还没有形成一套科学完整的发展战略，经营结构比较单一，效益不够理想，在多元发展方面起步较低，还没有形成新的有规模效益的经济增长点。上海海运组建企业集团和股份制公司后，企业活力和竞争力不断增强，经济效益不断提高，企业发展不断加快。例如，原来企业内部的财务核算体制，不能真正落实基层单位的经济责任制，也不利于基层单位积极性的发挥，形成了全局共吃大锅饭的局面。因此上海海运（ 集团 ）公司成立后，改变了现行的财务核算体制。一是理顺内部价格。理顺修船价格和有关的后勤服务方面的价格，使之能实事求是地反映各单位的效益情况。更好地控制成本提高效益；二是分清经济责任，把经费承包从服务单位改到使用单位，使得各成员单位的责权真正到位（图 6–2）。

图 6–2 落实经济责任制，上海海运与陆地单位签订承包协议。

二、内地航运企业香港上市航运第一股

1992 年，国务院对股份制试点工作作出部署，交通行业属于国家开展股份制试点行业范围。为做好试点工作，交通部成立了股份制企业试点方案审查小组，并明确审批程序。

企业推行股份制是转换经营机制，争取更大活力的一条有效途径，也是实行现代企业制度的一项重要内容，同时也关系到职工切身利益，上海海运审时度势，积极争取成为试点企业。

1992 年，交通部批准了上海海运等作为股份制试点单位。这些试点企业的方案经国家有关部门或地方政府批准后，即正式开始改制。上海海兴轮船股份有限公司成为 1994 年国家批准在境外上市 H 股的 22 家大中型国有企业之一。

1994 年 6 月 18 日，国务院证券委员会下发交通部《关于上海海兴轮船股份有限公司 H 股发行额度的批复》。批复明确：同意上海海兴轮船股份有限公司公开发行 H 股，额度为 10.8 亿股（每股面值人民币一元），H 股发行后，可向香港联合交易所申请上市；上海海兴轮船股份有限公司股份总额为 24.8 亿股，全部为普通股，其中国有法人股 14 亿股，由上海海运（集团）公司持有并行使股权，占总股份的 56.45%，H 股 10.8 亿股，占总股份的 43.55%；上海海兴轮船股份有限公司在香港发行股票并申请上市的过程中应严格遵守香港证券监管的有关法规，并将发行和上市情况及时报送国务院证券监督委员会。

为了使上海海兴轮船股份有限公司顺利地在香港发行上市 H 股，上海海运成立了以总经理孙治堂为组长的改制领导小组，并设立了股份制办公室，由副局长张洁明负责，直接推进这项工作。

在改制工作中，上海海运首先抓了干部的思想认识，先后两次举办了处以上干部专题学习班，使处以上干部从理论和实践上理解这项工作的意义和作用，从而更自觉地做好这项工作。在此基础上，上海海运多次召开机关全体干部会议，反复进行思想发动，组织落实各项具体工作。在股份制办公室人员的辛勤努力和各部室的配合之下，上海海兴轮船股份有限公司认真学习有关文件、政策，学习已实行股份制企业的经验，认真做好资产评估、财务审计等各项工作，如期完成了资产重组和改制工作。与此同时，按照有关规定，做好与境外中介机构的联系、咨询，制定了改制工作的实施计划和，做好所有上报材料和各项前期工作。

1994 年 5 月 3 日，经交通部、国家体改委批准，上海海兴轮船股份有限公司正式挂牌成立。股份制办公室为了取得较好的筹资效果，先后两次进行了国际巡回推介活动，在英国、瑞士、美国、日本、新加坡和我国香港等国家和地区扩大上海海兴轮船股份有限公司股票的知名度，加强与世界各大投资基金会的联系。推介活动采用开会推介、电话推介、

上门推介等多种形式。同时，公司领导对投资者感兴趣的问题一一作了详细的回答，令投资者满意。上海海兴轮船股份有限公司股票主承销商选定为摩根建富亚洲（香港）有限公司。公司根据主承销提供的资料和从其他承销商以及部分投资者提供的资料，进行最后的定价，通过反复磋商和不懈努力，确定为10.78倍的市盈率。

按照进程，上海海兴轮船股份有限公司原定1994年7月发行股票并在香港联交所上市，但是，6月中旬以后，国际金融市场受美元下跌的影响，各大证券交易所的指数明显下滑，当时香港恒生指数受到的影响尤为明显，恒生指数从年初的12000点跌至8400点，下跌幅度达30%。为避免严重影响上海海兴轮船股份有限公司的发行价格，争取筹集更多的资金，公司领导当机立断，一方面顶住主承销商和其他方面外来压力，一方面主动紧急请示交通部和国务院证券委员会，说明情况，要求推迟上市，经过努力最终获得国务院证券委员会的批准，成为中国第一家主动推迟在全球上市时间的H股公司（图6-3）。

图6-3　上海海兴轮船股份有限公司在香港联交所上市。

1994年10月4日，香港《大公报》在"热烈庆祝中华人民共和国成立45周年"的通栏标题下，以彩色整版的篇幅报道介绍了上海海兴轮船股份有限公司。报道指出：上海海兴轮船股份有限公司是上海海运（集团）公司旗下的大型股份制航运企业，位于中国最大的工业、金融中心城市和世界第三大港口—上海。公司通过股份制的改制，引入现代企业制度，充分利用自己现有的优势和市场占有率，全力发展航运业务，必将在国内航运业乃至世界航运业中占有重要一席。上海海运（集团）公司是中国沿海运输业中最大的综合性企业集团，资产总额达76.8亿元。其前身是创建于1872年的轮船招商局，是海兴轮船公司的控股公司。文章指出，上海海兴轮船股份有限公司实行了一系列重大变革，经重组以后成为国内首家、具有较大规模的在香港发行股票的轮船公司。报纸版面还配以广东路20号上海海运办公大楼和公司管理层、船舶等9幅照片，引人关注。

1994年10月31日下午，在顺利完成会期半个月的海兴公司股票发行全球推介活动以后，上海海兴轮船股份有限公司在香港文华东方大酒店举行了新闻发布会，向香港新闻界公布海兴H股招股详情。该公司董事长兼总经理孙治堂、执行董事兼副总经理张洁明、执行董事兼总会计师杨火才等领导参加了新闻发布会。香港无线、亚视、有线三大电视台和香港各报社、通讯社、电台以及路透社等35家新闻单位的56名记者出席了发布会。会上播放了海兴公司录像。孙治堂董事长介绍了海兴公司股票价格和发行日期等情况，回答了记者的提问。据香港证券界有关人士透露，此次新闻发布会参加的新闻机构之多、会议气氛之热烈均为国企在香港上市公司中少见。海兴公司在推迟上市之后仍受到如此关注，足以反映海兴公司股票将深受国际国内投资者的青睐。

1994年11月11日，香港股市重上9000点，上海海兴轮船股份有限公司择其良时，隆重在香港上市。公司董事长兼总经理孙治堂鸣锣，中国证监会领导和交通部刘松金副部长出席海兴公司挂牌仪式。香港联交所新旧主席齐为海兴公司上市助庆。

上海海兴轮船股份有限公司共发行海兴 H 股 10.8 亿股，其中国际配售 8.64 亿股，超额认购 5 倍，香港公开招股 2.1 亿股，超额认购 13.97 倍，每股 1.46 港元。公司股票被股民们普遍看好，上市第一天逆势上行（香港股市当天收盘下跌 48 点），发行价为 1.46 港元，上市价为 1.58 港元，收盘价达 1.65 港元，成交三亿五千多万股，上涨 13.01%。公司股票的发行，共筹集资金 15.75 亿港元，折合人民币 17.4 亿元。经测算，推迟 4 个月上市，公司多筹集资金 2.5 亿元人民币。

次日，香港《大公报》专门以"海兴轮船上市反应佳，股价较低价升一成三"的标题予以报道。香港《快报》报道：海兴登场即报捷，国企"长老"（指的是已经在香港上市的国有企业）叹莫及，海兴轮船昨日上市令人刮目。世界各地报纸也纷纷登载了上海海兴轮船股份有限公司的报道，产生了很好的广告效应。

上海海兴轮船股份有限公司的顺利上市，有利于提高企业的知名度；有利于为企业筹集资金增加实力，缓解了资金短缺的矛盾，减轻银行借贷压力；有利于推动企业经营机制的转换，增添企业活力；有利于企业开辟筹集资金的途径，增强了企业发展后劲；为建立现代化企业制度和企业进一步改革带来了契机。

1994 年海兴股份公司上市成功，吸纳的资金用于支付船舶进度款 11.8 亿元，用于支付归还贷本金 1.37 亿元，用于营运流动资金 1.65 亿元，用于股息分配 1.5 亿元。

三、优化组合，规模化经营，促进"两个转变"

上海海运根据"集团化管理，专业化分工，规模化经营，多元化发展"的思路和市场经济发展的要求，坚持党中央的"两个根本转变"精神，努力建立适应市场经济需要的现代企业制度。

上海海兴轮船股份有限上市以后，上海海运以股份制改制为契机，建立和健全一套在境外上市的中国股份制企业的经营管理模式，首先在内部管理体制上实行海兴公司和上海海运"两块牌子，一套班子"。作为过渡，机关各部室对涉及海兴公司的有关业务工作，有专人分管、专人负责；其次，单独设立董事会秘书室、财会部等，以保证海兴公司对外联系工作和信息披露工作。到 1996 年 11 月，海兴公司与上海海运公司的管理机构全部分开。

11 月 4 日，上海海运总经理、海兴公司董事长李绍德在机关科以上干部大会上宣布：对海兴公司船舶经营管理体制进行改制，按精干高效的原则组建海兴管理层，按专业化管理原则组建 4 个船舶运输分公司，同时决定成立市场部和总调度室。

海兴公司重新组合和优化船舶经营管理要素，合并了货运一公司和货运二公司，成立了 4 个专业化船舶运输分公司，即货运、油运、远洋和集装箱运输分公司。改制后的各专业公司，按照专业化运输的要求，强化抢占市场的功能，具有实行经营和管理、收入和成本、用船和管船、"两个文明建设"一体化职能；主要职责是：管经营、管资金回报、管生产、管安全、管船、管人、管精神文明建设，海兴公司也因此成为利润中心。

在这项改革工作中，上海海运强调转变观念，讲学习、讲政治、讲正气，统一了干部职工的思想，保证了安全稳定和思想稳定，做到了船员调配和船舶指挥不断不乱，使整个改制工作平稳运转。

上海海运在抓好航运改革的同时，根据中央“两个根本转变”的要求，对海运工业布局进行了一次重大调整，着手对陆地产业进行重组，努力发挥其规模效益。1996 年 10 月 18 日，上海海运副总经理燕明义在立丰船厂俱乐部隆重宣布上海海运船舶工业公司正式成立。上海海运经过 40 天的紧张筹建，把原属分散的、各自独立的、专业相同的“小而全”“大而全”的三家船厂（立丰、立新、外轮）按规模化经营的要求，进行调整；以立丰船厂为核心，以立新船厂、外轮修理厂及其所属企业为基础，按照《中华人民共和国公司法》的要求与上海海运实业有限公司建造的“浦东”号船坞（“浦东”号船坞是当时黄浦江上最大的浮船坞）组合成具有 5 亿元资产、5 个船坞、5000 名职工、3. 2 亿元修船产值的修船联合体，形成以修船为主，多层次、多元化，具有规模效应的综合性大型修船工业企业，充分发挥修船力量的整体优势，进一步为上海浦东开发开放做出了贡献。

1997 年 1 月 1 日，上海海运联合船坞有限公司成立。1 月 18 日，上海海运联合船坞公司开业庆典暨“浦东”号浮船坞投产庆典隆重举行。上海市副市长、浦东新区管理委员会主任赵启正，上海市交通办主任钱云龙和上海海运总经理李绍德等领导出席了庆典大会并剪彩。

同日，联合船坞公司还进行了大型商务洽谈活动，70 余位外国船东和 100 余位国内船东代表看好联合船坞公司的发展势头，纷纷与之签约，合同业务总量达到 2 亿多元。韩国、挪威、俄罗斯等国驻沪总领事出席了签字仪式和庆典活动。

上海海运重组房产物业公司，成立基建住宅发展总公司。1996 年 12 月 18 日，上海海运将海运住宅发展公司、房地产开发公司、凯鸿实业公司、海泓物业公司、海运影都五家公司，按“调整结构、优化资产”原则进行资产重组，以实现规模效益和专业化管理，逐步成为企业的支柱产业和新的经济增长点。

1996 年 8 月 30 日，上海海运本着优化结构、提高质量、讲究效益的原则，走强强联合办学的路子，把海运职工大学、海运学校、海运技工学校进行整合，成立上海海运教育培训中心。通过整合，三校机构由原来 39 个精简为 23 个；中层干部人数由 40 人减少到 27 人，平均年龄也从 44.5 岁下降到 41.9 岁。教学工作进一步面向市场，面向企业，努力实现三个转变，即以在校生培训为主向在职培训为主转变；以培养中专生为主向培养大专生为主转变；以培养航海专业人才为主向培养适应市场经济需要的人才转变。

四、以市场为导向，深化企业管理体制改革

上海海运加大企业改革的力度，尽快适应市场经济的新体制，全面贯彻国务院《全民所有制企业转换经营机制条例》和交通部《全民所有制交通企业转换经营机制实施办法》，确立以市场为导向、价格为龙头、追求企业最大利润的原则；以转换企业经营机制为前提，全面调整企业结构；企业内部管理以行政手段为主转变为以经济手段为主；以完善劳动用

工制度为保证，建立高效率的工作秩序，逐步做到自主经营、自负盈亏，自我发展、自我约束，提高企业的整体效益。

经过改革，逐步实现下列目标：在生产经营上，形成以散货运输为主，大力发展化学品、集装箱运输和集商业、物资、房地产等产业的多元化经营格局；在企业管理上，建立按市场规律，合同服务为主的经济纽带，使各经济实体真正成为独立核算、自负盈亏、管理权限和责任范围明确的集团成员；在用工分配上，全面推行“双向选择、合同上岗”的用工制度，形成“上岗靠竞争、收入靠贡献”的调节机制，使企业真正成为以航运为主，多功能、多元化、专业化规模经营的在国内外市场上具有竞争力的企业集团。

根据国务院《全民所有制企业转换经营机制条例》、交通部《全民所有制交通企业转换经营机制实施办法》及本单位的实际情况，上海海运全面推进企业经营机制的转换工作和内部的各项改革工作，以期达到总体改革思路基本明确，初步完成经营机制转换，各项工作进入良性循环的轨道。

（1）加快企业改制股份制和组建企业集团的研究工作。根据改革形势的需要，上海海运集中力量组织专门班子，进一步研究改制股份制的方案和研究一至两个基层单位改制股份制的方案；进一步研究和完善组建企业集团的方案，在广泛征求意见和可行性论证、试点的基础上予以实施。

（2）大力加强商务活动。积极加强专门从事船舶代理和货物代理的代理公司，为全公司运输生产走向市场创造条件；逐步完善驻外机构的商务职能，在天津、宁波、海南设立办事处或派出商务代表，在南京石油交易所与上海和秦皇岛交易所均派驻代表，以形成商务网络和信息纽带。

（3）改变运输结构。在以散货运输为重点的前提下，组建化学品运输和集装箱运输的专业运输公司，改进管理，开拓经营，努力开发国内、国外市场。加快发展集装箱和化学品的运输。

（4）完善后勤保障和供应服务体制。根据市场经济的要求，按照专业化经营的规范，把为运输生产服务的保障、后勤及服务单位，逐步推向市场；组建专业公司，以经济关系为纽带，以满足运输生产为前提，积极进行生产经营活动，积极开展房地产等产业的开发和经营活动，探索金融领域的经营活动，组建企业财务公司。

（5）花大力气加强企业的内部管理。根据企业集团的管理思路，逐步改变现行以行政手段为主的管理方法，企业内部形成以经济为纽带的管理体制。首先改变企业内部的核算体制，建立核算中心，按内部产品和劳务流通实行等价交换、随行就市的原则，以经济合同制明确义务和责任，以价值规律约束经济行为。其次改变船舶管理方法和手段。在客运公司等进行“自主经营、盈亏承包”的放权试点。通过试点，理顺公司的管理权限和责任范围，逐步下放生产经营权以及有关配套的责权利，使其真正成为自主经营、自负盈亏的经济实体，最后是改变内部经营责任制的考核目标，按照交通部对上海海运实行“税利分流、税后还贷，税后分利”的经营要求，完善对基层单位“承包”的方案，经营承包责任制的主要内容为包定额上交、包生产任务的完成以及技术安全。

（6）深化劳动用工分配制度的改革。根据“精简机构、精减人员、提高素质、提高效益”的改革目标，逐步深化劳动用工分配制度的改革，调查和核定船舶的定员编制，妥善安排船舶实行“三定”以后富余的1100多名人员；局机关在精简的基础上，按转换经营机制和实施集团管理的要求，在企业内部真正实现“上岗靠竞争、收入靠贡献”的用工分配机制。

1993年6月18日，上海海运（集团）公司成立后，广大员工的努力工作，加大改革力度，转换了经营机制，全面调整企业结构，完善劳动用工制度，建立高效率的工作秩序，逐步走上了自我发展、自我完善的轨道，企业整体效益不断提高。获得了许多荣誉：上海海运（集团）被评为“1993年度交通邮电系统信息工作优胜集体”；1993年9月21日，通信站在全国交通通信工作会议上被授予“全国交通系统通信服务先进单位”的荣誉称号；被评为“1994年度上海交通邮电系统信息工作优胜集体”；被评为“1994年度上海交通邮电系统政务信息工作先进集体”；1995年11月，在全国交通科学技术大会上，被评为“全国交通系统科技进步先进集体”；被交通部评为“1997年度全国交通系统政务信息工作先进单位”。

第二节　努力适应转型中的航运市场

一、航运为主，多元发展，调整经营方针和策略

“八五”计划前两年，上海海运职工同心同德，团结奋进，取得了很好的成绩，与“七五”期末相比，各项指标有了较大幅度的增长。1992年，上海海运月货运量突破600万吨，全年共完成货运量7996.4万吨，创历史最好水平，货物周转量达到709.1亿吨海里，其中外贸运输665.7万吨，280.8亿吨海里；煤炭运量更是成绩突出，全年完成4685.7万吨，提前36天完成了交通部下达的任务；客运量和旅客周转量在客船技术状况不良、运力规模不变的情况下，尽量满足沿海客运的需求，也取得了好成绩，完成客运量374.6万人次，旅客周转量12.07亿人海里。截至1992年底，上海海运运输船舶保有量达到200艘，284万载货吨。两年来，上海海运改革步伐加快，多种经营发展势头良好，经济利润滑坡现象得到了制止，为“八五”后三年及“九五”期的发展打下了良好的基础。

“八五”后3年（1993—1995年）是上海海运从计划经济体制向社会主义市场经济体制转变的重要时期。在这一关键时刻，为更好地发挥交通部骨干企业和国民经济建设“先行官”的作用，适应市场经济的新形势，上海海运及时对经营方针和经营战略作了调整。

（一）调整经营方针和战略

（1）沿海运输是上海海运经营活动的基础，也是优势所在。在激烈竞争的国内外航运市场中，首先巩固已经掌握的沿海运输市场，同时，随着对外开放和与国际市场的接轨，

有意识地面向世界，主动参与国际市场的竞争。

（2）航运仍是上海海运的主业，并且通过自身的发展，逐步确立在沿海航运业中的龙头地位。随着市场机制的建立和完善，大力发展多种经营，逐步形成一业为主、多元化经营的产业结构和投资结构。

（3）在市场经济中，管理是效益，信誉也是效益。上海海运作为大型企业，大力加强企业软件建设，提高企业管理水平，提高职工整体素质，提供优质、高效的服务，树立良好的企业形象。

（4）上海海运的管理体制走集团化道路，以企业集团的模式来规范企业内部的相互关系，发挥集团内各个方面的积极性，提高企业集团的整体效益。

（二）具体调整措施

为了贯彻执行新的经营方针和经营战略，“八五”后三年上海海运合理调整运输战略和运输结构，按照“八五”计划已经确定的经营目标，进行运输战略和运输结构的调整，以达到国内市场能掌握主动，国际市场能有新的拓展的目的。

（1）千方百计巩固现有的煤炭、石油和金属矿石的运输阵地。煤炭、石油的运量已占全局总运量的80%以上，金属矿石也已上升为全局第三大货种。巩固这一既有运输市场，对经济效益举足轻重。因此，首先是吸引货主、稳定货源，其次是合理安排运力，既适时投入经济效益高的散货船，又主动走向市场，为富余的大吨位原油船寻找新的出路。

（2）发展沿海和近洋集装箱支线运输。上海海运当时还不具备与国际集装箱运输专业公司竞争的实力和参与国际干线运输的条件；但是，国内沿海及近洋集装箱支线运输的前景看好，因此，上海海运公司见缝插针，首先把发展战略确立在发展支线运输，形成支线网络，其次组织专门力量，开发集装箱运输市场。同时，加快适合沿海和近洋运输的集装箱船和专用船的建造（图6-4）。

图6-4　1994年3月22日，上海—釜山集装箱班轮“向秀”轮首航仪式。

（3）形成化学品规模运输。上海海运1983年开始投入化学品运输，填补了我国沿海化学品运输的空白，并已积累了一定的经验。针对近10年来，我国沿海、沿江液体化学品工业发展很快，但化学品运输发展缓慢，尚未形成能与本局竞争的化学品运输船队状况。上海海运公司抓住这一有利时机，利用已有优势，在化学品运输市场发展形成一定规模运输，抢先占领了化学品运输市场，获得较好的经济效益，打出了品牌效应。

（4）开辟商品汽车运输市场。随着我国汽车工业的迅速发展，六大汽车生产基地将有大量的商品汽车通过水路北上南下。由于当时我国商品汽车水路运输刚刚起步，运输市场还未真正形成，上海海运公司一度利用上海这一地理位置适中的有利条件和长期以来在运输中建立起来的信誉，积极主动地打进了商品汽车运输市场。

上海海运公司从上海汽车销售公司提供的信息得知，1993 年上海大众汽车制造厂的轿车将突破 10 万辆，其中有 1 万多辆需通过海路运往天津等港口，销往北方地区。为此，上海海运公司早在 1992 年 3 月就与上海汽车销售公司签约，开始整船运输轿车。1992 年 3 月 12 日，上海海运公司“新和”轮装载 150 辆“桑塔纳”轿车从上海运抵大连。航行前，船员对轿车认真绑扎、加固，航行途中，船员加强巡回检查，防止浪损，保证了车辆无一损坏，货主十分满意。这是上海海运公司首次整船运输轿车，既为上海大众汽车集团解决了轿车运输的困难，又为企业创收了 8 万元运费。由于“桑塔纳”轿车首次渡海成功，收发货单位专门为“新和”轮船员开了庆功会。

这一年上海海运公司的船舶共承运了 20 个航次，装运“桑塔纳”轿车，收入运费 151.6 万元。上海海运公司船舶在运输车辆过程中，绑扎、消防等安全措施得当，未发生任何车运质量事故，在货主中获得了良好信誉。同时，又避免了船舶空驶的损耗，带来了明显的社会效益和企业经济效益。

（5）上海海运根据当时的形势，积极做好大陆与台湾直通和香港回归后航运迅速发展的准备。公司判断，大陆与台湾直通只是时间上的问题，虽然台湾经济发展较快，但能源、资源缺乏，一旦直通以后，其对能源的需求必然转向大陆，而且大量旅客也必将希望直接横渡海峡。鉴于 1997 年香港回归以后，内地与香港之间旅客运输量会有一定幅度增长，而且货物运输逐步走向集装箱化，因此，上海海运公司考虑更换现有的船型，扩大揽货渠道，在思想上、物质上早做准备，争取抢先开通直通航线。

（6）开通上海至日本、韩国的客货班轮。上海至日本和上海至韩国客货班轮的发展余地很大，上海海运公司为及早占据几条主要航线，借助外国公司的优势，加强与国外企业的接触和合作，积极慎重地先对上海—长崎，上海—仁川、釜山等航线进行试点，取得经验以后开通了其他航线。

（7）有步骤地调整沿海客运航线，与客轮公司签订承包协议。按照当时的经营方式和客票价格的限制，沿海客运难以扭亏转盈，因此，调整客运航线势在必行的。调整的原则是：经济效益好的航线集中力量确保，亏损严重的航线撤销或减少航班；在客轮上积极开展多种经营，增加服务性收入。1993 年 7 月 21 日，上海海运公司与客轮公司总经理杨正定签订了承包经营责任书。当时，客轮公司是上海海运的亏损大户，1992 年亏损达 4200 万元。这次承包是根据交通部颁发的《全民所有制交通企业承包经营责任制实施办法（试行）》的有关精神对客轮公司采取“包死亏损基数，减亏留存，超亏自补”的原则，实行“两保两挂”经营责任制。“两保”即保核定亏损基数，保客货换算周转量；“两挂”即奖金总额与营运收入、周转量复合挂钩，盈余公积金与年度亏损基数挂钩；承包期为一年。

二、大力发展多种经营，提高企业经济效益

“八五”计划前两年，上海海运适应改革开放形势，已经在多元化发展上做了大量工作，初步形成了以航运为主，多元发展的产业格局。“八五”计划后3年，发展多种经营的基本思路是以提高企业整体经济效益为前提，引导、鼓励和支持企业走向市场，发挥各自优势，大力发展有利于企业的发展、有利于经济效益提高的各种经营业务和多种经济成分。

（1）各单位从单纯为上海海运内部提供服务保障的服务型向经营型转变，改变主要依靠行政手段来协调内部关系的现象，逐步过渡到以经济手段来协调上海海运公司与所属单位之间相互关系，变独家服务为多家服务，改变“皇帝女儿不愁嫁”的经营局面和新的“大锅饭”现象。

（2）支持企业发挥其自身的专业优势，大力发展与其专业相近的其他产业和延伸服务产业，增强其对外的辐射力和对内的渗透力，逐步建立起一批起点高、有一定规模优势和社会市场的产业群和一条龙服务的产业链。

（3）鼓励企业积极地发展跨行业、跨地区的其他产业，引导其自觉进入运输、建设、生产资料、劳务、金融、技术、信息、房产、商业、贸易、旅游等市场，在保证全局整体效益的前提下，扩大视野，全方位多层次地在社会大市场上寻找发展点，将目前单一产业结构转变为多元化结构。

（4）鼓励企业主动走出去寻找合作伙伴，在自愿，互利的条件下，允许与各类所有制企业（“三资”、全民、集体、私营企业等）联营、合资合作，积极引进外资，充分利用内资；在所有制结构上，逐步形成以公有制为主体，多种经济成分共同发展的格局。同时，加强管理，严格执行国家的法律法规，防止一哄而上、放任自流，维护上海海运整体利益，使上海海运的多种经营走上良性发展的道路，促进上海海运经济效益的进一步提高。

根据“航运为主，多元发展”的经营战略，上海海运不断开发国内外合作项目，1993年对外开放合作，取得了显著的成效：截至1993年底，已批合作项目25个，注册开业项目21个。同时有企业156家，其中独资全民企业47家，合作企业16家，实现了1993年初提出南北设点、境外开窗的经营布局设想，使上海海运的经营领域有了较大拓宽。上海秦海船务有限公司、海南海翔航运实业有限公司相继开业；以会员身份加入了上海石油交易所；成立了中外合资的中泰海兴公司；在德国汉堡国际贸易公司内设立航运部；中日合资的上海长崎国际轮渡公司、筹建在新加坡合资的兴源船务企业有限公司、中日合资的丰兴公司、沪港合资的丰昌公司、中美合资的景海酒家也相继开业。在多元发展中，加强了开发合作、多种经营工作。截至1994年年底，上海海运公司共有注册登记企业198家，新增企业42家，呈现出多元化、集团化发展的态势（图6–5）。

图 6-5　1995 年 9 月 4 日，海兴公司、台湾远仓储运公司、宝山区高境镇共同投资的上海海兴远仓集装箱有限公司货运站开工典礼在高境镇举行。

三、立新船厂顾全大局迁厂让地，支援上海浦东建设

1990 年 4 月 18 日，时任国务院总理李鹏代表党中央、国务院宣布中央决定同意上海市加快浦东地区建设。陆家嘴将成立中国首个国家级陆家嘴金融开发区。

地处上海陆家嘴黄金地段的上海海运立新船厂因浦东开发开放需要而被列入陆家嘴“富都世界”建设项目之动迁地块。经过反复协商，在上海市政府、浦东新区的高度重视和支持下，1993 年 11 月 30 日，上海海运公司孙治堂总经理和立新船厂厂长刘万润分别同上海浦东新区及陆家嘴工贸公司签订了立新船厂搬迁协议。按照协议，立新船厂新址将建在浦东三林塘。当时立新船厂拥有职工 2400 人，年修理船舶达 30 余艘，以修船质量高、价格优惠而在国内外修船行业中享有盛誉。

交通部对上海海运立新船厂的迁址建厂事宜十分关心。1992 年 10 月 28 日，交通部计划司就关于立新船厂动迁的有关问题电告上海海运。电文指出：“开发开放浦东是国家重大决策，请你局从全面规划、统筹兼顾大局出发，配合上海市有关部门做好迁建有关工作。立新船厂承担你局 40% 左右的修船任务，为确保完成上海和华东地区的运输任务，迁建后应不减少现有的生产能力。为此请你局积极向市有关部门汇报，争取支持，并纳入市建设规划。”

为了尽快解决在立新船厂的动迁补偿问题，确保“富都世界”项目的开工建设进度，1993 年 9 月 1 日，上海市副市长赵启正主持召开会议，专题研究立新船厂动迁补偿问题。浦东新区管委会副主任胡炜，市交通办主任钱云龙、副主任凌保杰和上海海运副总经理黄国忠、李绍德，党委副书记刘国雄等领导参加了会议。赵启正副市长在会上强调指出，中央和上海市委、市府领导都非常关心此项目的建设，邦国书记曾多次作了指示并到建设现场察看，明确提出“一年完成动迁，五年树立形象”的目标。因此各单位必须全力以赴地推进“富都世界”项目的开工建设。立新船厂的动迁是“富都世界”项目建设的重要组成

部分，它直接影响到项目开工建设的进度，必须尽快、妥善地加以解决。赵启正副市长指出，解决好立新船厂的动迁矛盾和问题，关键是要从浦东开发开放的大局出发，要充分认识到浦东的开发建设在中国经济发展中的地位和作用。各级领导和各单位既要实事求是，尽量考虑到立新船厂的一些特殊情况和困难，公正、合理地解决动迁补偿问题，同时又要加强思想教育工作，引导广大职工多为浦东开发的大局着想，从全局和整体利益出发，共同协助，尽快完成立新船厂的动迁工作。会议明确，立新船厂的动迁补偿原则按"拆一还一"的精神进行，职工的生活补偿按目前市里已经规定的有关标准执行，但在动迁过渡时间的计算、过渡期的就业安排等具体问题的操作上应具有灵活性，要适当多考虑一些立新船厂的现实情况和职工利益。

立新船厂的动迁工作不仅关系到"富都世界"项目的开工建设，同时也影响到东方明珠电视塔和延安东路隧道复线等市重大工程的建设进度。为落实上海市委书记吴邦国提出的"一年拆平，五年建成富都世界"的要求，立新船厂本着支援浦东建设，小局服从大局的精神，根据协议，制定了动迁计划，并在时间紧、任务重的情况之下，抓紧落实，确保动迁工作顺利进行。为了确保延安东路隧道复线盾构的推进工作和东方明珠电视塔的照明工程，立新船厂决定先让出部分厂区，方便施工。同时，千方百计克服因动迁而停工，船厂生产经营受到严重影响、企业经济效益损失、职工收入减少等困难。立新船厂积极支持浦东建设，一方面号召职工做好搬迁准备工作。一方面将已有的修船力量化整为零，调400 名修船好手安排到刚划入立新船厂的原外高桥航修站，坚持修船生产。面对即将搬迁的情况，有的工人惋惜地说："立新船厂有今天的规模和声誉是几代人的心血换来的，现在老厂不复存在，哪能心里不难受啊。"而更多的工人还是表示十分理解，认为为了加快浦东建设，做点贡献很光荣。上海海运党政班子和工会领导十分重视立新船厂的动迁工作，多次深入立新船厂，及时掌握情况，一方面在动迁补偿资金、动迁场地、新厂筹建等方面与立新船厂沟通，积极做好职工稳定工作，另一方面多次主动与浦东新区、上海市有关部门联系、请示，以取得支持，合情合理解决船厂动迁费、建立新船厂的费用和立新船厂职工因动迁而产生的下岗、生活困难等问题。1994 年，上海海运公司在职工代表大会上，把立新船厂动迁工作列为全（集团）公司 10 件主要工作之一。为了支援上海浦东的建设发展，要求机关各部门给予立新船厂以最大的支持，同时因变而变，顺势而为，通过立新船厂的新建，谋略长远规划，调整好企业的修船产业。

立新船厂各项工作积极推进，到 1994 年上半年，已经拆除了全厂 90% 的设备。但是，由于动迁方在立新船厂新址土地和补偿问题上不能按协议及时落实，不仅影响了立新船厂动迁合新址建厂工作进度，而且也给职工增加许多困难。为了减少立新船厂因动迁带来的不利影响，尽快恢复生产，上海海运先以 4500 万元购入了家化码头，交立新船厂管理。

立新船厂职工顾大局迁厂让地，腾出陆家嘴黄金地段，上海市领导对此也十分关注和关心。上海市委书记吴邦国曾在上海海运领导的陪同下，专门到立新船厂视察，了解情况，听取意见。浦东新区管委会胡炜副主任为推进立新船厂的动迁工程，主持召开了专题会议，协调各方利益，提出工作要求。

立新船厂的动迁因谈判难度大，时间长，影响正常生产，职工收入下降。然而，真正开始搬迁时，广大职工依然满怀豪情，船厂内红旗招展，时而锣鼓喧天。职工视动迁为重大节日，是凤凰涅槃。立新船厂的职工虽然在陆地工作，但他们仍采用航海人最传统而隆重的欢庆形式，在船厂动迁期间厂内拉起船旗。这是逢航海重大节日时，船舶才悬挂满旗，以示欢庆。

1996 年 6—8 月是立新船厂搬迁的重要和最后阶段，600 多名干部、工人，冒着高温酷暑，克服种种困难，最后于 1996 年 8 月 7 日全部完成动迁任务，告别了陆家嘴，比协议规定时间提前了一个星期。

这一天，上海的许多新闻记者来到立新船厂。上海人民广播电台的记者采访了毛之华厂长，问道:“船厂搬迁损失大不大，您是怎么想的？”毛之华说:“损失怎么会不大呢，个人搬家也要有不少损失，何况一个船厂，不少机器设备本来还可以用的，一拆一搬就不好用了。另外新厂址远离市中心，职工上下班既远又分散。但是，浦东改革开放是中央战略方针，上海的大事，我们应该全力支持，再大的困难也要克服。”在场的新闻记者和前来欢送的同志们都热烈鼓掌。浦东新区管委会胡炜副主任动情地说:“立新船厂广大职工所作的贡献将载入浦东开发的史册，铭记在浦东人民的心里。我代表浦东区委感谢立新船厂的干部和职工。”说着，胡炜副主任行了一个 90 度鞠躬礼。

这一天，浦东新区工作委员会党委书记周禹鹏和上海海运公司总经理李绍德、党委书记孙治堂以及有关部门负责人都到场欢送，感谢立新船厂职工以实际行动对浦东开发开放的支持。

立新船厂新址为上海 2 号垃圾堆场和市政材料堆场。立新船厂动迁补偿费用由原来的“拆一建一”6000 万元提高到 1.2 亿元。在这笔费用中，有 1515 万元用于立新船厂动迁职工收入补偿。

1997 年，全长 2500 米的陆家嘴滨江大道建成。原有的立新船厂码头旧址已经改建成为观光平台，独具匠心地保留了铁缆桩，设计进级链式栏杆，特别是在浦东滨江大道立新船厂原址上耸立的一只巨大的铁锚更是引起游人注目。铁锚下用中英文铭刻着几行大字:“抚今思昔，此处原为立新船厂旧码头，浦东开发的创业者用这只漂游五洲大洋历经沧桑的巨锚，纪念创业的艰辛和所有为今天的美好环境作出贡献的人们。”这是当时上海市委书记吴邦国在视察立新船厂时为感谢上海海运公司对上海浦东开发开放的支持，同意了上海海运领导提出的愿望，以此存念（图 6–6）。

图 6–6　1996 年 8 月，立新船厂完成动迁。浦东新区领导和上海海运公司领导等到现场，向船厂职工表示欢送和致谢。

四、继续实施经营责任制，经济效益明显提高

1993 年，上海海运公司在做好对交通部承包工作的同时，开始实施第三轮承包经营责任制，采取一系列有效措施把第三轮经济承包指标分解下达，达到为国家多创利、多做贡献，为企业和职工多得利的目的。

（一）完善经济承包指标

油运公司，货运一、货运二公司是全局的创利大户，客运公司受价格因素的影响，效益虽然差一些，但其利润或亏损也同样直接影响着全局的经济效益。1993 年，上海海运对 4 个船公司，结合企业转换经营机制、转变职能、下放管理职权等深化改革工作，强化经济效益指标的考核，重新核定考核指标。在奖励基金的使用上，实行“分灶吃饭”，同经济指标挂钩，上下浮动，做到上不封顶、下不保底，以形成一个平等的竞争机制，最大限度地调动各船公司增收节支的积极性。

局属 4 个船厂，继续执行对利润、内修船艘数、产值的考核，在修船价格逐步放开的情况下，妥善解决好船厂经济效益和全局经济效益之间的关系，并在此基础上核定承包和上交基数。各船厂在保证完成局内修船任务的前提下，可根据各自的优势，而向社会、走向市场，承接局外、外籍船舶修理业务和开拓多种经营，提高效益。

（二）理顺内部关系，狠抓运输效益

1993 年 7 月 1 日起，上海海运执行的《企业财务通则》和《企业会计准则》，这是我国财务会计制度的重大改革，也是建立和发展社会主义市场经济的一项重要举措。执行新的会计制度后使企业利润统计净减 32538 万元。

1993 年年底，上海海运资产总额近 62 亿元，负债总额约 40 亿元，资产负债率达到 64%，企业虽举债经营，但显示出企业充满活力，员工充满对企业经营前途的信心。

为了理顺内部关系，鼓励下属单位在完成指令性任务的同时，积极走向市场，上海海运对投资管理、经营管理、资产管理以及核算关系、承包和分配办法等 14 个方面的管理职责和权限进行了界定。1993 年 7 月 21 日，上海海运与客轮公司签订了经营承包责任书，客轮公司与物资、燃料等单位签订互惠保障协议书。根据经营承包责任书与管理职责和权限公司比原来有了更多的经营、管理、分配、奖惩等权限。

上海海运充分发挥优势，牢牢稳定占全局货运总量 80% 以上的煤、油、矿三大基本货源，明确服务思想、树立服务观念，把货主真正当作“上帝”，虚心听取他们的意见和要求，改进工作，走出去、请进来，完成与各大煤炭货主、各大炼厂、各大企业煤、油、矿货物运输互保协议，先签订先保运。同时，打破常规，削减指令性任务，将生铁、木材、粮食、非矿石物资、纯碱、钢材等原为计划内的货物采取与货主直接见面、签订运输协议、实行协议运价的办法。1993 年初，上海海运每月投放不少于 95 万吨的煤炭运力，按月均 675 万吨，日均 22. 2 万吨运力抓紧抓早，及时补亏，争取主动，确保年度任务完成。

上海海运强调打破航区界线，大力开展计划外单船合同运输，把削减的指令性任务的运力全部投入市场物资运输，无论大船小船，只要装卸畅通，运价好就做，满足市场，促进效益提升。1993 年 1 月，上海海运完成此类干货合同运输 40 艘次，运货 45 万吨，运费收入 1442 万元，比 1992 年最高的月份增加 504 万元。开拓新航线、新增运量新运价的货源，把石洞口二厂、南通电厂、北仑电厂、福州开发区煤炭公司近 200 万吨新增货源纳入

新运价轨道，签订长期协议。

上海海运公司从装卸效益上挖潜力、做文章，走两港一航合作的路子。请大连、上海两港有关人员来沪开会解决铁木船在大连、上海装卸效率问题，达成协议，解决两港压船问题。同时为解决中、小型船舶的经营性亏损问题，采用诸如协议运输、合作运输、租船运输、补亏运输等形式多样的经营方式，实现保本赢利。

公司积极承揽回程货源，探索在原有干货船上承运大众轿车。经常走访平台油货主，做好自身船舶的保障工作，见缝插针、及时出击，提高平台原油的运量。充分发挥化工油品船的作用，建立稳定的化工油品货源市场。

公司积极参与国际航运市场的竞争，稳定、发展大型船舶高效益的包运租船（COA）合同和期租合同。充分发挥国外、境外机构的作用。兴达代理公司直接与货主见面揽货，减少中间环节，发展代理业务，做好监护租船人的代理工作。中泰代理公司先走向自行揽货的道路。日本代表处履行监督检查、协助揽货、提供信息的职能。

上海海运全力加速运费回收，积极开拓筹集资金的新渠道，利用“资金拆借”“票据贴现”“融资租赁”“外汇借贷”等方式，为生产经营和造船提供更多的资金。

上海海运坚持以市场为导向，以效益为中心，开源节流，企业的综合实力和发展后劲得到了进一步增强。

1993 年，上海海运公司完成运输收入 23.53 亿元，比 1992 年同期增加收入 6.0 亿元，增长 34.6%。其中货物周转量比 1992 年增加 73.10 亿吨海里，增收 1.82 亿元；运输单位收入提高，增加收入 4.23 亿元。按照 1993 年新的财会制度统计，实现利润为 1.35 亿元，如按 1992 年同口径计算，实现利润总额为 4.6 亿元，比 1992 年增长 26%，这是上海海运公司历史上最好成绩。

五、加强成本管理，做好扭亏增盈工作

1993 年起，上海海运公司实行“税利分流”的办法，旨在改善国家与企业分配关系。“税利分流、税后还贷、税后分利”的办法实施后，给上海海运公司税后承包上交数、归还造船贷款能力、企业留利水平和职工所得的多寡带来直接的影响，而这其中的关键乃是提高企业的经济效益。因此，加强成本管理，花大力气来扭转单船亏损的局面是提高企业盈利水平的必由之路，也是促使企业多留、职工多得的保证。

1992 年，上海海运亏损船舶有 63 艘，亏损面达 31.7%。针对当时运价低、运输成本高的情况，积极探索单船扭亏增盈的新路子。一是加强对亏损船舶所经营的航线、货种分析，采用较为灵活的经营方式把运价搞上去；二是以将亏损船舶为资产与地方搞联营企业或将船舶出租；把握的原则是只要其收入大于支出即可操作；三是把亏损船舶集中起来，由浦东实业公司单独经营，享受优惠政策，并打入国际航运市场，做到少亏或不亏。此外，在核算上，建立了一套适合运输船舶的统计台账，真实、及时地掌握单船的盈亏情况，防止发生虚亏实盈、虚盈实亏的现象。

燃物料消耗是运输成本的重要组成部分，属于“可控成本”，降低运输成本主要是从降低燃物料消耗着手。在燃料采购方面，上海海运充分利用承担大量指令性石油运输的优

势和关系，全方位、多渠道地落实货源，及时关注燃油市场的供需变化，尽量降低燃料的采购成本，及早购进燃料，防止年底告急，价格更高，影响成本。除了按考核办法计算发放各种节约奖金外，对降低船舶燃物料消耗和船舶清舱利库工作有突出贡献者，给予重奖，最大限度地调动起广大船员增收节支的积极性。

1993年，上海海运为控制修理费支出，由技术处将修理费分别承包给4个船公司，规定不得突破，严格控制所下达的指标。尤其是实行新的会计制度后，船舶修理费不采用预先提存的办法，改由运输成本直接列支，因此，将船舶修理费指标纳入第三轮承包经营责任制的考核内容。同时，对船用配件的采购、供应渠道也加强管理，既保证生产需要，又防止盲目重复采购造成积压浪费。

严格压缩行政管理费用也是降低成本的有效措施。1992年上海海运企业管理费支出总额高达5423万元，当时各港口乱收费、乱涨价现象有所抬头，收费名目繁多，单证极不齐全，这无疑加重了企业的负担。上海海运各级财会人员严格按照成本核其规程组织成本核算，严格审核各项运输支出单据，对不合理收费要拒付，制止乱收费、乱涨价，把好支出关口。同时划小核算单位，成立若干个专业化的运输公司，如化学品运输公司、集装箱运输公司等，以便于加强经营管理，分散风险，便于核算，提高效益。

六、根据市场需求，主动求变谋发展

上海海运油运分公司拥有各类油船53艘（41艘船舶持有国际运输证书），其中原油船30艘，成品油船23艘，总载重吨为110.2万吨。单船载重吨位从3600吨到90000吨，船舶的平均船龄为13.5年。1996年，投入油船运力108.9万吨，其中外贸运输期租船22万吨，程租船19万吨。油运分公司主要承担国内外原油和成品油运输任务，主要航线：国内有连申、连宁、甬申、甬宁、秦申、青申、青南、青宁，以及海洋平台至申、甬、宁等航线，国外有中国—日本、印尼—中国、新加坡—中国、马来西亚—中国、韩国—中国、加勒比—美国、加勒比—南美、欧洲—非洲、澳大利亚—东非、马来西亚—西印度等航线。

1993年起，上海海运公司在重点做好能源运输的同时，合理调整运输结构，拓展多种运输。积极开展近洋集装箱运输，根据航运的发展趋势和目前近洋集装箱运输的状况，着手开展国内沿海及日本、东南亚、韩国之间的集装箱运输业务，逐步形成沿海及近洋集装箱运输网络。公司紧紧抓住我国沿海、沿江兴建化学品的储罐及码头增多，化学品运输量将有较大的增长，利用现有的条件和优势，形成规模运输，占领市场。针对沿海客运的实际，不失时机地调整客运经营方式。根据航线特点、客流和运力的情况，集中优势，确保重点效益好的航线。有的航线客流少、亏损严重的，尽可能地少投入运力；有的航线季节性强，就调整航次密度和运力投放；有的航线效益好、客源多的，就增加班次和船舶。同时根据市场和客流的变化，调整船舶的服务内容和项目，提高服务档次和质量，满足不同层次旅客的需求。随着香港1997年的回归，沪港两地的客运、货运都将有较快的增长，而当时投入使用的船舶船龄老、船舶结构也不适应，上海海运公司则着手研究以新的运力来代替。

1994 年，国家继续实行宏观调控，进一步建立和完善社会主义市场经济，运输市场进入了调整时期。上海海运公司的运输生产一方面面临着由于银根抽紧、货源减少的局面，另一方面面临着航运市场的激烈竞争。针对这一新形势，根据市场的变化，公司采取积极和灵活多变的经营方针和方式，敢于参与市场竞争，并注重加强内部管理。经过广大船员和各个方面的共同努力，外贸、石油运量迅速增长，创历史最好成绩。全年共完成货运量 8166.2 万吨，为年计划的 100.8%，货物周转量提前 46 天完成年度任务，达 883.74 亿吨海里，为年计划的 117.8%，比 1993 年增长了 13.3%，创历史最好成绩。旅客运输由于受到运输方式的制约，以及地方短途快速客运业的兴起和陆运、空运的激烈竞争，海运客源明显减少。全年完成客运量 285.6 万人次，为年计划的 87.9%，比 1993 年下降了 19.9%；客运周转量完成亿人海里，为年计划的 86.5%，1993 年下降了 23.9%。

为了确保 1994 年企业运输生产任务的完成，上海海运从外部和内部两个方面加强了协调和管理。从外部来看，着重抓了以货源组织为中心的协调和开拓工作。1994 年，上海海运先后召开了两次大型的煤炭、石油货主座谈会，密切了与各大货主的运输业务关系，稳定了企业的基本货源；与此同时，变“等货上门”为“找米下锅”，走出去了解货主需求，了解货源的走势、流向和结构，了解航运市场竞争动态。在组织货源中，注重扬长避短，充分发挥公司船舶类型齐全、运力雄厚的优势，成功地争到了常熟电厂的货源；进行了外高桥电厂的首航；参与了北仑电厂的煤运市场；扩大了北仑中转至北方矿石和新辟了青岛、绿华山中转驳运业务。另外，在价格和服务上，以灵活的手段争取货源，上海海运公司率先在长江段航区采取灵活运价政策，扩大货源。1994 年，在煤炭货源明显减少的情况下，安排了必要的运力，全年仍完成了煤运量 4330.83 万吨，为保证完成全年货运量起到了积极的作用。在石油运输方面上海海运以质取胜，处处维护货主利益，树立良好行风，紧紧抓住市场，抓住货主，保持了较好的增长趋势，全年完成油运量达到 2263.95 万吨，为 1993 年的 111.9%。

从内部看，上海海运公司主要抓运力平衡，抓干线运输。由于国内沿海航运市场运力有余，充分发挥内外交叉运输的优势，及时增加外运运力，采取切实有效措施，让宁安型船舶投入到国际运输市场，以外补内，收到了良好的效果。

1994 年，上海海运公司投入国际远洋运力 47410.8 万吨天，比 1993 年增加 14%。外运运量首次突破一千万吨，达 1350.6 万吨、外贸周转量为 474.1 亿吨海里，分别占全总完成量比重的 16.5% 和 53.6%。外贸周转量占总周转量的比重首次突破 50%。其中外贸油运量达到 553.1 万吨，比 1993 年增长了 82.3%。

上海海运公司加强港航合作和控制发船密度，尽力排除或减少其他运力的插入，确保重点货源和干线运输。同时注意抓好金属矿石、钢铁、矿建材料、粮食及支农物资、军用物资的运输，做到尽可能地扩大航运市场占有率，成功地开辟了舟山到北方的矿石运输航线，抓好宝钢进口矿的中转，全年金属矿完成 684.7 万吨，比 1993 年增长了 17.3%。在航运市场竞争激烈，货源不足的情况下，广大船员充分发挥主人翁的精神，想企业所想，千方百计多争货源，合理配载，多装快跑，涌现出“振奋 2”“振奋 3”“振奋 8”“振奋 15”“宁安 2”“宁安 4”“宁安 6”“华凌”“华志”9 艘船舶年煤炭运量超过百万吨的运煤船，其中“宁安6”轮以158.6万吨居首，“振奋2”轮取得连续7年年煤炭运量超百万吨的好成绩。油轮公司提前37天完成年度计划后，于1994年11月28日运量突破2000万吨，周转量突破200亿吨海里，涌现出“大庆29”“大庆48”“大庆31”“大庆28”等一批先进船舶。

1996年油运公司完成货运量2381.1万吨和周转量258.2亿吨海里，其中国内1646.9万吨、102.8亿吨海里，国外734.2万吨、155.4亿吨海里。按货种分，完成原油1778.8万吨、152.6亿吨海里；成品油602.3万吨、105.6亿吨海里。

1996年油运分公司完成的原油运量占总量的74.7%，其中交通部下达原油计划1248.2万吨，实际完成1350.0万吨，为计划的108%。完成平台油242.6万吨，占总量的10.2%，其中渤海80.3万吨，南海162.3万吨。完成进江油总量366.6万吨，其中海进江中转油169.5万吨，分别占总量的15.4%和7.1%。油运分公司1996年实现利润3.4亿元。

七、以准点准班、优质服务为重点，拓展集装箱运输

经过几年的开拓和努力，以沿海散货运输为主的上海海运在集装箱运输方面也取得了长足发展。

根据市场之需，上海海运着力发展集装箱运输，先后在德国、韩国、罗马尼亚以及国内订造了一批全集装箱船舶和客箱船。1993年上海海运公司集装箱运输分公司已经有11艘集装箱船舶，共1450TEU，主要承运东南亚地区的集装箱班轮航线。

1996年，上海海运集装箱运输分公司经营各类货船16艘，81992万载重吨，共2426TEU，其中170—420TEU的全集装箱船7艘，多用途船5艘，散、杂货船各2艘。船舶的平均船龄为9.4年，其中全集装箱船船龄2.3年。拥有集装箱5700TEU，其中自备箱1200 TEU 。

中韩建交一年来，两国之间经济贸易不断发展，双方从以往的间接贸易过渡到直接贸易为主，双方进出口贸易年增长了30%。1993年10月13日，上海海运请示上级要求开辟上海—韩国集装箱班轮航线。1993年12月2日，经交通部运输管理司核准，上海市交通办同意上海海运公司开辟上海—韩国集装箱班轮航线。1994年，上海海运集装箱运输分公司新辟了上海一釜山、上海一神户一大阪、上海一香港三条集装箱班轮航线，集装箱运输量比1993年增加了42.4%（图6–7）。

图6–7 “香雪兰”轮开航仪式。

为扩展集装箱运输业务，1994年3月上海海运公司在组建集装箱船队的同时，独资成立了与之配套的海兴国际货运公司、合资成立了金辉国际船务代理公司和海兴远仓集装箱储运公司三家企业，形成了运输、货代、船代和堆场“四位一体”的集装箱运输系统。海兴国际货运公司成为集装箱运输分公司主要的货运代理，金辉国际船务代理公司则为公司

办理船舶进出口、单证操作等船代业务以及为公司揽取部分货载；而海兴远仓集装箱储运公司主要是为公司提供空箱堆场服务和承接内装箱及集装箱卡车运输业务。

1995 年以后，集装箱运输分公司先后开辟了上海—宁波—釜山周班航线、中国—日本航线、上海—香港班轮航线和香港—台湾周班航线。1996 年公司集装箱航线完成 51111TEU，其中出口 18471TEU，进口 31778TEU，年运输总收入为 2138 万美元。

由于内贸运输市场货源紧张，竞争激烈，使上海海运公司运力受到损失，但压力催生变革，由此加大了外贸市场的开拓力度。1996 年，上海海运公司投入国外运力占总运力的比重由 1991 年的 29.9% 增长到 45.9%，平均每年增长 3.2%，尽管 1996 年国外运量比 1995 年有所下降，但是货物周转量达到 561.1 亿吨海里，比 1995 年增长了 12.1%，比 1993 年增长了 64.5%，比 1991 年增长了 78.4%。国外货物周转量的增长直接促进了整个公司货物周转量的增长，1996 年上海海运公司货物周转量完成 946.4 万吨，比 1995 年增长 7.0%，比 1993 年增长 21.4%，比 1991 年增长 37.0%。1996 年完成货运量 8014.1 万吨，货物周转量 946 亿吨海里，分别为 1995 年的 99.1% 和 107%。

1996 年在国内货源紧缺、运输市场竞争无序的情况下，上海海运公司经过努力，国内完成货运量 6432.7 万吨，货物周转量 385.3 亿吨海里，分别为 1995 年的 99.5% 和 100.3%。

八、以推行 ISM 规则为契机，加强安全管理和监督

上海海运为了规范管理参与国际、国内水上运输，根据《国际安全管理规则》（ISM）要求，建立了公司安全管理体系（SMS）。按照 1998 年 7 月 1 日实施的要求，培训骨干，突出重点，分类指导，落实为本，积极推行 SMS 计划。1997 年，上海海运和船公司根据 SMS 推进计划，相继成立了专职安全监督部和安全监督科，改变了过去安全管理部门自我监督的做法。安全监督部根据职责，重点做好对机关安全管理的过程和船舶执行规章制度情况的监督反馈，使安全管理、监督进入规范化的轨道。工作目标是第二季度 SMS 试运行，第三季度正式运行，第四季度取得符合证明（DOC），1998 年 7 月 1 日以前全部远洋船取得船舶的安全管理证书（SMC）。

在推行 ISM 工作的同时，陆地单位要按 ISO9000 系列标准，建立各自的质量保证体系。ISO9000 是我国等同采用的国际标准，它的基本要求是打好质量基础，把贯彻标准和推行全面质量管理（TQC）结合起来，以便与国际惯例接轨，做好质量基础工作，使企业的质量管理走上标准化、规范化、程序化、制度化的轨道。

上海海运公司为推行 ISM，建立船舶安全管理新机制，先后举办了 116 期陆上、水上的有关培训班，受训人数 6787 人。在推行 ISM 规则中，选择了“振奋 23”轮、“大庆 94”轮、“新城”轮、“海华”轮 4 种船型 10 艘船舶，作为 SMS 的重点推行船，并成立了海兴轮船股份有限公司安全监督部和各分公司的安全监督科。在立丰船厂、物资公司等陆地单位推行了 ISO9000 系列工作。1997 年 11 月初，交通部审核组通过了对海兴公司 SMS 体系的外审，上海海运公司成为远洋系统以外的国内最早通过评审的部属航运单位之一。

第三节　市场经济给运输生产带来新的机遇和挑战

一、运输市场出现激烈竞争

1994 年，我国正处于深化改革，扩大开放的关键时期，新的市场经济机制尚待发展，运输市场出现激烈竞争。对于上海海运公司这样一个长期以来执行国家指令性计划的大型骨干水运企业，要走向市场，面临着严峻的考验。

（1）铁路、航空、公路等运输发展和地方航运公司崛起，部分运输业务呈现滑坡使趋势，比如客运业务，1993 年比 1992 年的客运量下降 4.8%；货运业务方面，地方航运公司已经进入沿海干线运输，货源分流严重，公司的上海—大连铁木运输线已几乎停航。

（2）政府部门对于企业经营行为的干预依然存在，使运输的开展受到较大影响。如 1993 年，交通部指令上海海运公司参加新港—上海煤炭运输，造成大量船舶在港口待装待卸的局面，而地方运力趁机插入长江沿岸的电厂运煤航线，使上海海运的市场占有率急剧下降。

（3）水运附加费的开征，严重削弱了大型企业的竞争能力。按照当时的征收方法，货主使用上海海运等直属企业的船舶，每吨公里征收附加费 5 厘，一吨煤从北方运到华东地区，货主需要额外支出 6—7 元 / 吨，造成长期承运的货源严重流失。

（4）受宏观调控、金融整顿、税制变动等因素的影响，国内运输需求平淡，而占上海海运运输量近一半的煤炭，仅上海、宁波两地就存煤 200 余万吨，货主对于征收增值税不甚理解，因而观望等待，造成购销不旺。

（5）由于国家调高银行贷款利率，上海海运公司到 1996 年仅利息支出就要在 1995 年 4. 32 亿元的基础上再增加支出 4. 34 亿元，这给企业带来巨大的经济负担。

二、沿海客运首当其冲，发展受阻，努力减亏

上海海运公司已有的客船大部分是 20 世纪 70 年代初建造的，船龄都在 15 年左右。那时正值“文化大革命”时期，造船质量不高。“庆新”轮船龄已近 30 年，超过国务院 1985 年颁布的船舶使用年限为 24 年的规定。由于无新船替代，上海海运公司专门组织技术小组跟船，千方百计加强维修保养，延长使用寿命，维持航行于上海—宁波短航线。

1988 年春节前夕，交通部部长钱永昌来上海检查安全工作，并随“庆新”轮。航行途中，钱部长详细询问了船员的学习、工作、生活等情况，并要求上海海运公司按照交通部春运检查组的指示，将客轮营运和船员队伍不够稳定的情况报交通部。上海海运于 1988 年 2 月 29 日，向交通部呈报了客轮经营和船员队伍情况调查报告。同时，提出了四条建议：一是 1980 年船舶购置实行拨款改为贷款时，国家根据客轮营运的实际情况，客轮投资仍由国家拨款。但从 1985 年起，客货轮也改为企业贷款，企业不胜负担，建议给客船的投资仍恢复由国家投资。二是随着船价、港口使费、油价等不断上涨，客船成本日趋上升，急需

合理调整客运票价。建议客运中的加班船和快速船，票价实行浮动或议价。新开辟的航线和投入营运的新船，实行新航线或新船新票价。三是建议国家对新增客船用油，均给平价油。四是建议加速客货船专用码头的建设，减少客货轮不必要的靠离次数，降低成本，确保安全。

旅客运输由于受到运输方式的制约，以及地方短途快速客运业的兴起和陆运、空运的激烈竞争，海运客源明显减少。上海海运客运公司曾有过客轮 29 艘，2.5 万多客位，最多时同时开辟了境内外 9 条客运航线，客运量数年来一直保持在每年约 370 万人次。但从 1993 年开始，沿海客运发生了急剧的变化，一方面，在飞机、火车、车客渡等多种交通工具的夹击下，沿海客源明显减少；另一方面，上海—宁波、上海—大连线客运市场竞争日趋激烈，上海—宁波航线有地方客船和高速快艇的加入，上海—大连航线有客滚船的加入，对上海海运客运公司带来严重冲击。

1993—1996 年，上海海运公司客运量每年平均以 17.8% 的速度递减，并出现了严重的经营亏损。1994 年亏损总额高达 1.5 亿元以上，企业不堪负担。1993 年客运量 356.6 万人次，旅客周转量 11.36 亿人海里，共亏损 6652 万元。1994 年客运量 285.6 万人次，旅客周转量 8.65 亿人海里，共亏损 15076 万元。1995 年客运量 260 万人次，旅客周转量 7.3 亿人海里，共亏损 9137 万元。1996 年客运量 198.3 万人次，旅客周转量 5.23 亿人海里，除 4 艘客箱船外，共亏损 4870 万元。

为此，上海海运公司主动收缩客运航线，采取了对老旧客船处置、调整航线航班、发展特色旅游航线和开辟陆地经济增长点等一系列减亏增效措施，逐步遏制了客运经营严重亏损趋势。

早在 1988 年 2 月 15 日上海《解放日报》二版头条刊登了《海运客轮载一旅客要亏本 8 元》的新闻报道。文章指出：客运指令性，票价不合理，成本在上涨，新船买不起，旧船将退役，“乘船难”将更困难。上海海运客轮每运送一位旅客要亏损 8 元。亏损的原因首先是上海沿海客运均是指令性运营，要跑的地方，亏损也得去。有一年春节，上海海运客轮受命空放两条船去温州载客。上海去大连的旅客也较多，上海海运又派了两条客轮，但是从大连回程是空放的，因而亏损严重。其次是票价不合理，上海到宁波一个有睡铺的票价只有 10.3 元，相当于旅馆的一个床位，然后船舶要送旅客几百里，票价不能浮动。眼下，客船航速快又有空调，这些都不能在客轮票价上反映出来。文章指出：近几年，新增船舶都要用议价油，而且平价油每吨也涨了 100 元。1987 年与 1984 年相比燃料费增加了 44.4%。计划经济和商品经济在这里冲突的结果是企业经营客运的积极性下降，客运能力也随之下降。《解放日报》的新闻报道在社会上引起了较大反响，也充分反映了上海海运旅客运输的困境。

1994 年，上海海运旅客运输出现了较大滑坡，上半年客运量呈不断下降趋势。客运量和旅客周转量仅为去年同期的 81.8% 和 79.4%。客运量出现较大负增长的原因有三方面：一是受国家宏观调控和大力整顿金融秩序的影响以及邮电通信事业的发展，一些不必要的会议和人员外出减少。二是随着国民经济的迅速发展，各地的公路、铁路、航空也迅速发展，地方客船和高速客轮（快艇）纷纷进入，上海—大连客滚船的加入并且经营方式灵活机动，分流了相当部分的旅客，连以往是沿海客运“热线”的上海—宁波、上海—温州客运航线，客运量也分别比去年同期下降了13.3%和19%，4年中，每年约以17%的速度递减。三是由于客轮造价高，成本增加，致使客运票价相比偏高，而且旅途时间较长，在竞争中处于不利处境，半年减少客票收入达1264万元。

上海海运客运公司在确保公司正常运输需要的基础上，对申温、申青、申榕、申穗四线实行了“三减一撤”调整政策，1994年4月20日，上海—广州客运航班因亏损严重被迫停航，减亏300多万元。

同时，上海海运公司加强客运票价、货运价、船舶保险费等管理，多渠道为企业创收。1995年，上海海运提高了上海—宁波线、上海—青岛旅游线的客票价格。1996年，客运公司客运航线采取“盈则上线、亏则撤船”的经营方针，对内确定单船的成本盈亏点，对外实行航线协议经营，客票实行市场浮动价，部分客流货源实行港口方包舱，使客船经营状况出现明显好转，全年亏损4871万元，比计划少亏损1629万元，比1995年减亏46%。

三、以改革促发展，寻找新的经济增长点

1994—1995年，上海海运进一步推行经济责任风险承包，企业内部实行承包经营责任制。

一是上海海运公司对不同的单位类型采用不同的方式和内容。4个船公司，特别是油运公司、货一公司是企业的创利大户，因此对4个船公司结合下放管理职权等开展深化改革工作，重新核定考核指标，分配模式实行工资增长统筹。对4个船厂继续执行对利润、修理企业内部船舶艘数的考核；在保证完成内部修船任务的前提下，鼓励根据各自的优势，承接企业外船舶的修理业务和开拓多种经营，提高效益。对燃料站、物资站、通信站，按照新的内部价格，重新核定考核指标。

二是搞好运价管理，推进价格改革，使上海海运公司运价更能反映市场经济规律。前几次的运价调整，虽然使扭曲的运价得到了缓和，但是作为国家重点商品价格之一的水运运价并没有完全走向市场，其中煤、油等运输的价格没有做到随行就市。上海海运尽量采取市场价格，比如对从秦皇岛港起运的直达运输煤炭实行直达运价，比指导价上浮15%。而对福建等地的华南市场，则采取弹性更大的运价，以求开发当地市场，建设必要网点，通过各种形式，力争改变或取消目前不合理的征收办法。

三是改变经营作风，主动走访货主，掌握市场信息，拓展货源渠道。上海海运公司清醒地认识到，随着改革的深入，国家下达计划运输将越来越少，已有的某些对航运企业保护措施也迟早会被取消，企业要真正走向市场，必须依靠自己。上海海运公司航运部门努力与大型企业建立直接的业务联系，主动上门，组织货源，建立良好的合作关系。航运部把沿海沿江的大型钢厂、石化企业和火力发电厂作为企业的目标市场，改变过去把过多的运力集中投放北方港口到上海等地的航线，而导致运力浪费的做法。

四是上海海运公司运输能力近两年虽然有了很大的发展，每年平均增加20余万吨运力，但是，国家实行计划运输的范围正逐步缩小，如果没有市场需求，昂贵的运输装备就会成为企业的沉重负担。因此，上海海运公司根据国内外运输市场的变化趋势，及时调整沿海远洋运输结构，优化船舶运力配置，提高运输经济效益。对于长期投入国际航线的船舶，各船公司设法确保其处于良好的适航、适货状态。海兴公司则在境外建立长期稳定的散货和原油市场。

五是制定正确策略，运用营销手段，增强竞争能力。上海海运公司坚持“面向国内、国际两个市场，调整结构，高起点发展生产”的经营方针。强化调度指挥，精心组织生产，努力提供运输服务。公司充分发挥客货油船型齐全、大中小吨位配套、通信方便、指挥及时的整体优势，十分重视新航线、新货种的运输组织工作，设法把沿海煤运专用船宁安型、振奋型船舶打入沿海沿江的大型火电厂煤运市场，并且努力扩大宁波北仑港中转北方的铁矿石运输市场。尤其是发挥自己的管理优势，开展有经营特色的运输业务，争取进一步减少中小型老旧舶的亏损；在条件成熟的情况下，代理其他船公司的业务，争取上门组织货源，争取大港口的支持配合。同时，航运部门强化联营运输企业的行业管理，加强与驻外机构的业务联系，充分发挥驻港办事机构的作用，了解当地行情，及时反馈信息，使航运部门不但成为调度指挥中心、货源管理中心，也是信息交流中心。

四、以效益为中心，重点抓好揽货工作，增加运输收入

1996 年，上海海运公司针对运输市场货源增量有限、无序竞争格局依旧的局面，加大揽货力度，全力占领货源市场，以完成货运量 8280 万吨的目标，落实全年新增 180 万吨任务。为将丢失的煤炭货源逐步挽回，上海海运公司积极走向市场，通过各种途径，从四个方面加大揽货力度。

（1）加强以效益为中心的揽货工作。在计划经济时期，上海海运公司生产任务由交通部下达，生产活动以调度为中心，目的是确保完成交通部下达的运输计划。这一模式在市场经济逐步发展的过程中已经难以维系。在新的市场环境下，上海海运公司积极转变观念，调整经营思路，转变工作重心。为了发挥整体优势，从 1996 年 3 月 1 日起，国内干散货实行集中经营。从以船舶调度为中心转移到以揽货为中心，加强货商工作，增强揽货力度。国际运输部作为公司外运生产的经营部门，加强揽货工作，建立揽货网络，适应市场需要，向市场经济转变。

（2）对揽货人员采取工作实绩和收入分配挂钩的办法，以提高揽货人员的工作积极性。1996 年上海海运公司建立和完善了揽货工作的激励机制，实行超额指标提奖、完不成指标扣罚的办法，鼓励揽货人员走出去抓订单。在揽货手段上，创造条件，给揽货人员一定的政策；在遵守国家财政纪律的前提下，通过灵活的手段，争取更多的货源。另外，还加强运费的催收工作，形成揽货、运输、收费一条龙，受到明显效果，使运费回收周转天加速 5%，加快了资金的回笼。

（3）采取多种形式，稳定大宗货源。1996 年年初，上海海运公司党政领导分别拜访了宝钢集团、上海市燃料公司和电力公司；春节前夕，又拜访了各大港口和大货主，目的就是树立企业的良好形象，搞好行风，努力为广大货主提供优良服务，采取联营或超出基数的运量给予价格优惠等灵活协作的形式，将双方的利益捆在一起，稳定占货运总运量一半

以上的上海货源市场，使运量下滑的局面得以控制。1996 年，上海海运石油运输创造了历史最好水平。

同时，上海海运合理布点，对各驻港办事处进行改制，并将他们的工作业绩和收入分配挂起钩来，发挥驻港办事处的作用。驻港办事处实行机制转换，不仅为船舶和船员服务，更是大力开展揽货、疏港、催款工作，从单纯的服务型向经营服务型转变，以充分调动他们的工作积极性。总之，通过各种途径，采用各种方法，揽到充足的货源。

五、强化管理，“拧毛巾”降低成本

1996 年，上海海运公司根据企业的实际状况，以降低生产成本为重点，加强企业的内部管理工作，努力学习邯郸钢铁厂的经验，用“拧毛巾”的办法，采取一切措施，防止成本管理中的“跑、冒、滴、漏”。该年上海海运公司 3 次组织基层单位，召开了学邯钢经验交流会，通过落实经济责任制，模拟市场核算，实行成本否决；清仓查库，制定库存标准；开展“三学”活动，加强船舶维修保养；加强管理，苦练内功一系列措施，使得运输生产中所有项目的可变成本部分得以控制。1996 年，上海海运公司的成本预算是 33.7 亿元，目标是在预算基础上下降 3%—5%。重点是降低船舶的燃料费、修船费和港口使费。这三项成本占上海海运成本开支总额的 50% 以上。

在降低燃油成本方面，一是提高船舶运输效率，船舶千吨海里的单耗，不高于上年 7.97 千克 / 千吨海里的历史最好水平；二是提高主机掺烧渣油的水平，全年掺烧渣油不少于 33 万吨。进一步完善、修订《关于企业内部船舶燃油消耗等级标准》，下达船公司节能与合理用能的考核指标，单船燃油单耗和掺渣指标，将船公司、船舶的燃油成本考核，与分配奖惩进行挂钩；三是投入 400 万元，用于船舶节能和掺烧劣质油装置的技术改造。

在节约修船费用方面，全年船舶修理费包括技术改造和全球海上遇险与安全系统（GMDSS）项目总计预算为 5 亿元。节约修费的任务十分艰巨。为此，上海海运公司完善修船费包干的考核办法，对修船的渠道进行把关，把修理费的预算以及根据不同船型、船龄、当年的营运时间计算出每艘船的年度修理费指标，使船公司、船舶明确自己的奋斗目标。另外，还推广货二公司同外轮厂签订《定向合作航修协议》的做法，将公司所有船舶的抢修、航修业务交给外轮厂，这样既可使肥水不外流，又可防止不正常的修船费流失。同时，上海海运公司通过学习“华铜海”轮活动，提倡船员自修和加强船舶维修保养，并制定了船员自修节约修理费提成的考核办法，大大提高了船员的工作积极性，1996 年上海海运公司船舶修理费节约了 1.15 亿元，比 1995 年下降了 22%。

在港口使费方面从两个方面严格把关。机关职能部门一方面督促船舶加强港口使费的管理，了解国内外各个港口的费用标准，落实专人加强港口使费单据的审核把关，防止额外支出；另一方面对船舶的航次计划合理安排，避免不必要的费用支出。另外，加强船用备件、物料费用的控制，防止出现修船费节约，船用物料费超支的现象。为了降低燃油费用，上海海运公司实施“分级考核，按级提奖”节约燃油奖励办法。1996 年上海海运运输产量比 1995 年上升 17.26%，但船舶燃油单耗仅上升 7.19%，节约燃油费用 9062 万元。

上海海运公司机关带头严格控制行政管理费和业务招待费的开支，按上年的水平，业务招待费的开支削减三分之一。各基层单位领导树立“过紧日子”的思想，使管理费开支有效地减下来，共节约招待费 122 万元。

六、处置船舶，出租机关本部，盘活资产，减少财务费用

上海海运公司为改变亏损状况，进一步着手资产运作，努力降低财务费用，增收节支提高企业经济效益。

上海海运根据各类船舶经营效益情况，适时作运输结构调整，处置部分效益不佳、甚至亏损的船舶，添置市场急需、经济效益可期的船舶。运输船舶对航运企业来说，既是生产工具，通过运输生产为企业赢得效益，同时又是资产运作的对象。过去上海海运公司对船舶的管理主要是从技术管理的角度考虑，在市场经济的条件下，根据企业拥有的船舶现状，通过船舶资产的买卖运作，为企业创造效益。上海海运公司对船舶资产运作，从两个方面进行：

一是加快对亏损船舶的处置。1995 年，上海海运公司亏损船舶多达 73 艘，亏损额达 2.3 亿元。造成亏损的原因是多方面的，有的是新船，造价高，因固定成本和折旧费较高而亏损；有的则是船型不适应市场，如中小型散杂货船。其中后一种船舶是船舶处置的重点对象。这样做至少一举三得，第一减少了亏损点，第二回收的资金可投到效益好的产业，或者用于归还银行的贷款，减轻企业还本付息的压力，第三腾出船员班子投入外派，增加收入。

二是有的船舶虽然也有赢利，但通过置换，能给企业带来更大的效益。通过测算，这类船舶置换的效益高于其未来的运输效益，因此也将其作为置换对象，前提是统筹兼顾、长短结合、增加效益，加快封存客船处置的力度，包括造价昂贵、经营困难的 4 艘客箱船。通过船舶处置，换回资金，一方面避免今后的长期亏损，另一方面又可将资金用于还贷，减少对银行的利息支出。这一年客轮公司处置了 5 艘船舶，这些船舶处置后的资金，作为上海海运公司对客轮公司的投入，由客轮公司按规定进行投资运作。

上海市对外经贸会批准成立的上海海运国际贸易公司，重点加强船舶资产的运作。1995 年，上海海运公司共有 20 艘船舶进行了处置和调整，通过船舶的买卖，为企业增加了收入。1996 年，国际贸易公司建立了考核奖惩办法，在船舶处置工作中发挥积极有效的作用。通过资产经营、调整结构，处置 16 艘船舶，回笼资金 1.3 亿元，处置船舶盈利 1.59 亿元。

1991 年 2 月，上海市市长黄菊在市人大会议上宣布：近期内采取房产置换形式，腾出机关、企事业单位的办公用房，加快金融机构向外滩地区集中，并首先形成外滩金融一条街。1996 年 2 月和 4 月，上海市市长徐匡迪两次明确指示：1996 年内，外滩沿街一线的大楼要基本完成置换。

根据上海市政府的设想和要求，外滩有不少大楼进行了资产置换，出售给银行和大公司。据当时外滩房屋出售的行情，广东路 20 号售价可达 1 亿多元，这对于处于亏损状况的上海海运公司来说是一笔不小的资金。上海海运领导班子对此十分重视，反复认真研究，权衡再三，统一意见，决定对广东路 20 号（外滩 5 号楼）不出售，保留“老祖宗”留下的

宝贵的优质资产；将上海海运公司机关从广东路 20 号搬至地处东大名路 700 号的“海运大楼”办公；出租机关本部大楼，争取好的租赁收入。

1996 年，上海海运职工代表大会将上海海运办公大楼（广东路 20 号）对外出租的事项作为当年的一项重要工作来完成。

大楼招租办公室充分利用公司在国内外的办事机构，采用邮寄和送上门的办法将“海运招租资料”送达到相关单位，进行广泛宣传。同时走访了长江轮船公司、上海海上安全监督局、上海海关大楼、上海工艺品进出口公司等 13 幢大楼了解商务房屋租赁情况，并且积极与上海市置换公司保持联系，取得支持，及时掌握房屋租赁行情，严格按照上海市政府发布的外滩地区房屋置换的规定运作。

上海海运老办公大楼地处上海黄浦江畔外滩的金融、贸易中心，是万家商贾必争之地，更是被誉为万国建筑博览群的黄金地段。上海海运老办公大楼共分 7 层，1—6 层各约 1200 平方米建筑面积，第 7 层为加层，建筑面积为 923.3 平方米，另有地下室，建筑面积 1200 平方米，大楼总占地面积 1557 平方米，建筑面积为 9151 平方米。大楼有面对黄浦江的东门和面向广东路的南门。

在做好大量前期工作的情况之下，1996 年 5 月 16 日，上海海运向交通部财会司、上海市计划委员会、外滩房屋置换办公室报告：将广东路 20 号大楼对外出租。6 月 16 日，外滩房屋置换办公室正式发文给上海海运公司，同意广东路 20 号大楼置换（包括转让和出租）。经过选择和反复谈判，1996 年 8 月 20 日，上海海运和上海锦都实业公司正式签订了《房屋租赁合同》，底楼作为华夏银行对外营业点。合同规定：租赁期限 30 年。自 1997 年 7 月 1 日起至 2027 年 6 月 30 日止。租金以美元结算，租金支付为人民币。房屋租金前 15 年为 200 万美元，以后租金逐年提高。根据合同规定，上海锦都实业公司须支付首期两年租金。上海海运应在 1996 年 12 月 31 日前腾空房屋，给予对方 6 个月的免租装修期。

一段时间以后，由于上海锦都实业公司未能履行房屋租赁合同，来按时支付租金，经多次协商未果。当时主管上海海运工作的燕明义总经理十分重视此项工作，及时指定总经理办公室和企划部加强调研，着手谈判，依法断然终止合同，并由上海海运自行经营租赁，既及时避免了当时的损失，后来又取得了更好的租赁收入。

1997 年 1 月 1 日，上海海运机关迁入地处东大名路 700 号的“海运大楼”，正式办公。

1997 年，上海海运公司利用广东路 20 号年租金收入，以每平方米 6420 多元价格，适时适地适价购买了东大名路航运一条街旁侧的高阳路 147 号八层的办公大楼。这幢大楼房屋建筑面积 4109 平方米，总价 2638 多万元。1997 年 7 月 1 日，该大楼由上海海运公司使用。上海海运货运、客运、远洋等公司迁入办公。

高阳路办公大楼既靠近上海海运公司机关本部，又是整幢办公楼，使用效率高，管理方便，为中海集团成立落户上海以后，解决办公用房紧张提供了条件。该大楼曾作为中海集团集装箱运输公司上海分公司的办公楼，后为中远海运（上海）有限公司机关总部办公用房。高阳路办公大楼的购置达到很好的升值增值效益。

上海海运公司各陆地单位也把盘活资产作为一项重要工作，对自己单位的各种资源进行分析，置换盘活，优化资源配置，使之产生最大的效益。对于资产置换后回笼的资金，上海海运一方面统一调控用于还贷，另一方面用于优化项目投资，投入各单位见效快、有投资回报的新项目。

上海海运公司在转换机制中，从生产经营考核逐步向资产经营考核过渡，树立资产经营的观念，逐步完善考核办法，确保国有资产保值增值，全年资产处置为企业增加收入2亿。

七、确立发展油运、调整货运、萎缩客运方针

1996年年初，交通部黄镇东部长到上海海运公司进行调研，在听取公司工作汇报时指出："你们根本的出路是把经济效益搞上去，效益好的项目要上去，效益差的项目要下来。对航运企业来讲三个方面很重要，一是市场，二是服务（包括质量），三是效益。有市场，质量好，结果亏本也不行。"根据这一原则，上海海运确立了1996年乃至"九五"期间优化船队结构的方针，即"发展油运，调整货运，萎缩客运"的十二字方针。对经济效益较好的石油运输，在政策上予以扶植。短短的几年中，完成16艘老旧油船的改造，保持油轮运力的规模；同时开展调查研究，做好发展超级油轮的可行性研究；开展进江油轮在南京港疏港分流的专题调查，防止油运市场被他人抢占。调整货运，不仅是指对亏损的中小型杂货船进行调整，更是按市场需求，配备好干散货运力。

水上客运的萎缩是市场经济发展的必然趋势，也是社会发展的结果。沿海客运主要是为了满足社会效益。1980年船舶购置实行拨款改为贷款时，国家和交通部给客轮特殊政策，但从1985年起，客货轮购置也改为企业贷款。由于成本上升，客源减少，沿海客轮经营亏损越来越严重，企业不胜负荷。为此，上海海运公司调整航线，萎缩客运正是适应市场经济，而采取的积极办法，也是为了避免企业整体效益的再下滑。根据这一原则，上海海运公司加大客船的处置力度，进一步减少客运的亏损。当时，对客轮公司下达了硬指标：争取3年、确保4年摘掉亏损帽子，不能将亏损的帽子带进21世纪。

客轮公司根据这一目标，制订落实3年的减亏措施，撤掉了严重亏损的航线，处置了严重亏损的船舶，一方面减轻了客轮公司的负担，同时对在线营运的客船，无论是服务质量还是安全生产，都提出了更高的要求，以提高上线船舶的单船收益；另一方面海上客运萎缩后，也是给公司创造了向陆上挺进、扭转亏损的机遇。客轮公司趁势而为，制订公司的发展战略，充分发挥客轮船员的优势，优化项目投资，发展多种经营。1997年1—6月底，上海海运公司同意客运公司先后短期停航封存"繁新""长柳""展新""茂新""百灵""长柏""盛新"等船舶。

客运公司从海上的旅客运输为主，走上了陆地企业的发展，建立了"海客企业发展有限公司"等5家"三产"企业，有职工300多人，主营项目有：客轮揽货、旅客行李集装箱托运、船舶主副食品供应、旅客小卖供应、客轮音像业务管理、音像制品租赁、旅游和餐饮业、船舶抢修和建材贸易、广告业务等。同时成立了"劳务中心"，行使劳务中介和富余人员的管理职能，解决富余人员的再就业问题。

1995年，客运公司实行"做四休二,三班二运转"工作方法，安排了74名客轮船员到

货轮工作，21 名客轮乘警外雇到上海有关银行工作，既安排好富余的职工，又能为公司赢得效益。有效的措施，较好地制止了上海海运亏损的出血点。

第四节　加大运力更新和技改项目投入

一、加快船舶更新改造，融资造船扩大船队规模

1993 年，上海海运 200 艘船舶中属老龄或超龄船有 98 艘，占总数的 49%，根据“八五”客货运量的增长情况需新造 46 艘计 104.8 万载货吨，才能满足需求，当时实际只落实了 40 艘。从贷款情况来看，1991 年需造船进度款 8.24 亿元，实际只落实了 6.5 亿元，1992 年需 13.5 亿元，实际只解决了 7 亿元人民币和 2850 万美元。过去几年为造船贷款，上海海运多方努力，终因国家资金紧缺，难以满足需要，因此，给 1993 年造船贷款带来更大困难。

1994 年，上海海运先后投入 20.48 亿造船资金，全年共计交付使用船舶 14 艘，公司拥有营运船舶 221 艘，390.6 万载重吨。同时，重点加强对经济效益较好的油运公司的扶植，加大投入，完成了 16 艘老旧油船的改造，保持油轮运力的规模。上海海运 1996 年着手做好发展超级油轮的可行性研究，为下一步建立一支有实力、有规模，以巴拿马、阿芙拉超级大型油轮为主力船型的船队奠定基础（图 6–8）。

图 6–8　1994 年 170TEU 的“向荣”轮下水。

1993—1996 年期间，上海海运的运输任务繁重，为解决运力紧张，资金困难的困境，通过科学的预算和决策，决定采用融资办法，建造船舶增加运力，以保证企业运输生产的需要和提高企业的经济效益。

上海海运融资建造的船舶有：316TEU 集装箱船“向达”“向秀”轮；391TEU 集装箱船“向兴”“向旺”轮；9500 吨级成品油船“建设 31”“建设 32”轮；8500 吨级“建设 33”“建设 34”“建设 35”“建设 36”轮；43500 吨级散货船“永安 1”“永安 2”“永安 3”“永安 4”轮。同时，租入了 420 TEU 集装箱船“丽洋”“丽湖”轮。

1994 年 3 月 2 日，上海海兴轮船有限公司与香港巴拉哥（集团）有限公司在上海签订了《融资造船协议书》。由香港巴拉哥（集团）有限公司融资出钱，选择造船厂，提供船型，由上海海兴轮船有限公司负责监造，接船，用船，包括机务管理、船舶维修、揽货、调配、营运等。香港巴拉哥（集团）有限公司主要业务是承揽国际海洋运输，其中大部分为中国各大航运公司提供服务，在上海设立办事处（图 6–9）。

《协议书》明确：上海海兴轮船有限公司同意委托香港巴拉哥（集团）有限公司负责

融资和向韩国大东造船株式会社订造两艘 391TEU 集装箱新船，每条船船价为 1085 万美元，两船分别于 1995 年 9 月和 10 月建成，上海海兴轮船有限公司以光租方式承担，借此清还贷款本息，为期 8 年，每日租金 5500 美元；当租期完满，上海海兴轮船有限公司有权以象征性船价 1 美元买下该两船。同一天，上海海兴轮船有限公司与香港巴拉哥（集团）有限公司又签订了 4 艘 8500 吨级成品油轮的协议书。协议书明确：每艘油轮造价 1404 万美元，4 艘油轮于 1995 年 2 月至 7 月先后交船，由上海海兴轮船有限公司以光租方式承担，为期 8 年，每日租金 7000 美元，期满以后以象征性船价买下。

图 6-9 “永安 1”轮是上海海运公司向香港巴拉哥船务有限公司公司融资，由韩国船厂为上海海运建造的 43500 吨散货船。

4 艘 43500 吨散货船由香港巴拉哥（集团）有限公司选择韩国大东船厂建造。

二、船舶污水处理等一批技改和基建项目落成

1996 年 12 月 25 日，一座拥有年处理 40 万吨船舶含油废水和 10 万吨化工废水能力的上海船舶污水处理厂通过上海海运内部验收。上海海运公司党政领导李绍德、刘国雄、张洁明、燕明义、黄新明和中国港湾建设公司、上海第九设计院等单位领导和专家参加了验收活动。

李绍德总经理在验收总结时指出：上海船舶污水处理厂历经 4 年，终于建成了。该厂可以归纳为“四个一”：一是上海海运公司 40 多年来投资规模最大的一个基建项目；二是第一次运用世界银行贷款；三是上海港第一个水上污水处理工程；四是上海海运公司第一个纳入国家大中型企业的基建项目。

上海船舶污水处理厂位于浦东新区外高桥，占地面积 5 万平方米，岸线 300 米。是利用联合国全球环保基金组织赠款和世界银行信贷在中国六大港口建设环保项目的子项目。其中利用外资 1054 万美元，配套人民币 9771 万元。全套设备引进国外先进的旋流油水分离装置和接收装置（图 6-10）。

图 6-10 1996 年船舶污水处理厂验收现场。

上海船舶污水处理厂的建成弥补了上海港环保设施的不足，改善了船舶污水接收处理的状况，有效地解决进入上海港的各类船舶，特别是油轮、化学品船产生的大量污水的排放和处理，防止船舶污水对黄浦江和长江水域造成污染，确保海洋、江河的洁净和良好的生态环境，提高上海饮用水的级别，具有重要意义。

在上海船舶污水处理厂的验收过程中，专家和工程技术人员认为，油污水处理工程建

造完全符合国家基本建设要求，其中码头建造已被上海质检局评为优质工程，有 3 个单体工程被评为优质工程，有 12 个储油罐被评为优质储罐。担任该项目主设计的上海第九设计院认为，上海船舶污水处理厂码头通过船舶重载试车以及“大庆 29”轮排放 3000 吨油污水处理测试，均达到设计要求。

随着海滨油库码头、油航站车间及码头竣工；“全球海上遇险和安全系统”项目也通过了联合国开发计划署、交通部、外经贸部的三方的审计、验收，上海海运基础建设有了一定的提高。

三、客运形势变化，“4 条客箱船”营运遇困境

上海海运 1993 年 9 月 22 日与德国 MTW 船厂正式签订了建造“紫玉兰”轮和“香雪兰”轮合同；1993 年 12 月 28 日与荷兰 MW 船厂正式签订了建造“郁金香”轮和“紫丁香”轮合同，4 艘船合同造价再加上中国机械进出口公司手续费、海关监管费、监造费、接管费、改装费和杂费等，船舶总成本分别是：“紫玉兰”轮 56823 万元、“香雪兰”轮 57003 万元、“郁金香”轮 37662 万元、“紫丁香”轮 39577 万元。同时德方还为上海海运建造了 2 艘 9500 吨级的成品油船“建设 51”轮和“建设 52”轮（图 6–11）。

图 6–11　德国为上海海运建造的 9500 吨级的成品油船“建设 51”轮。

1995 年 8 月 31 日和 1996 年 3 月 25 日“紫玉兰”轮和“香雪兰”轮分别交船；1995 年 11 月 22 日和 1996 年 5 月 28 日“郁金香”轮和“紫丁香”轮相继交船。

根据造船贷款条件规定，德国建造的“紫玉兰”和“香雪兰”轮在建造期间不还本金，只付利息，以马克结算；荷兰建造的“郁金香”和“紫丁香”轮从建造期开始还本付息，以人民币结算。1996 年 4 艘客箱船总计还本付息 11743 万元；1997 年需还本付息 11030 万元。“4 艘客箱船”折旧年限均为 18 年，年折旧率 5.28%，年折旧费分别为：“紫玉兰”轮 3000 万元、“香雪兰”轮 3010 万元、“郁金香”轮 1989 万元、“紫丁香”轮 2089 万元。

上海海运在 1993 年职代会报告指出，针对沿海客运和上海海运的实际，不失时机地调整客运经营方式。根据航线特点、客流和运力的情况，集中优势，确保重点效益好的航线。有的航线客流少、亏损严重的，尽可能地少投放运力；有的航线季节性强，就调整航次密度和运力投放；有的航线效益好、客源多的，就增加班次和船舶。同时船舶也要根据市场和客流的变化，调整船舶的服务内容和项目，提高服务档次和质量，满足不同层次旅客的需求。随着香港 1997 年的回归，沪港两地的客运、货运都将有较快的增长，而业已投入使用的船舶船龄老、船舶结构也不适应，因而要研究以新的运力来代替。根据当时的形势，大陆与台湾的直航最终必将实现，要做好充分的准备，争取首先参入。

在这一年职代会上，上海海运为了适应市场经济的新形势，根据“八五”后三年计划

已经确定的经营目标，及时对经营方针和经营战略作了调整，以达到国内市场能掌握主动，国际市场能有新的拓展目的。具体调整方案为：

积极做好大陆与台湾直通和香港回归后航运迅速发展的准备。大陆与台湾直通只是时间上的问题，虽然台湾经济发展较快，但能源、资源缺乏，一旦直通以后，其对能源的需求可能转向大陆，而且大量旅客也必将希望直接横渡海峡，争取抢先开通直通航线。鉴于香港 1997 年回归祖国以后，旅客运输量会有一定幅度增长，而且货物运输逐步走向集装箱化，因此，必须考虑更换现有的船型，扩大揽货渠道，尽快开通上海至日本、韩国的客货班轮。上海至日本和上海至韩国客货班轮的发展余地很大，如果能及早占据几条主要航线，则对未来发展将会创造极为有利的条件，因此要借助外国公司的优势，加强与国外企业的接触和合作，积极慎重地先对上海—长崎，上海—仁川、釜山等航线进行实践，在取得经验以后再开通其他航线。

1992 年年初，孙治堂局长召集了相关部门领导人，召开了“关于造船问题”的专题会。会上就造集装箱船还是造客箱船进行了专题研究，会议决定关于船型选择问题，要求船技处准备两个方案，并要求计划处与交通部联系。鉴于当时情况和分析，上海海运建造“4 艘客箱船”和 2 艘油船主要有以下考虑：一是 1992 年航行上海至香港航线的“上海”轮和“海兴”轮将面临报废，需要有新的客轮来替代。二是 1992 年海峡两岸关系趋于缓和，两岸直接通航的呼声较高。交通部在 20 世纪 80 年代初为响应全国人大常委会《告台湾同胞书》的号召，要求所属沿海港口和航运单位做好与台湾通航的准备工作。那时上海海运是国家沿海规模最大的航运企业，有可能承担两岸通航的任务。而且如果两岸通航，首推是客船相通，但上海海运公司只有 7500 吨级的“长字型”客船，其设备难以适应两岸客运之需。同时，今拟开辟上海—日本、上海—韩国等客运航线也有高质量客船之需求。交通部有关部门当时派专人到上海海运调研了解客运情况。三是当时国家为了鼓励企业在德国和荷兰投资给出了优惠政策。同时，德国政府也采取相应政策，允许在德国造船可以享受德国银行的低息贷款，并且给予免增值税和关税；在荷兰造船，可以享受国家的平价外汇额度，免关税和增值税减半，这对降低企业运行成本是一个利好。四是对在德国建造的客船和油船进行了造价分析，确认其在欧洲造船质量优于日本、韩国以及国内，价格合适。

根据交通部档案反映，当时交通部根据国家外交工作的需要，批准上海海运集团公司、大连海运（集团）公司从欧洲国家进口 2 艘客箱船和 2 艘滚装船，并行文报国务院。国务院批准这 4 艘船舶由国家安排 1.6 亿美元平价外汇额度。

1993 年 3 月 20 日，交通部计划司向上海海运发出传真，明确 3 点：一是合同签订后所付的 20% 定金，国家不给平价外汇，由企业自筹；二是免征进口关税和增值税；三是贷款条件与中远集团在德国造船相同，即贷款年利率 8%，还款期 8.5 年（交船以后每半年还款一次），如争取到政府贷款，贷款利率还可以降低。按照上述条件，询问上海海运是否同意在德国造船，并要求当天下班前予以答复。上海海运经过研究，回复：根据电文所述，同意在德国建造万吨级客箱船和万吨级成品油船各两艘。

在荷兰和德国建造“4 艘客箱船”期间，上海海运就开始研究交接以后的船舶使用问题，做了大量的工作，但是由于 1992 年以后计划经济体制发生了变化，1995 年中央提出了:“实现奋斗目标的关键之一是经济体制从传统的计划经济体制向社会主义市场经济体制转变”，中国的航运格局发生了巨变；国内沿海客运市场受到了业内外客运行业的冲击，从 1993 年最高峰开始大幅度下降；海峡两岸关系因台湾方面的原因也发生了变化，“三通”进展缓慢；加之“4 艘客箱船”因船型问题，在国内无合适航线可投入，尽管上海海运公司千方百计为“4 艘客箱船”寻找出路，但效果不佳。

“紫玉兰”轮于 1995 年 12 月 2 日起期租给烟台中韩轮渡有服公司，营运于烟台—釜山航线，租期 4 年，租金 USD4000/ 天。

“香雪兰”轮于 1996 年 3 月交船，因进口关税问题，回国途中在香港改换巴拿马旗，先在上海待命，后光租给威东航运公司在山东威海注册的中韩合资公司，经营青岛—仁川、威海—仁川航线。

“郁金香”轮（图 6–12）由上海海运在香港的兴达公司下属的迅达代理有限公司经营管理，1996 年 3 月 16 日首航香港—马尼拉航线。但由于航运市场的竞争激烈，集装箱的运价停留在较低的水平。“郁金香”轮每一航次的载箱量仅为 50%，收不抵支。

“紫丁香”轮从 1995 年底起，澳大利亚一租家就和上海海运洽谈“紫丁香”轮光租及委托管理等事宜，1996 年 2 月 2 日签订主要条款（包括改装协议），为此，上海海运公司按照租方要求在船厂对该船进行了改装，年租金 330 万荷兰盾。1996 年 7 月 29 日“紫丁香”轮在香港交船，投入新加坡—澳大利亚航线，由于该航线经营成本高昂，租家资金有限，第一航次就发生 22 万美元租金和管理费的拖欠，于是该船于 8 月 30 日在新加坡撤回。

图 6–12 “4 艘客箱船”之一“郁金香”轮。

1996 年，交通部对上海海运“4 艘客箱船”（包括大连海运购置的客滚船）的困境十分理解，向上海海运和大连海运下发了《关于下达从荷兰进口客滚（箱）船汇率差补贴的通知》。通知指出：国家对从荷兰进口客滚（箱）船汇率差补贴 5000 万元，经研究，分配上海、大连海运（集团）公司各 2500 万元。同时部以客货运附加费留成，对上述公司各补助 300 万元。虽然，国家和交通部对上海海运公司给予不少补贴，但是“4 艘客箱船”的严重亏损仍在所难免。

据统计，“4 艘客箱船”1996 年 1—7 月经营亏损高达 9127 万元。“4 艘客箱船”所面临的处境致使上海海运深感压力。主要有两点：一是“4 艘客箱船”船型在当时航运市场上的局限性，无合适航线可营运，难以发挥其功能；二是“4 艘客箱船”将近 20 亿的投资需还本付息，严重影响企业的经济效益。

为了改变“4 艘客箱船”的不良状况，上海海运成立了一个专门的管理班子，由副总经理燕明义负责，加强对“4 艘客箱船”的管理，防止由于管理的缘故造成更大的损失。主要采取以下措施：加强对外联系，寻找合适买家，采用现状出售，或由买方提供改造意图、改造设计方案并出资，由上海海运代为改造后再出售；寻找合适租家，采用期租或光租的形式出租。同时请求交通部在对外处置或出租中帮助联系，提供信息和给予支持；在经济考核时充分考虑到上海海运在购置“4 艘客箱船”的特殊情况，给予适当照顾。

“4 艘客箱船”的严重亏损，影响了上海海运的经济效益，引起领导班子和机关部门的深刻反思。在上海海运 1996 年的职代会上，公司主要领导指出：面对国际、国内航运市场激烈竞争的形势，要冷静地分析上海海运所处的地位和所具备的条件，既要肯定我们的成绩也要清醒地看到有许多不足。其主要表现在：投入产出失衡，财务费用负担沉重，亏损船舶增加，运输效益不高，利润大幅度滑坡，难以适应市场机制。

1996 年，上海海运面临多重挑战，主要表现为：投入产出失衡，财务费用负担沉重，亏损船舶增加，运输效益不高，利润大幅度滑坡；地方运力富余，加之地方保护主义的不平等的竞争方式；银行利率调高达 15.3%，使上海海运多支出利息 1.5 亿元人民币；运输市场疲软，货源总量不足；港口、货主拖欠运费严重，上海海运应收账款 8 亿多元，其中运费 5 亿多元，造成流动资金困难 。

从主观上看，一是对国内外航运市场发展趋势估计不足，以计划经济体制下供求模式决定企业运力增长的规模，“八五”期间先后新建和购入船舶 58 艘 158. 89 万载重吨，费用达 75.5 亿人民币，在航运市场运力供大于求的形势下，运力难以发挥效率，导致财务费用急剧上升。二是有的船舶选型缺乏科学论证，缺少投资回报的意识，“四条客箱船”使企业背上了沉重的包袱。三是管理体制不适应市场机制转换的需要，缺少揽货的激励机制；运费催收互相扯皮；多种经营投资多回报少；无论经济体制还是经济增长方式与“两个转变”的要求都有差距。

1996 年 5 月 27 日，审计署驻交通部审计局《对上海海运（集团）公司总经理离任经济责任审计报告》中指出，总经理在（1991 年 4 月—1995 年 12 月）的任期内，在交通部和上海市领导下，与其他党政领导一起，带领公司全体职工努力工作，奋发进取，积极发展运输生产，增强企业经济实力，取得一定的经济效益和社会效益，为上海市和华东地区的经济建设浦东开发作出了贡献。同时，较好地完成了总经理任期经济目标。任期内，不断深化企业改革，转变体制，1994 年成立了上海海兴轮船股份有限公司，在香港成功地发行 H 股。同时调整经营结构，积极发展中外合资、合作企业，使原来单一的航运企业初步形成以航运为主，多元发展的经营格局。还进行了劳动、人事及分配制度改革，对船舶实现了“定员、定人、定岗”，对陆地单位制定和完善经济责任制及考核表法。任期内，针对企业实际情况，狠抓运输质量和服务质量，加速技术改造，注重科技进步，合理调整运输结构，加强船舶的维修保养，成效显著。但是，5 年来，特别是后两年，公司购买建造船舶投入过大，贷款余额增多，财务费用增加，经济效益出现明显滑坡，利润总额由 1994 年 3.4 亿元下降到 1995 年的 1 亿元左右。同时投巨资在荷兰和德国建造了“4 艘客箱船”，给企业带来沉重负担。

第五节　航运相关产业迅速发展

一、加强多种经营企业的结构优化与投资管理

上海海运公司多种经营企业经过几年的清理、整顿和发展，已经形成一定的规模。为了进一步加强对多种经营企业的管理，1995 年 2 月 20 日，上海海运颁发了《上海海运（集团）多种经营企业管理办法（试行）》的通知。该《通知》从 1995 年 1 月 1 日起施行。《通知》明确上海海运公司各单位组建的多种经营企业要在按照现代企业制度的要求，成为自主经营、自负盈亏、自我发展、自我约束的实体和市场竞争的主体，承担资产保值增值的责任；明确了企业审批和管理、财产和资金管理、劳动人事管理、审计监督、等具体规定。《通知》强调：多种经营企业投资回报率达不到要求的，因经营不善造成亏损的由其上一级主管部门撤换企业主管人员；连续 3 年亏损或达不到所要求的投资回报率的，必须停业、撤并或注销，其上一级主管部门对该企业按法规实行资产清算，收回投资，并对主管人员提出处理意见。此《通知》贯彻执行以后收到了较好的成效。

据统计，至 1996 年底注册登记企业共 105 家（不包括在 1997 年初准备撤并的 90 家企业），注册资金近 4.7 亿元，其中外部投资 2 亿元。

上海海运在巩固 1996 年清理整顿成果的基础上，切实对 90 家已经明确为撤并的企业限期实行关、停、并、转。以"培育新的经济增长点，进而发展成为支柱产业"作为出发点，对新办企业严格审批，对已有企业加强管理，使多种经营企业的结构更合理，规模更适中。强化投资回报意识，对多种经营企业也逐步实行经济责任制考核，引导多种经营企业脱离主业的保护走向市场，在市场竞争中求生存、图发展。上海海运采取相应的行政、经济手段，对依靠主业而生存的企业彻底"断奶"，对少数亏损严重、资不抵债的企业坚决淘汰。

在加强多种经营企业管理上，认真做好"抓大放小"工作，对那些企业组织结构不合理、管理素质与技术水平较低、资金设备投入不足、经营机制不完善，运行状况较差的小企业采用改组联合、资产重组、产权转让、嫁接改造的办法，采用股份合作制、资产租赁经营、国有民营、委托经营，着重做好中日长崎轮渡公司和鹭海公司的整顿工作。

同时，加强对财务管理混乱的多种经营企业的财务监督检查，要求其依法经营，遵守国家财政税务纪律，不能做假账，不能将主业的利润通过变相手法流入多种经营企业。重申和明确多种经营企业不是所属企业的"小金库"，多种经营的财务账必须归入所属企业财务的账内；船公司要把主要精力放到搞好运输生产加强船舶管理上来。对船公司已经开办的多种经营企业，分门别类，实行归口管理。限制与主业争渠道、争资金、争人才的现象；鼓励兴办为船舶服务的企业、与运输业务延伸的企业走向市场向外拓展的企业。

对于各单位兴办的多种经营企业，上海海运加强了投资前的审核把关，从资金上进行宏观调控，以确保投资回报；对现有的多种经营企业，特别是有船的单位，扶强并弱，适当调整，形成规模。

1998 年上海海运（集团）公司所属部分公司情况见表 6–1。

1998 年上海海运（集团）公司所属部分公司情况 表 6–1

公司名称	性质	成立日期	投资额 / 万元	资产总额 / 万元	净资产 / 万元	销售收入 / 万元	主营业务
上海海运实业总公司	国有	1992.6.30	1279	1286.2	2648	6089	船舶运输
上海海运基建住宅发展总公司	国有	1993.9.23	3530	11020	2221	2159	提供福利房源
上海海运船务工程公司	国有	1992.8	2193	2336	2192	46	船舶污水处理
上海海运技术总公司	国有	1985.3.23	865	2043	972	2399	航海领域开发
上海海运（集团）公司船舶污水处理厂	国有	1997.7	16707	16373	3286	481	船舶污水处理
上海海运服务总公司	国有	1986	3286	4150	3285	1045	运输服务
上海海运（集团）公司劳动服务公司	国有	1982	100	2395	1715	1143	劳动服务
上海裕海实业公司	国有	1993.3	1173	1313	1172	1086	船舶修理服务
上海长崎国际渡轮有限公司	中外	1994.6.2	491	860			旅客运输
海南海翔航运实业公司	合资	1993.11	761	1409	761	245	海上运输
上海兴海航务企业有限公司	国有	1993.8.23	851	1661	1247	674	船舶运输

二、优化资源配置，加大资产运作力度

1996 年，上海海运在资产运作工作取得了较好的成效的基础上，重点做了以下几方面工作：

一是优化资源配置。上海海运内部有一些资产由于在布局、经营、管理等方面的问题，没有得到充分的利用，投资收益不高，有的有效资产甚至成为财务补贴的对象。因此，公司对此进一步进行了调查和论证，采取有效措施进行调整，使已有的资源得到充分的利用。

二是根据市场需求，处置一批不良资产，最大限度地盘活资产、减少亏损、增加收益。1996 年，上海海运共处置船舶 16 艘，回笼资金 41336 万元。处置船舶盈利 15930 万元。这些被处置的船舶中有 14 艘在 1995 年经营是亏损的，亏损额 8637 万元，一进一出达 24567 万元。

三是对亏损大户的船舶要采取积极的措施，寻找减亏途径。对“4 条客箱船”重点研究经营和处置的办法。对亏损严重的集装箱船通过研究，采取调整航线和停租、转租的措

施，把亏损数降到了最低点。

四是加大资产运作力度，利用国际惯例做好船舶的抵押融资贷款。取得交通部和工商银行的支持，以借用低息贷款归还高息贷款的方式来降低财务费用。

在船舶资产运作中，上海海运把“大庆 91”轮抵押给境外公司，并通过境外银行融资，获得收益 6834.5 万元。把换回的资金还银行的高息债，一年减少利息支出 223 万美元；然后再把“大 91”轮租回经营，经营的利润还境外银行的融资。

上海海运还加强了对资金的运作和调度，通过借新的还老的，利用 12.42% 的低息与 15.3% 高息之差，来降低成本。去年通过资金运作和国家的两次减息就减少支出 4400 万元。同时还通过借美元还人民币，减少利息支出。

五是充分利用保险行业内的竞争机制，统一对外，使保险费支出控制在去年水平之内，同时用好、管好防损资金，为控制事故发生和下一轮保险协议谈判创造了良好的条件。

三、发展第三产业开展多种经营

对于多种经营企业与第三产业企业，在当时上海海运的南北划分为：由上海海运组建与合营的航运、陆岸企业划为多种经营企业，而由上海海运所属子和单位组建与合营的企业划为第三产业企业。前者经营规模较大，后者则相对较小。

发展第三产业，不仅是企业发展的需要，也是增加富余人员上岗就业机会的有效途径，提高职工收入的需要。上海海运抓住有利时机，发挥企业优势，形成一业为主、多种经营、多元发展的新格局。但是从实际情况来看，上海海运多种经营活动的效果并不理想。20 世纪 90 年代中期，上海海运在多种经营企业中投资高达 4.5 亿元，投资回报却很低。据统计，在 200 多家多种经营企业中，1995 年经营亏损的达 24 家，亏损额 2085 万。为此，上海海运采取以下措施，确保投资回报。

（1）把为上海海运所属船舶提供服务保障的单位，从服务型向经营型转变，鼓励其走向市场。

（2）充分发挥上海海运所属陆地单位自身的专业优势，开辟与其专业相近的其他产业，增强其辐射能力和渗透力。

（3）大胆探索，积极发展跨行业的其他第三产业，把眼睛盯向社会大市场上。

（4）在已成立的浦东实业总公司及其下属公司的基础上，主动走出去，寻找合作伙伴，开展诸如仓储业、旅游业、商业、加工业等业务。浦东实业总公司及下属专业公司实现毛利润 1000 万元。为加强多种经营的发展步伐，上海海运指定一名副总分管负责，在总结前几年工作的基础上，认真规划，确定发展方向和步骤。在项目选定上，既有建设周期长的大项目，又有“短平快”的小项目，既有控股的，又有参股的，不强求一律。加强多种经营管理，明确审批程序，不为小单位的利益而损害全局的利益，同时也不沿袭计划经济管理模式。

1995 年上海海运召开“加强三产管理工作会议”，会议重点明确了三产企业清理的目标：新成立的公司 3 年不盈利的清理关门；不允许发展第 4 代公司。通过清理工作，扭转了三产公司的影响和三产公司资金投入以后不求回报、吃“大锅饭”、国有资产不能保值增值的状况。上海海运第三产业一览表见表 6-2。

上海海运第三产业一览表 表6-2

序号	企业登记名称	经济类型	注册发证期	注册资金（万元）	主要经营范围
1	上海海运服务有限公司	全民所有制	1985年10月	100	饭菜、点心、百货、批发、运输
2	海运食品门市部	全民所有制	1985年1月	20	水果、运输
3	杭州疗养院	全民所有制	1987年4月	530	住宿、疗养、会议、饮食
4	苏州阳澄河饭店	集体所有制	1987年5月	200	住宿、饮食、停车、会议
5	上海海运技术公司	全民所有制	1986年10月	20	航海、停船、技术咨询
6	上海海运对外技术服务公司	全民所有制	1986年9月	100	对外海运技术及海员服务业务
7	上海海骥航运技术服务公司	集体所有制	1988年6月	10	航运技术咨询、代理、资料翻译
8	上海海云饭店	全民所有制	1988年11月	10	旅馆住宿、饭菜、饮料、百货
9	上海海运大厦	全民所有制	1988年12月	30	旅馆住宿、舞厅、酒家、商场
10	上海海运劳动服务公司	集体所有制	1986年5月	20	海运服务、试航、引水、糖果
11	上海海通综合贸易公司	集体所有制	1987年7月换证	10	烟酒、食品、日用百货、电器
12	上海海宁汽车配件经营服务部	集体所有制	1988年3月	15	汽车配件、轮胎、家用电器
13	海明食品商店	集体所有制	1985年11月	5	酒、糕点、冷饮、饮料、水果
14	上海海运电视机厂	集体所有制	1984年5月	11.7	电视接收机、电子电器产品
15	上海海棠西服厂	集体所有制	1986年11月换证	17.6	服装
16	上海海运花木服务部	集体所有制	1986年11月换证	4	花草销售、绿化工程
17	南京香港长江有限公司上海经管部	合资	1987年11月	50	汽车零配件销售、汽车维修、咨询服务
18	上海海运海外衣工场	集体所有制	1982年5月	3.3	洗衣及整理
19	上海海运食品厂	集体所有制	1987年3月换证	30	中西糕点
20	上海三甫纺织配件经营部	集体所有制	1987年7月	5	纺配、针织服装、日用百货
21	上海海申建材经营部	集体所有制	1987年2月	11	建材、代理运输、技术服务
22	上海海力南北货商店	集体所有制	1986年11月换证	2	南北货、烟酒、日用百货
23	海运油水技术服务部	集体所有制	1986年9月换证	2	油类水质分析
24	上海海星综合经营部	集体所有制	1987年3月	2	洗烫、染织、南北货、日用品

续上表

序号	企业登记名称	经济类型	注册发证期	注册资金（万元）	主要经营范围
25	鞍山合作旅社	集体所有制	1984 年 4 月	3	旅客住宿
26	上海海员果品商店	集体所有制	1985 年 6 月	2	果品、烟酒、日用百货
27	上海海运船舶修理服务队	集体所有制	1983 年 8 月	1.7	拷铲油漆、船舶航修、劳务
28	上海海运船舶制冷经营部	集体所有制	1987 年 3 月	1	船舶制冷、消防器材、洗烫
29	上海海欣经营部	集体所有制	1986 年 10 月	5	家用电器、日用百货
30	立新厂：鸿宾贸易公司	集体所有制	1985 年 7 月	21	日用百货、制冷、粗加工
31	鸿宾五金交电经营部	集体所有制	1985 年 5 月	3.5	家用电器、五金工具、自行车
32	鸿宾副食品门市部	集体所有制	1987 年 5 月	1.3	副食品、糕点、冷饮
33	鸿宾轴承封经营服务部	集体所有制	1987 年 3 月	1.5	轴承、油封、温度表、压力表
34	鸿宾服务社	集体所有制	1987 年 5 月	0.5	装潢、家用电器修理、建筑
35	鸿宾综合商店	集体所有制	1985 年 7 月	5.7	日用百货、文具用品、烟酒
36	鸿宾旅馆	集体所有制	1985 年 7 月	4.4	住宿
37	鸿宾饭店	集体所有制	1985 年 9 月	23	点心、饭菜、酒
38	申光电子镀膜服务部	集体所有制	1988 年 9 月	8	塑料、金属镀膜
39	鸿飞联营店	集体所有制	1988 年 8 月	1	轴承、油封、五金电料
40	外轮厂：申光服务有限公司	中外合作	1985 年 12 月	97	洗烫衣服
41	联百货服务公司	集体所有制	1986 年 12 月	20	拷铲、安装、修理、日用百货
42	海运蓄电池厂	集体所有制	1986 年 12 月	12.7	蓄电池
43	海运服装厂	集体所有制	1986 年 12 月	18.6	服装
44	文本厂：文本日用品贸易公司	集体所有制	1985 年 3 月	35	酒、糖果、日用百货
45	航修站 获港厂劳动服务公司	集体所有制	1981 年 10 月	62.5	船舶航次修理
46	上海海资船舶服务部	集体所有制	1982 年 6 月	29	船舶物料供应
47	燃料站 食品综合商店	全民所有制	1989 年 4 月	50	仓库保管
48	海员医院	集体所有制	1985 年 4 月	7	快餐、饮料、水果、日用百货
49	综合服务部	集体所有制	1985 年 7 月	5	糖果、日用百货
50	海员医院 综合服务部	全民所有制	1985 年 3 月	11	家用电器

四、海员外派劳务输出业务发展迅速

上海海运在改革开放方针的指引下，进一步贯彻党的“对内搞活经济，对外实行开放”，紧紧抓住20世纪80年代初世界航运市场普通船员短缺的机遇，充分利用拥有15000名船员的资源，积极开拓海员外派劳务输出业务，将原先只局限在国内船舶工作的上海海运海员派向境外和走出国门，向香港、台湾地区和国外航运公司进行劳务出租。

“文化大革命”10年，我国经济发展缓慢，而世界经济发展较快，一些发达国家和地区陆岸劳动力短缺，不得不提高陆岸员工的工资，如此一来，船岸员工的工资相差无几，造成航运公司很难招收到船员，甚至影响正常的营运，迫使这些国家和地区纷纷立法允许雇用发展中国家的廉价船员，以降低运输成本，提高在航运市场的竞争力。然而对于发展中国家来说，外派出租船员风险小，投资少，创汇多，收益高。1981年7月，上海海运顺应市场，在中国海运对外技术服务公司指导下，开展海员外派劳务输出业务。

1981年7月21日，上海海运组成第一套劳务输出船员班子，派往香港海星轮船公司“新鹰”轮，合同期一年。这一套船员班子分别担任水手、机匠等职务。他们遵纪守法，不受外国船员不良生活习惯的影响，不吸毒、不贩毒、不走私、不赌博等，遵守劳务合同，维护船东权益，工作勤奋，且基本功扎实，适应性强，深受船东青睐，打响了上海海运海员走向境外海员劳务市场的第一炮，为企业赢得了较高声誉。

局面打开以后，外派业务有了迅速发展，由普通船员的外派发展到高级船员的外派，由半套船员的外派发展到全套班子船员的外派。上海海运先后与美国、日本、希腊、英国、挪威、瑞士和中国香港、台湾等十几个国家和地区的航运公司开展海员外派业务，建立了良好的业务关系。日本东洋海运服务公司起初对上海海运派去的船员班子不放心，进行多次突击检查，结果表示满意。美国莱芹国际海运服务公司多次称赞上海海运的外派船员班子，适应国际航运要求，愿意不断扩大船员出租业务。有的外国轮船公司对上海海运海员外派工作的评价是“守信用、高效、重质量，是一家有雄厚实力的公司”。

上海海运的海员外派业务为国家为企业既增创了外汇，也提高了船员的经济收入，同时通过海员外派劳务输出，使船员队伍得到锻炼，有更多机会学习国际先进航海技术和管理经验，不同程度地提高了船员的远洋业务知识和英语水准，拓宽了船员的视野。从1981年7月到1986年短短的5年多时间内，上海海运派出了34套劳务船员班子总计创收366多万美元。

这段时期，海员外派劳务输出在全球范围得到了迅速发展，我国船员劳务市场也随之进一步拓展。1986年2月，国家外经贸部为严格规范和有序开展船员劳务市场的工作，制定下发了相关文件。上海海运据此向上海市对外经济贸易委员会报告，将经交通部批准于1985年4月成立的海员对外技术服务公司改名为上海海运对外技术服务公司，并修改了相关章程，明确公司是上海海运所属涉外的、独立核算单位，主要从事海运技术、海员服务等业务。专业公司的诞生标志着上海海运的船员外派劳务输出业务迈上了新的台阶。

到1990年，上海海运开展海员外派劳务输出业务历时10年，共外派和劳务输出海员80批，其中有全套班子，也有半套班子，累计2000余人次，创汇797万余美元。1992年上海海运外派和劳务输出海员有414人次，是历年来派出海员和创汇最多的一年，成为上

海海运“三产”的支柱产业。

上海海运外派船员在外轮工作期间除了圆满完成外派任务以外，还发扬了人道主义精神，在公海上冒险抢救遇险的外国船员，受到外国船长和船员的赞扬。1986 年 8 月 20 日，巴拿马籍“旋风船长”轮靠泊在日本兵库县尼崎港，两位日本青年驾驶的轿车因失控而落海，正在该轮工作的上海海运员包维福、赵义、顾杏全 3 位外派船员见状，奋勇将他们救起。兵库县知事为此，向三位中国船员颁发了“人命救助”奖状和徽章。第二天，日本《每日新闻》《神户新闻》等报刊纷纷报道了中国船员在大海中救起日本青年的事迹。

1991 年初，上海海运召开工作会议。会议专门安排了外派船“牡丹花”轮代表向大会作经验交流。“牡丹花”轮船员是以在上海保煤运输中做出卓越贡献的“华北”轮船员为班底。28 名船员在香港接船才两小时，就起锚开航。在外派工作的 5 个多月时间里，船员克服船龄老、设备差的困难，周转于日本、苏联、泰国等 7 个国家的 21 个港口，严格遵守租家的指令，圆满完成航次任务。同时，没有发生一件违反外事纪律的事。船员外派工作期内，认真做好船舶的维修保养，使船舶既保持良好的技术状况，又改变了船容船貌。租船人多次对“牡丹花”轮外派船员给予高度评价，感触地说：“过去‘牡丹花’轮是脏牡丹，黑牡丹，现在是白牡丹了。”同时，在外派劳务输出业务中，上海海运有些船长以其高超的航运技术和流利的英语，赢得了国外船公司的青睐，点名要求这些船长带领船员班子来公司服务，随来随用。

1995 年上海海运外派和劳务输出船员 627 名，分别服务于境外 10 多家船公司的 50 余艘次船舶，对外签订海员劳务合同总额 324 万美元，创汇 208 万美元，利润 180 万元人民币，比 1994 年增长 84%。

五、积极参与浦东开发，成立联营国际贸易公司

上海海运随着改革开放的不断深入和外向型经济的发展，1991 年、1992 年每年的进出口额均超过 4000 万美元（不包括船舶），商品种类多，涉及面广，并且在服务贸易方面，每年创汇有 350 万美元。企业对外贸易的发展，对海运业提出了更高的要求。

当时，上海海运原有的进出口渠道主要是通过中国机械进出口总公司、中国交通进出口总公司、中国化工进出口总公司等专业公司，在实际工作中，船舶的配件、物料、仪器设备等方面的业务均由上海海运独立进行，自行操作，虽然在长期的合作中上海海运与上述总公司建立了良好的业务往来关系，得到了支持，但随着业务量的骤增，存在信息反馈不畅、费用支出较高等情况。

上海海运审时度势，根据上海市政府当时提出的“大外贸、大海外、大开放”的构想和在“有条件的区、县、局建立外贸公司”的精神，经过缜密研究，结合企业实际情况，决定与上海海外公司共同投资，在浦东新区建立有进出口权的上海海运国际贸易公司。

上海海外公司是上海第一家专门从事海外企业经营和管理的经济实体，拥有一支具有丰富国际贸易知识和实践经验的业务队伍，海外机构分布广、人员精的优势。上海海运与其共同投资，联合经营建立“上海海运国际贸易公司”旨在优势互补，开发海运系统的船舶、船用物料、船舶航海仪器、船舶通信导航设备、船舶救生设备等与海运相关的延伸产

品。该公司积极扩大上述产品的出口渠道，同时开发非配额和三类商品的进出口渠道，以提高上海海运在国际市场上的竞争力，促进上海口岸海运事业的发展，并为开发浦东做出贡献。

经过多次谈判商洽，1993 年 8 月，上海海运同上海海外公司签订了“上海海运国际贸易公司联营协议”。协议明确：“上海海运国际贸易公司”投资总额为 600 万元，上海海运出资 420 万元，上海海外公司出资 180 万元；公司有 7 项主营业务，公司联营期限为 12 年。

1993 年 11 月 4 日和 1993 年 11 月 18 日，上海海运和上海海外公司分别向上海市对外经济贸易委员会行文，《关于在浦东新区建立“上海海运国际贸易公司”的请示》。1994 年 6 月 22 日，上海市对外经济贸易委员会给上海海外公司、上海海运（集团）公司发文，同意设立“上海海运国际贸易公司”。批文要求，“上海海运国际贸易公司”1994 年下半年应完成出口创汇 100 万美元。

上海海运国际贸易公司下设进出口业务一部、二部和财务部、综合部，有员工 17 人。该公司自 1994 年 6 月成立以来，在联营双方领导的关心支持下，积极开展国际船舶买卖市场的调研和中国船公司二手船舶进入国际市场的尝试，先后为上海海运出售了两艘旧船给新加坡和希腊船东，同时积极开展外贸和对港台贸易业务，经营外销工艺品、塑料制品、瓷器、服装等商品至日本、韩国等国家和中国香港、台湾地区，至 1995 年 6 月底，创汇 68.5 万美元，实现利润 31.17 万元。

第六节　市场经济下船员队伍建设与人力资源管理

一、加大人才培养力度

“八五”时期，上海海运这船队发展较快，人员新老更替较大，人才紧缺的矛盾一直很突出。据统计，整个“八五”期间，船舶技术人员缺员一千余人。为此，上海海运加大人才的培养的力度。一方面千方百计地多吸收部属大中专院校的水上专业毕业生，保证每年有 120 名，甚至更多的人员充实运输生产第一线。另一方面充分利用企业自有的大中专学校的优势，多招收学生，培养人才，全面落实年 580 人的招生指标。

同时，上海海运挖掘潜力，加强职工教育和培训，培养在职在岗人才，坚持全方位、高层次、高标准完成全年 6000 人次的培训目标。在培训工作中，加强各类专业技术人员培训，首先是船长、轮机长等船舶技术人员的考证培训，执行必要的奖励措施，争取更高的考证率；其次是加强急需人员的“继续教育”，如商务、经营、销售及外语人员的培养；再是加强各类岗位技能培训，如船舶技术干部、基层班组长培训等；加强各类专业知识培训，如安全生产知识、计算机操作运用、技术操作等，从而使全局员工在技术业务上有一个明显的提高。上海海运进一步深化局属学校的综合改革，在原有的海运职大、海运学校、海运技校的基础上，成立了“航海职业技术学院”，探索一条高级职业培训的新途径，充分依靠自己的力量，源源不断地为企业培养和输送专业技术人才。

1993 年，上海海运公司职工培训 8936 人，为年度教育培训任务指标 6000 人的 148%，其中干部培训 2780 人，为年度任务指标 2000 人的 139%，全员培训率达到 26.6%，比年度任务指标提高了 6.6%。

二、加强船员专业培训

由于运输船舶流动分散，组织各类船舶培训难度更大，1993 年通过集团公司、船公司两级人事培训部门的协调努力并充分调动船舶领导开展船舶业余教育的积极性，共有 4132 名船员接受了各类培训，其中干部船员 1284 人，船员培训覆盖率达到 26.1%。

1993 年上海海运有 762 人参加了国家海监部门年度海船船员适任证书统一考试，其中有 318 人获得通过，取得了相应级别的证书，平均通过率为 41.8% ；新考出船长、轮机长共 65 人，通过率为 60%。

与此同时，上海海运加强了船员安全知识培训和管理干部经营、法规知识培训。举办了船舶焊接技术工种培训，关贸总协定与国际航运市场经济分析专题培训。

1993 年，上海海运对所属三所职工学校的教育投入继续增长，学校的教学设备与基本建设均有了新的发展。先进的 GMDSS 设备安装完毕，1994 年投入使用。海运学校与海运技校均被评为省级、部级重点学校与规范化学校，海运技校还通过了劳动部组织的专家验收，被评为国家级重点技工学校。

根据《STCW95 公约》，值班水手、值班机匠以上船舶技术岗位船员必须具有高中以上学历水平，并基本掌握一门外语，而干部船员则需要大专以上学历水平。该条约生效，使上海海运如何加快人才培训步伐，提高船员的整体素质，显得十分迫切。

据 1995 年统计，上海海运高中以上学历的船员仅占 32. 8%，驾驶和轮机员中也有 55% 的人没有大专以上学历。根据《STCW95 公约》，这些船员必须通过补差培训，在 2002 年 1 月以前通过港监考试以后，取得公约规定的各类证书，才能上船担任相应的职务。据测算在未来的五年之中，上海海运需有 80% 的普通船员和 100% 的驾驶员、轮机员要完成补差培训和考证、换证工作。为此，重点做了以下工作：

（1）加快在职职工培训步伐。改制后的教育培训中心承担起培养企业人才这个重任，从在校生的培训向在职生的培训过渡。上海海运每年按 20% 的基数，抽调船员进行轮训，通过培训，一是提高船员本身素质；二是有利于船员通过各类考证，获得提升晋级的机会。

（2）转变运输船员观念，把学习业务文化知识作为自己上岗的必需条件。强调参加轮训的船员，必须安心学习，保证质量，确保通过考试并取得港监颁发的有关证书。

（3）加强教育和人事管理的力度。在新招收船员时，按《STCW95 公约》的要求严格把关，防止两次培训。对经过轮训而又达不到教学要求的船员，实行优胜劣汰，转岗下岗。对海校中专生，要做好宣传和思想教育工作，鼓励他们继续学习，取得大专学历。

三、拓宽船员来源渠道

20 世纪 90 年代中期，航运企业的船员待遇优势不明显，人员招收较为困难。上海海运采取了四条措施补充招生新船员：一是继续做好大、中专毕业生，技职校毕业生的招收、培训、分配工作；二是从社会吸收 35 岁以下、安心船舶工作、又符合录用条件的劳动力或外单位下岗人员；三是在浦东新区、黄浦区、南市区、杨浦区、虹口区和闸北区六个区招收新职工 260 名；四是派员去山东和河南两省的贫困地区招收“高考落榜生”170 名，经过培训考核，补充内、外派船员队伍。通过上述措施，既缓解了当时运输船员紧缺的矛盾，也为企业开辟了更为广阔的劳动力市场，同时为扶贫帮困做出了贡献。从这些贫困地区招收的“高考落榜生”，英语水平较高，勤奋好学，航海技术业务提高很快，在接受外派任务中善于与国外船员和港口人员沟通，不久就成为外派船员队伍中的佼佼者，许多成为船舶的技术骨干，从而为上海海运招募船员开辟了一条良好途径。1994 年上海海运在河南等省建立了船员劳务基地和由农村船员组成的劳动力培训基地，以充实船员。

1994 年 12 月 2 日，为进一步深化劳动用工制度的改革，拓宽企业用工渠道，落实国家扶贫政策，管理和使用好农村劳务船员，上海海运颁发了《上海海运（集团）公司农村船员管理办法（试行）》。《办法》明确：根据“先培训、后录用、再上岗”原则，劳务船员应先与企业签订培训合同，再由专门机构统一组织培训；培训合格的船员安排上船实习 6—12 月，实习合格者才办理录用手续并签订劳务合同；劳务船员在合同期内享有本企业现职船员同等待遇，合同期内，劳务船员在船工作满 10 个月，可以享受公休假期 60 天和一次往返探亲路费报销。

1995 年，上海海运录取各类新生 548 人，接受和安排院校学生上船实习 975 人。同时积极抓好劳务船员的培训，在 229 名的中普船员中，有 215 名考试全部合格。

四、配合船舶“三定”管理，试行船员综合工资制

1992 年，上海海运为了配合以上岗合同为主要形式的劳动人事制度改革和在运输船舶实行“定员、定人、定岗”的三定管理，在分配上，进行了三步改革。第一步推动船员上岗工资制度，实行以岗定薪、岗变薪变，拉开船岸之间、岗位之间的差距，使分配开始向苦、脏、累、险和责任大、技术要求高的岗位倾斜。第二步是调整岗位工资标准，进一步拉开船岸之间和岗位之间的差距，并试行船长、轮机长以总收入为月工资的工资制度，探索了一种新型的分配模式，推出了“运输船员岗位技能综合工资制”的模式。第三步是在分配水平上进一步向在船船员倾斜，使改革初期上岗工资 1:3 的差距，扩大为 1:5 的差距；船岸之间的差距从 1:2 达到 1:4 左右。按在船人数计算月人均增资 280 元左右。

运输船员第三步工资改革结束后，上海海运即调整陆地和总部机关职工的上岗工资，明确所属陆地单位切块自主分配的方针。针对陆地职工实行上岗工资中存在的问题，对各单位增资额度逐一进行测算，下达工资总指标，由各单位自主决定分配。对总部机关职工的增资，则坚持“二不”原则，一是不超过总部核定的增资额度，二是干部不占工人的增资额度。此项工作 1992 年结束。全部陆地职工的上岗人员按在岗人数计算，月人增资 168 元。

上海海运实施船员工资制度改革和调整陆地上岗工资标准后，1993 年职工的工资总额突破 3 亿元，年人均工资超过了 1 万元，其中运输船员超过 12000 元，达到了职代会

上提出的全部职工年人均工资总额超 8000 元，其中运输船员年人均超万元的目标。上海海运职工工资水平和福利待遇从改革开放以来有了明显提高，据统计，职工每年递增工资 17.2%，其中 1993 年比 1992 年增长 42.7%，扣除生活物价指数影响后，实际增长 18.7%。职工的人均工资 1991 年为 6000 元左右，到 1995 年已提高到近 2 万元，职工的人均居住面积也有了提高。

五、职改工作进入经常化轨道，首次开展技师考评

20 世纪 90 年代初，上海海运职改工作进入经常化轨道，全年组织了 9 次评审会，基本完成年度的评审工作，充分调动了技术人员和技术工人的工作积极性。

1994 年上海海运根据上级要求对职称改革工作进行了改革，围绕人事制度的改革，逐步完善专业技术职务聘任制度，发挥专业技术职务评聘工激励作用，充分调动专业技术人员的积极性，为建立社会主义经济体制服务。上海海运把选拔优秀青年高级专业技术人作为专业技术职务评聘工作的重点。

（1）上海海运所属各单位（部室）和各级专业技术职务评审，破除了专业技术职务评聘工作中的论资排辈观念，把优秀中、青年专业技术人才选拔出来。为改变上海海运高级专业队伍的老化状况，公司重点向 45 岁以下年轻人倾斜，明确优秀中、青年专业技术人员中，报高级专业技术职务人数需占总申报高级专业技术职务数的 50% 左右。

（2）建立健全了专业技术职务岗位及其职责，开始了专业技术职务岗位的动态管理工作，建立了单位内部专业技术职务岗位的调控机制，使专业技术职务岗位设置符合本单位发展的需要。

（3）建立健全专业技术人员考核办法，进一步完善考核制度。

1993 年，上海海运首次开展技师评聘工作，为了加强技师队伍建设，专门制定了《上海海运局技师聘任制的实施意见》,《意见》明确了实行技师聘任制是劳动人事创度的一项改革，是在高级技术工人中实行技术职务的一项重要政策。对工人钻研技术业、不断提高技术素质、调动工人的生产积极性、稳定工人队伍有较好的促进作用。技师是在高级技术工人中设置的技术职务，不是技术称号，也不是高级技术工人的普遍晋升。技师职务是适应专业技术工作的需要，在批准的限额内，实行技师聘任制。

当年报考技师的职工人数为 116 人，工种达 11 个。船舶有：水手长、机匠长、大厨；陆地有：电焊工、电工、机加工、木工、装配工、钳工、铜工、无线电修理工。共考评出技师 100 余名。

六、深化劳动用工制度改革，实施再就业工程

实行劳动用工制度改革，是企业深化改革的必然结果。上海海运为解决企业职工队伍的结构不合理，懂经营、精管理的人才和船舶技术干部紧缺的矛盾，首先加大劳动用工制度改革，增强改革的承受能力。其次是引进公平竞争的机制，择优上岗。为了精简机构，分流富余人员，提高工作效率，各单位引进了上岗靠竞争的机制，以责定岗，以岗定人，公平竞争，择优上岗。通过劳动用工制度改革，职工总人数进一步减少；通过分流冗员，

提高了效率。上海海运和海兴公司机关率先垂范，继续对处级干部进行工作业绩考核，加大机关干部交流和转岗的工作力度，提高工作效率。

同时，上海海运深化用工制度改革，加大剥离力度，实施再就业工程，两次召开劳动人事工作会议，把重点放在转变观念上，对“减员增效”进行专题研讨。各单位更新观念，统一认识，抓好舆论宣传，做好职工的思想工作，严管善待，克服以“下岗”代替管理、教育的方式。对船舶的定员进行重新核定，共减少 1008 个岗位。一年基本完成了运输船员的全员劳动合同制的签约工作，签约率达 98%。按“减员消肿”的要求，上海海运加快剥离工作节奏，通过办理退休、待退休、丧失劳动能力人员的提早退休、终止和解除合同、辞职、调离等方式，年内职工净减 1910 人，1996 年末职工人数为 26578 人，达到了年末职工人数精简的要求。

在加大剥离力度同时，上海海运组建了人才交流中心，实施下岗富余人员的再就业工程（图 6–13）。1996 年 7 月，上海海运（集团）人才交流中心正式挂牌运转，从建章立制入手，逐步将人才交流工作制度化、规范化，其次充分发挥机构网络作用，采用多种形式、多渠道安置富余人员。从挂牌以来，有 17 个单位和部门来中心挑选人员，200 多名富余人员办理了登记手续，组织 5 次内部招聘专场会，成功地为 117 名人员安排了岗位。同时开展各类转岗培训，提高富余人员再就业的能力，一年开办 7 期各类转岗培训班，共培训 181 名人员。

图 6–13　1996 年，上海海运（集团）人才交流中心成立。

七、完善干部考核制度，调整、充实领导班子

1996 年，上海海运对机关处级领导干部的考核制度，实行了以“德、能、勤、绩”为主要内容的“月评、季考、年清”的考核制度，以部室“三学”、自我评价和主管领导评定相结合的评分方法，好中选优，实行考核结果与奖金分配挂钩。

上海海运根据体制改革的总体要求，组建调整了教育培训中心、联合船坞有限公司、基建住宅发展总公司、海兴公司各部室及其分公司的领导班子，完成了这些单位（部门）的党政领导干部（包括董事会、监事会）的配备，并根据海兴公司机关各部室的职能，对海兴公司机关进行了人员配置。

1997 年，在后备干部队伍建设上，按“221”人才工程的要求，初步形成了一支素质优良、数量充足、结构合理、上下衔接的后备干部队伍，使一批政治素质好、懂经管、会管理的优秀后备干部走上了领导岗位。全年共提拔处级干部 60 人，领导干部交流 80 人，交流面达到 42. 33%。调整后，上海海运处级单位领导班子的平均年龄为 47. 83 岁，比 1996 年底降低了 2. 27 岁。按“精简、高效、满负荷”的原则，对机关人员精简交流。在各部室的配合下，上海海运公司重新核定机关各部室的编制定员数和专业技术岗位数，确定精简、交流人员，全年共有 73 名机关干部精简交流，机关干部交流面达到 15%。

1996年，上海海运组织96名处级干部参加“处级干部马列主义理论学习班”；安排了80名船舶主要领导参加“船舶领导干部培训班”；举办了三期中青年干部理论培训班，共90人参加了培训；组织了二期机关科级干部参加的“双休日”党校理论培训班，较好地完成了全年的干部培训计划。根据交通部有关文件的精神，完成了交通部1996年度外语上海考点的组织工作，1496名考生参加外语考试，得到了上海海运学院和巡考单位的好评；收集、组织、审核、整理各系列高、中级专业技术职务的申报材料，共255份；组织了13位同志的高级职务答辩会，并对94人次论文进行鉴定。

八、理顺内部分配关系

上海海运注重实行工资总量宏观控制，发挥养老保险的功能，适度增加运输船员工资。在对所属单位内部工资总额调控工作上，上海海运以国家宏观调控政策为依据，确定了1996年内部工资总额调控的思路，限制过高收入；以核定最低工资标准的形式，保障最低收入；以陆地单位工资总量紧缩2%、全系统年度零增长的形式，调控企业的工资总量。

同时，公司还配合用工制度改革，积极探索分配制度改革的配套方案。完成国际运输部和航运部的内部考核、分配办法，提高了揽货、经营人员的积极性；从1996年10月起，对运输船员的综合工资中责任风险津贴标准作了调整，在原责任风险津贴标准的基础上，提高100%，最少的增加233元，最多的可达千元左右，通过这次调整，提高了运输船员的生产积极性。

上海海运重点加强对养老保险基金的规范管理和操作，完成交通部要求上缴的养老保险调剂金，全年共上缴1994年部分的1029万元和1996年度的1029万元。在对每个职工的上年月平均收入进行统计的基础上，按时保质完成了个人交缴养老金从3%到4%的调整。

为保障退养职工的生活，公司建立了离岗退养职工最低工资保障线，同时对1994年以前退休和1996年办理离退休手续的人员进行了物价补偿，共有5924人得到了调整，平均每人每月增加60元（图6–14）。

图6–14　慰问老干部。

第七节　科技与教育建设

一、坚持科技兴企方针，科技成果显著

“科学技术是第一生产力”。上海海运通过“拧毛巾”降成本，减少了企业支出，但这对企业的效益来讲，仅仅是算术级数，而加大科技工作的力度，并使之转化为生产力，科技带来的效益则是几何级数。因此，上海海运坚持科技兴企的方针，以人为本，紧紧抓住科技进步这个环节，提高企业经济运行质量。

上海海运于 1997 年 5 月召开科技大会，举办首届科技节。在科技节中，评审了一批科技成果奖，展示了一批海运科技成果，表彰了一批为海运科技做出突出贡献的先进人物，还举办具有海运特色的技术比武活动。根据科技节“科技进步、人人参与，振兴海运、人人有责”的主题，上海海运各基层单位着重做好两项工作：

一是做好科技成果转化为现实生产力的工作。科研立项时，就要想办法与生产力结合起来。20 世纪 90 年代中期，上海海运节能成果十分显著，这与积极推广“均质器”“螺旋桨削边”等节能新技术有密切关系，为了做好科技成果转化工作，使企业的增长方式由粗放型向集约型转变，上海海运坚持掌握科研信息，善于学习利用别人的新技术，为本企业产生好的经济效益。

二是营造一个尊重知识、尊重人才的良好氛围。对企业技改项目，多渠道给予经费支持；关心知识分子的成长，从政治、生活上为他们解除后顾之忧；鼓励知识分子自尊、自信、自强，努力培养了一支献身海运科技的职工队伍。

上海海运坚持科技兴企，加快企业科技进步，科技成果显著。在上海市第二届科技节活动中，上海海运有三个科技项目获奖，其中“CWBT”船舶维修保养体系获金奖；排污油分浓度报警装置和物资用品计算机管理获得银奖。

作为国家“七五”重点攻关项目的 3.5 万吨级浅吃水肥大型散货船“宁安 1”轮，1993 年 12 月 23 日正式通过国家鉴定。之后，上海海运有 7 艘“宁安”型船舶投入营运，充分体现了该船型装载量大、经济性好、航速适中、操纵性能良好的优点。这一科技成果使企业取得了良好的经济效益（图 6–15）。

图 6–15　1997 年上海海运（集团）公司首届科技节隆重召开。

二、积极推广节能技改工作，船舶燃油单耗水平再创历史新纪录

1995 年 10 月，上海海运被国家经委评为“八五”计划期间全国节能先进单位。

1996 年上海海运再接再厉，节能管理工作跃上了一个新台阶，船舶耗油量、燃油单耗水平再创历史新水平。其主要是加大投入，推广节能技改工作和推行“分级考核、按级计奖”方法。

（1）遵循“投资少、见效快、效益好”的原则，上海海运节能办公室和船公司通力合作制订了节能技改项目计划，积极稳妥地安排实施节能技改项目，共完成如燃油系统安装燃油黏度自动调节装置，对螺旋桨加装导流管等 18 项新的技改项目计 113 艘次，投入经费 302 万元，有近一半船舶实施了技改项目，节能效果显著，降低了船舶燃油单耗降。为扩大合理用能范围，上海海运在中小型船舶上推行燃用国产 1000 秒燃料，适当提高掺渣比，进一步降低船舶运输成本。1996 年，有 10 余艘船舶使用了 1000 秒燃油，节约燃油费用 230 万元。1997 年使用了 6000 吨，以每吨 700 元差价换算，节资约 420 万元。

自 1996 年初以来，船用燃油经历了两次大幅度涨价，尤其 20 号柴油供应日趋减少，只能以 0 号轻柴油代替使用，为了减少支出，节能办协助船公司与燃供单位联系，想方设法采取一些紧急措施，例如提高掺渣比 5%—10%，降低了生产成本。此外节能办着手研究，拟定补充鼓励船舶多用劣质燃油的奖励措施，适当提高节能与掺渣奖励水平。还针对“文化大革命”中建造的无焚烧炉的船舶，在有条件的船舶加装均质器，使污油细化后，在炉中燃烧，起到降污节能作用，

油运公司在油轮洗舱时使用洗舱水循环新工艺，不仅使洗舱工作做得又快又好，而且节约了能源消耗，全年共计节油 700 多吨。上海海运支持在部分船舶试行了“洗舱燃料包干”的办法，加大奖励力度，提高了船舶的节能积极性，取得了较为明显的节能效果。

（2）上海海运对船公司及时下达节能与管理责任承包制，继续执行燃油消耗“分级考核、按级计奖”的考核标准，拉开奖罚档次，提高一线船员节能与合理用能积极性。1996 年，上海海运船舶单耗达到 7.125 千克 / 千吨海里，与 1995 年的单耗实绩 7.97 千克 / 千吨海里相比节油 6 万多吨，节资 9000 万元。

遵照交通部《交通行业节能管理实施条例》中关于制订能耗考核制度的要求，结合企业节能消耗与合理用能考核工作的实际情况，上海海运在 1996 年初就将年度燃油消耗定额、主机最低掺渣总量、船舶淡水消耗总量等三项节能责任考核指标下达到各船公司，以船公司保证全局节能与合理用能任务的完成。

据统计，上海海运运输船舶 1996 年比 1995 年减少非营运消耗量达 3560 吨，节资 450 多万元。

三、挖潜公司教育资源，提高职工综合素质

上海海运以最大限度满足企业对人才的需求和职工素质提高为目的，一切从企业生产发展和深化改革的实际出发，重视教育培训层次和教育培训的质量，切实为企业的生产、安全、效益和改革服务。整个教育培训工作突出“及时性”“有效性”“先进性”。凡是比较紧迫的培训项目做到早安排；各类培训讲“实效”“限时限刻”完成；教育培训的内容上尽

量反映科学技术和现代化管理经营方面的新成就、新思想、新方法。

上海海运所属学校是上海海运人才培养的重要基地。1992 年学校向上海海运公司输送的各类人才就达 566 人，占引进人员总量的 49.2%。此外，上海海运党校、职大、海校、技校，立丰船厂技校等总共承担了近 2500 人次的职工培训任务。到 1995 年末，上海海运公司新增高级船员 1150 人，3 年中平均每年新增 300 多人。同时，为从整体上发挥学校的优势，上海海运通过职业技术教育的综合改革，在上海海运公司系统内部建立多层次、多学科、多功能的教育体系，并改革招生办法，使不同学历层次的教育能交叉接轨，全方位、多层次、高标准的开展职工全员培训，使学校的教育培训更符合企业发展的需要，为提高职工素质服务。

1993 年以来，上海海运除按规划对航海类专业技术人员组织培训外，对上海海运各级商务、经营、销售等管理人员，采取短期脱产、分级办班的形式轮训一遍。同时根据加强船舶班组建设的要求，组织好船舶班组长培训。一年内除少数远洋船舶外，所有船舶班组长的第一轮培训全部结束。

为保证教育培训工作顺利而有效的开展，上海海运采取一些切实的措施，建立了较为健全的教育培训机构，制订了分工明确管理制度与办法；加强教育培训的质量监控，狠抓教育和培训质量，增强各级教育管理干部的质量监控意识，完善质量监控制度、健全质量监控网络，保证各类技术证书考证的通过率；进一步推动和开展船舶“业余”教育培训活动。考虑到船舶流动分散和实行“三定”的特点，对船员的各类教育培训不能完全依靠脱产办班。各船公司均把船舶业余教育培训列入船舶“双文明”建设内容之中，并与考核、奖励挂钩，取得了积极的成效，全局有 100 多艘船舶开展这一活动。

上海海运公司所属学校在完成企业内部员工培训的同时，还组织人员编写制作逐各类专业培训课程和教材，形成能反映航运企业特色的比较规范的教学资料，并从若干个培训科目入手，在教育内容上有所突破。学校逐步转向对在职职工的培训，服务海运面向社会。

四、探索高等职业教育见成效

1993 年，上海海运职工大学为适应上海海运船员劳务输出的需要，经国家海事局批准，开办首期国内高级船员外派班。随着办学规模的不断扩大，至 1995 年，学校四个航海类专业学历班已达 30 个，其中 12 个中专班、14 个高职班、4 个外派班，在校生总数达 1100 多人。

国家改革开放的大好形势和政府和主管单位对职业教育的高度重视，为上海海运职工大学快速发展提供了十分有利条件，特别是高职教育的开办，为上海市乃至全国高等职业教育起到了示范作用，提供了宝贵的经验。学校的办学得到了来自企业和社会的高度认可，在 1992 年 8 月召开的全国成人高教会议上，国家教委副主任朱开轩对上海海运职工大学高职班招生招工相结合的办学模式给予高度肯定；1993 年《中国高等教育》第一期刊发上海海运职工大学《探索高等职业技术教育的新路子》一文，并专门配发编者按，认为：“上海海运职工大学在深化成人教育改革中，解放思想，勇于开拓，突破仿照普通高校专科教育的模式，积极探索高等职业技术教育的新路子，着力培养具有复合型、应用性的航运职业高级人才和符合国际公约要求的海员，这种探索精神值得学习”。1989 年，上海海运职工大学被评为“全国交通教育系统先进集体”。1989 年和 1992 年分别荣获“上海市职业技术教育先进单位”称号，1991 年被评为“上海市交通邮电系统文明单位”。

上海海运职工大学创建的 10 年中，探索创新，结出丰硕果实，共培养高职毕业生 600 多人，中专毕业生 1530 人。同时，学校还为企业举办在职船员各类考证培训班、继续教育班与岗位培训班等，每年约有 1000 人次的高级船员和其他人员参加培训。

1996 年，上海海运对教育资源进行重组，将上海海运职工大学、上海海运学校、上海海运技工学校合并；撤销公司教卫处编制，将教卫处职责前移至学校。同年 8 月，组建“上海海运教育培训中心”，对内实行“三校一中心”四块牌子、一套班子、一本账，对外继续延用三所学校校名，保持高职、中专和技工三个层次的学历教育功能，并承担内部船员培训和干部业务培训任务。

1997 年 7 月，中央组建的国有特大型企业集团——中国海运（集团）总公司在沪成立。组建后的新公司对资产实行重组，学校仍由上海海运管理。

第八节　发挥政治思想工作引领与保障作用

一、围绕建设社会主义市场经济这一中心课题开展教育活动

1994 年，上海海运积极响应交通部的号召，广泛开展了学习“华铜海”轮、学习包起帆活动，并以此促进企业的内部管理和其他各项工作。

上海海运多次组织干部 听取“华铜海”轮的先进经验、听取包起帆同志的先进事迹，当“华铜海”轮到达上海时，组织了由总经理带队的取经学习团，上船学习取经。船公司还专门派人到广州远洋公司对口学习“华铜海”轮经验。通过学习，使广大干部认识到：学习“华铜海”轮、学习包起帆是加强精神文明建设，加强队伍建设，加强企业内部管理，适应社会主义市场经济，适应国际航运激烈竞争的时代需要，尤其像上海海运公司这样一个老企业，更具有针对性。在提高认识的基础上，上海海运要求各船公司、陆地各单位认真制订开展学习“华铜海”轮、学习包起帆活动计划。上海海运公司机关结合实际带头开展远学“华铜海”轮、近学油轮公司的活动，把学习活动引向深入。1994 年第四季度上海海运公司召开了船舶工作会议，油轮公司在会上介绍了深入学习“华铜海”轮，加强船舶管理的经验。会后，上海海运组织了 48 名机关干部分赴船舶，宣传并进行调查研究，从而使学习“华铜海”轮、学习油轮公司的活动不断地引向深入。

在学习“华铜海”轮的同时，上海海运进一步深化企业内部改革，以求达到理清内部关系、加强管理、提高企业素质的目的。在理清关系中，主要对以下内部关系进行了研究：上海海运对海兴轮船股份有限公司的控股关系；上海海运与各船公司的二级管理的关系；上海海运所属各单位的相互经济关系；陆地单位全员劳动合同制的用工关系；在逐步破除大锅饭基础上，具有激励机制的企业内部分配关系；上海海运各职能部室之间的职责划分

以及与上海海运下属单位之间的管理职责的关系。

1994 年，上海海运在发展生产的同时，始终坚持加强精神文明建设。各级干部和广大职工群众，认真学习邓小平同志建设有中国特色社会主义理论，不断解放思想，并围绕企业转换机制和安全生产的中心，深入开展“三爱”（爱国家、爱企业、爱岗位）教育、“两学一树”（近学杨怀远和本单位劳动模范，树海运新风）活动和“三学”（学知识、学科学、学技术）为主要内容的群众性精神文明建设活动，涌现一批先进人物和先进事迹。如海服公司周尚武舍身救人的事迹，被评为上海市“我最感动的一件事”；“振奋 2”轮船长周正宁等 10 位同志在各自的岗位上做出了卓越的贡献，成为十佳海运职业能手；货一公司建立职工育才基金和后进青年刘金祥成为救火英雄等 10 件事情和人物，被评为十佳海运新人新事，成为职工学习的榜样。

1995 年，上海海运围绕“改革、安全、效益”三个中心任务，以学习包起帆、学习“华铜海”轮、学习青岛港、学习油运公司为抓手，开展争创“文明船、文明标兵船”和先进班组、个人的活动，促进了企业的两个文明建设。1 月 6 日《上海海运报》刊登了“远学华铜海，近学油运公司，加强企业管理，推进上海海运两个文明建设”的专辑，介绍“华铜海”轮和油运公司的先进经验，开展学习油运公司管理经验的系列活动。上海海运公司领导带头到油运公司学习，组织公司和机关部室到油运公司对口学习和到先进船舶的现场学习。

1995 年 3 月，上海海运公司党、政、工联合发出《关于深入开展学习“华铜海”轮，争创文明标兵船和文明单位活动规则、管理办法的考核标准》，促进“三学”活动蓬勃开展。货一公司根据青岛港和“华铜海”轮的经验，重新修订了公司的学习规划，确立了学习的目标和重点。大力推广适合快速煤运船的管理经验，组织好内外贸运输。货二公司推出了机关干部包干，政委牵头，其他行政干部配合的措施，开展学习活动，全年节约修理费 2000 万元。客运公司从加强管理着手，努力挖潜节支，减亏增效，减少客运亏损，增加“三产”收入。油运公司狠抓双增双节，运输收入增加一个亿，利润增加 3 个亿。上海海运公司涌现出了船长车朝纯和“振奋 2”“泰山”“长连”“繁新”“大庆 94”“大庆 48”“大庆 28”等船舶以及立丰船厂等一批先进人物和先进典型。机关党委围绕企业改革和生产发展中的热点、难点，组织 50 多名机关干部到 24 艘船舶进行专题调查，并把解决船员反映的问题作为机关学习“华铜海”轮的实际行动。

1996 年，上海海运把“三学”活动作为抓手，推动企业两个文明建设的发展。“三学”活动已成为企业两个文明建设的重要载体和重振海运雄风的重要途径。上海海运各级党组织高度重视，各级党政领导带头参与，身体力行，积极投入到“三学”活动第一线，同广大干部职工一起，逐步形成“三学”活动的海运特色，“三学”活动的认识程度、工作力度、活动广度、学习深度都上了一个台阶。

在这一年的职代会和政工会上，上海海运党政领导根据企业的实际，及时做出了“远学包起帆、‘华铜海’轮、青岛港，近学杨怀远、车朝纯、‘振奋 2’轮、油运公司”的决定，调整、充实了“三学”活动领导小组，由党政一把手任正副组长，把“三学”活动作为一把手工程，组成“三学”活动办公室，负责和实施整个企业的“三学”活动。制定了

《开展“三学”活动实施办法》，汇编了《“三学”风采录》，下发各基层单位和船舶；组织了由老劳模杨怀远、“振奋 2”轮和油运公司代表组成的海运“三学”风采报告团，到基层单位巡回演讲，有力促进了“三学”活动的深入开展。

上海海运党政领导多次随船驻港，下基层，对“三学”情况进行调研，及时发现“三学”活动发展不平衡、机关不如船舶、远洋船不如沿海船等问题，有针对性地提出改进措施。李绍德总经理等党政领导在 9 月份率领由机关部室、基层单位领导组成的学习团，到青岛港全面考察、学习、取经，进一步提高了各级领导干部的思想认识，开拓了思路，看到了差距与不足，增强了深化“三学”活动的信心和决心。为推广“三学”活动先进经验，上海海运先后召开了“大庆 61”轮和“长阳”轮“三学”活动现场会，与会者深受教育和触动。基层单位尤其是船公司，更是“干”字当头，形成比学赶帮超的局面。党的十四届六中全会召开后，“三学”活动又赋予了新的内涵，成为创建海运文明行业的重要载体。

1996 年是上海海运“三学”活动取得丰硕成果的一年，企业整体素质有了明显提高，实现了船舶、基层单位、机关三个层次精神面貌显著变化的目标要求，涌现出一大批体现时代精神、具有海运特色的先进群体。“振奋 2”轮、“繁新”轮、油运公司受到交通部的表彰。学习“华铜海”轮标兵船由 1995 年的 7 艘增加至 20 艘，被评为上海海运学习“华铜海”轮标兵船有：“振奋 2”“华志”“长辉”“长阳”“海州”“振奋 12”“宁安 2”“泰山”“安平 2”“永安 1”“大庆 27”“大庆 61”“大庆 75”“大庆 94”“大庆 49”“建设 52”“向兴”“繁新”“贺新”“长生”等船舶。各船公司有 54 艘船舶被评为学习“华铜海”轮的先进船舶；39 个基层班组建成“三学”活动先进班组；10 个机关部室建成“三学”活动先进部室；涌现出一大批学习包起帆、杨怀远、车朝纯等的先进人物，有 172 名个人被评为上海海运先进生产（工作）者。

1997 年，举行香港起义船员和“北归”船员迎接香港回归座谈会（图 6–16）。

图 6–16　1997 年，举行香港起义船员和“北归”船员迎接香港回归座谈会。

二、争创党风先进，加强廉政建设

上海海运党委十分重视处以上干部的廉政教育，严格执行中纪委关于企业领导干部廉洁自律的“四条八个不准”和交通部关于认真填写《收入情况登记表》的要求，以争创党风先进为目标，促进党风廉政建设。

为使党风廉政建设常抓不懈，稳步推进，上海海运公司认真贯彻中纪委六次、七次全会的精神，交通部纪检监察工作会议精神和市纪委四次全会精神，认真执行了各项廉政规定。对 200 余名局处级干部的住房情况全部进行了申报核查，并完善修订下发了《（集团）公司处级以上管理人员分房暂行规定》；修订下发了《（集团）公司各级干部保持廉洁自律的规定》以及《违反廉洁规定的处理办法》。普查了轿车、面包车的购置、管理使用情况，对存在的问题，提出了处理意见和改进措施。上海海运根据实际情况，针对性地制定了

《(集团)公司领导干部使用轿车规定》《礼品登记上交制度》《业务招待费使用情况向职代会报告制度》《领导干部收入申报制度》等制度并监督执行情况。据不完全统计，1996 年，上海海运公司处级干部共上交礼金 8.7 万元、美元 100 元、礼品 86 件 (价值 2.2 万元)；登记礼品 51 件 (价值 1.6 万元)；拒收礼金 3.7 万元。其中局级领导上交礼金 2.7 万元，礼品 5 件。

上海海运公司认真查处违法违纪案件，加大对所属“三产”公司案件的查处力度和基建工程项目的执法监察。1996 年，纪检监察部门共收到信访来电 252 件 (次)，了结率达 100%，其中涉及处级干部 20 名，科级干部 16 名，均按规定进行了严肃查处，其中受到了刑事处理 1 名，党纪处分 5 名，给予行政处分 3 名。通过案件查处，挽回企业经济损失 110 万元。对“三产”公司财务管理问题进行了专项治理，制定了管理办法，逐步完善监督机制。清查了 50 万元以上工程项目 21 个，对发现的问题及时进行了处理。

在 1995—1996 年度的“争创”评比工作中，上海海运有 7 个单位被评为党风建设先进单位。

三、以召开第五次党代会为契机，加强党的建设

上海海运在 1996 年召开了第五次党代会，认真总结回顾了 4 年来党建工作的基本经验，明确了今后 4 年党建工作的基本思路，并以此为契机深化民主集中制教育，增强了领导干部和广大党员“两手抓、两手都要硬”的意识，加大了党建和精神文明建设的投入，改进和完善了党建工作责任制，突出加强了各级党组织建设 (图 6–17)。

图 6–17　中共上海海运（集团）公司第五次代表大会隆重召开。

第一，坚决贯彻民主集中制原则。上海海运党政领导班子在认真总结以往贯彻民主集中制经验和教训的基础上，更加深刻地认识到在社会主义市场经济条件下，企业的重大投资、重大事项、重大问题都必须坚持民主集中制，进行科学决策。重大项目投资、重大问题决策等重大举措，党政领导都是反复进行思想务虚，听取和征求专家学者和职工的意见，才作决策，从而保证了决策的科学性。行政领导坚持组织原则，每半年向党委报告工作，听取党委的意见和建议。《上海海运（集团）公司重大问题议事规则、决策程序和报告制度》得到了认真贯彻执行。

第二，加强了干部队伍建设。上海海运公司在加强干部教育培训的同时，着重对处级干部进行了考核，并着手对科级干部实施考核；将处级干部的工作实绩与奖金分配挂钩，并实行竞争上岗。严肃查处了违纪机关干部，切实转变了机关干部作风，有力地促进了干部队伍素质的提高。“221 人才工程”取得了阶段性成果，特别是把 1982 年以来毕业的优秀中青年干部列入培养视野，让优秀中青年干部挑起重任，初步建立起一支素质优良、数量充足、结构合理、上下衔接的后备干部队伍。加强了党政之间、机关与基层单位之间的干部交流，处级干部岗位交流 80 人次，交流率达 42.33%。

第三，深入开展了“凝聚力工程”“高兴、放心”“双争、双学”等党建主题活动。“凝聚力工程”建设重点抓了党支部建设，党支部的参与率从 1995 年的 80% 提高到 1996 年的 90%。油运公司、立丰船厂和“贺新”轮开展凝聚力工程的先进经验在上海市交通邮电系统进行了交流。燃料供应公司的党支部目标管理和立丰船厂“凝聚力工程”获得市交通邮电系统党建工作创新奖。职工大学发展学生党员工作和立丰船厂职代会党员代表常任制，获得市交通邮电系统党建工作提名奖。

上海海运还组织力量摄制了介绍货轮船长刘书禄先进事迹的电视短片《事业——心中的丰碑》和油轮船长吉珍洪先进事迹的电视短片《大海骄子》，两部作品分别获得上海市交通邮电系统电教片二、三等奖，刘书禄同志还获得市交通邮电系统敬业创业的先锋称号。

“高兴、放心”活动，进一步加强了干部对“当干部为什么，掌权为什么，工作图什么”的思想教育。“双争、双学”活动，进一步提高了党员、干部队伍素质。在纪念建党 75 周年大会上，22 位优秀党员干部受到上海海运党委的表扬。

第四，认真落实了《基层党支部建设纲要》。上海海运各党支部建设开展了“达标创先”活动，达标党支部占总数的 76%，其中达标先进党支部有 20%。1996 年，上海海运公司发展党员 157 名，与 1995 年相比，生产一线发展党员数提高了 10 个百分点；35 岁以下提高了 15 .8 个百分点；专业技术干部提高了 24 .6 个百分点。新经济组织（现为非公有制经济组织）党的建设得到了新的加强，组建直属党委、总支、支部 6 个，改选直属党支部 2 个。

四、开展企业文化和职工文艺活动，增强企业凝聚力

上海海运在抓好经济工作的同时，积极开展形式多样的企业文化和职工文艺活动，丰富了员工的精神生活，增强了“创优图强，爱我海运”的企业精神。

（1）开展以“三学”（学知识、学科学、学技术）活动为主要内容的群众性精神文明建

设活动。

（2）开展争创“六好驾驶台”“五好机舱”达标、争创上海市“卫生船队”活动等。

（3）举办上海海运第二届艺术节（图 6–18）。

图 6–18　1993 年上海海运歌咏大会。

（4）坚持每年评选“十佳海运新人新事”“十佳海运职业能手”。

（5）举行全局性技术比武，努力提高职工技术业务水平，在上海市技术比武中夺取好成绩。

（6）举办了“安全教育展览会”。把上海海运近 10 年来 57 起典型事故案例中用鲜血和生命换来的教训，对职工进行形象的、直观地安全教育。

（7）组织人员编纂完成了《上海沿海运输志》《海运现代史》《招商会计史》《上海海运》《船舶政治工作四十年》《“三学”风采录》《海员回忆》《上海海运 40 周年特刊》《上海海员医院四十年》《上海海运报创刊 40 周年画册》等一系列书刊和画册。

第九节　积极参与中国海运集团组建

一、积极支持组建中国海运集团

上海海运在接管国民党招商局以来的 48 年中，承担着我国沿海海上旅客以及国家能源、粮食等物资运输任务，出色地完成了国家下达的各项指令性计划，为繁荣我国经济和促进社会主义建设事业做出了应有的贡献。

随着我国改革开放和社会主义市场经济的建立，上海海运公司虽然不断调整内部结构和经营方针并取得了一定成效，但是经营效益不明显。“九五”时期，上海海运船舶投资计划为 40 亿元，“九五”期末拥有 460 万吨运力。比 1994 年增长 21%，但市场占有率下降 20%。1994 年，上海海运上半年货物运输实现时间过半、任务过半，尤其是石油运输创历史最好水平，完成 1113 万吨，比上年同期增长了 13.3%。但是，1994 年第三季度以来，上海海运经济效益直线下降，其主要原因：国内运输需求平淡，新建船舶不断投入，使运能超过了运力需求；航运企业深受“三角债”的困扰，缺乏有效的制约手段，债权余额拖欠越来越严重，资金周转困难，经济效益受损。1995 年上半年运输利润仅为 1.58 亿元，同比下降了 37.3%，这无论从损益方面，还是现金流量方面，都使得企业陷入困境。

1996 年，交通部遵照党的十四届三中全会“发展一批以公有制为主体，以产权连接为主要纽带的跨地区、跨行业的大型企业集团，发挥其在促进结构调整，提高规模效益，加快新技术、新产品开发，增强国际竞争力等方面的重要作用”的精神，根据部属企业生产经营的实际，1996 年 5 月 31 日向国家经委申请组建中国海运集团。1996 年 10 月 28 日，国家经贸委批复交通部《关于同意成立中海集团的批复》文件。

1997 年元旦，上海海运总经理李绍德赶赴北京，参加 1 月 2—3 日在交通部 4 楼会议室召开的“中海集团领导小组第一次（扩大）会议”。会议由交通部刘松金副部长主持，研究组建中海集团的若干问题。参加会议的有交通部有关司局领导胡汉湘、张富生、李庆轩、付国民、刘鹏、何捷、李浩、局成志；中海集团筹备组李克麟、戴金象、李绍德、钱维扬、孙治堂、吴中校、张建华、黄万江、于海明以及有关人员。

刘松金副部长在讲话中指出，改革开放以来，我国航运事业发展很快。截至 1995 年，从事内河运输、沿海运输和国际运输的航运公司已经分别达到 5000 多家、1300 多家和近 300 家，外国航运企业也纷纷抢滩我国航运市场，航运市场竞争激烈。交通部所属三个海运公司的市场份额逐年下降。组建集团，能够通过企业组建结构的调整，实现专业化、集约化经营，形成群体合力，提高部属企业的整体竞争实力。中海集团的组建是调整企业组织结构，提高规模效益的需要；是确保国家对水上运输宏观调控能力，促进我国航运市场发展的需要。实施集团战略也是国际国内实践证明了的成功经验，是符合航运市场发展的客观规律的。组建中海集团以后，我国将形成中远集团以远洋运输为主，长航集团以长江运输为主，中海集团以沿海运输为主的三大水运集团，成为我国的水运骨干企业，支持国民经济的持续、稳定发展。

1997 年 1 月 3 日。中海集团筹备组召开第一次会议，刘松金副部长宣布了中海集团领导小组名单：组长：刘松金，副组长：胡汉湘、张富生，组员：胡景禄、李庆轩、付国民、刘鹏、何捷、李浩、李克麟、戴金象。

会议以后，上海海运认真贯彻落实交通部领导提出的工作要求。

1997 年 1 月，上海海运总经理李绍德作为筹备组主要成员参加中海集团筹备工作。上海海运的日常工作由燕明义副总经理负责。

1997 年 2 月 27 日，总经理李绍德在上海海运职工代表大会上强调：上海海运作为中海集团的紧密层企业，在其组建过程中，态度要积极，工作要努力；各单位要克服消极观望思想，按各自的工作计划做好市场、改革、管理等各项工作，保持企业各项工作在中海集团组建中不断不乱。

在中海集团筹备期间，上海海运抽调了一批素质高、业务精的干部参加组建工作，并且努力尽地主之谊，做好服务工作，对中海集团组建工作给予全面支持和提供一切方便。

1997 年 6 月 4 日，中海集团和中国海运（集团）总公司完成了在国家工商行政管理局的注册登记手续。

1997 年 7 月 1 日，中国海运（集团）总公司在上海成立，总部设立在被称之为上海航运一条街的东大名路上，具体地址为东大名路 700 号。

中国海运（集团）总公司成立于上海，使上海具有了相当规模的航运企业，必将有助于加快上海成为国际航运中心的步伐。国务院总理李鹏在 1996 年初考察上海、浙江、江苏等地时指出，把上海建成国际航运中心是开发开放浦东，使上海成为国际金融、贸易中心之一的重要条件，对我国的对外开放，对长江经济带的经济发展意义重大。

1949—1995 年上海海运船舶客货运情况如表 6–3 所示。

1949—1995 年上海海运船舶客货运情况表 表 6-3

时期	年份	综合			客货轮			货轮		油轮	
		艘	载货量（吨）	载客量（人）	艘	载货量（吨）	载客量（人）	艘	载货量（吨）	艘	载货量（吨）
解放初	1949	26						25	32960	1	875
三年恢复期末	1952	46	135440	4564	7	8050	4564	31	118240	8	9150
“一五”期末	1957	76	209296	6212	13	14390	6212	53	184816	8	10090
“二五”期末	1962	116	516630	9230	18	23650	9230	78	430370	14	53610
三年调整期末	1965	106	478410	9224	18	19010	9224	68	358240	18	101160
“三五”期末	1970	129	725920	10462	20	21720	10462	74	433340	34	270860
“四五”期末	1975	144	1095630	15166	22	26260	15166	82	633940	39	435430
“五五”期末	1980	178	1470970	21356	27	29820	21356	100	919250	46	506900
“六五”期末	1985	180	1944440	22463	26	32440	22463	104	1399700	47	507300
“七五”期中	1988	187	2277940	25257	29	35340	25257	105	1645500	50	592100
“七五”期初	1991	195	2666740	25229	29	35340	22259	111	1949300	52	677100
“八五”期末	1995	211	3388540	23592	22	32840	23960	127	2796672	55	951500

注：拖轮和驳船不列入表内。另，1995 年上海海运有集装箱船 4 艘，载货量 6100 吨，箱位数 857 只。

二、移交中海集团时的上海海运公司概况

（一）公司基本情况

上海海运是全国 500 家大中型企业之一。下属二级单位 19 个：上海海兴轮船股份有限公司（下属有货运分公司、油运分公司、集装箱运输分公司、远洋运输分公司等单位）、客运公司、上海海运联合船坞有限公司（由立丰船厂、立新船厂、外轮修理厂等单位联合组建）、获港修船厂、燃料供应公司、物资供应公司、船舶通信导航公司、上海海运教育培训中心（由职工大学、海运学校、海运技校等单位联合组建）、海运党校、上海海运公安局、上海海员医院、上海海运实业总公司、上海海运服务总公司、上海海运劳动服务公司、上海海运对外技术服务公司、上海海运技术总公司、上海海运基建住宅发展总公司、上海船舶污水处理厂和上海海兴国际货运有限公司。

上海海运（含海兴公司）对外投资和联营的企业 14 个，分别是金海船务贸易有限公司、兴海船务企业有限公司、海运国际贸易公司、海兴远仓集装箱储运有限公司、海隆轮船有限公司、锦江航运有限公司、北海船务有限公司、扬子江轮船股份有限公司、中日轮渡长崎上海公司、招商银行、长江石化公司、拆船公司、通联房产和东方物产公司。

上海海运在国内外设立办事机构和营业部。国内的有北京联络处、秦皇岛营业部、南京营业部、天津营业部、日照港营业部、宁波营业部、大连营业部、京塘港营业部。国

（境）外的有香港兴达船务有限公司、新加坡兴源船务有限公司、海兴轮船（日本）有限公司、海兴轮船（香港）有限公司、德国航运部、韩国船东代表处、中泰船务有限公司。

截止到1997年2月底，上海海运公司共有运输船舶208艘，408万载重吨，1.56万客位和3464箱位，平均船龄13.99年（其中融资船15艘，32万载重吨，1416箱位；租入船2艘，1.4万载重吨，840箱位）。按船型分类，货船119艘，283.5万载重吨，平均船龄13.7年；油轮59艘，113万载重吨，平均船龄13.5年；全集装箱船7艘，4.3万载重吨，2426箱位，平均船龄2.3年；客货和客箱轮20艘，在"萎缩客运"经营方针的指导下，一部分客船已处置。

上海海运主要承担华东和上海地区将近70%的货物运输以及北起大连、南至香港的大部分海上旅客运输。改革开放以后，远洋运输有了长足的进步，1996年远洋运输的货运量和周转量已占总量的20%和60%，远洋航线遍及140多个国家和地区400多个主要港口，具有较好的信誉。

（二）移交时生产经营情况

上海海运运输任务主要是石油、煤炭运输和沿海客运。石油运输生产，近年来，通过加强市场信息调查，完善营销策略和提高服务质量，广泛联络货主，签订长期合同，使运量稳步增长，1991年起平均每年增长5.6%。1996年完成2395.4万吨，比1995年增长0.6%，比1993年增长18.4%，比1991年增长31.5%。煤炭运输在1993年达到历史最高水平，以后逐年下降，1996年完成3792.1万吨，比1995年下降5.6%，比煤运量最高的1993年下降22.6%，比1991年下降7.2%。煤运量下降的外部原因是国家对产业结构进行调整，新的经济增长点大多分布在高科技低耗能产业地区，煤炭需求量增长不大。同时由于经济体制的变革，地方船公司纷纷兴起，造成了运力过剩，加剧了市场竞争。

在沿海客运方面，由于水路客运优势逐步丧失，上海—宁波、上海—大连航线的市场竞争日趋激烈，上海海运客运量连年滑坡，1996年仅完成客运量198.3万人次，5.23亿人海里，比1995年分别下降24.0%和28.4%，比1991年分别下降47.2%和56.3%。由于客流不足，上海海运被迫实行"萎缩客运"政策，停了部分客流少、效益差的航线。

1994年3月，上海海运公司开始经营集装箱运输业务。为了配合集装箱运输业务的开展，合资成立了上海金辉国际船务代理公司和上海海兴远仓集装箱储运公司，独资成立了上海海兴国际货运公司，基本上形成了船代、货代和堆场等陆地系统。

1996年，外贸运力占总运力的比重由1991年的29.9%增长到45.9%，平均每年增长3.2%，尽管1996年外贸运量比1995年有所下降，但是周转量达到561.1亿吨海里，比1995年增长了12.1%，比1993年增长了64.5%，比1991年增长了78.4%。1996年上海海运周转量完成946.4万吨，比1995年增长7.0%，比1993年增长21.4%，比1991年增长37.0%。1996年完成货运量8014.1万吨，货物周转量946亿吨海里，分别为1995年的99.1%和107%。

由于国内货源紧缺，运输市场竞争无序，运作不规范，致使上海海运1996年国内完成货运量6432.7万吨，货物周转量385.3亿吨海里，分别为1995年的99.5%和100.3%。上海海运不断拓展国际化经营，加大远洋的投入，1996 年外贸完成货运量 1581.4 万吨，货物周转量 561.1 亿吨海里，从而使船舶吨船产量达到 25922 吨海里，比 1995 年增长 1.1%。与“八五”第一年（1991 年）和货运量完成最好的 1993 年相比，国外货运量分别增长了 98.9% 和 99.9%。

（三）移交时各船公司经营情况

（1）货运分公司：货运分公司拥有各类货船 70 艘，总载重吨为 140.8 万吨，船舶载重吨位从 3200 吨到 38000 吨，船舶的平均船龄为 15.8 年。货运分公司的主业是以国内沿海煤炭、金属矿石为主的各类货物运输。主要货种有煤炭、金属矿石、粮食、化肥、钢铁、非金属矿石等各类物资。主要航线有秦申、新申、照申、云申、青申、秦甬、仑宝、仑青等航线。

1996 年货运分公司完成货运量 3884 万吨、242.9 亿吨海里，其中国内 3865.8 万吨、226.6 亿吨海里；国外 18.2 万吨、12.3 亿吨海里。煤炭是货运分公司的第一大货种，煤运量占总运量的 80%。

（2）油运分公司：油运分公司拥有各类油船 53 艘（41 艘船舶持有国际运输证书），其中原油船 30 艘，成品油船 23 艘，总载重吨为 110.2 万吨。单船载重吨位从 3600 吨到 90000 吨，船舶的平均船龄为 13.5 年。油运分公司主要承担国内外原油和成品油运输任务，主要航线：沿海有连申、连宁、甬申、甬宁、秦申、青申、青南、青宁，以及海洋平台至申、甬、宁等航线，外贸（远洋及近洋）有中国—日本、印尼—中国、新加坡—中国、马来西亚—中国、韩国—中国、加勒比—美国、加勒比—南美、欧洲—非洲、澳大利亚—东非、马来西亚—西印度等航线。1996 年油运分公司完成货运量 2381.1 万吨、258.2 亿吨海里，其中内贸 1646.9 万吨、102.8 亿吨海里，外贸 734.2 万吨、155.4 亿吨海里。油运分公司 1996 年实现利润 3.4 亿元。

（3）远洋运输分公司：远洋运输分公司拥有散货船 36 艘，总载重吨为 130.1 万吨，其中期租船 18 万吨。单船载重吨位从 20000 吨到 64000 吨，船舶的平均船龄为 10.3 年。全部船舶均持有国际运输证书，可在国外装运煤炭、金属矿石、钢铁、粮食、化肥等各类物资。远洋运输分公司的主业是承运各类进出口的干散货和第三国的干散货运输，业务涉及日本、韩国、澳大利亚、南美、北美、西非以及东南亚等航运市场，与众多的客商、货主建立了运输业务联系。1996 年，远洋运输分公司完成货运量 918 万吨、380.9 亿吨海里，其中国外 599.8 万吨、363.8 亿吨海里，分别占总运量的 65% 和 96%。远洋运输分公司全年实现利润 3273 万元。

（4）集装箱运输分公司：集装箱运输分公司经营各类货船 16 艘，81992 万载重吨，达 2426TEU，其中 170 — 420TEU 的全集装箱船 7 艘，多用途船 5 艘，散、杂货船各 2 艘。船舶的平均船龄为 9.4 年，其中全集装箱船船龄 2.3 年。公司现有集装箱 5700TEU，其中自备箱 1200TEU。

1996 年，公司集装箱航线完成 5111TEU，公司年运输总收入为 2138 万美元。

（5）客运公司：客运公司拥有各类客船 20 艘，6.5 万载重吨，1.56 万客位，1038 箱位，客船平均船龄 14.3 年。主要承担上海到大连、宁波、温州、福州和香港等 5 条航线的客运任务，并根据季节性的特点，适时开辟上海至青岛等旅游航线。

（四）移交时各陆地单位经营情况

（1）通信导航系统：拥有远东地区名列前茅的上海海岸电台；有符合国际海事组织规则的全球海上遇险和安全系统以及为船舶提供全球通信联系的 VHF 公众信息业务，还有与之配套的通信导航设备维修厂等，全年实现利润 504.71 万。

修船保障系统：立丰船厂、立新船厂、外轮船厂合并组成的联合船坞有限公司和荻港船厂，共拥有 5 千吨到 6 万吨的大小浮船鸡和干船坞 9 座，其中“浦东”号浮船坞为黄浦江最大。修船岸线长，可同时停靠 20 艘万吨级以上的修理船舶，年承修船舶（包括坞修）200 多艘次，实现利润 3884.2 万元。

（2）外派劳务输出服务系统：经国家外经贸部批准，经营劳务输出业务。公司可成建制地外派劳务输出各类船舶的船员班子。全年派出海员 930 多名，分别服务于境外 20 多家船公司 70 多艘船舶。对外签订各类劳务合同总额 760 多万美元。

（3）燃物料供应系统：分别由燃料供应公司和物资供应公司承担。燃料供应公司是我国当时最大的船舶供油、供水企业，拥有储油容积 13.4 万立方米，供油、供水船舶 43 艘，总吨位 2.9 万余，下有 7 个供应基地，分布在黄浦江两岸沿线。物资供应公司拥有 3.3 万平方米的现代化仓库大楼和齐全的水陆运输工具，为同时停泊在上海港的众多船舶，供应所需物资。公司所属的救生筏修理站是全国最大、技术力量最雄厚的救生筏修理点，检修证书适用全球航线。

（4）船舶后勤服务系统：上海海员医院拥有 17 个医疗科室，1.88 万平方米建筑及 500 多张病床。每年门诊量达 43 万人次。 除外还有上海海运教育培训中心（包括上海海运职工大学、上海海运学校、上海海运技工学校），每年向企业输送大批大中专人才，同时教育培训中心还承担企业在职职工的各种业务培训。 后勤服务系统还包括上海海运劳动服务公司、上海海运服务公司、上海海运基建住宅发展总公司、油污水处理厂等基层单位。

（五）移交时财务管理情况

上海海运（包括控股的上海海兴轮船股份有限公司）有资产总额 1435266 万元，其中流动资产 306302 万元，占总资产的 21.4 %；长期投资 30658 万元，占总资产的 2.1%；固定资产 1089975 万元，占总资产的 75.9%；无形资产及递延资产 8331 万元，占总资产的 0.6%。负债总额 876821 万元，（其中流动负债 227429 万元，长期负债 649392 万元）。净资产 558445 万元，（其中实收资本 330466 万元，资本公积金 218091 万元，盈余公积金 20101 万元，未分配利润 –10214 万元），资产负债率 61.09%。

（1）企业收支情况：1996 年上海海运全年亏损 23489 万元，比交通部下达亏损指标，减亏了 16511 万元，国有资产保值增值率 102.21%；完成了部下达指标。

（2）运输收入情况：1996 年完成运输周转量 919.89 亿吨海里（财务核算口径），比上一年同期增加 58.25 亿吨海里，增长 6.76%，实现运输收入 348550 万元，同比增收 19717 万元，增长 6%，其中：外运收入 151541 万元，同比增收 18458 万元，增长 13.87%，内贸运输收入 184559 万元，同比增收 6195 万元，增长 3.47%，客运收入 12450 万元，同比减少 4936 万元，下降 28.39%。

（3）运输成本情况：1996 年运输成本 300623 万元，与去年同比增支 22759 万元，上升 8.19% ，若剔除 1995 年工效挂钩工资下浮，冲抵运输成本 5498 万元，同口径比较，比上年增支 17261 万元，上升 6.09%。运输单位成本 32.68 元 / 千吨海里，同比减少 0.21 元 / 千吨海里，下降 0.64%，其中因产量增加 58.25 亿吨海里，成本增加 19193 万元，因单位成本下降 0.21 元 / 千吨海里，减少支出 1932 万元。

（4）管理费用情况：1996 年度管理费 20138 万元，比上年增加 6638 万元，上升 49.17%。剔除 1995 年工资下浮抵冲管理费 5633 万元，增支 1005 万元，上升 5.25%。业务招待费支出 197 万元，比去年减少 122 万元，降低 38.24%。

（5）财务费用情况：1996 年财务费用 56958 万元，比去年同期增加 13747 万元，上升 31.81%，其中利息收入 3720 万元，其他收入 1089 万元，汇兑收益 13844 万元，利息支出 75515 万元，比去年同期增加 26390 万元，上升 53.72% ；利息支出净额 70707 万元，同比增加 28516 万元，上升 67.59%。

（6）利润总额情况：1996 年，由于采取“加强揽货、降低成本、盘活资产”的措施，扭转了单位运输成本逐年上升的趋势，首次出现了负增长，使主营业务利润达到 39738 万元，其他业务利润完成 6999 万，两者合计 46737 万元，比去年同期增加 189 万元。但由于企业负债较大，利息支出比去年同期增加 26390 万元，其中“4 艘客箱船”利息支出就达 11133 万元。若剔除“4 艘客箱船”的经营亏损 7306 多万元，运输毛利达 47044 万元，比去年增长 25.09%，毛利率为 13.5%，同比增长 18.01%。其他业务利润含陆地单位比去年同期增加了 3556 万元，增长 103.17%，其中海兴公司增加 1374 万元，上海海运增加 2182 万元。

由于高额的财务费用以及对外投资的损失，上海海运 1996 年利润亏损 23489 万元（交通部下达的指标是亏损低于 4 亿元）。

（7）负债、还本情况：1996 年初，上海海运总计长期负债余额为 685324 万元，其中海兴公司为 520418 万元；向国内外银行借入及融资增加贷款 184600 万元，其中海兴公司 103995 万元；累计还款 125072 万元，其中海兴公司还款 93835 万元。截至 1996 年底，上海海运长期借款余额为 744852 万元，比年初增加了 59528 万元，上升 8.69%，其中海兴公司 530578 万元，上升 12.35%。

（8）运输业务应收账款情况：1996 年，由于加强催收力度，应收账款余额并未因营业额和国际运输量的增加而递增，全年除 12 月外，其余各月月末余额均比去年同期有所下降，全年平均余额为 60738 万元，同比减少 5595 万元，下降 8.43%，按短期借款利率 8.91% 计算，相当于节约利息 499 万元，但应收账款余额仍然偏高，使企业生产资金的周转十分困难。

（六）移交时人事情况

截至 1996 年 12 月底，上海海运人员总数为 25578 人。从人员工作的区域划分，陆地人员12045人，船舶人员13533人；从人员工作的产业结构划分，工业生产人员5341人，运输生产人员18817人，文教人员490人，卫生人员930人；从人员工作的岗位划分，管理人员2500人，技术人员6719人，工人生产人员11910人（其中学徒73人），服务人员2374人，其他人员（指外派、待工、待退人员）2075人。

（1）处以上（含处级）领导干部情况：上海海运现有处以上（含处级）领导干部共217人，其中正局级干部2人，副局级干部8人；其中正处级干部64人，副处级干部143人。从处级领导干部的分布情况分析：基层单位现有131人（其中正处级36人，副处级95人），上海海运公司及海兴公司机关现有52人（其中正处级21人，副处级31人），驻外机构现有12人（其中正处级3人，副处级9人）。从处级领导干部的学历结构分析：研究生1人，本科80人（其中正处28人，副处52人），大专74人（其中正处21人，副处53人），中专25人（其中正处8人，副处17人），高中9人（其中正处2人，副处7人），初中6人（副处）。从处级领导干部的年龄结构分析：40岁以下的29人（其中正处1人，副处28人），41—45岁的35人（其中正处6人，副处29人），46—50岁的56人（其中正处21人，副处35人），55岁的56人（其中正处25人，副处31人），56—60岁的19人（其中正处7人，副处12人）。

（2）干部人员情况：截至1996年12月底，上海海运共有干部10081人。从干部的学历结构分析，研究生19人，本科生1938人，大专2058人，中专2926人，高中1314人，初中及其以下学历的1826人。

（3）专业技术干部人员情况：上海海运现有干部人员具有专业技术职务的8493人，其中高级职务人员474人，中级职务人员2981人。专业技术干部的学历结构，研究生18人，本科生1907人，大专1898人，中专2604人，高中935人，初中及其以下学历的1131人。

（4）运输船舶技术干部人员情况：上海海运和海兴公司现有船舶技术干部4256人，其中见习生593人。工作岗位划分：驾驶员1635人（其中见习生238人），轮机员1709人（其中见习生225人），电机员442人（其中见习生57人），报务员470人（中见习生73人）其。学历结构划分：本科生873人，大专生949人，中专生1371人，高中及其以下人员1063人；年龄结构划分：35岁及其以下的2618人，36—55岁1284人，56岁及其以上的354人。

（5）机关机构设置情况：行政部门有总经理办公室、企划部、人事部、财会部、安全监督室、技术部和监审部。党群部门有党委办公室、组织部、宣传部、人武部、老干部、机关党委、纪委、团委和工会（人事部与组织部合署办公、监审部与纪委合署办公）；上海海兴轮船股份有限公司机关机构设置：总经理办公室、市场部、总调度室、人事部、财会部、海务监督室、船技部、安全监督部、计算机信息部和党委办公室。

（七）移交时海兴股份公司情况

上海海兴轮船股份公司是1994年度我国预选到境外上市的22家企业之一。该公司由上海海运公司作为独家发起人，以从事沿海货运和远洋的客货运输的生产经营性资产及相关资产入股，共计 168 艘船及相关的债项划入股份公司，其资产总额和净资产（原账面值）分别占上海海运总额的 71.18% 和 44.98%。

1994 年 11 月 11 日，海兴股份公司在香港正式上市获得成功。

结束语：上海海运从 1949 年 5 月 28 日接管招商局，在其百废待兴，寥寥无几的船舶基础上，经过 48 年海运几代人的艰苦创业，励精图治，伴随新中国的诞生而获得新生，并不断发展壮大。

48 年的上海海运发展历程，在党和交通部、上海市的领导之下，充分利用上海得天独厚的地理位置、社会条件的优势和企业自身的基础、特点，为祖国的航运事业勇于首创，敢于开拓，彰显和证明了“可使商品实际进行流通，就要有运输工具，而这是货币无能为力的”的论断。

上海海运是新中国航运事业的摇篮，是国家经济建设的命脉，在各个重要历史时期发挥了极其重要的作用，取得了可观的经济效益和社会效益，为国家实现交通运输现代化、为上海航运中心的建设、为我国建设航运强国打下了扎实的基础，做出了积极的贡献。同时，上海海运在自身的发展过程中也培养和造就了一支具有丰富航海经验和吃苦耐劳、勤劳勇敢、同舟共济、敢于创新的具有世界水平的海员队伍和干部职工队伍。

附录

附录一　大　事　记

1949 年

5 月 27 日　上海解放。上海市军管会财政经济接管委员会航运处处长于眉、副处长邓寅冬等率接管干部进驻招商局轮船股份有限公司（简称招商局），并与中共地下党航运支部成员及其外围组织上海市航业界职工联合会负责人会合。

5 月 28 日　上海市军管会任命于眉为驻招商局军事代表（后为军事总代表），对招商局执行军事监督及办理接管事宜。军管会接管招商局以后，航运处党委在招商局各部门建立了 7 个党支部。

5 月 30 日　为支援解放战争，航运处成立运输科，统一调度船舶。翌日运输科调派登陆艇 4 艘、驳船 6 艘供中国人民解放军第二十五军使用。6 月底运输科并入招商局业务部。

6 月 1 日　上海市军管会通令解除长江沿线的封锁戒严，开放黄浦江长江航道，准许本国的公私营船舶自由航行。同日，市军管会航运处公布《战时船舶管理暂行办法》，通告各航商到航政局，办理复航手续。

6 月 3 日　招商局“江陵号”轮率先复航，由上海驶往汉口。是日，举行复航典礼。航运处处长于眉代表上海市军管会命名“江陵号”轮为“江陵解放号”，并授予“开航先锋”锦旗。

6 月 5 日　上海市军管会举行接管招商局的正式交接仪式。

6 月 8 日　中国油轮股份有限公司“永潇号”轮冲破封锁，首航天津，担任渤海湾油运任务。该轮后授予“北洋 1 号”光荣称号。

6 月 9 日　上海市人民政府贷款 50 亿元（旧币），用于打捞黄浦江和长江下游的沉船。同日，市军管会航运处吸收航业界有影响的进步人士参加，组成民营航业指导委员会。至 7 月底，共打捞大小沉船 67 艘，到 10 月底，修理大小船舶 224 艘。

6 月下旬　国民党军在长江口布下水雷，封锁出口，并派军舰拦劫、飞机空袭我航行船舶。一度复航的北洋航线再次中断。

7 月 1 日　上海市军管会财政经济接管委员会航运处公布《招商局军管时期船舶管理暂行办法》，规定在船舶实行军代表制，加强对各轮的管理。原驻各轮的政治指导员一律改为船舶军代表，对各大轮还派出联络员协助军代表工作。

8 月 3 日 为避免船舶遭国民党军飞机空袭，上海市军管会航运处决定：船舶实行夜间航行，白天停航隐蔽。1950 年“二六轰炸”以后，人民解放军加强了防空力量，船舶恢复昼夜航行。

9 月 8 日 上海海员工会正式成立。

9 月 19 日 招商局“海辽”轮在航行香港—汕头途中宣布起义。

同日 经中共中央华东局同意，由市军管会与航运处、重工业处、财政处、物资处等部门联合成立船舶建造委员会。

10 月 1 日 中华人民共和国成立。招商局机关和船舶举行庄重的升旗典礼。晚上 10 余艘船舶张灯结彩挂满旗，举行水上大游行。

10 月 18 日 招商局决定在各大轮成立工作管理委员会，实行船舶民主管理。

10 月 24 日 中华人民共和国中央人民政府主席毛泽东电贺招商局“海辽号”轮起义成功。

1950 年

1 月 10 日 交通部致电招商局，批准胡时渊辞去招商局总经理的职务，由于眉以军事代表名义领导招商局工作。

1 月 15 日 招商局香港分局及停泊香港的“海厦号”“蔡锷号”“教仁号”等 13 艘轮船共 600 余人，由经理汤传篪、副经理陈天骏率领起义。

1 月 19 日 上海市军管会航运处派军事代表董华民、招商局副总经理黄慕宗前往招商局香港分局办理接管工作。同时任命汤传篪为香港招商局分公司经理，陈天骏为副经理。

3 月 17 日 中国海员工会国营轮船总公司（招商局）上海委员会筹委会成立。夏爵一担任主任、戴德、项翔任副主任。

4 月 1 日 经政务院决定，由招商局改组而成的国营轮船总公司在上海成立。

同月 国营轮船总公司工会举行首次会员代表大会。会议选举产生了中国海员工会国营轮船总公司上海委员会。

同月 国营轮船总公司为支援解放舟山群岛，派出船舶 27 艘，船员千余人支前。

7 月 经中共中央华东局批准，建立国营轮船总公司分党委，由中共华东军政委员会直属机关党委领导。

10 月 10 日 经清扫长江口水雷后，北洋航线恢复通航。

11 月 15 日 中央人民政府政务院总理周恩来致电香港招商局，电文：“你们在香港坚持了九个多月的护产斗争粉碎了帝国主义和蒋介石的一切迫害和阻挠，终于胜利地将全部起义的船舶驶回人民的祖国。你们英勇不屈斗争，在维护祖国财产和发展人民航运事业，是有很大贡献的。尚望努力学习，为进一步发展人民的航运事业而奋斗。”

1951 年

2 月 1 日 国营轮船总公司改组为中国人民轮船总公司，并迁往北京；留沪的部分机构、人员组成中国人民轮船总公司上海区公司。

3月14日 “江泰号”轮首航宁波，恢复了上海—宁波的客运航线。为确保航行安全，人民解放军华东军区海军、空军专门护航。

4月12日 中国油轮公司“永灏号”轮在香港被英国政府无理征用。

5月1日 经上海市人民政府劳动局批准，中国人民轮船公司上海区公司开始实施《职工劳动保险条例》。

8月1日 全国第二届航务会议决定对水运体制实行专业分工、海河分家。中国人民轮船公司上海区公司改组为华东区海运管理局，受交通部直接领导。华东区海运管理局管辖厦门、宁波、分局和海州、温州、海门办事处，并代管上海船舶修造厂。

8月9日 上海市轮船运输同业公会正式成立。

1952年

2月12日 遵照中央人民政府革命军事委员会、政务院联合命令，华东区海运管理局航行北洋航线的船舶配备2个连的护航武装力量。

同月 沿海各航线货运运价普遍降低10%。

7月1日 在交通部海运管理总局和苏联专家指导下，华东区海运管理局开始推行船舶运输生产计划管理，首先在“北光号”“海安号”轮试行“航次分时运行计划图表”。

10月1日 上海利民运输公司移交华东区海运管理局经营管理。

同月 上海利民运输公司和茂林船务有限公司开始合并筹建南洋运输部，建立护航大队，使航行南洋线的运输船队具有护航组织，配备专用武装设备的运输船队。

同月 为有利于统一货源、统一调度，交通部海运专业会议决定统一北洋、华东区海运管理局的经营管理。

1953年

1月10日 中央交通部海运管理总局决定，成立中国外轮代理公司上海分公司。上海海运外轮代理业务划归该公司办理。

1月16日 朝鲜民主主义人民共和国11人来上海海运船舶实习，为期1年。这是新中国成立以后上海海运接待的第一批外国实习生。

3月13日 经中央交通部批复同意，上海海运茂林船务有限公司和利民运输公司合并，组成南洋运输部。

同月 华东区海运管理局开始实行船员公休制度。

5月1日 由华东区海运管理局和北洋区海运管理局合并组成的交通部上海海运管理局正式成立，其统一经营管理长江口以北航区的客货运输。

6月16日 私营新大陆、华胜、安达、民新、志新五家轮船公司成立私营五轮联合管理处，实行业务联营。上海海运派员，以政府代表名义进行监督，并协助改善经营管理。

9 月 26 日 南洋运输部"建成号""金都号""永益号"轮由温州驶回上海途中，遭国民党军舰伏击。经船员和护航战士配合作战，终将敌舰击退，船队安全抵达海门港。

1954 年

1 月 20 日—2 月 20 日 上海海运首次开展船舶安全月活动，并规定每个月的 25 日（后改为 16 日）为船舶安全活动日。

4 月 17 日 上海海运"生产 2 号"轮在苏联专家和大连港的指导和选择之下，首次拖运木排，由大连抵达上海港，是国内第一个试扎、试拖成功的海拖木排。

4 月 24 日 上海海运作出《关于军代表改为政治委员的决定》，决定各轮军代表一律改为政治委员（协理员、指导员），但保留军代表名义。

4 月 26 日 根据邮电部令，上海电信局将上海海岸电台移交给上海港务管理局，并入上海航务电台。

7 月 交通部在宁波以北沿海、华南沿海及长江干线同时调整货运运价。

8 月 3 日 上海海运下发《关于加强局长对船长领导的决定》，规定自 8 月 1 日起建立局长对船长的直接领导与联系制度。

10 月 1 日 经交通部批准"五轮联管处"所属五家轮船公司实行公私合营，并与公私合营中兴海运公司合并，定名仍为公私合营中兴海运公司。

10 月 25 日 由"和平 1 号"和"中兴 1 号"轮组成的秦申快速煤运航线试点结束。上海海运和上海港、秦皇岛港签订快速航线协议书，开始了定线、定船、定货的运行组织。

11 月 30 日 为加强南洋船队的政治工作，上海海运政治处决定：南洋各船队代表本船队的政治领导者，统一领导全船队的党、团、工会工作。

1955 年

1 月 22 日 上海海员医院成立。

2 月 上海海运"利东号""益昌号"两轮及 50 余名船员在完成解放一江山岛等岛屿的支前任务后胜利返回上海。

4 月 17 日 上海海运"民主 3 号"轮载客 1038 人，由沪驶甬，在浙江太平山甘屿触礁沉搁。部分乘客主动维持秩序，海军舰艇部队及时救援，未造成人员伤亡，但经济损失达 224 万余元。

同月 上海海运先后开辟上海—秦皇岛、上海—青岛、上海—大连、上海—烟台—天津、上海—燕尾港 5 条货运固定航线。

6 月 20 日 经交通部批准，三兴仁、顺利、庆记、祥泰、三利、利兴、金甡、闽兴、大丰、金都 10 家私营船务行实行联营和筹备公私合营，并成立公私合营南洋轮船公司筹备委员会。

10 月 28 日 上海市委组织部批复同意上海海运领导的公私合营中兴海运公司 11 艘船

舶上的驻船舶政府代表改为政治委员（副政治委员、政治指导员）。

11 月 27 日 我国自行设计制造的第一艘沿海客货轮“民主 10 号”轮由上海江南造船厂建成，投入北洋航线营运。

1956 年

1 月 19 日 经交通部海运管理总局批准，公私合营南洋轮船公司成立。

3 月 9 日 《上海海运报》创刊。

5 月 12 日 上海《解放日报》头版头条以“上海海运打破安全航行的历史纪录”为题，报道了上海海运 1958 年 4 月创造了“无海损责任事故月”，并配有航行船舶的照片。文章报道，上海海运经过努力，1956 年 1—4 月安全航行未发生事故的船只已有 43 艘，机器安全运转未发生故障的有 31 艘，著名的“和平 2 号”轮已安全航行了 15 万多海里。

5 月 24 日 上海海运“和平 18 号”轮由大连港装运 20 个集装箱抵沪，这是我国沿海集装箱运输之开端。

6 月 1 日 上海—青岛—大连客运班轮正式开航，由“中兴 9 号”和“民主 9 号”两轮相向对开。

6 月 20 日 公私合营中兴海运公司和公私合营南洋轮船公司并入上海海运。上海海运系统生产资料的社会主义改造基本完成。

9 月 1 日 上海区港务管理局与上海海运管理局合并成立交通部华东区海运管理局（是年 10 月 10 日改名为上海区海运管理局），统一领导华东沿海的港航工作。

10 月 1 日 上海航运公安局成立。

是年 上海海运开始推行指导船长、指导轮机长制度。

是年 上海航务电台复归上海海运领导。

是年 沿海货运运价制度再度进行改革。

1957 年

1 月 1 日 为加强对渤海湾客货班轮的管理工作，经交通部批准，上海海运大连办事处改组为交通部上海区海运管理局大连分局。

2 月 21 日 上海海运提前 9 个月超额完成第一个五年计划的货运指标货运量完成 106.09%，货运周转量完成 100.42%。

4 月 6 日 上海区海运“生产 1 号”轮将国内第一个雪茄形竹排从温州拖运至上海港。

5 月 30 日 上海海运 1957 年职工代表大会在海员俱乐部举行。出席正式代表 376 人，列席代表 34 人。大会通过了《上海区海运管理局职工代表大会组织条例》和继续开展先进生产者运动的决议。

6 月 14 日 中国海员工会上海区第三次会员代表大会在海员俱乐部举行。出席代表 400 人。大会选举 17 人组成常务委员会。

7 月 1 日 共青团上海区海运管理局团员代表大会开幕。

8 月 2 日 苏联海运专家考察团一行 4 人到上海。上海海运局局长韩克辛、副局长王化民等到车站迎接。苏联专家在沪期间，参观了装卸区和船厂，交流了港口管理、货物运输、船舶建造、船舶修理等经验。

8 月 31 日 上海海运提前 4 个月超额完成第一个五年计划客运指标，客运量完成 101.9%，客运周转量完成 101.95%。

9 月 5 日 根据交通部政治部《关于撤销政治部并建立与健全企业党委和党的监察组织的指示》，上海海运撤销政治部。

是年 上海海运分别提前 9 个月和 4 个月完成第一个五年计划货运和客运指标。

1958 年

2 月 交通部对沿海客运票价进行改革，由原统舱、硬席、软席改为 1—5 等舱制。

4 月 7 日 交通部决定实行港、航分管体制，撤销上海区海运管理局，改设上海海运管理局与上海港务管理局。

4 月 16 日 “民主 4 号”轮首航温州，恢复了中断多年的申温客班航线。

5 月 6 日 新中国自行建造的第一艘 5000 吨级货轮“和平 25 号”轮下水。

5 月 29 日 经国务院批准，交通部决定，上海海运撤销船舶专职护航武装。

6 月 1 日 根据交通部关于地方运输和干线运输实行分管的决定，上海海运所属千吨以下船舶即日起分别下放浙、闽、辽、鲁等省，组建和充实地方航运公司。

8 月 24 日 上海海运召开“跃进再跃进誓师大会”，提出“一船两用、运量加翻”的口号，并要求从“上驮、后拖、内挖、外租”等方面增加运力。

8 月 25 日 上海海运“和平 35 号”轮在满载 3150 吨货物的同时，再拖带装有 800 吨货物的货驳，行驶连申航线。

8 月 26 日 上海海运“和平 31 号”轮由大连驶返上海，满载生铁、木材 3915 吨，再拖带一支 2790 立方米雪茄形木排，实际运载量超过船舶载重定额 2836 吨的 136.40%。

同月 在全国大炼钢铁形势下，上海海运货运量急骤增加。为缓和运力与运量矛盾，经交通部、外贸部批准，开始租用部分外轮，投入国内运输。8—12 月，上海海运平均每月租用外轮 18 万载重吨。

9 月 29 日 上海海运“生产 2 号”拖轮在拖带打捞中的沉船时倾覆沉没，死亡 7 人。

11 月 11 日 交通部委托上海海运局筹建上海海运学院。该院还附设中专部和附属中学。

是年 上海海运海上运输量大幅上升，下半年 3 次调高计划指标，货运量和货物周转量分别比 1957 年增长 48.48% 和 47.65%。

1959 年

1 月 17 日 上海海运“中兴 6 号”轮与上海水产局“供应 2 号”轮在黄浦江面相

撞。“供应 2 号”沉没，18 人死亡。

1 月 23 日 经国家经委批准，上海海运决定利用租用外轮的部分外汇，以分期付款的办法，购进部分外轮投入国内运输。

2 月 14 日 由上海船厂自行设计制造的 3000 吨级沿海货轮“和平 49 号”轮试航成功。

9 月 15 日 由上海海运筹建的上海海运学院开学。1960 年 7 月该校划归上海市高教局领导。

10 月 交通部召开路、港、航“一条龙”运输大协作会议。

是年 上海海运在何家湾建立卸油站，这是企业自建船用燃油储备设施的首创。

是年 国产第一艘 3000 吨级柴油机尾机型杂货船“和平 60 号”轮由沪东造船厂建成下水。

12 月 上海海运一年新增船舶 20 艘，其中万吨级 11 艘；培养船长 28 名。

1960 年

年初 秦皇岛港务局、秦皇岛铁路局、上海港务局、上海海运、上海市商业储运公司等单位，在实行港（口）、航（运）、铁（路）、陆（运）、商（贸）大协作中，组织秦申百杂货水陆联运“一条龙”运输。

1 月 4 日 “和平 1 号”轮等 8 艘船向上海海运所有船舶和沿海各港发出开展“一条龙”大协作的倡议，推动了“一条龙”运输大协作的迅速发展。

2 月 为加强船舶民主管理，上海海运党委决定在所属船舶上建立生产管理委员会和船员大会制度。

4 月 1 日 交通部海河总局批准上海海运成立海运科学研究所。

6 月 11 日 交通部副部长王首道到上海海运视察工作，先后巡视了“和平 20 号”“和平 45 号”“生产 1 号”轮和上海船厂等基层单位。

6 月 16 日 由上海海运代管的大连海运学院“红专”轮首航大连，这是国内第一艘航海实习船。

8 月 上海海运技校创办。

是年 中国自行设计的第一艘 5000 吨级柴油机客货船“民主 18 号”轮由沪东造船厂建成。

10 月 10 日 经过停刊整顿的《上海海运报》和局属上海船厂的《上海生活》合并为《上海海运报》复刊。报纸为周双刊，每期发行 3500 份。

1961 年

5 月 1 日 中共中央毛泽东主席在上海电机厂同工人群众一起欢度“五一”国际劳动节。上海海运“和平 5 号”轮船员杨志远、船研究所工程师杨君劲、鸿翔兴船厂工人陈冠兴代表海运职工参加这次活动。

5 月 11 日 为加强船员培训工作，上海海运公布《上海海运管理局船员鉴定考试暂行办法》，并成立船员考试委员会，韩克辛任主任。

7 月 14 日 上海海运党委书记韩克辛、刘延穆副局长会见波兰航运部代表团一行 4 人。双方就中波海运公司迁至上海事宜交换了意见。

8 月 14 日 上海海运针对沿海货运任务压缩，船多货少的情况，决定"和平 1 号"等 21 艘运输船舶停航封存，并成立停航船舶管理办公室，管理这批船舶。

9 月 13 日 上海海运学院中专部从该院划出，单独成立上海海运学校，为交通部所属中专学校，由上海海运代管。

11 月 29 日 上海《解放日报》对上海海运工会经常组织职工代表进行视察活动的做法，发表了题为《一项有意义的工会工作》的短评。短评指出，职工代表视察活动既发扬了企业民主，又传播了先进经验对企业行政发挥了监督和促进作用，是一种很有意义的工作。短评建议各工厂企业的工会组织，根据本单位的特点、条件，组织类似的活动。

1962 年

1 月 1 日 为实施铁道部、交通部联合公布的《铁路和水路货物联运规则》，上海海运对水陆联运货物一律减少运费 15%。

3 月 14 日 上海市委通知，中波公司从天津迁上海后，该公司中方党委由上海海运党委领导。上海海运党委在 4 月 2 日听取中波公司中方党委汇报以后要求其严格执行党的外事政策，贯彻"坚持原则，坚持团结，多做工作"的方针。

7 月 1 日 交通部为集中统一管理北方沿海运输船舶，决定将大连港务局管理的 10 艘客货轮移交上海海运管理。明确，有关渤海湾的客运任务由上海海运负责。上海海运在大连设立办事处，是日对外办公。

10 月 29 日 上海海运经过一年多的修订，下发了《海上船舶船员职务规则（试行草案）》，并呈报交通部审批。原《海上船舶船员规则（草案）》是交通部 1953 年颁布的。

是年 上海海运科学研究所与交通部船舶科学研究所合并，成立上海船舶运输科学研究所。

1963 年

3 月 15 日 经交通部批准，上海海运开始试行船队管理，根据船舶类型，组建第一货轮船队、第二货轮船队、客轮船队和油轮船队，各船队均建立党委。船队主要负责船舶思想政治工作和安全生产、技术管理、维修保养以及船员调配等工作。

5 月 1 日 中国第一艘国产万吨级远洋货轮"跃进"轮在首航日本途中失事沉没。

5 月 13 日 上午 6 时国务院总理周恩来登上停泊于吴淞口的"和平 60 号"轮视察工作，并询问船员工作和生活情况。上午 10 时周恩来总理在上海锦江饭店接见上海海运和上海海难救助打捞局负责人，听取关于“跃进”轮事件的情况汇报。同日晚上 8 时，周恩来总理和交通部部长王首道、上海市委第一书记柯庆施在锦江饭店接见“跃进”轮全体船员以及有关单位领导。

5 月 27 日 交通部召开安全生产紧急电话会议，针对“跃进”轮沉没事件的教训，提出船舶运输安全防范措施。

11 月 30 日 交通部根据国务院周恩来总理批准的开辟中朝、中日航线的方案，指令上海海运抽调性能较好的船舶参加营运，并决定在上海海运内部设置机构，对外用中国远洋运输公司上海分公司名义，专门负责中朝、中日航线的经营管理工作。

1964 年

1 月 交通部批准上海航务电台新台建设工程（代号为“641 工程”）开工。

3 月 4 日 经国务院批准，交通部在上海成立北方区海运管理局，统一管理北方沿海航区的港口、航运、船舶修造、燃物料供应、航道、救捞、学校、科研等企事业单位。原上海海运管理局改建制为上海轮船公司，专管北方航区的船舶运输业务，隶属北方区局领导。上海轮船公司下属单位除船舶外，还有中国远洋运输公司上海分公司、鸿翔兴船舶修造厂、上海海员医院和大连分公司。

6 月 1 日 上海轮船公司正式成立，启用新印章。

6 月 12 日 “和平 60 号”轮由上海首航朝鲜民主主义人民共和国，15 日抵达南浦港。翌日朝鲜民主主义人民共和国副首相李周渊在平壤接见了“和平 60 号”轮船长和轮机长。

6 月 18 日 “燎原号”轮由青岛港驶往日本，先后停靠门司、东京、神户三个港口。该轮在日本期间接待前来参观的日本朋友和爱国华侨 800 余人次。

7 月 2 日 上海轮船公司“中兴 5 号”轮在成山头与外籍船舶雾中相撞，“中兴 5 号”轮沉没。

9 月 19 日 上海海运在“和平 8 号”轮（原“海辽”轮）召开大会，纪念“海辽”轮起义 15 周年。

10 月 在交通部和上海市科学技术协会双重领导下，上海市航海学会筹备委员会成立。

同月 北方区海运管理局做出关于“组织船舶完成定线、成组运输与港口作业线相结合的运输线”的决议。上海海运“和平 27 号”轮开始实施青岛至上海煤炭快速运输，将港口航运生产通过“快速运输线”结成一体。

是年 上海海运为充实船员队伍，改善和提高船员政治、技术素质，接收转业复员军人 1087 人、技校毕业生 150 人、大学毕业生 90 人。

1965 年

1 月 1 日 经北方区局批准，上海海运所属的以“和平”“民主”“建设”等命名的运输船舶一律采用阿拉伯数字编号，并取消船名序数后的“号”字。

同月 上海海运用于专门成套培养干部船员的“和平45”轮训练船正式开学。

3月29日 “和平53”轮燃油锅炉试烧低质油成功，上海海运即向12艘有燃油锅炉的客、货轮推广。

4月22日 交通部、交通部政治部在上海市人委礼堂召开大会。北方区局局长李维中在会上宣读了交通部、交通部政治部关于授予杨怀远“学习毛主席著作标兵”称号的决定。当年，在交通部政治部的安排下，杨怀远向北京、天津、西安等17个城市的交通系统和大连海运学院等5所院校的学生作了100多次活学活用毛主席著作经验的报告。

5月28日 上海海运新创办的船员培训基地——船员培训学校开学。该校设立驾驶、轮机、报务、政工、客运、货运、民警7个专业，第一期学员共380人。

是年 随着国民经济调整任务的基本完成，经济形势好转，上海海运货运量和货物周转量开始上升，1965年比1964年分别增长20%和19%。

1966年

1月 交通部副部长彭德清视察上海海运训练船“和平45”轮，勉励船员努力学习解放军，并指出：“你们是训练船，除了不穿军装，不用敬礼外，都应当向解放军学习。”

3月26日 1.5万吨级油轮“建设17”轮装载原油10800吨，由大连港启航，安全驶抵南京港，完成了万吨级油轮从大连到南京的海进江直达运输试航任务。

5—6月 “文化大革命”运动开始，波及上海海运。

9月 上海海运所属船舶全部更换船名：“和平”改为“战斗”，“建设”改为“大庆”，“民主”改为“工农兵”。

10月 上海海运先后抽调10艘货轮承担运送“红卫兵”大串连的任务，另有19艘客、货轮参加搭运，严重影响了运输生产的正常进行。

11月 在批判所谓“资产阶级反动路线”中，上海海运各级领导干部受到冲击，各级党组织无法正常开展工作，党员组织生活被迫停止。

12月 上海海运造反派成立“工总司海运局联络站”，并自行将上海轮船公司改名为上海海运局。

1967年

1月12日 上海海运造反派以“联合夺权”为名，强行收缴党、政公章，宣称“接管上海海运局党政财文大权”。

3月9日 “上海海运船岸职工革命造反派联合委员会”筹委会成立。从此，上海海运出现两大派造反组织。

6月 上海市革命委员会决定对上海海运实行军管。

8月26日 上海海运“战斗6”轮护航武器遭大连造反派组织“海港红工”抢劫。至次年 4 月止，上海海运共有 32 艘船舶的武器被当地造反派组织抢劫，其中有各种枪支百余支，子弹 85000 余发。

是年 上海海运在浦东王家渡附近建立系统内第一个浮筒航修站。

是年 国家对交通部直属水运企业的货运运价再次作了改革和调整。

1968 年

2 月 交通部军管会宣布撤销北方区海运管理局。

同月 原北方区海运管理局物资供应公司所属燃料站和船用物资站划归上海海运领导，改名上海海运局燃料供应站和上海海运局材料供应站。

4 月 29 日 上海市革命委员会批准上海轮船公司改名上海海运局。

5 月 2 日 上海海运召开群众大会，宣布成立上海海运局革命委员会。

5 月 20 日 上海海运局革命委员会废除行政部门处室建制，并撤销政治部、工会、团委等机构，代之以三组一室（办公室、政工组、生产组和后勤组）办事机构。

6 月 29 日 上海海运局革委会在所有运输船舶成立“抓革命促生产领导小组”，作为临时性的船舶权力机构。

7 月 8 日 经交通部军管会生产指挥部同意，上海海运所属大连分公司改名为“上海海运局大连分局”。

9 月 上海外轮航次修理厂成立。

是年 上海航务电台新台建设工程竣工，投入使用，并更名为上海海岸电台。

1969 年

2 月 1 日 “大庆 25”轮与浙江航运局“为农 302”客轮拖带的“为民 152”客驳在黄浦江发生碰撞，客驳翻沉，死亡旅客 24 人，经济损失 49 万元。11 日，交通部军管会生产指挥部就此事发出通报。

2 月 24 日 交通部军管会发出代电，表扬上海海运胜利完成渤海海区破冰引航任务的“战斗 39”“战斗 51”“战斗 13”等轮。

12 月 上海海运局军管会、革委会决定恢复“文化大革命”中撤销的船队建制，将所属 129 艘船舶组成货 1、货 2、客运、油运 4 个船队。

是年 上海海运委托大连造船厂建成国产第一艘 1.5 万吨级原油船舶“大庆 27”轮。

1970 年

3 月 30 日 上海海运所属四个船队分别成立党的核心小组。

4 月 16 日 上海海运“战斗 6”轮与“战斗 29”轮在长江口鸡骨礁以南海面碰撞，“战斗 29”轮沉没。

4 月 23 日 上海海运召开活学活用毛泽东思想积极分子代表大会，为期 8 天。

8 月 11 日 “大庆 15”轮在佘山附近海面与“辽大水 353 号”渔轮相撞，渔轮沉没，死亡 12 人。

9 月 21 日 经上海海运局党的核心小组决定，第二货轮船队党委建立。10 月，第一货轮、油轮、客轮三个船队和燃料站党委成立。

12 月 26 日 上海海运为缓和坞修能力不足的矛盾，与有关单位协作，利用废钢船设计制造的万吨级浮船坞“7021”建成投产，填补了中国自行制造大型浮船坞的空白。

1971 年

2 月 9 日 《人民日报》载文报道上海海运局“大庆 16”轮安全航行经验。该轮自 1968 年以来，顺利进出港口和靠离码头数百次，连续安全航行 20 万海里。

7 月 22 日 为适应战备需要，经交通部批准，上海海运开始在安徽省繁昌县荻港筹建修船基地，工程代号为“711 工程”，1978 年建成投产，厂名为上海海运局荻港修船厂。

8 月 14 日 上海海运决定撤销所属各轮的“抓革命，促生产”领导小组。

是年 沪东造船厂建成国产第一艘“长”字型沿海客货轮“长征”轮。

是年 交通部下达《关于开办胜利油田水陆联运的通知》，对胜利油田出产的原油，经由青岛港换装水运湛江、黄埔、上海、南京等港，实行水陆联运。

1972 年

7 月 5 日 交通部批复同意上海海运在上海浦东高桥地区征地 11.3 万平方米筹建海滨油库。该工程被列为当年国家大型建设项目。

9 月 上海海运利用 2 吨木质箱再次试办江海集装箱联运。

是年 交通部在北京成立中国船舶燃料供应公司，在沿海各主要港口设分公司。上海海运燃料站对外改称为中国船舶燃料供应公司上海分公司，对内仍为上海海运燃料站。

10 月 18 日 交通部在北京召开安全工作会议，上海海运“大庆 16”和“和平 50”轮代表出席会议。“大庆 16”轮代表在大会上介绍了安全航行的经验。

10 月 27 日 共青团上海海运第三次代表大会开幕，为期 2 天。大会选举产生了由 20 名委员组成的共青团上海海运委员会，经中共上海市委组织部批准，裘来娣任书记，金怡、潘德炎任副书记。

是年 上海海运委托中华船厂建造的国产第一艘 1.5 万吨级的运煤专用船“安源”轮下水。

1973 年

1 月 2 日　上海市委决定，调孙黎任上海海运党委书记，增补刘延穆为副书记，郭玉彬为局党委常委，王再鸣、徐振为局党委委员，免去张茂勋局党委书记的职务。

1 月　上海市革命委员会、驻沪部队支左办公室决定撤出驻上海海运“军宣队”，结束对上海海运的军管。

2 月 15 日　交通部于眉副部长到上海海运检查工作，并传达了国务院周恩来总理和李先念副总理关于港口建设的指示。要求上海海运进一步推动学习大庆群众运动，争取年内有三分之一的船舶建成大庆式船舶。

6 月 21 日　上海海运“战斗 45”轮轮机长冯品德当选为出席党的十大正式代表，8 月 24 日，中国共产党第十次代表大会在北京召开，冯品德出席大会，并当选为中共第十届中央委员会候补委员。

8 月 28 日　上海海运“工代会”召开第七次工人代表大会，为期 4 天。大会选举产生 28 名委员，组成上海海运工会委员会。10 月 11 日，经上海市委批准，沈伯基任主任，衡长顺、甘其福任副主任。

9 月 27 日　经上海市委同意，上海海运建立公安处，主要任务是：负责船舶和机关内部安全保卫工作，业务上受交通部公安局和上海市公安局领导。

10 月 6 日　“大庆 26”轮满载原油驶离秦皇岛港，这是秦皇岛开埠后 70 多年首次输出原油。秦皇岛港原油码头也成为中国第一座采用管（道）水（路）联运方式运油的码头。

10 月 17 日　国家计委《生产日报》刊登了上海海运“大庆 16”轮在新建的秦皇岛码头快速装运原油及该轮连续安全航行 33.5 万海里的先进事迹。国务院副总理李先念阅后批示，“大庆 16”轮的精神要大大提倡，他们的事迹符合毛主席指示的“一不怕苦，二不怕死”的革命精神，不愧为红旗船。

11 月　根据上海市关于保煤运输的紧急指示，上海海运从所属的 57 艘散货船中抽调 28 艘船抢运煤炭，到月底，上海煤炭存量比 10 月底增加 20%，缓解了上海市用煤紧张状况。

是年　沪东造船厂建成国产第一艘 2.4 万吨级煤炭、矿石两用散货轮“郑州”轮。

1974 年

是年　上海海运建成大型物料仓库世界路仓库。

是年　江南造船厂开始为上海海运批量建造 1.8 万吨级“长”字型（同型船以“长”字为首命名）运煤散货船。

是年　上海海运委托大连造船厂建造国产首艘 2.4 万吨级原油船舶“大庆 42”轮。

12 月 2 日　上海沪东船厂为上海海运建造的“长锦”“长绣”两艘客轮同时试航成功，

交付上海海运投入营运。

12 月 25 日 上海市委决定，冯品德任上海海运党委副书记、局革委会副主任，沈伯基、盖秋亭、崔凤仁任局党委副书记。

1975 年

2 月 5 日 鉴于春节前申温客运航线客流量猛增，出现严重压客现象，上海海运决定从申连线抽调 1 艘大型客轮，从申甬线抽调 2 艘客轮，加班投入该航线，申甬线所缺运力由海军支援的登陆艇补充，加紧疏通乘客。

4 月 上海海运在原王家渡航修站的基础上成立上海立丰修船厂。

7 月 “大庆 29”轮满载原油从秦皇岛港驶抵上海石化总厂，首靠陈山码头一次成功。

6 月 11 日 根据交通部指示，上海海运派出“大庆 25”轮装载 4200 吨成品油，从上海港起航，首航柬埔寨。20 日，该轮抵达柬埔寨西哈努克港，7 月 17 日返回上海，历时 37 天，行程 4900 海里。

8 月 4 日 国务院副总理余秋里视察停泊在秦皇岛港的“大庆 34”轮，了解船员在外港的生活情况。

10 月 上海海运将报废的 2 万吨级油轮“大庆 26”轮改装成中国第一艘处理洗舱、压舱油污水和净化饮用水的综合性防污染工作船。

1976 年

1 月 22 日 交通部将“凯赛”轮（后相继改名“更新”和“上海”轮）拨交上海海运改装成客货轮。

2 月 27 日 上海海运新建的“华山”号浮船坞在荻港船厂投入生产，试举起 15000 吨级“大庆 50”轮成功。

5 月 20 日 “战斗 36”轮由秦皇岛港满载煤炭驶抵武汉港，这是上海海运 5000 吨级海轮首次直航武汉。

7 月 29 日 “大庆 40”轮满载 10000 多吨淡水驶往天津，支援唐山抗震救灾工作。同时，海员医院派出 15 名医务人员组成第一批医疗队奔赴唐山地震灾区。

1977 年

2 月 28 日 交通部部长叶飞、副部长彭德清由上海海运党委领导陪同下，到“长自”轮视察，接见了“长自”轮全体船员。同时被接见的有上海海运 4 个船队党委成员和航修站负责人以及在上海港的 61 艘船舶的船长和政委。叶飞部长在听取“长自”和“大庆 16”轮工作汇报后，就深入揭批“四人帮”和工业学大庆等问题作了指示。

4 月 20 日 “长自”轮应邀参加旅大市海港工人揭批“四人帮”大会。

5 月 6 日 上海海运“工农兵 14”轮和“沪救捞 4”轮、“烟捞 601”轮以及潜水队、医疗队组成的打捞编队从上海出发，开往福建三都港，执行国务院、中央军委批准下达的打捞在第二次世界大战期间沉没的日本客货轮“阿波丸”沉船的任务（代号“七七一三工程”）。

6 月 6 日 经中共上海市委批复同意，上海海运公安处改为上海海运公安局。

8 月 10 日 上海海运党委书记冯品德、“长自”轮政委程灿松赴京出席党的第十一次全国代表大会。会上，冯品德当选为党的十一届中央委员会候补委员，并参加了党的十一届一中全会。

9 月 11 日 “战斗 46”轮，由连云港驶往上海途中，顶住了 12 级台风的袭击，奋战 30 多小时，安全抵沪。23 日被上海海运授予“抗台英雄船”称号。

年底 国家计委、交通部、铁道部、商业部就大连至上海玉米运输发出联合指示，要求上海海运固定船舶，及时完成装运任务，运力不足时可临时安排机动船舶参加运营运。

1978 年

1 月 1 日 交通部党组决定：上海海运大连分局与中国远洋运输公司大连分公司（筹备组）合并，对内称大连海运管理局，对外称中国远洋运输公司大连分公司，归交通部远洋运输局领导。

1 月 16 日 上海海运决定：上海外轮航次修理厂为大庆式企业，油轮船队为学大庆先进企业。

5 月 28 日 上海市科委批复同意成立上海市航海学会。刘延穆任理事长兼学会党的领导小组组长，陈学德任学会党的领导小组副组长，钱永昌任副理事长兼学会党的领导小组副组长。交通部副部长彭德清参加了成立大会并讲话。

6 月 11 日 上海海运“神州”轮首航澳大利亚，装运 23665 吨小麦顺利返沪。13 日，交通部副部长彭德清上船慰问。

7 月 13 日 上海海运局改名为交通部上海海运管理局，同时撤销革命委员会。

同月 上海海运海滨油库工程正式验收。

8 月 19 日 上海海运奉命派出“长山”“长力”两轮赴越南接运难侨归国。两船到达北部湾后，由于越方的阻挠，未能进港。是日，“长山”轮空返上海。交通部副部长彭德清，上海市交通办、东海舰队领导和上海海运党政负责人到码头迎接。上海海运党委在船上召开热烈欢迎“长山”轮返航待命大会，彭德清代表交通部党组向全体船员表示亲切慰问。冯品德代表党委向“长山”轮授予“随时听从祖国召唤”的锦旗。9 月 16 日“长力”轮也返回上海。在欢迎大会上交通部工作组组长叶百善代表交通部向“长力”轮授予交通部流动红旗。冯品德授予该轮“强风巨浪，稳如泰山”锦旗。

11 月 1 日 在“文化大革命”中停刊的《上海海运报》复刊。

同日 为适应上海—大连客流量大量增加的情况，上海海运将该客班航线由原来的隔日班改为天天班，船期由原先的 6 天缩短至 5 天。

12 月 25 日　国务院副总理谷牧、国家计委副主任宋养初、交通部副部长彭德清在上海海运局局长史堪陪同下，乘“繁新”轮去宁波，视察北仑港建港工作。

1979 年

1 月 5 日　上海海运学院成立，2 月 5 日开学。这是一所培养技术船员的高等学校，设航海驾驶、轮机管理、船舶电气、港口机械和水运管理 5 个专业。

2 月 8 日　上海海运恢复职能处室建制，并设总船长、总轮机长、总会计师。

6 月 12 日　国内当时最大的含油污水处理船“黄岛”轮经修理改装后投产，每年可处理含油污水 72 万吨。

9 月 21 日　交通部批准上海海运成立上海海兴轮船公司。

是年　在交通部支持下，上海海运从第二季度起，先后抽调“神州”“德州”“长辉”“长阳”等货轮及“大庆 14”等油轮参加远洋运输，开创了上海海运“既沿海又远洋”的运输新局面。

是年　上海海运获港船厂建厂工程竣工，交付国家验收合格。

1980 年

1 月 1 日　交通部决定，将中远大连分公司和原上海海运大连分局合并成立的大连海运管理局重新分开，恢复上海海运大连分局建制，划归上海海运领导。

1 月 5 日　交通部在上海召开表彰大会，授予上海—大连客运航线“先进客运航线”荣誉称号。

1 月 7 日　上海海运万吨级客货轮“上海”轮离沪驶往香港，中断 30 余年的上海香港客班航线复航。10 日“上海”轮抵达香港。香港电台、电视台、报刊发表新闻和评论，祝贺“上海”轮首航香港成功。

4 月 1 日　遵照交通部的指示，上海海运以上海海兴轮船公司名义，陆续派出“新华 5”“泰山”“新华 6”等船舶，分别担任从九江、芜湖、武汉等港装运物资航行香港的任务。

4 月 5 日　上海海运油轮船队、立新船厂在全国交通工作会议上被评为全国交通战线先进企业。

6 月 20 日　南斯拉夫为上海海运建造的 15 艘友谊型货轮中的第 1 艘——“友谊 1”轮由上海海运船员接船，途径罗马尼亚装货抵达上海。

7 月 1 日　中共中央主席华国锋在沈阳军区司令员李德生、辽宁省委第一书记任仲夷陪同下视察大连港时登上停泊在港内的“大庆 61”轮，看望船员。

7 月　交通部批复同意成立上海海运职工大学，隶属交通部，由上海海运主管。

8 月 9 日　上海海兴轮船公司与湖北省外运公司、长航武汉港务局达成协议，自 9 月 1 日起，联合开辟汉口至香港的中国第一条江海直达定线货运航线。

11 月 28 日 经交通部批准，上海海运实行船舶管理体制改革，撤销船队建制，实行局对运输船舶的一级管理。

12 月 1 日 交通部召开航海技术人员代表大会，上海海运 37 名代表出席。会上，上海海运 15 个集体、13 名个人受到表彰和奖励。

1981 年

3 月 24 日 上海海运“海兴”轮首航香港，投入上海—香港客运航线。开航前，交通部副部长李维中登轮看望船员。4 月 6 日，“海兴”轮返回上海，交通部部长彭德清在上海海运领导冯品德、史堪陪同下上船看望船员。

5 月 1 日 上海海运“大庆 9”轮在国家经委、劳动总局、全国总工会召开的全国安全生产会议上获得“安全生产集体”奖状。

7 月 10 日 为贯彻落实中共中央总书记胡耀邦对货运质量问题的批示，上海海运派出运输质量普查组和“一条龙”百杂货运输质量检查组，深入船舶检查货运质量。

7 月 21 日 上海海运第一套劳务输出船员班子被派往香港海星轮船公司“新鹰”轮，合同期 1 年。

9 月 1 日 上海海运颁发实行《船舶安全生产规章制度汇编》。

12 月 “战斗 44”轮被交通部授予“推行全面质量管理先进单位”称号。

1982 年

1 月 上海海运职工待业子女 21 人，首批同上海海运有关部门签订合同，担任“茂新”轮客运服务员。合同规定实行浮动工资制。

3 月 2 日 交通部决定，授予上海海运服务员杨怀远为全国交通战线劳动模范称号，并发给 1980 年度劳动模范证书和全国交通战线劳动模范奖章。

3 月 5 日 中断 34 年的上海至福州客运航线正式复航。“茂新”轮投入首航。

4 月 3 日 由长江航运局、上海海运、中国国际信托投资公司联合组建的中国扬子江轮船股份有限公司正式营业。

5 月 5 日 上海海运“大庆 53”轮由上海空载驶往秦皇岛，在山东石岛东南海面，因船员违章电焊，引起油气爆炸，船舶沉没，死亡船员 20 人。5 名事故责任人被依法逮捕，追究刑事责任。上海海运主要领导人受到交通部的行政记大过处分。

8 月 3 日 上海海运决定建立指导船长、指导轮机长安全责任制，每一指导船长和指导轮机长对口负责管理 15 艘左右的船舶。

12 月 21 日 上海海运劳动服务公司成立。其是独立核算，独立经营，自负盈亏的单位，主要职责是管理局系统的集体单位，开辟发展生产服务渠道，组织和指导本局职工待业子女的就业工作。公司安置了船舶和各单位待业子女 478 人，解决了职工后顾之忧，1983 年实现利润 49 万元。

1983年

2月3日 为适应上海对外经济交流和旅游事业的发展需要，经上海市政府批准，上海海运同上海市投资信托公司、上海锦江饭店和上海市爱国建设公司合资组建的锦江航运有限公司在沪开业。韩克辛任董事长，刘延穆任总经理。该公司的第一艘客货轮“锦江”轮于1984年1月也投入了上海—香港客运航线。

4月 上海海运正式接收南通船厂。

9月5日 根据交通部和财政部联合通知，上海海运1983年1月1日—1985年12月31日试行利改税。

9月23日 交通部政治部下达《关于调整上海海运管理局领导班子的通知》。通知指出，部党组根据企业整顿与领导干部“四化”的要求，征得上海市委同意，决定：张建会主持党委工作；蔡国华主持行政领导工作；周以恒、沈良义、吴钟琴任副局长；黄为民任政治部副主任；李德忠任纪委书记；刘延穆、胡时渊任顾问；党委由张建会、蔡国华、黄为民、李德忠、陈昌本5人组成。

10月10日 根据国务院和交通部有关国营企业试行利改税的文件精神，为了进一步改善经营管理，提高经济效益，上海海运决定，自1983年1月1日起，试行经济责任制。

11月11日 上海海运“战斗67”轮航行途中遇大风，货物移位，导致翻沉，23名船员遇难，其余21名船员第二天被“长治”轮救起。

11月30日 由上海海运和广州海运共同开辟的上海—广州客货班轮航线通航。“长柳”轮由上海首航广州。上海市副市长朱宗葆出席“长柳”轮首航仪式并剪彩。

同月 上海海运从日本购入国内首艘液体化学品专用船“化运1”轮。

1984年

1月 上海海运局党委相继颁发《船舶党支部领导下的船长政委分工负责制条例》《出国船员守则》《船舶政工干部守则》。

3月7日 中共中央组织部批复同意交通部任命张建会为中共上海海运管理局委员会书记。

同日 交通部决定调整上海海运局上海海兴轮船公司领导班子。刘延穆任上海海兴轮船公司董事长，免去其总经理职务；蔡国华兼任上海海兴轮船公司总经理，周以恒兼任上海海兴轮船公司副总经理。

4月 上海海运外运体制发生变化，决定以上海海兴公司名义在国外建立外运代理和揽货经纪人业务网络，独立进行远洋运输业务。

7月1日 厦门市政府举行上海—厦门—广州客运航线通航庆祝仪式。上海—广州客货班轮开始弯靠厦门港，中断35年的申厦客运航线复航。

10月12日 上海海运决定更改部分船名。以“战斗”命名的货轮，恢复“文化大革命”前的“和平”船名，以“工农兵”命名的客货轮改名“庆新”“贺新”等。大连分局的4艘“工农兵”客货轮改名为“天×”轮。

11月13日 上海海运“职工思想政治工研究会”成立。张建会任会长，黄为民、冯攀启等5人任副会长。翌年3月《海运政工研究》创刊。

1985年

1月1日 交通部决定，将上海海运大连分局从上海海运划出，改名大连轮船公司，为交通部直属企业。

1月2日 上海海运成立审计室，其为机关职能处室，接受局长和上级审计部门双重领导，对全局的经济活动独立行使审计监督权。

1月12日 交通部和中国海员工会全国委员会在广州召开文明船、站命名表彰大会。上海海运申连客运航线在会上被交通部、中国海员工会全国委员会命名为“文明客运航线”；“长征”“长锦”“荣新”3艘客船同时被命名为“文明船”。

同日 立丰船厂“华山”号浮船坞将总长178米、总吨1.6万余吨的“大庆44”轮托出黄浦江面，这是国内浮船坞超长超载抬船成功的首例。

4月26日 上海海运首次实现百日安全无重大、大事故的目标。

5月6日 上海海运外轮航次修理厂与外商合营的“上海外轮航次修理厂—新加坡万度力联合公司”举行开业典礼，蔡国华局长剪彩。该公司主要经营船舶柴油机、螺旋桨等各种附件的修复任务。这是上海海运改革开放与外商合营的第一家公司。

5月30日 上海海运向交通部报送改革船舶管理体制的报告，提出组建若干专业运输公司，船公司以加强船舶管理为主要职责，管船、管人、管安全，实行内部独立核算，赋予相应的自主权。是年8月9日，交通部批复同意，并提出先组建石油运输公司试点。

7月22日 上海海运首艘沿海双体客货轮“瑞昌”轮（后改为“瑞新”轮）由上海首航温州，投入上海—温州航线。该轮由上海海运和交通大学主持设计，由江西江州船厂建造。

8月14日 成立“上海海运服务有限公司”，沈良义副局长任董事长。该公司为全民所有制性质，从事多种经营，实行独立核算，自负盈亏。公司成立以后，在本市开展多种经营服务项目，在苏州、杭州先后合资经营旅馆业务，并统一管理上海海运职工疗休养场所。

10月10日 上海海运成立“上海海运技术服务公司”，黄国忠副局长任董事长。该中心遵循科技为经济服务的方针，发挥在职和退休科技人员的积极性，运用海运科技成果，从事社会咨询开发工作。

11月2日 国务院总理李鹏批准上海市人民政府和交通部《关于建议命名杨怀远为全国劳动模范的请示》，“长柳”轮服务员杨怀远被命名为全国劳动模范。随后，上海市委和交通部分别授予杨怀远“上海市优秀共产党员”“特级服务员”称号。

同月 上海海运石油运输公司成立。

是年 上海海运新辟石臼所至上海（宝钢）煤运航线。

1986年

1月1日 中共中央书记处候补书记郝建秀在中共上海市委副书记吴邦国等陪同下，到全国劳模、“长柳”轮服务员杨怀远家中慰问，勉励他把“小扁担”精神传下去。

1月7日 上海海运政治部、局工会联合召开船员家属表彰大会，300名船员家属出席。大会向80名优秀船员家属颁发了荣誉证书。

1月17日 行驶上海—福州的客班轮开始中途湾靠福建三沙港。这是上海海运开辟的第10个客运港口。

1月18日 交通部和中国海员工会全国委员会在北京，首次联合召开全国优秀船员家属代表表彰大会。上海海运船员家属龚炳英、佘秀英、宋饶珍、金雅萍、郭梅珍、孙月心和局工会女工干部8人出席大会。龚炳英、佘秀英在会上作了交流发言。交通部部长钱永昌高度赞扬船员家属作出的贡献。全国妇联主席康克清和中共中央书记处候补书记郝建秀接见了与会船员家属代表。

1月23日 交通部公布1985年度部级优质运输先进集体名单，上海海运“长锦”“长征”“和平44”“和平45”轮榜上有名。

3月3日 中国共产党上海市第五次代表大会开幕，上海海运代表黄为民、张建会、应嘉良、周来根、杨怀远、裘来娣和候补代表姜恭礼出席。杨怀远当选为大会主席团成员。

3月10日 在上海市安全优质活动表彰大会上，上海海运“上海”轮QC小组获得1985年度两港一航QC活动成果一等奖。

3月19日 在市交通系统“十大窗口”竞赛先进集体、先进个人表彰会上，“长征”“长锦”“长绣”“长河”“长山”“长自”“长力”“长更”等沿海客货轮被授予“文明船”称号。“长征”轮蒋国光荣获“服务明星”称号。

5月21日 在上海海运成立30周年之际，上海海运党委决定将《上海海运报》从宣传处划出，成立处一级的《上海海运报》社。

7月3日 交通部授予上海海运1985年度全国交通系统经济效益先进企业。

9月2日 交通部将上海海运列入国家经委重点抓的引进国外智力工作的3000个企业之一。上海海运成立国外智力领导小组，副局长黄国忠任组长。

11月 上海海运客运公司成立。

11月14日 为使船长和法律部门熟悉和了解船舶海损事故的刑事、民事等方面的法律责任，上海海运举办“海损事故的法律责任”专题讲座，在港船长和有关人员100余人参加。

12月2日 上海海运购置的2.7万吨级散货自卸船“南极洲”轮在上海港民生装卸公司作业区总用了13小时，顺利地自卸了21990吨煤炭，圆满地完成试运转任务。

12月2日 在北京参加全国先进党支部和优秀共产党员事迹经验交流会的“长柳”轮服务员、全国劳动模范杨怀远与代表们一起在人民大会堂受到邓小平、胡耀邦等中央领导人的接见，并合影留念。

12 月 2 日 上海海运政治部根据党中央“全党都要做好对台工作”的指示精神，向航行远洋的船舶和外派船员班子，发出了《关于积极开展对台宣传工作的意见》。意见要求：充分利用航行于世界各地，与台湾船员、台湾同胞接触机会较多的有利条件，积极开展对台宣传工作，宣传“一国两制”，宣传祖国的大好形势和对外开放、对内搞活的强国富民政策。

12 月 16 日 上海海运重新修订的《船舶安全生产规章制度汇编》，从 1987 年 1 月 1 日起执行。《汇编》分 11 类，55 个规章制度。1981 年 1 月刊印的《汇编》同时废除。

1987 年

2 月 宁波花港有限公司开辟上海芦潮港—宁波高速客班航线。

4 月 14 日 根据交通部决定，上海海运将南通船厂建设指挥部移交南通港务局管理。

4 月 16 日 上海海运将制定的《上海海运管理局职工职业道德规范》《上海海运管理局船员职业道德规范》《上海海运管理局机关工作人员职业道德规范》和《上海海运管理局后勤人员职业道德规范》，并规定 5 月为全局性职业道德宣传月。

5 月 28 日 党委书记黄为民在《上海海运报》发表《坚持和发扬海运局企业精神》的文章。文章概括了 7 方面的企业精神：艰苦奋斗的创业精神；爱船如家的奉献精神；同舟共济的互助精神；尊客爱货的服务精神；战风斗浪的拼搏精神；开拓创新的进取精神；尊重科学的求实精神。

6 月 7 日 上海海运设计制造的船舶机舱恒温隔声室装置，在交通部召开的总结验收会上通过鉴定。自 1983 年已经在船上陆续使用，效果良好，改善了船员的工作条件。

8 月 21 日 上海海运成立职改领导小组，开展职称改革工作。吴钟琴任组长，汪湘涛任副组长，下设办公室。

8—9 月 宝山钢铁总厂主原料码头引桥被外轮撞断，致该厂原料供应面临危机。上海海运及时抽派船舶为宝钢抢运煤炭。

9 月 1 日 上海海运在全局范围试行《上海海运管理局安全责任制》，制度根据“统一领导，分级管理，逐级负责，各司其职”的原则，分别规定了局党政领导、机关各处室、基层各单位和船舶等在安全方面的责任。

9 月 23 日 上海海运制定《运输船舶安全检查标准》细则 300 条，促使安全管理规范化、科学化。

10 月 16 日 上海海运“森海 4”轮 QC 小组被评为 1987 年度全国优秀 QC 小组。这次获得成果的课题是“以航适港防碰撞，安全航行促效益”。11 月上旬，“森海 4”轮 QC 小组组长朱尔敏船长出席了在西安召开的全国第九次质量管理代表会议。

10 月 上海海运成立货轮运输公司（1988 年 9 月 17 日，该公司划分为第一货运公司和第二货运公司）。

11 月中旬 上海海兴轮船有限公司同厦门经济特区船务有限公司合资联合组建的“鹭

海船务企业有限公司”在厦门成立。该公司旨在加强上海厦门之间的经济联系，便利接待台湾同胞回大陆探亲、旅游。12月27日，“鹭海船务企业有限公司”的“海樱”轮（上海海运以航次期租的形式，租予“鹭海船务企业有限公司”），参加了厦门至上海直达客货航线的首航仪式。

11月13日 曾经在上海海运客轮当过乘警，后调离其他单位的于双戈于15时15分登上系泊黄浦江浮筒上的“茂盛”轮，潜入值班乘警室，盗走两支五四式手枪、一支六四式手枪、一副手铐和268发子弹。于17时10分逃离“茂新”轮。随后到中国工商银行东体育会路储蓄所，枪杀了一女营业员。事发后于双戈逃离现场，经追查最终被抓获。上海海运对有关责任人员分别作了通报、批评、警告、免职等处理。“茂新”轮值班乘警被追究刑事责任。

11月20日 由上海海运投资320万兴建的位于杭州富阳县的“上海海运杭州疗养院”竣工，蔡国华局长揭幕。该疗养院占地32.5亩，总建筑面积6500多平方米，有80多个房间，200多张床位。

是年 沪东造船厂为上海海运建成当时最大的国产原油轮“大庆91”轮。

1988年

3月16日 交通部批复同意上海海运实行局长负责制，按照局长任期目标责任书实行局长任期目标责任制。局长任期3年（1988年至1990年12月31日），并要求上海海运船舶在1988年内实行船长负责制。

4月5日 交通部政治部组织部和上海市交通办党委领导来上海海运宣布关于交通部党组关于调整上海海运领导成员的决定；局行政领导为局长蔡国华，副局长孙治堂、黄国忠、李绍德。局党委由黄为民、蔡国华、孙治堂、李德忠、陈昌本组成，黄为民任书记。

同日 上海海运成立局管理委员会，由局长、副局长，局党委书记，局工会主席，局团委书记，总会计师和职工代表12人组成。局长蔡国华任主任。局管理委员会的主要任务是，就企业经营管理中的重大问题协助局长决策。

5月5日 上海海运颁发《船长负责制条例》《党支部工作条例》《船长职务规则》《副船长职务规则（试行）》。

6月21日 上海海运改革干部管理制度，开始实行处级干部聘任制。局机关16个处室和船公司、各基层单位由局长聘任任命。聘任期与本届局长负责制期限相同。

7月2日 上海海运工会、杨怀远和其妻佘秀英在上海海员俱乐部联合召开新闻发布会，向到会的51家新闻单位、出版单位的记者、编辑揭露作家张士敏利用小说《荣誉上的十字架》诽谤杨怀远、佘秀英的事实真相。15日，交通部政治部致信杨怀远、佘秀英，称赞杨怀远几十年如一日，全心全意为人民服务，在客轮服务工作的岗位上做出了不平凡的成绩；杨怀远不仅是改革的积极拥护者，而且是改革的实践者。来信还赞扬佘秀英是当之无愧的贤内助，对她表示感谢和亲切慰问。

7月 上海海运船舶服务站和局机关部分后勤部门划入“上海海运服务有限公司”增

加了船舶生活供应等业务，定名为“上海海运服务公司”。

9 月 28 日 上海海运“海樱”轮首航日本那霸，从那霸载运 103 名旅客返航，是日抵达厦门，受到厦门港务局、外轮代理公司、国际旅行社和鹭海公司等单位的热烈欢迎。

11 月 4 日 杨怀远作为中国劳动模范代表团成员之一，访问朝鲜民主主义人民共和国。

11 月 6 日 按照上海海兴轮船公司同宁波轮船公司、宁波港务局签订的包舱运输协议，“海达”轮装载 2100 吨货物驶往香港，投入宁波—香港杂货班轮运输。

12 月 5 日 根据交通部政治部《关于实行厂长（经理负责制）单位行政领导重新审批的通知》的要求，经上海海运局局长提名和局党委提出意见，交通部批复同意：孙治堂、黄国忠、李绍德任上海海运副局长，其任期与局长相同。

同日 上海海运和上海石油化工总厂联合经营的金海船务贸易有限公司正式成立。

12 月 23 日 上海海运为缓解上海市用煤紧张的矛盾，召开保煤运输动员大会。“振奋 2”“振奋 3”“振奋 4”“振奋 8”轮和“徐州”轮在抢运煤炭中单船年运煤量超过百万吨，在会上被授予“运煤先锋船”称号。

同日 上海海运立新船舶修造厂、外轮修理厂荣获上海市市级先进企业称号。

12 月 24 日 上海市市长朱镕基登上在码头卸煤的“华北”轮，看望和慰问船员，对海运局船员抢运煤炭，为上海经济建设做出贡献表示感谢。

12 月下旬 交通部同意上海海运试行工资总额同经济效益挂钩办法，期限为 1988 年 1 月至 1989 年 12 月。

同月 上海海兴轮船有限公司和香港招商船务企业有限公司联合组建兴海船务企业有限公司。

1989 年

1 月 27 日（农历正月初一） 中共上海市委书记江泽民登上停泊在黄浦江老白渡码头的运煤先锋船“振奋 5”轮，向坚持节日生产，为上海及华东地区煤炭运输做出贡献的船员表示慰问和感谢。江泽民一边向船员拜年，一边说，如果没有你们的辛勤劳动，上海人民的用电和生活都会很困难，祝同志们节日愉快，身体健康，取得更大成绩。

2 月 13 日 经过历时半年的征求意见和讨论，上海海运管理委员会确定企业精神为“爱我海运，创优图强”，以激励全体职工，促进“两个文明”建设。

同月 交通部召开煤炭运输紧急会议，对上海海运下达了后 5 个月煤炭运输指令性计划，要求每月必须完成 370 万吨以上。当月下旬，上海海运即投入煤炭运力近 90 万吨，再度开展紧张的保煤运输。

3 月 6 日 上海海运为庆祝建局 40 周年而举行首届艺术节在上海杂技场开幕，上海电视台作了实况转播。

3 月 中共上海市委书记江泽民为纪念上海海运成立 40 周年题词“发展海运，服务四化”。

4 月 20 日 因 1988 年上海海运局局长任期目标完成较好，上海海运下发《关于 1989 年我局职工增加工资的通知》决定，从 3 月 1 日起调整一次企业工资，最高为二级半，最低为一级。6 月 22 日，又发出通知，从 1989 年 1 月日起再给全局职工增加一级工效浮动工资。11 月 29 日，上海海运又一次发出通知，从 1989 年 8 月 1 日起，在前二次增资的基础上再给职工增加一级工效浮动工资。这是上海海运历年来年增加工资次数最多、增资幅度最大的一年。

5 月 23 日 上海海运召开建局 40 周年座谈会。党政工团领导和当年参加接管招商局的老同志、地下党员、原招商局工作人员代表和局职工代表 100 人出席座谈会。

9 月 5 日 国家对沿海各线客运票价实行调整，北方和华南沿海客运综合基价分别提高 91.3% 和 91.8%。

1990 年

年初 "振奋 2"轮等 12 艘"运煤先锋船"联名致信上海市市长朱镕基，汇报保煤运输成果，表达全体船员为上海经济建设服务的决心。1 月 7 日，朱镕基回信热情赞扬运煤船员为上海"作了大贡献，创造了历史的业绩"。

2 月 经国务院批准，交通部和国家物价总局对交通部直属水运企业的货运运价进行调整，同时取消水陆和水水联运货物的优惠价。

6 月 21 日 渤海造船厂开始为上海海运建造 3.5 万吨级肥大型浅吃水散货船。

11 月 25 日 "大庆 63"轮在渤海海面，顺利地靠上 5 万吨级储油船"渤海长青"号，开创了国内海上"单点系泊"的先例，打破了中国海上开采向石油长期依靠外轮承运的纪录。

是年 上海海运坚持"立足沿海、搞活远洋、航运为主、多种经营、提高效益、信誉至上"的经营方针，坚持改革开放，外贸运输发展迅速，年外贸运量达 700.5 万吨，为 1979 年的 10 倍多，为 1985 年的 1.7 倍，10 余年间累计完成外贸运量 4583 万吨。

1991 年

1 月 在全国水路客运会议上，上海海运"长自""长力""荣新""繁新""瑞新"轮等被交通部授予"文明客船"称号，申连、申港航线被评为"文明客运航线"。

3 月 上海海运重新制订和颁发了《船员职务规则》《船员值班交接班制度》和《船员安全责任制》。

11 月 11 日 上海海运召开第四次党代会，黄为民书记作了《充分发挥党组织的政治核心作用，为推进我局两个文明建设而奋斗》的报告。

1992 年

1 月 4 日 中国自行设计制造的第一艘浅吃水肥大型散货船"宁安 1"轮首航仪式在宝

山钢铁总厂举行。

3月12日 满载150辆桑塔纳轿车的“新和”轮驶抵大连港，是上海海运首次整船运输轿车。

6月30日 上海海运为充分发挥海运优势，参与浦东开发，在浦东新区组建的浦东海运实业总公司正式开业。该公司是当时中央部属在沪航运企业在浦东投资兴建的最大的综合性实体公司。

7月31日 上海海运7月份战高温夺高产，货运量、煤运量均创造了历史最好成绩。货运量达到709.6万吨，其中煤运量完成437.3万吨。

9月1日 上海海运“林海1”轮满载铁木，从大连驶沪，途中遭受不测风暴袭击，在山东荣成湾沉没，35名船员中只有17人生还。

11月14日 根据上海海运党政会议决定，上海海运纪委和监察处正式合署办公，实行一套班子两块牌子，履行两种职能。

11月 上海海运劳动分配制度迈出大步，近3万职工均在定编、定员、定岗基础上签订了上岗合同，并相应实行上岗工资。

12月4日 上海金海船务贸易有限公司“金海联”轮首航韩国，上海与韩 国水上贸易航线开通。

12月10日 上海海运庆祝退管会成立10周年。退管会管理上海市和大连、青岛、秦皇岛、宁波等地2000多名退休职工。

12月 上海市1991年度百件好事活动评选揭晓，海服公司“海交8”轮水手周尚武20多年11次救起落水者的事迹光荣入选，并获得表彰。

1993年

2月6日 上海海运服务公司所属苏州阳澄湖饭店通过竣工验收。阳澄湖饭店其主要功能是为上海海运油轮船员疗休养、职工度假提供服务和为局、船公司等单位提供会务服务。

5月21日 交通部副部长李居昌视察“海兴”轮。

6月7日 交通部决定，孙治堂同志任上海海运（集团）公司总经理；黄国忠、李绍德、张洁明任上海海运（集团）公司副总经理。

6月18日 交通部上海海运管理局改组为上海海运（集团）公司。

7月 上海海运公司燃料站千吨级供油轮首航（香）港、澳（门）航线，将燃料供应业务拓展到境外油运市场。

9月21日 上海海运通信站在全国交通通信工作会议上被授予“全国交通系统通信服务先进单位”荣誉称号。

9月23日 我国外贸部部长吴仪与德国外贸部部长草签了一份由德国政府提供长期低息贷款，为我国建造8艘船的合同。其中上海海运订购的有4艘，两艘为客箱船，两艘为油轮。根据两国政府的约定，上海海运船技处处长和黄国忠副总经理先后前往德国进行了商务谈判。

10 月 6 日　上海海运实现连续 400 天无重大、大事故的优异成绩。10 月份，上海海运船舶全月未发生一起海损上报事故，船舶安全面达 100%。

11 月 6 日　海运通信中心大楼破土动工。这是上海海运与国际海运通信接轨的一个重大项目（后命名海运大楼）。

11 月 18 日　中国第一条沿海全集装箱运输航线，广州（佛山）至上海全集装箱运输航线开通。

同月　经上海市人民政府批准，上海海运学校被列为“市部级重点普通中等专业学校”。

是年　上海海运首次实现企业安全年。

是年　为支持浦东开发开放和陆家嘴金融中心建设，上海立新船厂开始迁出陆家嘴原址。

1994 年

1 月　上海海运为深化改革，适应市场经济，打破传统格局，将船舶调度经营权下放所属船公司。

3 月 22 日　经交通部批准，上海海运第一艘集装箱船“向秀”轮开辟上海—韩国釜山集装箱班轮航线。这条航线的开通推动了中韩两国的贸易往来和上海的外贸运输。

4 月 20 日　上海—广州客运航线班轮因亏损严重而停航。

5 月 28 日　上海海运举行接管招商局 45 周年座谈会。

6 月 6 日　“大庆 29”轮被上海市团市委授予“共青团号”铜牌。“大庆 29”轮的青年船员占有 90%，该轮是上海海运培养海员青年人才的基地，两年来多次获得上海市和交通部多项荣誉。

6 月 20 日　“海华”轮从上海首航长崎。市政府、交通部、市交通办、上海海运等有关领导和日方代表在外虹桥国际客运码头举行的首航仪式。

6 月 23 日　由上海海运服务总公司所属振海艺术品公司等 5 家单位主办的“上海百景中国画展”在上海美术馆隆重开幕，上海市委宣传部部长等领导出席了开幕式。“上海百景中国画展”展出以后，在社会上引起较大反响，各媒体予以报道。当年下半年该画展到北京展出。

9 月 9 日　上海海运技工学校被评为国家级重点技校，当日举行挂牌仪式。同月，上海海员医院跻身市级甲等医院行列。

11 月 11 日　上海海兴轮船股份有限公司发行的 H 股在香港联合交易所挂牌上市交易。

11 月底　上海海运年外贸运量首次突破 1000 万吨。

1995 年

1 月 17 日　交通部刘松金副部长率部春运检查组到上海海运检查和指导工作，要求上海海运领导认真吸取 1994 年连续发生几起重大事故的教训，始终把安全工作放在首位，深入现场办公，抓好船舶安全生产。

3 月 2 日 杨怀远所著《为人民服务到白头》一书首发式，在“海兴”轮举行。《为人民服务到白头》全书 17 万字，原交通部部长彭德清为此书题写书名，交通部部长黄镇东为此书作序。

4 月 11 日 为加强军事运输工作，交通部水运管理司、总后物资油料部、军交运输部在北京联合召开全军军用油料水路军事运输协调会。会后，上海海运根据会议要求，一如既往优先优质地做好军事运输工作，及时安排了 3000—4500 吨级的油船，确保完成大连—上海、上海—汕头、大连—古镇口、厦门、三都的航煤油和军用柴油的运输任务。

5 月 27 日 上海海运表彰 20 名优秀中青年知识分子，引导中青年知识分子“学知识、学科学、学技术”。

5 月 28 日 由上海江南船厂建造的“长虹”“长宁”两轮同时下水。

7 月 4 日 上海海运召开现代企业制度试点工作第一次联络会议。会议由领导小组常务副组长张沽明副总经理主持。会议明确，根据交通部的部署，上海海运作为建立现代企业制度的试点工作正式启动。会议确定要求有关部门在年底前制定出“实施方案”。孙治堂、黄为民到会讲话。

8 月 5 日 上海市委书记黄菊在秦皇岛市委书记的陪同下到秦皇岛码头视察，然后登上停泊在港区的“柳州”轮，慰问船员。他对政委说，你们是连接上海和秦皇岛的桥梁。

8 月 31 日 上海海运在德国建造的客箱船“紫玉兰”轮顺利交船，上海海运党委书记黄为民带领有关人员出席了交船仪式。

10 月 14 日 上海市分管旅游的副市长龚学平和市有关部门的负责人在孙治堂总经理的陪同下，来到停泊在外虹桥码头的“紫玉兰”轮。副市长龚学平一行参观了船舶设施，听取了孙治堂总经理对客箱船建造情况和两岸通航所做的准备工作的汇报。龚副市长对上海海运先行一步的意识和做法表示赞赏，并题词“愿海运为上海旅游事业作出新贡献”。

10 月 26 日 上海海运召开外事工作会议，黄国忠副总经理做了《发扬成绩，不断进取，把（集团）公司外事管理工作提高到一个新水平》的工作报告。会议提出 3 项工作要求：认真落实交通部武汉外事工作海运精神；各级领导要重视和加强对外事工作的领导；对船员和员工加强外事纪律教育，严格执行上海海运修改颁发的外事纪律。

10 月 上海海运被国家经贸委评为“八五”计划期间全国节能先进企业。

11 月 1 日 上海海运全国交通科学技术大会上被评为全国交通系统科技进步先进集体。

11 月 13 日 由立新船厂承修的 17 万吨级希腊籍货船“凯和”轮竣工出厂，这是上海修船行业有史以来修理的最大吨位船舶。

12 月 4 日 交通部任免决定，李绍德同志任上海海运（集团）公司总经理（正局级），燕明义、黄新民同志任副总经理（副局级），陈昌本同志任巡视员（副局级）。免去孙治堂同志上海海运（集团）公司总经理职务。孙治堂同志任中共上海海运（集团）公司委员会书记。

12 月 11 日　交通部人劳司司长谭占海到上海海运宣布新一任领导班子人员名单：李绍德任总经理、孙治堂任党委书记。领导班子人员还有：党委副书记刘国雄；副总经理张洁明、燕明义、黄新明，总会计师杨火才；纪委书记朱斌；工会负责人陈德诚。原副总经理黄国忠、工会主席陈昌本任巡视员。

是年　上海海运对外技术服务公司获得国家正式颁发的劳务外派经营证书。

1996 年

1 月 26 日　靠泊高桥炼油厂码头的“大庆 48”轮举行船员劳动合同制签字仪式，45 名船员与油轮公司签订了劳动合同。这是交通部海运系统第 1 艘实行船员劳动合同制的船舶。

5 月　上海海运客运公司与上海、宁波、温州三港签订《客运业务代理合同》《港口作业服务合同》和《客票售票代理合同》，分别以 70%，80% 和 60% 的份额，委托三港代理客票业务，自留 30%，20% 和 40% 售票权。

7 月 25 日　上海海运职工心系“希望工程”，党政领导带头，广大职工响应，连航行在大海、远洋的船员也纷纷捐款，共计 50 万元。

7 月　上海海运人才交流中心正式挂牌运转，从建章立制入手，将人才交流工作制度化、规范化。同时多形式、多渠道安置富余人员。

8 月 7 日　立新船厂按时全部完成动迁任务，告别了陆家嘴。立新船厂动迁期间，浦东新区工作党委书记周禹鹏、浦东新区管委会胡炜副主任和李绍德总经理、孙治堂党委书记以及有关部门负责人到场欢送，感谢立新船厂职工以实际行动对浦东开发开放的支持。

8 月 30 日　上海海运所属海运职工大学、海运学校、海运技工学校联合成立该集团公司教育培训中心。

9 月 28 日　李绍德总经理带领 4 名局级领导和 20 名处级干部到青岛港进行为期 3 天的学习取经，进一步推进单位学青岛港的活动。学习代表乘“喜鹊”轮回沪途中，在船上就进行了学习经验交流会。

10 月 18 日　上海海运立新船厂、立丰船厂和外轮修理厂联合组建的联合船坞公司正式成立。

11 月 11 日　上海海兴轮船股份有限公司实施经营管理体制改制，同上海海运在管理机构上全部分开，并按专业化分工原则成立货运分公司、远洋运输分公司、集装箱分公司和油运分公司，从而上海海兴轮船有限公司成为利润中心。

11 月 18 日　上海航运交易中心成立，标志着我国第一家国家级水路运输交易市场诞生。上海海运总经理李绍德、副总经理张洁明出席成立大会。上海海运海兴公司、金辉代理公司、远洋分公司等 8 家单位成为首批会员单位。

12 月 8 日　上海海运将海运住宅发展公司、房地产开发公司、海红实业公司、海泓物业公司、海运影都五家公司按“调整结构、优化资产”的原则，进行资产重组。

12 月　上海海运总部由广东路 20 号迁址到东大名路 700 号。

1997年

1月18日　国内最大修船企业诞生，上海海运联合船坞有限公司成立，上海市副市长、浦东新区管委会主任赵启正应邀出席成立大会，为该船坞公司题词。

2月7日　这一天是大年初一，全国海员工会主席张士辉在上海海运新老工会主席陈德诚和陈昌本的陪同下，到停泊在上海炼油厂码头的“大庆51”轮和靠泊在庆宁寺的“大庆73”轮以及远航8个月在除夕回上海的“新宁”轮，慰问节日坚持工作的船员。

3月28日　中国海员工会全国委员会第四届委员会在北京闭幕，上海海运工会主席陈德诚被选为新一届全委常委。

5月20日　上海海运首届科技节暨科技大会隆重开幕。李绍德总经理作了《发展科技，振兴海运》的工作报告。中海集团筹备组领导李克麟发来贺电。首届科技节展示了一批上海海运科技成果，表彰了为海运科技作出贡献的先进人物。

7月1日　中国海运集团及其核心企业中国海运（集团）总公司成立，上海海运成为其子公司。

同月　上海海运船舶污水处理厂成立。

附录二　交通部上海海运管理局机构沿革表

机构名称	设置时间	领导人			
		姓名	职务	任职时间	离任时间
招商局轮船股份有限公司（军管）	1949.5—1950.3	于　眉	军事总代表	1949.5	1950.3
		胡时渊	总经理	1949.5	1950.3
国营轮船总公司（招商局）	1950.4—1951.1	于　眉	负责人	1950.4	1951.1
中国人民轮船公司上海区公司	1951.2—1951.7	邓寅冬	经理	1951.2	1951.7
交通部华东区海运管理局	1951.8—1953.4	邓寅冬	局长	1951.8	1953.4
交通部上海海运管理局	1953.5—1956.8	邓寅冬	局长	1953.5	1954.8
		蒲济生	局长	1954.8	1956.8
交通部上海区海运管理局	1956.9—1958.4	韩克辛	局长	1956.9	1958.4
交通部上海海运管理局	1958.4—1964.5	李维中	局长	1958.4	1960.7
		韩克辛	局长	1960.7	1964.5
上海轮船公司	1964.6—1968.5	刘延穆	经理	1964.6	1968.5
上海海运局	1968.5—1978.3	刘俊岭	军管会主任	1967.6	1968.10
		唐　坚	军管会主任	1968.10	1970.2
		张茂勋	军管会主任	1970.2	1971.12
		刘　持	主持军管会工作	1971.12	1974.10
		刘俊岭	革命委员会主任	1968.5	1968.10
		冯品德	革命委员会主任	1976.3	1978.3
交通部上海海运管理局	1978.3—1993.6	史　堪	局长	1978.3	1981.8
		刘延穆	代局长	1981.8	1983.9
		蔡国华	主持工作	1983.9	1984.11
		蔡国华	局长	1984.11	1991.4
		孙治堂	局长	1991.4	1993.6
上海海运（集团）公司	1993.6—2016.7	孙治堂	总经理	1993.6	1995.12
		李绍德	总经理	1995.12	1997.6

附录三　中共上海海运管理局委员会组织沿革表

机构名称	设置时间	领导人			
		姓名	职务	任职时间	离任时间
中共上海市军事管制委员会航运处委员会	1949.5—1950.7	邓寅冬	书记	1949.5	1950.7
中共国营轮船总公司（招商局）分党委	1950.7—1951.8	邓寅冬	书记	1950.7	1951.8
中共华东区海运管理局总支委员会	1951.8—1954.4	国都君	代理书记	1951.8	1954.4
中共华东区海运管理局党组	1951.12—1953.5	邓寅冬	书记	1951.12	1953.5
中共上海海运管理局党组	1953.5—1954.4	邓寅冬	书记	1953.5	1954.4
中共上海海运管理局委员会	1954.4—1956.8	蒲济生	书记	1954.4	1956.8
中共上海区海运管理局临时委员会	1956.2—1956.8	韩克辛	书记	1956.2	1956.8
中共上海区海运管理局委员会	1956.8—1958.4	韩克辛	书记	1956.8	1958.4
中共上海海运管理局委员会	1958.4—1964.6	李维中	书记	1958.4	1960.7
		韩克辛	书记	1960.7	1964.5
中共上海轮船公司委员会	1964.6—1970.3	王玉琪	书记	1964.6	1970.3
中共上海海运局核心小组	1970.3—1971.7	张茂勋	组长	1970.3	1971.7
中共上海海运局委员会	1971.7—1978.3	张茂勋	书记	1971.7	1973.1
		孙　黎	书记	1973.1	1976.3
		冯品德	书记	1976.3	1978.3

续上表

机构名称	设置时间	领导人			
		姓名	职务	任职时间	离任时间
中共上海海运管理局委员会	1978.3—1993.6	冯品德	书记	1978.3	1982.2
		刘延穆	主持工作	1982.2	1983.9
		张建会	主持工作	1983.9	1984.3
		张建会	书记	1984.3	1985.3
		黄为民	书记	1985.3	1993.6
中共上海海运（集团）公司委员会	1993.6—2016.7	黄为民	书记	1993.6	1995.12
		孙治堂	书记	1995.12	1997.6
		刘国雄	书记	1997.7	2002.1

附录四　上海海运历年省部级以上劳模表彰名单

<table>
<tr><th>人　员</th><th>年份</th><th colspan="2">称　号</th></tr>
<tr><td>杨怀远</td><td>1985</td><td colspan="2" rowspan="2">全国劳动模范</td></tr>
<tr><td>车朝纯</td><td>1995</td></tr>
<tr><td>杨怀远、朱尔敏</td><td>1986</td><td colspan="2" rowspan="5">全国五一劳动奖章</td></tr>
<tr><td>蒋华金</td><td>1987</td></tr>
<tr><td>张庆信</td><td>1988</td></tr>
<tr><td>马克君</td><td>1989</td></tr>
<tr><td>郑小毛</td><td>1991</td></tr>
<tr><td>张诗英、王倬、夏家箴、孔钦祥、宋春生、黄金友、厉永康、屠宗贵、何昌毓、张明德、徐永春</td><td>1956</td><td colspan="2" rowspan="2">全国先进生产（工作）者</td></tr>
<tr><td>屠宗贵、杨君劲</td><td>1959</td></tr>
<tr><td>夏家箴、王倬、宋春生、孔钦祥</td><td rowspan="3">1956</td><td>一等</td><td rowspan="3">交通部先进生产（工作）者</td></tr>
<tr><td>龚丕勋、施庭槐、张明德、门启瑞、屠宗贵、厉永康、何昌毓、张诗英、徐永春、战作新</td><td>二等</td></tr>
<tr><td>于新芳、吴剑柔、士维浩、王家梅、王德根、黄金友、梁瑞义、陆阿根、陈赓棠、徐干清、徐嘉福、殷国栋、朱阿毛、丁安兴、刘述奎、沈良柏、顾林发、郭光贤、季富宝、徐文鑫</td><td>三等</td></tr>
<tr><td>周来根、顾土良、徐殿宏、陆少福、季建峰、费筱露、虞小海、蔡国华、徐连杰、何耀明、徐文林、潘耀根、陈有义、王升可、黄国忠、杨婉华（女）、谢伟凯</td><td>1978</td><td colspan="2">交通部先进生产（工作）者</td></tr>
<tr><td>施庭槐、马云龙、张燕铎、李煜鸣、包福定、于忠泉、李本齐、黄志鹏、顾金星、季佳明、张良明、刘述奎、沈良柏、姜尔寿、龚丕勋、黄金友、林万骙、梁瑞义、厉永康、夏家箴、杨君劲、王阿根、周贻、黄根生</td><td>1956</td><td colspan="2">上海市先进生产（工作）者</td></tr>
</table>

续上表

人员	年份	称号
刘述奎、厉永康、张良明、黄金友、于忠泉、顾祥郎、张秉义、郑谒根、钮国援、尚国友、范从彦、周荣生	1957	上海市先进生产（工作）者
黄金友、周贻、徐文明、杨兰庭、王仰民、芦凤有、朱海声、舒兴发、钟明翔、刘阿意	1959	
孔钦祥、冯赞统、刘林祥、史会栋、程永述、陈贵然	1960—1961	
郑谒根、包富定、杨君劲、方德升、钟明翔、陈沛川、刘恩发	1961—1962	
黄金友、邵祖德、胡连仁、陈阿昌、何瑞瘭、杨志远、贝善根、胡诚智、郑岩弟、杨宪章、孙洪峰、周耀琮、何鸿芳、顾土良	1962	
周来根、虞小海、徐殿宏、季建峰、费筱露、魏梅君、陆少福	1976	
周来根、虞小海、徐殿宏、季建峰、费筱露、杨君劲、顾土良、徐文林、陈有义、王升可、徐连杰、陆少福、蔡国华、黄国忠、何耀明、潘耀根、谢伟凯、杨婉华（女）	1977	
虞小海、潘耀根、于士荣、杨婉华（女）、陈昌本、陆少福、陈锡、谢伟凯、何耀明、李启明、王升可、费筱露、季建峰、胡兴岳、陈德斌、王燕慈（女）	1978	
周善元、姚福喜、潘良荣	1950	上海市劳动模范
宋春生、许茂祥、毛兴才、张明德	1953	
龚丕勋、宋春生、许茂祥、夏家箴、孔钦祥、徐嘉福、顾财实	1954	
王倬、宋春生、黄金友、夏家箴、孔钦祥、门启瑞、屠宗贵、何昌毓、厉永康、梁瑞义、余贻芳、王云纯、徐永春、徐嘉福、林万骙、赵兆龙	1955	
周来根、周以恒、顾土良、杨君劲、蔡国华、徐殿宏	1978	
周来根、顾土良、周以恒、陈昌本、杨君劲	1979	
杨怀远、周来根、应嘉良、刘恩发、经永安	1981	
杨怀远、周来根、应嘉良、葛文华、施振东、杨君劲	1983	
杨怀远、周来根、葛文华、车朝纯	1985	

续上表

人员	年份	称号
杨怀远、蒋华金、朱尔敏、张庆信、刘万润	1987	上海市劳动模范
马克君、贝春元、马如华、李敏华	1989	
陈工麟、胡汉宝、郑小毛、诸彭年、钟月祥	1991	
赵德澄、郑宝湖、车朝纯、刘磊晓、汪永祥	1993	
茅文荣、侯永安、顾约翰、沈汉和	1995	
龚文益、方玲玉、项隆益、刘书禄、王瞿昌	1997	
毕建斌、邬庆余	1989	交通部双文明劳模
周惠根、车朝纯、黄维岩	1991	
杨君劲、周来根、周以恒、顾土良、杨怀远	1980	交通战线劳动模范
何鸿芳、周玉山、包富定、陈沛川	1962	交通部六好竞赛先进生产（工作）者
杨怀远、陈昌本、蒋华金	1988	中国海员建设工会“金锚奖”称号
彭正云、王天保、林淑芳（家属）	1991	

附录五　航运业常见专业名词解释

远洋运输（Ocean Shipping）：我国与其他国家（地区）间，经过一个或数个大洋的海上运输。如我国至东、西非洲，红海，地中海，欧洲和南、北美洲，澳大利亚等地区所进行的旅客和货物的运送。

近洋运输（Short-range Ocean Shipping）：我国根据船舶航程较短，并以船舶周转的快慢和管理上的具体情况为出发点，与其他国家（地区）间，只经过沿海或太平洋（或印度洋）的部分水域的海上运输。如我国至朝鲜、日本、越南、印度尼西亚等地区所进行的旅客和货物的运送。

沿海运输（Coastwise Shipping）：利用船舶在我国沿海区域各港之间的客货运输，其范围包括自辽宁鸭绿江口起至广西北仑河口止的大陆沿海运输；我国沿海省、自治区、直辖市所属诸岛屿沿海及其与大陆间的全部水域内的运输。

班轮运输（Carriage of Goods by Liner）：船舶在固定航线按照预先公布的船期表定期停靠若干固定的港口，经营班轮业务的船公司按颁布的运价本（Freight Tariff）所列的运价费率收取运费。

三角航线（Triangular Route）：又称三角形组合航线，是一种环行的货运航线。当三个以上港口间的货运规模最低能保证一艘船舶在营运期内有效航行，则可组织该环行的货运航线，以便充分利用船舶运输能力，减少空载，提高运输效率与效益。

多式联运（intermodality）：由两种及其以上的交通工具相互衔接、转运而共同完成的运输过程统称为复合运输，我国习惯上称之为多式联运。《联合国国际货物多式联运公约》对国际多式联运的定义是：按照国际多式联运合同，以至少两种不同的运输方式，由多式联运经营人把货物从一国境内接管地点运至另一国境内指定交付地点的货物运输。而《中华人民共和国海商法》对于多式联运的运输方式的规定是，两种以上的不同运输方式，其中一种是海上运输方式。

货物周转量（Turnover Volume of Freight Traffic）：该指标反映运输机构一定时期内货物运输的工作量，系指实际运送的货物吨数与其到、发港间的里程之乘积，即：货运量（吨）× 运距（海里）= 货物周转量（吨海里）；海运企业用吨海里表示其计算单位，其运距 1 海里 = 1.852 公里。

货物中转（Transhipment）：货物装上船后，不能直接运达目的港，而须在中途港转装，由另一艘船舶接运。中转（转运）在国际海上运输中是经常发生的。有的是由于货载零星、目的港分散，考虑船舶在经济上的合理性而不能一一运达，便安排在中途港口进行中转；也有的因原卸货港或本船发生特殊意外，无法按运输契约将货物运往目的港，承运人可根据提单上的自由转运条款，将货物卸在其他方便的港口，安排转运。

包运租船合同（Contract of Affreightment，COA）：不规定船名或船数，按照同一运价和条款一次签订合同包运较大数量货物的订租方式。合同规定在一定期限内，船舶所有人将一定数量的同类货物，由指定的装运港运往指定的目的地。这种方式适合于货运量大，又可分批、分期装运的货物。COA 一般签订的合同期较长，船方在租船期间解决了货源问题；还可根据合同量和时间，获得稳定收益。而货方把运价锁定在一定水平上，可规避货物运输成本变动的风险。签订 COA 可以让船货双方以双赢的方式，共同抵御市场风险。

船舶载重量（Deadweight Tonnage）：船舶所允许装载的重量。有总载重量和净载重量之分。使船舶达到允许最大的吃水所能装载的各种重量的总和，称为船舶总载重量。从总载重量中除去船员及装备重量，以及燃油、淡水、供应品等重量后，所允许装载的货物或旅客，包括其行李和携带品在内的最大重量，称为船舶净载重量，也即能用于装载货物的最大重量，一般称为载货量。

总吨位（Gross Tonnage）：根据船舶吨位丈量规范的有关规定，丈量确定的船舶总容积，以吨位来表示。总吨位一般用于：表示船舶大小；表示一个国家或一家船公司拥有船舶的数量；计算造船费用、船舶保险费用；在有关国际公约和船舶规范中用来区别船舶的等级以衡量对技术管理和设备要求的标准；以及作为船舶登记、检验和丈量的收费标准等。

净吨位（Net Tonnage）：根据船舶吨位丈量规范的有关规定，从总吨位中减除不适于载运旅客、货物处所而得到的船舶有效容积。以吨位来表示。净吨位一般用于交付港口费、引航费、灯塔费和停泊费的计算基准。

TEU（Twenty-foot Equivalent Unit）：是以长度为 20 英尺的集装箱为国际计量单位，也称国际标准箱单位。通常用来表示船舶装载集装箱的能力，也是集装箱和港口吞吐量的重要统计、换算单位。它的尺寸规格为：长 20 英尺 × 宽 8 英尺 × 高 8 英尺 6 英寸。

FEU（Forty-foot Equivalent Unit）：是以长度为 40 英尺的集装箱为国际计量单位，通常用来表示船舶装载集装箱的能力，也是集装箱和港口吞吐量的重要统计、换算单位。它的尺寸规格为：长 40 英尺 × 宽 8 英尺 × 高 8 英尺 6 英寸。

干散货船型分类：从船队结构上看，干散货代表船型可分为五大类：

小灵便型（Handysize）：1 万—3.9 万吨，船舶吃水控制在 9—10 米，主要行使于受特定航区航道水深限制的航线及水域，如劳伦斯水道，我国的长江口、珠江口等。

大灵便型（Handymax）：4 万—5.9 万吨，船舶吃水一般在 11 米左右，符合大部分大中型港口满载进出的需要。

巴拿马型（Panamax）：6 万—8 万吨，该类型船是指可以通过巴拿马运河、吃水在 13 米的干散货船；主要运输煤炭、谷物等大宗物资。该类型船舶是由大西洋通过巴拿马运河到太平洋的最佳船型，是世界船队中很有代表性的船舶，在煤炭、矿石、粮食、化肥等干散货运输中得到广泛的应用。

好望角型（Capesize）：10 万—19 万吨，该类型船是指在远洋航行中可以通过好望角或者南美洲海角最恶劣天气的大型干散货船；主要运输铁矿砂、煤炭等工业原料。常规船型吨位逐步由 12 万载重吨发展到 14 万载重吨和 19 万载重吨。

超大型散货船（Very Large Ore Carrier，VLOC）：20 万吨以上，用于煤炭和铁矿石的远距离运输，主要为北美、澳大利亚、远东航线提供煤炭运输服务，主要为南美、澳大利亚—日本、远东、地中海和欧洲地区提供铁矿石运输服务。

油轮船型分类：通常，按油轮的吨位，可将其划分为以下几个类别：

中程（Medium Range，MR）成品油轮：从事中程运输的成品油轮，承运载重吨为 3 万—5.5 万吨。

远程（Large Range，LR）成品油轮：从事远程运输的成品油轮，其中 LR1 型为 5 万—10 万吨，LR2 型为 10 万吨以上。

巴拿马型（Panamax）：5.5 万—8 万吨，船宽尺寸以通过巴拿马运河为上限。

阿芙拉型（Aframax）：8 万—12 万吨，即平均运费指数（Average Freight Rate Assessment）经济适用性最佳船型，也是适合白令海（Baltic Sea）冰区航行油船的最佳船型。

苏伊士型（Suezmax）：12 万—20 万吨，该型船的上限为在满载中东原油情况下，可经由苏伊士运河运至欧洲，其常规的船型是 15 万—16 万吨。

超大型油轮（Very Large Crude Carrier，VLCC）：20 万—32 万吨，主要用于远距离的原油运输。

超巨型油轮（Ultra Large Crude Carrier，ULCC）：32 万吨以上，按照载重吨衡量，人类曾经建造过的最大船舶是 1979 年日本建造的“海上巨人”号，其载重吨是 56 万吨。

集装箱船船型分类：集装箱船型以装载集装箱的箱量划分为以下几个类别：

支线集箱船（Feeder）：所载箱量在 500TEU 以内的支线集装箱船。

大支线集箱船（Feedmax）：所载箱量为 500—1000TEU 的大支线集装箱船。

灵便型集装箱船（Handy）：所载箱量为 1000—2000TEU 的灵便型集装箱船。

次巴拿马型集箱船（Sub-panamax）：所载箱量为 2000—3000TEU 的中型集装箱船。

巴拿马型集箱船（Panamax）：所载箱量为 3000—5000TEU 的大型集装箱船。

超巴拿马型集箱船（Post-panamax）：所载箱量超过 5000TEU 的超大型集装箱船，最大超巴拿马型集装箱船已经突破 10000TEU。

超大型集装箱船：超过 10000TEU 的巨型集装箱船。截至 2019 年年底，世界最大超大型集装箱船载箱量达 21000TEU；该型船的船长约为 400 米，船宽约为 58.8 米。

BDI（Baltic Dry Index）：波罗的海干散货运价指数。该指数是由若干条传统干散货船航线的运价，按照各自在航运市场上的重要程度和所占比重构成的综合性指数。自 2018 年 3 月 1 日，BDI 航线权重调整为：海岬型占 40%，巴拿马型和超灵便型各占 30%。灵便型期租平均值不再涵盖在内。计算公式中系数变更为 0.1。

BCI（Baltic Capesize Index）：波罗的海好望角型船运价指数。该指数反映 10 万载重吨以上的好望角型散货船市场租金变化情况。2014 年 5 月 6 日其标准船型和典型航线进行了调整。

BPI（Baltic Panamax Index）：波罗的海巴拿马型船运价指数。该指数反映 6 万—8 万载重吨巴拿马型散货船的市场租金变化情况。

BSI（Baltic Supramax Index）：波罗的海大灵便型船运价指数。该指数反映 5.83 万载重吨大灵便型船的市场租金变化情况。主要运输货物有粮食、磷肥、碳酸钾、木屑、水泥。

BHSI（Baltic Handysize Index）：波罗的海小灵便型船运价指数。该指数反映 2.8 万载重吨小灵便型船的市场租金变化情况，主要运输货物有粮食、钢材、磷肥、碳酸钾、木屑、水泥。

CCFI（China Containerized Freight Index）：中国出口集装箱运价指数。由交通部（现交通运输部）主持、上海航运交易所编制的 CCFI 于 1998 年 4 月 13 日首次发布。CCFI 编制与发布方式：第一，以 1998 年 1 月 1 日为基期，基期指数 1000 点。第二，根据典型性、地区分布性、相关性三大基本原则，筛选出 14 条航线作为样本航线，分别为中国香港、韩国、日本、东南亚、澳新、地中海、欧洲、东西非、美西、美东、南非、南美、波红、中国台湾航线，其国内出发港口包括大连、天津、青岛、上海、南京、宁波、厦门、福州、深圳、广州十大港口。第三，由包括中远集运在内的 18 家商誉卓著、航线市场份额大的中外船公司按照自愿原则，组成运价指数编制委员会，提供运价信息。

SCFI（Shanghai Containerized Freight Index）：上海出口集装箱运价指数。上海航运交易所改革并推出的新版 SCFI，于 2009 年 10 月 16 日正式对外发布，取代 2005 年 12 月 7 日发布的原 SCFI。新版 SCFI 是反映上海出口集装箱即期运输市场运价变化的指数，包括 15 条分航线市场运价（指数）和综合指数。航线覆盖上海出口集装箱运输的主要贸易流向及出口地区，分别为欧洲、地中海、美西、美东、波斯湾、澳新、西非、南非、南美、日本关西、日本关东、东南亚、韩国、中国台湾和中国香港航线。

国际油轮运价指数（World Tanker Nominal Freight Scale，WS）：即新世界油轮名义运费指数。WS 运费指数其实是一个百分数，指某种类型的油轮在某条航线的运费水平与基准费率的比值（用百分数表示）。例如，如果某日 VLCC 在海湾东行航线的运费指数是 WS110 点，表明其运费与基准费率的比值为 1.1，用百分数表示就是 110 点；如果运费指数是 WS70 点，表明其运费与基准费率的比值为 0.7，用百分数表示就是 70 点。而某航线的基准费率是由“Worldscale 协会”根据上一年度（前一年的 10 月 1 日至当年 9 月 30 日）的港口使费、燃油费和运河费等营运费用水平，计算出一艘航速为 14.5 节、载货量为 7.5 万吨的油轮，在该航线上完成一个标准航次（指满载到港、空载返回）的基准费率即 WS100（或日租金 12000 美元）的费率，以美元 / 吨为单位。因此每年该航线的基准费率都不一样，每年 1 月 1 日由分别位于伦敦和纽约的“Worldscale 协会”向其收费会员公布新年度 60000 多种不同油运航线涉及 1000 多个港口的《新世界油轮（基本）费率表》以用作油轮租船中船货双方商谈运价的基础。历史上，该费率表的计算标准几经修改，最新一次修改自 1989 年 1 月 1 日，从生效之日起一直沿用至今。

远期运费协议（Forward Freight Agreement，FFA）：买卖双方达成的一种远期运费协议，协议规定了具体的航线、价格、数量等，且双方约定在未来某一时点，某一方收取或支付依据波罗的海的官方运费指数价格与现在成交价格的差额。由于国际干散货市场运价波动频繁且波幅巨大，传统经营模式很难获得稳健发展。而科学合理地运用 FFA 这一金融衍生工具，通过对冲功能和套期保值功能，则可平抑市场波动，实现稳健发展。

港口吞吐量（Port Throughput）：是指一段时期内经水运输出、输入港区并经过装卸作业的货物总量，计量单位为“吨”或集装箱“标准箱（TEU）”。港口吞吐量是衡量港口规模大小的最重要的指标，反映在一定的技术装备和劳动组织条件下，一定时间内港口为船舶装卸货物的数量。影响港口吞吐量的因素十分复杂。综合起来看，大体可以分为两种类型，一种是客观的区域因素，如腹地的大小、生产发展水平的高低、外向型经济发展状况和进出口商品的数量等等；另一种是港口本身的建港条件，包括自然条件和社会经济因素。在上述条件一定的情况下，劳动组织与管理水平、装卸机械数量和技术水平、船型、车型、水文气象条件、工农业生产的季节性、车船到港的均衡性，以及经由港口装卸的货物品种与数量，均可能成为影响港口吞吐能力的重要因素，但最直接最关键的要素是泊位能力的大小。

港口吞吐能力（Port Throughput Capacity）：又称港口通过能力。广义上是指在一定时期内和一定的工作条件下，港口所具有的办理旅客到发、货物装卸以及为船舶提供技术服务能力的总和。狭义上是指港口在一定时期内，以现有设备能为船舶装卸货物的最大数量，即最大吞吐量。以“吨”来表示。

港口使费（Port Charges）：船舶在港口发生的各种费用和其他支出款项的总称，大致分为三类，一是有关船舶的费用，如船舶吨税、船舶港务费、引航费、灯塔费、拖轮费、船舶报关费、船舶检验费、船舶代理费等；二是有关货物的费用，如装卸费、堆存保管费、货物检验费、货物监装费、理货费等；三是其他支出款项，如在港口发生的船舶修理费、垫舱物料费、船员借支等。

LPG（Liquefied Petroleum Gas）：液化石油气，是由炼厂气体或天然气（包括油田伴生气）加压、降温、液化得到的一种无色、挥发性气体。该气体主要含丙烷、丁烷、丙烯、丁烯和异丁烷等成分。

LNG（Liquefied Natural Gas）：液化天然气，是通过井下开采的天然气经过净化后，被制冷到其沸点温度零下 165 摄氏度，这种呈液体状态纯净天然气即成为 LNG。该气体主要含甲烷，或少量的乙烷、丙烷、丁烷以及氮类的其他杂质。

船舶租赁（Chartering）：租船人为了获得运输工具来运输货物或承担运输任务，以支付运费或租金的方式，从所有人那里将船舶的整船或部分舱位租入的一项业务。船舶租赁方式主要有航次租船、定期租船、光船租赁。

航次租船（Voyage Charter）：又称程租船，其租金计算以航次为单位。由船舶所有人按双方事先议定的费率与条件，将船舶全部或一部分租与租船人，该船按租船人意愿自某一港口或者若干港口装运整船货物或部分货物至指定的目的港，或某一地区的若干港口。

定期租船（Time Charter）：又称期租船，其租金计算以时间为单位。船舶所有人根据双方签订的租船合同将船舶在一段较长的期限内（数月到几年不等）租与租船人调度和使用。由租船人根据船舶每一夏季载重吨为计算单位在一定时间内（按月或按天）向船舶所有人支付租金，以预付方式支付租金。租金一经议定，在租赁期内，不论租船市场租金涨落情况如何，都不得变更。

光船租赁（Bareboat or Demise Charter）：又称过户租赁或船壳租赁。船舶由船舶所有人按夏季载重吨每例月或30天向租船人收取租金，将“光船”（不配备船员的船舶）在一规定的期限内交与租船人自由使用。光船租赁的船舶由租船人聘用船长、轮机长和船员。光船租赁实际也是定期租船的一种，与一般定期租船的相同之处是两者均按时间计算租金，不同之处是光船租赁的船舶占有权在租船期内由船舶所有人转移至租船人手中。

PSC（Port State Control）：港口国监督。港口国的政府机构或其授权机构（我国为中华人民共和国海事局）对到达本国港口的外国籍船舶的技术状况和船员能力（特别是有关船舶航行安全与防污染方面）进行检查，以保证船舶在海上人命和财产安全，防止海洋环境污染。

FSC（Flag State Control）：船旗国检查。它是一国政府对悬挂本国国旗船舶实施的安全检查。

SMS（Safety Management System）：安全管理体系。它是一个系统的、清晰的和全面的安全风险管理方法，综合了运行、技术系统、财务和人力资源管理，融入公司的整个组织机构和管理活动中，包括目标设定、计划和绩效评估等。

O2O（Online To Offline）：是指将线下的商务机会与互联网结合，让互联网成为线下交易的平台。

IPO（Initial Public Offering）：首次公开募股，是指一家企业或公司（股份有限公司）第一次将它的股份向公众出售。

BOT（Build–Operate–Transfer）：建设—经营—转让，本质上是一种基础设施投资、建设和运营的方式。在政府与民间机构达成协议的前提下，政府向民间机构发放特许权，允许民间机构在一定时期内筹集资金建设基础设施，管理和运营设施及其相应的产品和服务。

附录六　重要国际规则及公约

一、《海牙规则》(Hague Rules)

《海牙规则》(Hague Rules) 全称为《统一提单的若干法律规定的国际公约》，是关于提单法律规定的第一部国际公约。1924 年关于统一提单若干法律规定的国际公约（International Convention for the Unification of Certain Rules of Law Relating to Bills of Lading，1924），简称《海牙规则》（Hague Rules：H.R.），1924 年 8 月 25 日在比利时首都布鲁塞尔签订，1931 年 6 月 2 日起生效，为统一世界各国关于提单的不同法律规定，并确定承运人与托运人在海上货物运输中的权利和义务而制定的国际协议。

《海牙规则》共十六条，其中第一至第十条是实质性条款，第十一至第十六条是程序性条款，主要是有关公约的批准、加入和修改程序性条款，实质性条款主要包括以下内容：

《海牙规则》第三条第一款规定："承运人必须在开航前和开航当时，谨慎处理，使航船处于适航状态，妥善配备合格船员，装备船舶和配备供应品；使货舱、冷藏舱和该船其他载货处所能适当而安全地接受、载运和保管货物。"该条第二款规定："承运人应妥善地和谨慎地装载、操作、积载、运送、保管、照料与卸载。"即提供适航船舶，妥善管理货物，否则将承担赔偿责任。

《海牙规则》对"承运人运输货物的责任期间"进行了明确，其中对"货物运输"的定义，货物运输的期间为从货物装上船至卸完船为止的期间。所谓"装上船起至卸完船止"可分为两种情况：一是在使用船上吊杆装卸货物时，装货时货物挂上船舶吊杆的吊钩时起至卸货时货物脱离吊钩时为止，即"钩至钩"期间。二是使用岸上起重机装卸，则以货物越过船舷为界，即"舷至舷"期间承运人应对货物负责。至于货物装船以前，即承运人在码头仓库接管货物至装上船这一段期间，以及货物卸船后到向收货人交付货物这一段时间，按《海牙规则》第七条规定，可由承运人与托运人就承运人在上述两段发生的货物灭失或损坏所应承担的责任和义务订立任何协议、规定、条件、保留或免责条款。

《海牙规则》对"承运人的赔偿责任限额"做了规定，这一制度安排实际上是对承运人造成货物灭失或损害的赔偿责任的部分免除，充分体现了对承运人利益的维护。《海牙规则》第四条第五款规定："不论承运人或船舶，在任何情况下，对货物或与货物有关的灭失或损坏，每件或每单位超过 100 英镑或与其等值的其他货币时，任意情况下都不负责；但托运人于装货前已就该项货物的性质和价值提出声明，并已在提单中注明的，不在此限。"

关于承运人的免责条款，《海牙规则》第四条第二款作了十七项具体规定，分为两类：一类是过失免责；另一类是无过失免责。国际海上货物运输中争论最大的问题是《海牙规则》的过失免责条款,《海牙规则》第四条第二款第一项规定:“由于船长、船员、引航员或承运人的雇用人在航行或管理船舶中的行为、疏忽或过失所引起的货物灭失或损坏,承运人可以免除赔偿责任。”这种过失免责条款是其他运输方式责任制度中所没有的。很明显,《海牙规则》偏袒了船方的利益。

另一类是承运人无过失免责,主要有以下几种:

(1)不可抗力或承运人无法控制的免责有八项:海上或其他通航水域的灾难、危险或意外事故;天灾;战争行为;公敌行为;君主、当权者或人民的扣留或拘禁,或依法扣押;检疫限制;不论由于任何原因所引起的局部或全面罢工、关厂、停工或劳动力受到限制;暴力和骚乱。

(2)货方的行为或过失免责有四项:货物托运人或货主、其代理人或代表的行为;由于货物的固有缺点、质量或缺陷所造成的容积或重量的损失,或任何其他灭失或损害;包装不固;标志不清或不当。

(3)特殊免责条款有三项:一是火灾,即使是承运人和雇用人的过失,承运人也不负责,只有承运人本人的实际过失或私谋所造成者才不能免责;二是在海上救助人命或财产,这一点是对船舶的特殊要求;三是谨慎处理,克尽职责所不能发现的潜在缺陷。

(4)承运人免责条款的第十六项:“不是由于承运人的实际过失或私谋,或是承运人的代理人或雇用人员的过失或疏忽所引起的其他任何原因。”这是一项概括性条款,既不是像前述十六项那样具体,又不是对它们的衬托,而是对它们之外的其他原因规定一般条件。

关于索赔与诉讼时效问题,《海牙规则》第三条第六款规定:承运人将货物交付给收货人时,如果收货人未将索赔通知用书面形式提交承运人或其代理人,则这种交付应视为承运人已按提单规定交付货物的初步证据。如果货物的灭失和损坏不明显,则收货人应在收到货物之日起 3 日内将索赔通知提交承运人。

二、《国际海上人命安全公约》(SOLAS 公约)

《国际海上人命安全公约》(International Convention for Safety of Life at Sea),简称《安全公约》或《SOLAS 公约》。1974 年 11 月 1 日,国际海事组织海上安全委员会在伦敦签订,1980 年 5 月 25 日生效。该公约经过 1978 年、1981 年、1983 年、1988 年、1989 年、1990 年、1991 年等多次修正。

《安全公约》正文十三条、一个附则(共八章)和一个附录。正文其主要内容包括:公约的一般义务;适用范围;法律、规则;不可抗力情况;紧急情况下载运人员;以前的条约和公约;经协议订立的特殊规则;修正;签字、批准、接受、认可和加入;生效;退出;保存和登记。

《安全公约》附则和附录的主要包括;第 1 章,总则,即适用范围、定义等;检验与证书;事故。第二章甲,构造(分舱与稳性、机电设备),即通则;分舱与稳性;机电设备。第二章乙,构造(防火、探火和灭火),即通则;载客超过 36 人客船的消防措施;载客不超过 36 人客船的消防措施;货船的消防措施;油船的消防措施;现有客船的特殊消防措施。第三章,救生设备等,即通则;限客船适用;仅适用于货船。第四章,无线电报与无线电话，即适用范围与定义；值班；技术要求；无线电日志。第五章，航行安全。第六章，谷物装运，即通则；假定倾侧力矩的计算；谷物装置及其固定。第七章，危险货物装运。第八章，核能船舶。附录，证书格式。

《安全公约》适用于经授权悬挂缔约国政府国旗的船舶。各缔约国政府承担义务实施公约及其附则的各项规定。凡引用公约时，同时也就是引用该附则，附则是公约的组成部分。各缔约国政府要承担义务，颁布必要的法律、法令、命令和规则，并采取一切必要的其他措施，使公约充分和完全生效，以便从人命安全的观点出发，保证船舶适合其预定的用途。

三、《海员培训、发证和值班标准国际公约》(STCW 公约)

《海员培训、发证和值班标准国际公约》(International Convention on Standards of Training,Certification and Watchkeeping for Seafarers) 简称《STCW 公约》。

此公约是国际海事组织(IMO)约50个公约中最重要的公约之一。最初通过时间为1978年7月7日，生效日期为1984年4月28日，公约从通过至生效历经近六年的时间。《STCW 公约》正文共有十七条，阐述和规定了制订公约的宗旨、缔约国义务、公约所用名词解释、适用范围、资料交流、与其他条约关系、证书、特免证明、过渡办法、等效办法、监督、技术合作、修正程序、加入公约形式、生效条件，退出方式、保管以及文本文字。公约适用范围限于有权悬挂缔约国国旗的在海船上工作的海员。在此，“海船”系指除了在内陆水域或者遮蔽水域或港章所适用的区域以内或者与此两者紧邻的水域中航行的船舶以外的船舶。

《STCW 公约》第一章的总则中有四个规则，规定了证书的内容和签证的格式以及证书应有英语译文；对从事过本航行服务的海员要求有所放宽的原则；规定了行使监督的范围以及允许船旗国当局通过执行监督的缔约国等方式，采取适当的措施来消除缺陷。第二章为船长—甲板部分，共有八个规则和三个附录，规定了航行值班和在港值班中应遵守的基本原则；规定了对船长、大副以及负责航行值班的驾驶员发证的法定最低要求与最低知识要求；规定了对组成航行值班部分的一般船员的法定最低要求；规定了为确保船长和驾驶员不断精通业务和掌握最新知识的法定最低要求以及在运载危险货物船舶上在港值班的法定最低要求。第三章为轮机部分，共有六个规定和二个附录，规定了轮机值班中应遵守的基本原则；规定了对主推进动力装置为3000千瓦或以上和750—3000千瓦之间的船舶的轮机长和大管轮发证的法定最低要求与最低知识要求，规定了对传统的有人看守机舱负责值班的轮机员或定期无人看守机舱指派的值班轮机员发证的法定最低要求；规定了保证轮机员不断精通业务并掌握最新知识的法定最低要求；规定了对组成机舱值班部分的一般船员的法定最低要求。第四章为无线电部分，共有三个规则和二个附录，规定了无线电报员发证的法定最低要求；规定了保证无线电报员不断精通业务和掌握最新知识的法定最低要求；规定了无线电报员发证的法定最低要求。第五章为对槽管轮的特别要求部分，共有三个规则，规定了对油船、化学品船、液化气体船船长、高级船员和一般船员的培训和资格的法定最低要求。第六章为精通救生艇业务部分，有一个规则和一个附录，规定了关于颁发精通救生艇业务证书的法定最低要求。

四、《国际防止船舶造成污染公约》（MARPOL 公约）

国际防止船舶造成污染公约(International Convention for the Prevention of Pollution from Ships；MARPOL；International Convention for the prevention Pollution from Ships)，简称《MARPOL 公约》，是为保护海洋环境，由国际海事组织制定的有关防止和限制船舶排放油类和其他有害物质污染海洋方面的安全规定的国际公约。

1973 年《国际防止船舶造成污染公约》(简称《MARPOL 1973》)及 1978 年《国际防止船舶造成污染公约的 1978 年议定书》(简称 MARPOL 1978) 是国际社会为保护海洋环境而签订的两个重要国际协定。两者合称《MARPOL 1973/1978》。此公约旨在防止船舶排放的废水、废油等物质污染海洋的公约和议定书，1973 年订于伦敦。中国于 1983 年 7 月 1 日加入"73/78 防污公约"，同时声明不受公约附则三(关于预防包装中的有害物质的污染)、附则四(关于预防污水污染)、附则五(关于预防船舶垃圾污染)的约束。中国于 1988 年加入公约的附则五。公约适用于除军舰、海军辅助船舶和用于政府非商业性服务的国有或国营船舶以外的船舶，禁止这些船舶对海洋以任何形式排放有害物质，并规定了违章处理程序。

《MARPOL 1973》的基本内容是一个庞杂、技术性强及具有多层次结构的国际环境保护协定。有正文条文二十条，还有许多附则、附件、议定书等。由于 1978 年议定书对 1973 年公约作了重要的修订与补充，该议定书构成公约不可分离的组成部分。1978 年议定书第一条第一款即明确要求，凡加入 1978 年议定书的国家，自然地应当遵守 1973 年防污公约，而不必对公约另行签字或履行专门的批准手续。修正后的公约要求：①船舶使用前或颁发国际防油污证书前应对船舶进行初检；②在每 5 年期间内进行定期检验；③在国际防油污证书有效期至少进行一次中级检验；④进行计划外检验或义务性年度检验。

参考文献

[1] 中共中央马克思恩格斯列宁斯大林著作编译局编译:《马克思恩格斯全集(第46卷)》,北京:人民出版社,2006年。
[2] 中共中央文献研究室编:《周恩来年谱(1949—1976)》,北京:中央文献出版社,2007年。
[3] 金冲及,陈群,曹应旺著:《陈云传(上下卷)》,北京:中央文献出版社,2005年。
[4]《李先念传》编写组编:《李先念传(1949—1992)》,北京:中央文献出版社,2009年。
[5] 中共上海市委党史研究室编:《陈毅在上海》,北京:中共党史出版社,1992年。
[6] 中共中央党史研究室编:《中国共产党的九十年(社会主义革命和建设时期)》,北京:中国党史出版社,2016年。
[7] 当代中国研究所著:《中华人民共和国简史(1949—2019)》,北京:当代中国出版社,2019年。
[8] 杨奎松著:《中华人民共和国建国史研究2》,江西:江西人民出版社,2009年。
[9] 中共厦门市委党史研究室编:《彭德清纪念文集》,北京:中央文献出版社,2000年。
[10] 钱永昌著:《轻舟已过万重山——前交通部部长钱永昌往事回想》,北京:人民交通出版社,2008年。
[11] 黄镇东著:《求实奋进 探索交通发展之路》,北京:中共中央党校出版社,1997年。
[12] 上海海运管理局:《海运十年》,内部资料,1960年。
[13] 交通部上海海运管理局:《上海海运三十年》,内部资料,1979年。
[14] 中国航海学会编:《中国航海史》(现代航海史),北京:人民交通出版社,1988年。
[15] 交通部上海海运管理局编:《上海海运四十年(1949—1989)》,内部资料,1989年。
[16] 杨健著:《连云港港史(现代部分)》,北京:人民交通出版社,1989年。
[17] 中共上海海运管理局委员会党史资料征集委员会编:《中共上海海运管理局党史大事记(1949—1989)》,内部资料,1991年。
[18] 葛步洲主编:《上海交通古今》,上海:上海科学技术文献出版社,1993年。
[19] 交通部财务会计局,中国交通部会计学会:《招商局会计史(上卷)》,北京:人民交通

出版社，1994 年。
[20] 上海海运（集团）公司工会编:《碧海红花》第八集，内部读物，1995 年。
[21] 上海海运编审委员会编:《上海海运》，北京：人民交通出版社，1996 年。
[22] 中共上海海运（集团）公司委员会编:《上海海运局船舶政治工作史》，内部资料，1996 年。
[23]《上海沿海运输志》编纂委员会编：上海市专志丛刊《上海沿海运输志》，上海：上海社会科学院，1999 年。
[24] 上海市航海学会主编:《中国近代航海大事记》，北京：海洋出版社，1999 年。
[25] 朱华等著:《上海一百年》，上海：上海人民出版社，1999 年。
[26]《上海远洋运输志》编纂委员会编:《上海远洋运输志》上海市专志丛刊，上海社会科学院，1999 年。
[27]《上海打捞志》编纂委员会编:《 上海打捞志》上海市专志丛刊，上海社会科学院，1999 年。
[28] 陈廷钰编著:《中国百年海难史话》，上海：百家出版社，2000 年。
[29] 张后铨主编:《招商局史》，北京：中国社会科学出版社，2007 年。
[30] 上海海运公安局编:《上海海运公安大事记 1949—2007》，内部资料，2007 年。
[31]《交通部行政史》编写组编:《交通部行政史》，北京：人民交通出版社，2008 年。
[32] 席龙飞、宋颖著:《船文化》，北京：人民交通出版社，2008 年。
[33] 中国船舶工业行业协会编:《强船报国——新中国船舶工业七十年大事记》，北京：人民交通出版社股份有限公司，2019 年。
[34] 黄骅港发展史编写组编:《黄骅港发展大事记（1977—2011）》，内部资料，2012 年。
[35] 李宗琦主编 :《交通企业文化》，北京：人民交通出版社，2008 年。
[36] 交通运输部公安局:《中国港航公安史（1949—2014 年）》，内部印刷，2015 年。
[37] 吴长荣著:《上海船长》，上海：上海交通大学出版社，2016 年。
[38] 中国共产党交通部政治部宣传部编:《杨怀远是怎样活学活用毛主席著作的》，北京：人民交通出版社，1965 年。
[39] 杨怀远著:《永远的扁担精神：杨怀远诗歌日记选》，上海：上海人民出版社，2017 年。
[40]《上海海员工人运动史》，内部资料。
[41] 交通部上海海运管理局:《上海海运报》。
[42] 王建平主编:《英汉航海大词典》，北京：人民交通出版社，2004 年。

编 后 语

历时两年多的《上海海运发展史》(1949—1997)作为《中国远洋海运发展史》第⑤卷，即将付梓了。在本书编写过程中，我们本着对历史负责、对企业负责、对后人负责的宗旨，努力掌握更多的历史资料和史料的来龙去脉、时代背景，尽可能更客观、更翔实地还原历史本来面貌。

《上海海运发展史》(1949—1997)以《上海海运十年》《上海海运三十年》《上海海运四十年》《上海海运船舶政治工作史》等资料为素材，以上海海运档案室资料(包括广州海运和大连海运的档案室)为依据，以大量相关的文献、专著和书刊为参考；开展广泛的调查研究和采访工作，尽量获取第一手资料，掌握编史的要素，努力提高编纂质量。

《上海海运发展史》(1949—1997)以航运业为主线，全面记载和叙述各个重要时期企业发展历程和重要的人物和事件，主要包括：军事接管招商局；反封锁、反轰炸，抢运物资保上海；党支部建立在船舶，船舶设立政委；开通南北航线，配合解放沿海岛屿；勤俭节约，艰苦奋斗，努力改善船员工作环境；开展港航“一条龙”运输，开创沿海集装箱运输业务；积极支援中国远洋运输事业；首创万吨油轮进长江，开辟“黄金水道”；改革开放，“立足沿海，参加远洋”船舶走向远洋，船员走出境外和国门；建立现代企业制度，成立(集团)公司；海兴公司成功在香港上市；积极支援浦东新区的经济建设；参加组建中国海运集团等等。这一系列事件，彰显了上海海运振兴中华的爱国情怀和航海人的光辉形象。

《上海海运发展史》(1949—1997)是企业的发展史，是几代海运人的奋斗史和励志书，也是企业文化的传承，是留给后人的一份文化传承和精神财富。

在编纂《上海海运发展史》(1949—1997)的过程中，上海海运的各级老领导、老前辈和在职领导、各部门给予了鼎力的支持和帮助，或提供大量文字资料和珍贵照片，或多次接受采访并提供当时的情况，或对编纂工作提出了宝贵的建议并给予厚望；或认真审阅“送审稿”，校对不妥之处，甚至书面列出修改意见等，从而保证了史料的真实性、系统性、完整性，在此深表谢意！

编纂小组成员虽然各司其职，分卷而写，但分工不分家，经常共同研究，集思广益，互相帮助和关照，形成了一个良好的写作氛围。在各卷脱稿以后，编纂小组组长还安排大家分卷分篇相互阅校，既使各成员了解丛书的整体内容，又起到了互补和“好文章是改出来的”效果。

《中国远洋海运发展史》的编纂工作在文字、图片、图表、资料、信息等方面得到了相关人员和有关部门的鼎力支持，特此鸣谢。

答谢人员：孙良义、李绍德、孙治堂、黄为民、张洁明、冯品德、陈德诚、黄新明、刘国雄、宗俊贤、吴银龙、李德伦、徐赞绪、洪流、朱关兴、冯秋浩、葛文华、周天赐、刘志浩、杨守藩、崔巍、钱志新、陆祥荣、郑侃、周涵聪、刘津来等。

答谢部门：中国航海博物馆、上海海事大学图书馆、《中国远洋海运报》社、上海海运档案管理中心、广州海运档案管理中心、大连海运档案管理中心等。

由于编史时间较短，人手有限，以及编者水平的局限性，内容涵盖近半个世纪发展历程的《上海海运发展史》难免有所遗留、疏忽和不足之处，望请鉴谅、指正。

2020 年 6 月

总 审 校 / 谭 鸿

策划编辑 / 刘继辉

责任编辑 / 黄 蕊

封面设计 / USUN 昱上

ISBN 978-7-114-16353-1

9 787114 163531 >

定价：240.00 元